AUSSTELLUNG DER REPUBLIK ÖSTERREICH
UND DES LANDES NIEDERÖSTERREICH

PRINZ EUGEN
UND DAS BAROCKE ÖSTERREICH

MARCHFELDSCHLÖSSER
SCHLOSSHOF UND NIEDERWEIDEN
22. APRIL BIS 26. OKTOBER 1986

Herausgeber und Verleger:
Kuratorium zur Veranstaltung der Ausstellung „Prinz Eugen und das barocke Österreich“

Schriftleitung:
Univ.-Prof. Dr. Karl Gutkas
Dr. Gottfried Stangler
Mag. Susanne Dressler
Dr. Thomas Karl
Dr. Hildegard Leitgeb

Graphische Gestaltung:
Dipl.-Graphikerin Irmgard Grillmayer

Gesamtherstellung:
Druckerei G. Grasl, 2500 Baden — 2540 Bad Vöslau

Einband, Vorderseite:
Jacob van Schuppen, Porträt des Prinzen Eugen,
Amsterdam, Rijksmuseum (Kat.-Nr. 9.39)

Vorsatz:
Wappen des Prinzen Eugen im Großen Ständesaal des Landhauses Klagenfurt

Katalog des Niederösterreichischen Landesmuseums,
Neue Folge, Nr. 170
1. Auflage (1—30.000)
ISBN 3-900464-37-6

Wien 1986

VERANSTALTER:

Republik Österreich und Bundesland Niederösterreich

KURATORIUM:

Bundesminister für Wissenschaft und Forschung Dr. Heinz Fischer
Landeshauptmann Siegfried Ludwig
Landeshauptmannstellvertreter Leopold Grünzweig
Min.-Rat. Dr. Carl Blaha

BEREITSTELLUNG DER AUSSTELLUNGSGEBÄUDE:

Bundesminister für Bauten und Technik Dr. Heinrich Übleis

ARBEITSKOMITEE:

Vertreter des Bundes:
Min.-Rat. Dr. Norbert Helfgott
Präsident Dr. Gerhard Sailer
OR Dr. Georg Freund

Vertreter des Landes Niederösterreich:
Dr. Georg Schmitz
Dr. Gottfried Stangler
Ing. Hubert Schwarz

WISSENSCHAFTLICHER AUSSTELLUNGSLEITER:

Univ.-Prof. Dr. Karl Gutkas

WISSENSCHAFTLICHER KOORDINATOR:

Dr. Gottfried Stangler

WISSENSCHAFTLICHE ASSISTENTEN:

Mag. Susanne Dressler
Dr. Thomas Karl
Dr. Hildegard Leitgeb

TECHNISCHER KOORDINATOR:

Ing. Hubert Schwarz

AUSSTELLUNGSGESTALTUNG:

Architekt Dipl.-Ing. Ferdinand Zörrer
Dipl.-Graphikerin Irmgard Grillmayer

WISSENSCHAFTLICHER BEIRAT:

Hofrat Dr. Hubert Adolph
Hofrat Dr. Klaus Beitl
Univ.-Prof. Dr. Hermann Fillitz
Hofrat Dr. Franz Kaindl
Hofrat Dr. Bernhard Koch
Hofrat Prof. Dr. Walter Koschatzky
Hofrat Dr. Georg Kugler
OR Dr. Manfred Leithe-Jasper
Gen.-Dir. Dr. Rudolf Neck
OR Prof. Ludwig Neustifter
Hofrat Dr. Oliver Paget
Gen.-Dir. Dr. Magda Strebl
Hofrat Dr. Robert Waissenberger

ÖRTLICHE AUSSTELLUNGSLEITUNG:

Erika Nemec

AUSSTELLUNGSSEKRETARIAT:

Friederike Hromas
Ingrid Wittmann
Christa Grillenberger
Gabriele Breuer

MITARBEITER IM ATELIER ZÖRRER:

Ing. Gabriele Staeger, Martin Zörrer, Michael Zörrer

GRAPHIKTEAM:

Dipl.-Graphikerin Sigilde Haas-Ortner, Dipl.-Graphikerin Michaela Hofmeister-Moscouw, Dipl.-Graphikerin Heide Nönnig, Dipl.-Graphikerin Sylvie Proidl, Dipl.-Graphiker Peter Seeberg, Dipl.-Graphikerin Reingard Tamchina, Christian Fellinger

ELEKTRO- UND SICHERHEITSTECHNISCHE ANGELEGENHEITEN:

Ing. Hubert Schwarz
Hubert Moschinger

WERBUNG:

Dr. Gottfried Stangler
Maria Jungwirth

PRESSE:

Hofrat Dr. Gottfried Kapf
Dr. Heinz Werner Eckhardt
Dr. Anna Maria Sigmund

RESTAURIERUNGEN

Werkstätten des Bundesdenkmalamtes,
Leiter: Akademischer Restaurator Univ.-Doz. Dr. Manfred Koller

Werkstätte des Niederösterreichischen Landesmuseums: Hofrat Mag. Felix Pischinger

Werkstätte der Niederösterreichischen Landesbibliothek: Rudolf Stinauer

PROTOKOLL:

Reg.-Rat Erich Berhel

ÜBERSETZER:

Reg.-Rat Karl Bauer, Andrea Bedö, Dr. Sylvia Engel, Mag. Paula Kasparec, Mag. DDr. Johann Krammer, Dr. Hildegard Leitgeb

WEITERS HABEN AN DER AUSSTELLUNG MITGEWIRKT:

Norbert Braunecker, Dr. Paul Ebhart, Hermann Erhard, Hildegard Grünstäudl, Friedbert Herndlhofer, Erich Lang, Kurt Nuß, Peter Kopecky, Helga Rapp, Helene Schmid, Werner Schobertwalter, Wilhelm Schuster, Leopoldine Setzger, Dr. Alfred Willander, Elfriede Wörndle, Robert Wohlschlager

RESTAURIERUNG DER GEBÄUDE:

Bundesministerium für Bauten und Technik, Sektion II (Bundeshochbau):
Sektionschef Dipl.-Ing. Dr. techn. Heinrich Schmelz
Min.-Rat Dipl.-Ing. Karl Jaschke
Min.-Rat Dipl.-Ing. Karl Zimmel

Bundesbaudirektion Wien:
Baudirektor Dipl.-Ing. Otto Talsky
Hofrat Dipl.-Ing. Julius Felmerer
Hofrat Dipl.-Ing. Karl Gessl
Reg.-Rat Ing. Franz Zezula

Bundesdenkmalamt:
Hofrat Dr. Werner Kitlitschka, Landeskonservator für Niederösterreich
Dr. Renate Madritsch

Planung und Bauleitung:
Architekturbüro Requat & Reinthaller, Wien

WISSENSCHAFTLICHE MITARBEITER:

Prof. Dr. Zoltan Baresay-Amant, Wien, Generalvikar des Ungarischen Adelskapitels (Z. B. A.)

OR Dr. Christian Beaufort-Spontin, Wien, Kunsthistorisches Museum, Waffensammlung (Chr. B.)

Dr. Otto Biba, Wien, Archiv der Gesellschaft der Musikfreunde (O. B.)

Dr. Annemarie Bönsch, Wien, Hochschule für angewandte Kunst, Institut für Kostümkunde

Walther Brauneis, Wien, Bundesdenkmalamt, Landeskonservatoriat für Wien

OR Dr. Peter Broucek, Österreichisches Staatsarchiv, Kriegsarchiv (P. B.)

Hofrat Dr. Gertrud Buttlar, Wiener Neustadt, Stadtmuseum (G. B.)

Univ.-Prof. Dr. Moritz Csáky, Wien, Graz, Universität

Dr. Bernhard Demel O. T., Wien, Zentralarchiv des Deutschen Ordens (B. D.)

Mag. Susanne Dressler, St. Pölten, wissenschaftliche Assistentin (S. D.)

OR Dr. Rainer Egger, Österreichisches Staatsarchiv, Kriegsarchiv

Dr. Erich Gabriel, Wien, Heeresgeschichtliches Museum (E. G.)

Dr. Christine Gruber, Wien, Österreichische Nationalbibliothek, Theatersammlung (Ch. G.)

Dr. Joseph Gmeiner, Wien, Österreichische Nationalbibliothek, Musiksammlung

Univ.-Prof. Dr. Karl Gutkas, St. Pölten, wissenschaftlicher Ausstellungsleiter (K. G.)

Dr. Dora Heinz, Wien

OR Dr. Erich Hillbrand, Wien, Österreichisches Staatsarchiv, Kriegsarchiv (E. H.)

Hans Hagen Hottenroth, Scheibbs

OR Dr. Helmut Jungwirth, Wien, Kunsthistorisches Museum, Sammlung von Medaillen, Münzen und Geldzeichen (Münzkabinett), (H. J.)

Hofrat Dr. Franz Kaindl, Wien, Direktor des Heeresgeschichtlichen Museums (F. K.)

Dr. Thomas Karl, St. Pölten, wissenschaftlicher Assistent (T. K.)

Dr. Ulrike Knall-Brskovsky, Wien, Bundesdenkmalamt, Landeskonservatoriat für Wien (U. K.)

Univ.-Doz. Dr. Manfred Koller, Wien, Bundesdenkmalamt, Leiter der Restaurierwerkstätten des Bundesdenkmalamtes (M. K.)

Dr. Peter König, Wien, Bundesdenkmalamt, Landeskonservatoriat für Niederösterreich

Michael Kovacek, Wien, Inhaber der Glasgalerie Kovacek

Univ.-Doz. Dr. Ivo Krsek, Brno, Universität, Kunsthistorisches Institut (I. K.)

Prof. Friedrich Kryza-Gersch, Graz, Landesmuseum Joanneum

Hofrat Dr. Georg Kugler, Wien, Kunsthistorisches Museum, Direktor der Sammlung historischer Prunk- und Gebrauchswagen (Wagenburg)

Dr. Hildegard Leitgeb, St. Pölten, wissenschaftliche Assistentin (H. L.)

Dr. Renate Madritsch, Wien, Bundesdenkmalamt, Landeskonservatoriat für Niederösterreich (R. M.)

Hofrat Dr. Otto Mazal, Wien, Österreichische Nationalbibliothek, Direktor der Handschriftensammlung (O. M.)

Dr. Wolfgang May, Wien, Institut für Landeskunde für Niederösterreich

Viktor Mayrhofer, St. Pölten, Direktor der Musikschule

Dr. Christine Mitterwenger, Perchtoldsdorf, Heimatmuseum

Annamária Németh, Budapest, Magyar Nemzeti Múzeum

Dr. Peter Parenzan, Wien, Bundesmobilienverwaltung, Bundessammlung alter Stilmöbel und Silber- und Tafelkammer mit der „Schausammlung der ehemaligen Hoftafel- und Silberkammer"

Hofrat Dr. Silvia Petrin, Wien, Niederösterreichisches Landesarchiv

Dr. Anna Petrová, Bratislava, Slowakische Akademie der Wissenschaften

Dr. Meinrad Pizzinini, Innsbruck, Tiroler Landesmuseum Ferdinandeum

OR Dr. Wolfgang Prohaska, Wien, Kunsthistorisches Museum, Gemäldegalerie (W. P.)

Dipl.-Ing. Dr. Wilhelm Georg Rizzi, Wien, Bundesdenkmalamt, Landeskonservatoriat Wien (W. R.)

DDr. Floridus Röhrig, Stift Klosterneuburg

Dr. Ingeborg Schemper-Sparholz, Wien, Universität, Kunsthistorisches Institut (I. S.)

Dr. Elisabeth Schmuttermeier, Wien, Österreichisches Museum für angewandte Kunst (E. S.)

Dr. Lothar Schultes, Linz, Oberösterreichisches Landesmuseum

OR Dr. Karl Schütz, Wien, Kunsthistorisches Museum, Gemäldegalerie (K. S.)

Dr. Brigitte Wied, Linz, Oberösterreichisches Landesmuseum

Univ.-Prof. Dr. Gaston Vandendriessche, Leuven, Universität

LEIHGEBER:

Die Republik Österreich und das Bundesland Niederösterreich danken allen Museen, Archiven, Bibliotheken, Instituten und Persönlichkeiten im In- und Ausland für die Leihgaben, die sie freundlicherweise der Ausstellung zur Verfügung gestellt haben.

Altenburg, Stift
Althorp (Northhampton), Earl Spencer
Amsterdam, Rijksmuseum
Amsterdam, Rijksmuseum, Rijksprentenkabinet
Annaberg, Maria Burger
Ansbach, Stadt- und Kreismuseum
Antol, Forst-, Holz- und Jägereimuseum
Attnang-Puchheim, Redemptoristenkloster
Bad Vöslau, Victoria Schlumberger
Baden bei Wien, Frauenkirche, Rektor Hans Ressel
Baden bei Wien, Rollettmuseum
Baden-Baden, Stadtgeschichtliche Sammlungen
Bleiberg, Bergwerksunion
Bojnice, Múzeum
Bratislava, Slovenské národné múzeum, Hrad Červený Kameň, Častá
Braunschweig, Herzog-Anton-Ulrich-Museum
Brno, Moravska Galerie
Brno, Krajské středisko státní památkové péče a ochrany přirody v Brne
Bruck an der Leitha, Ernst Leonhard Harrach
Brüssel, Rathaus
Budapest, Magyar Nemzeti Múzeum
Budapest, Magyar Nemzeti Galérie
Cambrai, Musée de Cambrai
Dresden, Staatliche Kunstsammlungen
Dresden, Staatliche Kunstsammlungen, Münzkabinett
Düsseldorf, Stadtmuseum
Ebreichsdorf, Richard Drasche-Wartinberg
Eckartsau, Forstverwaltung der Österreichischen Bundesforste
Eferding, Starhembergisches Familienmuseum
Eggenburg, Krahuletzmuseum
Enns, Museum Lauriacum
Feldbach, Heimatmuseum
Florenz, Galleria Pitti
Frankfurt am Main, Historisches Museum
Fürth, Stadtarchiv
Gmünd, Glas- und Steinmuseum
Göttweig, Stift, Graphische Sammlung
Graz, Akademische Druck- und Verlagsanstalt, Universitäts-Buchdruckerei und Universitäts-Verlag

Graz, Steirisches Landesarchiv
Graz, Steirisches Landesmuseum Joanneum, Abteilung Schloß Eggenberg
Graz, Steirisches Landesmuseum Joanneum, Abteilung für Kunstgewerbe
Hannover, Niedersächsisches Landesmuseum
Heidelberg, Kurpfälzisches Museum
Heiligenkreuz, Stift
Herzogenburg, Stift
Horn, Rosenburg, Dipl.-Ing. Hans Hoyos
Innsbruck, Tiroler Landesmuseum Ferdinandeum
Judenburg, Stadtmuseum
Karlsruhe, Badisches Landesmuseum
Karlsruhe, Kunsthalle, Plansammlung
Karnabrunn, Pfarramt
Kirchberg am Walde, Josef Fischer-Ankern
Kirchberg am Walde, Dr. Peter Fischer-Ankern
Klagenfurt, Kärntner Landesarchiv
Klagenfurt, Konvent der Elisabethinen
Klosterneuburg, Stift
Krakau, Wawel
Kremsmünster, Stift
Krenstetten, Pfarramt
Landau in der Pfalz, Stadtarchiv und Museum
Launsdorf/Hochosterwitz, Max Khevenhüller-Metsch
Leningrad, Eremitage
Lilienfeld, Stift
Linz, Oberösterreichisches Landesarchiv
Linz, Oberösterreichisches Landesmuseum, Abteilung Schloßmuseum
Linz, Stadtmuseum „Nordico“
Ludwigsburg, Schloßverwaltung, Außenstelle des Staatlichen Liegenschaftsamtes Stuttgart
Mank, Musikhaus Schagerl
Mariazell, Pfarramt
Melk, Stift
München, Bayerische Staatsgemäldesammlungen
München, Bayerische Verwaltung der Staatlichen Schlösser, Gärten und Seen
Münster, Westfälisches Landesmuseum, Porträtarchiv Diepenbroick
Onoz, Comte Claude de Beaufort
Pardubice, Krajské středisko státni památkove péče a ochrany přírody východočeského kraje
Paris, Bibliothèque Nationale
Passau, Wallfahrtskirche Mariahilf
Perchtoldsdorf, Heimatmuseum
Perchtoldsdorf, Türkenmuseum
Petronell, Otto Abensperg-Traun
Plas Newydd, Llanfairpwll (Anglesey), The Marquess of Anglesey
Regensburg, Universität

Ried am Riederberg, Dr. Peter König
Rohrau, Graf Harrach'sche Gemäldegalerie
Salzburg, Museum Carolino Augusteum
Salzburg, Prof. Nora Watteck
Scheibbs, Hans Hagen Hottenroth
Seefeld, Janka Hardegg
Seitenstetten, Benediktinerstift
Sierndorf, Rudolf Colloredo-Mansfeld
Sonntagberg, Pfarramt
Speyer, Historisches Museum der Pfalz
Steyr, Heimathaus
Stockholm, Schwedisches Nationalmuseum, Porträtsammlung (Schloß Gripsholm)
Stopfenreuth, Pfarramt
St. Pölten, Stadtarchiv und -museum
St. Pölten, Ing. Gerhard Tischer
Stuttgart, Württembergisches Landesmuseum
Traismauer, Heimatmuseum
Treviso, Museo Civico
Tulln, Heimatmuseum
Turin, Guido Amoretti
Turin, Armeria Reale
Turin, Galleria Sabauda
Turin, Palazzo Racconigi
Vaduz, Sammlungen des regierenden Fürsten zu Liechtenstein
Venedig, Museo Civico Correr
Verona, Museo di Castelvecchio, Musei e Gallerie d'Arte
Versailles, Musée National du Château de Versailles
Wien, Akademie der Bildenden Künste, Gemäldegalerie
Wien, Graphische Sammlung Albertina
Wien, Herbert Asenbaum
Wien, Generali, Allgemeine Lebensversicherungs AG
Wien, Georg Backhausen
Wien, Generalvikar Prof. Dr. Zoltan Baresay-Amant und Gattin
Wien, Ladislaus Batthyány-Strattmann
Wien, Bundesdenkmalamt, Restaurierwerkstätte
Wien, Univ.-Prof. Dr. Moritz Csáky
Wien, Zentralarchiv des Deutschen Ordens
Wien, Dom- und Metropolitanpfarramt St. Stephan
Wien, Erzbischöfliches Dom- und Diözesanarchiv
Wien, Dr. Karl Draskovich
Wien, Prim. Dr. Günter Fischer
Wien, Österreichisches Staatsarchiv, Allgemeines Verwaltungsarchiv
Wien, Österreichisches Staatsarchiv, Haus-, Hof- und Staatsarchiv
Wien, Österreichisches Staatsarchiv, Kriegsarchiv

Wien, Dr. Karl Hempel
Wien, Heeresgeschichtliches Museum
Wien, Historisches Museum der Stadt Wien
Wien, Ehemaliges k. k. Hofmobiliendepot
Wien, Franz Ulrich Kinsky
Wien, Glasgalerie Michael Kovacek
Wien, Kunsthistorisches Museum, Gemäldegalerie
Wien, Kunsthistorisches Museum, Monturdepot
Wien, Kunsthistorisches Museum, Sammlung von Medaillen, Münzen und Geldzeichen (Münzkabinett)
Wien, Kunsthistorisches Museum, Sammlung für Plastik und Kunstgewerbe
Wien, Kunsthistorisches Museum, Waffensammlung
Wien, Kunsthistorisches Museum, Sammlung historischer Prunk- und Gebrauchtwagen (Wagenburg)
Wien, Sammlung Lobmeyr
Wien, Archiv der Gesellschaft der Musikfreunde
Wien, Naturhistorisches Museum
Wien, Niederösterreichisches Landesarchiv
Wien, Niederösterreichische Landesbibliothek
Wien, Niederösterreichisches Landesmuseum
Wien, Niederösterreichisches Landesmuseum, Jagdmuseum Marchegg
Wien, Niederösterreichischer Landtag
Wien, Prim. Dr. Nikolaus Nürnberger
Wien, Österreichisches Museum für angewandte Kunst
Wien, Österreichisches Barockmuseum, Österreichische Galerie
Wien, Österreichische Nationalbibliothek, Druckschriftensammlung
Wien, Österreichische Nationalbibliothek, Handschriftensammlung
Wien, Österreichische Nationalbibliothek, Kartensammlung
Wien, Österreichische Nationalbibliothek, Musiksammlung
Wien, Österreichische Nationalbibliothek, Porträtarchiv — Bildarchiv
Wien, Österreichische Nationalbibliothek, Theatersammlung
Wien, Österreichisches Tabakmuseum
Wien, Österreichisches Museum für Volkskunde
Wien, Pfarramt Mariabrunn
Wien, Pfarramt Maria Treu
Wien, Pfarramt St. Michael
Wien, Dipl.-Ing. Dr. Wilhelm Georg Rizzi
Wien, Benediktinerabtei zu den Schotten
Wien, Karl Skalitzky
Wien, Erste Österreichische Spar-Casse-Bank
Wien, Stadt- und Landesbibliothek
Wien, Prof. Richard Steiskal-Paur
Wien, Prof. Kurt und Eva Stümpfl
Wien, St. Peter

Wien, Universität, Institut für Österreichische Geschichtsforschung
Wien, Universitätsbibliothek
Wiener Neustadt, Neukloster
Wiener Neustadt, Stadtmuseum
Wiesentheid, Dr. Karl Graf von Schönborn
Würzburg, Martin von Wagner-Museum
Würzburg, Mainfränkisches Museum, Festung Marienberg
Zwentendorf, Dipl.-Ing. Michael Karl Althan
Zwettl, Stift
Zwettl, Ing. Hubert Anton

ABKÜRZUNGEN der Museen, Sammlungen und Bibliotheken:

Albertina = Graphische Sammlung Albertina
HHStA = Österr. Staatsarchiv, Haus-, Hof- und Staatsarchiv
KHM = Kunsthistorisches Museum
MK = Münzkabinett
NHM = Naturhistorisches Museum
NÖLA = Niederösterreichisches Landesarchiv
NÖLB = Niederösterreichische Landesbibliothek
ÖG = Österreichische Galerie
ÖMAK = Österreichisches Museum für angewandte Kunst
ÖNB = Österreichische Nationalbibliothek
ÖMV = Österreichisches Museum für Volkskunde
ÖStA = Österreichisches Staatsarchiv
PAD = Porträtarchiv Diepenbroick
UB = Universitätsbibliothek

ABGEKÜRZT ZITIERTE LITERATUR:

Aurenhammer, Kleiner = Hans und Gertrude Aurenhammer, Salomon Kleiner: Das Belvedere in Wien, Graz 1969.

Barnett, Marlborough = Correlli Barnett, Marlborough, London 1974.

Beierlein, Gesamthaus Wittelsbach = J. P. Beierlein, Die Medaillen und Münzen des Gesamthauses Wittelsbach, München 1901.

Bernheimer = Francisca Bernheimer, Georg Wilhelm Vestner und Andreas Vestner. Zwei Nürnberger Medailleure, München 1984.

Braubach = Max Braubach, Prinz Eugen von Savoyen. Eine Biographie, 5 Bde., Wien - München 1963—1965.

Brucher = Günther Brucher, Barockarchitektur in Österreich, Köln 1983.

Büssem - Neher, NZ 1 = Eberhard Büssem, Michael Neher (Hrsg.), Arbeitsbuch Geschichte, Neuzeit 1 (16.—18. Jh.), Repetitorium, München - New York - London - Paris 1979[4].

Divo = Jean-Paul Divo, Médailles de Louis XIV., Zürich 1982.

Domanig = Karl Domanig, Porträtmedaillen des Erzhauses Österreich, Wien 1896.

Ernst, Bergwerksmünzen = Ernst, Von Bergwerksmünzen, Wien 1885.

Exter = Friedrich Exter, Versuch einer Sammlung von Pfälzischen Medaillen, Schau-, Gedächtnis- und allerley anderen Münzen, Zweybrücken 1759, 1775.

Feldzüge des Prinzen Eugen = Feldzüge des Prinzen Eugen von Savoyen nach den Feldakten und anderen authentischen Quellen, hrsg. von der Abteilung für Kriegsgeschichte des k. k. Kriegsarchives Wien, Serie I (Bd. 1—9), Serie II (Bd. 10—20) und Registerband, Wien 1876—1892.

Fleurimont = G. R. Fleurimont, Médailles du regne de Louis XV., o. J., o. D.

Folnesics - Braun = J. Folnesics, E. W. Braun, Geschichte der k. k. Porzellanmanufaktur, Wien 1907.

Forster = A. von Forster, Die Erzeugnisse der Stempelschneidekunst in Augsburg und Ph. H. Müller's, Leipzig 1914.

Gedächtnuß-Münzen = (Joachim Negelein), Thesaurus numismatum modernorum huius seculi ... oder Historische Gedächtnuß-Müntzen des gegenwärtigen Seculi ... Nürnberg, o. J.

Gohl, Budapest emlékérmei = Ödön Gohl, Budapest emlékérmei, Bd. 1, Budapest 1899.

Grimschitz, Hildebrandt = Bruno Grimschitz, Johann Lucas von Hildebrandt, Wien 1959.

Gutkas, Prinz Eugen = Karl Gutkas (Hrsg.), Prinz Eugen und das barocke Österreich, Salzburg - Wien 1985.

Hawkins = Edward Hawkins, Augustus W. Franks, Herbert A. Grueber, Medallic Illustrations of the History of Great Britain and Ireland, London 1885.

Hayward = J. F. Hayward, Viennese Porcelain of the Du-Paquier Period, London 1952.

Heinz, Italienische Maler = Günther Heinz, Die italienischen Maler im Dienste des Prinzen Eugen, in: Prinz Eugen und sein Belvedere. Sonderheft der MÖG zur 300. Wiederkehr des Geburtstages des Prinzen, Wien 1963.

Heraeus, Inscriptiones = Caroli Gustavi Heraei inscriptiones et symbola varii argumenti, Leipzig 1734.

Hirsch = Alexander Hirsch, Die Medaillen auf den Entsatz Wiens 1683, Troppau 1883.

„Hist. Architektur" = „Johann Bernhard Fischer von Erlach, Entwurff Einer Historischen Architectur In Abbildung unterschiedener berühmten Gebäude des Alterthums und fremder Völcker ... 5 Bücher, Wienn MDCCXII ff".

Holzmair, Gnadenmedaille = Eduard Holzmair, Die österreichische Gnadenmedaille und ihre Nachfolger, in: Numismatische Zeitschrift 81 (1965).

Horsky = Sammlung Horsky. Münzen und Medaillen der oesterreichisch-ungarischen Monarchie, Frankfurt/Main 1910/11.

Hutten-Czapsky = Catalogue de la Collection des Médailles et Monnaies Polonaises du Comte Emeric Hutten-Czapsky, St. Pétersbourg - Paris 1871 ff.

Johnson = Cesare Johnson, Una possibile „storia medallica" del principe Eugenio di Savoya-Soisson, in: Medaglia Nr. 18, Milano 1983.

Joseph - Fellner = Paul Joseph, Eduard Fellner, Die Münzen von Frankfurt am Main, Frankfurt/Main 1896.

Jungwirth, Prunkmedaille = Helmut Jungwirth, Europäische Prunkmedaillen aus 5 Jahrhunderten, in: Jb. der kunsthistorischen Sammlungen in Wien 65 (1969).

Kat. Abraham a Sancta Clara = Ausstellungskatalog, Abraham a Sancta Clara, Karlsruhe 1982.

Kat. Adel, Bürger, Bauern = Ausstellungskatalog, Adel — Bürger — Bauern im 18. Jh., Schallaburg 1981.

Kat. Barockmuseum = Elfriede Baum (Hrsg.), Katalog des Österreichischen Barockmuseums im Unteren Belvedere in Wien, 2 Bde., Wien - München 1980.

Kat. Fischer = Hans Aurenhammer, Ausstellungskatalog, Johann Bernhard Fischer von Erlach, Graz - Wien - Salzburg 1956/57.

Kat. Göttweig 1983 = Ausstellungskatalog, 900 Jahre Stift Göttweig (1083—1983). Ein Donaustift als Repräsentant benediktinischer Kultur, Göttweig 1983.

Katalog Hamburger, 4. Nov. 1929 = Sammlung Pfälzischer und Badischer Münzen und Medaillen. Auktion bei Leo Hamburger, Frankfurt/Main, 4. Nov. 1929.

Kat. Jagd einst und jetzt = Ausstellungskatalog, Jagd einst und jetzt, Marchegg 1978.

Kat. Joseph II. = Ausstellungskatalog, Österreich zur Zeit Kaiser Josephs II. Mitregent Kaiserin Maria Theresias, Kaiser und Landesfürst, Melk 1980.

Kat. Leopold = Ausstellungskatalog, Der hl. Leopold. Landesfürst und Staatssymbol, Klosterneuburg 1985.

Kat. Max Emanuel = Ausstellungskatalog, Kurfürst Max Emanuel. Bayern und Europa um 1700, München 1976.

Kat. Prandtauer = Ausstellungskatalog, Jakob Prandtauer und sein Kunstkreis, Melk 1960.

Kat. Prinz Eugen 1933 = Ausstellungskatalog, Prinz Eugen, Wien 1933.

Kat. Prinz Eugen 1963 = Ausstellungskatalog, Prinz Eugen, Wien 1963.

Kat. Schausammlung Hist. Museum = Robert Waissenberger (Hrsg.), Schausammlung des Historischen Museums der Stadt Wien, Wien 1984.

Kat. Staat und Kirche = Ausstellungskatalog, Staat und Kirche in Österreich. Von der Antike bis Joseph II., St. Pölten 1985.

Kat. Der steirische Bauer = Ausstellungskatalog, Der steirische Bauer. Leistung und Schicksal von der Steinzeit bis zur Gegenwart, Graz 1966.

Kat. Steirisches Handwerk = Ausstellungskatalog, Das steirische Handwerk. Meisterschaft als Träger der Kultur und der Wirtschaft des Landes, 2 Tle., Graz 1970.

Kat. Thesenblatt = Gregor M. Lechner OSB, Das barocke Thesenblatt. Entstehung — Verbreitung — Wirkung. Der Göttweiger Bestand. Ausstellungskatalog des Graphischen Kabinetts des Stiftes Göttweig, 1985.

Kat. Türken vor Wien = Ausstellungskatalog, Die Türken vor Wien. Europa und die Entscheidung an der Donau 1683, Wien 1983.

Kat. Türken, Perchtoldsdorf = Ausstellungskatalog, Was von den Türken blieb, Perchtoldsdorf 1983.

Kat. Türken, Pottenbrunn = Ausstellungskatalog, Niederösterreich im Türkenjahr 1683, St. Pölten 1983.

Kat. Wiener Porzellan = Wilhelm Mrazek, Waltraud Neuwirth (Hrsg.), Wiener Porzellan 1718—1864. Katalog des Österreichischen Museums für angewandte Kunst, Neue Folge 3, Wien

Knall-Brskovsky, Italienische Quadraturisten = Ulrike Knall-Brskovsky, Italienische Quadraturisten in Österreich, Böhlau-Diss. zur Kunstgeschichte 21, Wien 1984.

„Kriegs- und Siegeslager" = Salomon Kleiner, Wunderwürdiges Kriegs- und Sieges-Lager des unvergleichlichen Heldens unserer Zeiten oder Eigentliche Vor- und Abbildungen der Hoff-Lust und Garten-Gebäude des Dl. Fürsten und Herrn Eugenii Francisci Herzogen von Savoyen, Augsburg 1731.

„Wahrhaffte Abb." = Wahrhaffte und genaue Abbildung aller Kirchen und Klöster, vieler Paläste, Monumente, Spitäler und Bürgerhäuser in Wien und seinen Vorstädten, Augsburg, 1724 ff.

Kolb = Joseph von Kolb, Die Münzen, Medaillen und Jetone des Erzherzogthums Oesterreich ob der Enns, Linz 1882.

Lauffer = Das Laufferische Medaillen-Cabinet. Verzeichniß aller Medaillen, welche sowohl die

Historischen Begebenheiten von A. 1679 biß A. 1742. . . .Und noch itzo beständig zu finden in Nürnberg bei Caspar Gottlieb Lauffern, 1742.
Le Meistre = Collection Le Maistre, PAX IN NUMMIS, Amsterdam (1912).
Matsche = Franz Matsche, Die Kunst im Dienst der Staatsidee Kaiser Karls VI., 2 Bde., Berlin - New York 1981.
Medailles du regne de Louis le Grand = Medailles sur les principaux evenements du regne de Louis le Grand, Baden 1705.
Medals and Coins of the Age of Peter the Great = Medals and Coins of the Age of Peter the Great (from the Hermitage Collection), Leningrad 1974.
Merseburger = Sammlung Otto Merseburger umfassend Münzen und Medaillen von Sachsen. Katalog der Firma Zschiesche & Köder, Leipzig 1894.
MÖG = Mitteilungen der Österreichischen Galerie.
MIÖG = Mitteilungen des Instituts für Österreichische Geschichtsforschung.
MÖSTA = Mitteilungen des Österreichischen Staatsarchivs.
Montenuovo = Verzeichnis verkäuflicher Münzen aus der fürstlich Montenuovo'schen Münzsammlung, Frankfurt/Main 1880—1883.
Gerda Mraz = Gerda Mraz, Prinz Eugen. Sein Leben, sein Wirken, seine Zeit, Wien - München 1985.
Gottfried Mraz = Gottfried Mraz, Prinz Eugen. Ein Leben in Bildern und Dokumenten, München 1985.
Mrazek = Wilhelm Mrazek, Wiener Porzellan aus der Manufaktur Du-Paquiers (1718—1744), Wien 1952.
ÖKT = Österreichische Kunsttopographie, Wien 1907 ff.
ÖZKD = Österreichische Zeitschrift für Kunst- und Denkmalpflege.
Polleroß, Peterskirche = Friedrich Bernhard Polleroß, Geistliches Zelt- und Kriegslager. Die Wiener Peterskirche als barockes Gesamtkunstwerk, in: Jb. des Vereins für Geschichte der Stadt Wien 39 (1983).
Porträt 1, Der Herrscher = Porträt 1. Der Herrscher. Graphische Bildnisse des 16.—19. Jh.s aus dem Porträtarchiv Diepenbroick, Münster 1977.
Prinz Eugen und sein Belvedere = Prinz Eugen und sein Belvedere. Sonderheft der MÖG zur 300. Wiederkehr des Geburtstages des Prinzen Eugen, Wien 1963.
„Prospecte" = „Prospecte und Abriße einiger Gebäude von Wien, daselbst gezeichnet von Joseph Emanuel Fischer von Erlach".
Rath = Maria Theresia Rath, Die Bildnismedaillen König Karls III. von Spanien und späteren Kaiser Karls VI., Leuven 1971.
Rizzi, Hildebrandt = Wilhelm Georg Rizzi, Johann Lucas von Hildebrandt. Ergänzende Forschungen zu seinem Werk, Diss. techn., Wien 1975.
Rizzi, Prinz Eugen und seine Bauwerke = Wilhelm Georg Rizzi, Prinz Eugen und seine Bauwerke, in: Karl Gutkas (Hrsg.), Prinz Eugen und das barocke Österreich, Salzburg - Wien 1985.
Sedlmayr, J. B. Fischer = H. Sedlmayr, Johann Bernhard Fischer von Erlach, Wien - München 1976^2.
Schau-Müntzen Ludwig des Großen = Der Berühmten Königlichen Academisten zu Paris Curiöse Schau-Müntzen, vorstellend Die vornehmsten Thaten Ludwig des Großen mit Historischer Erläuterung etc., Baden 1705.

Specificatio derer Medaillen = Specificatio derer Medaillen oder Schau-Stücke so zeithero in Gold, Silber, vergüldt- und puren Kupffer, auch Englischen Zinn verfertiget und zu bekommen bey Christian Wermuthen, 1698.

Thieme-Becker = Ulrich Thieme, Felix Becker, Allgemeines Lexikon der bildenden Künstler von der Antike bis zur Gegenwart, 37 Bde., Leipzig 1940 ff.

Unger = Catalog der von dem verstorbenen Herrn Theodor Unger in Graz hinterlassenen Münzen- und Medaillen-Sammlung, Wien 1897.

Van Loon = Gerard van Loon, Histoire metallique des XVII provinces des Pays-Bas, La Haye 1732 ff.

Numismata Romanorum Pontificum = Rudolphinus Venuti, Numismata Romanorum Pontificum etc., Roma 1744.

Weifert = Hugo Weifert, Meine Sammlung von Medaillen auf die Eroberung Belgrads in den Jahren 1688, 1717 und 1789 und den Frieden von Passarowitz, in: Mittheilungen des Clubs der Münz- und Medaillen-Freunde in Wien 30 (1892).

Wurzbach = Constant von Wurzbach, Biographisches Lexikon des Kaiserthums Oesterreich, Wien 1856 ff.

Wurzbach-Tannenberg = Wolfgang R. von Wurzbach-Tannenberg, Katalog meiner Sammlung von Medaillen, Plaketten und Jetons, Zürich - Leipzig - Wien 1943.

Zöllner = Erich Zöllner, Geschichte Österreichs. Von den Anfängen bis zur Gegenwart, Wien 1979.

FOTONACHWEIS

a) Schwarzweißabbildungen

Amsterdam, Rijskmuseum: 4.18, 5.1

Ausstellungsleitung: S. 38, 2.12, 2.25, 3.14, 4.22, 5.18, 6.25, 8.40, 9.34, 12.28, S. 299, 16.1 b, 16.13 d, 16.21, 16.30, 16.41 c, 16.52, 16.60, 17.6, 17.10, 17.14, 17.48, 17.55, 17.63, 18.3, 18.4, 18.18, 19.2, 20.2, 21.5, 21.14, 21.28, 21.35 a, 21.36 b, 21.38 a, 21.54

Berlin, Staatliche Museen: S. 137

Berlin, Stadtmuseum: S. 25

Budapest, Nemzeti Muzeum: S. 29, S. 30, 4.28, 8.62

Braunschweig, Herzog-Anton-Ulrich-Museum: 12.12

Breslau, Stadtbibliothek: 21.34 e

Brünn, Moravska Galerie: 18.27, 21.36, 21.49

Brüssel, Rathaus: 2.1

Červený Kameň, Sůcha: 1.67

Dresden, Staatliche Skulptursammlung: 5.11

Florenz, Galleria Pitti: 8.12

Stift Göttweig, Lechner: 9.3, 10.10, 16.15, 18.20

Hannover, Niedersächsisches Landesmuseum: 21.40

Hainburg, Kral: 19.7
Hamburg, Kunstgewerbemuseum: S. 28
Heidelberg, Kurpfälzisches Museum: 6.15
Innsbruck, Tiroler Landesmuseum Ferdinandeum: 16.57
Klosterneuburg, Kitlitschka-Strempel: 18.19
Krakau, Wawel: 21.66
Landau in der Pfalz, Merz: 8.16, 8.33
Linz, OÖ. Landesmuseum: S. 26, 1.7, 2.21
Ludwigsburg, Schloßverwaltung / Wacker Fotografie: 8.14, 8.15
München, Bayrische Staatsgemäldesammlung: 1.32
München, Nymphenburg: 3.8
Münster, Westfälisches Landesmuseum für Kunst und Kulturgeschichte: 1.40, 1.54, 1.63, 1.79, 8.44
Paris, Bibliothèque Nationale: 1.53, 8.19, 8.35
Prag, Národni Galerie: 5.7, 12.13, 12.22
Raijce, Museum: 4.12
Stockholm, Porträtsammlung des Nationalmuseums: 4.4, 4.6
Speyer, Hist. Museum: 8.6
Telfs, Linster: 16.59 a
Turin, Ameria Reale: S. 15, S. 31
Wien, Albertina: 1.43, 9.24, 9.51, 21.16
Wien, Bibersteiner: 13.9
Wien, BDA: S. 23, S. 33, S. 34, 1.5, 1.66, S. 79, S. 102, 3.18, 9.74, 9.75, 10.14, S. 270, S. 298, S. 300, S. 308, S. 310, 15.1 a, 16.43, 17.1 h, 17.1 a, 17.9, 18.8, 18.33, 18.35, 18.41, 18.42, 21.17, 21.55, 21.56, 21.58
Wien, Gemäldegalerie der Akademie der Bildenden Künste: 2.3
Wien, Glasgalerie Michael Kovacek: 3.22
Wien, HGM: 8.3, 8.56, 9.59, 12.47
Wien, Hist. Museum: 1.46, 2.15, 2.22, 6.2, 6.3, 6.11, 6.14, 9.13, 9.26, 10.7, 10.11, 12.31, 17.13 g, 17.18, 17.34, 18.29, 21.34 b, 21.44, 21.68
Wien, KHM: 2.4, 2.33. 3.4, 4.9, 4.13, 5.4, 6.5, 6.16, 7.9, 9.10, 9.18, 9.40, 12.1, 12.4, 12.7, 12.39, 19.6, 19.12, 20.5
Wien, NÖ Landesbildstelle (Nechuta): 1.11, 1.22, 1.27, 3.6, 18.48
Wien, NÖ Landesmuseum: 19.15, 21.1
Wien, Prim. Dr. Nürnberger: 13.9, S. 308
Wien, Mayr: 4.38
Wien, Meyer: 3.2
Wien, Stift Schotten: 10.15
Wien, Oberer: 8.54, 8.55, 10.3
Wien, ÖNB, Bildarchiv: S. 16, S. 18, S. 22, 2.8, 2.36, 6.34, 9.46, 12.44, S. 313, 21.7, 21.45 a, 21.60
Wien, ÖMAK: 19.17, 19.21
Wien, ÖG: 1.74, 5.2, 18.15, 21.38 d
Wiener Neustadt, Stadtmuseum: 9.52
Würzburg, Martin-von-Wagner-Museum: 21.11
Zwettl, Schön: 9.21, 17.17, 21.20 b

b) Farbabbildungen

Antol, Schloßmuseum: 31
Berlin, Verwaltung der staatlichen Schlösser und Gärten: 17
Bordon, Whitaker: 13, 19
Červený Kameň: 82
Houston: 11
Ludwigsburg, Schloßverwaltung / Wacker-Fotografie: 10, 72
München, Süddeutscher Verlag: 53, 55
Perchtoldsdorf, Stadtmuseum: 61, 62, 63, 81
Privatbesitz: 28, 29, 34, 36, 49, 50, 102
Salzburg, Museum Carolino Augusteum: 74, 75
St. Pölten, Fasching: 18, 56, 93, 96, 99
St. Pölten, Dr. Karl: 79
St. Pölten, Stadtmuseum: 84, 85, 86, 95
Stift Altenburg: 91
Wien, Albertina: 41, 42
Wien, Glasgalerie Michael Kovacek: 32, 33
Wien, HGM: 45, 57
Wien, KHM: 15, 37, 38, 44, 101
Wien, Lessing: 64
Wien, NHM: 35
Wien, NÖ Landesbildstelle (Nechuta): 2, 3, 4, 5, 21, 27, 70, 71, 80
Wien, Oberer: 22, 25, 26, 50, 51, 87, 88, 89, 90
Wien, ÖG: 30, 31, 66, 94
Wien, Otto: 7, 11, 16, 98, 103
Wien-Südstadt, Haller: 23, 24, 43
Wien, ÖNB: 6, 8, 39, 40, 92
Zwettl, Schön: 1, 20, 46, 47, 48, 52, 54, 58, 59, 60, 65, 67, 68, 73, 76, 77, 78, 97, 100

INHALT

Schloßhof

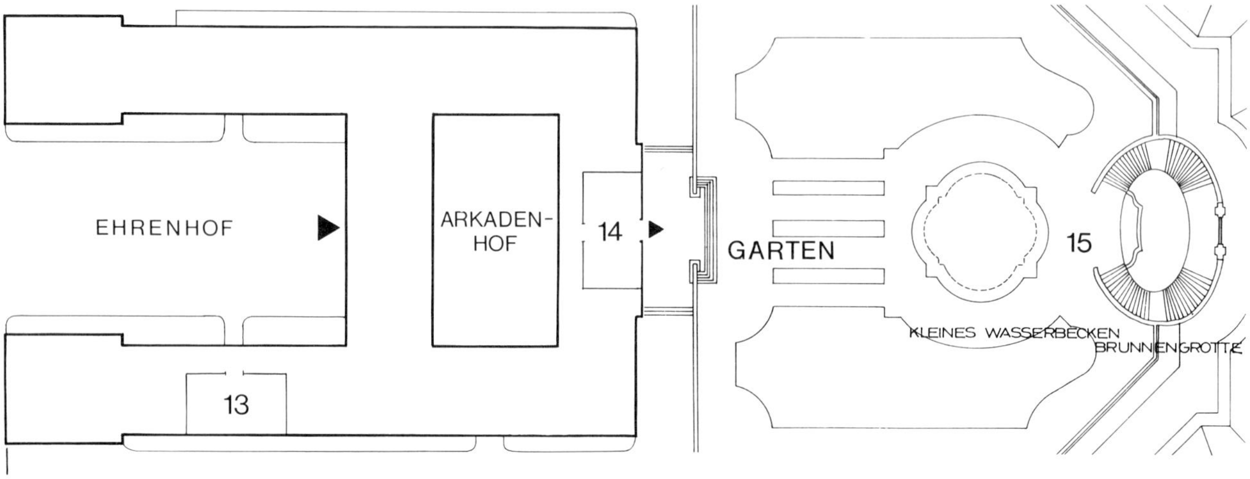

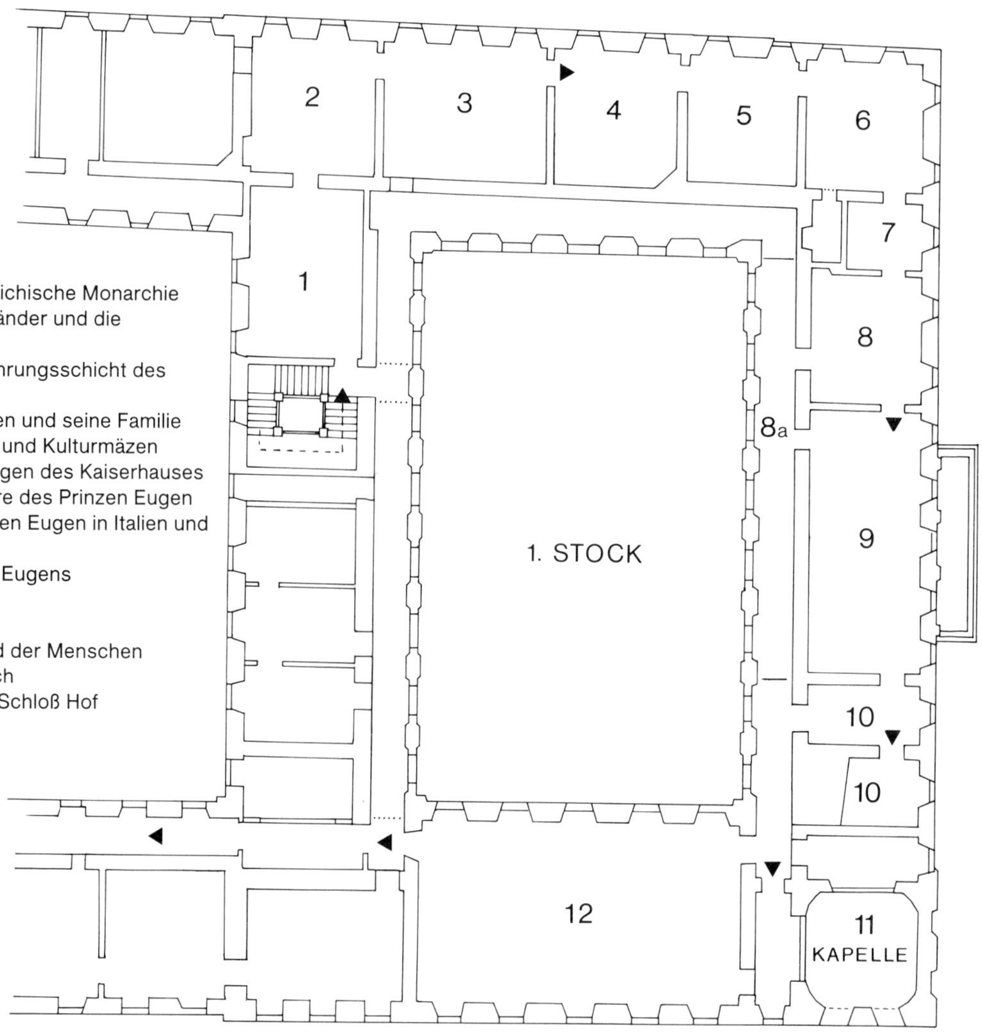

1 Europa und die österreichische Monarchie
2 Die österreichischen Länder und die Pragmatische Sanktion
3 Die österreichische Führungsschicht des Hochbarocks
4 Der Mensch Prinz Eugen und seine Familie
5 Prinz Eugen als Kunst- und Kulturmäzen
6 Die Kunstunternehmungen des Kaiserhauses
7 Die militärische Karrierre des Prinzen Eugen
8 Die Feldzüge des Prinzen Eugen in Italien und am Rhein
9 Die Türkenkriege Prinz Eugens
10 Pietas Austriaca
11 Schloßkapelle
12 Apotheose der Zeit und der Menschen
13 Schloß Hof an der March
14 Die Restaurierung von Schloß Hof
15 Die Gartenanlage

Niederweiden

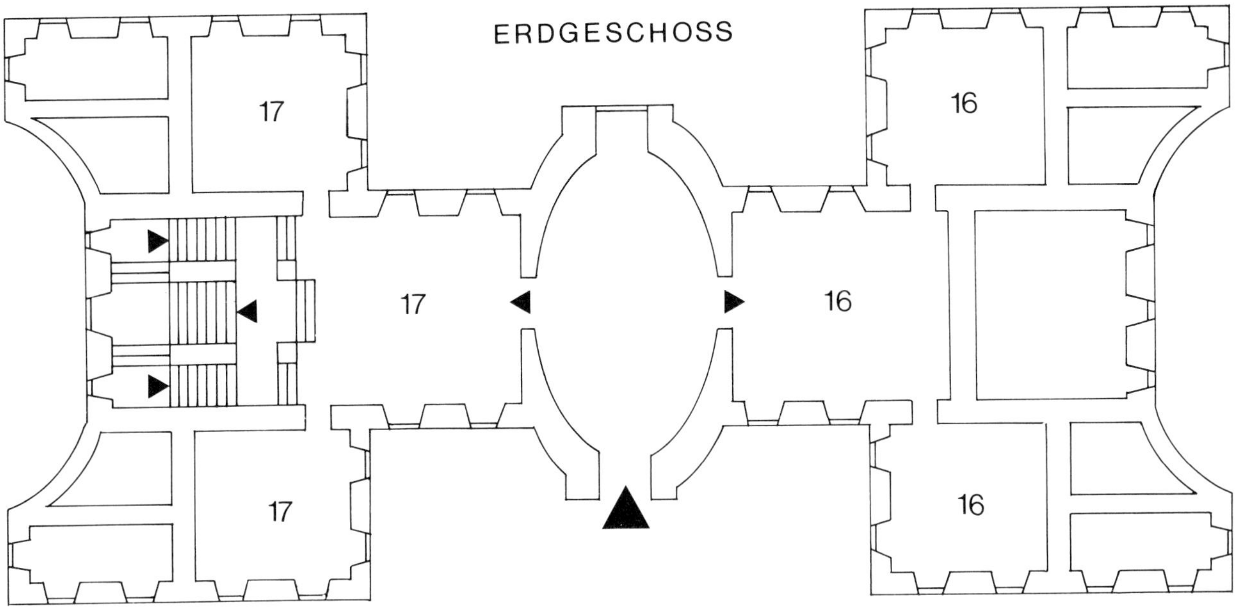

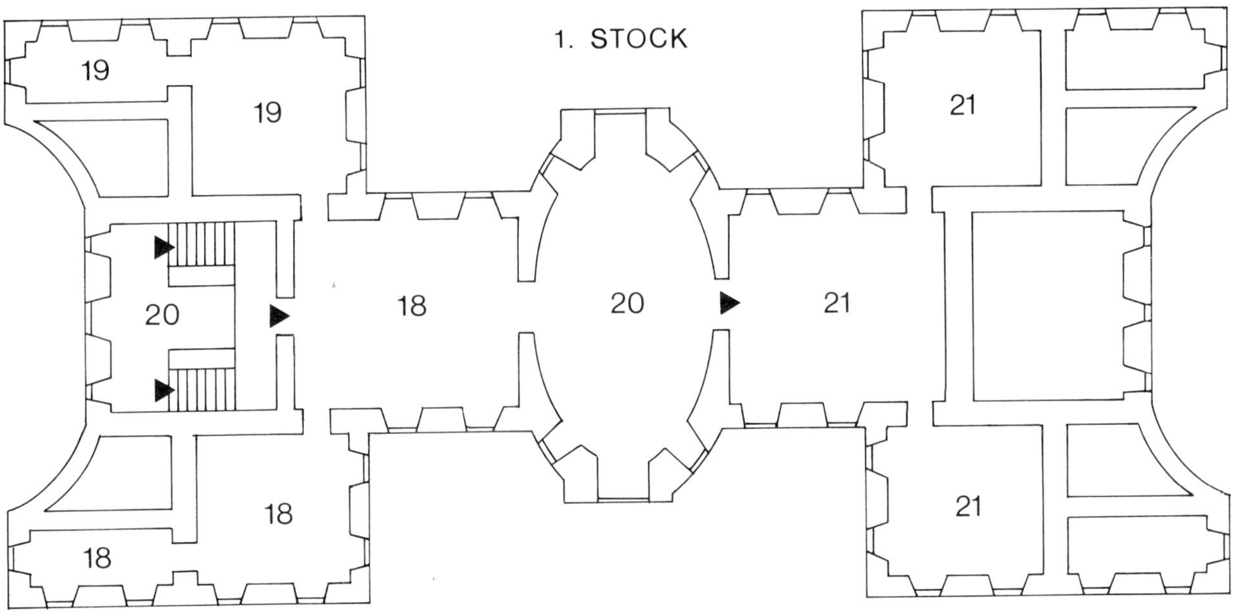

16 Von der Grundherrschaft zur Wirtschaftsherrschaft
17 Arme Leute und gesellschaftliche Außenseiter
18 Hochbarocke Kirchen und Klöster in Niederösterreich und Wien
19 Die Jagd als höfisches und adeliges Vergnügen
20 Festsaal, Stiegenaufgang und Eingangshalle
21 Prinz Eugen und seine Bauwerke

Prinz Eugen zählt wohl zu den bekanntesten und markantesten Persönlichkeiten der österreichischen Geschichte. Als Feldherr und Staatsmann ist er mit dem Schicksal Österreichs auf das engste verbunden, als Bauherr, Kunstfreund, Mäzen und Sammler ist er für den Bestand an Kunstwerken in Österreich ebenso bedeutend wie seine Bibliothek für die Bestände der österreichischen Nationalbibliothek.

Der 250. Todestag dieses Mannes muß mehr als nur willkommener Anlaß sein, dieser Persönlichkeit eine Ausstellung zu widmen, und zwar in Schloßhof und in Niederweiden, zwei Schlössern, die einst Prinz Eugen gehörten. Erstmals werden diese beiden Schlösser, die im Eigentum der Republik Österreich stehen und in der Kriegs- und Nachkriegszeit devastiert wurden, nunmehr in restauriertem Zustand (was Schloßhof betrifft zumindest in teilweise restauriertem Zustand) der Öffentlichkeit präsentiert. Dabei handelt es sich — und dies sollte rund 40 Jahre nach dem Ende des Zweiten Weltkrieges besonders bedacht werden — um zwei Denkmale, von denen nach 1945 angenommen werden mußte, ihre Restaurierung werde wohl niemals mehr möglich sein. Ebenso wie es in der Zeit Prinz Eugens nach den Verwüstungen der Türkenkriege zu einem großen neuen Aufbruch kam, spiegelt daher auch die Restaurierung dieser beiden Schlösser den heutigen Aufbauwillen und die Aufbaukraft Österreichs für Kulturbauten auch nach den Verwüstungen des Zweiten Weltkrieges wider.

Die Ausstellung stellt aber auch noch eine weitere Besonderheit dar: es ist die erste von der Republik Österreich und dem Land Niederösterreich *gemeinsam* durchgeführte Großausstellung. Auch diese positive Zusammenarbeit hervorzuheben erscheint mir ganz besonders wesentlich.

So möchte ich abschließend der Hoffnung Ausdruck geben, daß es dieser Ausstellung, die zugleich die *Zeit* Prinz Eugens dokumentieren soll, gelingen möge, das Verständnis für die Geschichte Österreichs zu vertiefen, wobei zu dieser Geschichte nicht nur die großen staatsgeschichtlichen Ereignisse gehören, sondern ebenso die gesamte kulturelle und soziale Landschaft, in der die Menschen damals lebten. Wenn es dieser Ausstellung gelingt, den Besuchern nicht nur historische und kulturelle Fakten nahezubringen, sondern zugleich auch ein Gefühl dafür zu vermitteln, wie die Menschen der damaligen Zeit lebten und die Probleme der damaligen Zeit gemeistert haben, dann hat die Ausstellung ihre Aufgabe erfüllt.

In diesem Sinne wünsche ich der Ausstellung einen vollen Erfolg.

Heinz Fischer
Bundesminister für Wissenschaft und Forschung

Die Republik Österreich und das Land Niederösterreich präsentieren heuer gemeinsam eine Ausstellung von besonders hohem historischen ebenso wie künstlerischen Stellenwert. Diese zweifellos auch international bedeutsame Schau über „Prinz Eugen und das barocke Österreich" hat gleichzeitig dazu geführt, daß die beiden berühmten Marchfeldschlösser Schloßhof und Niederweiden restauriert und der Öffentlichkeit zugänglich gemacht wurden. Über die kulturelle Bedeutung hinaus ist dies auch eine regionalpolitisch überaus bedeutsame Tat. Denn ich bin überzeugt davon, daß diese Ausstellung neben ihrer historischen und kulturellen Bedeutung, auch zu einer allgemeinen, vor allem wirtschaftlichen Belebung dieser Region führen wird, wie wir dies bereits bei den in diesem Gebiet gezeigten großen Ausstellungen des Jahres 1978 feststellen konnten.

Die Persönlichkeit Prinz Eugens ist auf Grund seiner kriegerischen und staatsmännischen Erfolge, aber auch wegen seiner Bedeutung für Kunst, Kultur und Wissenschaft gleichermaßen faszinierend. In seinem Werdegang zeigt sich einmal mehr, daß es das Habsburgerreich verstanden hat, auch für Persönlichkeiten außerhalb des Reichsgebietes Anziehungspunkt zu sein. Zudem ist Prinz Eugen eine in seinem Wirken und in seiner Ausstrahlung universelle Erscheinung, wie sie die heutige Zeit nicht mehr kennt.

Und so bin ich überzeugt davon, daß diese gemeinsame Großausstellung auch auf ein entsprechendes Echo stößt.

Als Landeshauptmann danke ich allen Leihgebern und überhaupt allen Stellen und Personen, die zum Zustandekommen der Ausstellung beigetragen haben. Die Tatsache, daß das Wirken, der Bekanntheitsgrad, aber auch die Popularität Prinz Eugens bis heute ungebrochen sind, ist von vornherein die beste Voraussetzung für einen Erfolg dieser Ausstellung. Hier wird eine große Zeit der österreichischen Geschichte, ausgehend von einer ebenso großen Persönlichkeit, umfassend präsentiert. Möge daher die Prinz Eugen-Ausstellung die Erfolgsserie der großen niederösterreichischen Ausstellungen fortsetzen.

Siegfried Ludwig
Landeshauptmann von Niederösterreich

Die beiden Marchfeldschlösser Schloßhof und Niederweiden sind Schauplatz der diesjährigen Großausstellung „Prinz Eugen und das barocke Österreich". Der 250. Todestag des bedeutenden Feldherrn und Staatsmannes war unmittelbarer Anlaß für die Gestaltung dieser Schau.

Das Bundesland Niederösterreich hat in den vergangenen Jahrzehnten mit seinen großen Landesausstellungen einen erfolgreichen Weg beschritten, nämlich eine möglichst große Zahl von Mitmenschen mit den kulturellen Schätzen unseres Landes und den historischen Bezügen vertraut zu machen. Jährlich werden diese großen Expositionen von hunderttausenden Kulturinteressierten besucht. Zum ersten Mal wird nun eine solche Ausstellung in Niederösterreich gemeinsam von Bund und Land getragen. Damit soll dokumentiert werden, daß es sich bei dem Thema um ein gesamtösterreichisches Anliegen handelt. Die im Besitz des Bundes befindlichen Schlösser waren durch den Krieg und die Nachkriegszeit in einem mehr als desolaten Zustand. Während Niederweiden schon instandgesetzt war, mußten für Schloßhof außerordentlich hohe Beträge aufgewendet werden, um es einigermaßen als Schauplatz einer so anspruchsvollen Ausstellung herzurichten. Für die Renovierung übernahm das Bundesland Niederösterreich einen kleineren Teil der Kosten, die Aufwendungen für die Ausstellung selbst werden von beiden Gebietskörperschaften zu gleichen Teilen getragen. Für die Gestaltung der Schau konnte in der Person von Universitätsprofessor Dr. Karl Gutkas ein bewährter Fachmann gewonnen werden, der für die wissenschaftliche Gestaltung einiger der größten niederösterreichischen Landesausstellungen verantwortlich zeichnete. Dazu konnte noch die langjährige Ausstellungspraxis der Fachleute der niederösterreichischen Kulturabteilung zur Verfügung gestellt werden.

Ich bin überzeugt, daß durch die Ausstellung, vor allen Dingen aber durch die wissenschaftliche Bearbeitung des Ausstellungsmaterials und die Herstellung des Katalogs, wieder neue Erkenntnisse über eine wichtige historische Periode und über die Persönlichkeit Prinz Eugens gewonnen werden. Neben der Bedeutung solcher Ausstellungen für die Volksbildung steht daher immer wieder auch der Gewinn für die historische Forschung.

Wenn in den letzten Jahren die Besucherzahlen bei historischen Großausstellungen so außerordentlich hoch waren, deutet das auf ein zunehmendes Interesse der Menschen für die Geschichte unseres Vaterlandes hin. Es ist Aufgabe der Volksbildung — und solche Veranstaltungen haben in erster Linie volksbildnerischen Charakter —, diesem Bedürfnis Rechnung zu tragen. Für das Marchfeld ist natürlich auch die wirtschaftliche Komponente von nicht unwesentlicher Bedeutung. Die umfangreichen Arbeiten im Zuge der Restaurierung und der Ausstellungsgestaltung haben eine gewisse Belebung des Gewerbes mit sich gebracht, während die zu erwartenden Besucherzahlen sicher den Fremdenverkehr in diesem Raum ankurbeln werden.

Die Voraussetzungen für einen Erfolg der Großausstellung „Prinz Eugen und das barocke Österreich" sind in hohem Maße gegeben. Es ist zu wünschen, daß sich die Erwartungen aller Beteiligten, der Veranstalter, der regionalen Wirtschaft, vor allem aber des hoffentlich zahlreichen Publikums, erfüllen werden.

Leopold Grünzweig
Landeshauptmannstellvertreter

Gliederung und Aufbau der Ausstellung

Vor 250 Jahren ist Prinz Eugen von Savoyen in seinem Stadtpalast in Wien gestorben, ein Mann, der während seines Lebens durch Jahrzehnte die damaligen Erfolge der österreichischen Monarchie verkörpert hatte. An einem Wendepunkt der Geschichte Österreichs, knapp vor der Entscheidungsschlacht am Kahlenberg vom 12. September 1683, war er in das kaiserliche Heer eingetreten und hatte es später in Ungarn und Jugoslawien, in Italien, Deutschland und Belgien von Sieg zu Sieg geführt. Diese von ihm geistig neu geformte und mit einem gewaltigen Siegeswillen ausgestattete kaiserliche Armee war das Unterpfand für das Werden der österreichischen Großmacht und gab ihr auch in den ersten Jahrzehnten ihres Bestandes einen sicheren Rückhalt. Daß Prinz Eugen unter diesen Voraussetzungen auch in vielen Belangen die Politik mitzugestalten vermochte, ist verständlich, da er den drei Kaisern, denen er zu dienen hatte, und der österreichischen Monarchie, die ihm zur Wahlheimat geworden war, stets nützlich sein wollte. Obwohl nicht in Österreich oder Deutschland geboren, war ihm auch das Schicksal des römisch-deutschen Reiches eine Herzensangelegenheit geworden, mehr aber doch das Haus Österreich. Als Heerführer und Staatsmann hatte er es zu internationalem Ansehen gebracht, darüber hinaus wurde er auch als Bauherr, Sammler von Büchern und Kunstwerken und Liebhaber von Tieren verschiedener Art bekannt. So hat er sich auch ein Denkmal als einer der bedeutendsten Mäzene der Zeit gesetzt.

Eines der Bauwerke, das Prinz Eugen von Johann Lucas von Hildebrandt neu gestalten ließ, und ein zweites, das Johann Bernhard Fischer von Erlach für den Fürsten Starhemberg erbaut hatte und der Prinz kaufen konnte, nämlich die Marchfeldschlösser Schloßhof und Niederweiden, sind Schauplatz dieser von der Republik Österreich und vom Land Niederösterreich gemeinsam veranstalteten Ausstellung. Beide Schlösser haben in den letzten Jahrzehnten ein schweres Schicksal erlebt. Während aber Niederweiden bald restauriert werden konnte, schien das Schicksal von Schloßhof ein schwer zu lösendes Problem zu werden. Doch ergab sich nun die Möglichkeit, im Rahmen der Vorbereitung dieser Gedächtnisausstellung an das Wirken des Prinzen Eugen mit der Revitalisierung der gewaltigen Schloßanlage zu beginnen und sie für neue Funktionen vorzubereiten. Zwar ist es nicht gelungen, alle Räumlichkeiten der Beletage, also jenes Stockwerkes, das unter Prinz Eugen gebaut und benützt wurde, wieder in altem Glanz herzustellen und zur Gänze für die Ausstellung nutzbar zu machen. An die Renovierung des zweiten, unter Maria Theresia aufgesetzten Stockwerkes wurde überhaupt nicht gedacht. Trotzdem wurde ein wesentlicher kulturpolitischer und den Interessen des Denkmalschutzes dienender Schritt gesetzt. Zweifellos können Schloßhof und Niederweiden künftig kulturelle Stützpunkte des Marchfeldes werden, falls es gelingt, die bauliche Revitalisierung dauernd mit Leben zu erfüllen.

Diese Ausstellung soll in erster Linie versuchen, das Bild des Prinzen Eugen neu zu präsentieren. Dies ist auf wissenschaftlichem Gebiet relativ leicht, weil in den letzten Jahrzehnten viele wertvolle Vorarbeiten publiziert wurden. Insbesondere das fünfbändige Werk von Max Braubach ist eine moderne Biographie, für die ungeheures Quellenmaterial aufgearbeitet wurde. Dieses Werk kann auch durch intensive Forschung nur in Details ergänzt werden. Das wissenschaftliche Gesamtbild, das Braubach in jahrzehntelanger Arbeit erstellt hat, wird noch lange Zeit Gültigkeit haben, doch wird es notwendig sein, Prinz Eugen und seine Zeit immer wieder neu zu erarbeiten und zu deuten. Die Aufgabe der Mannschaft, die für die Gestaltung dieser Ausstellung zuständig war und sich um deren Vorbereitungen schon eine Anzahl von Jahren bemühte, war daher in erster Linie, das museale Bild des Prinzen Eugen und der Zeit, in der er lebte, zu ergänzen und zu erweitern. Mehrere Dissertanten haben unter meiner Anleitung schon zu einer Zeit, als noch nicht feststand, ob, wo und wer die Ausstellung veranstalten würde, mit solchen Vorarbeiten begonnen und damit wesentliche Erkenntnis für die Erarbeitung einer Ikonographie und einer neuen Bildbiographie des Prinzen Eugen ermöglicht. Darüber hinaus habe ich mich mit Mitarbeitern und Studenten bemüht, bisher unbekannte Bildquellen zu erschließen oder als verschollen geltende Dokumente wieder ausfindig zu machen und nach Möglichkeit in die Darstellung einzubinden, wobei nicht nur die Person, sondern die Zeit und die Umwelt seines Wirkens ebenfalls erfaßt werden mußten. Was in der Ausstellung gezeigt wird, ist nur ein Teil jenes Materials, das mit Hilfe eines Forschungsauftrages des Bundesministeriums für Wissenschaft und Forschung und des Jubiläumsfonds der Österreichischen Nationalbank erarbeitet werden konnte. Die gegenseitige Ergänzung von schriftlichen Quellen und Realien ermöglicht aber, wie bei anderen Ausstellungen immer wieder gezeigt werden konnte, ein völlig neues historisches Bild. Gleichzeitig wurde auch versucht, die Funktion des Prinzen als Bauherr oder sein menschliches Verhalten neu zu überdenken.

Anders als bei früheren Ausstellungen, wo das gesamte im Rahmen der Vorarbeiten gesammelte Wissen dem Katalog anvertraut wurde, konnte eine Vorauspublikation mit Arbeiten von 36 Wissenschaftlern der verschiedensten historischen Disziplinen bereits im Herbst 1985 im Rahmen eines Buches erscheinen, das den gleichen Titel wie die Ausstellung trägt und vom Residenz-Verlag in Salzburg herausgegeben wurde. Dort ist bereits das Ausstellungskonzept in seiner ganzen Breite aufgerollt worden, ein Konzept, das sich zum Ziel setzt, den Prinzen Eugen von Savoyen mehr als es bisher getan wurde, als Mitglied der politisch und sozial ausschlaggebenden Führungsschicht in seine Zeit hineinzustellen. Eine Reihe von dort niedergelegten neuen Erkenntnissen konnte in die Ausstellung übernommen werden und damit zu einer besonderen Ausreifung mancher Themen beitragen. So sind im Katalog vorwiegend Ausstellungsobjekte beschrieben, wie sie im Rahmen der Ausstellungsgestaltung zugeordnet wurden, doch wird jedem einzelnen Kapitel eine einleitende Zusammenfassung vorangestellt und die Probleme dazu eingehend erläutert.

Da diese Ausstellung auf zwei, wenn auch benachbarte, Schlösser aufgeteilt ist, mußte in der Gliederung darauf entsprechend Rücksicht genommen werden. In Schloßhof werden vor allem jene Probleme in den Vordergrund gestellt, die den Prinzen Eugen im politischen Bereich besonders berührten oder mit seinen Ämtern, seiner politischen und militärischen Funktion in Verbindung stehen, während in Niederweiden die soziale Problematik im weitesten Sinne dargestellt wird. Das bedeutet, daß dort nicht nur die verschiedenen sozialen Situationen dargestellt werden, sondern auch auf jenes verwiesen wird, was davon bis zum heutigen Tag geblieben ist: von den damals herrschenden Schichten, Hochadel und Kirche, geschaffene barocke Bauwerke, die heute noch Österreichs Landschaft stark prägen. Da von Prinz Eugen entscheidende Beiträge zu diesem Denkmalbestand geleistet wurden, ist der neuerliche Hinweis auf seine Person als Bauherr gleichsam als Ausklang dieser Ausstellung gedacht.

Natürlich wurde auch nicht vergessen, auf das spätere Schicksal von Schloßhof einzugehen, zu schildern, wie das Bauwerk zur Zeit Maria Theresias erweitert wurde, dann lange Zeit ohne rechten Verwendungszweck blieb, bis es schließlich der österreichisch-ungarischen Armee zur Verfügung gestellt wurde. Wir haben auch versucht, auf jene Periode, die es zur Ruine werden ließ, kurz zu verweisen.

Daß die Revitalisierung gewaltige Probleme aufwirft, soll sowohl an einer kleinen Dokumentation der Renovierungsarbeiten als auch in natura an den halbfertigen Arbeiten der Sala terrena gezeigt werden. Viele Wünsche blieben auch unerfüllt. So ist es nur möglich, einen bescheidenen Teil des einst so prächtigen Gartens zugänglich zu machen.

Anders als bei früheren ähnlichen historischen Ausstellungen wurde diesmal dem „Nachleben" nur bescheidener Raum gewidmet. Obwohl ein Feldherr später weniger Beachtung findet als ein Herrscher, sind die literarischen Denkmäler, aber auch die Monumente des Prinzen Eugen durchaus vorhanden. Seine Person wurde auch von Ideologien unseres Jahrhunderts durchaus in Anspruch genommen. So stand schon die Ausstellung des Jahres 1933 unter einem ideologischen Vorzeichen, die deutsche Kriegsmarine gab einem Panzerkreuzer seinen Namen und auch eine vorwiegend aus deutschen Jugendlichen der Balkanländer rekrutierte SS-Division des Zweiten Weltkrieges wurde nach dem Prinzen benannt. Während des Balkanfeldzuges des Jahres 1941 ertönte das Lied vom Prinzen Eugen fast täglich im Rundfunk. Wir glaubten aber, ein Eingehen auf dieses Nachleben könnte zu Mißverständnissen führen und setzen den Schlußstrich bei den monumentalen Denkmälern, die ihm auf dem Heldenplatz in Wien und auf dem Platz vor der Nationalgalerie in Budapest errichtet wurden.

Da diese Ausstellung eine gemeinsame Veranstaltung der Republik Österreich und des Bundeslandes Niederösterreich ist, lagen viele Entscheidungen bei einem Arbeitskomitee, in dem Ministerialrat Dr. Norbert Helfgott vom Bundesministerium für Wissenschaft und Forschung sowie Präsident des Bundesdenkmalamtes Dr. Gerhard Sailer die Interessen des Bundes vertraten, während das Land Niederösterreich, in dessen Hände die Durchführung des Unternehmens gelegt wurde, vom Leiter der Kulturabteilung Dr. Georg Schmitz, von Dr. Gottfried Stangler als wissenschaftlichem Koordinator und von Ing. Hubert Schwarz als Verantwortlichem für alle technischen Organisationsfragen repräsentiert wurde. Ihnen allen möchte ich herzlich dafür danken, daß es doch möglich war, in der kurzen Zeit zwischen dem Abschluß des Kooperationsvertrages und der Eröffnung der Ausstellung alle wesentlichen Probleme zeitgerecht zu lösen. Vor allem Dr. Stangler möchte ich deshalb hervorheben, weil mit ihm täglich die anstehenden Probleme des Augenblicks zu bewältigen waren und er sich wie schon bei früheren Ausstellungen in der wissenschaftlich-technischen Organisation als besonders aktionsfreudig erwies.

Den Mitgliedern des wissenschaftlichen Beirates, vorwiegend Repräsentanten der wichtigsten Leihgeber, sei ebenfalls für die erwiesenen Hilfestellungen herzlich gedankt.

Dem Bundesministerium für Bauten und Technik, insbesondere der mit der Verwaltung beider Schlösser betrauten Bundesbaudirektion Wien, muß herzlich gedankt werden, daß nach der Renovierung von Niederweiden in kurzer Zeit und in enger Zusammenarbeit mit dem Bundesdenkmalamt die Instandsetzung jener Teile von Schloßhof erfolgte, die für eine Gestaltung und Abwicklung der Prinz-Eugen-Ausstellung notwendig sind.

In diesen Dank muß ich auch die Restaurierwerkstätten des Bundesdenkmalamtes und des Nö. Landesmuseums mit einschließen, die eine Reihe von Objekten erst ausstellungsreif machten.

Mein besonderer Dank gilt aber jenen wissenschaftlichen Mitarbeitern, die sich in den Dienst der Vorbereitung dieser Ausstellung stellten. Sie haben oft Ergebnisse langer Forschungsarbeit beigesteuert und zur Ausleuchtung mancher bisher nicht klar erkennbarer Probleme beigetragen. Besonders muß ich die intensive Mitarbeit von Frau Dr. Hildegard Leitgeb und von Herrn Dr. Thomas Karl hervorheben. Frau Dr. Leitgeb hat schon in ihrer Dissertation ebenso wie andere junge Wissenschaftler, die aus verschiedenen Gründen nicht mehr in die Ausstellungsgestaltung einbezogen werden konnten, an der Erarbeitung der Grundlagen beigetragen. Herr Dr. Karl hat sein Wissen als Kunsthistoriker und seine Erfahrung als mein Assistent bei der Gestaltung einer anderen großen Ausstellung in hervorragender Weise eingebracht. Frau Magister Susanne Dressler war ebenfalls dank ihrer einschlägigen Diplomarbeit und ihres besonderen Interesses für Ausstellungsgestaltung eine wertvolle Helferin.

Jene Bediensteten des Kulturreferates der Nö. Landesregierung, denen die Durchführung dieses großen Projektes übertragen wurde, seien ebenfalls in besonderer Weise hervorgehoben. Für die umfangreiche Korrespondenz stellten sich Frl. Ingrid Wittmann, Frau Friederike Hromas und Frau Christa Grillenberger zur Verfügung, für verschiedene wertvolle Mithilfe Herr Peter Kopetzky und Herr Robert Wohlschlager.

Ihnen möchte ich ebenso danken wie den Bürgermeistern Hans Schickelgruber und Willi Gruber sowie den Magistratsdirektoren Hofrat Dr. Walter Pogorevc und Dr. Karl Karner der Stadt St. Pölten für das Entgegenkommen, eine solch gewaltige Aufgabe neben meinen Amtspflichten bewältigen zu können.

Eine Ausstellung dieses Umfanges und dieser weitgesteckten Thematik ist nur durch Zusammentragen von Objekten aus vielen Sammlungen des In- und Auslandes möglich. Daher gilt mein Dank allen Leihgebern, Museumsdirektoren, Kustoden und vielen Privatpersonen, die uns nicht nur mit Rat und Tat zur Seite standen, sondern unseren oftmals umfangreichen Wünschen entsprachen.

Viele hundert Objekte wirksam und gefällig vorzustellen, bedarf eines technischen Teams mit großer Erfahrung. Von Herrn Architekt Dipl.-Ing. Ferdinand Zörrer und von Frau Dipl.-Graphikerin Irmgard Grillmayer wurde das Ausstellungskonzept nach meinen und meiner Mitarbeiter Vorstellungen erarbeitet, die Karten und Montagen hergestellt, die aus den Vorlagen der wissenschaftlichen Mitarbeiter und aus den Aufnahmen der Fotografen wirksame Ausstellungsobjekte machten. Viele Firmen mußten mithelfen, um jene Hilfsmittel beizustellen und funktionsfähig zu machen, deren eine moderne Ausstellung bedarf. Der umfangreiche Katalog wurde von der Druckerei Grasl hergestellt. Ihnen sei ebenso für die gute Arbeit gedankt wie den Druckereien, die Prospekte und Plakate herstellten, den Zeitungen und Medien, insbesondere dem Landesstudio Niederösterreich des Österreichischen Rundfunks, die mithelfen, die Ausstellung in Fernsehen und Hörfunk bekannt zu machen.

Die Prinz-Eugen-Ausstellung und die sie begleitenden Veranstaltungen und Publikationen sollen ein weiterer Schritt auf dem Weg sein, dem österreichischen Volk und insbesondere auch der jungen Generation den Zugang zur Geschichte ihres Volkes und Landes zu erleichtern. Viele Ausstellungen der letzten Jahre versuchen, dieses historische Bewußtsein zu verstärken, und die Besuchserfolge dürften dem auch recht geben. Wenn auch diese Ausstellung ein weiterer Schritt auf diesem Wege ist, wird die jahrelange Zusammenarbeit vieler Personen, vor allem aber das Bemühen der Wissenschaftler um Popularisierung ihrer Fächer, am besten belohnt werden.

Karl Gutkas

Prinz Eugen von Savoyen, Feldherr und Staatsmann

Die Biographie eines Menschen kann man nur verstehen, wenn man seine Zeit mit einbezieht. So ist auch Prinz Eugen von Savoyen ein Mann des Barockzeitalters gewesen, das seine eigenen politischen, kulturellen und sozialen Voraussetzungen hatte.

Prinz Eugen wurde in der zweiten Hälfte des 17. Jahrhunderts geboren und lebte bis weit hinein in die erste Hälfte des 18. Jahrhunderts. Es war dies die Periode des absolutistischen Herrschaftsanspruches der Kaiser, Könige und anderer Landesfürsten. Frankreich war zur Zeit des „Sonnen"-Königs Ludwig XIV. in mehrfacher Hinsicht — kulturell, wirtschaftlich, militärtechnisch — Hegemonialmacht. Zur bedeutendsten Macht in Mitteleuropa waren die weitgehend geeinten Länder der österreichischen Habsburger geworden. Dieses Geschlecht bestand seit 1520 aus zwei Linien. Seit der Teilung des Hauses Österreich in eine spanische und eine deutsche Familie hatten die von Kaiser Karl V. abstammenden Habsburger die größere Macht besessen. Sie beherrschten das spanische Imperium und mit diesem auch das westliche Mittelmeer; dessen weitläufige Kolonien erstreckten sich über Nord- und Südamerika und über den westlichen Pazifik. Seit hundert Jahren war die Macht Spaniens aber im Absteigen. Nun stand auch die Dynastie vor dem Aussterben. Zum spanischen Imperium gehörten auch große Teile Italiens, die Herzogtümer Mailand und Mantua als Glieder des römisch-deutschen Reiches in der Poebene, in Süditalien das Königreich Neapel und die beiden Inseln Sizilien und Sardinien. Unter spanischer Herrschaft stand auch ein beträchtlicher Teil des heutigen Belgien unter dem Namen „Spanische Niederlande". Die österreichisch-deutsche Linie stellte seit dem Jahre 1558 den Kaiser des römisch-deutschen Reiches, beherrschte alle österreichischen Erblande und trug seit 1526 auch die Königskronen von Ungarn und Böhmen. Wegen des Anspruches auf Ungarn gab es seit dieser Zeit, also seit nahezu zwei Jahrhunderten, ständig Konflikte mit dem Osmanischen Reich. Diese banden nicht nur einen erheblichen Teil der ständischen Steuern und militärischen Kräfte der nieder- und innerösterreichischen Länder, sondern wirkten auch auf alle großen politischen Entscheidungen ein.

Das Osmanische Reich war eine weitere Großmacht, welche die Balkanhalbinsel, die Gebiete um das Schwarze Meer und um das östliche Mittelmeer beherrschte, aber auch in Vorderasien und in Teilen Afrikas verankert war. Konkurrenten von Spanien, in zunehmendem Maße aber auch von Frankreich, waren die Seemächte England und Holland. In England hatte zu dieser Zeit nach der kurzen Zwischenherrschaft Cromwells und der Puritaner das Parlament sich von der männlichen katholischen Linie des schottischen Königshauses der Stuarts durch die Glorreiche Revolution gelöst und war nun nach der Machtergreifung Wilhelms von Oranien und seiner Gattin Maria im Begriffe, durch eine Personalunion mit den Niederlanden die erste Macht zur See zu werden. Spaniens Seeherrschaft hatte man schon gebrochen, nun war Frankreich an der Reihe.

Im Norden Europas war damals Schweden eine Großmacht, die seit dem Dreißigjährigen Krieg das Baltikum beherrschte und in Konkurrenz zu Rußland trat, wo mit Zar Peter dem Großen (1682—1725) ein imperialer Aufschwung erfolgte. Daneben gab es auch im Zentrum Europas einige Staaten mit aufsteigender Tendenz: innerhalb des Reiches Brandenburg-Preußen im Nordosten, das durch die Verleihung des Königstitels „in Preußen" im Jahre 1700 auch sichtbar hervorgehoben wurde, das unter der Herrschaft der Wittelsbacher stehende Bayern im Süden und als weitere, nicht zu unterschätzende Macht Sachsen, weil dessen Kurfürsten von 1697 an mit Unterbrechung durch den Polnischen Erbfolgekrieg und die neuerliche Schilderhebung des Stanislaus Leszczynski mit Frankreichs Hilfe nach dem Tode August II. im Jahre 1733 bis 1763 auch Könige von Polen waren. Konfliktzonen dieser Jahrzehnte waren der Ostseeraum, Ungarn mit Nordserbien, Italien, und hier wieder besonders die Lombardei, sowie Belgien, also jene Randbereiche des spanischen Imperiums, die vom Mutterland aus schwer zu beherrschen und zu verteidigen, sowie dem Zugriff Frankreichs ausgesetzt waren.

Über die staatlichen Strukturen hinweg gab es ein den größten Teil des Kontinentes überspannendes und im Prinzip weitgehend angeglichenes Sozialsystem des Feudalismus mit einer reichen adeligen Oberschicht, deren Vertreter den Verlust des politischen Mitspracherechtes im Rahmen der jeweiligen regionalen Landstände zumindest in Mitteleuropa an einen absolut herrschenden Landesfürsten durch stärkeren Fürsten- und Staatsdienst kompensierten. Diese zahlenmäßig relativ geringe, meist aber durch umfangreichen Grundbesitz sehr reiche Oberschicht, die untereinander wieder vielfach verwandt und verschwägert war und im österreichischen Raum keine nationalen Bindungen kannte, half dem Herrscher als Beamte, Staatsmänner, Diplomaten und Offiziere aller Ränge. Auch untereinander respektierten sie sich über die Landesgrenzen hinweg, schonten sich gegenseitig in Kriegen, zumal auch dann Verwandtschaften über die Grenzen hinweg bestanden und protegierten sich immer, wenn es nützlich und notwendig zu sein schien. Vaterland oder Heimat hatten für sie ebenfalls nur geringen oder gar keinen Stellenwert, bewarben sich doch auch die Fürsten um den Königstitel von Ländern, von denen sie kaum wußten, wo sie lagen, oder nahmen Kronen ihnen völlig unbekannter Länder und Völker an. Prinzen von Portugal oder Frankreich, auch die Kurfürsten von Sachsen, wollten Könige in Polen werden, die Lothringer wurden Großfürsten der Toskana und Stanislaus Leszczynski Herzog von Lothringen, als es den politischen Interessen von Großmächten förderlich war. Ob die französischen Anjous oder die deutschen Habsburger Könige von Spanien wurden, durfte die Bewohner des Landes nicht kümmern.

Zu dieser Gruppe des über Landes- und Volksgrenzen hinweg agierenden Hochadels gehörte auch jene italienisch-savoyisch-französische Familie, aus der Prinz Eugen stammte. Sein Vater nannte sich Eugen Moritz Graf von Soissons-Carignan und entstammte dem savoyischen Herzogsgeschlecht, war aber auch französischer Prinz von Geblüt. Er lebte im Umkreis des französischen Königshofes und hatte sich sowohl als hoher Beamter als auch als General Ludwigs XIV. große Verdienste erworben. Eugens Mutter hingegen war Italienerin und hieß als Mädchen Olympia Mancini. Da sie eine Nichte des 1661 verstorbenen französischen Staatsmannes Kardinal Jules Mazarin war, konnte sie in die französische Oberschicht dieser Zeit einheiraten. Durch seine väterliche Abstammung war Prinz Eugen der Urenkel eines Herzogs von Savoyen, der Urenkel des spanischen Königs Philipp II. und ein Enkel des zur Bourbonenfamilie gehörenden Grafen von Soissons, als dessen Erbe sein Vater unter die französischen Prinzen aufgenommen worden war. Seine Urgroßmutter war aber auch eine Habsburgerin, so daß sich weitschichtige familiäre Fäden nach Spanien und Österreich spannen ließen.

Am 18. Oktober 1663 wurde Eugen Franz, wie er mit vollem Namen hieß, im Hotel Soissons in Paris als fünftes Kind und gleichzeitig jüngster Sohn seiner Eltern geboren. Ihm folgten noch zwei Schwestern. Im Milieu der Pariser Oberschicht wuchs er, allerdings von der lebenslustigen Mutter stark vernachlässigt, auf. Sein Vater starb während eines Feldzuges in Deutschland, als Eugen zehn Jahre alt war, die Mutter, die in ihrer Jugend eine Freundin des Königs Ludwigs XIV. gewesen war, verfeindete sich mit diesem und kümmerte sich immer weniger um ihre sieben Kinder, von denen Eugens älterer Bruder Emanuel 1676 starb. Die Großmutter, Maria von Bourbon, von der er das Vorrecht hatte, Prinz von königlichem Geblüt zu sein, leitete die Erziehung, doch ist über seine Jugend nur wenig bekannt, und was überliefert ist, erweist sich durchaus nicht immer als erfreulich. Da er klein und unansehnlich blieb, glaubte man, er hätte keine Aussichten, erfolgreich die militärische Laufbahn zu bestehen und suchte ihn für den geistlichen Stand vorzubereiten. Als Abbé de Savoye erhielt er im Alter von fünfzehn Jahres als erstes Zeichen geistlicher Berufung durch den päpstlichen Nuntius die Tonsur. Aber bald legte er die geistliche Kleidung wieder ab und zählte in Paris, deshalb von der Großmutter des Hauses verwiesen, zur jeunesse dorée. Schulden, die er damals anhäufte, hat er später, als er in Österreich zu Geld gekommen war, zurückgezahlt.

Er war also in seinen jungen Jahren mit dem ihm zugedachten Schicksal nicht zufrieden, denn er wollte Soldat werden. Deshalb bewarb er sich um den Eintritt in die französische Armee. Als er aber von König Ludwig XIV. im Jänner des Jahres 1682 bei einer Audienz abgewiesen wurde, suchte er sein Glück außerhalb Frankreichs, in Mitteleuropa, wo man in diesem Jahre dringend Soldaten benötigte und jeden gern aufnahm, der sich freiwillig anbot.

Zu Beginn dieses Jahres 1683 war nämlich ein neuer Krieg zwischen dem Kaiser Leopold I. und dem Osmanischen Reich ausgebrochen. Der türkische Großwesir Kara Mustapha wollte entgegen den Erwartungen der österreichischen Feldherren und des Kaisers den Feldzug nach Österreich tragen und traf Vorbereitungen Wien zu belagern. Auf dem Rückzug aus Ungarn war die kaiserliche Reiterei in der Nähe von Petronell in ein Gefecht mit den vorpreschenden Tataren verwickelt worden. Dabei wurde Eugens Bruder Ludwig Julius, der seit 1681 in kaiserlichen Diensten stand und ein Regiment befehligte, so schwer verwundet, daß er eine Woche später starb. Als der junge Prinz in Paris vom Schicksal seines Bruders erfuhr, verließ er am 23. Juli heimlich die französische Hauptstadt und stellte sich einige Monate später dem Kaiser Leopold I. in Passau vor. Er wurde dort freundlich aufgenommen und als Volontär dem Herzog Karl von Lothringen zugeteilt, in dessen Verband er am 12. September 1683 bei der Entsatzschlacht von Wien teilnahm. So war er bei einem der bedeutendsten Ereignisse der österreichischen Geschichte dieser Zeit beteiligt, und die weiteren Auseinandersetzungen mit den Türken sollten auch sein Schicksal weitgehend bestimmen.

Da er zur Führungsschicht Europas gehörte und überall Verwandte hatte, erlebte er einen kometenhaften Aufstieg. Schon im Dezember des Jahres 1683 erhielt er das Patent eines Obersten über ein Regiment Dragoner, das bisher der im Feldzug in der Slowakei gefallene Hans Heinrich Graf Kuefstein besessen und befehligt hatte. Vorher konnte er sich noch bei der Eroberung der Festung Esztergom/Gran bewähren. Ob für diese rasche Beförderung nur seine militärischen Verdienste oder doch mehr die Protektion der spanischen Verwandten, die Unterstützung des mit ihm ebenfalls verwandten Markgrafen Ludwig Wilhelm von Baden oder des bayerischen Kurfürsten Max Emanuel, eines anderen Vetters, maßgebend waren, wird nie ganz geklärt werden können. Obwohl er schon im Jahre 1685 zum Generalfeldwachtmeister befördert worden und damit eine militärische Spitzenkarriere in Österreich gesichert war, suchte er doch auch nach einer anderen Versorgung und erwog den Dienst für Savoyen oder für das spanische Imperium. Im Frühjahr des Jahres 1686 erreichte er in Madrid die Erhebung zum spanischen Granden und wurde ein Jahr später vom spanischen König zum Ritter des Goldenen Vlieses ernannt, das ihm in Wien in den ersten Wochen des Jahres 1687 überreicht wurde. Die Versuche seiner damals in Madrid lebenden Mutter, ihm nicht nur hohe Ehren zu vermitteln, sondern ihn auch mit einer Tochter aus einem reichen spanischen Hause zu verheiraten, führten aber nicht zum Ziel. Einige Jahre später verlieh ihm der Herzog von Savoyen hingegen die beiden Abteien San Michele della Chiusa und Santa Maria di Casanova in Piemont. Als deren Laienabt bezog er beträchtliche Einkünfte, doch waren diese Funktionen an ein Leben im Zölibat gebunden. Geistliche Weihen bedurfte er keiner, denn in diesen Funktionen vertraten ihn an Ort und Stelle Vikare. Mehr band er sich aber nicht an Savoyen, sondern blieb dem Land und dem Herrn treu, dem er sich im Jahre 1683 verschrieben hatte: Österreich und dem habsburgischen Kaiser, ob er nun Leopold I., Joseph I. oder Karl VI. hieß.

Eugens Schicksal blieb also weiterhin mit dem kaiserlichen Heer und dem noch immer andauernden Türkenkrieg verbunden. Im Jahre 1684 wurde er bei der Belagerung der Feste Buda/Ofen erstmals verwundet, konnte sich 1686 bei der endgültigen Eroberung dieser zentralen Feste Ungarns neuerlich auszeichnen und wurde durch einen Pfeilschuß wiederum leicht verwundet. Im folgenden Jahr 1687 fiel er bei der Schlacht von Mohacs beim Berge Harsan durch große Tapferkeit auf. Als erster drang er in die Verschanzungen der Osmanen ein und durfte dann die Nachricht vom Siege nach Wien bringen, was als besondere Auszeichnung galt. Im folgenden Jahr 1688 besetzte er die Vorstadt der Festung Belgrad, bevor deren Belagerung durch die Kaiserlichen begann, wurde bei der Eroberung der Stadt neuerlich, diesmal schwer, verwundet, stand also erneut im Zentrum des Kriegsgeschehens. Dafür wurde er zum Feldmarschall-Leutnant ernannt. Nach der Ausheilung seiner Wunden wurde er kurze Zeit am Rhein, im Jahre 1690 dann erstmals in Norditalien, in der Heimat seiner Vorfahren und gegen das Land seiner Herkunft eingesetzt. Er übernahm nämlich das Kommando über ein österreichisches Korps, das den im seit 1688 währenden Kriege des Kaisers gegen Frankreich auf die habsburgische Seite getretenen Herzog von Savoyen unterstützen sollte. Er hatte aber hier wenig Gelegenheit, sich auszuzeichnen, rechtfertigte aber doch das Vertrauen, das man in Wien in seine militärische Tüchtigkeit setzte. Seine wesentliche Tat war im Jahre 1691 die Franzosen zur Aufhebung der Belagerung der Schlüsselfestung Cuneo zwischen Piemont und Nizza zu zwingen. Am 25. Mai 1693 unterzeichnete der Kaiser in Laxenburg das Patent, in dem er den noch nicht dreißigjährigen Prinzen nach kaum zehnjähriger Dienstzeit zum Feldmarschall ernannte. Doch erlitten die Kaiserlichen bald darauf in Italien bei Marsaglia eine Niederlage. Noch weitere drei Jahre kommandierte Eugen in Italien, dann beendete der Neutralitätsvertrag von Vigevano am 8. Oktober 1696 den Krieg in diesem Lande und Eugen kehrte nach Wien zurück.

Schon im Jahre 1694, also knapp ein Jahrzehnt nach seiner Ankunft in Österreich, hatte er dort innerhalb der Stadtmauern in der Himmelpfortgasse ein Haus erworben, das er bis zum Jahre 1697 umbauen ließ. Nach dem Vorbild des Palastes des Fürsten Ferdinand Joseph Dietrichstein im Herrenviertel von Wien, entwarf Johann Bernhard Fischer von Erlach die Pläne für Haus und Fassade. Nach dem

Kauf des Nachbarhauses gegen die Seilerstätte zu, erweiterte der schon vorher mit der Innenausstattung betraute Architekt Johann Lucas von Hildebrandt in den Jahren 1708 bis 1709 diesen Palast und baute nach dem Zukauf eines Hauses auf der anderen Seite in den Jahren 1723/24 eine Erweiterung nach Westen, wobei er sich in beiden Fällen dem Kernbau Fischers unterordnete. Dies ist das Gebäude, das jetzt vom Bundesministerium für Finanzen benützt wird. Da in Wiens Vorstädten nach den großen Zerstörungen im Türkenjahre 1683 Grundflächen günstig zu kaufen waren — wenn man das nötige Geld besaß —, erwarb Prinz Eugen im Jahre 1697 auch am Rennweg Äcker und Weingärten, weil er neben seinem Stadtpalast auch ein Gartenpalais besitzen wollte. Doch kam es dort vorerst nicht zum Bau, da er in den folgenden Jahren ständig anderswo beschäftigt war.

Vom Aussehen des jungen Prinzen berichten einige Bildnisse, die allerdings nicht signiert und datiert sind. So gibt es in Schloß Kirchberg am Walde, das später den Nachfahren jenes Grafen Kuefstein gehörte, von dem er das Dragonerregiment übernommen hatte, ein Gemälde, das Prinz Eugen darstellen soll und wenn, dann einen sehr jungen Prinzen zeigt. Ein weiteres Bildnis im niederösterreichischen Adelsbesitz ist ebenfalls mit Prinz Eugen von Savoyen beschrieben, zeigt einen jungen Mann, der noch nicht die Insignien des Ritters vom Goldenen Vlies trägt. Demnach wäre das Bild vor 1687/88 entstanden. Ein drittes Gemälde, von dem sich nur mehr eine Abbildung im Bildarchiv Marburg erhalten hat und das sich früher in Dessau befunden haben soll, wäre um 1690 entstanden, als sich Eugen um die Prinzessin Franziska von Lauenburg bewarb. Auch zwei Stiche, die nicht sehr charakteristisch sind, deuten auf diese frühe Zeit hin. Ein wesentlicher neuer Abschnitt des Wirkens von Prinz Eugen begann im Jahre 1697. Im April dieses Jahres wurde er zum Adlatus des Oberbefehlshabers der kaiserlichen Truppen gegen die Türken ernannt. Denn der Krieg gegen das Osmanische Reich dauerte nun schon vierzehn Jahre lang und noch immer war keine Entscheidung gefallen. Seit der Abkommandierung des Markgrafen Ludwig Wilhelm von Baden an den Oberrhein hatten die Kaiserlichen in Ungarn kein Glück mehr. Obwohl die Truppen Kaiser Leopolds große Teile dieses Landes weiterhin besetzt hielten, war die Festung Belgrad wieder verlorengegangen, und der junge Oberbefehlshaber Kurfürst Friedrich August I. von Sachsen besaß als General wenig Erfahrung und hatte nur geringe Energie. Nur mit Mühe konnte man Siebenbürgen sichern, Unternehmungen gegen Belgrad und Temesvár waren gescheitert. Prinz Eugen sollte nun den Entscheidungen des jungen Kurfürsten Nachdruck verleihen. Als dieser aber bald darauf zum König von Polen gewählt wurde, erhielt der 36jährige Feldmarschall Eugen seine Chance. Im Juli 1697 wurde er zum Oberbefehlshaber der Kaiserlichen in Ungarn ernannt und konnte schon wenige Wochen später, am 11. September, seinen ersten großen Sieg bei Zenta erringen. Dieser Erfolg wurde von Zeitgenossen dem wundertätigen Mariengnadenbild Maria Pötsch aus dem Dorfe Pötsch (Pocs) zugeschrieben, dessen bisher nicht zu stillender Tränenstrom nach der Schlacht bei Zenta versiegt sein soll, wie Abraham a Sancta Clara in einer Predigt schilderte. Den angreifenden kaiserlichen Soldaten sei das Gnadenbild vor den türkischen Verschanzungen erschienen, wurde erzählt.

Der Sieg von Zenta entsprang wohl dem überlegenen strategischen Können und der Entschlußkraft des neuen kaiserlichen Oberbefehlshabers, aber auch dem Siegeswillen der Armee, die nach gewaltigen Marschleistungen noch in den Nachmittagstunden die Kraft zum entscheidenden Angriff aufgebracht hatte. Denn der neue Feldherr Eugen hatte zuerst die Kampfkraft der eigenen etwa 50.000 Mann starken Truppen wiederhergestellt und griff nach einem Gewaltmarsch das in Richtung Siebenbürgen marschierende wesentlich stärkere, unter dem Befehl des Sultans stehende türkische Heer in dem Augenblick an, als es die Theiß überquerte. Damit erfocht er jenen großartigen Sieg, der seinen Ruf in ganz Europa begründete. König Ludwig XIV. soll sogar, allerdings vergeblich, versucht haben, ihn wieder für Frankreich zu gewinnen. Der folgende Friede von Karlowitz (Sremski Karlovce) im Jahre 1699 sicherte den Habsburgern den Besitz des größten Teils von Ungarn, auch die Hegemonie über Siebenbürgen und begründete damit die habsburgische Großmacht in Mitteleuropa.

Mit dem Sieg bei Zenta war Prinz Eugen erfolgreichster Feldherr des Kaisers Leopold geworden. Dieser erwies sich auch dankbar. Er schenkte Eugen umfangreiche Ländereien in Slawonien und ernannte ihn zu Beginn des Jahres 1700 zum Mitglied des Geheimen Rates. Damit konnte er in politischen Fragen mitreden, wenn er in Wien war, jedenfalls gehörte er von nun an zu jenem ausgewählten Kreis von einheimischen Adeligen, die eine besondere Vertrauensstellung einnahmen.

Eugen hatte auch schon begonnen, sich in Wien häuslich einzurichten. Der Rohbau seines Palastes in der Himmelpfortgasse war damals schon fertig, doch entzog er nun dem Architekten Johann Bernhard Fischer von Erlach den Auftrag und übertrug die Innenausstattung jenem Hofbaumeister Johann Lucas von Hildebrandt, der bei seinen Feldzügen in Italien teilgenommen hatte. Dieser baute ab dem Jahre 1702 für den Prinzen noch ein weiteres Schloß im Zentrum Ungarns. Im Jahre 1698 hatte Eugen nämlich auf der Donauinsel Csepel bei Buda ausgedehnte Grundstücke erworben, auf denen nun von Hildebrandt das Schloß von Ráckeve erbaut wurde, eine ebenerdige Dreiflügelanlage mit einem doppelgeschossigen Saalbau. Neben dem Schloß entstanden ausgedehnte Wirtschaftsgebäude.

Das Jahr 1700 wurde ein entscheidendes für die weitere europäische Geschichte. Zwischen Schweden, Polen und Rußland brach der Nordische Krieg aus, und durch den Tod des letzten habsburgischen Königs Karls II. von Spanien war die Erbschaftsfrage dieses gewaltigen Reiches ungelöst. Nachdem der nächste Verwandte, der Sohn des Kurfürsten von Bayern und der Tochter Leopolds I. im Jahre 1699 gestorben war, ernannte der sterbende spanische König den Enkel des Franzosenkönigs Ludwig XIV., den Herzog Philipp von Anjou, in seinem Testament zum Erben.

Die österreichischen Habsburger, Kaiser Leopold und seine Söhne Joseph und Karl, wollten aber diese Entscheidung nicht anerkennen und beanspruchten das gesamte spanische Reich für sich, obwohl sie wesentlich weitschichtiger mit dem spanischen Königshaus verwandt waren als die Bourbonen in Frankreich. Sie glaubten aber, frühere Verzichte der nach Frankreich verheirateten spanischen Prinzessinnen würden ihre Ansprüche berechtigt machen.

Kaiser Leopold I. war 1640 geboren und schon seit 1658 Oberhaupt des Reiches und der österreichischen Länder. Er war ein vielfach gebildeter und musikliebender Mann, sprach mehrere Sprachen, komponierte selbst und legte ein grenzenloses Gottvertrauen an den Tag. Als Politiker war er jedoch entscheidungsscheu, mußte aber trotzdem zwei Kriege gegen das Osmanische Reich und drei langwierige gegen Frankreich führen und glaubte sich nun auch noch zum Spanischen Erbfolgekrieg entschließen zu müssen. Er war dreimal verheiratet: die ersten zwei Gattinnen waren Habsburgerinnen aus Spanien und Tirol gewesen, der Ehe mit seiner dritten Gemahlin Eleonore Magdalena Theresia von Pfalz-Neuburg entstammten zehn Kinder, darunter seine beiden Söhne Joseph und Karl. Der Erbprinz Joseph hatte diesen Namen erhalten, weil sein Vater 1674 den hl. Joseph zum Patron aller seiner Länder gemacht hatte. Seine Erziehung war sorgfältig, besser als sein Vater wurde er mit den Sprachen der habsburgischen Länder vertraut gemacht, und sprach mit 18 Jahren neben Deutsch und Latein auch Französisch, Spanisch, Italienisch, Tschechisch und Ungarisch. In politischen Dingen dachte er realistisch, verstand sich mit guten Ratgebern zu umgeben, so daß er, Nachfolger Leopolds geworden, die Krisenjahre der Spätzeit seines Vaters bewältigen und die Monarchie beinahe zum Sieg über das Frankreich Ludwigs XIV. führen konnte.

Joseph hinterließ aus seiner Ehe mit Amalie Wilhelmine von Braunschweig-Lüneburg nur zwei Töchter, der Sohn starb als Kleinkind. Er war immer erotischen Abenteuern zugänglich und infizierte seine Frau mit einer venerischen Krankheit.

Ganz anders war sein jüngerer Bruder Karl geartet. Er war im Jahre 1703, als er aufbrach, um als Karl III. das spanische Imperium in Besitz zu nehmen, erst achtzehn Jahre alt. Dann verbrachte er acht Jahre im Kampf um dieses Land auf der iberischen Halbinsel und heiratete in dieser Zeit die Prinzessin Elisabeth Christine von Braunschweig-Wolfenbüttel. Im Jahre 1711 kehrte er nach dem Tode seines Bruders nach Österreich zurück, um als Karl VI. Kaiser des römisch-deutschen Reiches und Herrscher des habsburgischen Imperiums zu werden.

Seit dem Jahre 1700 hatte sich in Europa eine große Koalition gegen Frankreich gebildet, in die neben den Reichsständen auch die Seemächte England und Holland eintraten, und die später auch auf Portugal und Savoyen ausgedehnt wurde. Die wittelsbachischen Kurfürsten von Bayern und Köln schlossen sich hingegen den Franzosen an. So kam es nun im westlichen Europa zu jenem großräumigen Krieg, der von 1700 bis 1714 dauerte und „Spanischer Erbfolgekrieg“ heißt. Da sich das benachbarte Bayern den Franzosen anschloß und seit 1703 in Ungarn ein acht Jahre lang nicht zu beherrschender Aufstand tobte, waren die Kernländer der Habsburger mehrmals unmittelbar bedroht. Die Spaltung ging durch bisher befreundete und verwandte Familien. Kurfürst Max Emanuel von Bayern war einst Kaiser Leopolds Schwiegersohn und Oberbefehlshaber seiner Armee gewesen, jetzt wurde über ihn die Reichsacht verhängt.

In dieser Periode wurde Prinz Eugen zu einem der bedeutendsten und bekanntesten Feldherrn Europas. Schon im Spätherbst des Jahres 1700 mußte er neuerlich die Leitung der Armee in Italien übernehmen. Nachdem die zum spanischen Imperium gehörende Lombardei von den Franzosen besetzt worden war, die das Etschtal bei Ala sperrten, mußte Eugen den Feldzug von den Tälern Südtirols aus zu führen versuchen. Am 26. Mai 1701 begann er mit Soldaten, Pferden, Gerät und schweren Waffen über Saum- und Ziegenpfade die tridentinischen Alpen zu überqueren und schloß diese Operation am 4. Juni ab. Als er den Vormarsch gegen das Etschtal begann, war der Gegner völlig überrascht und erkannte seine weiteren Absichten nicht. Am 9. Juni konnte Eugen daher die Franzosen bei Carpi an der Etsch besiegen, diesen Fluß überschreiten und wenige Wochen später bei Chiari gegen die unter dem neuen Feldherrn Marschall François de Neufville Duc de Villeroy angreifenden Franzosen einen weiteren Sieg erringen. Im folgenden Jahre konnte er wohl bei einem Handstreich durch einen Kanal in das französische Hauptquartier in Cremona eindringen und den Herzog von Villeroy gefangennehmen, die Einnahme der Stadt mißlang aber und auch weitere Kämpfe dieses Jahres brachten keine Entscheidung. Neuer französischer Heerführer war Louis Joseph Duc de Vendôme geworden, nun standen sich nicht nur die bedeutendsten Feldherrn beider Seiten gegenüber, sondern auch Cousins. Denn Marschall Vendôme war ein Sohn der Schwester von Eugens Mutter.

Im gleichen Jahre 1702 wurden von den Kaiserlichen auch am Rhein Erfolge erzielt. Bei der Belagerung von Landau fiel am 27. August Eugens letzter und ältester Bruder Ludwig Thomas als kaiserlicher General. Um dessen Söhne, vor allem um deren Karriere als Offiziere, sollte sich der Prinz später kümmern müssen.

Das Jahr 1703 brachte eine neue schwere Krise des österreichischen Staatsgefüges. Kaiser Leopold I., der nun selbst schon alt geworden war, hatte sich in seinen letzten Jahren mit gleichaltrigen Beratern umgeben, die der Situation nicht gewachsen waren. Als nun im Mai der Hofbankier Samuel Oppenheimer starb, entstand eine Finanzkrise, die sich zur politischen steigerte, als im Juni des gleichen Jahres in Oberungarn, der heutigen Slowakei, unter der Führung von Franz II. Rákóczy ein großer Aufstand losbrach, der sich bald über das westliche Ungarn ausdehnte. Auch Grenzgebiete Niederösterreichs, Mährens und der Steiermark wurden bedroht.

Die einst von Imre Thököly um 1680 gegen die Habsburger aufgebotene Gruppe ungarischer Aufständischer war wohl besiegt worden, doch gab es weiter geheime Verbindungen mit der habsburgischen Herrschaft unzufriedener ungarischer Hochadeliger mit Frankreich, an deren Spitze sich Franz II. Rákóczy stellte. Als dieser 1701 verhaftet wurde, aber mit Hilfe eines Offiziers seiner Bewachung aus Wiener Neustadt nach Polen entfliehen konnte, entstand bald eine mächtige Bewegung, die sich vorerst über die Slowakei, bald aber über ganz Ungarn erstreckte, und nicht nur Magyaren, sondern auch Slowaken, Deutsche und Rumänen einbezog. Der ungarische Hochadel konnte aus verschiedenen sozialen Bewegungen gegen sich eine politische gegen die Habsburger machen. Obwohl man noch im Sommer 1703 an March und Leitha Sicherungsarbeiten einleitete, griffen die Plünderungszüge bald auf österreichischen, mährischen und steirischen Boden über und bedrohten Grenzorte.

Die größte Gefahr entstand aber in Süddeutschland. Die Reichsarmee hatte die Vereinigung der Bayern und Franzosen an der oberen Donau nicht verhindern können, nun wollte die französische Armee in Italien ebenfalls eine Verbindung mit Bayern herstellen. Die Stadt Kufstein wurde erobert und es schien, als ob von Süden und von Norden her das Land Tirol von Feinden besetzt werden würde. Der nordtiroler Landsturm schlug aber eine bayerische Einheit bei der Pontlatzer Brücke in der Nähe von Landeck, eine große Volkserhebung vertrieb im Sommer 1703 die Bayern aus Tirol zur gleichen Zeit, während die Reichsarmee östlich von Ulm im November besiegt wurde.

In dieser schwierigen Situation entschloß sich Kaiser Leopold unter dem Druck des Kronprinzen Joseph, eine neue Führungsmannschaft zu bestellen. Einige bisherige Minister wurden entlassen, die neuen waren Gundacker Thomas Graf Starhemberg als Hofkammerpräsident und damit verantwortlich für das Finanzwesen sowie der Feldmarschall Prinz Eugen als Präsident des Hofkriegsrates. Damit hatte er das gesamte Militärwesen der österreichischen Monarchie zu leiten. In diesen Zeiten war es üblich, daß die Mitglieder der Geheimen Konferenz, also die Minister, nicht nur in Wien ihre Ämter ausübten, sondern bei besonders schwierigen Problemen auch selber an Ort und Stelle zum Einsatz kamen. Manche wurden als Sonderbotschafter entsandt, um bedeutsame Verhandlungen zu führen, Prinz Eugen trat auch als Präsident des Hofkriegsrates wiederholt an die Spitze von Armeen, wenn es galt, besonders wichtige Entscheidungen herbeizuführen. Solche mußten aber in den nächsten Jahren fallen, wenn sich die außen- und innenpolitische Lage der habsburgischen Monarchie verbessern sollte.

Der Prinz hatte durch den italienischen Feldzug des Jahres 1701 in England viel Anerkennung und Bewunderung erlangt und zum Abschluß des großen Bündnisses mit den Seemächten beigetragen, das die künftigen weiträumigen Operationen in Spanien und Deutschland ermöglichte. Nun sollte durch ein Zusammenspiel der Reichsarmee mit kaiserlichen und englisch-holländischen Truppen die militärische Situation im Reich bereinigt werden. Der englische Feldherr John Churchill Earl, später Duke, of Marlborough marschierte aus den spanischen Niederlanden, dem jetzigen Belgien, rheinaufwärts, dann durch das Neckartal und über die Schwäbische Alb und vereinigte sich mit Teilen der Reichsarmee und kaiserlichen Truppen unter dem Befehl des Prinzen Eugen im Grenzbereich von Württemberg zu Bayern. Am 13. August griffen die Truppen beider Feldherren die vereinigten Franzosen und Bayern bei Blindheim und Höchstädt in der Nähe von Donauwörth an und errangen einen großen Sieg. Die Franzosen verloren ihre halbe Armee und räumten Bayern, Kurfürst Max Emanuel ging wieder als bourbonisch-spanischer Gouverneur in die Niederlande, sein Land, das von seiner zurückgebliebenen Gattin verwaltet werden sollte, war der Willkür der Sieger ausgeliefert. Seine drei kleinen Kinder wurden von den Österreichern in Klagenfurt interniert.

Für den englischen Feldherrn wurde dieser Sieg, den er nach dem Dorfe Blindheim/Blenheim nannte, zur Quelle seines Ruhmes bis hinein ins hohe Alter. Sein seit dem Jahre 1705 erbautes Landschloß erhielt den Namen Blenheim Palace und ist mit Tapisserien aus der Brüsseler Werkstätte De Vos ebenso ausgestattet, wie das in den Jahren 1709 bis 1711 erbaute Marlborough-House in Saint James mit Wandbildern von Louis Laguerre geschmückt ist. Unter diesen Darstellungen ist „The Battle of Blenheim“ monumental vertreten. Laguerre hat auf einem der Bilder auch den Prinzen Eugen als mutigen Kämpfer dargestellt, da er bei Höchstädt auf dem rechten Flügel entscheidend zum Siege beigetragen hatte und selbst in Lebensgefahr geraten war. Im Reich hingegen wurden Medaillen geprägt, auf denen diese und die spätere Zusammenarbeit beider Feldherren gepriesen wird. Auch der Holländer Jan van Huchtenburgh hat später nicht nur seinen Zyklus der Siege des Prinzen gemalt, sondern auch kleinere Bilder, auf denen Reitergefechte oder wenig bekannte Details festgehalten sind. So schildert ein kleines Gemälde jene Szene des Nachmittags vom 13. August 1704, als Prinz Eugen bei einer Kavallerieattacke das Pferd weggeschossen wurde, er selbst zum Sturz kam und von einem bayerischen Reiter beinahe erschlagen worden wäre.

Als Prinz Eugen Präsident des Hofkriegsrates geworden war, zerstörten die Ungarn im Frühjahr 1704 die Orte an der Grenze Niederösterreichs bis Schwechat, einige verwegene Trupps stießen sogar bis St. Marx östlich von Wien vor. Deshalb ließ der Prinz als Präsident des Hofkriegsrates im weiten Bogen um Wiens Vorstädte den Linienwall aufwerfen, der zur Abwehr leichter Reiterscharen diente und in elf Wochen durch Robot aller Stadtbewohner, aber auch durch Einsatz von Häftlingen fertiggestellt werden konnte. Der Kuruzenkrieg wurde ein blutig und grausam geführter Kampf, der sich bis 1709 hinzog und die Grenzgebiete, etwa Zistersdorf in Niederösterreich, das Marchfeld und die Oststeiermark um Hartberg schwer traf. Dann verlagerte er sich immer stärker in die Slowakei, nachdem man in Niederösterreich weitere Sicherheitsmaßnahmen getroffen, etwa einen Wall von Petronell bis Wiener Neustadt und Schanzen im heutigen Nordburgenland aufgeworfen hatte. Als wenige Wochen nach Höchstädt die Österreicher nicht nur Erfolge in der Slowakei erzielten und Bayern im Vertrag von Ilbesheim unter österreichische Verwaltung gestellt wurde, war mit einem Schlag die Situation anders geworden. Die österreichischen Besatzungstruppen traten in Bayern mit großer Härte auf. Als sie mit der Rekrutierung junger Burschen begannen, kam es zu einem großen Aufstand, der sich bis ins heutige oberösterreichische Innviertel erstreckte und am Ende des Jahres 1705 mit großer Brutalität niedergeschlagen wurde. Auch Prinz Eugen war für harte Maßnahmen.

Aus dem Jahre 1705 gibt es das erste datierte Ölgemälde des Prinzen Eugen. Es stammt von David Richter dem Älteren. Die Originalfassung befand sich zuletzt im Schloß Margarethen am Moos in Niederösterreich und ist vermutlich nicht mehr erhalten. Das Schloß war früher Eigentum der Familie Batthyány. Eine zweite Fassung dieses Bildes befindet sich im früheren Pálffy-Schloß Červeny Kameň (Biberburg), eine dritte Fassung im Museum Bojnice (Weinitz) in der Slowakei. Von diesem Porträt, vielleicht von jenem in Červeny Kameň oder einer anderen Fassung ausgehend, wurde in England von John Smith seitenverkehrt ein Schabblatt angefertigt, zumal der Prinz dort durch die Waffenbrüderschaft mit Marlborough einen großen Bekanntheitsgrad erreichte. Von diesem Schabblatt ausgehend, hat der mit Smith befreundete Jean Simon (1675—1751) einen weiteren kleinen Stich angefertigt, Charles Boit soll das Gemälde auch auf Email wiederholt haben. David Richters Bild zeigt den 42jährigen Prinzen mit relativ jugendlichem Aussehen und mit selbstbewußtem Gehabe. Es soll wohl ein Zeugnis dafür sein, daß sich Eugen selbst auf einem Höhepunkt seines Lebens wähnte. Er dürfte mit dem Bild auch zufrieden gewesen sein, denn David Richter war auch später noch für seine Familie tätig: im Jahre 1710 malte er zwei Porträts, ein kleines und ein großformatiges von Eugens Neffen Emanuel von Savoyen-Carignan.

Im April des Jahres 1705, also zur selben Zeit, als David Richter sein Porträt malte und die Ausbeutung Bayerns seinen Höhepunkt erreicht hatte, starb Kaiser Leopold I., sein Sohn Joseph I. folgte ihm nach, während der zweite Sohn Karl sich noch vergeblich bemühte, in Spanien Fuß zu fassen. In diesem Jahre mußte Prinz Eugen wieder nach Italien eilen, dort den Oberbefehl übernehmen und versuchen, die Franzosen aus der Lombardei zu vertreiben. Vorerst gelang ihm aber die Befreiung der in Turin eingeschlossenen savoyisch-kaiserlichen Truppen nicht, er mußte am 16. August 1705 vielmehr beim versuchten Adda-Übergang bei Cassano schwere Verluste hinnehmen. Im nächsten Jahr konnte mit finanzieller Hilfe der Engländer die kaiserliche Armee in Italien verstärkt werden. Mit dieser marschierte Eugen in der Augusthitze über Piacenza und Parma bis vor das noch immer belagerte Turin und konnte am 7. September 1706 die Franzosen besiegen und zwingen, die Belagerung der Stadt aufzugeben. Der kaiserliche Feldherr begann alsbald mit der Belagerung von Mailand, das die Franzosen ebenfalls räumen mußten. Nach einem Waffenstillstand zogen die Truppen des „Sonnenkönigs" aus Oberitalien ab. In diesem Jahre siegte Marlborough in den Niederlanden bei Ramillies, so daß sich nun die Situation völlig gewendet hatte und die Verbündeten wieder Oberhand besaßen.

Auf einem eindrucksvollen Großgemälde mit 4,20 m Höhe und 6,50 m Breite hat Jacques Ignace Parrocel später im Auftrag Eugens die Schlacht bei Turin dargestellt. Der nach Süden blickende Betrachter sieht zur Linken den Po auf sich zufließen, in den im Bildvordergrund die Stura di Lanzo und in der Bildmitte die Dora Riparia münden. Im Vordergrund greifen die Kaiserlichen die französische Belagerungsarmee an, während man im Mittelteil die Stadt Turin und die sie umgebenden Befestigungen der Verteidiger erkennen kann. In Turin hat sich der Tag dieser Schlacht auch recht lebendig erhalten, nicht nur in der Armeria Reale, wo ein Standbild Eugens steht und jener Küraß aufbewahrt wird, den er an diesem Tage trug. Er zeigt das Bildnis der Muttergottes von Mariazell. Auch eine Reiterfigur ist noch erhalten, und vor dem Rathaus steht seit 1858 ein zweites Standbild des Prinzen. Selbst eine volkstümliche Gruppe zeigt alljährlich, wie in diesem Jahr savoyische Soldaten die Stadt gegen die Franzosen verteidigten.

Als Eugen, begleitet von seinen drei Neffen, in Turin als Sieger einzog, hat der Mailänder Pietro Vimercati, genannt Molina, ein Bildnis des Prinzen zuerst gezeichnet und später als Gemälde ausgeführt, das nicht mehr erhalten ist.

Am Höhepunkt seines Wirkens wurde Prinz Eugen im April 1707 Generalgouverneur des Herzogtums Mailand im Namen des spanischen Königs Karl III. Die Doppelabhängigkeit von den beiden habsburgischen Brüdern, die nominelle von Karl, die faktische von Joseph I., brachte manche Probleme. An die Spitze der Verwaltung berief er einheimische Adelige, denn er mußte sich alsbald neuen Aufgaben widmen. Über Einschreiten der Seemächte unternahm er 1707 einen Vorstoß gegen die Flottenbasis Toulon in Frankreich. Zwar mußten die Franzosen Teile ihrer Mittelmeerflotte versenken, die Belagerung der Festung wurde im August aber erfolglos abgebrochen. Das Jahr 1707 brachte Eugen aber neue Ehrungen, denn nach dem Tode des Markgrafen Ludwig Wilhelm von Baden wurde er zum Reichsfeldmarschall des römisch-deutschen Reiches und 1708 zum kaiserlichen Generalleutnant ernannt.

Im folgenden Jahre 1708 wollten die Verbündten den Krieg in den Niederlanden entscheiden, daher verlagerte sich nun das

Denkmal des Prinzen Eugen vor dem Rathaus in Turin (1858)

Hauptgewicht der militärischen Operationen an den Rhein. Als die Franzosen, die unterdessen Brügge und Gent eingenommen hatten, die Schelde sichern wollten, wurden sie am 11. Juli von Prinz Eugen und Marlborough mit Österreichern, Reichstruppen, Holländern und Briten bei Oudenaarde angegriffen. Beinahe wäre die völlige Vernichtung der französischen Armee gelungen. Dieser neuerliche Sieg der Verbündeten legte einen Angriff auf Paris nahe, doch bestand der kaiserliche Feldherr auf der Belagerung der Festung Lille, die bald zur Übergabe gezwungen werden konnte. Damit schien das Ende des Krieges gekommen.

Prinz Eugen, Ölgemälde um 1700, Privatbesitz

Die Schlacht bei Oudenaarde wurde auf drei Medaillen verherrlicht, die darstellen, wie beide Feldherren den Schrecken der Franzosen („furor Gallorum") brechen, ein glückliches Bündnis und eine glückhafte gegenseitige Ergänzung („felix concunctio") darstellen und das Zusammenwirken beider schließlich zur Niederlage der Franzosen („Gallorum dissipatio") führte. Auf der Medaille zur Erinnerung an die Eroberung der Festung Lille sind beide gemeinsam porträtiert.

Nun wurde auch über den Abschluß eines Friedens zwischen Eugen als Vertreter des Kaisers und dem französischen Außenminister Torcy in Den Haag verhandelt, und Ende Mai 1709 unterzeichnete Eugen gemeinsam mit Marlborough und dem holländischen Ratspensionär Anthonie Heinsius einen Friedenspräliminarvertrag, der Ludwig XIV. außer dem Verzicht auf die spanische Monarchie auch die Rückgabe von Straßburg an das Reich auferlegte. Da aber in diesem Vorfrieden auch festgelegt war, daß die Franzosen mit Truppen mithelfen sollten, Spanien den Habsburgern zurückzuerobern, verwarf Ludwig XIV. diesen Vorfrieden und der Krieg ging weiter.

Nun haben zwar Prinz Eugen und Marlborough in der blutigsten Schlacht des Krieges bei Malplaquet am 11. September 1709 neuerlich einen Sieg über das französische Heer errungen, aber auch dieser war nicht entscheidend. Es war aber die letzte Schlacht, die beide Feldherren gemeinsam führten und gewannen.

Beide Männer trafen sich nicht nur im Kriegsgeschehen oder zu strategischen Besprechungen, es wurde zwischen ihnen auch manche kulturhistorisch interessante Meinung ausgetauscht. Nach einem Gespräch im Dezember des Jahres 1709 sandte etwa Marlborough an Eugen den Plan eines Zimmers mit genauen Markierungen über Türen, Fenster, Kamin und Bett zur Unterweisung der österreichichen Handwerker, die gerade am zweiten Bauabschnitt des Winterpalastes arbeiteten. Der Engländer war für den Prinzen auch in anderer Weise Vorbild. So wie Marlborough in seinem 1711 fertiggestellten Haus in Saint James den Schlachtenmaler Louis Laguerre mit der Darstellung seiner Siege beauftragte und in Blenheim Palace diese auf riesigen Tapisserien darstellen ließ, bestellte auch Eugen in Belgien eine Serie von Tapisserien und beauftragte die Maler Jacques Ignace Parrocel (1667—1722), Jan van Huchtenburgh (1647—1733) und Jan Pierre Bredael (1668—1735), für seine Schlösser zum Teil großformatige Bilder seiner Siege zu malen und diese damit der Nachwelt zu überliefern.

Damit schmückte er die Säle seiner Stadt- und Landschlösser. Während Parrocels Gemälde nach Eugens Tod in Österreich blieben, wurde die größere Ausfertigung der Bilderserie Huchtenburghs nach Turin gebracht. Zwei

Serien dieser Bilder in kleinerem Format kamen aber in den Besitz des mit Eugen zuletzt eng befreundeten Reichsvizekanzlers Friedrich Karl von Schönborn. Während eine in Österreich verblieb, befand sich die zweite schon 1746 im Schönbornschloß Pommersfelden in Franken und wird jetzt im Schloß Wiesentheid gezeigt. Im Jahre 1720 gab Huchtenburgh gemeinsam mit dem kaiserlichen Hofhistoriographen Jean Dumont diese Schlachtenbilder als aufgestochene Radierungen heraus.

Etwa um 1710 entstand von Eugen eine Serie weiterer Porträts. Johann Matthias Merian soll 1708 in Frankfurt ein Pastellgemälde hergestellt haben, das nur durch eine Zeichnung des Wiener Malers Leopold Wucher aus dem Jahre 1865 bekannt ist. Es muß aber auch ein signiertes Ölbild Merians gegeben haben, denn nach diesem „ad vivum gemalten" Stück stellte vor 1716 der Niederländer Pieter Stevens van Gunst (1651—1726) einen Stich her, ein zweiter, der ebenfalls auf dem „Ad vivum-Gemälde" Merians beruht, stammt von Gerard Valck (1651—1726). Diese Stiche wurden offenbar zur Vorlage jener Eugenporträts, die im niederländischen Raum entstanden sind. So hat Eugen auf dem Bildnis van Orleys im Rathaus von Brüssel die gleichen Züge, auch auf einem kleinen Reiterporträt im Museum Cambrai finden wir sie wieder. Merians Bild wurde aber auch in Österreich verbreitet, denn auf Porträts im oberösterreichischen Landesmuseum aus ehemals Harrachschem Besitz wie auf einem Bildnis im Schloß Salaberg bei Haag ist jener Gesichtstypus vorhanden. Auch ein kleines Bild in Privatbesitz dürfte zu dieser Gruppe zählen.

Im Jahre 1708 hätten die Engländer gewünscht, daß Prinz Eugen in Spanien kommandieren solle, doch wurde Feldmarschall Guido Graf Starhemberg mit dem Kommando über die dorthin entsandten kaiserlichen Truppen betraut. Dieser hatte durch Siege bei Almenara und Saragossa (10. Juli und 20. August 1710) die Lage zugunsten Karls III. verbessern können, doch ging das eroberte Madrid bis Jahresende wieder verloren und die Gefahr war groß, daß Karl und seine Anhänger Spanien völlig räumen müßten. Nur die Engländer behielten die 1704 erstürmte Felsenfestung Gibraltar fest in Händen.

Die Koalition mit den Seemächten war nicht mehr so fest wie früher und brach auseinander, als Kaiser Joseph I. am 17. April 1711 an den Pocken starb und damit der spanische König Karl III. auch Kaiser des römisch-deutschen Reiches werden sollte. Das war gar nicht im Interesse der Seemächte, insbesondere Englands. Man strebte dort nach einem Frieden und neigte nun dazu, dem Habsburger die italienischen Besitzungen und die Niederlande zu belassen, dafür aber die Anjous in Spanien anzuerkennen. Die kaiserlichen Berater, insbesondere Karl selbst, wollten aber Spanien behalten und den Krieg weiterführen. Prinz Eugen sollte seinen ganzen Einfluß aufbieten, um dies zu erreichen. Nachdem er schon im Sommer des Jahres 1711 in den Niederlanden geweilt und dank seines großen Ansehens versucht hatte, das Bündnis aufrecht zu erhalten und den Krieg weiterzuführen, reiste er im Spätherbst 1711 als kaiserlicher Sonderbotschafter nach London, wo sich unterdessen die Lage völlig verändert und auch sein Freund und bisheriger Bundesgenosse Marlborough in persönliche Schwierigkeiten geraten war. Das bisher von den Whigs beherrschte Kabinett unter der Leitung von Sidney Godolphin Earl of Godolphin (1645—1712) als Chief Minister und Lord Treasurer war im Jahre 1710 nach der Entfremdung der Königin Anna und Marlboroughs streitbarer Gattin Sarah (Jennings) von den jüngeren Tories Robert Harley Earl of Oxford und Henri Saint John Viscount of Bolingbroke gestürzt und im Jahre 1711 auch Marlborough entlassen worden. Die Tories hatten im Sommer 1711 mit Frankreich zu verhandeln begonnen. Im Okto-

Prinz Eugens Neffe Eugen de Savoye, Stich nach einem Gemälde von G. Kneller, ÖNB

ber 1711 wurde ein neuer englisch-französischer Präliminarvertrag unterzeichnet, der völlig anders war als der von Den Haag aus dem Jahre 1709. Philipp V. sollte König von Spanien bleiben, dafür aber auf den französischen Thron verzichten. Gegen den Herzog von Marlborough wollte man eine Untersuchung wegen unerlaubter Verwendung von Staatsgeldern einleiten, um ihn aus seiner Position zu entfernen.

In dieser Situation war Eugen als kaiserlicher Abgesandter wenig willkommen. Obwohl er überall äußerst höflich aufgenommen wurde, waren die politischen Entscheidungen schon gefallen und seine Mission blieb ohne Erfolg.

Die Erinnerung daran bildet nur mehr ein Porträt des Prinzen, das Sir Godfrey Kneller, der damals führende Bildnismaler Englands, schuf. Es befindet sich im Besitz des Earl of Spencer im Schloß Althorp. Eine zweite Ausführung hat Eugen später dem französischen Marschall Villars geschenkt. Jean Simon hat von diesem Bild einen repräsentativen Stich hergestellt. Kneller hat aber auch ein ovales Porträt von Eugens Neffen Eugène de Savoye gemalt, den der Tod in England ereilte und der in der Westminsterabtei bestattet wurde. Davon ist nur ein Schabblatt von Jacob Gole (ca. 1660—ca. 1737) aus Amsterdam bekannt. Ein Schabblatt nach einem anderen Gemälde hat Edward Cooper herausgegeben. Es zeigt ebenfalls „The most Serene Prince Eugene of Savoy", Eugens Neffen.

Am 30. März 1712 kehrte Eugen auf das Festland zurück und wollte sich neuerlich der Fortsetzung des Krieges widmen. Zuerst errang er durch die Eroberung von Le Quesnoy den letzten größeren Sieg im Spanischen Erbfolgekrieg, doch wurde bald die Situation völlig anders. Die neue englische Königin Anna befahl Marlboroughs Nachfolger, keine Operationen mehr zu unternehmen, und alle geheimen Pläne, die sie erhielten, leiteten die Engländer an die Franzosen weiter. Als dann der französische Marschall Louis Hector Duc de Villars im Juli 1712 die holländische Garnison von Denain angriff, konnte Eugen über die Schelde hinweg nicht helfen. So wurden dort auch kaiserliche Truppen vernichtet. Im gleichen Monat kam es noch zu einem Waffenstillstand zwischen England und Frankreich, und am 11. April 1713 wurde zu Utrecht der Friede zwischen beiden Ländern unterzeichnet, dem sich auch Holland anschloß. Der Kaiser und das Reich weigerten sich, dem Frieden beizutreten, hatten künftig aber nur Mißerfolge, denn die Festung Landau und die Stadt Freiburg im Breisgau wurden von den Franzosen eingenommen. Daher wurde in den folgenden Monaten zu Rastatt über den Frieden zwischen dem Kaiser und Ludwig XIV. verhandelt, wobei die beiden Feldherren Eugen und Villars die Delegationen führten. Nach harten

Verhandlungen konnte Eugen Bedingungen durchsetzen, die für den nachmaligen Kaiser Karl VI. gar nicht so schlecht waren. Der Kaiser behielt, was er zu diesem Zeitpunkt in Italien besaß — Sardinien, Neapel, den Stato di Presidi mit Mailand, Mantua, Mirandola und Comachio. Schließlich wurde auch die schon in Utrecht vorgesehene Überlassung der spanischen Niederlande an Österreich bestätigt, als der Friede am 6. März 1714 unterzeichnet wurde. Im September schloß sich nach einem Kongreß zu Baden in der Schweiz auch das Reich dem Frieden an, womit der Spanische Erbfolgekrieg sein Ende gefunden hatte.

Dieser Friedensschluß ist auf relativ wenigen Bildern oder Stichen festgehalten worden, hingegen wurden wieder einige Medaillen geprägt. Auf einer stehen sich die Feldherren der letzten Jahre, Eugen und Villars, als Porträts gegenüber: „olim duo fulmina belli" — „einst zwei Blitzesstrahle des Krieges" — lautet die Umschrift.

Der eindeutige Sieger dieser gewaltigen Auseinandersetzung war England, das die Vorherrschaft Frankreichs in Europa und auf dem Meere gebrochen hatte und sich nun anschickte, die Franzosen auch aus Nordamerika zu verdrängen. Im Jahre 1715 starb König Ludwig XIV., Nachfolger in Frankreich wurde sein Urenkel Ludwig XV., Regent war aber Herzog Philipp von Orléans.

In der österreichischen Monarchie war nun der letzte Habsburger Karl VI. Landesfürst geworden und hatte im Dezember 1711 auch die Kaiserkrone erhalten. Zu dieser Zeit war er schon einige Jahre mit Elisabeth Christine von Braunschweig-Wolfenbüttel verheiratet, die Ehe war zwar bisher kinderlos geblieben, Hoffnung auf Nachwuchs hatte man aber durchaus noch. Aus diesem Grunde wurde im Jahre 1713 vom Kaiser eine neue Erbfolgeordnung erlassen, wonach beim Fehlen von männlichen Nachkommen künftig auch seine weibliche Deszendenz die Erbfolge in allen Ländern antreten sollte. Sollten alle seine direkten Nachfahren gestorben sein, war die Erbfolge der Töchter seines verstorbenen Bruders Joseph I. vorgesehen. Diese später „Pragmatische Sanktion" genannte Regelung wurde in den nächsten Jahren innenpolitisch durchgesetzt und bis zum Jahre 1725 von den Landtagen alle Länder anerkannt. Dadurch wurde die österreichische Monarchie auch verfassungsrechtlich eine Einheit, während sie bisher nur eine Sammlung von Titeln und Funktionen in der Person des Herrschers gewesen war. Als Folge der politischen Veränderungen des Friedens von Rastatt und der Folgejahre mußte die österreichische Monarchie Teile des spanischen Erbes in Ober- und Unteritalien, Sardinien, das in der Folge gegen Sizilien ausgetauscht wurde, und die spanischen Niederlande integrieren. Es waren dies weit entfernte Gebiete, schwer zu verteidigen und auch nicht leicht zu verwalten. In Neapel residierte ein Vizekönig, in Mailand ein Generalgouverneur und in den Niederlanden ein Generalstatthalter. Mit diesen Funktionen wurden angesehene österreichische Adelige, Diplomaten oder Feldherren, betraut. Es waren begehrte Spitzenposten mit hoher Dotation.

Die Amtsträger in Neapel wechselten allerdings sehr rasch, vor allem noch in der Zeit vor dem Rastätter Frieden. Dann wurden mit Wirich Philipp Lorenz Graf Daun (1713—1719), Kardinal Michael Friedrich Graf Althann (1722—1728) und mit Aloys Thomas Raimund Graf Harrach (1728—1733) Männer eingesetzt, die doch einige Jahre auf diesem Posten verblieben. Insbesondere Graf Harrach hat dank einiger großformatiger Gemälde, die Niccolo Maria Rossi für ihn schuf, das prunkreiche Leben des Vizekönigs und seine Aufgaben im Alltag der Stadt Neapel dokumentieren lassen.

Nach dem Sieg vor Turin war Prinz Eugen zum Generalgouverneur des Stato di Milano ernannt worden und hatte im April 1707 seinen Einzug in Mailand gehalten. Man nahm ihn dort als halben Italiener sehr gut auf und erhoffte nach einer Reihe von Spaniern als Regenten eine Besserung der Situation. Dem Jubel folgte aber bald Enttäuschung. Er selbst war ständig abwesend und der mit der Vertretung betraute Großkanzler Marchese Pirro Visconti kam bald in Konflikt mit dem Senat. Der fortdauernde Krieg verlangte von der Bevölkerung große finanzielle Opfer, später wurde mit dem Spanischen Rat ein neues Organ bestellt, das nach Macht strebte. So war es ihm anscheinend ganz recht, daß er zum Generalstatthalter der Niederlande bestellt werden sollte und sein Amt in Italien abtreten konnte. Am 28. Juni 1716 verabschiedete er sich mit einem Brief von den Mailändern, seine Tätigkeit dort hat kaum Spuren hinterlassen, wenn man von den ihm gewidmeten vierten Band der „Rerum Italicarum Scriptores" des Bibliothekars und Archivars Ludovico Antonio Muratori (1672—1750), in dem die mittelalterlichen Geschichtsquellen Mailands gedruckt sind, absieht. Titelkupfer ist ein Porträtstich Eugens von Francesco Maria Francia aus Bologna (1657—1735) nach einem unbekannten Gemälde von Andreas Toresanus (Andrea Torresani).

Eugens Abgang aus Mailand hatte wohl auch politische und persönliche Gründe. Nach dem Regierungsantritt Karls VI. im Jahre 1711 hatten sich am Wiener Hof neue Machtstrukturen gebildet. Die unter Joseph I. (1705—1711) führenden Männer um den Kaiser gehörten vorwiegend der Altersgruppe des Prinzen Eugen an, wie die beiden Hofkanzler Johann Friedrich Freiherr von Seilern und Philipp Ludwig Graf Sinzendorf, sowie Gundacker Thomas Graf Starhemberg als Präsident der Hofkammer und der stellvertretende böhmische Hofkanzler Johann Wenzel Wratislaw von Mitrowitz. Der Obersthofmeister Karl Dietrich Otto Fürst Salm hingegen stand im Gegensatz zu diesen.

Obwohl es also auch bei ihnen genug Rivalitäten gab, bildeten sie doch eine einigermaßen geschlossene Mannschaft. Als Karl VI. aus Spanien zurückkehrte, begleitete ihn aber eine Gruppe von Beratern, die teils Österreicher waren, wie Anton Florian Fürst von Liechtenstein oder Johann Michael Graf von Althann, der mit Karl besonders eng befreundet war und der „spanische Althann" genannt wurde. Weiters gab es eine Reihe spanischer und italienischer Anhänger Karls, die versuchten, weiterhin Macht auszuüben und in der Umgebung ihres Königs Einfluß zu behalten. Aus solchen Leuten wurde der Spanische Rat gebildet, der bald die Angelegenheiten der italienischen Provinzen eindeutig beherrschte, mit den österreichischen Ministern des öfteren in Konflikt geriet und dadurch zu großen inneren Spannungen beitrug.

Nach dem Friedensschluß von Rastatt, der eine mehr als dreißigjährige Kriegsperiode beendete, sehnte man sich allseits nach Ruhe. Auch Prinz Eugen glaubte nun an länger währende friedliche Zeiten und begann mit dem Bau seines Sommerpalastes südöstlich der Stadt. Noch im Jahre 1714 setzten die Arbeiten am Unteren Belvedere ein, einem Gartenpalast mit dreiachsigem Mittelpavillon und flankierenden Orangerietrakten. Die Bauarbeiten konnten wohl noch während der wenigen Friedensjahre abgeschlossen werden, die innere Ausgestaltung zog sich aber doch solange hin, daß der Freskomaler Martino Altomonte die Verleihung von päpstlichen Ehrengaben — geweihtem Hut und Degen — als Dank für den Sieg bei Peterwardein bei der Ausschmückung des Mittelsaales noch im Deckenbild verherrlichen konnte.

Denn unterdessen hatten neuerlich die politischen Ereignisse Eugens militärischen Einsatz gefordert. Schon im Jahre 1714 war es zwischen Venedig und dem Osmanischen Reich zu einem Krieg gekommen, in dem die Osmanen Morea, den heutigen Peloponnes, zurückeroberten. Obwohl sich die Türken um Österreichs Neutralität bemühten, siegte in Wien die Kriegspartei um den Prinzen Eugen, und Kaiser Karl VI. schloß im April 1716 ein Bündnis mit Venedig zur Erhaltung des Friedens von Karlowitz. Damit begann ein neuer Türkenkrieg, der Eugen seine letzten großen Siege bringen sollte. Als er auf den Kriegsschauplatz reiste, wurden in Buda weitere Baupläne erwogen und im Jahre 1717 auf dem Donauufer gegenüber der Insel Csepel zu Promontor ein Schloß erbaut, das aber 1725 abbrannte. Dann ging es donauabwärts in jenes Gebiet, wo der Krieg ausgetragen werden sollte. Eugen hatte auch dort Besitz, denn nach dem Sieg bei Zenta hatte ihm Kaiser Leopold im Mündungsgebiet der Drau in die Donau Ländereien mit Dörfern und Gutshöfen geschenkt. Dort hatte er im Jahre 1708 zu Belje bei Esseg ein mit Schutzwerken ausgestattetes kastellartiges Wirtschaftsgebäude errichten lassen. Nicht weit davon lag Peterwardein, die Hauptfeste der Österreicher, wo alsbald das erste Treffen stattfand. Noch im August des Jahres 1716 siegte Eugen bei Peterwardein, das türkische Feldheer wurde weitgehend vernichtet. Im Anschluß daran gelang es, nach anstrengendem Marsch die Festung Temesvár im Banat zu erobern und damit das gesamte ungarische Gebiet unter habsburgische Herrschaft zu bringen. Im Juli 1717 begann dann nach sorgfältigen Vorbereitungen die Belagerung von Belgrad. Dort konnte der Prinz am 16. August dieses Jahres ein türkisches Entsatzheer überraschen und besiegen. Damit hatte er seinen letzten großen Sieg errungen, der auch seinen Ruhm für die Zukunft festigte und ihn mit dem damals entstandenen Lied vom „Prinzen Eugenius, dem edlen Ritter" zum populärsten Feldherrn Österreichs machte.

Der Friede von Passarowitz vom 21. Juli 1718, dessen Abschluß Eugen in der Geheimen Konferenz durchsetzte, brachte die größte territoriale Ausdehnung der österreichischen Monarchie, und diese Entwicklung ist mit dem Namen des Prinzen verknüpft.

Vom Balkan kehrte er noch im August 1718 krank nach Wien zurück und hat weitere Einsätze, etwa das Oberkommando in Süditalien, wo es mit Spanien zu Auseinandersetzungen kam, nicht mehr übernommen.

Durch seine großen Siege war er zum bekanntesten Feldherrn seiner Tage geworden, er galt für viele andere als Lehrer und Vorbild und die von ihm geleitete Armee als unbesiegbar. Er hatte sich bisher auch als hervorragender Armeeorganisator erwiesen und trieb die Formierung des stehenden Heeres weiter voran. In diesen Jahren wurden neue Regimenter gegründet, die bis zum Ende der Monarchie bestanden. Allerdings mußte er sich bei der Vielfältigkeit des Reiches und seinen Aufgaben auch auf seine Mitarbeiter verlassen können. Bei deren Auswahl hatte er aber nicht immer die beste Hand.

In diesen Jahren hat Eugen selbst begonnen, seinen Ruhm der Nachwelt zu überliefern und hat die von allen Seiten erwiesenen Ehrungen gerne entgegengenommen. Die Verleihung der päpstlichen Ehrengaben wurde auf einem ganzfigurigem Gemälde festgehalten, die Stände der Länder Österreichs unter und ob der Enns sowie die Kärntens verliehen ihm wegen seiner Verdienste die Landstandschaft und er gab dem greisen Bildhauer Balthasar Permoser den Auftrag, eine Marmorstatue großen Formates anzufertigen. Einige bedeutende Maler konnten Bildnisse des Prinzen herstellen, die für seine Galerie oder für andere Fürstenhäuser und Adelsgeschlechter bestimmt waren. Weitere Maler wurden von ihm beauftragt, Gemälde seiner siegreichen Schlachten herzustellen.

Der 1667 in Bösing/Pezinok bei Preßburg geborene Maler Johann Kupetzky war 1708 nach Wien gekommen und hat vermutlich schon bald darauf ein Porträt des Prinzen hergestellt. Auf seinem im Jahre 1709 entstandenen Selbstbildnis ist auf der Staffelei eine Porträtskizze Eugens zu sehen. Wohl nach 1717, aber vor seinem Weggang aus Wien im Jahre 1723, malte er mehrere Porträts Eugens, von denen aber nur das sich jetzt im Schloßmuseum Bayreuth befindliche eindeutig als sein Werk gesichert ist, weil der Kupferstecher Bernhard Vogel nach diesem „ad vivum" in Wien gemalten Bildnis Schabblätter herstellte. Es wurden noch weitere Porträts Eugens Kupetzky zugeschrieben, doch ist nur ein im Besitz der Familie Batthyány befindliches und ein vermutlich vom Zaren Peter dem Großen erworbenes in der Eremitage in Leningrad im Original erhalten. Andere, wie ein früher in St. Margarethen am Moos aufbewahrtes, sind nur als Foto bekannt, eines der 1930 aufgelösten Sammlung Andrassy in Budapest ist verschollen.

Etwa zur gleichen Zeit hat auch der Maler Jacob van Schuppen (1670—1751) eine Reihe von Bildnissen Eugens geschaffen. Am bekanntesten ist jenes Porträt, das Eugen mit der Hand auf Belgrad deutend zeigt und das sich seit 1806 im Rijksmuseum zu Amsterdam befindet. Von diesem hat im Jahre 1722 Bernhard Picard, in dessen Besitz es sich bei seinem Tode 1737 befand, einen großformatigen Stich hergestellt, der weite Verbreitung fand und später von Andreas und Josef Schmutzer seitenverkehrt wiederholt wurde.

Durch einen in mehreren Exemplaren erhaltenen großformatigen Stich war bekannt, daß van Schuppen auch ein Gemälde Eugens gemalt hat, das den Prinzen im Ornat des Ordens vom Goldenen Vlies zeigt. Das bisher nicht bekannte Original war zuletzt im Besitz der Grafen Salm-Reifferscheidt im mährischen Schloß Raitz/Rajec und ist dort noch erhalten. Ein großformatiges Reiterbildnis, das Eugen zeigt, wie er über eine Gruppe Türken hinwegreitet, wurde nach dem Vorbild Anton van Dycks, der ein ähnliches Bildnis von Eugens Großvater Tommaso Francesco gemalt

Verlorenes Porträt des Prinzen Eugen (von Johann Kupetzky), einst in Margarethen am Moos (NÖ)

hatte, geschaffen. Da sich van Dycks Bild ebenfalls im Besitze Eugens befand, bildeten beide Gegenstücke und haben wohl eines seiner Schlösser geschmückt. Vom Reiterbild van Schuppens wurde eine kleinformatige Replik hergestellt, die sich in Privatbesitz in Salzburg befindet. Von ihr gibt es wieder eine rezente Kopie im Türkenmuseum von Perchtoldsdorf.

Jacob van Schuppens Gesichtstyp Eugens ist unverwechselbar, daher lassen sich seine Bilder leicht zuordnen. Anders ist es bei Gemälden, die man bisher Kupetzky oder Johann Gottfried Auerbach zuschrieb. Hier wäre in erster Linie ein großformatiges Reiterbildnis zu nennen, das im Heeresgeschichtlichen Museum in Wien aufbewahrt wird und von dem es auch eine Kopie im Finanzministerium gibt. Es war gleichsam das Gegenstück zu van Schuppens Reiterbildnis und hat einen Gesichtstyp, der auf dem Gemälde mit den päpstlichen Ehrengaben und auf einer Replik dieses Bildes wiederkehrt. Dieses zweite ebenfalls ganzfigurige Bildnis Eugens soll im Jahre 1723 von Kaiser Karl VI. dem Kardinal Graf Emmerich Csáky als Dank für sein Eintreten um die Annahme der Pragmatischen Sanktion durch den ungarischen Landtag geschenkt haben. Es befindet sich jetzt in der Österreichischen Galerie in Wien und wird dort Johann Gottfried Auerbach zugeschrieben.

Wir müssen davon ausgehen, daß Auerbach, ebenso wie Kupetzky, van Schuppen oder Merian, einen eigenen Gesichtstypus Eugens entworfen und immer wieder verwendet hat, doch als einziges Bild das für den Preußenkönig Friedrich Wilhelm im Jahre 1728 gemalte signierte. Mit dem gleichen Gesichtstyp gibt es zwei ganzfigurige Bilder, eines aus dem Besitz der Familie Khevenhüller auf der Riegersburg in Niederösterreich, ein anderes aus dem Besitz der Familie Segur im Finanzministerium. Brustbilder, eines im Heeresgeschichtlichen Museum in Wien, ein zweites im Schloß Eferding im Besitz der Familie Starhemberg, ein drittes in Bern, das einst dem Schultheiß Hieronymus von Erlach gehörte, ein viertes in Würzburg, wohl aus dem Besitz des Reichsvizekanzlers und Bischofs Friedrich Karl von Schönborn, und ein fünftes in Stift Vorau, sind ebenfalls diesem Typus zuzuzählen. Aber auch Permosers Apotheose und eine Medaille aus dem Jahre 1736 tragen das gleiche Porträt. Alle Bilder weichen in Details voneinander ab, doch sind sie wohl alle in den zwanziger Jahren entstanden und entsprechen Eugens Aussehen nach seinem sechzigsten Lebensjahr.

Schon während Eugens Einsatz als Feldherr in den Niederlanden wurde davon gesprochen, der spanische Habsburger Karl III. werde ihn dort zu seinem Statthalter ernennen. Während

Ganzfiguriges Porträt des Prinzen im Finanzministerium

des Krieges übte aber in Flandern und Brabant eine englisch-holländische Kommission, in Limburg ein österreichischer Vertreter, ein Besatzungsregime aus, während in Luxemburg und Namur sich Max Emanuel von Bayern als bourbonisch-spanischer Statthalter behaupten konnte. Als nach dem Frieden von Rastatt die Provinzen österreichisch wurden, bemühte sich General Graf Königsegg um die

Verwaltung. Er wurde nun 1716 abgelöst, Prinz Eugen zum Generalstatthalter und der Marchese Ercole Giuseppe Prié zu seinem Stellvertreter ernannt. Als das Dekret der Ernennung des Prinzen zum „Leutnant, Gouverneur und Generalkapitän der Niederlande" am 25. Juni 1716 ausgestellt wurde, war dieser schon auf dem Weg zur Armee in Ungarn. Die neuen militärischen Aufgaben hinderten ihn, den Posten anzutreten.

Als Prinz Eugen Generalstatthalter der vom Kernland weit entfernten Niederlande wurde, waren die Machtkämpfe in Wien zwischen den deutschen Ministern, zu denen auch er zählte, und dem Spanischen Rat auf einem Höhepunkt angelangt und manche Beobachter der Szene meinten, seine Ernennung sei von den Spaniern deshalb betrieben worden, weil man ihn aus der Umgebung des Kaisers entfernen wollte. Als im Jahre 1717 auch ein Rat für die Niederlande bestellt wurde, entwickelte sich zwischen Eugen und dem neuen Kollegium ein gutes Verhältnis, wobei es aber nicht selten vorkam, daß er wichtige Fragen direkt der Geheimen Konferenz in Wien zur Entscheidung vorlegte und damit zeigte, daß zwischen den Vorstellungen der Belgier und der österreichischen Wirklichkeit doch einige Unterschiede bestanden. In Belgien scheint man aber Sehnsucht nach seinem Wirken im Lande gehabt zu haben, doch hinderten ihn zuerst der Türkenkrieg, dann eine längere Krankheit, eine Krise um seine Position im Jahre 1719 und schließlich wohl auch private Gründe und seine wachsende Unlust, Wien zu verlassen, die Niederlande aufzusuchen. Von Wien aus versuchte er, die Regierung des Landes zu lenken, doch ließ sich nicht leugnen, daß er auf die Stimmungsberichte seiner Vertreter, insbesondere des Marchese di Prié, angewiesen war. Dieser verstand sich aber nicht immer mit den einheimischen Würdenträgern, die auf ihre verschiedenen überkommenen Rechte pochten und noch viel kleinräumiger dachten als die Stände der österreichischen Länder. Im Jahre 1719 wurden fünf solcher Bootmeesters oder Doyens verhaftet und einer von ihnen, François Anneessens, der offenbar kein Revolutionär, sondern ein biederer, von der Gerechtigkeit seiner Sache überzeugter Bürger war, zum Tode verurteilt und hingerichtet. Auch in diesem Fall erwies sich Prinz Eugen ebenso hart und unerbittlich gegenüber dem Anliegen des Volkes, wie er es schon bei der Niederschlagung des bayerischen Aufstandes im Jahre 1705 gezeigt hatte.

Er glaubt aber, diese Haltung im Interesse der Entwicklung Belgiens einnehmen zu müssen und wollte vor allem die „Inkorporation" dieses Landes in das habsburgische Imperium beschleunigen. Als es zur Gründung der Kompagnie von Ostende kam, an der vor allem Kaiser Karl VI. viel lag, beteiligte er sich mit dem nicht geringen Betrag von 60.000 Gulden. Diese Handelsgesellschaft war von Anfang an den Seemächten ein Dorn im Auge, für Eugen hätte auch im Entscheidungsfall ein gutes Einvernehmen mit diesen Mächten höheren Stellenwert besessen als die Erhaltung der Kompagnie.

Bald bildete sich in Belgien auch eine Adelspartei gegen den abwesenden Generalstatthalter und seinen ebenfalls landfremden Vertreter Prié. Mitglieder des Staatsrates stellten sich gegen Prié und warfen diesem vor, offen seinen Haß gegen die belgische Nation auszudrücken und alle ihre Privilegien umstoßen zu wollen. Zwar konnte sich Prié gegen die Angriffe des Grafen Johann Philipp Eugen von Merode, Marquis von Westerloo, gerade noch durchsetzen, aber ein weiterer schwerer Konflikt mit dem Grafen Alexander von Bonneval machte Priés Stellung unhaltbar. Als Folge davon trat Eugen am 16. November 1724 von dem Posten des Generalstatthalters zurück, denn er wollte, so wurde verbreitet, als Sieger so vieler Schlachten sich nicht vom Spanischen und Niederländischen Rat kommandieren lassen.

Auch an diese seine Tätigkeit erinnert ein Gemälde im Rathaus von Brüssel, das Jean van Orley (1665—1735) zum Autor hat und wohl nach einem auf Merian beruhenden Stich gemalt wurde.

Wir wissen, daß im Jahre 1711 der holländische Maler Carel Moor an einem Eugen-Bild malte. Auch im Jahre 1718 hat Moor dem Prinzen ein Porträt geliefert, mit dem dieser aber nicht zufrieden war, es aber behielt. Vielleicht handelt es sich bei dem Brüsseler Bild um eines der Gemälde Moors. In diesem Zusammenhang muß darauf verwiesen werden, daß um diese Zeit auch vom holländischen Maler Adriaen van der Werff ein Porträt Eugens angefertigt wurde, das Fernkorn für das Denkmal in Wien am Beginn der sechziger Jahre des vorigen Jahrhunderts zur Verfügung stand, jetzt aber verschollen ist.

Als Entschädigung für den Verlust der Einkäufe aus der belgischen Position wurde Eugen zum Generalvikar der habsburgischen Besitzungen in Italien ernannt. Das war ein Titel ohne Arbeit und Verpflichtungen, aber hoch dotiert. Eine Medaille aus dem Jahre 1724 erinnert an seine Funktion als „Dux exercitus et vicarius in Italia" ebenso wie eines der beiden Schabblätter von Bernhard Vogel.

Eugens Rücktritt als Generalstatthalter der Niederlande brachte ihn in Kontakt zum Marchfeld. Kaiser Karl wollte ihn nicht vergrämen und schenkte dem Prinzen als Entschädigung für den Verzicht die Herrschaft Obersiebenbrunn. Diesen Besitz arrondierte er alsbald. Am Ende des Jahres 1725 erwarb er „ziemlich teuer" die benachbarte Herrschaft Hof an der March samt dem dortigen Schloßgebäude, und im Jahre 1727 die Herrschaft Engelhartstetten mit dem drei Jahrzehnte zuvor von Fischer von Erlach für Ernst Rüdiger von Starhemberg erbauten Jagdschloß Niederweiden. In Obersiebenbrunn wurde die vom Vorbesitzer begonnene Barockisierung des Schlosses vollendet, ein Fasangarten angelegt

Porträt des Prinzen Eugen aus dem Besitz des Berner Schultheiß Hieronymus Erlach

und darin ein Gartenpavillon errichtet. Das Kastell Schloßhof schließlich wurde großzügig erweitert und erhielt ein Obergeschoß, wobei Hildebrandt nun seinen nüchternen Spätstil zelebrierte. Repräsentationsräume und der große Saal lagen im Süden, des Prinzen Ordinarizimmer im Norden, nach Osten zum Garten hin waren die Gästezimmer gerichtet. Dem Ehrenhof wurden die höher gelegenen Wagenremisen und Stallungen vorgelagert, die Wirtschaftsgebäude durch eine Straße vom Schloß getrennt.

Das große Ansehen des Prinzen als siegreichen Feldherrn hatte man auch für diplomatische und staatspolitische Missionen genutzt. So war 1711/12 seine Reise nach England zustandegekommen, 1714 hatte er zu Rastatt

Porträt des Prinzen Eugen aus ehemals Harrach'schem Familienbesitz (Aschach) im Oö. Landesmuseum

über den Frieden mit Frankreich verhandelt und in Passarowitz hatte er sich ebenfalls mit seinen Vorstellungen durchgesetzt. Mag sein, daß man ihm als langjährigem Mitglied der Geheimen Konferenz und als ihrem Vorsitzenden beschuldigte, für einen Militär zu viel Politik zu machen, wenn auch in einer Großmacht der Heeresminister immer ein gewichtiges Wort mitzureden hat. Jedenfalls kam es im Jahre 1719 zu einem Konflikt zwischen beiden Beratergremien, als es um Heiratspläne für die Töchter des verstorbenen Kaisers Joseph I. ging. Der Spanische Rat wollte eine davon mit einem Prinzen aus Savoyen verheiraten, über Eingreifen der deutschen Minister entschied Karl VI. aber, daß die Kurprinzen von Bayern und Sachsen die Heiratskandidaten für seine beiden Nichten sein sollten. Im Zuge dieser Meinungsbildung beschuldigte man Prinz Eugen, er wolle eine Heirat mit einem Wittelsbacher deshalb zustandebringen, weil er diesen dann zum Nachfolger des Kaisers machen wolle. Zu einer Zeit, als Karl VI. nur zwei kleine Töchter hatte, und die Pragmatische Sanktion erst innenpolitisch durch die Landtage bekräftigt werden mußte, war er für derartige Einflüsterungen überaus sensibel. Der Prinz konnte aber diese Beschuldigung widerlegen und ging stärker als bisher aus dem Konflikt hervor.

Im staatsmännischen Bereich lag aber doch nicht Eugens Stärke, obwohl er sich einen recht guten Kundschafterdienst aufgebaut hatte und oft besser als der Kaiser informiert war. In den folgenden Friedensjahren überließ er viele Entscheidungen seinen Ratgebern und untergebenen Helfern, auch im Bereich der militärischen Verwaltung. Diese waren aber nicht immer die besten Charaktere und erregten manchen Anstoß, was wieder auf ihn zurückfiel. So war er einem Abenteurer namens Johann Michael Klement aufgesessen, der ihm seine Dienste anbot, aber 1717 Wien verließ und sich an Eugen rächen wollte, indem er das Mißtrauen des preußischen Königs Wilhelm zu wecken versuchte. Diesem suchte man einzureden, Eugen wolle ihn ermorden lassen. Dieser Verdacht war aber leicht zu widerlegen, denn Eugen bemühte sich in den zwanziger Jahren unentwegt um einen Ausgleich mit Preußen, insbesondere als sich 1727 eine Koalition gegen das Bündnis mit Spanien bildete und ein Krieg drohte. Es mag ein besonderes Zeichen des Vertrauens gewesen sein, daß sich der Preußenkönig Friedrich Wilhelm damals von Eugen persönlich ein Bildnis als Gegenstück zu dem Marlboroughs erbat, und Eugen den Hofmaler Johann Gottfried Auerbach mit der Herstellung des Porträts beauftragte, das jetzt im Schloß Charlottenburg in Berlin hängt. Von diesem Bild gibt es eine zweite, allerdings weniger gehaltvolle Fassung im starhembergischen Familienmuseum in

Eferding. In beiden Fällen handelt es sich um ein ovales Brustbild im Dreiviertelprofil nach links. Eugen trägt eine Lockenperücke, eine volle Rüstung mit einem blauen Hermelinumhang und das Goldene Vlies am roten Band.

Prinz Eugens private Interessen nahmen nun viel Zeit in Anspruch. Er war unverheiratet geblieben, in seiner Jugend hatte man ihn in Paris sogar homosexueller Neigungen verdächtigt. Heiratspläne in Spanien 1686 und mit einer Prinzessin Franziska von Lauenburg im Jahre 1690 waren nicht realisiert worden.

In der Zeit nach 1714 scheint sich auch die Bekanntschaft mit der verwitweten Gräfin Eleonore Batthyány vertieft zu haben. Sie war eine Tochter des früheren Hofkanzlers Theodor Heinrich von Strattmann, hatte 1692 den Grafen Adam Batthyány geheiratet, der zuletzt Banus von Kroatien gewesen und 1703 gestorben war. Mit ihrem Gatten war Eugen ebenso bekannt gewesen wie mit ihrem ebenfalls verstorbenen Bruder, dessen Witwe Eleonore Strattmann, eine geborene rheinländische Adelige aus der Familie Schellart und Bernsau, nun ebenfalls zum Freundeskreis um den Prinzen gehörte, über den viel getratscht wurde. Denn Eleonore Batthyány, die der französische Botschafter Eugens Mätresse nennt, erlangte großen Einfluß auf seine politischen Entscheidungen und war in den Krisen der Jahre 1719 und 1724 mit ein Grund für die Angriffe gegen den Prinzen.

Eugen, der jahrzehntelang bei Feldzügen unterwegs gewesen war, liebte im Alter die Ruhe. Seit 1720 verließ er Wien und dessen Umgebung nur selten. Die Teilnahme an der Krönung Karls VI. im Jahre 1723 in Prag und an den Erbhuldigungen in Graz 1728 und Linz 1732 gehörten zu den Ausnahmen. Auch seine Güter in Ungarn besuchte er nicht mehr, sondern hielt in Wien einen großen Hof, wo man sich der kostspieligen Geselligkeit widmete und recht wenig arbeitete. So entglitten ihm allmählich die Zügel der Politik, viel lief an ihm vorüber, ohne daß er es so recht merkte. Denn er war seit dem sechzigsten Lebensjahr rasch gealtert, sein Gedächtnis hatte gelitten und längere Kränklichkeit war nicht selten. Um 1730 war er schon zum Wrack geworden, und nur mehr bedingt einsatzfähig. Trotzdem behielt er seine Funktionen bei, die Regierungsgeschäfte wurden nur mehr schleppend erledigt. So wurde in diesen Jahren der Sekretär der Geheimen Konferenz, Johann Christoph von Bartenstein, immer einflußreicher und schließlich zum Gestalter der Außenpolitik.

Trotz dieser Situation übernahm Prinz Eugen im Jahre 1734 während des Polnischen Erbfolgekrieges nochmals den Oberbefehl über das kaiserliche Heer am Rhein, blieb aber erfolglos.

Diese Mißerfolge lassen manche Zweifel an Eugens Tätigkeit als Heeresorganisator in späteren Jahren aufkommen. Die Armee von 1734 war nicht mehr die des Jahres 1717, sie hatte sich nicht nur personell erneuern müssen, hatte aber offenbar auch wenig Fortschritte in Bewaffnung und Taktik durchgemacht, so daß Kritik an Eugens Alterswirken immer stärker wurde. Offenbar hat er seinen Feldherrenruhm überlebt und war nicht imstande, sich rechtzeitig aus dem aktiven politischen Leben zurückzuziehen.

Sein Ruhm war aber ungebrochen. In Philippsburg besuchten ihn der preußische König Friedrich Wilhelm mit seinem Sohn Friedrich und Herzog Carl Alexander von Württemberg, der ihm in der Schlußphase des Spanischen Erbfolgekrieges zur Seite gestanden war und nach der Eroberung von Belgrad erster kaiserlicher Gouverneur dieser Festung gewesen war. Er hatte schon früher von Johann Friedrich Gerhard (1695—1748) ein Doppelporträt von Eugen und sich malen lassen, nun beauftragte er den ihm nahestehenden damals in Augsburg lebenden Künstler August Querfurt (1696—1761) zwölf große Bilder mit der Dar-

Hinterglasgemälde des Prinzen im Museum für Kunst und Gewerbe in Hamburg

stellung der Siege Eugens für seine Sommerresidenz Ludwigsburg bei Stuttgart zu malen. Zwei von ihnen, die Höchstädt und Belgrad zeigen, haben die riesigen Formate 4×11 m und sind in ihrem jetzigen Aufstellungsort nicht einmal zur Gänze zu fotografieren.

Eugens Ruhm war auch in andere Länder gedrungen und manche Fürstenfamilie bestellte ein Bildnis von ihm. So gibt es ein Hinterglasbild in Hamburg, ein Ölgemälde des seit 1734 in Darmstadt tätigen Hofmalers Johann Christian Fiedler (1697—1765) befindet sich auf Schloß Arolsen.

Ähnliches läßt sich auch in den habsburgischen Ländern feststellen. So gibt es ein ganzfiguriges Eugen-Porträt im Museum von Antol in der Slowakei, es dürfte wohl aus dem Besitz der ungarischen Magnatenfamilie Kohary stammen. In besonderer Weise hat aber das Stift St. Florian des Prinzen gedacht. Im Marmorsaal bildet ein von Bartolomeo Altomonte gemaltes großes Reiterbildnis Eugens ein Gegenstück zum Reiterporträt Kaiser Karls VI. und die Supraporten über den vier Türen sind dem Türkenfeldzug der Jahre 1716/17 gewidmet. Auf dem ersten Bild übergibt der Kaiser dem Feldherrn Eugen als Zeichen seines Einsatzes gegen die Ungläubigen ein Kreuz, nach der Einnahme von Temesvár und Belgrad — auf zwei weiteren Bildern dargestellt — zeigt Eugen den versammelten Generälen dieses Kreuz. Mit dem Deckenfresko, das dem Türkensieger Karl VI. gewidmet ist, bilden diese vier Gemälde eine ikonographische Einheit.

Zu dieser Zeit lebte Eugen schon von seinem Ruhm aus weit zurückliegenden Jahren. Nun wurden aktuelle Medaillen auch schon selten. Als man im Jahre 1735 noch eine herstellte, die seinen Siegen an der Mosel gewidmet war, war dies schon recht weit hergeholt.

Um Prinz Eugen war es auch recht still geworden, der Siebzigjährige wurde neuerlich von schweren Schicksalsschlägen heimgesucht. Sein Neffe Emanuel, zuletzt Feldmarschalleutnant und seit 1712 Träger des Goldenen Vlieses, war 1729 gestorben, als letzter männliche Nachkomme lebte noch dessen Sohn Eugen. Diesem wurde 1733 in Würdigung der Verdienste des Großonkels ebenfalls das Goldene Vlies und das Regiment seines Vaters verliehen, aber auch er starb im Jahre 1734. Die körperlichen und geistigen Kräfte des alt gewordenen Prinzen taugten für einen Feldzug, den er sich oder man ihm zugemutet hatte, nicht mehr. So kehrte er im Herbst 1735 krank nach Wien zurück. Am 21. April 1736 starb er in seinem Wiener Palais einen sanften Tod. Wenige Wochen vorher war ein Vorfriede zwischen dem Kaiser und Frankreich zu Wien geschlossen worden, in dem Österreich einen erheblichen Teil des Gewinnes aus dem Spani-

Relief auf dem Prinz-Eugen-Denkmal in Wien (Heldenplatz)

schen Erbfolgekrieg, vor allem die Besitzungen in Unteritalien, aufgeben mußte. Als der Prinz starb, stand ein neuer Türkenkrieg bevor, der ebenfalls mit einer Niederlage enden sollte. Die neue Zeit kündigte sich auch dadurch an, daß wenige Wochen vor seinem Tod die Erbin der habsburgischen Monarchie, Erzherzogin Maria Theresia, den Herzog Franz Stephan von Lothringen, nun Großfürst von Toskana, heiratete. Damit wurde die Pragmatische Sanktion mit allen ihren Problemen wirksam, für deren Anerkennung man so große außenpolitische Opfer hatte erbringen müssen.

Prinz Eugen starb, ohne ein Testament zu hinterlassen. Deshalb wurde seine einzige Verwandte, seine 52jährige Nichte Anna Victoria, Erbin des gesamten Vermögens in der Höhe von drei Millionen Gulden. Diese Tochter von Eugens ältestem Bruder Ludwig Thomas machte alles zu Geld. Die Gemäldegalerie wurde größtenteils nach Turin gebracht, Bibliothek und Stichsammlung kaufte Kaiser Karl VI. für die Hofbibliothek, andere Kunstwerke der Kurfürst von Sachsen und der König von Preußen. Victoria heiratete den um zwanzig Jahre jüngeren Prinzen Joseph Friedrich von Sachsen-Hildburghausen und führte ein Leben mit rauschenden Festen. Schon nach zwei Jahren wurde aber von einer Trennung der Ehe geredet, doch lebte man bis 1744 weiter zusammen. Erst dann kam es zur Trennung. Schloßhof wurde bei der Teilung des Vermögens dem Gatten zugesprochen. Victoria kehrte 1752 nach Turin in die Heimat ihrer Ahnen zurück, wo sie 1763 starb.

Vom weitgehend ausgeräumten Wiener Palais wurde ein Teil abgemauert und als Miet-

Reiterstandbild des Prinzen Eugen von Jósef Róna vor der Ungarischen Nationalgalerie in Budapest

haus verwendet, der Haupttrakt im Jahre 1752 gemeinsam mit dem Belvedere von Maria Theresia für die kaiserliche Familie erworben. Das Stadtpalais wurde zuerst für die k. k. Münz- und Bergwesendirektion, dann für die Hofkammer, die Oberste Justizstelle und schließlich, und diesmal endgültig, ab 1797 wieder für die Hofkammer verwendet, deren Nachfolger das Finanzministerium war. Schloßhof und Niederweiden erwarb im Jahre 1755 Kaiser Franz I.

Die Familientradition wurde durch die Witwe nach Eugens Neffen Emanuel weitergepflegt. Diese Maria Theresia, „Herzogin von Savoyen, Prinzessin von Piemont, Markgräfin von Saluzzo, Gräfin von Soissons, des Heiligen Römischen Reiches geborene Fürstin von Lichtenstein" ließ im Jahre 1754 im Stephansdom ein Grabdenkmal für Eugen und ihren Gatten errichten, ein großes Epitaph aus grauem bzw. braunrosa Marmor. In der Gruft ruhen neben drei Mitgliedern der Familie Savoyen-Liechtenstein — Emanuel, dessen Gattin Maria Theresia und deren Sohn Johann Eugen — auch Prinz Eugen. Durch die Stiftung der savoyischen Ritterakademie und des savoyischen adeligen Damenstiftes hielt sie auch den Namen weiter in Erinnerung.

Denn in Österreich war diese nach des Prinzen Tod bald verblaßt. Die wichtigsten Werke des 18. Jahrhunderts über ihn erschienen im Ausland. Das schon im Jahre 1709 begonnene sechsbändige Buch „Des großen Feldherrn Eugenii Hertzogs von Savoyen und kayserlichen General-Leutnants Helden Thaten", das Christoph Riegel in Nürnberg herausgab, wurde 1739 abgeschlossen. Nachdem das reich illustrierte Werk „Theatrum Bellicum", das Petrus Schenk 1712 in Amsterdam herausgebracht hatte, mehrfach auf Eugens Taten im Spanischen Erbfolgekrieg Bezug genommen hatte, waren die von mehreren Stechern beigestellten 57 Tafeln des Stichwerkes „Schlachten, Belagerungen . . . während des spanischen Sucessionskrieges", das Paul Decker im Jahre 1716 in Augsburg der Öffentlichkeit übergab, vorwiegend auf Prinz Eugen zugeschnitten. Im Jahre 1720 veröffentlichte Jan van Huchtenburgh gemeinsam mit Jean Dumont in Den Haag aufgestochene Radierungen der im Auftrag des Prinzen geschaffenen Schlachtenbilder unter dem Titel „Batailles gagnées par le Prince Eugène de Savoye . . . en Hongrie, en Italie, en Allemagne et aux Paix-Bas". Diese Blätter wurden dann von Jean Rouss de Missy wieder verwendet, als er in den Jahren 1729 bis 1747 gemeinsam mit Dumont die „Histoire militaire du Prince Eugène de Savoye . . ." herausgab. Zu dieser Zeit arbeitete bereits Eléazar Mauvillon an seiner „Histoire du Prince Eugène de Savoye", die 1740 in Amsterdam erschien, mehrere Auflagen erlebte und auch in die italienische Sprache übersetzt wurde.

Aus diesem Werke hat Charles Joseph Prince de Ligne die „Mémoires du Prince Eugène de Savoie" zusammengestellt und im Jahre 1809 in Weimar, im folgenden Jahr auch in Paris und in englischer Sprache in London veröffentlicht.

Diese „Mystifikation" wurde noch negativ ergänzt durch eine Sammlung von mehr als 650 gefälschten angeblichen Briefen Eugens, die in den Jahren 1811 bis 1821 in Tübingen unter dem Titel „Sammlung der hinterlassenen politischen Schriften des Prinzen Eugen von Savoyen" von einem ungenannten Verfasser der Öffentlichkeit übergeben wurden. Als Fälscher und Herausgeber wurde später der Bibliothekar Joseph von Sartori des Wiener Theresianums identifiziert, Goethe hat übrigens diese Fälschung sofort als solche erkannt.

So dauerte es noch Jahrzehnte, bis auch in Österreich ein gediegenes Werk über Eugens Leben und Wirken verarbeitet wurde. Nach jahrelangen intensiven Archivstudien veröffentlichte Alfred von Arneth im Jahre 1858 ein dreibändiges Werk, das lange Zeit die allseits anerkannte gültige Eugen-Biographie blieb. Arneth hat auch die Texte der Inschriften des Denkmales auf dem Heldenplatz in Wien geliefert, zu dem Anton Ritter von Fernkorn im Jahre 1860 den Auftrag erhielt und das am 202. Geburtstag des Prinzen am 18. Oktober 1865 feierlich enthüllt wurde. Nach dem Vorbild des großen Reiterbildnisses sitzt Eugen auf levierendem Pferd und hält in der ausgestreckten Rechten ein Schwert. Es sei im alten spanisch-österreichischen Stil gehalten, meinte ein zeitgenössischer Kritiker, wurde aber von den Bildhauern hoch eingeschätzt. Als Gegenstück zum Erzherzog Karl-Monument des gleichen Bildhauers schmückt es den mächtigen Platz.

Das zweite große Denkmal des Prinzen steht vor der Ungarischen Nationalgalerie in

Standbild des Prinzen Eugen in der Armeria Reale in Turin

Budapest. Der ungarische Bildhauer Jószef Róna (1861—1939), ein Schüler von Hellmer und Zumbusch, hatte es am Ende des 19. Jahrhunderts im Auftrag der Stadt Zenta ausgeführt. Es wurde im Jahr 1899 im Rahmen der 1000-Jahr-Feier Ungarns vor der Kunsthalle in Budapest aufgestellt und dem Künstler die kleine Goldmedaille des Staates verliehen. Als dann die Stadt Zenta aus finanziellen Gründen das bestellte Denkmal nicht übernehmen konnte, kaufte es König Franz Joseph und ließ es über Anraten des Architekten Alois Hausmann vor dem königlichen Palast in Pest aufstellen. Zwei Standbilder des Prinzen Eugen, die beide im 19. Jahrhundert errichtet wurden, aber älter sind als die von Wien und Budapest, befinden sich in Turin. Im Jahre 1858 machte Giovanni Mestrallet das Standbild des Prinzen, das jetzt vor dem Rathaus steht, der Gemeinde zum Geschenk. Eugen wird als junger Mann dargestellt, der den Marschallstab gegen den Himmel streckt und als „liberatore di Torino“ bezeichnet wird. Das Denkmal wurde für „Italia Gloria“ errichtet. Ein zweites Standbild im Palazzo Reale zeigt Eugen ebenfalls überlebensgroß stehend, aber mit älterem abgeklärtem Antlitz in die Ferne blickend.

Die wissenschaftliche Erforschung der Tätigkeit Eugens als Feldherr erlebte durch das vom Wiener Kriegsarchiv erarbeitete und in den Jahren 1872 bis 1896 herausgegebene zwanzigbändige Standardwerk „Die Feldzüge des Prinzen Eugen“ einen gewaltigen Fortschritt. Danach sind besonders zu Eugens 200. Todestag, so viele Bücher und Artikel erschienen, daß Bruno Böhm in seiner „Bibliographie des Prinzen Eugen von Savoyen und seine Zeit“ im Jahre 1943 1800 Titel anführen konnte. Die wichtigsten Arbeiten, die unterdessen durch weitere Bücher ergänzt wurden, hat Max Braubach dann in seinem fünfbändigen Standardwerk „Prinz Eugen von Savoyen. Eine Biographie“, das von 1963 bis 1965 erschien, nebst einer Fülle bekannter und neuer Quellen, verarbeitet. Das Jubiläumsjahr 1986 brachte und bringt eine Anzahl weiterer Bücher, in denen Leben und Wirken des Prinzen geschildert werden.

Aber viel mehr wurde und wird das volkstümliche Bild vom Prinzen Eugen durch populäre Sachbücher, Artikel in Zeitungen und Zeitschriften, durch Romane und Schulbücher, aber auch durch Spielkarten oder die Benennung eines Expreßzuges wach gehalten.

Auch mehrere historische Ausstellungen wurden bisher dem Gedenken an Prinz Eugen gewidmet. Im Jahre 1933 hat die Bundesregierung durch den Verein der Wiener Museumsfreunde im Belvedere eine große Ausstellung gestalten lassen, deren Anlaß wohl die Türkenbelagerung von 1683 war, die aber völlig auf Prinz Eugen zugeschnitten war. Dreißig Jahre später griff das Heeresgeschichtliche Museum in Wien dieses Thema auf und gestaltete eine Prinz-Eugen-Ausstellung im Arsenal. Die diesjährige Ausstellung soll die bisherigen wissenschaftlichen Erkenntnisse mit den Methoden der Realienkunde und der Ikonographie erweitern und damit ein neues Prinz-Eugen-Bild der Öffentlichkeit vorstellen.

Karl Gutkas

Neuere Prinz-Eugen-Biographien: B. Böhm, Bibliographie zur Geschichte des Prinzen Eugen von Savoyen und seiner Zeit, Wien 1943. — M. Braubach, Prinz Eugen von Savoyen. Eine Biographie, 5 Bände, Wien - München 1963—1965.

D. McKay, Prinz Eugen von Savoyen. Feldherr dreier Kaiser, Graz - Wien - Köln 1979. — W. Oppenheimer, Prinz Eugen von Savoyen, Feldherr, Staatsmann und Mäzen 1663—1736, München 1979. — N. Henderson, Prince Eugen of Savoy, London 1964. — A. Béthouart, Eugène de Savoie, Soldat, Diplomate, Mécène, Paris 1975. — O. Stradal, Der andere Prinz Eugen, Wien 1982.

K. Gutkas (Hrsg.), Prinz Eugen und das barocke Österreich, Salzburg - Wien 1985. — Gerda Mraz, Prinz Eugen. Sein Leben, sein Wirken, seine Zeit, Wien - München 1985. — Gottfried Mraz, Prinz Eugen. Ein Leben in Bildern und Dokumenten, München 1985. — E. Trost, Prinz Eugen, Wien 1985. — R. Linke (Hrsg.), Prinz Eugen und das Marchfeld, Wien 1985.

FB 1: Prinz Eugen mit den päpstlichen Ehrengaben, HGM

FB 2: Ansicht von Schloßhof

FB 3: Detail eines Gittertores im Garten von Schloßhof, Wappen des Prinzen Eugen

FB 4: Ansicht von Schloß Niederweiden

FB 5: Gartenpavillon Obersiebenbrunn

FB 6: Prunksaal der Nationalbibliothek, Wien
◄

FB 7: Maroquineinband aus der Bibliothek des Prinzen Eugen, ÖMAK

FB 8: Bleuw-Hem-Atlas, Die Insel Mauritius, ÖNB

▲
FB 9: Die Schlacht bei Zenta (Ausschnitt), Jacques Ignace Parrocel, Winterpalais des Prinzen Eugen

FB 10: Die Schlacht bei Höchstädt (Ausschnitt), August Querfurt, Schloß Ludwigsburg

FB 11: Allegorie auf den Frieden von Rastatt, Houston

FB 12: KARTE: DIE TERRITORIALE UND POLITISCHE SITUATION EUROPAS ZUR ZEIT PRINZ EUGENS (KAT.-NR. 1.1)

Aa. = Aachen
Abg. = (Bm.) Augsburg
Anh. = Anhaltische Fürstentümer
Ansb. = (Fsm.) Ansbach
Ast. = Altranstädt (1706)
Bad. = (Mgft.) Baden
Bam. = (Bm.) Bamberg
Bar = Hzm. Bar (1659 frz. Lehen, 1681 an Lothr.)
Bar. = Barcelonette (1713 frz.)
Bas. = (Bm.) Basel
Bayern (Kfsm.; 1704—13 von Kaiser und Reich besetzt)
Bayr. = (Fsm.) Bayreuth
Benev. = Benevent (z. Kirchenst.)
bes. = besetzt
Bh. = Bischof
Bm. = Bistum
Bornh. = Bornholm (1660 dän.)
bourb. = bourbonisch
Br. = (Hzm.) Braunschweig (-Wolfenbüttel)
Brand. = Kfsm. Brandenburg
brand. = brandenburgisch
brit. = britisch
Ch. Da. = Chateau Dauphin (1713 sav.)
Char. = (Gft.) Charolles (span., 1684 frz.)
Chi. = Chios (1691—99 ven.)
dän. = dänisch
Ebh. = Erzbischof
Ebm. = Erzbistum
Ehzm. = Erzherzogtum
Eist. = (Bm.) Eichstätt
Estld. = Estland (schwed., 1721 russ.)
Ex. = Exilles (frz., 1713 sav.)
Fr. C. = Franche Comté (span., 1678/79 frz.)
Frbg. = Freiburg im Breisgau
frz. = französisch
Fsm. = Fürstentum
Ful. = (Bm.) Fulda
Gel. = Geldern (1713 preuß.)
Gft. = Grafschaft
Ghzm. = Großherzogtum
H.-D. = Lgft. Hessen-Darmstadt
H.-K. = Lgft. Hessen-Kassel
habs. = habsburgisch
Hann. = Hannover (1692/1708 Kfsm.; seit 1714 in Personalunion mit Kgr. Groß-Britannien)
Hhm. = (Bm.) Hildesheim (1573—1688, 1714—61 wittelsb. Bh.)
Hhsn. = Herrenhausen (1726)
Hzm. = Herzogtum
Ingermld. = Ingermanland (schwed., 1721 russ.)
Irland (1692 erneut unterworfen)
Jü. = (Hzm.) Jülich (z. Pflanz-Neuburg)
Karel. = Karelien (schwed., 1721 russ.)
Katal. = Katalonien (1694—97 frz. bes.; bis 1714 Sonderrechte)
Kfsm. = Kurfürstentum
Kgr. = Königreich
Kirchenst. = Kirchenstaat
Kle. = (Hzm.) Kleve (brand.)
Kwhsn. = Königswusterhausen (1726)
Kö. = (Ebm.) Köln (1583—1761 wittelsb. Ebh.)
Lgft. = Landgrafschaft
Lin. = Lingen (brand.)
Livld. = Livland (schwed., 1721 russ.)
Lothr. = Hzm. Lothringen (1735 an Stanislaus Lesczinski mit frz. Anwartschaft)
Luc. = (Rep.) Lucca
M. = Gft. Mark (1614/66 brand.)
Mag. = (Ebm./Hzm.) Magdeburg (1680 brand.) (1688)
Mail. = Hzm. Mailand (span., 1714 österr.)
Mant. = (Hzm.) Mantua (1708 österr.)
Meckl. = Hzm. Mecklenburg (1701 Teilung in Hzm. Mecklenburg-Schwerin und Hzm. Mecklenburg-Strelitz)
Min. = (Bm./Fsm.) Minden (brand.)
Mntf. = Mgft. Montferrat (1703/13 sav.)
Mod. = Hzm. Modena
Mz. = (Ebm.) Mainz
Mömp. = Mömpelgard (z. Württ.)
Mü. = (Bm.) Münster (1683—88, 1719—61 wittelsb. Bh.)
Nass. = Nassauische Fürstentümer
nass. = nassauisch
Neub. = (Fsm. Pfalz-)Neuburg
Neuenb. = (Fsm.) Neuenburg (1707 preuß.)
Nymw. = Nymwegen (1679)
österr. = (habsb.-) österreichisch
Of. = Gft. Ostfriesland
Ol. = Gft. Oldenburg (z. Dän.)
osm. = osmanisch
Osn. = (Bm.) Osnabrück (1721—61 wittelsb. Bh.)
KGR. POLEN (1697—1704/06, 1709—33, 1735—65 in Personalunion mit Kfsm. Sachsen)
Pad. = (Bm.) Paderborn (1719—61 wittelsb. Bh.)
Par. = Hzm. Parma (1731 span.-bourb. Sekundogen., 1735 österr.)
Pass. = (Bm.) Passau
Pers. Un. = Personalunion
Piem. = Fsm. Piemont
Pin. = Pinerolo (frz., 1696 sav.)
poln. = polnisch
Pontec. = Pontecorvo (z. Kirchenst.)
Preußen (Hzm., seit 1701 Kgr.)
Rep. Rag. = Rep. Ragusa (osm. Vasall, 1718 unabh.)
Regb. = (Bm.) Regensburg (1684)
Rep. = Republik
S. Hzm. = Sächsische Herzogtümer
KGR. SPANIEN (span.-habsb.; 1701—1713/14 Erbfolgekrieg; 1713/14 span.-bourb.)
Sa. = (Gft.) Salm
Sachs. = Kfsm. Sachsen (1694—1704/06, 1709—33, 1735—65 in Personalunion mit Kgr. Polen)
Sard. = Kgr. Sardinien (span., 1708 brit. bes., 1714 österr., 1720 sav.)
Sav. = Hzm. Savoyen
Sek.-Gen. = Sekundogenitur
Sbg. = (Ebm.) Salzburg
Schw. = (Hzm. Mecklenburg-) Schwerin
schwed. = schwedisch
Schwft. = (Bm.) Schweinfurt
Schwi. = Schwiebus (1686 brand., 1695 österr.)
Siebenb. = Siebenbürgen (1691/99 österr.)
Kgr. Sizilien (span., 1713 sav., 1714 österr., 1735 span.-bourb. Sek.-Gen.)
Slaw. = Kgr. Slawonien
span. = spanisch
St. d. Pr. = Stato dei Presidii (span., 1714 österr., 1735 span.-bourb. Sek.- Gen.)
Stra. = Straßburg
Stre. = (Hzm. Mecklenburg-) Strelitz
Stu. = Stuttgart
Sulzb. = (Fsm. Pfalz-) Sulzbach
Tosk. = Ghzm. Toskana (1737 Lothr.)
Tr. = (Ebm.) Trier
Tur. = Turin (1703, 1706)
KGR. UNGARN = (1687/99 österr.; 1703—11 Rakoczy-Aufstand)
ven. = venezianisch
Ver. = (Fsm.) Verden (schwed., 1715/19 hann.)
Ver. NL = Rep. Vereinigte Niederlande
Wf. = Hzm. Westfalen (zu Ebm. Köln)
Wism. = Wismar
Wzbg. = (Bm.) Würzburg
Württ. = Hzm. Württemberg

Die verwendeten Ortsnamen geben Benennungen wieder, die im 17. und 18. Jahrhundert gebräuchlich waren, wobei die Ortographie mit der in der deutschsprachigen Fachliteratur verwendeten, fallweise modernisierten, Schreibung übereinstimmt.

FB 13: Blenheim Palace, Oxfordshire, Interieur

FB 14: Gelber Salon, Winterpalais des Prinzen Eugen

FB 15: Wien vom Belvedere aus gesehen, Bernardo Bellotto, gen. Canaletto, KHM

▶
FB 16: Apotheose des Prinzen Eugen, Balthasar Permoser, Unteres Belvedere

FB 17: Porträt des Prinzen Eugen, Johann Gottfried Auerbach, Berlin

FB 18: Grabmal des Prinzen Eugen, Stephansdom, Wien

FB 19: Grabmal des Herzogs von Marlborough, Blenheim Palace, Kapelle

FB 20: Prinz-Eugen-Denkmal, Anton Dominik Fernkorn, Heldenplatz, Wien

AUSSTELLUNGSTEIL SCHLOSSHOF

Vestibül und Stiegenhaus

Dem Besucher, der nach dem Durchschreiten des „Haupt Thores" das Vestibül betritt, bietet sich der Raum unverändert wie einst dem Gast Prinz Eugens dar. Durch ein um 1730 geschaffenes Schmiedeeisentor gelangt man in das unter Joseph II. völlig umgebaute Stiegenhaus. Die 1985 durchgeführten Sanierungsarbeiten lieferten die Erkenntnis, daß die Stiegenhauspfeiler aus sekundär verwendeten Teilen von Postamenten der ursprünglichen Stiege aufgemauert sind. Letztere hat man sich als einläufige Treppe, die sich am ersten Podest in zwei Läufe teilt und vom zweiten Podest wiederum als einläufige Treppe weiterführte, vorzustellen. Die Stiegenhauspfeiler, die nur bis zum ersten Stock führten, waren durch vier Laternen geschmückt. Die gegenwärtige Rosafärbelung des Stiegenhauses entspricht der Umbauphase von 1773/75; der durch langjährige Dachschäden zerstörte Deckenstuck wurde nach alten Fotos wiederhergestellt, wobei die Detailformen einer gleichgestalteten Decke im Obergeschoß entnommen sind. R. M.

Die Stuckdekorationen in Schloßhof

Im Unterschied zum Wiener Stadtpalast und zu den beiden Belvedere-Schlössern, wo unterschiedliche Dekorationssysteme entsprechend der Bedeutung und der Funktion der Räume angewandt wurden, ließ Prinz Eugen seinen Landsitz Hof ausschließlich mit weißen Stuckdecken ausstatten, die den Räumen einen no-

Sekundär verwendeter Steinteil im Stiegenhaus mit Stuckverkleidung von 1773

Restaurierte Stuckdecke im ehemaligen Audienzzimmer (Raum 5)

blen, aber zurückhaltenden Charakter verliehen. Die Innenraumgestaltung war 1729 weitgehend abgeschlossen, denn im September dieses Jahres lobt Feldmarschall Johann Joseph Graf Harrach in einem Brief an seinen Bruder insbesondere die Dekoration von Schloß Hof. Wie bei den Wiener Palästen wird als Innendekorateur Claude Le Fort du Plessy genannt, als Stukkateure und Stuckplastiker waren die damals führenden Wiener Werkstätten des Santino Bussi und Alberto Camesina beschäftigt. Der ursprüngliche Eindruck der kleinteilig bewegten Bandlwerkornamente, welche die figürlichen Reliefs im Deckenspiegel umgaben, ist heute nur noch im ehemaligen Billardzimmer des Erdgeschosses, in der Kapelle sowie in einem Kabinett und zwei Gästezimmern des Piano Nobile nachvollziehbar. Bei der 1773 durch F. A. Hildebrandt durchgeführten Aufstockung des Schlosses wurden die Räume des Piano Nobile dem veränderten Geschmack entsprechend erhöht, die Reliefs der Deckenspiegel und die Kamine jedoch in das klassizistische Dekorationssystem integriert.

Stilistisch schließen die Stuckdecken unmittelbar an die Decken des Oberen Belvedere an. Sie zeigen die für Hildebrandt charakteristische persönliche Anpassung französischer (J. Berain) und deutscher (P. Decker) Ornamentdrucke an die spätbarocken deckengliedernden Rahmensysteme italienischen Ursprungs. Eine besondere Kostbarkeit stellen in Schloß Hof die Kamine aus Marmor und Stuckmarmor dar. Ihre Proportionen und ornamentale Einheitlichkeit ist allerdings durch die klassizistischen Veränderungen empfindlich gestört. Heute finden sich lockeres Bandlwerk und strenge Zopfornamentik nebeneinander. Die Stuckreliefs der Kaminaufsätze stehen in inhaltlichem Zusammenhang mit den Darstellungen am Deckenspiegel und wiesen unauffällig dekorativ auch auf die Bestimmung des Raumes hin. Die mythologisch-allegorischen Darstellungen sind nicht ganz eindeutig zu entziffern, wobei allerdings mögliche Veränderungen in mariatheresianischer Zeit zu bedenken sind. Dominierend ist natürlich das Reich der Diana, wie es einem Jagdschloß zukommt (Billardzimmer, Festsaal), in den Gemächern des Hausherren wird auf die Beschäftigung des ausruhenden Kriegshelden mit Kunst und Wissenschaft hingewiesen, während Besucher in den Gästezimmern offenbar aufgefordert wurden, sich den Verlockungen der Venus hinzugeben.

Ingeborg Schemper-Sparholz

1. Europa und die österreichische Monarchie im Zeitalter des Prinzen Eugen

Die habsburgische Monarchie ist in der Periode von 1683 bis 1740 europäische Großmacht geworden. Diese Stellung wurde in langen Kriegen, vorwiegend gegen das Osmanische Reich und gegen Frankreich, erkämpft und führte auch zu einer wesentlichen Erweiterung des Gebietsumfanges. Im Krieg gegen das Osmanische Reich war zwischen 1683 und 1699 der größte Teil Ungarns erobert worden, auch Siebenbürgen, bisher ein Satellitenstaat unter türkischem Einfluß, konnte in die Monarchie einverleibt werden. Das bedeutete einen gewaltigen Gebietszuwachs, erforderte auch entsprechend große Bemühungen zur politischen und wirtschaftlichen Integrierung sowie zur Besiedlung und zum kulturellen Aufbau. In Kriegen gegen Frankreich, das die eigentliche Führungsmacht Europas war, im sogenannten Pfälzischen Krieg von 1688 bis 1697, dann im Spanischen Erbfolgekrieg zwischen 1700 und 1714 konnte Österreich die Westgrenze des Reiches zwar nicht zur Gänze wahren, den Habsburgern gelang es aber, sich einen Teil des spanischen Erbes zu sichern. Es waren dies die spanischen Niederlande als extremer Außenposten an Nordsee und Atlantik sowie das Gebiet von Mailand und Mantua in der Poebene, Süditalien und Sardinien bzw. später Sizilien. Diese gewaltigen Dimensionen mußte man militärisch und politisch zu beherrschen trachten. Es ist auch verständlich, daß zu dieser Zeit ständige Reibungsflächen und Auseinandersetzungen mit Nachbarmächten auftraten. Andererseits übten diese Positionen auf die jungen Mitglieder kleiner deutscher Herrschaftsfamilien eine gewaltige Faszination aus. Sie wurden gerne Offiziere in kaiserlichen Diensten.

Gegenüber dem Osmanischen Reich verursachten besonders die Bündnisverpflichtungen zu Venedig und später zu Rußland weitere Kriege in den Jahren 1716 bis 1718 und schließlich in den Jahren 1737 bis 1739. Im ersten befehligte Prinz Eugen das kaiserliche Heer und konnte durch bedeutende Siege sowohl das ungarische Banat als auch Teile des heutigen Rumäniens und Nordserbiens für das habsburgische Imperium sichern. Im zweiten Türkenkrieg Karls VI. gingen aber diese Positionen allesamt mit Ausnahme des Banates verloren, Österreich bekam seine Türkengrenze für lange Zeit festgelegt. Ein weiterer europäischer Krisenherd war Italien, wo sich die spanische bourbonische Königsfamilie mit dem Verlust ihrer Außenbesitzungen nicht abfinden wollte, daher immer wieder politischen Druck auf Österreich ausübte und alle Möglichkeiten ausschöpfte, um eine Revision des Friedens von Utrecht aus dem Jahre 1713 zu erreichen. Dies gelang auch bis zum Ende des Polnischen Erbfolgekrieges, denn im Frieden von Wien 1735/38 mußte Kaiser Karl auf Spanien, Neapel und andere Gebiete verzichten.

Die habsburgische Monarchie des beginnenden 18. Jahrhunderts war ein vielfältiges Gebilde, das nur durch die Person des gemeinsamen Herrschers zusammengehalten wurde. Neben den Ländern der böhmischen Krone — Böhmen, Mähren und Schlesien — waren die eigenständigen und eigenwilligen Gebiete der Stephanskrone ein nach den Rückeroberungen bis 1699 auch gebietsmäßig mächtiger Faktor geworden. Neben diesen großflächigen Reichen waren die eigentlichen deutschen Erblande, also Österreich ob und unter der Enns, Steiermark, Kärnten und Krain umfangmäßig relativ bescheidene Länder. Durch weitere Besitzungen grenzte die Monarchie auch an die Adria und besaß mit Triest und Fiume/Rijeka zwei leistungsfähige Häfen, die nun weiter ausgebaut wurden. Einen weiteren Block habsburgischer Länder bildeten Tirol und die Vorlande, die bis zum Rhein reichten und eine Anzahl von Besitzungen, Rechten und Herrschaften bildete, die in sich wieder völlig verschieden waren und kaum unter einen Nenner zu bringen waren. Die jeweiligen Ländergruppen hatten auch eine völlig andere innere Rechtssituation. In den böhmischen Ländern war nach dem Dreißigjährigen Krieg eine Veränderung der Herrschaftsstruktur hin zum straffsten Absolutismus eingetreten und die Führungsschicht als Folge der Enteignung und Ächtung der „böhmischen Rebellen" nach der Schlacht auf dem Weißen Berg weitgehend ausgetauscht worden. Darüber hinaus wurde auch die Verwaltungsstruktur verändert, da mit der Verlegung der Böhmischen Hofkanzlei von Prag nach Wien die wichtigsten Entscheidungsträger in die Kaiserstadt verlegt wurden und in den böhmischen Ländern selbst nur Außenstellen verblieben. Der böhmische Adel, der ebenfalls in die Nähe des Hofes strebte und dort großen Einfluß erlangte, baute sich nicht nur in Wien große Paläste, sondern auch in Prag, das damit ein weiteres großes kulturelles Zentrum des österreichischen Barock wurde. Ähnlich war die Situation in den ungarischen Ländern, so während der Zeit, als die Osmanen das Zentrum Ungarns beherrschten, Preßburg zur Haupt- und Krönungsstadt geworden war. Diese Funktion behielt die Stadt auch im 18. Jahrhundert bei, so daß das Zentrum Ungarns nicht nur an der äußersten Westgrenze, sondern nur eine Tagesreise von Wien entfernt lag, und auch in jenem Jahrzehnt, als ein erheblicher Teil Ungarns unter Kontrolle der Kuruzen stand, fest in habsburgischer Hand blieb. Darüber hinaus war es zu dieser Zeit zu einer weiteren Konzentration der Regierungsgeschäfte gekommen. Die in Innerösterreich bestehenden Zentralbehörden, die seinerzeit von der in Graz residierenden Linie des Hauses Habsburg aufgebaut worden waren, wurden nun in zunehmendem Maße entmachtet und ihre Funktionen nach Wien verlegt. Wien wurde also in immer stärkerem Maße nicht nur Residenzstadt des Kaisers, sondern auch Hauptstadt des Reiches, wo die wesentlichen Entscheidungen fielen. Dies kam auch durch den Ausbau eines Straßensystems zum Ausdruck, das nach französischem Vorbild die Länder mit Wien verband, in erster Linie eine Verbesserung des Post- und Handelsverkehrs bringen, aber auch den rascheren Einsatz von großen Truppenverbänden ermöglichen sollte. Denn dieses Reich hatte das natürliche Bedürfnis, möglichst rasch an Krisenherden intervenieren zu können.

Die österreichische Monarchie hatte an der Wende zum 18. Jahrhundert einen Schwachpunkt besonderer Art im familiären Bereich des Hauses Habsburg. Da in der ersten Hälfte des 18. Jahrhunderts die großen politischen Auseinandersetzungen meist um Familienbesitz geführt wurden und die Länder als gleichsam privater Besitz von Herrscherfamilien betrachtet und daher Erbschaftsfälle anstelle von Prozessen durch Kriege ausgetragen wurden, war die personelle Situation einer Familie von großer Bedeutung für das politische Geschehen. Das Haus Habsburg war in dieser Periode durch drei Kaiser vertreten: Leopold I., der schon 1658 zu regieren begonnen hatte, erreichte mit dem Türkensieg von 1683 vor Wien den Höhepunkt seines Lebens und lebte bis zum Jahre 1705. Mit seinem äußerst begabten, aber auch leichtfertigen und lebenslustigen Sohn Joseph I., der im Jahre 1711 nach sechsjährigem Kaisertum an den Blattern starb, und schließlich mit Karl VI., der zuerst als spanischer König Karl III. und schließlich als einziger lebender männlicher Habsburger als Kaiser Karl VI. von 1711 bis zum Jahre

1740 regierte, brachte das Haus in hundert Jahren nur drei erwachsene Männer hervor.

Kaiser Leopolds Söhne stammten aus seiner dritten Ehe mit Eleonore Magdalena Theresia von Pfalz-Neuburg. Im Pactum mutuae successionis von 1703 hatte man im Geheimen die Besitzungen, einschließlich der erhofften Erwerbung Spaniens, zwischen ihren beiden Söhnen aufgeteilt.

Die Interessensstrukturen der europäischen Mächte wurden in den Bündnisgruppierungen des Spanischen Erbfolgekrieges besonders deutlich. Die Habsburger wurden bei ihren Bemühungen um das spanische Erbe nur deshalb von den Seemächten England und Holland unterstützt, weil diese die Vereinigung des französischen mit dem spanischen Reich fürchteten. Als aber Karl VI. als einziger Habsburger Spanien mit seiner kaiserlichen und österreichischen Position vereinigen wollte, traten sie aus dem Bündnis aus und waren für eine Teilung des spanischen Imperiums. In Italien war mit dem die politischen Partner gerne wechselnden Savoyen-Piemont ein ebenso gefährlicher wie unberechenbarer Partner entstanden wie es im Reich Kurfürst Max Emanuel von Bayern und in Ungarn die nationale Bewegung waren. Als 1697 Kurfürst Friedrich August I. von Sachsen die Wahl zum polnischen König gelang, bedeutete dies eine Bildung einer weiteren mittleren Macht im Zentrum Europas, wie es Brandenburg-Preußen schon war. Im Jahre 1706/07 wurde das Ineinanderfließen der beiden großräumigen Konfliktzonen rund um Spanien und um die Ostsee beinahe zur Realität. Es war sicher eine der größten Leistungen der kaiserlichen Diplomaten in diesen Jahren, den Nordischen Krieg und den Spanischen Erbfolgekrieg auseinandergehalten zu haben.

Als es dem Kaiser dann gelang, nach dem Türkenkrieg der Jahre 1716—1718 die gerade erst errungenen Positionen am Balkan zu stabilisieren und zu erweitern, sowie in zunehmendem Maße das ans Schwarze Meer vorgestoßene Rußland am Türkenproblem interessiert wurde, war auch in diesem Bereich der außenpolitische Druck beseitigt.

Seit dem Beginn des dritten Jahrzehnts des 18. Jahrhunderts stand die österreichische Außenpolitik völlig im Zeichen der Anerkennung der Pragmatischen Sanktion durch die europäischen Mächte, womit Kaiser Karl VI. aber auch auf deren Wohlwollen angewiesen war.

Unter diesen dominierte zwar das Frankreich Ludwigs XV. nicht mehr so stark wie vor dem Spanischen Erbfolgekrieg, in dem es nur einen Teil seiner Ziele erreicht hatte. Es blieb aber weiterhin eine imposante europäische Macht, die aber im Reich nicht mehr so leicht Bündnispartner finden konnte. Daher war Frankreich im europäischen Osten in hohem Maße am Schicksal des Polenkönigs Stanislaus Leszczynski interessiert, mit dessen Tochter König Ludwig XV. verheiratet war. Dieses Königreich Polen war zwar kein wesentlicher Faktor der europäischen Politik mehr, denn es stand unter politischem Einfluß sowohl von Schweden als auch von Rußland. Die Krone dieses Landes errang schließlich der Kurfürst Friedrich August II. von Sachsen als König August III., während der polnische Kandidat Stanislaus Leszczynski aus Polen nach Lothringen versetzt wurde, mit dem Fernziel, daß diese Provinz als Stammland des Gatten Maria Theresias in absehbarer Zeit an Frankreich fallen würde. In territorialer Hinsicht hat sich also Frankreich arrondiert, war aber damit in Übersee in immer stärkerem Gegensatz zu den Seemächten, insbesondere zu Großbritannien geraten, das seine Stellung in Nordamerika ebenso ausbaute, wie es durch die Eroberung von Gibraltar den Fuß ins Mittelmeer gesetzt hatte. England hat seine Positionen immer gegen alle hart verteidigt, so auch gegen Kaiser Karl VI., als dieser die Kompagnie von Ostende gründete und damit seiner belgischen Provinz, vielleicht auch der

Ansicht von London um 1700
Stich im Theatrum Europaeum, Bd. XX, nach S. 272

neu aufkommenden österreichischen Industrie, in Übersee Absatzmärkte sichern wollte. Der Pragmatischen Sanktion zuliebe mußte diese Kompagnie aufgegeben werden, und auch gegenüber Spanien mußte sich der Kaiser zu Zugeständnissen bereiterklären, die mit der Aufgabe italienischer Besitzungen endeten.

Schließlich sind im Polnischen Erbfolgekrieg auch Unteritalien, Neapel und Sizilien verloren gegangen, so daß der Mißerfolg der österreichischen Politik in den letzten zwei Jahrzehnten der Regierung Karls VI. unter dem Eindruck des Vorranges der Pragmatischen Sanktion deutlich geworden ist.

Zur selben Zeit stieg im Osten unter Zar Peter dem Großen Rußland zur Großmacht auf, die nun den nordischen Partner Schweden besiegte und auch an der Ostsee deutlich an Gewicht gewann. Die europäische Situation war aber immer noch durch die Position des Osmanischen Reiches gekennzeichnet, das nun von zwei Großmächten, von der österreichischen Monarchie und vom russischen Reich, bedroht wurde.

Aus dieser Position heraus ist die Zukunft der Balkanländer und des Raumes um das Schwarze Meer zu verstehen. Innerhalb des Reiches wurde das anfangs bestehende Machtverhältnis verschoben, als sich das außerhalb der Reichsgrenzen befindliche Königreich Preußen mit dem innerhalb des Reiches liegenden Brandenburg zu einer neuen Macht hohen Ranges entwickelte. Die militärische Aufrüstung unter König Friedrich Wilhelm I. war der Ausgangspunkt für eine aggressive Politik, die schließlich zum Bündnis mit Frankreich und Bayern, zum ersten Schlesischen Krieg und zum Österreichischen Erbfolgekrieg führte. Jedenfalls war Österreich in diesen Jahrzehnten eine fast ständig kriegführende Macht, hatte aber seit 1720 immer mehr politische Handlungsfreiheit verloren und war zum Gefangenen der eigenen Innenpolitik geworden.

Karl Gutkas

Lit.: L. Auer, Hegemonie und Gleichgewicht. Machtgruppierungen in Europa 1683—1740, in: K. Gutkas (Hrsg.), Prinz Eugen und das barocke Österreich, 1985. — R. Waissenberger (Hrsg.), Die Türken vor Wien. Europa und die Entscheidung an der Donau, 1982. — Th. Schieder, Handbuch der europäischen Geschichte, Bd. 4, 1968. — O. Redlich, Das Werden einer Großmacht, 1942, Neudruck.

Ante Camer: Raumbeschreibung

Der Raum, eine Art Ante Camer, war zur Zeit Prinz Eugens bis auf einen Ofen und eine Hängelaterne leer. Erst unter Maria Theresia wurden die Wände durch scheinplastische, in Seccotechnik ausgeführte Rahmenmalereien in Rosatönen gegliedert; infolge der zu geringen Reste wäre eine Rekonstruktion nicht zielführend gewesen. R. M.

Objekte

1.1 Die territoriale und politische Situation Europas zur Zeit des Prinzen Eugen

Entwurf und Text: Wolfgang May.
Graphische Gestaltung: Irmgard Grillmayer.

Die Karte geht von der politischen Situation Europas beim Tod Kaiser Karls VI. im Jahre 1740 aus. Sie beinhaltet jedoch auch die wesentlichen Gebietsveränderungen, die seit den Friedensschlüssen von Nijmegen (1678/79) und dem Waffenstillstand von Regensburg (1684) eingetreten waren.
Bemerkenswert sind die Grenzveränderungen zuungunsten des Osmanischen Reiches im Südosten Europas sowie die Machtverschiebungen infolge der Auflösung der spanischen Außenpositionen in Belgien und um das westliche Mittelmeer. Im nordöstlichen Europa konnte Rußland auf Kosten Schwedens expandieren. Großen Offensivdrang entwickelte Frankreich entlang seiner Ostgrenzen. Im Deutschen Reich stehen der allgemeinen Tendenz zu weiterer Dezentralisierung (über 300 selbständige Territorien) Ansätze zur Machtakkumulation durch einzelne Dynastien (Hohenzollern, Hannover, Wittelsbach, mit Einschränkungen auch Kursachsen) gegenüber, die meist über die Reichsgrenzen hinausgriffen. Der Machtblock der österreichisch-böhmischen Erbländer Habsburgs erfuhr durch die Eroberung Ungarns und durch den Zugriff auf Teile des spanischen Erbes jene Ergänzung, die Österreichs Aufstieg zur europäischen Großmacht bewirkte.
Auf der Karte sind die wesentlichen Schlachtenorte und Friedensschlüsse des fraglichen Zeitraumes vermerkt, sofern sie nicht auf Kat.-Nr. 8.65 und 9.1 verzeichnet sind.

Lit.: Großer Historischer Weltatlas. Dritter Teil: Neuzeit. Hrsg. v. Bayerischen Schulbuch-Verlag. Red. v. J. Engel und E. W. Zeeden. München [4]1981. H. Kinder - W. Hilgemann, dtv-Atlas zur Weltgeschichte. Karten und chronologischer Abriß. Band 1: Von den Anfängen bis zur Französischen Revolution. München [10]1974. F. W. Putzger, Historischer Schul-Atlas zur allgemeinen und österreichischen Geschichte. Wien [43]1963.

1.2 Die habsburgischen Länder zur Zeit des Prinzen Eugen

Entwurf und Text: Wolfgang May.
Graphische Gestaltung: Irmgard Grillmayer.

Die Karte zeigt die politisch-territoriale Entwicklung der habsburgischen Länder von der Schlacht am Kahlenberg (1683) bis zum Tod Kaiser Karls VI. (1740).

1.3 Kaiser Leopold I. als Jupiter mit Kaiserin Eleonore und den Fürsten Europas

Öl/Lw., 290 × 354 cm.
Jakob Heybel zugeschrieben.
Nach 1680.

Das Deckengemälde im Kaisersaal des unter Johann Georg Freiherr von Königsfeld um 1680 errichteten Südflügels des Schlosses Alteglofsheim bei Regensburg ist in seiner Konzeption einzigartig. Der Kaiser als Jupiter mit seiner dritten Gemahlin Eleonore von Pfalz-Neuburg ist sowohl von den Kurfürsten des Reiches als auch von Mitgliedern des Hauses Habsburg bzw. von den mit diesem verwandten Fürsten Europas umgeben. Es wird dem Kaiser demnach unter den Fürsten derselbe Rang zugestanden wie Jupiter unter den olympischen Göttern.

Die Situation im Reich hatte sich nach 1648 wesentlich verändert. Die Folge des Westfälischen Friedens war eine Zersplitterung in Einzelterritorien, die den einzelnen Fürsten eine selbständige Politik zugestand. Der Kaiser mußte versuchen, insbesondere die Kurfürsten an sich zu binden, um einer Abwerbung durch das Ausland im Kriegsfall zuvorzukommen. Der Umstand, daß 1680 die Fürsten angesichts der zweifachen Bedrohung des Reiches — vom Osten durch die Osmanen, vom Westen durch Frankreich — geschlossen an der Seite des Kaisers standen, beeinflußte die Konzeption dieses Gemäldes. Die einzelnen Kurfürsten sind zu identifizieren: neben dem Putto mit Halbmond ist Max Emanuel von Bayern, bei jenem mit dem Zweizack (im Uhrzeigersinn) Johann Georg II. von Sachsen, bei den Putti mit Merkurstab und Dreizack sind Herzog Max Heinrich, Kurfürst von Köln, Friedrich Wilhelm von Brandenburg und Johann Hugo von Orsbeck, Kurfürst von Trier, dargestellt, über dem Kopf des Kaisers ist Anselm Franz von Ingelheim, Kurfürst von Mainz, zu erkennen. Zudem lassen sich Ludwig XIV., Jan III. Sobieski (neben Max Emanuel) und Karl II. von Spanien (über dem Kopf von Eleonore) identifizieren.

Lit.: Kat. Max Emanuel, Nr. 64.

Regensburg, Universität. S. D.

1.4 Kaiser Leopold I.

Öl/Blech, 42 × 24 cm, oval.
Um 1720.

Der im Jahre 1640 als Kind einer Ehe zwischen Habsburgern — sein Vater war Ferdinand III., seine Mutter Maria Anna, eine Tochter des spanischen Königs Philipp III. — geborene Erzherzog war von Kind auf für den geistlichen Stand bestimmt. Als sein für den Thron vorgesehener Bruder Ferdinand IV. am 9. Juli 1654 plötzlich starb, mußte der Vierzehnjährige auf die Thronfolge vorbereitet werden. Im Juni 1655 wurde er in Preßburg zum ungarischen König, im September 1656 in Prag zum böhmischen König gekrönt. Bevor er zum römisch-deutschen König gewählt werden konnte, starb sein Vater. Nun mußte lange verhandelt werden, bis ihn die Kurfürsten am 18. Juli 1658 zum Kaiser wählten.

Wurde schon seine Wahl durch Frankreich behindert, so mußte er mehrere langwierige Kriege gegen Ludwig XIV. führen: Ein Jahr vor seiner Heirat mit seiner Cousine Margarita Teresa von Spanien begann der erste Devolutionskrieg Frankreichs gegen die Niederlande, der 1668 beendet werden konnte. Doch schon 1670 begann ein neuer neun Jahre dauernder Krieg, der 1679 im Frieden von Nijmegen beendet wurde (Kat.-Nr. 1.34). Nach dem Tod seiner ersten Gemahlin hatte Leopold im Jahre 1673 Claudia Felicitas von Tirol, ebenfalls eine Verwandte, geehelicht, die aber 1676 im Alter von 23 Jahren starb. Ein halbes Jahr später heiratete er Eleonore Magdalena von der Pfalz (Kat.-Nr. 1.11).

Leopold hatte nicht nur gegen Frankreich, sondern auch gegen das Osmanische Reich um die Vorherrschaft in Ungarn zu kämpfen. Daneben gab es mehrere schwere Konflikte mit dem ungarischen Adel. Seine größte Demütigung, die Flucht vor den Tataren im Juli 1683, wich bald einem großen Triumph, als nach der Schlacht am Kahlenberg Ungarn erobert und im Frieden von Karlowitz 1699 gesichert wurde. In seinen letzten Lebensjahren begann Leopold neuerlich einen Krieg gegen Frankreich, diesmal um das spanische Erbe. Vor dessen Ende starb er am 5. Mai 1705.

Das vorliegende Bild zeigt den Kaiser in älteren Jahren und gehört zu einem Zyklus von zehn gleichartigen Gemälden, die sich in der Prälatur des Stiftes Zwettl befinden.

Lit.: ÖKT, Bd. 29, S. 139, Nr. 8. — J. P. Spielman, Leopold I. Zur Macht nicht geboren, Graz 1981.

Stift Zwettl. K. G.

Kat.-Nr. 1.5

1.5 Porträtrelief Kaiser Leopold I.

Weißer Marmor, 53 × 44 × 8 cm, zeitgenössischer Zierrahmen mit geschnitztem Fuß.
Paul Strudel, um 1700.

Der Wiederaufbau der Kaiserresidenz Wien nach 1683 übte besondere Anziehungskraft auf junge Künstler aus, wobei vor allem solche italienischer Schulung den Neigungen Kaiser Leopolds entgegenkamen. So erlangten auch die an der Südtiroler Sprachgrenze am Nonsberg geborenen Brüder Paul und Peter Strudel in Wien große Aufträge. Beide verbrachten ihre künstlerische Lehrzeit in Italien, insbesondere in Venedig. Sie legten mit ihrem effektvollen Bewegungsstil und ihrem betont zur Schau getragenen künstlerischen Virtuosentum, vor allem aber durch ihre leistungsfähigen Werkstattbetriebe sowie die durch Peter erfolgte Gründung der ersten Kunstakademie in den Erblanden, einen wesentlichen Grundstein für die Ausbildung des österreichischen Spätbarock in den Figurenkünsten.
Der an der Ausführung der Wiener Pestsäule (Kat.-Nr. 17.19) maßgeblich beteiligte Paul Strudel suchte wie sein jüngerer Bruder Peter (kaiserlicher Kammermaler seit 1692) nach einer ähnlichen Stellung bei Hof. Nachdem er in Laas im Vintschgau eine vom Marmormonopol des Salzburger Bischofs unabhängige Rohstoffquelle gefunden hatte, bot er Leopold I. an, Bildnisse der Mitglieder des kaiserlichen Hofs aus diesem neuen weißen Marmor zu liefern, ein Vorhaben, das ab 1695 durchgeführt wurde und Paul die Erhebung in den Reichsfreiherrenstand (1706) einbrachte. Für jährlich 3000 Gulden sollten alle 2 Jahre drei lebensgroße Standbilder der Habsburger geliefert werden (heute im Prunksaal der Nationalbibliothek bzw. in der Franzensburg zu Laxenburg). Keinerlei Verträge sind dagegen zu zwei anderen Serien aus dem gleichen Material bekannt: 6 große Porträtbüsten Kaiser Leopolds und seiner Familie (Wien, Kunsthist. Museum) entstanden vor 1695. Auf die Reliefporträts in hochovaler Medaillonform weisen keinerlei Dokumente oder Zahlungen hin. Bisher sind mehr als 30 Exemplare nachweisbar, darunter das vorliegende, ebenso wie die Reliefs im Neukloster in Wr. Neustadt (Kat.-Nr. 1.15, 1.24), noch unpublizierte Relief. Sie stellen fast ausschließlich Kaiser Leopold und seine beiden Söhne in verschiedenen Alters- und Amtsstufen dar. Die Reliefs zeigen, bis auf eine Ausnahme, reine Profilansichten von rechts und links. Sowohl die Darstellungen als auch die Herkunftsorte lassen für die Kaisersöhne eine Konzeption als paarweise Gegenstücke von Anfang an erkennen.

Lit.: M. Koller, Peter Strudel 1660—1714, phil. Diss., Wien 1972, Bd. I.

Puchheim, Redemptoristenkolleg. M. K.

1.6 Tagebuch Kaiser Leopolds I.

Papier, bedruckte und unbedruckte, von Leopold I. eigenhändig mit Tinte beschriebene Seiten, roter Samteinband, 104 fol.
20 × 30 cm (geöffnet), 1697.

Bei den insgesamt elf Tagebüchern Kaiser Leopolds I. handelt es sich um sogen. „Crackawer-Schreib-Calender" aus den Jahren 1695—1711, die aus einer Titelseite mit Titelkupfer, aus Kalenderblättern und leeren Seiten, auf welche der Kaiser in seiner schwer lesbaren Handschrift kurze Notizen geschrieben hat, bestehen. Das jeweilige Kalenderblatt befindet sich beim geöffneten „Schreib-Calender" auf der linken Seite, das leere Blatt rechts daneben.
In der Ausstellung wird der „Crackawer-Schreib-Calender / Auff das Jahr nach Christi Geburt / M.DC.XCVII" gezeigt, wo auf fol. 17 folgende eigenhändige Notiz Leopolds I. zu lesen ist: „Tabella Generalis waß Ich zeitt meiner Regirung von Eigen handt geschriben vnd vnderschriben auch wie vill Ich Audienzen geben . . .".

Wien, HHStA, Familienakt 95. H. L.

1.7 Schnupftabakdose

B 9 cm, T 6 cm.
Wien, um 1700.

Auf dem Deckel der aus Elfenbein geschnitzten und mit Akanthusdekor versehenen Schnupftabakdose ist das Porträt Kaiser Leopolds I. zu sehen.
Das geschnitzte Porträtmedaillon aus Elfenbein war in der Barockzeit besonders beliebt.

Linz, OÖ Landesmuseum, Inv.-Nr. Go 459.
Brigitte Wied

1.8 Glaspokal mit dem Bildnis Leopolds I.

Böhmisch, um 1700, H 17,3 cm, Fußscheiben-Dm 10 cm.

Der aus einer ungeschliffenen Fußscheibe, einem rubin- und goldfarbenen Schaft und einer geschnittenen Kuppa bestehende Pokal zeigt das Brustbild Leopolds I. in Harnisch mit der Collane vom Goldenen Vlies, bekrönt mit einem Lorbeerkranz, mit der Umschrift „LEOPOLD.DG.RISAVGE HVBREX". Auf der dem Bildnis gegenüberliegenden Wandung ist das österreichische Wappen in einem von Kriegstrophäen gebildeten Rahmen dargestellt. Die Flächen zwischen Bildnis und Wappen werden von Rankenwerk ausgefüllt.

Wien, ÖMAK, Inv. Gl. 1303. H. L.

1.9 Kameo mit Porträt Leopolds I. FB 23

Achat/Heliotrop, 5,3 × 4,5 cm, gefaßt in profiliertem Goldrahmen.
Süddeutsch, Ende 17. Jh.

Der Kameo zeigt das Brustbild des Kaisers nach rechts, in reiferen Jahren. Er trägt Rüstung und Perücke und ist lorbeerbekränzt. Über einem reichen Spitzenjabot trägt er den Orden vom Goldenen Vlies. Die sehr aufwendige Fassung des Kameos besteht aus einem profilierten Goldrahmen, der an fünf Stellen durch rocailleartig aus Goldblech geschnittene Ranken unterbrochen ist und oben durch reiches, in zwei Efeublättern endigendes Rahmenwerk bekrönt ist.

Lit.: F. Eichler - E. Kries, Die Kameen im Kunsthistorischen Museum, Wien 1927, S. 192, Nr. 499 u. Taf. 68.

Wien, KHM, Sammlung f. Plastik und Kunstgewerbe, Inv. XII/64. T. K.

1.10 Deckelpokal aus Silber

H 50,2 cm, unterer Dm. 12,7 cm.
1690, Georg Winkler.

Die Wandung des getriebenen, gegossenen, geätzten, reich ziselierten und gravierten silbernen Deckelpokals zeigt die Porträts Kaiser

Leopolds I., seiner Gemahlin Eleonore Magdalena Theresia und seines Sohnes, des römischen Königs Joseph im Krönungsornat mit den Inschriften: „Der grosse LEOPOLD, dem Gott und Menschen Hold. liess mir dieses Gnaden Zeichen. zu Augspurg überreichen." — „Als man mit Freüden da, In der Reichs-Krone sah. ELEONORAM prangen. Nach LEOPOLDS verlangen." — „Auch der gross Keysers Sohn. IOSEPH. die Römisch Kron. Trug als die neue Sonne, dem Reich zu Trost und Wonne." Bei den Porträts handelt es sich um Abgüsse von Medaillen Philipp Heinrich Müllers, die er zur Krönung Eleonores und Josephs im Jahre 1690 geschnitten hatte.

Den Ständer des Pokals bildet ein sich auf seine Elle stützender Handwerker, der Deckel stellt die Kaiserkrone dar und wird von einem Doppeladler bekrönt. Die gravierte Inschriftenplatte im Inneren des Deckels besagt, daß der Pokal vom kaiserlichen Hofkammerrat Graf Ferdinand Ernst von Mollart in kaiserlichem Auftrag am 1. Februar 1690 als Geschenk für treu geleistete Dienste dem Lechmeister Georg Gross, der die Kanäle des Lech, die Wasserleitung und die Pumpwerke zu überwachen hatte, in Augsburg übergeben worden war.

Lit.: Kat. Augsburger Barock, Augsburg 1968, S. 376f., Nr. 553, Abb. 311. — Kat. der Auktion Baron Carl Mayer de Rothschild de Francfort, in Paris. Galerie Georges Petit am 12. und 13. Juni 1911, Nr. 84.

Privatbesitz. H. L.

Kat.-Nr. 1.11

1.11 Kaiserin Eleonore Magdalena Theresia (1655—1720)

Öl/Blech, 42 × 24 cm, oval.
Nach 1705.

Eleonore Magdalena Theresia, die Tochter Philipp Wilhelms von Pfalz-Neuburg und der Elisabeth Amalie von Hessen-Darmstadt war geprägt durch die streng religiöse Erziehung in ihrem katholischen Elternhaus. Ihr Wunsch war es, sich in ein Kloster zurückzuziehen. Als Kaiser Leopold I. nach dem Tod seiner zweiten Gemahlin um sie warb, fügte sie sich nur widerstrebend dem Wunsch des Kaisers und ihrer Eltern und vermählte sich im Dezember 1676 mit Leopold. Der frommen und sittenstrengen Eleonore war es rasch gelungen, die Zuneigung ihres ebenso bigotten Gemahls zu gewinnen. Die Kaiserin, die am Wiener Hof ein einfaches, fast klösterliches Leben führte, über die Erziehung ihrer zehn Kinder — darunter die späteren Kaiser Joseph I. und Karl VI. — wachte, zeigte reges Interesse an den Regierungsgeschäften. Es soll vorgekommen sein, daß sie dringende Depeschen oder Briefe für Leopold I. zu entschlüsseln versuchte und ihm häufig als Sekretärin zur Seite stand. Ihren zahlreichen Verwandten fühlte sie sich besonders verbunden und versuchte, für den einen oder anderen eine Stelle mit reichen Einkünften oder Ehrenposten zu erlangen. Es war Eleonore gelungen, bei Leopold I. die Ernennung ihrer Brüder zu Inhabern kaiserlicher Regimenter und die Verleihung der Stelle eines Hoch- und Deutschmeisters an einen von ihnen durchzusetzen. Sie brachte auch Rheinländer an den Wiener Hof und war die Gönnerin des Hofkanzlers Theodor Strattmann. Nach dem Tod Kaiser Leopolds I. im Jahre 1705 versuchte Eleonore, ihren Einfluß am Kaiserhof aufrecht zu erhalten, indem sie teils mit ihrer Schwiegertochter Amalie, der Gemahlin Josephs I. zusammenarbeitete, teilweise gegen diese intrigierte. Im April 1711 wurde Eleonore nach dem Tod Josephs I. nach einstimmigem Beschluß der Geheimen Konferenz und der Zustimmung Karls III. mit der Interimsregentschaft betraut. Während ihrer kurzen Regierung kam es oft zu heftigen Auseinandersetzungen mit den Mitgliedern der Geheimen Konferenz, vor allem mit dem Grafen Wratislaw und dem Prinzen Eugen, dem sie nie besondere Sympathien entgegenbrachte. Im letzten Moment konnte man sie davon abhalten, den Feldmarschall Johann Graf Pálffy von Ungarn, wo er mit den rebellischen Ungarn verhandelte, abzuziehen, weil er der Vater von der von Eleonore gehaßten langjährigen Mätresse Josephs I., Marianne Pálffy, war. Kurz darauf konnte der Friede von Szatmár von Eleonore unterzeichnet werden.

Nach der Rückkehr Karls aus Spanien zog sich die verwitwete Kaiserin vom Hofleben zurück und interessierte sich nur mehr für ihre Andachts- und Bußübungen, die Armen- und Krankenfürsorge. Eleonore, die ihren Gemahl um 15 Jahre überlebte, starb am 19. Jänner 1720 und wurde nach eigenem Wunsch in einem einfachen Holzsarg, in der Tracht der Servitinnen, beigesetzt.

Das Ovalbild zeigt Eleonore in Witwenkleidung, mit Witwenschleier. Als einzigen Schmuck trägt sie ein Kreuz. Die Darstellungen als Witwe zeigen Eleonore entweder mit verhärmten oder strengen Gesichtszügen, wobei dieser Eindruck durch die schwarze Kleidung noch verstärkt wird.

Lit.: H. Leitgeb, Frauen am Kaiserhof zur Zeit des Prinzen Eugen, in: Gutkas, Prinz Eugen, S. 65—72. — Ch. Aderhold, Eleonore Magdalena Theresia, eine kurpfälzische Prinzessin als deutsche Kaiserin. Hausarbeit an der Pädagogischen Hochschule Kaiserslautern, 1964.

Stift Zwettl. H. L.

1.12 Kaiserkrönung Eleonore Magdalenas von der Pfalz

Medaille, Silber, 54 mm, 40,83 g; 1690.
Vs.: ELEON:MAG:TERES:/ROMANORVM IMPERATRIX/CORONATA/etc., darüber Kaiserkrone, Zepter, Reichsapfel und Lorberzweig.
Rs.: FORTUNANTE-DEO. Segelschiff auf bewegter See, auf dem Segel ein L.

Bereits im Jahr 1681 wurde Eleonore Magdalena, die dritte Gemahlin Kaiser Leopolds, zur Königin von Ungarn gekrönt. 1690 wurde sie in Augsburg zur Kaiserin gekrönt, eine sowohl zuvor als auch danach nicht übliche Vorgangsweise.

Lit.: Forster 978.

Wien, KHM, MK, Inv.-Nr. 1106. H. J.

1.13 Kaiserin Eleonore Magdalena Theresia als Witwe

Foto eines Kupferstiches, Heidelberg, Kurpfälzisches Museum, nach 1705.

Das Hüftbild mit der Bildunterschrift „Eleonore Magdalena Theresie D. G. Imperatirix Vidua Regnorum ac Provinciarium haereditariarium Regens“ zeigt die Gemahlin Kaiser

Leopolds I. in Witwenkleidung. Außer einem Schmuckstück aus Edelsteinen und Perlen trägt sie ein kleines Kreuz. Um ihre Mitte hat sie einen Bußgürtel geschlungen. Während sie mit der linken Hand den Stoff ihres Kleides etwas rafft, ruht ihre Rechte auf einem Kissen mit der Kaiserkrone, die zur Hälfte zu erkennen ist. Kaiserin Eleonore ist auf dem Stich mit dem ihr als Witwe typischen, etwas strengen Gesichtsausdruck dargestellt. H. L.

1.14 Kaiser Joseph I.

Öl/Blech, 42 × 24 cm, oval.
Um 1720.

Als älterer Sohn Kaiser Leopolds I. und dessen dritter Gemahlin Eleonore Magdalena am 16. Juli 1678 geboren, wurde Joseph schon im Jänner 1690 zum römischen König gewählt. Durch Fürst Salm und Wagner von Wagenfels erzogen, verstand er viel vom Reich und seinen Problemen. Obwohl strenger Katholik, hatte er auch großes Verständnis für den Protestantismus und konnte daher ausgleichend wirken. Hingegen hatte er zu Ungarn, wo er 1699 zum König gekrönt worden war, ein ausgesprochen schlechtes Verhältnis. Von 1703 bis zum Ende seines Lebens hatte er unentwegt gegen die Kuruzen zu kämpfen, die ihn 1707 formell als König absetzten. Bereits 1688 war Joseph zum böhmischen König gewählt worden.
Im Spanischen Erbfolgekrieg stützte er sich erfolgreich auf eine Gruppe von gleichaltrigen Ministern, dessen Ernennung er schon zu Lebzeiten seines Vaters während einer schweren Krise des Jahres 1703 durchgesetzt hatte. Unter diesen befand sich auch Prinz Eugen. Durch das Pactum mutuae successionis leitete er eine neuerliche Teilung des Hauses Habsburg in zwei Linien ein, da er auf Spanien zugunsten seines Bruders Karl verzichtete. Da seiner Ehe mit Amalie Wilhelmine (Kat.-Nr. 1.22) nur zwei Töchter entsprossen, wurde dieser aber nach seinem Tod im Jahre 1711 Nachfolger im Kaisertum. Joseph starb am 17. April 1711 an den Blattern.

Lit.: ÖKT, Bd. 29, S. 139, Nr. 8. — Ch. W. Ingrao, Josef I. Der vergessene Kaiser, Graz - Wien - Köln 1982.

Stift Zwettl. K. G.

1.15 Porträtrelief Kaiser Josephs I.

Weißer Marmor, 35 × 30 cm, Profilrahmen mit Goldleiste.
Paul Strudel, nach 1705.

Das vorliegende Relief gehört zu der Serie der von Paul Strudel und seiner Werkstatt stammenden Porträtreliefs Leopolds I. und seiner Söhne, von denen bis heute über 30 nachweisbar sind (Kat.-Nr. 1.5).

Wr. Neustadt, Neukloster. M. K.

1.16 Kaiser Joseph I.

Kupferstich, 26,9 × 19,3 cm (Pl.).
Joh. Christ. Weigel exc.

Die Darstellung zeigt den Kaiser in ganzer Figur, einen Marschallstab haltend, in Rüstung mit Umhang und Orden vom Goldenen Vlies. Rechts von ihm liegt die rudolphinische Hauskrone.

Heidelberg, Kurpfälzisches Museum. S. D.

1.17 Konferenznotizen Kaiser Josephs I.

Original, Papier, Tinte, 4 fol.
30 × 40 cm (geöffnet).
Wien, 14. Oktober 1710.

Die eigenhändigen Konferenznotizen Josephs I. enthalten neben den stichwortartigen Bemerkungen über die während der Sitzungen der Geheimen Konferenz besprochenen Themen zahlreiche Kritzeleien — Jagd- und Kriegsszenen, am Galgen hängende

Gestalten, aufgespießte Köpfe und nicht immer sehr schmeichelhafte Porträtzeichnungen verschiedener Damen und Herren. Die Kritzeleien legen die Vermutung nahe, daß Joseph I. während der Beratungen nicht besonders aufmerksam war und seine Pflichten nicht immer mit dem nötigen Ernst wahrgenommen hat.
Ausgeschnittene Stellen auf manchen Blättern drängen den Schluß auf, daß hier vielleicht jemand einige peinliche Skizzen verschwinden ließ.
Die in der Ausstellung gezeigten Notizen des Kaisers enthalten neben Bemerkungen über den allgemeinen Kriegszustand und die Truppenbewegungen verschiedene Porträtzeichnungen, die Joseph wahrscheinlich von den bei der Beratung anwesenden Ministern angefertigt hatte und eine besonders gut gelungene ganzfigurige Darstellung eines bärtigen Mannes mit Schlapphut, Kniehosen, Hemd und langer Jacke und einem Knotenstock in der Hand.

Wien, HHStA, Familienakt 96, 1706—1711, fol. 2, 3. H. L.

1.18 Marschallstab Kaiser Josephs I.

L 40,5 cm, Dm 4 cm.

Der Stab besteht aus Schildpatt, ist verziert mit Ornamenten und Waffentrophäen in feiner Piquéarbeit, die beiden Enden sind aus vergoldetem Elfenbein gearbeitet.

Wien, HGM, Inv.-Nr. 964. F. K.

1.19 Kameo mit Joseph I.

Bergkristall, 1,9 × 1,7 cm, in Goldreif gefaßt.

Der winzige Kameo zeigt die Halbfigur des Kaisers leicht nach rechts gedreht in Rüstung und Mantel mit Allongeperücke. Seine Rechte liegt an der Hüfte, in der Linken hält er Zepter und Reichsapfel.

Lit.: F. Eichler - E. Kries, Die Kameen im Kunsthistorischen Museum, Wien 1927, S. 203, Nr. 557 u. Taf. 68.

Wien, KHM, Sammlung f. Plastik und Kunstgewerbe, Inv. XII/283. T. K.

1.20 Gnadenmedaille Josephs I.

Medaille, Silber vergoldet, 49 × 65 mm (mit Henkel), 59,78 g.
Medailleur: Johann Georg Seidlitz.
Vs.: Belorbeertes Brustbild im Harnisch r.
Rs.: AMORE E-T TIMORE (Wahlspruch). Strahlendes Auge Gottes über Schwert und Lorbeerzweig (Symbolum).

Gnadenmedaillen sind Vorläufer der Auszeichnungen für besondere Verdienste. Im Laufe des 18. Jh.s wurden sie auf verschiedene Funktionen (z. B. militärische Tapferkeit) bezogen.

Lit.: Holzmair, Gnadenmedaille, S. 25, Nr. 13.

Wien, KHM, MK, Inv.-Nr. 564-1914/B. H. J.

1.21 Tod Josephs I. und Friede mit Ungarn

Medaille, Silber, 44 mm, 29,53 g; 1711.
Medailleur: —.
Vs.: A FOVEA AD GLORIAM. Krone auf Sarkophag, darüber Engel mit Posaune und Spruchband; i. A.: MORS ET AETERNITAS/ IOSEPHI.
Rs.: IOSEPHI EXTREMVM ABSOLVIT LEONORA LABOREM. Kniende Hungaria vor der Kaiserin; i. A.: HVNGARIA RECEPTA.

Während der gesamten Regierungszeit Josephs I. konnten die ungarischen Kuruzen unter Führung von Franz II. Rákóczy (Kat.-Nr. 9.51) nicht überwunden werden. Dieser ließ am 14. Juni 1707 auf dem Tag von Onod die Habsburger als Könige von Ungarn absetzen. Erst nach Rákóczys Flucht nach Polen kam es 1711 zu Friedensverhandlungen, die am 29. April in Szatmár abgeschlossen werden konnten. Zwei Wochen zuvor, am 17. April

1711 war Kaiser Joseph I. aber plötzlich gestorben, so daß beide Ereignisse auf einer Medaille dargestellt wurden.

Lit.: Montenuovo 1323.

Wien, KHM, MK, Inv.-Nr. 1274 bß. H. J.

1.22 Kaiserin Amalie Wilhelmine (1673—1742)

Öl/Blech, 42 × 24 cm, oval.
Vor 1711.

Amalie Wilhelmine wurde am 26. April 1673 als vierte Tochter des 1651 katholisch gewordenen Herzogs Johann Friedrich von Braunschweig-Lüneburg und der Herzogin Benedicte Henriette von Pfalz-Simmern, die mit dem Hause Condé verwandt war, geboren. Nach dem Tod des Vaters im Jahre 1679 zog Benedicte mit ihren Töchtern zu Verwandten nach Frankreich, wo sie 14 Jahre lang ein bescheidenes Leben führte und ihre Töchter „auf eine römisch-katholischen Fürstinnen geziemende Art" erzog. Da man die verwitwete Herzogin und ihre Töchter nach der Kriegserklärung Deutschlands an Frankreich als feindliche Ausländerinnen betrachtete und sie am französischen Hofe schlecht behandelte, entschlossen sie sich im Jahre 1692 zur Rückkehr nach Deutschland, wo Kurfürst Ernst August von Hannover die zwanzigjährige Amalie und ihre um zwei Jahre ältere Schwester Claudia Felicitas vorteilhaft mit einflußreichen Fürsten zu verheiraten versuchte. Nachdem Claudia Felicitas mit Herzog Rinaldo III. von Modena vermählt war, erfolgte nach jahrelangen Heiratsverhandlungen mit dem Wiener Kaiserhof am 24. Februar 1699 in der Augustinerkirche in Wien die Vermählung Amalies mit dem damaligen römischen König Joseph. Der frommen und tugendhaften Amalie gelang es rasch, die Sympathien des bigotten Kaiserpaares zu erwerben, das Temperament ihres um fünf Jahre jüngeren Gemahls verstand sie aber nicht zu zügeln. Schon wenige

Kat.-Nr. 1.22

Jahre nach seiner Heirat war Joseph nicht mehr bereit, seiner Gemahlin mehr Zeit zu widmen, als seinen Vergnügungen — der Jagd und den Mätressen. Amalie, von der man die Geburt des künftigen Thronfolgers erwartet hatte, gebar nach dem Tod des einzigen Sohnes nur mehr zwei Erzherzoginnen: Maria Josepha, später Königin von Polen, und Maria Amalia, später Kurfürstin von Bayern. Wie ihre Schwiegermutter Eleonore war die Kaiserin eifrig bemüht, Vorteile für ihre Verwandten in Hannover und Modena zu erlangen, wobei ihre Bemühungen, ihren Gemahl in politischen Fragen zu beeinflussen, keinen großen Erfolg hatten. Nach dem plötzlichen Tod Kaiser Josephs I. im Jahre 1711 und der Rückkehr der regierenden Kaiserin Elisabeth Christine aus Spanien im Jahre 1713 wurde Amalie in den Hintergrund gedrängt. Ihre einzige Sorge galt nun der Zukunft ihrer Töchter. Nachdem sie ihre positive Einstellung gegenüber den Rang- und Erbfolgebestimmungen vom Jahre 1713 geändert hatte, stürzte sie durch ihre auf mangelnder Kenntnis der Bestimmungen im Pactum mutuae successionis vom Jahre 1703 beruhende Behauptung, die Thronfolge gebühre ihrer Tochter Maria Josepha und nicht ihrer Nichte Maria Theresia, den Wiener Hof vorübergehend in Verwirrung. Nach der Heirat Maria Josephas und Maria Amalias zog sich die Witwe Josephs I. in das von ihr im Jahre 1717 gestiftete Salesianerinnenkloster in Wien zurück und starb 31 Jahre nach ihrem Gemahl im April 1742 im Salesianerinnenkloster, wo sie in der Gruft unter dem Hochaltar der Klosterkirche beigesetzt wurde.

Auf dem ovalen Bild ist Amalie mit edelsteingeschmücktem Haar und Kleid, mit einem hermelinverbrämten Umhang über der rechten Schulter, dargestellt.

Lit.: H. Leitgeb, Kaiserin Amalie Wilhelmine, geb. Prinzessin von Braunschweig-Lüneburg-Hannover (1673 bis 1742), Gemahlin Kaiser Josephs I. Eine biographische Studie, phil. Diss. Wien 1984. — Dies., Frauen am Kaiserhof zur Zeit des Prinzen Eugen, in: Gutkas, Prinz Eugen, S. 65—72.

Stift Zwettl. H. L.

1.23 Kaiser Karl VI.

Öl/Blech, 42 × 24 cm, oval.
Um 1720.

Der am 1. Oktober 1685 geborene zweite Sohn Kaiser Leopolds und der Eleonore Magdalena von Pfalz-Neuburg wurde als Achtzehnjähriger im Jahre 1703 zum König Karl III. von Spanien ausgerufen (Kat.-Nr. 1.49). Im Jahre 1711 kehrte er nach dem Tode Josephs I. nach Deutschland zurück, wurde am 12. Oktober 1711 einstimmig zum Kaiser gewählt und am 22. Dezember gekrönt. Er bestätigte sofort den Frieden von Szatmár mit den Kuruzen und ließ sich in Preßburg zum ungarischen König krönen. Nur schweren Herzens verzichtete er auf das spanische Erbe und anerkannte Philipp V. erst im Wiener Frieden von 1725 als König von Spanien.

Spanische und italienische Ratgeber spielten auch weiterhin eine bedeutende Rolle bei seinen Entscheidungen. In den Jahrzehnten ab 1713 war die Anerkennung der Pragmatischen Sanktion ein wesentlicher Faktor seiner Politik. Nachdem dies bis 1725 in allen Erbländern gelungen war, verlagerten sich dann die Bemühungen auf die Außenpolitik, die allerdings durch Mißerfolge geprägt war. Im Polnischen Erbfolgekrieg ging ein Großteil der 1714 gewonnenen Besitzungen in Unter- und Mittelitalien verloren, 1739 auch ein erheblicher Teil der Gewinne von Passarowitz.

Unter Karl erreichte die kaiserliche „Majestas" einen Höhepunkt. Karl war musikliebend, ließ eine Reihe bedeutender Bauwerke errichten und liebte vor allem die Jagd.

Am 20. Oktober 1740 starb er nach kurzer Krankheit als letzter männlicher Habsburger im Alter von 55 Jahren.

Lit.: ÖKT, Bd. 29, S. 139, Nr. 8.

Stift Zwettl. K. G.

1.24 Porträtrelief Kaiser Karl VI.

Weißer Marmor, 42 × 36 cm, Profilrahmen mit Goldleiste.
Werkstatt Paul Strudel, um 1720/25.

Die von Paul Strudel bzw. aus der Strudelwerkstatt stammenden Bildnisse Karls (Kat.-Nr. 1.5) hat Gamer 1971 überzeugend anhand seiner Herrschaftswürden geordnet: als jugendlicher Erzherzog bis um 1703, am häufigsten als König Karl III. von Spanien (kenntlich an dem bis unters Kinn hochgezogenen „Spanischen Kragen“) und schließlich nach 1711 als römisch-deutscher Kaiser. Nach Vergleich mit datierten Medaillen können letztere allerdings erst aus den Jahren von etwa 1716 bis 1725 stammen, aus einer Zeit, als Peter Strudel, dem nach dem Tod Paul Strudels 1708 die „Intendanz“ des Skulpturenvertrages seines Bruders übertragen wurde, ebenfalls bereits gestorben war. Da erst 1728 alle finanziellen Abgeltungsansprüche der Erben Peter Strudels an das Kaiserhaus erledigt wurden, ist eine Weiterführung der kleinen Reliefs durch Mitarbeiter der Werkstätte verständlich.

Lit.: J. Gamer, in: Kat. Europäische Barockplastik am Niederrhein. Gabriel Gruppello und seine Zeit, Düsseldorf 1971, S. 171—182.

Wiener Neustadt, Neukloster. M. K.

1.25 Dose mit antikisierenden Poträts Karls VI. und Elisabeth Christines FB 24

Aus einer Muschel geschnitten, 6,7 × 9,5 cm, Töne von violett nach weiß changierend, Montierung in Gold, 18. Jh.

Der in Gold gefaßte Deckel zeigt in einem von rocailleartigen Kartuschen und Kriegsgerät umgebenen Medaillon klassizierende Profilbüsten des Kaiserpaares, wie sie ganz ähnlich auf einem Medaillon einer Denkmalallegorie auf das Kaiserpaar von Andreas und Joseph Schmuzer nach Daniele Antonio Bertoli (Matsche, Abb. 154) zu finden sind. In Betonung der altehrwürdigen Tradition der Kaiserwürde ist Karl als römischer Imperator mit Lorbeerkranz wiedergegeben. Die Dosenwände zeigen zu beiden Seiten von Kriegsgerät umgebene Kartuschen mit Darstellungen des ruhenden Kriegsgottes Mars, anspielend darauf, daß die Friedenssicherung nur durch Rüstung möglich ist. Die Dose kam als Geschenk des Fürsten Schönburg-Hartenstein in das Kunsthistorische Museum.

Lit.: Kat. Prinz Eugen 1933, S. 95, Nr. 24.

Wien, KHM, Sammlung f. Plastik und Kunstgewerbe, Inv.-Nr. 4093. T. K.

1.26 Miniaturenpaar: Kaiser Karl VI. und seine Gemahlin Elisabeth Christine

Aquarell/Pergament, je 15,5 × 12,7 cm.
Laurentius von Sandrart (?).

Die beiden Miniaturen zeigen das nach rechts blickende Kaiserpaar. Karl VI. ist mit Federhut, Perücke und Spitzenkragen dargestellt. Über dem Rock ist die Kette mit dem Goldenen Vlies zu erkennen.
Elisabeth Christine trägt ein am Ausschnitt besticktes, an Ärmeln und Taille mit Perlen und Edelsteinen besetztes Kleid. Über der rechten Schulter ist ein Teil eines Umhanges zu sehen, der an der linken Schulter von einer Spange gehalten wird.

Stuttgart, Württembergisches Landesmuseum. H. L.

1.27 Kaiserin Elisabeth Christine (1691—1750)

Öl/Blech, 42 × 24 cm, oval.
Zwischen 1700 und 1720.

Die am 28. August 1691 als Tochter des Herzogs Ludwig Rudolf von Braunschweig-Lüneburg-Wolfenbüttel und der Herzogin Louise Christine von Öttingen geborene Elisabeth Christine verbrachte den größten Teil ihrer Jugend bei ihrem Großvater Herzog Anton Ulrich von Braunschweig-Lüneburg, der durch die Heirat seiner Enkelin mit dem jüngeren Kaisersohn Karl seinem „darniedergedrückten Hause“ zu neuem Glanz verhelfen wollte. Da der Übertritt der protestantischen Elisabeth Christine zum katholischen Glauben eine Vorbedingung für ihre Heirat war, erfolgte ihre Konversion am 1. Mai 1707 im Dom zu Bamberg. Am 23. April 1708 wurde Elisabeth Christine dem in Spanien weilenden

Karl III. in der Hietzinger Pfarrkirche in Wien „per procuratorem" vermählt, danach reiste sie zu ihrem Gemahl nach Spanien, wo er sie nach Übernahme der Regierungeschäfte nach dem Tod seines Bruders Joseph I. im Jahre 1711 als „Gobernadora General", ausgestattet mit der Würde eines Generalstatthalters von Katalonien und der Grafschaften Roussillon und Ledarna, zurückließ. Obwohl ihre Lage nicht leicht war, verstand es Elisabeth Christine, die bei den Katalanen sehr beliebt war, alle Schwierigkeiten zu meistern. Als Karl VI. Katalonien aufgeben mußte, kehrte seine Gemahlin im Jahre 1713 nach Wien zurück. Dem Kaiserpaar, das eine harmonische Ehe führte, wurden nach dem im Jahre 1716 geborenen und kurz darauf verstorbenen Sohn Leopold drei Prinzessinnen — Maria Theresia (1717), Maria Anna (1718) und Maria Amalia (1724) — geboren.

Ausländische Gesandte wußten nicht nur von der Schönheit der Kaiserin zu berichten, sondern auch von den Versuchen Elisabeth Christines, politischen Einfluß zu gewinnen, was ihr zur Zeit des letzten Türkenkrieges auch gelang.

Ihre wiederholten Bemühungen, ihre Verwandten an die Seite Österreichs zu ziehen, blieben erfolglos. Elisabeth Christine, die zehn Jahre der Regierung ihrer Tochter Maria Theresia miterlebte, starb im Dezember 1750, kurz vor ihrem 60. Geburtstag.

Das ovale Bild mit barockem Rahmen zeigt Elisabeth Christine in einem Kleid, das am Ausschnitt mit Spitzen besetzt ist, über ihrer linken Schulter ist ein Teil eines Umhanges zu erkennen, über ihre rechte Schulter fällt eine Locke ihrer mit Perlen geschmückten Haare.

Lit.: H. Leitgeb, Frauen am Kaiserhof zur Zeit des Prinzen Eugen, in: Gutkas, Prinz Eugen, S. 65—72. — G. Körper, Studien zur Biographie Elisabeth Christines von Braunschweig-Lüneburg-Wolfenbüttel, phil. Diss. Wien 1975.

Stift Zwettl. H. L.

1.28 Übertritt der Elisabeth Christine von Braunschweig zum katholischen Glauben

Medaille, Silber, 44 mm, 29,11 g, Randschrift; 1707.

Vs.: Brustbild der Prinzessin r.

Rs.: COETVM NON NVMINA MVTAT. Die Prinzessin zwischen zwei Altären mit Rauchfässern; i. A.: BAMBERG $\widehat{AE}$/etc.

Die evangelisch erzogene Prinzessin trat am 1. Mai 1707 zum katholischen Glauben über und wurde am 18. Oktober des gleichen Jahres mit dem spanischen König Karl III. (VI.) verlobt.

Lit.: Gedächtnuß-Müntzen, S. 673.

Wien, KHM, MK, Inv.-Nr. 594-1914/B. H. J.

1.29 Vermählung Karls III. (VI.) mit Elisabeth von Braunschweig-Wolfenbüttel.

Widmungsmedaille der Stadt Gent, Gold, 58 mm, 104,90 g; 1708.

Medailleur: Philipp Roettiers.

Vs.: Die beiden Brustbilder einander gegenüber.

Rs.: GANDA REGIIS CONGRA-TULANS THALAMIS (als Chronogramm). Die Wappen von Habsburg und Braunschweig unter Königskrone.

Während Karl in Spanien sein Erbe verteidigen und erobern wollte, kamen die Heiratsverhandlungen mit der Prinzessin Elisabeth Christine zum Abschluß. Die Ehe wurde am 23. April 1708 per procuratorem und am 1. August 1708 in Barcelona ad personam geschlossen.

Lit.: Rath S. 82.

Wien, KHM, MK, Inv.-Nr. 1603 bß. H. J.

1.30 Kameo mit Porträt Kaiserin Elisabeth Christines

Onyx, braun und weiß auf durchscheinendem Grund, 4 × 3,2 cm.

Bez. links Y.Ø PEY.E. (Frey).
Mitte 18. Jh.

Die ikonographische Bestimmung des 1866 aus der ehemaligen Sammlung Colalto erworbenen Kameos beruht auf der Tradition, dürfte aber mit ziemlicher Wahrscheinlichkeit zutreffend sein. Er zeigt das antikisierende Brustbild der Gemahlin Karls VI. im Profil nach links. Im Haar, das in Locken auf den Nacken fällt, trägt sie einen Lorbeerkranz, einen Stirnreif sowie eine netzartig verzierte Haube. In brauner Schicht ist ein Ohrschmuck aufgesetzt. Dieselbe Signatur findet sich noch auf zwei weiteren Kameos in Privatbesitz. Eine genaue Identifizierung des Künstlers war bisher nicht möglich.

Lit.: F. Eichler - E. Kries, Die Kameen im Kunsthistorischen Museum, Wien 1927, S. 204, Nr. 561 u. Taf. 68.

Wien, KHM, Sammlung f. Plastik und Kunstgewerbe, Inv.-Nr. XII/401. T. K.

1.31 Glaspokal mit dem Bildnis Karls VI.

Böhmisch, 1711, H 20 cm, Fußscheiben-Dm 10 cm.

In die Wandung des Pokals ist das Bildnis Karls VI. mit der Umschrift „CAROLUS VI. HISP. HUNG. & BOH. REX." und sein Wappen eingeschliffen.

Wien, ÖMAK, Inv. Gl. 298. H. L.

1.32 Ludwig XIV. von Frankreich

Öl/Lw., 125 × 95 cm.
Anfang 18. Jh.
Werkstatt des Hyacinthe Rigaud.

Ludwig XIV. (1638—1715) war fünf Jahre alt, als sein Vater starb. Die Regierung führten für ihn seine Mutter und Kardinal Mazarin. Nach seiner Salbung zum König 1654, tatsächlich aber nach dem Tod Mazarins 1661, übernahm Ludwig die Regierungsgeschäfte. Unter dem

Kat.-Nr. 1.27

„Sonnenkönig" (er wählte die Sonne zum Symbol seiner Herrlichkeit) erlangte der Absolutismus einen Höhepunkt. Der Adel wurde an den König gebunden — ein Adelsaufstand in der Kindheit Ludwigs hatte einen tiefen Eindruck hinterlassen —, seine engsten und fähigsten Mitarbeiter stammten aus dem Bürgertum: Colbert suchte durch den Merkantilismus die Staatsschulden zu verringern, Louvois reorganisierte und modernisierte die französische Armee und Vauban arbeitete an neuen Befestigungs- und Verteidigungssystemen. Der Hof Ludwigs XIV., sein Zeremoniell, der großzügige Ausbau von Versailles, wurden charakteristisch für den König und die französische Lebensweise. Um die Stärke dieses Staates nach außen zu dokumentieren, versuchte Ludwig XIV. sein Reich zu vergrößern, seine Expansion richtete sich insbesondere gegen die Niederlande und das Reich. Die Kriege verschlangen ungeheure Summen und verlangten immer höhere Steuern. In religiöser Hinsicht suchte der König eine Einheit. Der Aufhebung des Edikts von Nantes 1685, die in ganz Europa Proteste hervorrief, folgte eine große Protestantenemigration, insbesondere nach Preußen.

Das Porträt Ludwigs ist eine Teilkopie des im Louvre befindlichen Ganzfigurenporträts von Rigaud, das 1701 entstanden ist. Der Sonnenkönig trägt einen Hermelinmantel mit den charakteristischen Bourbonenlilien, das sogenannte Schwert Karls des Großen, seine Rechte stützt sich auf den Kommandostab.

Lit.: J. Jerron, Frankreich, München - Berlin 1979, S. 61—68. — Kat. Max Emanuel, Nr. 417.

München, Bayerische Staatsgemäldesammlung. S. D.

1.33 Antikisierendes Standbild Ludwigs XIV. von Frankreich

Kupferstich, 59,2 × 40,8 cm (Pl.).
Pierre Simon 1694 nach Ant. Dieu.

Die Darstellung — Ludwig in antiker Rüstung mit Lorbeerkranz und federgeschmücktem Helm — verherrlicht den „Sonnenkönig" als einzigartigen Herrscher, der die Tradition des antiken Heldentums weiterführt.

Die französischen Verse beziehen sich auf die Erfolge des Königs.

Lit.: Porträt 1, Der Herrscher, Nr. 95.

Münster, Westf. Landesmuseum PAD. S. D.

1.34 Friede von Nijmegen

Medaille, Silber, 72 mm, 143,13 g; 1679.
Vs.: Belorbeertes Brustbild Leopold I. im Harnisch r.
Rs.: PAX ET SALVS. Europa auf Stier l. i. A.: EVROPAE.

Frankreich beendete den sogenannten holländischen Krieg durch Sonderfriedenschlüsse mit den verschiedenen Gegnern und blieb deshalb erfolgreich. Am 10. August 1678 unterzeichnete Holland, das auf unbedeutende Kolonien verzichtete, am 17. September folgte Spanien, das die Freigrafschaft Burgund und zwölf Festungen in den Niederlanden abtrat und am 5. Februar 1679 mußten auch Kaiser und Reich beitreten: Frankreich verzichtete auf Philippsburg, Freiburg, Kehl und Straßburg, gab auch Lothringen an dessen Herzog Karl V. zurück, wofür dieser Longwy abtreten mußte. Somit wurde der Friede ein weiterer großer Erfolg Ludwigs XIV.

Lit.: Montenuovo 891; Le Meistre 304.

Wien, KHM, MK, Inv.-Nr. 13914 bß. H. J.

1.35 Besetzung von Straßburg

Medaille, Silber, 41 mm, 35,88 g; 1681.
Medailleur: Jean Mauger.
Vs.: Kopf Ludwigs XIV. r.
Rs.: SACRA RESTITUTA. Flußgott Rhein vor der Ansicht von Straßburg; i. A.: ARGENTORATUM/RECEPTUM.

Im holländischen Krieg (1672—1679) konnten sich die französischen Heere im Elsaß behaupten. Straßburg betonte wohl seine Reichszugehörigkeit und wandte sich an den Reichstag zu Regensburg, lehnte aber die von Leopold angebotene Rückkehr der 1679 abgezogenen kaiserlichen Besatzung ab. Als mitten im Frieden Ludwig XIV. ein starkes Heer gegen Straßburg entsandte, mußte der Rat am 30. September 1681 kapitulieren. Gegen Anerkennung der französischen Herrschaft wurde ihm der Weiterbestand der politischen und religiösen Privilegien zugesagt. Die Annexion wurde 1697 im Frieden von Rijswijk sanktioniert.

Lit.: Medailles du regne de Louis le Grand, S. 372, 373.

Wien, KHM, MK, Inv.-Nr. 7558 bß. H. J.

1.36 Verwüstung der Pfalz durch die Franzosen

Medaille, Silber, 46 mm, 37,65 g, Randschrift; 1688.
Medailleur: Georg Hautsch.
Vs.: SECVROS SIC TRACTAT GALLVS AMICOS. Malträtierung der Bevölkerung durch das Militär, im Hintergrund Beschießung der Städte Philippsburg, Koblenz und Heidelberg.
Rs.: Drei Frauen in allegorischer Darstellung.

Beim Aussterben der Wittelsbacher Linie Pfalz-Simmern beanspruchte Frankreich Teile des Erbes, Ludwig XIV. ließ 1688 Truppen ins Reich einmarschieren, die Köln, Mainz, Trier und die Kurpfalz besetzten und Plünderungszüge bis in den fränkischen und schwäbischen Reichskreis unternahmen. Der Reichstag erklärte am 3. April 1689 den Reichskrieg gegen Frankreich. Der Kaiser, Holland, England, Spanien und Savoyen traten 1690 zu einer großen Koalition zusammen. Die Franzosen mußten sich zurückziehen und verwüsteten die Pfalz, mit Speyer und Worms. Dies führte zu einem Aufflammen des Nationalgefühls gegen Frankreich.

Lit.: Van Loon, Bd. 3, S. 362. Montenuovo 1088. Katalog Hamburger, 4. Nov. 1929, Nr. 312.

Wien, KHM, MK, Inv.-Nr. 15155. H. J.

1.37 Beitrittserklärung Kaiser Leopolds I. und der deutschen Reichsstände zum Frieden von Rijswijk

Original, Papier, Tinte, gebunden, Siegelabdrücke der Unterzeichneten an hellblauem Seidenband, 28 fol.

Kat.-Nr. 1.32

37 × 47,5 cm (geöffnet).
Rijswijk, 30. Oktober 1697.

Am 30. Oktober 1697 erklärten Kaiser Leopold I. und das Reich ihren Beitritt zu dem am 20. September 1697 im Schloß zu Rijswijk unterzeichneten Vertrag zwischen Frankreich, den Seemächten und Spanien, in dem Wilhelm III. von Oranien die Anerkennung seines englischen Königtums, die Generalstaaten die Zusicherung von Besatzungsrechten in den südlichen Niederlanden als Barriere für ihre Gebiete und Spanien die Rückgabe von Luxemburg erreicht hatten. Ludwig XIV. war das gesamte Elsaß mit Straßburg zugesprochen

worden. Die Frage, was mit der riesigen Erbschaft des letzten spanischen Habsburgers nach dessen Tod geschehen solle, war in dem Vertrag nicht berührt worden.
Gezeigt werden die letzten beiden Seiten der Beitrittserklärung Leopolds I. mit den Unterschriften und Siegelabdrücken der kaiserlichen und ausländischen Bevollmächtigten.

Lit.: Braubach, Bd. 1, S. 265.

Wien, HHStA, Allgem. Urkundenreihe 1697 Oktober 30. H. L.

1.38 Friede von Rijswijk

Medaille, Silber, 49 mm, 45,24 g; 1697.
Medailleur: Regnier Arondeaux.
Vs.: CA SA FIRMABANT FOEDERA PORCA
Die Bevollmächtigten der am Frieden interessierten Staaten schließen die Tore des Janustempels, davor Opferaltar.
Rs.: Das Schloß Rijswijk aus der Vogelschau, umgeben von den 14 Wappen der Vertragsländer.

Seit 1694 wurde über ein Ende des Pfälzischen Erbfolgekrieges (1688—1697) verhandelt, doch waren die Forderungen Kaiser Leopolds I. und Wilhelms III. von Oranien zu hoch, um von Ludwig XIV. erfüllt werden zu können. Nachdem schließlich die Generalstaaten, England und Spanien am 19. und 20. September 1697 zu Rijswijk mit Frankreich Frieden geschlossen hatten, mußten Kaiser und Reich diesem am 30. Oktober 1697 beitreten. Frankreich behielt das linke Rheinufer von Basel bis zur Queich mit Straßburg, gab aber Kehl, Philippsburg, Freiburg und Breisach an das Reich, Luxemburg und Barcelona an Spanien zurück.

Lit.: Le Meistre 378.

Wien, KHM, MK, Inv.-Nr. 11915 bß. H. J.

1.39 Huldigungsblatt auf den Frieden von Rijswijk

Radierung, 42,1 × 54,3 cm (beschnitten).
P. v. d. Berge nach Gerard de Lairesse, 1697.

Das als „Theatrum Pacis Risvicanum“ bezeichnete Blatt ist eine sehr aufwendig gestaltete Allegorie auf den zwischen Frankreich und Deutschland geschlossenen Frieden.
Das Hauptaugenmerk ist auf die Begegnung von Justitia und Pax unter dem Baldachin links gerichtet. Der heranfliegende Götterbote Merkur bringt ein Schriftstück, das den Anbruch des „goldenen Zeitalters“ verkündet. Zum Baldachin eilen auch Flora und Ceres, Minerva, Artemis, Religia mit den Personifikationen der Bibel und der Treue, aber auch Francia und Germania. Diese sind ein zweites Mal in der himmlischen Sphäre wiedergegeben. Zwischen ihnen steht ein Wappenschild mit der Bildunterschrift „Pacemte poscimusomnes“. Der ersehnte Friede wird auch durch den zu Füßen von Justitia und Pax liegenden Kriegsgott symbolisiert. Schon aber naht für Europa eine neue Gefahr, hervorgerufen durch die Türken. Symbolisiert wird sie durch den Osmanen rechts, vor einem drohenden Arsenal voller Kriegsgerät und den vom Himmel zuckenden Blitzen. Verzweifelt sitzen Glaube, Hoffnung und Liebe unter ihrem bedrohten Lorbeerbaum. Schon sehr bald sollte diese drohende Gefahr durch den Sieg Eugens bei Zenta, zumindest vorläufig, abgewehrt werden.

Lit.: Kat. Thesenblatt, Nr. 65.

Stift Göttweig, Graphische Sammlung. T. K.

1.40 Flugblatt auf die Hochzeit Karls II. von Spanien mit Maria Anna von Pfalz-Neuburg am 4. Mai 1690

Radierung, 37,3 × 50,4 cm (Pl.).
Harrewyn fecit. Philibert Bonttats Junior ex. 1690.

Kat.-Nr. 1.40

Das Blatt bezieht sich in acht Szenen auf die Hochzeit von 1690 zwischen dem spanischen König Karl II. (1665—1700) und Maria Anna von Pfalz-Neuburg. Auch aus seiner zweiten Ehe hatte der stets kränkliche Karl II. keine Nachkommen, schon bald richteten Frankreich, Bayern und Österreich ihr Augenmerk auf das spanische Erbe.

Zwei Medaillons stellen das Königspaar mit den Insignien dar. Die verschiedenen Szenen zeigen die Abfahrt in Neuburg, die Ankunft in Holland, die Übergabe der Juwelen, die Hochzeitsfeierlichkeiten vor dem Kaiser, die Krönung, das Hochzeitsmahl und das Beilager.

Lit.: Gerda Mraz, S. 47. — Büssem-Neher, NZ 1, S. 288.

Münster, Westfäl. Landesmuseum PAD. S. D.

1.41 Vermählung Max Emanuels von Bayern mit Maria Antonia von Österreich

Medaille, Silber, 45 mm, 40,19 g, Randschrift; 1685.

Medailleur: Martin Brunner.

Vs.: Die Brustbilder des Paares r. gestaffelt.

Rs.: O HIMMEL FROHES BAND etc. Ansicht von München, darüber hält eine Hand an einem Band zwei Hände, die ein Füllhorn halten.

Kat.-Nr. 1.43

Im Herbst 1684 bewarb sich Max Emanuel von Bayern um die Erzherzogin Maria Antonia, Tochter Leopolds I. aus erster Ehe mit Margarita Teresa von Spanien. Im Juni 1685 fand in Wien die Vermählung statt, nachdem die Braut auf ihre Ansprüche auf das spanische Erbe verzichtet hatte.

Lit.: Beierlein, Gesammthaus Wittelsbach, Nr. 1466.

Wien, KHM, MK, Inv.-Nr. 2903 bß. H. J.

1.42 Max Emanuel und Maria Antonia mit dem Kurprinzen Joseph Ferdinand

Gouache/Pergament, 23 × 20,5 cm.
Kopie nach Ferdinand Karl Bruni.
Um 1695.

Der Kurprinz Joseph Ferdinand (1692—1699), Sohn von Max Emanuel II. von Bayern und Maria Antonia, Tochter Leopolds I. und der spanischen Prinzessin Margarita Teresa, galt nach spanischer Rechtsauffassung als Erbe des spanischen Besitzes. Die kleine, aber mächtige bayrische Partei in Madrid, vertreten durch die Mutter Karls II., Maria Anna, und dem Erzbischof von Toledo, Manuel de Portocarrero, kämpften für dessen Rechte. Karl II. setzte Joseph Ferdinand als seinen Nachfolger ein, um eine Teilung Spaniens zu vermeiden. Doch die großen Erwartungen des Wittelbachers sollten sich nicht erfüllen, denn der Kurprinz erkrankte 1699 und starb am 6. Februar 1699 an einer Magenkrankheit.
Joseph Ferdinand ist auf dieser Miniatur — eine Kopie nach einem repräsentativen Werk von Ferdinand Karl Bruni — mit seinen Eltern Max Emanuel und Maria Antonia, die schützend ihre Hände um das Kind legen, dargestellt.

Lit.: Kat. Max Emanuel, S. 133f., 316.

München, Residenz. S. D.

1.43 Anerkennung des Testaments Karls II. durch Ludwig XIV.

Aufgestochene Radierung, 90 × 57 cm (Pl.), verlegt von N. Langlois und A. Trouvain in Paris.

Das Kalenderblatt aus dem Jahre 1701 zeigt Ludwig XIV., vor ihm liegt das Testament des spanischen Königs Karl II., das den Enkel Ludwigs, Philipp von Anjou, als Erben einsetzt. Der zukünftige König von Spanien steht gegenüber seinem Großvater, begleitet vom spanischen Botschafter. Der Szene wohnten der Dauphin, dessen Sohn Ludwig und französische Adelige bei.
Die Ereignisse vor der Verabschiedung Phi-

lipps von Frankreich sind in acht Szenen dargestellt, wobei den Mittelpunkt die Huldigung des neuen spanischen Königs durch den spanischen Gesandten, Marquese Castel dos Rios bildet.

Das Blatt stammt aus der Kupferstichsammlung des Prinzen Eugen.

Lit.: Gerda Mraz, S. 104f. — Kat. Prinz Eugen 1963, Nr. 38.

Wien, Albertina, Hist. Bl. 11 S. D.

1.44 Philipp V. von Spanien

Kupferstich, 53,6 × 37,7 cm (Pl.).

Hyacinthus Rigaud pinxit. Petrus Dreret sculpsit (1702?).

Am 3. Oktober 1700, einen Monat vor seinem Tod, setzte Karl II. von Spanien den Enkel Ludwigs XIV., Philipp von Anjou (1663—1746), in seinem Testament zum Gesamterben ein. Philipp wurde am 16. November 1700 in Versailles zum König von Spanien proklamiert, am 18. Februar 1701 zog er in Madrid ein. Der Habsburger Karl III. konnte erst nach Erfolgen der englischen Flotte vor Gibraltar und Malaga in Spanien Fuß fassen. Rivalitäten zwischen Katalonien und Kastilien führten zu einem Aufstand der Katalanen gegen Philipp V., daher gelang es den Alliierten, Barcelona 1705 einzunehmen, Karl III. konnte in die Stadt einziehen, Katalonien und Valencia schlossen sich ihm an, in Aragón hielten sich die Franzosen, die ihre Positionen weiter ausbauen konnten. Nach den Friedensverhandlungen 1713/14 konnte Philipp V. seine Herrschaft festigen und innenpolitische Reformen durchführen. Er geriet unter den Einfluß einer von Frankreich eingeschleusten Agentin, später regierte de facto seine zweite Gattin Elisabeth Farnese. 1724 dankte Philipp V. resigniert zugunsten einer seiner Söhne ab, übernahm nach dessen Tod wohl wieder den Thron, doch Elisabeth führte die Regierungsgeschäfte.

Der französische Hofmaler Hyacinthe Rigaud stellt den spanischen König mit dem Orden vom Goldenen Vlies und dem Band und Stern des französischen Ordens vom Heiligen Geist dar.

Lit.: Porträt 1, Der Herrscher, Nr. 76.

Münster, Westfäl. Landesmuseum PAD. S. D.

1.45 Ausrufung Philipps von Anjou zum König von Spanien

Medaille, Silber, 41 mm, 33,35 g; 1700.

Medailleur: Jean Mauger.

Vs.: Kopf Ludwig XIV. r.

Rs.: REX HISPANORUM VOTIS CONCESSUS. Spanischer Abgesandter kniet vor dem Herzog von Anjou und küßt ihm die Hand. Daneben steht der französische König; i. A.: PHIL·DUX·ANDEG·

Der von König Karl II. von Spanien kurz vor seinem Tod als Erbe eingesetzte Philipp von Anjou wurde am 16. November 1700 in Versailles zum König von Spanien ausgerufen (Kat.-Nr. 1.44).

Lit.: Schau-Müntzen Ludwig des Großen, S. 568, 569.

Wien, KHM, MK, Inv.-Nr. 7659 bß. H. J.

1.46 Pactum mutuae successionis, September 1703

Kupferstich, 30 × 36,3 cm (Pl.). Christoph Weigel.

Im September 1703 verzichteten Kaiser Leopold I. und sein Sohn Joseph zugunsten Erzherzog Karls, der zum König Karl III. ausgerufen wurde, auf ihre Ansprüche auf das spanische Erbe. Dem Verzicht wurde ein geheimer Zusatz, das „Pactum mutuae successionis“ beigefügt: es war ein gegenseitiges Erbrecht der von Joseph und Karl erwarteten Nachkommen vorgesehen und auch eine Erbfolge der Frauen nach dem Grundsatz der Pri-

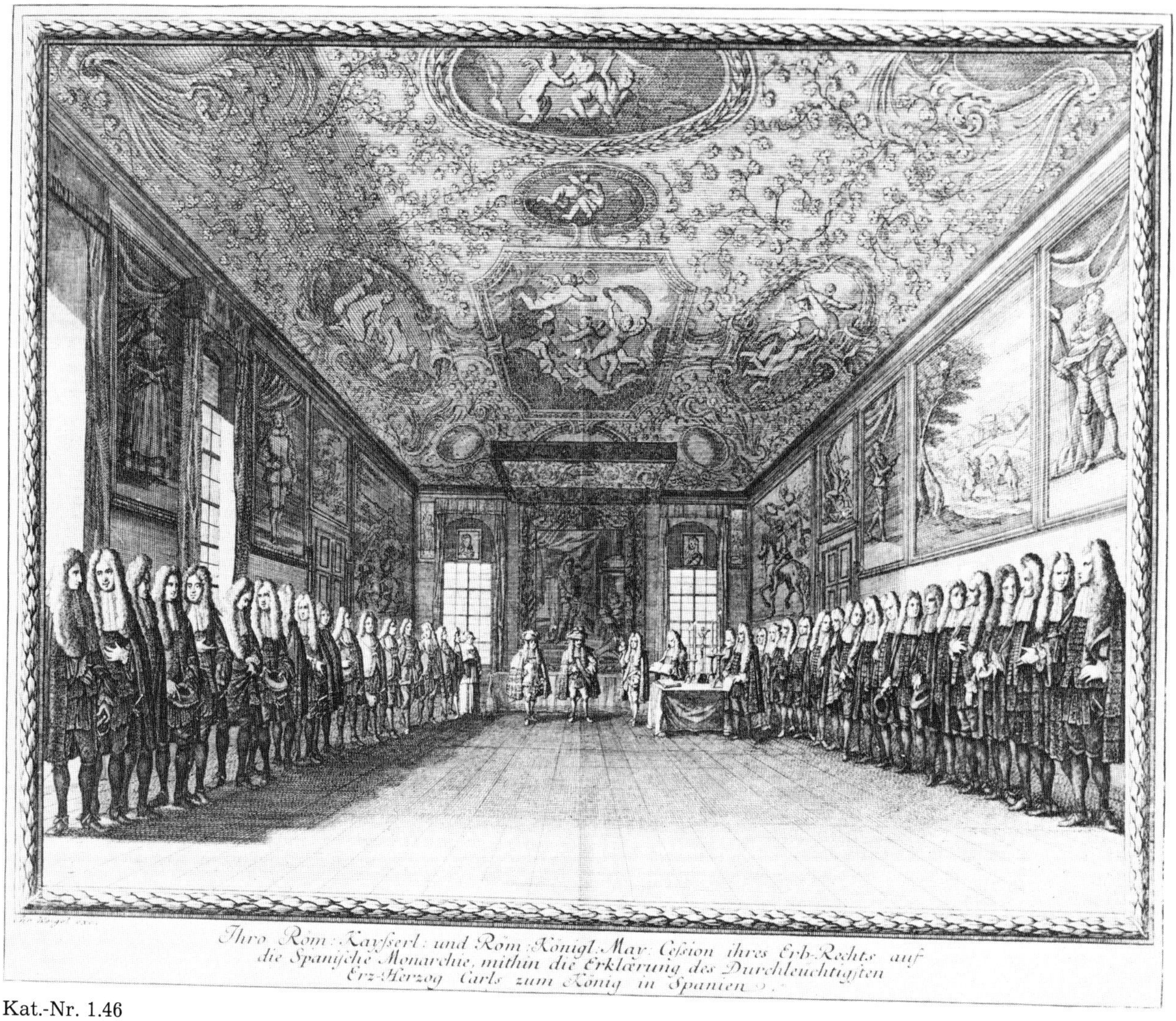

Kat.-Nr. 1.46

mogenitur im Falle des Erlöschens des Mannesstammes.

Der Stich stellt den Moment dar, in dem Leopold I. und seine beiden Söhne vor drei Zeugen und in Gegenwart der engsten Mitarbeiter des Kaiserhauses im Rittersaal der Wiener Hofburg den Eid auf das Pactum mutuae ablegen.

Lit.: Zöllner, S. 265. — E. Pripfl, Dokumentation Karls VI. und Prinz Eugens im Hist. Museum, phil. Diss. 1982, S. 157.

Wien, Hist. Museum. S. D.

1.47 Kaiser Leopold I. FB 21

Öl/Kupfer, 40 × 30 cm. Um 1703.
Hinten bezeichnet L'imperatore.

Das vorliegende Bild zeigt den Kaiser in Halbfigur mit schwarzer Allongeperücke und einem Harnisch bekleidet. Die bei ihm stark ausgebildete große (habsburgische) Unterlippe macht ihn unverwechselbar. Den Hintergrund bildet die Hofburg (Schweizerhof) mit dem Portal zu den kaiserlichen Amtsräumen.

Kaiser Leopold I. wurde zu seinen Lebzeiten oftmals porträtiert, wobei Bilder nicht nur für den kaiserlichen Hof, sondern auch im Auftrag von Hochadeligen hergestellt wurden. Dieses Bild gehört zu einer Serie von drei kleinformatigen Gemälden, die von Leopold Joseph Lamberg (1652—1706), dem kaiserlichen Botschafter beim Heiligen Stuhl, in Auftrag gegeben wurden. In Besitz dieser Familie befanden sich mehrere Porträts der einzelnen Mitglieder der kaiserlichen Familie.

Lit.: ÖKT VIII, S. 105.

Privatbesitz. K. G.

1.48 Joseph I. als böhmischer König FB 25

Öl/Kupfer, 40 × 30 cm. Um 1703.
Hinten bezeichnet (alt) Re di Romani.

Das Bild zeigt den jungen Prinzen nach rechts gewandt als Halbfigur, mit blonder Allongeperücke und Harnisch bekleidet. Im Hintergrund ist eine Reiterschlacht im Gange, wohl ein Hinweis auf seinen militärischen Einsatz vor Landau. Dies ist auch ein Merkmal für die Datierung des Bildes.
Von Joseph I. gibt es, verglichen mit seinem Vater und Bruder, relativ wenige Porträts. Das vorliegende, vom Grafen Leopold Joseph Lamberg in Auftrag gegebene, gehört zu den schönsten Jugendbildnissen des späteren Kaisers. In der gleichen Sammlung gibt es noch ein zweites, wenig später entstandenes Bildnis, das ihn bereits mit den kaiserlichen Insignien darstellt.

Lit.: ÖKT VIII, S. 105.

Privatbesitz. K. G.

1.49 Karl III., König von Spanien FB 26

Öl/Kupfer, 40 × 30 cm. Um 1703.
Hinten bezeichnet Carlo terzo Rè.

Der spätere Kaiser Karl VI. (1685—1740), jüngerer Sohn Kaiser Leopolds I. aus dessen dritter Ehe mit Eleonore Magdalena von Pfalz-Neuburg, war 15 Jahre alt, als der Kampf um das spanische Erbe einsetzte. Im Pactum mutuae successionis von 1703 wurde mit ihm eine neue spanische Linie begründet, Vater und Bruder zedierten als (nach ihrer Auffassung legitime) Erben die Monarchia Hispania an ihn. Noch im gleichen Jahre 1703 reiste er über Deutschland nach England und landete 1705 in Spanien, um dieses Reich zu erobern, scheiterte aber. Nach dem Tode seines Bruders Joseph I. im Jahre 1711 kehrte er nach Wien zurück, wurde zum Kaiser (Karl VI.) gewählt und gekrönt und mußte sich mit dem Verlust Spaniens abfinden.
Das vorliegende Bild zeigt Karl rechtsgewendet als Halbfigur mit brauner Allongeperücke, mit einem Harnisch bekleidet. Er trägt das Goldene Vlies. Hinter ihm liegt der österreichische Erzherzogshut, ein Zeichen dafür, daß dieses Bild vor dem Bekanntwerden seiner Proklamation zum Erben Spaniens entstanden sein müßte. Auf der Rückseite ist allerdings in italienischer Sprache „Carlo terzo Re“ zu lesen.
Von Karl VI. sind zahlreiche Bildnisse erhalten, jedoch wenige Jugendporträts.

Lit.: ÖKT VIII, S. 105.

Privatbesitz. K. G.

1.50 Reise Karls III. über Portugal nach Spanien

Medaille, Silber, 49 mm, 47,27 g; 1703.
Medailleur: —.
Vs.: FELICI·ADVENTVI:/CAROLI·III·/HISPANIARVM·REGIS·/QVVM·PROFECTIONEM·MARITIMAM·/E·BATAVIAE etc. 14 Zeilen Schrift.
Rs.: PARCERE·SVBIECTIS. Erdkugel, auf der Hispania und Lusitania besonders hervorgehoben werden, über dem Meer, inmitten einer

Flotte; über dem Globus Adler mit Schwert, Lorbeerzweig und Füllhorn.

Nachdem England und Holland schon 1702 auf eine Reise Karls nach Spanien gedrängt hatten, kam am 16. Mai 1703 der Vertrag von Lissabon zustande: Karl sollte eine portugiesische Infantin heiraten und von Portugal aus in Spanien Fuß fassen. Karl reiste durch Deutschland und Holland nach England. Von dort brachte ihn eine englisch-holländische Flotte nach Lissabon, wo man am 8. März 1704 eintraf. Die portugiesische Prinzessin war aber unterdessen an Blattern verstorben.

Lit.: Gedächtnuß-Müntzen, S. 294.

Wien, KHM, MK, Inv.-Nr. 7143 bß. H. J.

1.51 Entsatz Karls III. in Barcelona

Medaille, Silber, 43 mm, 30,46 g, Randschrift; 1706.
Medailleur: Philipp Heinrich Müller.
Vs.: Geharnischtes Brustbild r.
Rs.: VNIVS LIBERATIO etc. Ansicht der Stadt aus der Vogelschau; i. A.: FVGA GALL·ET ECLIPS· etc.

Nachdem es König Karl III. im Oktober 1705 gelungen war, mit Barcelona einen Stützpunkt in Spanien zu gewinnen, wurde dieser im Frühjahr 1706 von den Franzosen und Spaniern belagert. Am 12. Mai 1706 konnten die von der englischen Flotte gelandeten hessischen Truppen die Stadt entsetzen. Im folgenden Sommer gelang Karl sein erster Vorstoß nach Madrid, doch mußte er sich im September 1706 neuerlich aus Kastilien zurückziehen und konnte nur Gerona, Barcelona und Tarragona halten.

Lit.: Gedächtnuß-Müntzen, S. 578. Montenuovo 1336.

Wien, KHM, MK, Inv.-Nr. 7146 bß. H. J.

1.52 Sieg der Franzosen bei Villaviciosa

Medaille, Silber, 41 mm, 31,71 g; 1710.
Medailleur: Thomas Bernard / Jean Le Blanc.
Vs.: Kopf Ludwig XIV. r.
Rs.: VICTORIA REDUX. Auf dem Boden kauernde Hispania, l. neben ihr fliegende Victoria; i. A.: HOSTES DELETI/AD VILLAM VICIOSAM etc.

Nach den Siegen der kaiserlichen Hilfstruppen unter Starhemberg wurde Marschall Vendôme zum französischen Feldherrn in Spanien ernannt. Dieser erzwang am 29. November 1710 die Räumung von Madrid und Toledo durch die Truppen Karls VI., am 9. Dezember geriet ein vom englischen General Stanhope befehligtes Korps bei Brihuega in Gefangenschaft und am 10. Dezember kam es zu einer Schlacht bei Villaviciosa. Diese ging unentschieden aus, doch zwangen die hohen Verluste Starhemberg zum Rückzug nach Saragossa. Damit war entschieden, daß Karl Spanien nicht erobern konnte, selbst die Behauptung von Teilen Aragoniens und Kataloniens war in Frage gestellt.

Lit.: Divo 308.

Wien, KHM, MK, Inv.-Nr. 7682 bß. H. J.

1.53 Die Erfolge der Verbündeten im Spanischen Erbfolgekrieg um 1704

Kupferstich, 49,5 × 59,5 cm (Pl.).
Peter Schenk, um 1704.

Das Blatt bezieht sich, wie die lateinischen und holländischen Inschriften besagen, auf die verbündeten Regenten Europas und deren militärischen Erfolge um das Jahr 1704. Die im Mittelpunkt dargestellte Königin Anna von England ist umgeben vom römischen König Joseph I. (links), Kaiser Leopold I. mit Kroninsignien, dem spanischen König Karl III. (rechts) und dem portugiesischen König. Der erfolgreiche Feldherr Ludwig Wilhelm von Baden weist auf den Festungsplan von Landau, das mehrmals von den Franzosen zu-

Kat.-Nr. 1.53

rückerobert werden konnte. Im Zentrum des Kupferstiches sitzen zwei weibliche Personifikationen, die siegreichen Schlachten von Schellenberg 1704, Gibraltar 1702 und Malaga präsentierend. Neben der 1704 von den Franzosen zurückeroberten Festung Trarbach sind zu Pferd der russische Zar Peter I. und der polnische König August von Sachsen, stehend Johann von Patkul und der preußische König Friedrich I. dargestellt.. Zu dessen Füßen sind die „Besiegten“, der „Klagende Spanier“ und der französische General Tallard zu sehen, der auf die Inschrift „Ons Lot is geslagen te worden“ weist. Auf der anderen Seite strecken eine halbentblößte Frauengestalt und ein gefesselter Mann den beiden Feldherren Prinz Eugen und Marlborough flehend die Hände entgegen. Neben den beiden erfolgreichen Feldherren sind der hessische Landgraf (ganz links), Lord Cutts sowie Admiral Leake, Ge-

neral Hompesch (unterhalb Eugens Pferd), Admiral Rooke sowie General Dopff dargestellt.
Das gleiche Blatt befindet sich in der Bibliothèque Nationale in Paris.

Lit.: Barnett, Marlborough, S. 99.

Speyer, Hist. Museum der Pfalz. S. D.

1.54 Wilhelm III., König von England

Schabkunstblatt, 35 × 25,8 cm (Pl.), (beschnitten).
G. Valck fec. et. exc. cum Privile Ordi. Hollan. et. West-Fri.

Um einen offenen Konfessionsstreit zu vermeiden — Jakob II. (1685—1688) war zum katholischen Glauben übergetreten, hatte aber Ansprüche als Oberhaupt der anglikanischen Kirche gestellt —, holten die beiden Parteien, Whigs und Tories, Wilhelm von Oranien und dessen Gattin Maria, die protestantische Schwester Jakobs II., ins Land. Jakob flüchtete nach Frankreich und Wilhelm (1672—1702) und dessen Gattin Maria gelangten durch diese sogenannte „Glorreiche Revolution" auf den englischen Thron. Beide mußten einen Herrschaftsvertrag („Bill of Rights") unterzeichnen, in dem der König als Staatsoberhaupt die ausübende, das Parlament die gesetzgebende Gewalt innehatte. In den „Acts of Settlement" 1702 wurde die Thronfolge zugunsten des protestantischen Hauses Hannover geregelt, während man die katholischen Stuarts vernachläßigte. Die Außenpolitik richtete sich insbesondere gegen die Vormachtstellung Frankreichs, zudem Ludwig XIV. auch die Restaurationsversuche der Stuarts unterstützte. Nach dem Tod Wilhelms III. 1702 folgte die Tochter Jakobs II., Anna, auf den englischen Thron. Unter ihr wurde 1707 England und Schottland zum Königreich Großbritannien geeint.
Das Brustbild zeigt Wilhelm III. mit der englischen Krone und der Kette des Hosenbandordens. Der lateinische Hexameter und die holländischen Verse preisen Wilhelm als rechtmäßigen Besitzer der englischen Krone.

Lit.: Porträt 1, Herrscher Nr. 130. — Weltgeschichte, hrsg. v. G. Mann und A. Nitschke, Bd. 7, Frankfurt/Main, Berlin 1979, S. 662—666.

Münster, Westfäl. Landesmuseum PAD. S. D.

1.55 Siege der Königin Anna von England über König Ludwig XIV.

Medaille, Silber, 43 mm, 29,37 g, Randschrift; 1706.
Medailleur: —.
Vs.: LVDOVICVS MAGNVS — ANNA MAIOR. Die englische Königin als Minerva hält Siegespalme über den auf dem Boden sitzenden französischen König.
Rs.: PERCVTE ME NE DICTVR etc. Belagerter Turm.

Nach dem Tode Wilhelms III. wurde Anna, Tochter des vertriebenen Stuartkönigs Jakob II., Königin von England. Sie trat 1702 der großen Koalition gegen Frankreich bei und errang durch ihren Feldherrn John Churchill Duke of Marlborough große Siege: 1704 bei Blindheim-Höchstädt, 1706 bei Ramillies. Dieser Sieg war Anlaß für die Entstehung der Medaille.

Lit.: Van Loon, S. 39. — Hawkins, S. 289, Nr. 98.

Wien, KHM, MK, Inv.-Nr. 8964 bß. H. J.

1.56 Peter I., Zar von Rußland

Kupferstich, 55,6 × 40,7 cm (Pl.).

Seit dem Jahre 1682 führte Sofia die Regierung für ihren schwachsinnigen Bruder Iwan V. und ihren Halbbruder Peter (1672—1725). 1689 übernahm Peter als Zar die Alleinregierung. Mit ihm endet die Isolation des riesigen Reiches im Osten, der Zar — er hatte selbst Europareisen unternommen und inkognito in den Niederlanden gelebt — versuchte Rußland für die europäische Kultur zu öffnen und die Vormachtstellung in Nordeuropa zu übernehmen. Hauptgegner dieser Expansionsbestrebungen war Schweden, das er im Nordischen Krieg (1700—1721) besiegen konnte. Die Niederlage Karls XII. 1709 bei Poltawa beendete die Vormacht Schwedens und brachte Peter große Gebietsgewinne. Seiner Ausrichtung nach dem Westen setzte Peter auch ein äußeres Zeichen, indem er 1703 an der Newamündung die Peter-Pauls-Festung und St. Petersburg (Leningrad) gründete. Mit dieser völlig neu gebauten Stadt mitten in einem Sumpfgebiet, der Bau kostete nicht nur Geld, sondern auch viele Menschenleben, verlegte der Zar die Hauptstadt von Moskau nach Petersburg. Sein Interesse galt auch Polen, 1717 vermittelte Peter am „stummen Reichstag" in Warschau zwischen August dem Starken und dem polnischen Adel und sicherte sich dadurch ein Einmischungsrecht in Polen. 1721 nahm der ehrgeizige Herrscher, der durch seine oft hemmungslose Lebensweise Europa in Erstaunen und Schrecken versetzte, den Kaisertitel „Zar aller Reussen" an. Vier Jahre später verstarb er, seine Gattin Katharina, ein ehemaliges Dienstmädchen, übernahm die Regierung.

Das Brustbild zeigt den noch jugendlichen Herrscher im Harnisch mit Hermelinmantel.

Lit.: Weltgeschichte, hrsg. v. G. Mann und A. Nitschke, Frankfurt a. Main - Berlin 1979, Bd. 7, S. 662—669.

Münster, Westfäl. Landesmuseum PAD. S. D.

1.57 Erste Reise Peter des Großen von Rußland ins Ausland

Medaille, Silber, 63 mm, 113,24 g; 1697.
Medailleur: Christian Wermuth.

Kat.-Nr. 1.54

Vs.: Belorbeertes Brustbild des Zaren im Harnisch mit Mantel und Szepter fast en face.
Rs.: CLAVSTRIS CRI-MEAE RESERATIS. St. Georg mit Drachen kämpfend, im Hintergrund Beschießung von Azov und Perekop; i. A.: CVLTIORES EVROPAE / REGIONES INVISIT etc.

Peter wollte Rußland mehr an Europa heranführen und sich deshalb mit dem europäischen Standard vertraut machen. Zu diesem Zweck unternahm er 1697 eine große Reise über Königsberg nach Holland und England, um sich die neuesten Kenntnisse im Schiffsbau anzueignen („Zar und Zimmermann"). Die Rückreise erfolgte über Frankreich, Wien und Polen. Dabei wurde 1688 in Rawa mit Friedrich August von Sachsen-Polen die Zusammenarbeit gegen Schwedens Ostseeherrschaft vereinbart. Daraus erwuchs der Nordische Krieg (1700—1721).

Lit.: Specificatio derer Medaillen, S. 81, Nr. CLXXVI. Medals and Coins of the Age of Peter the Great, Nr. 15.

Wien, KHM, MK, Inv.-Nr. 10192 bß. H. J.

1.58 Karl XII., König von Schweden

Kupferstich, 57,3 × 42,3 cm (Pl.).
Pieter a Gunst Sculpsit M. Marrebeeck excudit.

Seit dem Dreißigjährigen Krieg hatte Schweden die Vormachtstellung in Nordeuropa inne. Parallel zum Spanischen Erbfolgekrieg brach 1700 der Nordische Krieg aus, als sich eine Koalition aus Dänemark, Polen und Rußland gegen das absolutistisch regierte Schweden bildete, das in Karl XII. (1697—1718) einen angriffslustigen Herrscher hatte. Der König mußte nach Erfolgen schwere Niederlagen hinnehmen, seine Politik in Polen scheiterte und 1709 siegte Peter der Große bei Poltawa über den schwedischen König, der verwundet in die Türkei flüchtete. Es gelang ihm, von dort in einem Gewaltritt in seine Heimat zurückzukehren. 1718 fiel Karl XII. im Kampf gegen Dänemark. Nach seinem Tod war die Vormachtstellung Schwedens endgültig beendet, es mußte große Gebietsverluste an Rußland hinnehmen.
Das Brustbild zeigt den jugendlichen König im Harnisch mit den Kroninsignien und dem schwedischen Wappen. Nach dem lateinischen Distichon von Ovid wird der König dem Schutz der Götter empfohlen.

Lit.: Porträt 1, Der Herrscher, Nr. 174. — Büssem-Neher, NZ 1, S. 294.

Münster, Westfäl. Landesmuseum PAD. S. D.

1.59 Kurfürst Friedrich August I. von Sachsen wird König von Polen

Medaille, Silber, 43 mm, 29,82 g, Randschrift; 1697.
Medailleur: Georg Hautsch.
Vs.: Geharnischtes Brustbild Friedrich August r.
Rs.: NEC ME-LABOR ILLE GRAVABIT. Friedrich August als Herkules, neben erschlagener Hydra, wird von Polonia die Königskrone überbracht; i. A.: HERCVLI/SAXONICO.

Nach dem Tode des Königs Johann Sobieski (1696) unterstützte Kaiser Leopold I. den sächsischen Kurfürsten bei seinen Bemühungen um die polnische Krone. Er wußte sich gegen Widerstände Frankreichs, dessen Kandidat, Prinz von Conti, zwar von einigen Mandaten gewählt wurde, durchzusetzen. Dies ermöglichte die Einsetzung des Prinzen Eugen zum Oberkommandierenden in Ungarn.

Lit.: Hutten-Czapski 2588.

Wien, KHM, MK, Inv.-Nr. 10849 bß. H. J.

1.60 Krönung des Polenkönigs August I. (Friedrich August) Kurfürst von Sachsen

Medaille, Silber, 36 mm, 15,36 g; 1697.
Medailleur: Johann Kittel.
Vs.: Geharnischtes Brustbild halb en face l.
Rs.: HANC MIHI ADIMET NEMO. Friedrich August als Herkules, in der Rechten die Krone haltend, neben Altar mit zwei Schwertern; i. A.: HERCULES/SAXONICUS.

Die Krönung des neuen Königs fand am 15. September 1697 in Krakau statt. Er konnte im Frieden von Karlowitz Podolien und Kamieniec gewinnen und damit die Grenzen Polens gegen die Osmanen sichern.

Lit.: Hutten-Czapski 2605.

Wien, KHM, MK, Inv.-Nr. 10850 bß. H. J.

1.61 Krönung Stanislaus Leszczynskis zum König von Polen

Medaille, Silber, 48 mm, 30,91 g; 1695.
Vs.: Geharnischtes Brustbild r.
Rs.: PATRIO SUB SOLE SALUBRES. Störche umfliegen die Sonne; i. A.: STAN: I. IN REG: POL:/CORONATUR.4.OCTOB:/ANNO.1705.

Stanislaus Leszczynski (1677—1766) war Woiwode von Posen und stellte sich 1704 auf Veranlassung Karls XII. von Schweden an die Spitze einer gegen August II. gerichteten polnischen Adelskonföderation, die ihn am 12. Juni 1704 zum König wählte. Am 4. Oktober 1705 wurde er gekrönt, konnte sich in Altranstädt durchsetzen, wurde aber nach der Niederlage der Schweden bei Poltawa 1709 wieder vertrieben und floh nach Schweden. Karl XII. überließ ihm das Herzogtum Pfalz-Zweibrücken, das er aber 1718 aufgeben mußte. Er ging dann nach Frankreich, wo seine Tochter Maria König Ludwig XV. heiratete. Darauf gestützt, erhob er 1733 neuerlich Anspruch auf die polnische Krone, wurde von einer Adelsmehrheit auch zum König gewählt, verzichtete aber im Frieden von Wien 1735/38 darauf und erhielt dafür das Herzogtum Lothringen, das nach seinem Tod 1766 an Frankreich fiel.

Lit.: Hutten-Czapski 2717.

Wien, KHM, MK, Inv.-Nr. 10905 bß. H. J.

1.62 Friede von Altranstädt

Medaille, Silber, 48 mm, 29,03 g; 1706.
Vs.: PACE IN LEGES etc. Pax überreicht Polonia einen Lorberzweig.
Rs.: VIS BELLI EST SPIENTIA PACIS. Schwert und Lorbeerzweig gekreuzt in Kranz.

In diesem am 24. September 1706 zwischen August II. von Polen (Friedrich August I. von Sachsen) und dem Schwedenkönig Karl XII. abgeschlossenen Frieden wurde eine Phase des Nordischen Krieges beendet. Der Sachse verzichtete zugunsten von Stanislaus Leszczynski auf Polen, lieferte den livländischen Adeligen Johann Reinhold von Patkul den Schweden aus und gewährte dem Heer des Königs in seinem Land Winterquartiere. Ein Jahr später, am 1. September 1707, wurde im gleichen Ort (Großlehna bei Leipzig) eine Konvention zwischen dem Schwedenkönig und Joseph I. abgeschlossen, wo gegen Sicherung und Ausweitung der Rechte der Evangelischen in Schlesien ein Eintritt Schwedens in den Spanischen Erbfolgekrieg auf seiten Frankreichs verhindert werden konnte.

Lit.: Gedächtnuß-Müntzen, S. 637.

Wien, KHM, MK, Inv.-Nr. 10860 bß. H. J.

1.63 Friedrich I., König in Preußen

Schabkunstblatt, 46,3 × 40,5 cm.
G. Ph. Rugendas iuv. et fecit a. V.

Seit der Übernahme der Mark Brandenburg im 15. Jh. durch das Geschlecht der Hohenzollern konnte die Dynastie ihren Machtbereich ständig vergrößern. Besonders wichtig für die Zukunft sollte die Erwerbung von Preußen werden. Preußen wurde 1701 mit Zustimmung des Kaisers zum Königtum erhoben und Kurfürst Friedrich III. (1657—1713) krönte sich am 18. Jänner 1701 in Königsberg zum König (er nannte sich Friedrich I., König in Preußen). Der preußische König war nun der erste deutsche Fürst neben dem Kaiser. Noch stand er auf der Seite der Habsburger, insbesondere im Kampf gegen Frankreich.
Unter Friedrich I. wurde die Residenz Berlin großzügig ausgebaut, er galt als Förderer der Kunst und Wissenschaften. Das Reiterbildnis zeigt den König mit Hut, Harnisch und Kommandostab, auf ein Schlachtengetümmel im Hintergrund zureitend. Friedrich beteiligte sich am Spanischen Erbfolgekrieg an der Seite des Kaisers, im Nordischen Krieg hielt er sich neutral.

Lit.: Büssem-Neher, NZ 1, S. 264, 295.

Münster, Westfäl. Landesmuseum PAD. S. D.

Kat.-Nr. 1.63

1.64 Die Verbündeten des Türkenjahres 1683

Medaille, Silber, 65 mm, 85,19 g, Randschrift; 1683.
Medailleur: Hans Jakob Wolrab.
Vs.: WANN DIESE HELDEN SIEGEN etc. Der Kaiser, der König von Polen und die Kurfürsten von Bayern und Sachsen knien vor dem strahlenden Namen IESUS.
Rs.: WIEN DAS ADLER NEST. Der Angriff des Entsatzheeres auf die Belagerer, im Hintergrund die Stadt Wien, darüber gekrönter Adler mit Schwert und Stadtwappen sowie Regenbogen und Friedenstaube.

Kaiser Leopold I. wurde im Jahre 1683 bei der Abwehr der osmanischen Invasion nicht nur durch den Polenkönig Johann Sobieski, sondern auch durch die Kurfürsten Max Emanuel von Bayern und Johann Georg III. von Sachsen unterstützt. Während der folgenden Türkenkriege waren die führenden Feldherren Ludwig Wilhelm von Baden (Kat.-Nr. 1.65), Karl von Lothringen (Kat.-Nr. 9.10) und später Prinz Eugen.

Lit.: Hirsch 42. Montenuovo 901.

Wien, KHM, MK, Inv.-Nr. 1019 bß. H. J.

1.65 Markgraf Ludwig Wilhelm von Baden

Öl/Lw., 115 × 93,5 cm.
Um 1700.

Am 8. April 1655 wurde dem Zähringer Markgrafen Ferdinand Maximilian von Baden-Baden von seiner Gattin Luisa Christina von Savoyen-Carignano, Tochter des Grafen von Soissons aus dem Hause Condé, in Paris der Sohn Ludwig Wilhelm geboren. Sein Taufpate und Namensgeber war König Ludwig XIV. Der Bruder der Mutter war Prinz Eugens Vater Eugen Moritz Graf von Soissons-Carignan.

Das Schicksal von Ludwig Wilhelm wurde an die kaiserliche Armee gebunden. Schon 1674 wurde er Volontär, bis zum Frieden von Nijmegen 1678 nahm er am Feldzug gegen Frankreich teil und durfte u. a. 1676 die Siegesmeldung von der Eroberung von Philippsburg nach Wien bringen. Kaiser Leopold verlieh ihm dafür ein Regiment. Obwohl Ludwig 1677 die Regentschaft seines Landes übernahm, war er überwiegend als Offizier in kaiserlichen Diensten tätig. Beim Entsatz von Wien im September 1683 stürmte er als Feldmarschalleutnant die Laufgräben der Janitscharen um die Stadt, 1686 wurde er für die Eroberung von Fünfkirchen, Siklos und Kaposvar zum Feldmarschall ernannt, 1687 zeichnete er sich bei Mohacs aus, 1689 wurde er zum Oberbefehlshaber der kaiserlichen Armee gegen die Türken bestellt. Nach dem

Sieg bei Slankamen 1689 stieß er bis Südserbien vor und siegte am 24. September 1697 bei Niš, woraufhin ihn der Kaiser zum Generalleutnant ernannte: der spanische König verlieh ihm das Goldene Vlies.
1693 wurde dem unterdessen zum „Türkenlouis" gewordenen Markgrafen im Pfälzischen Krieg das Oberkommando am Rhein übertragen, wo sich seine Doppelrolle als Feldherr des Kaisers und Reichsfürst unheilvoll auswirkte. Auch im Spanischen Erbfolgekrieg konnte er sich als Reichsfeldmarschall nicht auszeichnen und wurde vor der Schlacht bei Höchstädt mit einem Nebenkommando betraut. Im Kampf um den Schellenberg war er einen Monat vorher verwundet worden und erholte sich nicht mehr. Er starb am 4. Jänner 1707 in seinem Residenzschloß zu Rastatt. Zu dieser Zeit waren Eugen und Marlborough die gefeierten Helden, seine Taten waren weitgehend vergessen.
Das Gemälde eines unbekannten Malers zeigt den Feldherrn Ludwig Wilhelm in Halbfigur mit dem Orden vom Goldenen Vlies, den Marschallstab in seiner Rechten haltend.

Lit.: E. Petrasch, Der Türkenlouis Markgraf Ludwig Wilhelm von Baden, in: Die Türken vor Wien, Salzburg 1982, S. 221 ff.

Baden-Baden, Stadtmuseum im Baldreit. K. G.

Kat.-Nr. 1.66

1.66 Max Emanuel, Kurfürst von Bayern

Öl/Lw., 118 × 84 cm
(Henri Gascar?); vor 1688.

Kurfürst Maximilian II. Emanuel von Bayern (1662—1726) schloß entgegen der frankophilen Politik seines Vorgängers und seiner Mutter am 26. Jänner 1683 ein Bündnis mit Leopold I. und heiratete 1685 Maria Antonia, die Tochter des Kaisers aus erster Ehe mit Margarita Teresa von Spanien. Als kaiserlicher General zeichnete er sich bei Ofen und Hársán 1686 und 1687 aus, wurde 1687 nach dem Rücktritt Karls von Lothringen mit dem Oberkommando in Ungarn betraut und eroberte im folgenden Jahr Belgrad. Im Pfälzischen Krieg verlieh ihm der spanische König die Statthalterschaft der Niederlande. Im Spanischen Erbfolgekrieg verbündete er sich mit Frankreich, konnte 1703 Tirol nicht erobern, nahm aber 1704 Passau ein. Nach der Niederlage bei Höchstädt mußte er sein Land verlassen, die Reichsacht wurde verhängt, seine Kinder wurden nach Klagenfurt und später nach Graz gebracht.
Nach der Niederlage bei Ramillies verlor er auch die Niederlande, war nun ganz auf die Gnade Frankreichs angewiesen und erhielt durch seinen Einsatz im Frieden von Rastatt und Baden Bayern zurück. Im Türkenkrieg 1716—1718 unterstützte er wieder den Kaiser, sein Sohn Karl Albrecht heiratete Maria Amalia, die Tochter Kaiser Josephs I.

Das Bild ist dem 1689 datierten Gemälde von Henri Gascar ähnlich und zeigt Max Emanuel nach der Eroberung von Belgrad. In der Privatsammlung, der dieses Bild entstammt, gibt es ebenso wie in der Bayerischen Staatsgemäldesammlung in München als Gegenstück auch ein Bild seiner Gattin Maria Antonia, das gleich den Stichen von Elias Christoph Heiß vor dem Jahre 1688 ausgeführt worden sein dürfte.

Lit.: Kat. Max Emanuel, Nr. 216. — Kat. Türken vor Wien, 1983, Nr. 9/10.

Privatbesitz. K. G.

1.67 Prinz Eugen von Savoyen

Öl/Lw., 95 × 75 cm.
Kopie nach David Richter d. Ä.; 1705.

Im Jahre 1705 malte David Richter der Ältere ein Porträt des Prinzen Eugen. Dieses war im Schloß Margarethen am Moos erhalten, befand sich 1941 im Heeresmuseum in Wien und ist seither verschollen. Es existiert nur mehr ein Foto des Gemäldes. Eine Zweitausfertigung, die auch in Details dem datierten und signierten Bild entspricht, befindet sich im Museum Červený Kameň und war früher im Besitz der Familie Palffy. Auf dem ursprünglich ovalen Bild wird Prinz Eugen in Halbfigur gezeigt, Körper und Kopf nach links gewendet. Er trägt keine Perücke, das eigene Haar hängt über den Rücken. Über der Rüstung trägt er einen hermelingefütterten Mantel, der an den Kanten bestickt ist. Im Hintergrund ist eine Burgfestung zu erkennen.

Von dem Bild gibt es weitere Ausfertigungen (Kat.-Nr. 8.52). Eine Kopie befand sich vor 1945 im Schloß Königswusterhausen in Brandenburg. Von diesem Gemälde gibt es auch ein Schabkunstblatt von John Smith.

Lit.: B. M. Holmquist, Das Problem David Richter, Uppsala 1968, S. 112, Nr. 11.

Červený Kameň, Schloßmuseum. K. G.

Kat.-Nr. 1.67

1.68 Ovalbildnis des Mainzer Kurfürsten Franz Ludwig von Pfalz-Neuburg (1729—1732)

Aquarell/Papier, 37 × 25,6 cm; nach 1732.

Franz Ludwig (1664—1732) wurde als siebenter Sohn aus der (zweiten) Ehe des ehrgeizigen Philipp Wilhelm von Pfalz-Neuburg (1615—1690) mit der Konvertitin Elisabeth Amalia Magdalene von Hessen-Darmstadt (1635—1709) geboren. Die Ehe seiner ältesten Schwester Eleonore Magdalena Theresia (1655—1720) mit Kaiser Leopold I., der damalige Mangel an Erzherzögen für vakant gewordene geistliche Fürstentümer und die entgegenkommende Haltung der Päpste Clemens X. (1670—1676) und Innozenz XI. (1676—1689) der Neuburger Familie gegenüber schufen für seine im Laufe der Jahre angesammelten Pfründe die Voraussetzungen. Schon in jungen Jahren nach Erhalt der Tonsur und niederen Weihen Domherr in Köln, Lüttich, Mainz, Münster und Trier, wurde er nach seinem Bruder Wolfgang Georg Friedrich am 30. Juni 1683 zum Breslauer Fürstbischof postuliert und ab 1685 bis 1719 k. k. Oberlandeshauptmann in Ober- und Niederschlesien, nach dem Tod seines weiteren Bruders Ludwig Anton am 8. Juni 1694 gefürsteter Propst und Herr zu Ellwangen. Am 12. Juli 1694 wurde er zum Hoch- und Deutschmeister erwählt und am gleichen Tag Bischof von Worms. Mit massiver kaiserlicher Unterstützung gelang es ihm, am 5. November 1710 die Mainzer Koadjutorie zu erreichen. Am 20. Februar 1716 zum Erzbischof von Trier postuliert und in dieser Funktion vom Papst bald konfirmiert, entschied er sich am 3. und 10. März 1729 für die Annahme des Mainzer Kurhutes und für die Abgabe des Trierer Bistums. Bis zum Tod nur Subdiakon und noch in vorgerücktem Alter (1728) Heiratspläne wälzend, um seine Familie vor dem Aussterben zu bewahren, war dieser Reichserzkanzler und Kurfürst ein die Hilfe des Prinzen Eugen für gefährdetes Ordensgut findender Deutschordensmeister und ein in seinen Territorien vom barocken Bauwurm erfaßter Reichsfürst.

Lit.: L. Petry, Das Meisteramt (1694—1732) in der Würdenkette Franz Ludwigs von Pfalz-Neuburg (1664—1732), abermals abgedruckt in: Ders., Dem Osten zugewandt. Gesammelte Aufsätze zur schlesischen und ostdeutschen Geschichte (Quellen und Darstellungen zur schlesischen Geschichte 22), Sigmaringen 1983, S. 358—369. — B. Demel, Der Deutsche Orden und die Stadt Neckarsulm (1484—1804), in: Jahrbuch für fränkische Landesforschung 45 (1985), S. 17—106, hier besonders S. 26f.

Wien, Deutschordenszentralarchiv, Bildsammlung, Lade Nr. 2. B. D.

1.69 Wappen des Hoch- und Deutschmeisters Franz Ludwig von Pfalz-Neuburg (1694—1732) aus dem kolorierten Wappenbuch aller Hochmeister nach 1198

30 × 45,5 cm (geöffnet); nach 1716.

Das hier gezeigte Wappen in dem aus dem Bestand des Landkomturs Harrach (Kat.-Nr. 3.2) stammenden Wappenbuch gehört in seiner Vielfalt mit den noch untergeteilten vier heraldischen Feldern einem im Geist des Barock und der Mentalität der Gegenreformation erzogenen Prinzen aus der wittelsbachischen Nebenlinie an, der — ebenso wie Prinz Eugen — zu jenen drei Kaisern treu stand, die ihrerseits seinen Aufstieg bis zum ersten Kurfürsten des Reiches (1729—1732) erst ermöglichten.

Bisher noch keiner verläßlichen Biographie gewürdigt, nahm Franz Ludwig etwa kurz vor der Zeit, da dieses Wappenbuch angelegt worden sein muß, Kontakt zu Prinz Eugen auf, um den im Spanischen Erbfolgekrieg gefährdeten linksrheinischen Deutschordensbesitz unter den Schutz des Reichsfeldmarschalls zu stellen. Der Savoyer versprach dies gerne und zeigte seine Hilfsbereitschaft bei den Friedensverhandlungen zu Rastatt (1714).

Lit.: B. Demel, Der Deutsche Orden und die Stadt Neckarsulm (1484—1805), in: Jahrbuch für fränkische Landesforschung 45 (1985), S. 17—106, hier bes. S. 26f. und S. 82f.

Wien, Deutschordenszentralarchiv, Handschrift Nr. 155. B. D.

1.70 Brief Karls III. an den Grafen Wratislaw

Duplikat, Papier, Tinte, eh. Unterschrift Karls III., 2 fol.

30 × 40 cm (geöffnet), 4. Mai 1711.

Der Brief enthält das Einverständnis Karls III. mit der Interims-Regentschaft seiner verwitweten Mutter Eleonore über alle Erbkönigreiche, Fürstentümer und Länder, die ihr nach einstimmigem Beschluß der Geheimen Konferenz kurz nach dem plötzlichen Tod Josephs I. im April 1711 übertragen worden war. Karl regierte zu diesem Zeitpunkt noch als König von Spanien.

Im vorliegenden Brief bevollmächtigt er seine Mutter, in seinem Namen vom Haus Öster-

reich Besitz zu ergreifen und sich seinetwegen „vndt zue lieb unserer aldaßigen Vassallen, vndt vnterthanen heyls vnd wohlfahrt, mit dießer beschwerlichen Regierungsbürde ... zu beladen". Die treuen Berater des verstorbenen Kaisers und Mitglieder der Geheimen Konferenz — unter ihnen Prinz Eugen, die Grafen Wratislaw und Seilern — ermahnt und bittet Karl, der Regentin „in all vndt jeden gleich mir selbsten den gebührenden Gehorsamb (zu) leisten und mit Ewrem guet vndt beförderlich Rath an handt zu gehen". Dies war nicht immer leicht, da Eleonore selbst regieren und sich nicht vom Ministerium leiten lassen wollte, was ständige Auseinandersetzungen zwischen ihr, dem Grafen Wratislaw und Prinz Eugen, der ihr seit jeher nicht besonders sympathisch war, zur Folge hatte.
Trotz der Unstimmigkeiten nahm Eleonore die Regierungsgeschäfte ernst, über die politische Situation in den ihr anvertrauten Ländern wußte sie bestens Bescheid. Die Unterzeichnung des Friedens von Szatmár, wodurch es endlich gelungen war, die ungarischen Rebellen zur Ruhe zu bringen, kann als Höhepunkt ihrer Regentschaft angesehen werden.

Wien, HHStA, Familienkorrespondenz A 23, fol. 237, fol. 238. H. L.

1.71 Brief Eleonore Magdalenas von der Pfalz an Prinz Eugen

Orig., Papier, Tinte, eh. Unterschrift Eleonores. Wien, 23. Mai 1711.

Eleonore, Interimsregentin nach dem Tod ihres Sohnes Kaiser Josephs I. 1711, berichtet in diesem Brief Prinz Eugen vom Tod des Kaisers und übermittelt dem Prinzen ein Schreiben des Nachfolgers, Karls III., der sich noch in Spanien aufhielt. Eugen kam die Aufgabe zu, die Wahl Karls zum Kaiser vorzubereiten und eine Aufstellung eines Gegenkandidaten, insbesondere eines französischen, zu verhindern. Über die kurpfälzische Residenz Düsseldorf — Kurfürst Johann Wilhelm von der Pfalz war Reichsverweser während der Interimsregentschaft seiner Schwester Eleonore — erfuhr Eugen von der Stimmung der Kurfürsten und inwieweit sie gewillt waren, dem Habsburger ihre Stimme zu geben, die sie sich zudem bezahlen ließen. Die potentiellen Gegner, Bayern und Köln, waren durch die Reichsacht ausgeschaltet, die anderen Kurfürsten waren entweder zu sehr an den kriegerischen Entwicklungen interessiert oder den Habsburgern freundlich gesinnt. Grundbedingung war allerdings, daß Karl so rasch wie möglich nach Wien übersiedelt.

Lit.: Gerda Mraz, S. 94.

Düsseldorf, Stadtmuseum. S. D.

1.72 Adels- und Wappenbrief der Kaiserin Eleonore für einen ungarischen Staatsangehörigen

Original, Papier, Tinte, eh. Unterschrift Eleonores und des Grafen Nicolaus Illésházy, Wachssiegel in Holzkapsel, Etui aus Blech.
67 × 57 cm (geöffnet).
Wien, 15. September 1711.

Der vorliegende Adelsbrief wurde von Eleonore als ungarischer Königin während ihrer Interimsregentschaft als Kaiserin für den aus Pécs (Fünfkirchen) stammenden György Ferenczffy, seine Gemahlin Zsófia, geb. Pap, und deren Kindern, ausgestellt.
Der in das „Liber Regius" (Bd. 28, S. 570) eingetragene und mit dem in heraldischen Farben gemalten Wappen ausgestattete Brief trägt die Unterschrift Eleonores und die Gegenzeichnung des Grafen Nicolaus Illésházy.

Privatbesitz. Z. B.-A.

1.73 Rückkehr Karls VI. aus Spanien nach Österreich

Medaille, Silber, 52 mm, 44,09 g; 1711.
Medailleur: Johann Kittel.

Kat.-Nr. 1.74

Vs.: Belorbeertes Brustbild im Harnisch, darunter Devise CONSTANTIA ET FORTITUDINE etc.
Rs.: AVSTRIA REDVX. Auf der linken Seite steht unter einem Baldachin der leere Kaiserthron, daneben ein Tisch mit Reichs-, böhmischer und ungarischer Krone sowie Reichsapfel. In der Mitte tritt die Hispania auf den auf dem Boden liegenden Lilienschild, r. im Hintergrund Segelschiffe; i. A.: MATERNIS PRECIBVS/SUBDITORUM VOTIS.

Nach dem Tode Kaiser Josephs I. sandte Prinz Eugen den Grafen Gundacker Althann nach Spanien, um Karl zur raschen Rückkehr zu veranlassen. Dieser ließ seine Gattin Elisabeth Christine als Regentin zurück und verließ am 27. September Barcelona.

Lit.: Rath, S. 129: Joseph-Fellner 645.

Wien, KHM, MK, Inv.-Nr. 1286 bß. H. J.

1.74 Kaiser Karl VI.

Öl/Lw., 282 × 185 cm.
Gottfried Auerbach und Jacob van Schuppen; nach 1726.

Das monumentale Gemälde zeigt den im Oktober 1685 geborenen, in den vierziger Jahren stehenden Kaiser auf dem Höhepunkt seines Lebens. Zu dieser Zeit war die Pragmatische Sanktion von den einzelnen Ländern der Monarchie anerkannt, im Frieden von Wien hatte er sich 1725 auch mit Spanien versöhnt und den Verlust des spanischen Imperiums eingesehen. Andererseits hatte die von ihm regierte österreichische Monarchie nach dem Frieden von Passarowitz ihre größte Ausdehnung erhalten und schickte sich an, mit der im Aufbau begriffenen Kompagnie von Ostende auch in den Welthandel einzugreifen.
Nach einer Mitteilung aus dem Jahre 1783 war das Gemälde von Jacob van Schuppen und Gottfried Auerbach (der Kopf des Kaisers) als Einrichtung des Akademiesaales gemalt worden. Die Akademie hatte erst im Althannschen Haus, Sailergasse 8, das sie von 1733 bis 1742 benützte, einen Festsaal zur Verfügung. Da eine zweite Ausfertigung in den Jahren 1738 bis 1740 von van Schuppen um 150 Gulden für das Rathaus von Stockerau hergestellt wurde, könnte man annehmen, daß es am Ende der Lebenszeit des Kaisers entstanden ist. Andererseits stimmt das Porträt Karls VI. mit dem ebenfalls von Auerbach gemalten Kopf des Kaisers im Ölgemälde von Solimena, das die Übergabe des Kataloges der kaiserlichen Sammlung darstellt, weitgehend überein. Das Bild wird also nach 1726 entstanden sein.
Auf dem Gemälde ist der Kaiser im spanischen Mantelkleid dargestellt, vor ihm liegt auf einem Tisch die Reichskrone. In der linken Hand hält er den Reichsapfel, in der rechten das Reichszepter.

Lit.: Kat. Barockmuseum, Bd. I, S. 48 ff. — W. Wagner,

Die Geschichte der Akademie der Bildenden Künste in Wien, 1967, S. 24f. — A. Starzer, Geschichte der Stadt Stockerau, 1911, S. 168.

Wien, Österreichische Galerie. K. G.

1.75 Quadrupelallianz

Medaille, Silber, 56 mm, 70,11 g; 1718.
Medailleur: Benedikt Richter.
Vs.: Belorbeertes Brustbild im Harnisch l.
Rs.: PRO QVIETE PVBLICA*. Europa auf Stier, in der Rechten Liktorenbündel und Granatapfel, in der Linken Schild mit Viererhandschlag; i. A.: FOEDVS QVADRVPLEL.

König Philipp V. hatte die in den Friedensschlüssen von Utrecht, Rastatt und Baden festgelegten Abtretungen von Neapel, Sardinien, Sizilien, Mailand und der spanischen Niederlande an den Habsburger Karl VI. nicht anerkannt, griff im August 1717 Sardinien an und bedrohte Sizilien. Über Anregung Englands kam es zu einem Bündnis zwischen Österreich, England und Frankreich, das am 2. August 1718 abgeschlossen wurde. Karl VI. gab Sardinien zurück, das an Savoyen abgetreten wurde und erhielt dafür die Insel Sizilien.

Lit.: Montenuovo 1538.

Wien, KHM, MK, Inv.-Nr. 1309 bß. H. J.

1.76 Theatrum Europaeum

Band 21: „Jubilaeum Theatri Europaei das ist der Geschichts-Erzelung von einhundert Jahren beschliessende ein und zwanzigste Theil desselben, Frankfurt am Main 1738 . . .“

Das Theatrum Europaeum ist eine zeitgeschichtliche Darstellung der Periode von 1618 bis 1718 in insgesamt 21 Bänden. Als „ausführlich fortgeführte Friedens- und Kriegsbeschreibung und was mehr von denck- und merckwürdigen Geschichten in Europa . . . vom 1716. bis zum ausgegangenen 1718. Jahr vorgegangen und sich begeben haben“, ist es auch mit zahlreichen Stichen und Karten illustriert.

Der vorliegende 21. Band enthält Pläne der Schlachten von Peterwardein und Belgrad, eine Karte der Barrieregrenze, eine Gründungskarte von Petersburg (Leningrad) und verschiedene qualitätvolle Porträts deutscher Fürsten.

Melk, Stiftsbibliothek, Nr. 3921. K. G.

1.77 Genealogischer Schauplatz des ietztherrschenden Europae . . .

Breslau - Leipzig: Hubert, 1724.
702 Seiten, keine Abbildungen, 19 × 21 cm (geöffnet).

Im vorliegenden Buch ist eine genaue Aufzählung europäischer adeliger Familien, der Bischöfe und Äbte, der geistlichen und weltlichen Kurfürsten, der gräflichen und freiherrlichen Familien in den Erblanden in alphabetischer Reihenfolge enthalten. Darunter finden sich bekannte Namen wie Althann, Buccellini, Esterházy, Khevenhüller, Kinsky und Kaunitz.
In der Ausstellung wird die Seite mit der Beschreibung der Familie Harrach, „einem alten Geschlecht aus Böhaimb, so sich im XIII. Saecolo in Österreich gezogen, und ietzo daselbst das Obrist-Erb-Land-Stallmeister-Amt verwaltet“, und die kurze Lebensbeschreibung des Aloys Thomas Raimund Harrach, „Ritter des Goldenen Vließes, Geheimer und Ministerial-Finanz-Conferenz Rath, Landmarschall und General-Obrister in Österreich unter der Enns“ mit der Erwähnung der Herkunft seiner drei Gemahlinnen Maria Barbara, Maria Cäcilia und Ernestina, gezeigt.

Wien, NÖLB, Sign. 896-B. H. L.

1.78 Friede von Wien

Medaille, Silber, 56 mm, 69,33 g; 1725.
Medailleur: Antonio Maria de Gennaro.

Vs.: Gepanzertes Brustbild Karls VI. mit Lorbeerkranz r.
Rs.: CONCORDI-PACE LIGAVIT. Austria und Hispania reichen sich die Hände, l. davor Merkur und Waffenhaufen.

Spanien anerkannte 1720 durch den Beitritt zur Quadruppelallianz die Friedensschlüsse von Utrecht und Rastatt, ein formeller Friede mit Kaiser Karl VI. wurde aber immer noch nicht geschlossen. Dies geschah 1725, wobei Spanien auf Mailand und Belgien verzichtete und als erste Macht die Pragmatische Sanktion anerkannte. Karl VI. verzichtete hingegen auf Spanien und versprach, Philipps V. Sohn Don Carlos bei Freiwerden mit den Reichslehen Parma, Piacenca und Toskana zu belehnen.

Lit.: Le Meistre Nr. 492; Montenuovo 1594.

Wien, KHM, MK, Inv.-Nr. 1301 bß. H. J.

1.79 Georg I., König von Großbritannien

Kupferstich, 46,2 × 35,4 cm (Pl.).
Godfridus Kneller S.R. Imp. et Mag: Brit: Baron et pinxit, a solo Originali Geo: Vertue Londini Sculpsit 1715.

In Folge der 1701 geschlossenen Personalunion zwischen Hannover und England folgte der Kurfürst von Hannover 1714 nach dem Tod Königin Annas auf den englischen Thron. Die Berater Annas, der Earl of Oxford und Viscount of Bolingbroke, wurden von Georg I. (1660—1727) entlassen, an deren Stelle trat vor allem der Premierminister Walpole, der für Georg die Regierungsgeschäfte führte. Der König fühlte sich in England nie heimisch, unternahm oft Reisen nach Hannover und wahrte die Interessen des Kurfürstentums. England war zur Großmacht aufgestiegen, insbesondere durch seinen Kolonialbesitz, was für die Zukunft wiederum mit Frankreich einen Machtkampf bedeutete.
Über dem Brustbild des Königs mit der Kette des Hosenbandordens strahlt das Auge Gottes, unterhalb der Darstellung liegen die Kroninsignien und Wappen von England/Schottland, Frankreich, Irland und Braunschweig-Lüneburg, umgeben vom Band des Hosenbandordens.

Kat.-Nr. 1.79

Lit.: Weltgeschichte, hrsg. v. G. Mann und A. Nitschke, Frankfurt/Main - Berlin 1979, Bd. 7, S. 666—669. — Porträt 1, Der Herrscher, Nr. 132.

Münster, Westfäl. Landesmuseum PAD. S. D.

1.80 Proklamation August III. von Polen

Medaille, Silber, 45 mm, 28,42 g; 1733.
Medailleur: Georg Wilhelm Vestner.
Vs.: Belorbeertes Brustbild r.
Rs.: PAREMVS OVANTES ADSIS etc. Der König vor dem Thron unter Baldachin ste-

hend, davor zwei Kniende mit Krone und Kurfürstenhut.

Friedrich August III. (1696—1763) war seit 1719 mit Maria Josepha von Österreich vermählt und wurde 1733 Kurfürst von Sachsen und zum König von Polen proklamiert. Nachdem er 1733 die Pragmatische Sanktion garantiert hatte, erreichten Österreich und Rußland im Jahre 1735 am Ende des für ihn geführten Polnischen Erbfolgekrieges seine Anerkennung als Polenkönig gegen Stanislaus Leszczynski. Sein späteres Schicksal wurde weitgehend durch die drei Schlesischen Kriege bestimmt.

Lit.: Merseburger 1675. Bernheimer 287.

Wien, KHM, MK, Inv.-Nr. 10883 bß. H. J.

1.81 Eroberung von Mailand durch die Franzosen

Medaille, Silber, 42 mm, 33,62 g; 1733.
Medailleur: François-Joseph Marteau/Michael Roeg.
Vs.: Brustbild Ludwigs XV. r.
Rs.: MARS ULTOR. Frau mit Mauerkrone und Wappenschild von Mailand kniet vor Mars mit Lilienschild; i. A.: INSUBRIA/AUSTRIACIS EREPTA.

Im Herbst 1733, während Eugen in Schloßhof seinen 70. Geburtstag feierte, marschierten französische Truppen in Schwaben und gemeinsam mit Savoyarden in Oberitalien ein. Während der kaiserliche Statthalter, Feldmarschall Wirich Daun, die Truppen auf einige feste Plätze verteilte und sich selbst nach Mantua zurückzog, konnte König Karl Emanuel von Sardinien am 4. November 1733, dem Namenstag des Kaisers, in Mailand einziehen. So endete die lange Karriere des alt gewordenen Feldmarschalls Daun unrühmlich, er wurde abberufen.

Lit.: Fleurimont, S. 49.

Wien, KHM, MK, Inv.-Nr. 7784 bß. H. J.

1.82 Jährliches genealogisches Handbuch ...

Leipzig: Gleditsch, 1737.
597 Seiten, keine Abbildungen, 19 × 21 cm (geöffnet).

Das Werk, dessen vollständiger Titel lautet: „Jährliches genealogisches Handbuch: in welchem der gegenwärtige Zustand von allen Häusern ietztregierender europäischer Kayser und Könige ... zu finden“, enthält ein genaues Verzeichnis des kaiserlichen Hofstaates, der Vliesritter, des Sternkreuzordens-Rates, der Reichshofräte, der Mitarbeiter in Finanz- und Hofkammer, des Staats- und Geheimrates, der Vizekönige, der kaiserlichen Generäle und kaiserlichen Festungskommandanten. Weiters erfolgt eine Aufzählung aller zum Zeitpunkt der Veröffentlichung des Buches in Europa lebenden Regenten, ihres Hofstaates, ihrer Mitarbeiter und Berater.
Aufgeschlagen ist das Titelblatt des Buches.

Wien, NÖLB, Sign. 825-B. H. L.

1.83 Tod Kaiser Karls VI.

Medaille, Silber, 44 mm, 29,21 g; 1740.
Medailleur: Johann Leonhard Dexlein.
Vs.: Geharnischtes Brustbild mit Strahlenkrone r.
Rs.: VLTIMVS-AVGVSTÆ GENTIS.
Trauernde Germanie vor Sarkophag mit Reichsinsignien in Hain, darüber zwei Engel mit C.VI./A.

Mit Kaiser Karl VI., der am 20. Oktober 1740 im Alter von 55 Jahren plötzlich starb, erlosch das Haus Habsburg im Mannesstamm.
Seine letzten Lebensjahre waren durch Mißerfolge gekennzeichnet gewesen, wie die Verluste im Wiener Frieden 1735/38 nach dem Polnischen Erbfolgekrieg und im Frieden von Belgrad 1739, wo alle Gewinne von Passarowitz abgetreten werden mußten.

Lit.: Montenuovo 1632.

Wien, KHM, MK, Inv.-Nr. 1470 bß. H. J.

2. Die österreichischen Länder und die Pragmatische Sanktion

Als nach dem Tode Kaiser Josephs I. im Jahre 1711 dessen Bruder Karl als einziger männlicher Habsburger aus Spanien zurückkehrte und die Kaiserkrone erwarb, mußte er sich um die Anerkennung in seinen Ländern kümmern und gleichzeitig auch für die Zukunft vorsorgen. Denn nach sechs Jahren war seine Ehe mit Elisabeth Christine von Braunschweig-Wolfenbüttel noch immer kinderlos. So machte er ein Testament und verfügte in der „Pragmatischen Sanktion" über die Zukunft. Für den 19. April 1713 wurden alle in Wien weilenden Mitglieder des Geheimen Rates, unter ihnen auch Prinz Eugen, in die Geheime Ratsstube der Hofburg geladen, wo sie der Kaiser vom „Pactum mutuae successionis" des Jahres 1703, dem Erbübereinkommen seines Vaters mit beiden Söhnen informierte und ausführte, daß nach dem Tod seines Bruders Joseph ohne männliche Erben alle Besitzungen und Rechte des Hauses Österreich an ihn gefallen seien und bei seinen ehelichen männlichen Erben ungeteilt verbleiben sollten. Im Falle des Erlöschens seines Mannesstammes sollten die Länder auf seine Töchter nach dem Rechte der Erstgeburt übergehen. Erst wenn auch der Frauenstamm ausgestorben sei, sollten die Töchter Josephs I. und deren Nachkommen in das Erbe eintreten. Nach dem Aussterben der „josephinischen Linie" sollten die Nachkommen seiner Schwester und erst dann die aller übrigen Habsburger folgen. Damit hatte der Kaiser die ursprünglichen Bestimmungen des Pactums zugunsten seiner künftigen Kinder geändert.

Nach Meinung des Kaisers waren durch den Rechtsakt vom 19. April 1713 die seit 1703 gültigen Erbfolgeregeln öffentlich verlautbart und erweitert worden, doch waren seine Mitarbeiter, insbesondere Hofkanzler Johann Friedrich von Seilern, der Meinung, man solle diese auf breitere Zustimmung stellen und vor allen anderen die Ungarn davon nicht nur eingehend unterrichten, sondern von deren Landtag auch beschließen lassen. Dies sah nämlich die Verfassung Ungarns vor, es waren auch schon Vorbereitungen in dieser Richtung getroffen worden, bevor der Rechtsakt zustande gekommen war.

Schon am 9. März 1712 hatte nämlich der Landtag von Kroatien beschlossen, für den Fall des Aussterbens des Hauses Österreich im Mannesstamm jene weibliche Erbin anzuerkennen, welche Steiermark, Kärnten und Krain besitzen und in Österreich residieren werde. Auch der ungarische Landtag des Jahres 1712 in Preßburg hatte erkennen lassen, daß man sich der Anerkennung der weiblichen Erbfolge nicht verschließen werde. Doch geschah vorderhand nichts.

Als nun Elisabeth Christine am 12. April des Jahres 1716 einen Sohn namens Leopold zur Welt brachte, war die Freude groß, aber nur kurz, denn das Kind starb schon im Säuglingsalter am 4. November. Nach ihm kamen nur mehr Töchter zur Welt, Maria Theresia am 13. Mai 1717, Maria Anna am 14. September 1718 und Maria Amalie am 5. November 1724.

Als aber am 20. August 1719 Maria Josepha, eine Tochter des verstorbenen Kaiser Josephs I., den sächsischen Kurprinzen Friedrich August heiratete und auf Erbansprüche verzichten mußte, wurde man sich der Unvollständigkeit der damals erstmals Sanctio Pragmatica genannten Erbfolgeordnung klar. Nun beschloß der Kaiser, diese von den Landtagen bekräftigen zu lassen. Im Laufe des Jahres 1720 wurden diesen — ausgenommen die Landtage von Ungarn, Kroatien und Siebenbürgen — kaiserliche „Reskripte" zugestellt und die letztwilligen Verfügungen Kaiser Ferdinands II. von 1621 und 1635, die Urkunde vom 12. September 1703, die Erklärung vom 19. April 1713 und die Renuntiationserklärungen Maria Josephas aus dem Jahre 1719 beigelegt. Schon am 19. April 1720 nahm der Landtag von Österreich ob der Enns die Sanktion an, die meisten anderen folgten noch im gleichen Jahre, den Abschluß machte Fiume (Rijeka) am 29. November 1725. Der Landtag von Siebenbürgen nahm am 30. Mai 1722 die Erbfolgeordnung an, am 17. Juli 1722 beschloß auch der ungarische Landtag zu Preßburg ein entsprechendes Gesetz. Damit war die Erbfolge in den einzelnen Ländern der Monarchia Austriaca vereinheitlicht. Diese war nun eine Union von Ständestaaten unter einem einheitlichen Monarchen geworden und konnte gemeinsame Angelegenheiten und Bedürfnisse, wie Außenpolitik und Verteidigung, besser regeln. Die Pragmatische Sanktion war zum Grundgesetz der Monarchie geworden und wurde erst im 19. Jahrhundert durch die neuen Verfassungen abgelöst.

Somit war den Ländern ein Teil ihrer Souveränität zugunsten des gemeinsamen Ganzen genommen, ihnen aber doch ein weiter Spielraum für eine eigenständige Entwicklung und eine Fortführung ihrer individuellen Tradition gegeben. Denn diese Länder waren in sich auch völlig verschieden, wobei die Geschichte eine entscheidende Rolle spielte.

Formeller Ausdruck des Treueverhältnisses der Ständemitglieder zum Landesfürsten war die Huldigung beim Regierungsantritt. Die Durchführung der Huldigung war zu diesem Zeitpunkt nicht immer möglich und zog sich öfter über lange Zeiträume hin. So hat Karl VI., als er von Spanien zurückkehrte und über Italien zur Kaiserkrönung nach Augsburg reiste, im November 1711 die Huldigung der Stände Tirols entgegengenommen. Seine Krönung zum König in Ungarn erfolgte umgehend im Jahre 1712, die in Böhmen zog sich bis 1723 hin. Selbst die Huldigung der habsburgischen Länder war nicht leicht durchzuführen. In Niederösterreich war dies noch einfach zu organisieren, weil Wien der Sitz der Stände dieses Landes war und die traditionelle Zeremonie im Jahre 1712 relativ rasch ablaufen konnte. In den innerösterreichischen Ländern, in Steiermark, Kärnten und Krain, kam es erst 1728 zur Huldigung, im Lande ob der Enns erst im Jahre 1732. Diese Huldigungen waren aber eine neuerliche Bestätigung der Verbindung der Stände des Landes mit dem Hause Habsburg, und die Zustimmung der einzelnen Länder zur Pragmatischen Sanktion war ein wesentlicher Faktor zur Gestaltung einer neuen Staatsverfassung und zur Ausbildung eines Einheitsstaates.

Prinz Eugen hätte bei den Huldigungen der Stände Kärntens und der Oberösterreichs in den Jahren 1728 und 1732 auch anwesend sein sollen, denn er war dort ebenso wie im Lande unter der Enns in das Kollegium der Landstände aufgenommen worden, in Niederösterreich und Kärnten gemeinsam mit seinem Neffen Emanuel. Dies scheint eine nach der Schlacht von Belgrad „konzertierte Aktion" gewesen zu sein, weil sie in allen drei Ländern etwa zur gleichen Zeit mit dem Hinweis auf seine Verdienste für das Haus Österreich erfolgte. Die normale Berechtigung dazu hätte er nur im Lande Österreich unter der Enns als Besitzer der Herrschaften im Marchfeld erlangt. Dort wurde nach seinem Tode auch seine Nichte Anna Victoria als erste Frau „introductioniert", weil man 1717 den Prinzen „und seine gesamte männliche und weibliche Deszendenz" als Landstände aufgenommen hatte. K. Gutkas

Lit.: W. Brauneder, Die Pragmatische Sanktion. Das Grundgesetz der Monarchia Austriaca, in: K. Gutkas (Hrsg.), Prinz Eugen und das barocke Österreich (1985). — H. L. Mikoletzky, Hofreisen Kaiser Karls VI., in: MIÖG 60 (1952). — G. Turba, Die Pragmatische Sanktion. Authentische Texte samt Erläuterungen und Übersetzungen, 1913. — W. Michael, Zur Entstehung der Pragmatischen Sanktion Karls VI. 1939.

Raumbeschreibung 2—7

Die gegen Osten orientierte Raumflucht des Nordtraktes nahm die Privatgemächer des Prinzen auf, nämlich das „Caffe zimer" (Raum 2), die „Taffel Stuben" (Raum 3), „Ihro Durchl. Ante Camer" (Raum 4), „Ihro Durchl. Audienz zimer" (Raum 5), „Ihro Durchl. Schlaff zimer" (Raum 6) und das daran anschließende „Ihro Durchl. Cabinet" (Raum 7). Diese Räume waren ursprünglich in Braun und Gold gehalten. Die mit Goldleisten gezierten, gebeizt und gewachsten Nußholz- und Eichenholzlambris bildeten den Rahmen für die mit kostbarsten Stoffen bespannten, aber auch mit Bildern völlig gefüllten Wände. Als Vorgriff auf eine allfällige spätere Gesamtadaptierung wurden jetzt bereits zwei Räume mit handbedruckten und gebatikten Stoffen bespannt, die nach noch vorhandenen originalen Fragmenten nachgebildet worden waren. Die Möbel, Türen, Lambris und Fußböden waren in der Holzart jeweils aufeinander abgestimmt. Nur zwei der originalen Böden waren erhalten und wurden daher auch restauriert, während die unter der Heeresverwaltung verlegten einfachen Parkettböden durch dem Originalbestand angepaßtes Tafelparkett ersetzt wurden. Die Schichtenanalysen ergaben, daß bei den Adaptierungsarbeitern unter Maria Theresia und Joseph II. sämtliche Türen und Lambris dieser Räume lediglich überfaßt worden waren, wobei die Ton-in-Ton Grünfassung des Kaffeezimmers und die Weiß-Gold-Rotlusterfassung des Speisesaales eine Spezialität des Vergolders Joseph Pill waren. Auch die hochbarocken Marmorkamine mit den künstlerisch qualitätsvollen Reliefs von Santino Bussi blieben erhalten. An den Vergoldungen konnte festgestellt werden, daß bei der ersten Vergoldung ein dunkelroter, bei der Renovierung unter Joseph II., mit dem neuen Farbkonzept, ein hellroter Bolus verwendet wurde. R. M.

Kamin, eh. Kaffeezimmer

Ehem. Kaffeezimmer: Stuckdekoration

Hier wird möglicherweise der göttlichen Geschwister Diana und Apoll im Stuckrelief des Kamins gedacht. Einem homerischen Hymnus folgend gebar Latona, die von Juno wegen ihrer Verbindung mit Jupiter verfolgt wurde, die Zwillinge auf der schwimmenden Insel Delos unter einem Palmenbaum. Die dekorative Auffassung der Szene, in der die exotisch gekleidete Dame von einem Jüngling gelabt wird, scheint eher auf die Bestimmung des Raumes hinzuweisen als eine spitzfindige allegorische Bedeutung zu haben. I. S.

Objekte

2.1 Porträt des Prinzen Eugen

Öl/Lw., 102 × 87 cm.
Jean van Orley.

Das im Rathaus von Brüssel aufbewahrte Gemälde des holländischen Malers Jean van Orley (1665—1735) beruht wahrscheinlich auf der Vorlage eines Stiches des Gemäldes von Johann Matthias Merian. 1716 wurde Prinz Eugen zum Generalstatthalter der im Frieden von Rastatt erworbenen österreichischen Niederlande ernannt. Er selbst war verhindert, persönlich in dieser Provinz seiner Verwaltungstätigkeit nachzugehen, aus diesem Grund nahm seine Stelle Hercules Turinetti, Marquis von Prié ein, mit dem er, um ihn zu instruieren, einen umfangreichen Briefwechsel führte. Eugen versuchte, in dem nach der spanischen Herrschaft und den Kriegen erschöpften Land, Reformen einzuführen, um die Wirtschaft anzukurbeln, insbesondere der Ausbau des Seehandels schien ihm sehr wichtig. Dadurch allerdings kam es zu Interessenskonflikten mit England. Zwar bemühte sich Eugen, die strengen Ordnungen der Zünfte, Stände und des Klerus in den Niederlanden, soweit es im Interesse der Gesamtmonarchie war, zu akzeptieren, doch begegnete er einem Aufstand Gents und Brüssels 1718 und der starken Opposition des Adels mit unverwandter Härte. Diesen Vorstellungen Eugens arbeitete Marquis de Prié teilweise entgegen, was schließlich auch zur Abdankung Eugens als Statthalter 1724 führte.

Lit.: A. Sprunck, Prinz Eugen als Generalstatthalter der österr. Niederlande, in: MÖSTA 15, 1962, S. 178f.

Brüssel, Rathaus. K. G. / S. D.

Kat.-Nr. 2.1

2.2 Huldigung der Stadt Gent für Karl VI. als Graf von Flandern

Medaille, Gold, 57 mm, 107,58 g; 1717.
Medailleur: Philippe Jacques Joseph Roettiers.

Vs.: LÆTANTER INAUGURA-TUR COMES FLANDRIÆ (als Chronogramm). Belorbeertes Brustbild im Harnisch r.
Rs.: DEDICAT VOVETQUE GANDA-CAESARI (als Chronogramm). Frau (Magd?) auf Thronsessel mit Wappen, Löwen und Lanze, an der eine kleine Fahne befestigt ist, vor der Stadtansicht von Gent.

Die in den Friedensschlüssen von Utrecht und Rastatt Karl VI. zugesprochenen spanischen Niederlande wurden durch den Barrierevertrag vom 15. Dezember 1715 schwer belastet, weil die den Holländern zugesprochenen Besatzungen in den Festungen an der französischen Grenze bezahlt werden mußten. Karl VI. kam zur Übernahme der Herrschaft ebensowenig nach Belgien wie Prinz Eugen als ernannter Generalstatthalter. Durch Vertreter ließ sich der neue Fürst von den einzelnen Provinzen huldigen. Von dem in Gent stattgefundenen Festakt wurde neben der Medaille auch ein Prachtband mit Stichen hergestellt.

Lit.: Rath, S. 306, Nr. 242.

Wien, KHM, MK, Inv.-Nr. 1604 bß. H. J.

2.3 Mährens Reichtum und Macht

Öl/Lw., 94 × 61,7 cm.
Daniel Gran, ca. 1734.

1734 erhielt Daniel Gran vom mährischen Landeshauptmann Graf Maximilian Ulrich von Kaunitz den Auftrag für die Freskierung zweier Decken im Großen Landtagssaal des Alten Ständischen Landhauses zu Brünn (des heutigen neuen Rathauses). Das kleinere der beiden Fresken versinnbildlicht ein „gutes Regiment", das größere spielt auf die glückliche Regierung Mährens bzw. „Mährens Reichtum und Kraft" an. Zu dem Fresko haben sich neben zahlreichen zeichnerischen Vorstudien auch zwei vorbereitende Ölskizzen erhalten. Die vorliegende, mit Sicherheit als die ursprünglichere anzusprechen, ist in ziemlich bewegter, lockerer und offener Manier gemalt. Bei der zweiten Ölskizze, aufbewahrt in der Österreichischen Galerie, sind zwar größere Partien nur im farbigen Umriß wiedergegeben, die einzelnen Figuren aber bereits deutlich akzentuiert und der Ausführung dadurch näherkommend. Im Vergleich zur Ausführung sind beide Skizzen schmäler, auch fehlen einige Figuren. Der geistige Mittelpunkt des Freskos ist der im oberen Bilddrittel wiedergegebene Obelisk mit dem Landeswappen, symbolisierend das Land Mähren, flankiert von den Personifikationen des Königtums und der Markgrafschaft, dem die Olympia, vereint mit den zugehörigen Allegorien des Ruhmes, Fleißes und Wissens, des Handels, des Fischfangs, der Jagd und des Akkerbaus huldigen. Im Zentrum der Darstellung schweben die Personifikationen des

Kat.-Nr. 2.3

Überflusses und der Freigebigkeit mit dem Füllhorn, die sich unter dem Schutz des Glaubens und der Klugheit entfalten können. Das Fundament des Wohlstandes wird durch die Figurengruppe mit Herakles, Bellona (mit Fahne), einem Putto mit Waffen und der rechts im Vordergrund knienden Verkörperung der Kriegstüchtigkeit versinnbildlicht.

Lit.: E. Knab, Daniel Gran, Wien - München 1977, S. 80 ff. und Kat. Ö 23 sowie Farbabb. Taf. 6. — Kat. Barockmuseum, Nr. 111.

Wien, Gemäldegalerie der Akademie der bildenden Künste, Inv.-Nr. 1154. T. K.

Kat.-Nr. 2.4

2.4 Allegorie einer segensreichen Regierung

Öl/Lw., 95 × 62,5 cm.
Francesco Solimena, um 1730.

Das vermutlich als Apotheose auf die Regierung Graf Aloys Thomas Raimund Harrachs (Kat.-Nr. 3.2) gemalte Bild gibt eine Säulenhalle wieder, in deren Mitte unter einem mit Blumenfestons geschmückten Baldachin eine Frauengestalt mit Krone und Schwert thront. Sie hält der ihr gegenübersitzenden Prudentia einen großen ovalen Spiegel entgegen. Abundantia, die Personifikation des Überflusses, beschenkt zwei Knaben mit Gaben aus ihrem Füllhorn.

Lit.: H. Ritschl, Kat. der Erlaucht Gräflich Harrach'schen Gemälde=Galerie in Wien, Wien 1926, S. 103, Nr. 385.

Rohrau, Graf Harrach'sche Gemäldegalerie, Inv.-Nr. W. F. 327. T. K.

2.5 Kardinal Emmerich Csáky

Öl/Lw., 200 × 140 cm.
Italienischer Maler (?), 1721/2

Emmerich Graf Csáky (1672—1732) wurde nach Studium in Wien und Rom im Jahre 1702 Bischof von Großwardein/Nagyvarad/Oradea ernannt. Im Jahre 1710 erhielt er das Erzbistum Kalocsa und übernahm gleichzeitig die Administration des Bistums Erlau/Eger. Über Intervention Karls VI. wurde er 1717 zum Kardinal ernannt, weil er sich an den wichtigen Reformwerken für Ungarn („Sytsemata" 1712—1715) beteiligt hatte. Später wirkte er für die Anerkennung der Pragmatischen Sanktion in Ungarn. Von Prinz Eugen, mit dem er eng befreundet war, erhielt er ein ganzfiguriges Porträt zum Geschenk, das sich jetzt im Oberen Belvedere in Wien befindet. Wie der Prinz war Emmerich Csáky ein großer Kunstmäzen und Büchersammler, aber auch selbst schriftstellerisch tätig. Er verfaßte u. a. die Werke „Domus Austriacae Cunae" und Horologium Principum". In Mad'arsky-Bel/Magyarbél bei Preßburg ließ er sich von A. Martinelli ein Schloß erbauen.

Lit.: Wurzbach III 39—41;). Málnási, Gróf Csáky Imre bibornok élete és kora / Das Leben und die Zeit des Kardinals Emmerich Graf Csáky, Kalocsa 1933.

Privatbesitz Moritz Csáky

2.6 Krönung Josephs I. in Ungarn und Erblichkeitserklärung der ungarischen Krone

Medaille, Silber, 74 mm, 146,11 g, Randschrift; 1688.
Medailleur: Martin Brunner.
Vs.: O, QUA SOL HABITABILES etc. Jugendliches Brustbild Josefs I. im Ornat r. von Lorbeerkranz mit Schriftband umgeben.
Rs.: POTENS IN TERRA etc. 15 Medaillons von habsburgischen Kaisern und Königen von Rudolf I. bis Leopold I. an einem Baum aufgereiht.

Wenige Wochen nachdem der ungarische Reichstag auf Wunsch Kaiser Leopolds I. die ungarische Verfassung geändert und die Erblichkeit der Stephanskrone im habsburgischen Mannesstamm beschlossen hatte, wurde der zehnjährige Kronprinz Joseph am 9. Dezember 1688 in Preßburg zum König gekrönt. Die Medaille bezieht sich auch auf beide Ereignisse.

Lit.: Horsky 2398.

Wien, KHM, MK, 1252 bß. H. J.

2.7 Ungarische Krönung Karls VI.

Medaille, Silberguß, 96 mm, 236,09 g; 1712.
Medailleur: Daniel Warou.
Vs.: Brustbild Karls VI. in Magnatentracht mit Goldenem Vlies r.
Rs.: ROBORE·ET·CONSTANTIA· Erdball in Wolken; i. A.: INSIGNIA·R:HUN:ACCEPTA·/ POSON: etc.

Da erst im Jahre zuvor im Frieden von Szatmár die Aussöhnung mit den Kuruzen gelungen war, beeilte sich Karl VI. nach der Ankunft in Österreich, auf einem Reichstag zum König von Ungarn gekrönt zu werden. Noch vor der Erbhuldigung der österreichischen Stände fand die Krönung in Preßburg am 22. Mai 1712 in jener Form statt, wie sie aus Maria Theresias Zeit (1741) durch einen Bilderzyklus überliefert ist.

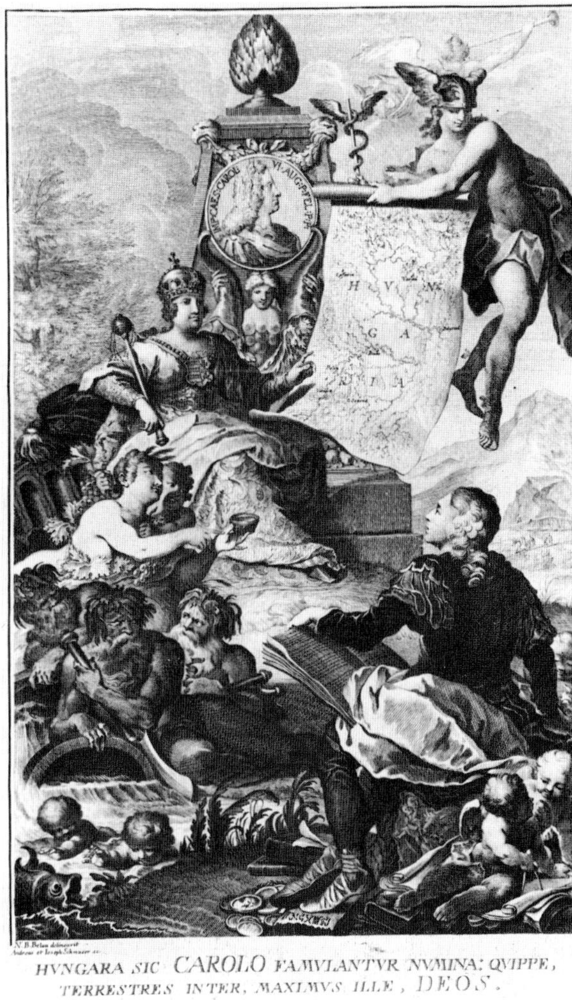

Kat.-Nr. 2.8

Lit.: Rath, S. 180, Nr. 113.

Wien, KHM, MK, Inv.-Nr. 42 bß. H. J.

2.8 Apotheose Karls VI. als König von Ungarn

Kupferstich, 37,2 × 22,3 cm.
A. u. J. Schmutzer nach N. B. Belau.
Um 1720.

Der Stich ist eine Apotheose auf das unter der Herrschaft Karls erblühende Ungarn. An einem monumentalen Obelisken im Hintergrund ist das von zwei Kaiseradlern gehaltene Medaillon Karls angebracht. Unmittelbar darunter hält eine weibliche Personifikation zwei Füllhörner, Symbole der vom Kaiser bewirkten, allgemeinen Glückseligkeit. Zu Füßen des Denkmals thront die Personifikation Ungarns, mit ihrer Linken auf eine Landkarte Ungarns deutend, die der rechts oben schwebende Merkur, der Gott des Handels, hält. In der Förderung des Handels wurde die materielle Grundlage des Gemeinwohls gesehen. Unterhalb der Hungaria verkörpern zwei weibliche Allegorien die Fruchtbarkeit Ungarns. Die linke Personifikation reicht dem rechts im Vordergrund sitzenden Chronisten einen Becher mit Wein. In den drei Flußgöttern links unten dürften wohl die Personifikationen von Donau, Drau und Theiß zu sehen sein.

Wien, ÖNB, Bildarchiv. T. K.

2.9 Situationsbericht mit Bezug auf den Prinzen Eugen

Original, Papier, Tinte, eh. Unterschrift des Regimentskommandanten Márton Lehoczky von Lehota.
30 × 20 cm.
Dingolfing, 7. März 1707.

In seinem Bericht an den höchsten Staatsrichter von Ungarn, Graf Erdödy von Monyorókerék, erwähnt der Regimentskommandant Lehoczky neben dem Rückzug Max Emanuels in die Niederlande und dem Eintreffen eines Teils der vom russischen Zaren für Ungarn vorgesehenen 28.000 russischen Soldaten an der Zips den Prinzen Eugen, der im Jahre 1707 wahrscheinlich am Rhein kommandieren und von den in Brandenburg stationierten Holländern 30.000 Mann an den Rhein ziehen werde.

Privatbesitz. Z. B. A.

2.10 Erbhuldigung und Krönung Karls VI. zum König von Böhmen

Da die Stände Böhmens ohne Schwierigkeiten die Pragmatische Sanktion annahmen, wurde in der Geheimen Konferenz beschlossen, daß Kaiser Karl VI. nach Prag reisen und sich zum böhmischen König krönen lassen solle. Nach mehreren Verschiebungen wurde schließlich der Sommer 1723 dafür vorgesehen. Die Kosten wurden mit 1,825.000 Gulden veranschlagt, wobei die böhmischen Stände 300.000 Gulden trugen. Nicht nur die Straßen wurden repariert, auch an Ort und Stelle wurden Restaurierungen der Burg, der Kirchen und Paläste Prags vorgenommen, auch eine Straßenbeleuchtung wurde in den drei Städten eingerichtet (Altstadt, Neustadt, Kleinseite) und einige Brücken erbaut. Die Reise erfolgte ab 19. Juni über Schönborn, Znaim, Kolin, am 30. Juni traf Karl mit Gefolge in Prag ein und wurde von 500 böhmischen Adeligen empfangen. Am 4. September fand die Huldigung statt, wobei die Eidesformel in deutscher und tschechischer Sprache verlesen wurde. Die Krönung des Königs erfolgte am 5. September, die der Königin am 8. September. Für die Rückreise benötigte man die Zeit vom 6. bis 23. November. Während des Aufenthaltes in Prag besuchte der Kaiser auch die Umgebung und nahm an zahlreichen Jagden teil. So nannte Graf Franz Ferdinand von Kinsky wegen dieses Anlasses sein neu erbautes Schloß in Chlumetz an der Ciedlina Karlskron (karla koruna). Auch Prinz Eugen reiste im Juni nach Prag, kehrte aber vor dem Kaiser nach Wien zurück.

a) Das Königliche Böhmische Crönungs-Ceremoniel

Frankfurt und Leipzig: Christoph Riegel, 1723.

Da seit 1656 in Prag keine Krönung mehr stattgefunden hatte, wurde in diesem, mit zahlreichen Kupferstichen ausgestatteten

Büchlein der Hergang der Zeremonie rekonstruiert und geschildert.

Lit.: W. Rausch, Die Hofreisen Kaiser Karls VI. Diss. Wien (1949), S. 58 ff. — H. L. Mikoletzky, Die Hofreisen Karls VI., MIÖG 60 (1952).

Melk, Stiftsbibliothek.

b) Krönung Karls VI. zum König von Böhmen

Medaille, Silber, 38 mm, 20,33 g; um 1723.
Medailleur: Andreas Vestner.
Vs.: Die belorbeerten Brustbilder des Kaisers und der Kaiserin gestaffelt.
Rs.: AETERNITAS ET PROVIDENTIA CAESARIS. Karl als römischer Kaiser mit Lanze und Füllhorn, den einen Fuß auf dem Globus, r. neben ihm Sol mit Steuerruder und Pfau, dazwischen der böhmische Schild; i. A.: CORONATIS AVGVSTIS/SVCCESSIONE FIRMATA.

Für diese Krönung war maßgebend, daß durch die Pragmatische Sanktion die Verbindung der einzelnen Ländergruppen zum Staat wieder stärker betont werden sollte. Diese bedeutete auch eine Aufwertung der Krone Böhmens und die verstärkte Heranziehung böhmischer Hochadeliger zu den Staatsgeschäften. Am 19. Juni 1723 reist der Kaiser nach Böhmen, wo am 5. September die Krönung im Veitsdom stattfand. Zu diesem Anlaß wurde die Oper „Costanza e Fortezza" in Prag aufgeführt (Kat.-Nr. 2.36).

Lit.: Donabauer 2681.

Wien, KHM, MK, Nr. 1420. K. G.

2.11 Der Justizthron des nö. Landhauses

FB 27

H 430 cm, B 280 cm, T 160 cm.

In der ehemaligen Ritterstube (jetzt Rittersaal) des nö. Landhauses fanden die Verhandlungen des Landmarschallischen Gerichtes statt. Der Landmarschall bzw. der aus dem Ritterstand stammende Untermarschall verkündeten die Sentenzen auf einem Sessel sitzend unter einem Thronhimmel.

Der jetzige Justizthron ist eine barocke Arbeit und dürfte um 1720 entstanden sein.

Dieser barocke Justizthron hatte einen Vorgänger, der 1637 erstmals genannt wird. Vor diesem wurde im Jahre 1671 dem ungarischen Magnaten Franz Graf Nádasdy, der als Besitzer der Herrschaft Pottenstein Angehöriger des nö. Herrenstandes war, der Verlust des Adelstitels durch den Landmarschall Ferdinand Max Graf Sprintzenstein verkündet. Im Februar des Jahres 1689 empfing mitten im Krieg Kaiser Leopold I. in der Ritterstube einen türkischen Gesandten in feierlicher Audienz, weil ein Abgesandter des Sultans niemals in die Hofburg gelassen wurde.

Der Justizthron besteht aus Holz und besitzt zwei reich dekorierte Pilaster, die von einem kühn geschwungenen Aufsatz überdacht werden. Dieser ist mit einer schweren Draperie geschmückt und wird im Zentrum durch den österreichischen Erzherzogshut bekrönt. An den beiden Seiten halten Adler die Wappen „Altösterreich" (Fünf Adler) und „Neuösterreich" (Bindenschild). Im Spiegel befindet sich ein Relief der Justitia, das von einem schweren, fast überladenen Zieratrahmen umsäumt wird. Darunter befindet sich eine weitere Wappenkombination Altösterreich-Neuösterreich und Erzherzogshut als Holzrelief. Alle erhabenen Teile sind vergoldet.

Über den Künstler, der diesen Thron schuf, ist nichts bekannt. R. Feuchtmüller glaubt, Anklänge zur Innenausstattung des Belvederes, insbesondere zu Arbeiten des seit 1714 in Wien nachweisbaren Claude Le Fort du Plessy feststellen zu können. Der Justizthron wurde beim Neubau des Landhauses um das Jahr 1845 abmontiert und 1890 zerlegt auf dem Dachboden aufgefunden. Landesausschuß Konstantin Graf Gatterburg ließ ihn 1890 durch den Maler O. Anderle restaurieren und neu aufstellen. Der Sessel ist aber verschollen.

Lit.: A. Mayer, Das nö. Landhaus 1904, S. 45. — R.

Kat.-Nr. 2.12

Feuchtmüller, Das nö. Landhaus 1949, S. 27. — E. Forstreiter, Die Landesregierungsgebäude in der Herrengasse in NÖ, 1920—1930, S. 69.

Wien, Landtag von Niederösterreich, Rittersaal. K. G.

2.12 Die Erbhuldigung der Stände des Erzherzogtums Österreich unter der Enns Tafel in der Ritter- und Wachtstube

Kupferstich, 28 × 50 cm (Pl.).
Von Johann Andreas Pfeffel nach Zeichnung von Johann Cyriak Hackhofer, 1705.

Am 22. September 1705 fand die Erbhuldigung der Stände des Erzherzogtums Österreich unter der Enns vor Kaiser Joseph I. statt. Für die niederösterreichische Erbhuldigung hatte sich im 17. Jh. ein Zeremoniell entwickelt, das 1705, 1712, 1740 und 1790 verwendet wurde. Am Anfang stand die Einholung des Erzherzogshutes aus Klosterneuburg, dann folgte am Morgen des Huldigungstages der Zug der Stände von der Burg über den Graben zum Hochamt in die Stephanskirche, wobei der Landesfürst den Abschluß bildete. Nach der Rückkehr in die Burg wurde eine Delegation in der Geheimen Ratsstube empfangen, dann ging man in die Ritterstube, wo die eigentliche Huldigung stattfand: Die Stände leisteten den Treueeid. Anschließend fand ein Tedeum in der Hofburgkapelle statt, den Abschluß bildete ein Festmahl in den Räumen der Burg.

Kat.-Nr. 2.15

Der Stich zeigt einen Teil dieses Mahles in der Ritter- und Wachtstube der verwitweten Kaiserin Eleonore.

Von dieser Zeremonie des Jahres 1705 wurde ein Prachtband mit zahlreichen Kupferstichen von Ludwig von Gülich, Ritter von Lilienburg, noch im gleichen Jahr herausgegeben, aus dem der ausgestellte Stich stammt.

Lit.: Kat. Joseph II., Nr. 673. — Kat. Leopold, Nr. 594, 595.

Wien, Hist. Museum, Inv.-Nr. 19773/7. K. G.

2.13 Erbhuldigung Österreichs ob der Enns für Joseph I.

Medaille, Silber, 43 mm, 29,65 g.

Medailleur: Philipp Heinrich Müller.

Vs.: Belorbeertes Brustbild Joseph I. im Harnisch r.

Rs.: FRUCTUS FIDELITATIS INCLOVMITAS PATRIÆ*. Der Wappenschild Österreichs ob der Enns mit dem Erzherzogshut.

Nachdem sich Joseph I. am 22. September 1705 von den Ständen des Landes Österreich unter der Enns hatte huldigen lassen, bereitete man auch im Lande ob der Enns eine feierliche Huldigungszeremonie vor. Ehrenreich Graf Abensperg-Traun ließ ein Erbpanier herstellen und eine Münze wurde geprägt. Die Huldigung kam allerdings nicht zustande, vielleicht deshalb, weil sich in den

Jahren 1705/06 das damals noch zu Bayern gehörige Innviertel im Aufstand gegen die Habsburger befand.

Lit.: Kolb 250. — Kat. 1000 Jahre Oberösterreich, Wels 1984, Nr. 13.04. — K. Planck-Planckburg, Die Landeserbämter und die Erbhuldigungen in Österreich ob der Enns, 1929.

Wien, KHM, MK, Inv.-Nr. 1248 bß. H. J.

2.14 Erbhuldigung Österreichs unter der Enns für Karl VI.

Medaille, Silber, 44 mm, 35,11 g; 1712.
Medailleur: Benedikt Richter / Daniel Warou.
Vs.: Belorbeertes Brustbild Karls VI. im Harnisch r.
Rs.: TANTO DVCE ET AVSPICE TANTO. Herkules mit abwärts gehaltener Fackel steht vor der Hydra und reicht der r. sitzenden Austria ein Füllhorn; i. A.: FELIX AVSTRIA/SACRAMENTO·FIDELITATIS/OBLIGATA etc.

Die Erbhuldigung der Stände des Landes Österreich unter der Enns fand am 8. November 1712 in Wien statt. Sie hielt sich im Ablauf an das Vorbild des Jahres 1705: Am Tage zuvor wurde der Erzherzogshut aus Klosterneuburg abgeholt, der Huldigungstag begann mit einem Zug der Stände über den Graben in die Stephanskirche zum Hochamt, die eigentliche Huldigung erfolgte im Rittersaal der Hofburg.

Lit.: Kat. Leopold, Nr. 596. — Montenuovo 1400. — Rath S. 193.

Wien, KHM, MK, Inv.-Nr. 1353. H. J.

2.15 Erbhuldigung in Graz 1728

Kupferstich, 30,5 × 45,4 cm.
J. H. Störcklin nach J. J. Fluerer, Graz.

Im Jahre 1728 reiste Karl VI. über den Semmering (die Paßstraße wurde zu diesem Anlaß ausgebaut, wie ein Denkmal erinnert) (Kat.-Nr. 16.22) in die Steiermark, nach Kärnten, Krain und Triest. Er ließ sich auch in diesen Ländern huldigen. Den Huldigungsakt in Kärnten ließen die Stände des Landes auf einem Fresko im Großen Wappensaal des Landhauses von J. F. Fromiller festhalten, während die Stände der Steiermark ein Kupferstichwerk von Johann Georg Edler von Dayerlsperg noch im gleichen Jahr herausgaben. Auf einem zur gleichen Zeit herausgegebenen Stich sieht man den Kaiser, auf einem Podest unter einem Baldachin stehend, die Hand zum Schwur erhoben. Hofvizekanzler Graf Seilern hält eine Urkunde in Händen, von der er dem Kaiser die Eidesformel vorliest. Vor dem Kaiser stehen sechs Funktionäre, je zwei Vertreter der drei oberen Stände, die gleichzeitig Zeugen der Eideshandlung sind.

Lit.: R. v. Karpf, Die ganze Welt ist Bühne, Hist. Jahrbuch, Graz, Bd. 15, 1984, S. 53ff.

Wien, Hist. Museum, Inv.-Nr. 21158/b. K. G.

2.16 Aufnahme Prinz Eugens in die NÖ Landesstände

Orig. Papier, Tinte.
Eh. Unterschrift des Prinzen Eugen.
23. November 1717.

Der NÖ Herrenstand beschloß in einer Sitzung am 16. November 1717, den Prinzen Eugen, seinen Neffen Emanuel (in den Akten „Vetter“ genannt) und die gesamte männliche und weibliche Deszendenz der beiden Prinzen in das Consortium der Stände von Niederösterreich aufzunehmen, ohne daß Eugen ausdrücklich darum angesucht hätte. Der Beschluß erfolgte mit Rücksicht auf die außerordentlichen Verdienste des Prinzen um das „Haus Österreich“. Am 18. November 1717 teilten die beiden Abgesandten des Herrenstandes, Carl Freiherr von Rappach und Johann Wilhelm Graf von Wurmbrand, dem Prinzen den Beschluß mit. Die Stände verzichteten auf die Bezahlung der sonst bei Neuaufnahmen geforderten Gebühren und Kautionen. Prinz Eugen unterschrieb am 23. November 1717 einen Revers, in dem er erklärte, die mit der Aufnahme verbundenen Rechte und Pflichten zu beachten. Die feierliche „Introduction“ erfolgte am 7. Dezember 1717, wobei Eugen durch Johann Leopold Graf von Windischgrätz vertreten wurde. Als erste Frau wurde am 23. März 1737 Anna Victoria von Sachsen-Hildburghausen in die Landstände aufgenommen. Sie mußte aber alle damit verbundenen Gebühren bezahlen und wurde bei der „Introduction“ durch ein Mitglied des Herrenstandes vertreten.

Wien, NÖLA, Herrenstand-Aufnahmeakten S. 2 und S. 27, fol. 20, 21. Silvia Petrin.

2.17 Dankschreiben Prinz Eugens für die Aufnahme in die Kärntner Landstände

Orig. Papier, Tinte, 29,7 × 20,5 cm.
Eh. Unterschrift des Prinzen Eugen.
11. Dezember 1717.

Prinz Eugen und sein Neffe Emanuel (hier als „Vetter“ bezeichnet) wurden wegen ihrer besonderen Verdienste um das „Haus Österreich“ in die Kärntner Landstände aufgenommen. Mit vorliegendem Brief bedankte sich der Prinz für diese Ehre.

Klagenfurt, Kärntner Landesarchiv, Stänđ. Archiv. C. I. Abt., Schachtel 448, fol. 602. S. D.

2.18 Das Wappen des Prinzen Eugen

Foto des Wappens aus dem Wappenbuch A, fol. 149, des Kärntner Landesarchivs

Der Wappenschild besteht aus zwei Teilen: die heraldisch rechte Hälfte enthält eine Wappenkombination des Hauses Savoyen, die heraldisch linke Hälfte das Wappen der spanischen Habsburger. Das Savoyer-Wappen besteht aus vier Teilen und einem Herzschild. Im linken oberen Viertel befindet sich das gevierte Wappen der Könige von Zypern, bestehend aus dem Wappen von Jerusalem — ein goldenes Kruckenkreuz mit vier kleinen Kreuzen in silbernem Feld —, aus dem Wappen der Grafschaft Lusignan — ein gekrönter roter Löwe im weiß-blau geteilten Feld —, aus einem gekrönten roten Löwen in silbernem und einem gekrönten roten Löwen im goldenen Feld. Die Ansprüche auf das zypriotische Wappen waren nach dem Tod des letzten Herrschers von Zypern an Savoyen übergegangen. Im rechten oberen Viertel erkennt man das sogenannte „Sachsenroß“ — ein weißes Pferd auf rotem Grund —, das Wappen der Landschaft Engern — drei rote Seerosenblätter in silbernem Feld —, und das Wappen des Hauses Askanien — ein grüner Rautenkranz in gold-grünem Feld. Die genannten Wappen weisen auf die angebliche Abstammung des Hauses Savoyen vom Sachsenherzog Widukind hin. Im linken unteren Viertel sind die Wappen von Chablais und Aosta — ein schwarzer Löwe in silbernem Feld mit schwarzen Schindeln und ein silberner Löwe in schwarzem Feld — mit dem gold-blauen Wappen der Grafschaft Genf und dem rot-weißen Wappen der Markgrafschaft Montferrat vereinigt. Die genannten Territorien befanden sich in savoyardischem Besitz. Der Herzschild des Savoyen-Wappens zeigt das im 13. Jahrhundert entstandene Wappen des Hauses — ein weißes Kreuz in rotem Feld —, und das Wappen des Hauses Soissons — drei goldene Lilien im blauen Feld mit einem roten Schrägbalken und roter Umrandung.

Das Wappen der spanischen Habsburger besteht aus dem Turm von Kastilien, dem Löwen von Leon, den Pfählen von Aragon, den mit einem Adler gevierten Pfählen Siziliens, dem Granatapfel Granadas und den auf das burgundische und habsburgische Erbe hinweisende Wappen von Ungarn, Brabant, Neu- und Altburgund. Das Wappen von Portugal, der Adler von Tirol und der Löwe von Flandern bilden die beiden Mittelschilder.

Das Wappen der spanischen Habsburger wurde dem Savoyer-Wappen hinzugefügt, nachdem Herzog Victor Amadeus nach dem Spanischen Erbfolgekrieg die Insel Sizilien zugesprochen erhalten hatte.

Lit.: A. Cornaro, Das Gesamtwappen des Prinzen Eugen, in: Festschrift zum zehnjährigen Bestand des Reiterordens „Prinz Eugen“ (1983). — F. Gall, Österreichische Wappenkunde, Wien - Köln 1977.

H. L.

2.19 Dankschreiben Prinz Eugens für die Aufnahme in die Landmannschaft ob der Enns

Orig. Papier, Tinte.
Eh. Unterschrift des Prinzen Eugen.
25. Jänner 1718.

Prinz Eugen wurde wegen seiner Verdienste während der Türkenkriege in die oberösterreichischen Landstände aufgenommen. Mit diesem Schreiben bedankte sich Eugen für diese Ehre.

Lit.: Kat. 1000 Jahre Oberösterreich, Wels 1984, Nr. 14, 17.

Linz, OÖ Landesarchiv, Landschaftsakten Bd. 253 B IV 13. S. D.

Kat.-Nr. 2.21

2.20 Besuch der Witwe Josephs I. bei ihrer Tochter Maria Josepha, Königin von Polen, im Jahre 1737 FB 28

Foto nach einer Replik von Louis de Sylvestre. Privatbesitz.

Das Bild zeigt die Familienzusammenkunft der verwitweten Kaiserin Amalie Wilhelmine mit ihrer Tochter Maria Josepha, der Gemahlin König Augusts III. von Polen und deren Familie in Schloß Neuhaus Jindřichův Hradèc in Böhmen am 24. Mai 1737.

Die Begrüßungsszene zwischen Mutter, Tochter und Schwiegersohn erfolgt vor einer imposanten Architektur. Unter den Arkaden im Hintergrund steht eine Ehrenkompanie, auf der Galerie ist eine Musikkapelle postiert. Die in der Mitte des Vordergrunds stehende verwitwete Kaiserin Amalie reicht Maria Josepha und August III. zur Begrüßung die Hände. Um sie herum schart sich das zahlreiche Gefolge. Auf der rechten Bildhälfte sind die acht Enkel und Enkelinnen Amalies dargestellt, die darauf warten, ihrer Großmutter vorgestellt zu werden: Kurprinz Friedrich Christian, der sich später mit seiner Cousine Maria Antonia von Bayern vermählte, die Prinzen Xaver und Carl Christian, der spätere Herzog von Kurland, die älteste Prinzessin Amalie, die nachmalige Gemahlin des Königs von Neapel, Prinzessin Anna, die später mit ihrem Cousin Maximilian Joseph von Bayern vermählt wurde, Prinzessin Maria Josepha, die nachmalige Dauphine von Frankreich und die beiden Prinzessinnen Christine und Maria Elisabeth.

Das 497 × 674 cm große Original, im Auftrag König Augusts III. gemalt, wurde von seiner Tochter Maria Josepha anläßlich ihrer Vermählung mit dem Dauphin nach Frankreich mitgenommen und kam nach ihrem Tod in den Besitz ihres Bruders Xaver. Bei dem in der Ausstellung gezeigten Bild handelt es sich um eine Replik nach dem im Jahre 1945 vernichteten Original. Im Musée du Louvre in Paris befindet sich eine 63 × 84 cm, sorgfältig ausgeführte Skizze, die wahrscheinlich als „modello" für den Auftraggeber bestimmt war.

Lit.: F. Mathäi, Kat. der Königlich-Sächsischen Gemäldegalerie, Dresden 1837. — Kat. Höfische Bildnisse des Spätbarock, Ausstellung vom September bis Oktober 1966 im Schloß Charlottenburg in Berlin, S. 168f. — M. Florisoone, Le Dix-Huitième Siècle, Paris 1948, Taf. 12. H. L.

2.21 Kaiser Karl VI.

Hochovales Relief, weißer Marmor. Zeitgenössischer teilvergoldeter Holzrahmen mit Kaiserkrone.
H 30 cm, B 24 cm.
Österreich, um 1716/20.
Aus Stift Kremsmünster, Oberösterreich.

Das Relief bildet das Gegenstück zu einem etwas älteren Marmormedaillon mit dem Bildnis Kaiser Josephs I., das, wie eine ganze Reihe ähnlicher Reliefs, etwa im Kunsthistorischen Museum oder in der Österreichischen Galerie in Wien, aus der Werkstatt Paul Strudels stammen dürfte. Die Darstellungen zeigen den Herrscher jeweils in strengem Profil mit dem Lorbeerkranz als Zeichen der Herrscherwürde und knüpfen damit bewußt an die Tradition römischer Imperatorenmedaillons, an die auch der über der Rüstung getragene Mantel, ein römisches „Sagum", erinnert. Die große Zahl der erhaltenen Reliefs weist ihnen einen festen Platz im Rahmen der Repräsentation habsburgischer Macht und Größe zu. Anders als die Arbeiten der Strudel-Werkstatt zeichnet es sich durch eine fast akribische Behandlung der Details aus und neigt, etwa in der Haarbehandlung, zu einem dekorativen Linearismus.

Kat.-Nr. 2.22

Lit.: Kat. Barockmuseum, S. 688. — Kat. Europäische Barockplastik am Niederrhein, Düsseldorf 1971, Kat.-Nr. 182, Taf. 92b.

Linz, OÖ Landesmuseum. Lothar Schultes

2.22 Stammbaum Karls VI.

Kupferstich, 36,5 × 31,7 cm (beschnitten).

Karl VI. und seine Gattin Elisabeth Christine sind umgeben von in einem Stammbaum angeordneten Medaillons, die die Vorfahren des Kaisers von Rudolf I. bis zu seinem Vater Leopold I., sowohl die spanische als auch die österreichische Linie betreffend, darstellen. Ein Medaillon ist für das Porträt des im selben Jahr seiner Geburt, 1716, verstorbenen Leopold, Sohn des Ehepaares, freigelassen. Der

Kupferstich ist demzufolge nach 1716 entstanden und bezieht sich auf weitere Nachkommen des Kaiserpaares, die das Geschlecht der Habsburger fortsetzen sollen.

Wien, Hist. Museum, Inv.-Nr. 82242. S. D.

2.23 Geburt des Erzherzogs Leopold

Medaille, Bronze, 197 mm, 3323,3 g; 1716.
Medailleur: —.
Vs.: Karl VI. bis zu den Knien mit Harnisch, Mantel und Feldherrnstab r.; vor ihm ein Postament mit Kaiser- und Wenzelskrone sowie Erzherzogshut, Reichsapfel, Helm und Wappen.
Rs.: AETERNITAS AVGVSTA. Austria auf einer Weltkugel, auf der die vorderösterreichischen Besitzungen eingezeichnet sind, sitzend, hält einen Jungen, der auf einem liegenden Löwen (Böhmen) sitzt, und ein Patriarchenkreuz (Ungarn) hält; i. A.: GAV DII ROMANOR·DE
AVG·NATAL·LEOP·A·AV·PR·A/PRAECIPVAM SIBI SVMVNT PARTEM/etc.

Die wie kaum eines anderen ersehnte Geburt des Thronfolgers am 13. April 1716 wurde durch eine große Anzahl von Medaillen gewürdigt. Doch starb das Kind bereits als Säugling am 4. November des gleichen Jahres, wodurch die Regelung der Erbfolge neuerlich aktuell wurde.

Lit.: Domanig 266. — Jungwirth, Prunkmedaille, Abb. 75, 76 (dort das Exemplar in Silber).

Wien, KHM, MK, Inv.-Nr. 40 bß. H. J.

2.24 Geburt Maria Theresias

Medaille, Silber, 44 mm, 34,99 g; 1717.
Medailleur: Benedikt Richter.
Vs.: Belorbeertes Brustbild im Harnisch r.
Rs.: RENASCENS SPES ORBIS. Fecunditas mit Kind in Füllhorn sitzt r.; i. A.: FOECVNDIT AVG etc.

Maria Theresia wurde am 13. Mai 1717 um 7.30 Uhr geboren und noch am selben Tag in der Ritterstube der Hofburg getauft. Eine der Patinnen, die Kaiserinwitwe Amalie Wilhelmine, legte am gleichen Tag den Grundstein zum Salesianerinnenkloster in Wien. Über die Entbindung und die Taufzeremonien wurde eine Druckschrift herausgegeben.

Lit.: Kat. Maria Theresia, Schönbrunn 1980, Nr. 01, 03. — Rath, S. 276, Nr. 207.

Wien, KHM, MK, Inv.-Nr. 1388 bß. H. J.

2.25 Maria Theresia als Kronprinzessin

Öl/Lw., 90 × 60 cm.
Um 1730.
Beschriftung links oben Maria Theresia als Kronprinzessin.

Das Porträt zeigt die junge Erzherzogin etwa im Alter von 14 Jahren, zu dem Zeitpunkt, als sich ihr Vater bemühte, die Anerkennung der Pragmatischen Sanktion durch die europäischen Mächte zu erreichen.
Karl VI. hatte bei der Geburt seiner Tochter Maria Theresia am 13. Mai 1717 noch nicht die Hoffnung auf einen männlichen Erben aufgegeben, und anläßlich ihrer Hochzeit mit Franz Stephan von Lothringen verzichtete die Achtzehnjährige am 1. Februar 1736 auf das Erbe für den Fall, daß ihr Vater doch noch einen männlichen Erben bekommen sollte.

Lit.: Kat. Maria Theresia, Schönbrunn 1980, Nr. 01.013, 03.07.

Privatbesitz. K. G.

2.26 Maria Theresia als Kind mit Puppe

Öl/Lw., 47,5 × 39 cm.
Um 1720.

Das Bild zeigt ein etwa vierjähriges Mädchen in einem einfachen Kinderkleidchen. Die Puppe, mit der es spielt, gehörte zu den Lieblingsspielsachen der Erzherzogin und wurde von ihr noch geschätzt, als sie schon erwachsen war. Durch ihre Tochter Marianne kam das Bildnis mit vielen anderen in das Elisabethinenkloster von Klagenfurt und blieb deshalb erhalten.

Lit.: Kat. Maria Theresia, Schönbrunn 1980, Nr. 01.09.

Klagenfurt, Konvent der Elisabethinen. K. G.

2.27 „Pactum mutuae successionis"

Original, Pergament, Tinte, roter Samteinband, eh. Unterschriften Kaiser Leopolds I., König Josephs und Erzherzog Karls, Unterschrift des Johann Ignaz Albrecht von Albrechtsberg und Papiersiegel, 2 Siegel in hölzernen Kapseln an goldener Schnur, 7 fol.
33,5 × 57,5 cm (geöffnet).
Wien, 5. September 1703.

Als Kaiser Leopold I. nach dem Tod des letzten spanischen Habsburgers die Herrschaft über Spanien nach dem spanisch-niederländischen Thronfolgerecht und dem habsburgischen Hausrecht für sich in Anspruch nahm, war diese nur zu behaupten, wenn sie nicht mit der Monarchia Austriaca unter einem Herrscher vereint war. Daher verzichteten Kaiser Leopold I. und sein erstgeborener Sohn Joseph zugunsten Erzherzog Karls auf ihre Ansprüche auf die „Monarchia Hispanica".
In einer geheimen Abmachung, dem „Pactum mutuae successionis", wurde ein gleichmäßiges Erbrecht der männlichen Nachkommen beider Linien auf den Besitz des Gesamthauses festgelegt, wobei im Falle des Aussterbens aller männlichen Erben des Hauses die Töchter Josephs vor den Töchtern Leopolds I. zur Erbfolge gelangen sollten. Als mit dem Tod Josephs I. im Jahre 1711 der Mannesstamm der deutschen Habsburger erlosch, folgte ihm gemäß dem Pactum mutuae successionis sein Bruder Karl auf den Thron, womit das Nebeneinander zweier habsburgischer Linien ein Ende hatte.

Kat.-Nr. 2.25

Wien, HHStA, Familienurkunde Nr. 1814.
H. L.

2.28 Zwei Sitzungsprotokolle des Geheimen Konferenzrates über Rang- und Erbfolgefragen der leopoldinischen und josephinischen Erzherzoginnen

Original, Papier, Tinte, 4 fol. à 33,5 × 21,5 cm.
Wien, 29. März und 5. April 1713.

Nach dem Tod Kaiser Josephs I. und dem Regierungsantritt Karls VI. war es zu Rangstreitigkeiten zwischen der Witwe Leopolds I., der Witwe Josephs I. und deren Töchtern, den leopoldinischen und josephinischen Erzherzoginnen gekommen, wobei es Eleonore und Amalie nicht nur um die Herstellung einer gerechten Rangordnung unter den Erzherzoginnen, sondern um die Feststellung ihres Ranges in der künftigen Erbfolge ging.

Der Anstoß zur Regelung der Erbfolgefrage kam von Amalie, die auf Drängen ihres Vetters Georg Ludwig von Hannover (später König Georg I. von England) einen Brief an Karl VI. mit der Bitte schrieb, die Rangfrage zwischen den Erzherzoginnen noch vor der Ankunft seiner Gemahlin aus Spanien zu klären.

In der Sitzung vom 29. März 1713 beschäftigte sich der Geheime Konferenzrat mit dem „von Ihrer Majestät der verwitweten Kaiserin Amalia an Ihre K. Majestät gethane Schreiben, darinnen sie umb entscheidung des rangs zwischen denen leopoldin- und josephinischen Erzherzoginnen an (fraget)" und mit der Frage, „ob zugleich auch nebst dem Rang auch die order ... successionis zu erklähren" sei. In der am 5. April abgehaltenen Sitzung wurde beschlossen, das Vorrecht der Sukzession kraft des „Primogeniturrechts, auch vermög der dabey stabilirten mutua successionis und substitutionis primo masculino, et deinde faeminino", den josephinischen vor den leopoldinischen Erzherzoginnen zuzusprechen.

Wien, HHStA, Hausarchiv: Familienakt 3, fol. 7, 8, 10, 11. H. L.

2.29 Pragmatische Sanktion Karls VI.

Original, Pergament, Tinte, gebunden, Futteral, Petschaft des öffentlichen Notars Georg Friedrich Schickh an schwarzgelben Schnüren, 4 fol.
31 × 40 cm (geöffnet).
Wien, 19. April 1713.

Am 19. April 1713 um 10 Uhr vormittags erfolgte in der Geheimen Ratsstube der Wiener Hofburg vor den versammelten Ministern und Geheimen Räten durch Kaiser Karl VI. die Deklaration der Pragmatischen Sanktion über die Unteilbarkeit und Untrennbarkeit aller seiner Länder sowie der festgesetzten „Pacta successoria".

Karl VI. detailliert darin das Erstgeburtsrecht der Frauenerbfolge mit Rücksicht auf die „gegenwärtig obwaltenden genealogischen Verhältnisse" des Hauses Habsburg. Im Falle des Aussterbens des habsburgischen Mannesstammes — die Kaiser Leopold I. und Joseph I. hatten nur Töchter hinterlassen, Karl VI. war im Jahre 1713 noch kinderlos — sollten Karls Töchter oder deren Nachkommen, nach dem Erlöschen des karolingischen Frauenstammes die Töchter Josephs I., zuletzt die Töchter Leopolds I., erbberechtigt sein. Die Sicherung des Bestandes der Monarchie im Sinne der Pragmatischen Sanktion wurde zur bestimmenden Richtlinie der kaiserlichen Politik.

Wien, HHStA, Familienurkunde Nr. 1389.
H. L.

2.30 Renunziationsurkunde der Erzherzogin Maria Josepha

Original, Pergament, Tinte, roter Samteinband, eh. Unterschrift Maria Josephas und Petschaft an rotweißer Schnur, Unterschrift Johann Georgs von Buol und Papiersiegel an schwarzgelber Schnur, 16 fol.
34 × 52 cm (geöffnet).
Wien, 19. August 1719.

Gemäß der Erklärung vom Jahre 1713 über die künftige Erbfolge erfolgte die Verzichtserklärung der älteren josephinischen Erzherzogin Maria Josepha vor ihrer Vermählung mit dem Kurprinzen Friedrich August II. von Sachsen-Polen am 19. August 1719 in der Geheimen Ratsstube der Favorita im Beisein der verwitweten Kaiserin Amalie, der regierenden Kaiserin Elisabeth Christine, sämtlicher geheimer Staatsräte und Minister. Der Verzicht Maria Josephas bezog sich auf das Erbe Leopolds I. und Josephs I. Die Dresdner Ratifikationsur-

kunde der Renunziation Maria Josephas, die am 1. Oktober 1719 ausgestellt worden war, sollte einen Pakt zweier Herrscherhäuser über die Nachfolge im Hause Österreich enthalten, der gemeinsam mit den Thronfolgebestimmungen als „Pragmatische Sanktion" unwiderruflich sein sollte. Der Name „Pragmatische Sanktion" wurde später für die Hausgesetze von 1621 bis 1719 und ihre landesgesetzliche Verbürgung verwendet.
Von den anläßlich der Verzichterklärung Maria Josephas ausgestellten Urkunden wird die Renunziationsurkunde vom 19. August 1719 gezeigt. Als Zeugen werden Anton Florian Fürst von Liechtenstein, Prinz Eugen von Savoyen, Leopold Donat Fürst Trautson und Adam Franz von Schwarzenberg, sämtliche geheime Staatsräte, der Hofkanzler des Königreichs Ungarn, der oberste königliche Richter und der spanische Staatssekretär genannt. Die Richtigkeit des Inhalts wird durch Unterschrift und Siegel des eigens zu diesem Akt zum öffentlichen Notar ernannten Johann Georg von Buol bestätigt.

Lit.: G. Turba, Die Grundlagen der Pragmatischen Sanktion II: Die Hausgesetze, in: Wiener staatswissenschaftl. Studien 11/1 (1912), S. 180ff. — Ders., Die Pragmatische Sanktion. Authentische Texte samt Erläuterungen und Übersetzungen, Wien 1913, S. 54ff.

Wien, HHStA, Familienurkunde Nr. 1854.

H. L.

2.31 Vermählung Friedrich Augusts II. von Sachsen mit Maria Josepha von Österreich

Medaille, Silber, 36 mm, 14,60 g; 1719.
Medailleur: —.
Vs.: FELIX SAXONIA CONIUNCTIONE FELICISSIMA. Zwei sich umarmende Genien mit österreichischem und sächsischem Wappenschild.
Rs.: MARIA IOSEPHA/ARCHIDUX AUSTRIAE/IMPERATORUM/IOSEPHI FIL: CAROLI NEPT: etc. 10 Zeilen Schrift.

Am 20. August 1719 heiratete in Wien der sächsische Kurprinz die älteste Tochter des verstorbenen Kaisers Joseph I., womit das eventuelle Nachfolgerecht nach der Pragmatischen Sanktion begründet wurde. Aus der Ehe gingen 15 Kinder hervor.

Lit.: Merseburger 1523.

Wien, KHM, MK, Inv.-Nr. 3751 bß. H. J.

2.32 Renunziationsurkunde der Erzherzogin Maria Amalia

Original, Pergament, Tinte, roter Samteinband, eh. Unterschrift Maria Amalias und Petschaft an rotweißer Schnur, Unterschrift Johann Georgs von Buol und Papiersiegel an schwarzgelber Schnur, 14 fol.
34 × 56,5 cm (geöffnet).
Wien, 3. Oktober 1722.

Die Renunziation der jüngeren josephinischen Erzherzogin Maria Amalia erfolgte vor ihrer Vermählung mit dem bayrischen Kurprinzen Karl Albrecht am 3. Oktober 1722 in der Geheimen Ratsstube der Favorita, wie drei Jahre zuvor bei ihrer Schwester im Beisein der verwitweten und der regierenden Kaiserin, sämtlicher geheimer Staatsräte und Minister. Da die Thronfolge inzwischen schon landesgesetzlich verbürgt war, wurde bei der Verzichterklärung Maria Amalias zum ersten Mal eine doppelte Pflicht — eine haus- und eine landesgesetzliche — erfüllt. Die anläßlich der Renunziation im Jahre 1722 ausgestellten Urkunden und alle folgenden Verzichterklärungen sich vermählender Erzherzoginnen hatten nur mehr die Bedeutung, einen für alle verbindlich gewordenen Rechtszustand bezüglich der Thronfolge anzuerkennen.
Der Erbverzicht Maria Amalias, der am 10. Dezember 1722 von Karl Albrecht und dem Kurfürsten Max Emanuel in München beurkundet worden war, wurde als „Hauptgrund, Kondi-

Kat.-Nr. 2.33

tion und Fundament" der Heirat angesehen. Die Ansprüche bezüglich des habsburgischen Erbes, die Karl Albrecht nach dem Regierungsantritt Maria Theresias im Jahre 1740 stellte, sind ein Beweis dafür, daß er seine im Jahre 1722 geleisteten Eide nie besonders ernst genommen hatte.
In der vorliegenden Renunziationsurkunde Maria Amalias vom 3. Oktober 1722 werden auf den letzten Seiten die Namen der bei dem Akt Anwesenden genannt. Die Richtigkeit des Inhalts wird wieder — wie bei der Urkunde vom Jahre 1719 — durch Unterschrift und Siegel des Johann Georg von Buol bestätigt.

Lit.: G. Turba, Die Grundlagen der Pragmatischen Sanktion II: Die Hausgesetze, in: Wiener staatswissenschaftl. Studien 11/1 (1912), S. 180ff.

Wien, HHStA, Familienurkunde Nr. 1874.

H. L.

2.33 Pragmatische Sanktion

Medaille, Gold, 37 mm, 27,89 g; 1720.
Medailleur: —.
Vs.: FVNDATA HILARITAS VNIVERSA. Genius über Erdball, r. und l. steigen je ein Adler aus den Wolken.
Rs.: GENTIS AVG·PIGNVS/IN/TVTELAM ATQ·FIDVCIAM/PVBL·SVPPLICATIONIBVS/
RESTITVT etc. Neun Zeilen Schrift.

Im Laufe des Jahres 1719 erließ Karl VI. Reskripte an die einzelnen Landtage der Erbländer, die Thronfolgeordnungen von 1703 und 1713 anzunehmen. Von der Mehrzahl der Landtage erfolgte dies bereits 1720, zuerst von dem des Landes ob der Enns am 19. April.

Lit.: Montenuovo 1571.

Wien, KHM, MK, Inv.-Nr. 1408 bß. H. J.

2.34 Die Anerkennung der Pragmatischen Sanktion durch die böhmischen Stände am 16. Oktober 1720.

Original, Pergament, Tinte, Papiersiegel an rotweißer Schnur, 14 fol.
45 × 60 cm (geöffnet).
Prag, 16. Oktober 1720.

Nachdem der Hofkanzler von Seilern Karl VI. nach dem Jahre 1713 wiederholt ermahnt hatte, die Erbfolgebestimmungen von den einzelnen Landtagen annehmen zu lassen, entschloß sich der Kaiser im Jahre 1720, entsprechende „Rescripte" an diese zu erlassen. Die Annahme der 1713 festgesetzten Thronfolgebestimmungen durch die böhmischen Stände erfolgte am 16. Oktober 1720. Von den zwei gleichlautenden damals ausgestellten Urkunden wird eine in der Ausstellung gezeigt. Sie enthält auf der letzten Seite die Namen der 16 Ständemitglieder vom Klerus, der 25 vom hohen Adel, der 18 vom niederen und der 27 Vertreter der Städte.

Lit.: G. Turba, Die Pragmatische Sanktion, Authentische Texte samt Erläuterungen und Übersetzungen, Wien 1913, S. 15ff.

Kat.-Nr. 2.36 Kupferstich von A. Birkhart nach G. Galli-Bibiena

Wien, HHStA, Allgem. Urkundenreihe, 1720 Oktober 16. H. L.

2.35 Die Anerkennung der Pragmatischen Sanktion durch die niederösterreichischen Stände am 25. April 1720

Original, Pergament, Tinte, roter Samteinband mit Silberbeschlägen, Siegel des Landmarschalls Aloys Thomas Raimund Graf Harrach in Metallkapsel an schwarzgoldener Schnur, 95 fol.
39,5 × 29 cm.
Wien, 23. April 1726.

Nachdem Kaiser Karl VI. am 1. März 1720 das „Rescript" wegen der Annahme der Pragmatischen Sanktion durch die Landstände erlassen hatte, waren es zuerst die niederösterreichischen Stände, die sich mit den Erbfolgebestimmungen vom Jahre 1713 einverstanden erklärten. Beurkundet wurde die Annahme der Pragmatischen Sanktion vom eigens zu diesem Akt designierten öffentlichen Notar Johann Baptist Mair, Edler von Mairsfeld. Nach dessen Tod beurkundete sein Nachfolger Johann Konrad Joseph von Eilers den Hergang vom April 1720. Die Richtigkeit des Inhalts des dabei verlesenen kaiserlichen Reskripts vom 1. März 1720 und der Beilagen bestätigte der Landmarschall Graf Harrach durch seine Unterschrift und das „Ambts-Insigl" am 26. April 1726.

Der in der Ausstellung gezeigte Prunkband, der auch Abschriften einschlägiger Urkunden aus der Zeit von 1621 bis 1720 enthält, zeigt auf der Vorderseite den Bindenschild, das neuösterreichische Wappen, auf der Rückseite das altösterreichische Fünfadlerwappen, das heutige niederösterreichische Landeswappen.

Lit.: G. Turba, Die Pragmatische Sanktion. Authentische Texte samt Erläuterungen und Übersetzungen, Wien 1913, S. 97 ff.

Wien, HHStA, Allgem. Urkundenreihe 1720 April 25. H. L.

2.36 Modell zu „Costanza e Fortezza"

Aquarell, Tuschzeichnung auf Pappe und Holz aufkaschiert.
H 76 cm, B 120 cm, T 81 cm.
Um 1936.
Nachbau nach einem Bühnenbildentwurf von Giuseppe Galli-Bibiena.

Der Theateringenieur Giuseppe Galli-Bibiena erreichte den Höhepunkt seines Schaffens mit der Ausstattung der am 28. August 1723 anläßlich der Krönung Kaiser Karls VI. zum König von Böhmen im Amphitheater des Prager Schlosses aufgeführten Oper „Costanza e Fortezza" (Beständigkeit und Stärke). Der Librettist Pietro Pariati hatte die Devise Karls VI. zum Thema der Krönungsoper gewählt. Er exemplifizierte es am Kampf des Porsenna gegen Rom mit den Episoden des Mutius Scaevola, des Horatius Cocles und der Cloelia, wobei das Verbrennen der eigenen Hand durch Mutius Scaevola und die Verteidigung der Tiberbrücke durch Horatius Cocles zu den Höhepunkten der Aufführung, die besondere szenische Effekte erforderten, zählten.

Komponist der Oper war der Hofkapellmeister Johann Joseph Fux, einer der bedeutendsten Dirigenten und Tondichter des Barocks. Die Musik der Balletteinlagen stammte von Nicola Mattheis, dem damaligen Direktor der k. k. Instrumentalmusik in Wien.

Für die Aufführung hatte Karl VI. nicht weniger als hundert der besten Sänger und Sängerinnen und mehr als zweihundert Musiker, darunter einen Teil seiner eigenen Hofkapelle und der Kapelle der verwitweten Kaiserin Amalie Wilhelmine, nach Prag kommen lassen.

Die Aufführung der Monsteroper, deren „Großartigkeit der Dekorationen und Maschinerien, Reichtum der Beleuchtung, Pracht und Kostbarkeit der Kostüme" von zeitgenössischen Berichterstattern gerühmt wurde, dauerte von 8 Uhr abends bis 1 Uhr morgens.

Die großartige Freilichtinszenierung auf dem Hradschin ist auf sieben Kupferstichen festgehalten. Ein Foto des Stiches von A. Birkhart nach G. Galli-Bibiena ist an der Wand hinter dem Modell zu sehen.

Das um 1936 nach einem Bühnenbildentwurf von Giuseppe Galli-Bibiena nachgebaute Modell läßt zwischen zwei mit Statuen verzierten flankierenden Proszeniumtürmen den eigentlichen Szenenaufbau erkennen: Im Hintergrund steht auf einer Anhöhe ein Palast, vor diesem befinden sich Brunnen, die in Kaskaden übergehen. Im Bildmittelgrund sind bogenförmig angeordnete Säulenpavillons zu erkennen, zu denen zwei Treppen führen, deren Balustraden mit Statuen besetzt sind. Im Vordergrund stehen ein Brunnen und zwei Statuen.

Lit.: H. Kindermann, Theatergeschichte Europas, Bd. 3, Salzburg 1957—1983. — F. Hadamowsky, Die Familie Galli-Bibiena in Wien. Leben und Werk für das Theater, Wien 1962 (Museion. N. F. 1, 2).

Wien, ÖNB Theatersammlung, Sign. S 912.
Ch. G.

3. Die österreichische Führungsschicht des Hochbarocks

In der zweiten Hälfte des 17. Jahrhunderts hatte sich in den österreichischen Ländern im Hofadel eine neue Führungsschicht herausgebildet. Vertreter mancher Adelsfamilien waren nicht mehr mit ihrer Rolle als Grundherrn oder Ständemitglieder zufrieden, sie strebten nach Ämtern, Würden und Titeln, die nur der Hof zu vergeben hatte. Meist entstammten diese Männer den katholisch gebliebenen oder wieder katholisch gewordenen Geschlechtern, wobei sich manche Familien, wie etwa die Dietrichstein, in einen katholischen und einen evangelischen Zweig teilten. Während die katholischen Dietrichstein in den nächsten Generationen zu großer Bedeutung gelangten, aber unterdessen ausgestorben sind, lebt der nach Schweden ausgewanderte evangelische Teil, aus der österreichischen Geschichte verschwunden, über Nachkommen in schwedischen und russischen Diensten bis zum heutigen Tag in Frankreich weiter.

Im Laufe des 17. Jahrhunderts hatten sich Hochadelige in verschiedenartiger Weise um das Kaiserhaus und um den Staat Verdienste erworben, hatten auch in den zahlreichen Kriegen bedeutende Blutopfer ihrer Jugend gebracht. Andererseits waren viele auf diese Weise zu großen Reichtümern gelangt. Es waren dies nicht nur Familien, die aus den österreichischen Erblanden stammten, in zunehmendem Maße stießen auch Adelige aus den böhmischen Ländern und aus dem Bereich der ungarischen Krone in Führungspositionen vor. Aus den österreichischen Ländern stammten etwa die Sinzendorf, die einen Hofkammerpräsidenten zur Zeit Leopolds I. stellten und dessen Sohn dann als Hofkanzler durch Jahrzehnte einen Spitzenplatz einnahm. Die Starhemberg können als Beispiel eines wieder katholisch gewordenen Geschlechts bezeichnet werden, das mehrere bedeutende Persönlichkeiten in Spitzenrängen des politischen und militärischen Bereiches hervorbrachte. Die Lamberg bemühten sich ebenso wie die Althann oder die Harrach um höchste Ränge in der staatlichen Hierarchie. Aus den böhmischen Ländern waren in zunehmendem Maße ebenfalls Adelige nach Wien gekommen, vor allem seit die Böhmische Hofkanzlei in die kaiserliche Haupt- und Residenzstadt verlegt worden war. Manche gelangten zu großem Einfluß, wie etwa Vertreter der Familien Kinsky, Lobkowitz oder Kolowrat. Wir finden auch adelige Familien in verschiedenen Ländern vertreten, etwa die Eggenberg in der Steiermark und in Böhmen, wo sie von den Schwarzenberg beerbt wurden, die Liechtenstein in Mähren, in Österreich und in der Steiermark, die Althann in Südmähren und Niederösterreich, die Trauttmansdorff in Böhmen, Mähren und Österreich. Ihre Vorfahren hatten meist im Zuge der großen Besitzveränderungen während des Dreißigjährigen Krieges in Böhmen oder Mähren Herrschaften erworben, die nun lebenden Familienmitglieder schöpften aus diesen großen Ländereien bedeutenden Einkünfte. Auch Zuwanderer aus anderen Ländern waren in verstärktem Maße in Spitzenpositionen eingerückt. Am Anfang des 17. Jahrhunderts waren dies vorwiegend Italiener, am Ende des Jahrhunderts Westdeutsche. Die dritte Kaisergattin Eleonore Magdalena Theresia von Pfalz-Neuburg hatte ein Reihe von Persönlichkeiten aus ihrer Heimat mitgebracht, etwa den Hofkanzler Strattmann, den späteren Hofkanzler Seilern, den Obersthofmeister Fürst Salm. Sie stammten alle aus dem näheren Umfeld oder der Verwandtschaft der Kurfürsten von Pfalz-Neuburg und wurden nun direkt oder indirekt auch mit dem

Kaiserhaus verwandt. Bald vermochten sie in Wien eine Rolle zu spielen, da es sich meist um tüchtige Männer handelte. Neben ihnen gab es auch eine ungarische Gruppe, die vorerst weniger in Erscheinung trat, da sie eine Minderheit war.

Die Familie Pálffy stellte am Beginn des 18. Jahrhunderts mehrere bedeutende Persönlichkeiten, die sich als feste Stütze des Herrscherhauses erwiesen. Auch die Esterházy und die Batthyány waren Ungarn in habsburgischen Diensten. Aus dieser Gruppe nahm nun der Kaiser seine wichtigsten Ratgeber und besetzte mit ihnen führende Positionen in der Armee oder im Staat. In die Spitzengruppe zu gelangen, war meist recht schwer, oft waren auch bedeutende finanzielle Vorleistungen in Form von Krediten und direkten Zahlungen an den Hof erforderlich, um in den Kreis der Kandidaten gezogen zu werden. Diese Führungsschicht war in mehreren Ebenen miteinander verwandt und verschwägert, so daß oft weitreichende persönliche Beziehungen bestanden.

In nicht geringem Ausmaß waren Vertreter dieser Geschlechter auch als Beamte und Offiziere tätig, nicht selten bei wechselnden Karrieren, und mehr als einer, wie etwa Gundakker Althann, hat in seinen jüngeren Jahren als Offizier begonnen, es bis zum Rang eines Feldmarschalls gebracht und sich dann als Hofbaumeister Karls VI. auch in der zivilen Verwaltung große Verdienste erworben. Andere wieder begannen als Diplomaten an den Höfen in Spanien, England oder in Frankreich, und sind später für zentrale Ämter herangezogen worden. Dabei waren die Staatsämter, etwa die der Hofkanzler, des Böhmischen Obersten Kanzlers, weniger angesehen als die eigentlichen Hofämter, insbesondere die Position des Obersthofmeisters. Dieser galt in der Regel als Premierminister und hatte zum jeweiligen Kaiser ein besonderes Vertrauensverhältnis.

Unter Karl VI. kam mit der Erwerbung der italienischen Besitzungen und mit dem Einzug einer größeren Anzahl von Emigranten aus Spanien und Italien eine neue Welle von Männern nach Wien, die nach Macht, Einfluß und Vermögen strebten. Diese Zuwanderer aus den romanischen Gebieten erlangten nun in Wien auf die zentralen Entscheidungen großen Einfluß. Nun gehörte zu diesen Zuwanderern auch Prinz Eugen, der allerdings aus einem anderen Grunde nach Wien gekommen war. Als einer, dem in seinem Heimatland Ansehen und Würden verweigert worden waren, hatte er sich dem Kaiser in schwieriger Position zur Verfügung gestellt, einen raschen Aufstieg genommen und sich auch entsprechend bald in dieser Position bewähren können.

Diese führenden Familien und Persönlichkeiten besaßen im allgemeinen ziemlich großes Vermögen in Form von Grundherrschaften. Die Erträge daraus legten sie zum guten Teil in Bauten, manchmal in Palästen an, die sie in der Nähe des Kaiserhofes in Wien, die böhmischen daneben auch in Prag erbauten. In den Zentren ihrer Besitzungen entstanden auch prächtige Schlösser, etwa das der Kaunitz in Austerlitz/Slavkov, der Kinsky in Cloumec, der Paar in Jaroměřice, der Liechtenstein in Feldsberg, um nur einige zu nennen. Mit diesen können nur einige österreichische Barockschlösser, etwa das der Harrach in Rohrau oder der Schönborn in Göllersdorf konkurrieren. Dafür entstanden hier die mächtigen Klosterbauten, die Zeugnis vom Reichtum der barocken Kirche ablegen: Melk, Göttweig, Klosterneuburg, Altenburg, Zwettl, Seitenstetten oder St. Florian seien als bekannteste Beispiele genannt.

Bei der Auswahl der Führungskräfte spielte auch die Vorliebe der jeweiligen Herrscher für verschiedene Persönlichkeiten eine große Rolle. Meist war aber der einem Kronprinzen beigegebene Obersthofmeister in dieser Funktion beibehalten worden, wenn ein Thronwechsel eintrat. Kaiser Leopold I. hatte in seinen späteren Lebensjahren verschiedene Persönlichkeiten um sich geschart, mit denen er von Jugend auf bekannt war, die etwa in seinem Alter standen. Auf diese Weise gab es aber auch natürlich entsprechende Fehlgriffe, weil mancher gesellschaftliche Funktionär den Erwartungen nicht entsprach und den ihm anvertrauten Aufgaben nicht gewachsen war.

Diese Führungsgruppe war außerdem dadurch gekennzeichnet, daß sie zu Mitgliedern des Geheimen Rates ernannt worden waren und einen entsprechenden Titel hatten. Da sich dieser Rat bald als zu groß und umfangreich erwies, wurde seit dem Jahre 1669 aus fünf bis sechs besonders ausgewählten Mitgliedern eine Geheime Konferenz gebildet, die vor allem Fragen der Außenpolitik behandelte. Wer dieser Konferenz angehörte, war Teil des inneren Kreises und mit entsprechender Verantwortung betraut. Aber auch hier änderten sich die Anschauungen. Joseph I. hat schon als Kronprinz davon wenig gehalten und als Kaiser diese Geheime Konferenz aufgelöst und sie durch verschiedene Kommissionen ersetzt, deren Beratungen durch den Obersthofmeister und Hofkanzler koordiniert werden sollten. Dies funktionierte aber überhaupt nicht und man mußte noch zu seinen Lebzeiten zur altbewährten Konferenz zurückkehren, um den Staat effizienter führen zu können.

Fragen der Außenpolitik waren besonders wichtig, und hier spielte der Hofkanzler Sinzendorf eine große Rolle. Er war durch Jahrzehnte in dieser Funktion tätig und entsprechend versiert. Einen wesentlichen Einfluß auf die Staatsführung hatten, wie es einer Großmacht geziemt, die Militärs, und die Rolle des Prinzen Eugen ist in erster Linie aus der Position eines Präsidenten des Hofkriegsrates zu verstehen, die er vom Jahre 1703 bis zu seinem Tode 1736 inne hatte. Denn die Militärs machten auch Politik, und Prinz Eugen hat während seiner Präsidentenfunktion nicht nur seine bedeutendsten Feldzüge bestritten, sondern auch im politischen Leben mitgewirkt, etwa beim Frieden von Rastatt. Eine besondere Rolle spielte zu dieser Zeit auch das Finanzwesen, und nach verschiedenen Fehlschlägen fand man in Gundacker Thomas Graf Starhemberg jenen Fachmann, der die Probleme löste und daher zur Zeit des Prinzen Eugen den größten Einfluß hatte und entscheidende Impulse für das Wirtschaftsleben gab. Auch eine Generationsabfolge war unvermeidlich. Mit Joseph I. kam eine jüngere Gruppe von Räten an die Macht, die dann zur Zeit Karls VI. mit einer aus Italien und Spanien gekommenen Garnitur in schwere Konflikte geriet und sich später auch nicht mehr zu regenerieren verstand. Die Alterung der Führungsschicht in der Spätzeit Karls VI. ist ein besonderes Charakteristikum der Zeit, denn auch Prinz Eugen ist diesem Phänomen erlegen, so daß ab den beginnenden dreißiger Jahren die Staatsführung in hohem Grade bewegungslos geworden war. Auch der Kaiser gehörte nicht zu den intensivsten Arbeitern, er liebte die Jagd über alles und so ging vieles von dem verloren, was in den beiden ersten Jahrzehnten des 18. Jahrhunderts durch Entschiedenheit und großen Einsatz gewonnen hatte werden können.

K. Gutkas

Lit.: M. Braubach, Ein rheinischer Fürst als Gegenspieler des Prinzen Eugen am Wiener Hof, in: Diplomatie u. geistiges Leben im 18. Jahrhundert (1965), S. 321 ff. — K. Müller, Habsburgischer Adel um 1700, Mitt. d. österr. Staatsarchives 32, 1979, 78 ff. — K. Gutkas, Die führenden Persönlichkeiten der habsburgischen Monarchie von 1683 bis 1740, in: K. Gutkas (Hrsg.), Prinz Eugen und das barocke Österreich, 1985. — G. Heilingsetzer, Fata Starhembergica, ebendort. — Ders., Ernst Rüdiger von Starhemberg. Inkarnation einer Bewährung, in: R. Waissenberger, Die Türken vor Wien, Salzburg 1982, S. 231 ff.

Kaminrelief, eh. Tafelstube

Ehemalige Tafelstube: Stuckdekoration

In diesem Raum wird der Besucher passenderweise in das Reich des Dionysos geführt. Das Kaminrelief zeigt in einer Landschaft eine tschinellenschlagende Mänade, einen musizierenden und einen trinkenden Satyr, die sich berauscht im Tanz bewegen. Zwei Satyrn scheinen aus dem Relief herausgesprungen zu sein und sitzen, Horn und Syrinx blasend vollplastisch auf einem ornamentalen Podest. Die zarten Stuckreliefs an der Decke sind aus dem ursprünglichen Dekorationsystem herausgelöst: weinlaubbekränzte trinkende und musizierende Gruppen von Putten und kleinen Satyrn sind mit verschiedenen Tieren aus dem Gefolge des Dionysos beschäftigt. Nicht ganz naturgetreu sind ein Löwe, ein Panther, ein Wildschwein und ein Ziegenbock zu erkennen.

I. S.

Objekte

3.1 Guido(bald) Graf von Starhemberg FB 30

Öl/Lw., 95,5 × 76 cm.
Johann Kupetzky.

Der zunächst für den geistlichen Stand bestimmte Guido Starhemberg (1657—1737) bewährte sich nach seinem Eintritt in die kaiserliche Armee und kämpfte in zahlreichen Einsätzen an der Seite Prinz Eugens, mit dem ihn in diesen Jahren eine Freundschaft verband. 1702 ließ der Prinz Starhemberg als Oberbefehlshaber der Armee in Italien zurück. Das Verhältnis zu Eugen verschlechterte sich und Starhemberg kam nach Spanien, wo er nach der Abreise Karls III. von Spanien mit Elisabeth Christine zurückblieb. Elisabeth Christine war als Statthalterin eingesetzt worden und Starhemberg fungierte als ihr Berater und Beschützer. 1688 war Starhemberg nach Ablegung der Ordensgelübde in den Deutschen Orden aufgenommen worden und war ab 1719 Großmeister dieses Ordens. Nach 1714 zog er sich auf seine Güter zurück und widmete sich seinen künstlerischen Interessen. Prinz Eugen und Starhemberg standen sich in den letzten Lebensjahren in Folge schwerwiegender Differenzen feindlich gegenüber.
Das 1948 von der Österreichischen Galerie erworbene Bild stammt aus dem Besitz der Grafen Attems, man vermutete früher daher in dem Dargestellten einen Grafen dieses Geschlechts.

Lit.: G. Heilingsetzer, Fata Starhembergica, in: K. Gutkas, Prinz Eugen, S. 95, 96. — G. Körper, Studien zur Biographie Elisabeth Christines von Braunschweig-Wolfenbüttel, phil. Diss. Wien 1975, S. 305. — Kat. Barockmuseum, Nr. 199.

Wien, Österreichische Galerie, Inv.-Nr. 4268.
S. D.

3.2 Graf Aloys Thomas Raimund Harrach

Öl/Lw., 95 × 76 cm.
Johann Kupetzky, 1711?

Das nach Nyari 1711 von Johann Kupetzky gemalte Porträt zeigt den Grafen im Lehnstuhl sitzend mit Allongeperücke in grünem Samtkleid mit einer Weste aus Goldbrokat sowie einem Justaucorps aus rotem Samt. Er trägt an einer goldenen Kette den Orden vom Goldenen Vlies. Ein an den Grafen gerichteter Brief in seiner Rechten trägt die Aufschrift „Al Ex Señor Conde Luis de Harrach Embassador de Su Ma. Ces." sowie die nicht mehr näher zu lesende Jahreszahl „17..". Der 1699 geborene Aloys Thomas Raimund Harrach ging 1698 als Nachfolger seines Vaters als Botschafter nach Madrid. 1715 wurde er Landmarschall und Generaloberst in Niederösterreich, von 1728 bis 1733 war er Vizekönig von Neapel.
In dieser Eigenschaft erwarb er für die Harrach'sche Gemäldesammlung deren größtes Ensemble, die Sammlung neapolitanischer Barockmaler. Als Sammler verfolgte er einen neuen Gesichtspunkt, seine Galerie sollte nicht eine Fülle von Einzelstücken bilden, sondern die Pracht der Innenräume seiner Paläste erhöhen. Es ist dies der Grund, warum in diesen Jahren zahlreiche Bilder monumentalen Ausmaßes erworben wurden.

Lit.: G. Heinz, Kat. d. Graf Harrach'schen Gemäldegalerie, Wien 1960, S. 4f. und S. 40, Nr. 53. — A. Nyari, Der Porträtmaler Johann Kupetzky, Wien 1893, S. 123. — H. Ritschl, Kat. der Erlaucht Gräflich Harrach'schen Gemälde=Galerie in Wien, Wien 1926, S. 110, Nr. 178.

Rohrau, Graf Harrach'sche Gemäldegalerie, Inv.-Nr. W.F. 442. T. K.

Kat.-Nr. 3.2

3.3 Landkomtur Philipp Graf Harrach (1737—1764) FB 31

Öl/Lw., 137,5 × 100 cm; 1737.

Johann Joseph Philipp Graf von Harrach zu Rohrau (1678—1764) kreuzte auf mehrfache Weise das Leben des Savoyers. Einmal wegen seines Einsatzes in Italien und im Türkenkrieg vor Temesvar und Belgrad und seiner Funktion in der kaiserlichen Armee: Ab 30. März 1706 war er Obristfeldwachtmeister, seit 10. Juni 1708 Feldmarschalleutnant, ab 17. Mai 1716 Generalfeldzeugmeister, seit dem 21. Oktober 1723 schließlich Feldmarschall. Harrach ist spätestens 1712 als kaiserlicher Kämmerer nachzuweisen und war ab 1716 Mitglied des Hofkriegsrates, von 1738 bis 1762 war er Hofkriegsratspräsident. Harrach begleitete Eugen, mit dem ihn zeitlebens eine Freund-

Kat.-Nr. 3.4

schaft verband, auf dessen letzten Kriegszügen an den Neckar und Rhein.
Aufgrund der einflußreichen Fürsprache seines Bruders Franz Anton, Erzbischof von Salzburg (1709—1727), am 12. Mai 1712 zum Ordensritter geschlagen, wurde er zeitlebens der erste Komtur der aus Harrach'schen Familiengut gestifteten österreichischen Komturei zu Linz, ab 1. Jänner 1719 Komtur zu Friesach, ab dem 30. Juni 1722 Komtur zu Laibach (und den beiden Komtureien Möttling und Tschernembl in Krain als Administrator beigegeben), ab dem 16. Mai 1733 schließlich dem kränkelnden Landkomtur Guidobald von Starhemberg (1719 Statthalter, ab 1720 dann bis zum Tod 1737 Landkomtur) als Balleikoadjutor beigestellt. Am 30. März 1737 wurde er Balleistatthalter, ab 10. Juni 1737 bereits Starhembergs Nachfolger als österreichischer Landkomtur. In solcher Eigenschaft bekam er den Druck des österreichischen Landeskirchentums auf das Ordensgut ebenso zu spüren wie alle übrigen Balleioberen in den Erbländern.

Lit.: B. Demel, Die Generalvisitation der Deutschordenskommende Friesach im Jahre 1720 und ihre Auswirkung bis zum Jahre 1724, in: Carinthia I 1972 (162. Jg.) Festgabe Gurk II, S. 345—374, hier bes. S. 355 mit Anm. 54. — J. F. Flachenecker, Der Deutsche Orden und das staatskirchliche System in Österreich während des 18. Jahrhunderts, phil. Diss. phil. Wien 1970, S. 17—50.

Wien, Deutschordenszentralarchiv (alte Sign. G 57). B. D.

3.4 Philipp Ludwig Wenzel Graf Sinzendorf (1671—1742)

Öl/Lw., 166 × 132 cm.
Hyacinthe Rigaud, 1728.

Philipp Ludwig Wenzel Graf Sinzendorf wurde 1671 als Sohn des Hofkammerpräsidenten Georg Ludwig Sinzendorf und der Dorothea Elisabeth Herzogin zu Holstein geboren. Als er elf Jahre alt war, wurde sein Vater wegen der Unterschlagung hoher, für die kaiserliche Armee bestimmter Geldsummen des Landes verwiesen. Zuerst für den geistlichen Stand bestimmt, schlug er nach dem Tod seines älteren Bruders die öffentliche Laufbahn ein. 1695 Reichshofrat, 1699—1701 außerordentlicher Gesandter in Frankreich, 1701 wirklicher geheimer Rat, 1702 kaiserlicher Bevollmächtigter in den Niederlanden, 1705 Oberster Hofkanzler, 1706 und 1709 an den Verhandlungen im Haag entscheidend beteiligt, 1712 Ritter des Ordens vom Goldenen Vlies, erster Gesandter am Friedenskongreß von Utrecht, 1721 Direktor der Orientalischen Handelskompanie, 1728 am Friedenskongreß von Soissons, gestorben 1742.

Sinzendorf ließ sich von Hyacinthe Rigaud, dem führenden Porträtisten im tonangebenden französischen Geschmack des ausgehenden 17. Jh.s bereits im Jahr 1701 porträtieren. Das vorliegende Bildnis entstand 1728 zur Zeit der Verhandlungen in Soissons und zeigt den Grafen im Vliesornat.

Lit.: B. Lossky, Portraits autrichiens dans l'œuvre de Rigaud et de Tocqué, in: Gazette des Beaux-Arts 52 (1958), S. 82ff. — Kat. der Gemäldegalerie des KHM, 1. Teil, Italiener, Spanier, Franzosen, Engländer, Wien 1960, 2. Aufl. 1965, Nr. 643. — Kat. Maria Theresia und ihre Zeit, Wien 1980, Kat.-Nr. 07.01.

KHM, Gemäldegalerie, Inv.-Nr. 9010. K. S.

3.5 Brief des Grafen Philipp Ludwig Wenzel Sinzendorf an König Karl III.

Original, Papier, Tinte, 10 fol.
31,5 × 40 cm (geöffnet).
Haag, 23. April 1711.

Der oberste Hofkanzler Philipp Ludwig Sinzendorf (Kat.-Nr. 3.4), der in den Jahren 1705 und 1709 zu den Friedenverhandlungen mit Frankreich und den Seemächten entsandt und nach dem Abschluß des Friedens von Gertrudenberg an den Kaiserhof zurückgerufen worden war, reiste im Herbst des Jahres 1710 erneut nach den Haag.
Der vorliegende Brief, der teilweise in einer Zahlenchiffre geschrieben ist und Bemerkungen über den allgemeinen Kriegszustand enthält, stammt aus der Zeit von Sinzendorfs drittem Aufenthalt in den Haag. Der Hofkanzler weist Karl III. in seinem Bericht u. a. darauf hin, „mit was standhafftigkeit die integritet der Spanischen Monarchie ... biß dato erhalten worden ...".

Wien, HHStA, Große Korrespondenz 74 Conv. C, fol. 246, 247. H. L.

3.6 Graf Gundacker Althann

Öl/Lw., 145,5 × 117 cm.

Kat.-Nr. 3.6

Jacob van Schuppen, 1723.
Die Beschriftung des Gemäldes bezeichnet die militärische Karriere des am 15. Mai 1665 in Zwentendorf geborenen Adeligen: „Geheimer Rat, General der Cavallerie, Obrister über ein Regiment Dragoner und Gubernator von Raab". Nach einem langsamen militärischen Aufstieg während des Türkenkrieges konnte er durch Zusammenarbeit mit Prinz Eugen mehr Aufmerksamkeit erregen. Im Dezember 1701 besetzte er die Festung Mirandola und konnte nach dem Handstreich auf Cremona 1702 den französischen Feldherrn Villeroy als Gefangenen nach Graz und die Siegesnachricht nach Wien bringen. Auch bei Höchstädt kämpfte er im Jahre 1704 an Eugens Seite und wurde nach Überbringung der Siegesnachricht zum Obersten befördert. In den nächsten Jahren war er als Diplomat in Sachsen tätig

und wurde 1711 von Eugen nach Spanien entsandt, um Karl VI. zur raschen Heimkehr zu überreden. Im folgenden Türkenkrieg kämpfte er bei Peterwardein an Eugens Seite und wurde 1718 zum Gouverneur der Festung Raab ernannt.
Bereits im Jahre 1716 war er vom Kaiser mit der Direktion über alle kaiserlichen Gärten betraut worden und wurde 1718 zum Leiter der Hofbauämter ernannt. Sein Organisationstalent bewies er beim Wiederaufbau von Raab sowie bei der Errichtung eines Invalidenhauses in Budapest. Er leitete die Renovierung des Schlosses Laxenburg, den Neubau der Karlskirche und der Hofbibliothek. In der Stallburg ließ er die kaiserlichen Galerien neu aufstellen (Kat.-Nr. 6.19), der von van Schuppen geleiteten Malerakademie gewährte er in seinem Hause Unterkunft. Althann unterstützte auch den Ausbau von Klosterneuburg zu einem österreichischen Escorial. Im Jahre 1742 trat er von seinem Amt zurück, wurde noch zum Feldmarschall befördert und starb am 28. Dezember 1747 in Zwentendorf.

Lit.: Kat. Prandtauer, Nr. 115.

Privatbesitz. K. G.

3.7 Friedrich Karl Graf von Schönborn

Öl/Lw., 99,5 × 83 cm, oval.
Johann Kupetzky.

Der in Mainz geborene Friedrich Karl von Schönborn (1674—1746) wurde in Aschaffenburg und im Collegium Germanicum in Rom für den geistlichen Beruf ausgebildet, 1707 wählte ihn sein Onkel, der Erzbischof von Mainz, zum Koadjutor, 1727 wurde er Dompropst in Würzburg und 1729 Fürstbischof von Bamberg und Würzburg. Neben dieser Tätigkeit im kirchlichen Bereich war Graf Schönborn seit 1705 Reichsvizekanzler, eine Stelle, die er bis 1732 innehatte. Die Zeitgenossen äußerten sich bisweilen kritisch über den Grafen — er galt als gescheit und gewandt, wurde aber oft als eigennützig und falsch bezeichnet —, auch Eugen stand ihm zunächst mißtrauisch gegenüber, später verband die beiden Männer jedoch eine tiefe Freundschaft. Wie Eugen entwickelte auch Schönborn ein reges Interesse an der Gartengestaltung und beide liebten die Jagd. Sowohl in dem von Schönborn erbauten Schloß Göllersdorf als auch in Schloßhof veranstalteten beide Jagdpartien. Der umfangreiche Briefwechsel zwischen den beiden Männern zeugt von einer aufrichtigen Freundschaft, insbesondere in den letzten Lebensjahren kümmerte sich Schönborn um den Prinzen.
Das Gemälde von Johann Kupetzky stellt Graf Schönborn in Jagdkleidung mit einer Flinte dar.

Lit.: Braubach, Bd. 5, S. 159f. — Kat. Jagd einst und jetzt, Nr. 494. — H. Hantsch, Reichsvizekanzler Friedrich Karl Graf von Schönborn, in: Salzburger Abhandlung und Texte aus Wissenschaft und Kunst, Veröffentlichungen vom Kath. Universitätsverein, Bd. II., Augsburg 1929.

Privatbesitz. S. D.

3.8 Porträt des Prinzen Eugen

Öl/Lw., 101 × 93 cm.
Johann Kupetzky, vor 1723.

Der Prinz ist in halber Figur lebensgroß in Dreiviertelansicht von links dargestellt. Er trägt Allongeperücke, Harnisch mit Hermelinmantel und den Orden vom Goldenen Vlies. In der erhobenen Rechten hält er den Marschallstab, die Linke ruht auf dem Degengriff.
Das Bild ist durch signierte Schabblätter von Johann Berhard Vogel als Werk Kupetzkys zu identifizieren. Es gehört zum ursprünglichen Inventar des Bayreuther Schlosses. Kupetzky hat in Ansbach für Markgraf Friedrich Wilhelm und Christiane Charlotte sowie in Bayreuth Porträts gemalt. Markgraf Friedrich von Bayreuth erwarb aus dem Nachlaß Kupetzkys

(† 1740) 24 Gemälde, unter denen dieses Bild gewesen sein kann.

Lit.: E. Bachmann, Ein unbekanntes Bildnis des Prinzen Eugen, Stifter Jahrbuch II, 1951.

Bayreuth, Schloßmuseum. K. G.

3.9 Franz Ulrich Graf von Kinsky

Kupferstich, 22 × 15 cm (Pl.).

Zu dem Zeitpunkt, als Prinz Eugen an den Hof Leopolds I. kam, wurden einige personelle Veränderungen vorgenommen. So wurde auch der als hochgebildet bekannte Franz Ulrich von Kinsky (1634—1699) als kaiserlicher Minister bestellt. Kinsky wurde zum ersten Berater Leopolds I.
Er galt als reizbar und schien oft krank gewesen zu sein. Eugen bot er jedoch einen wichtigen Rückhalt am Hof während dessen Feldzüge gegen den wankelmütigen Savoyerherzog Viktor Amadeus II.
Aus dieser Zeit stammt ein vertraulicher Briefwechsel zwischen Kinsky und Eugen.

Lit.: Braubach, Bd. 1, S. 104, S. 220.

Privatbesitz. S. D.

Kat.-Nr. 3.8

3.10 Karl Theodor Otto Fürst von Salm-Kyrburg

Kupferstich, 30,2 × 19,2 cm.
F. Stampart pinx., Pfeffel et Engelbrecht sc.V.

Fürst Salm (1648—1710) war Erzieher Josephs I. Er richtete seine Erziehung insbesondere gegen den jesuitischen Einfluß am Hof Leopolds I., das mag auch der Grund für die tolerante Haltung Josephs I. gegenüber religiösen Fragen gewesen sein.
Die Reformversuche Josephs I. in innenpolitischen Bereichen unterstützte Salm, war auch einer der wichtigsten Berater des Kaisers, stand aber im Gegensatz zu Eugen, Wratislaw und Starhemberg. Salm hatte sich neben seiner innenpolitischen Tätigkeit in den frühen Türkenkriegen (1684) und im Spanischen Erbfolgekrieg ausgezeichnet.
Der Stich zeigt das Brustbild des Fürsten in Rüstung in einem Ovalmedaillon, das auf einen Sockel aufgesetzt ist.

Lit.: Wurzbach 1874, Bd. 28, S. 135. — Ch. W. Ingrao, Josef I., Graz - Wien - Köln 1982, S. 32/33.

Wien, Bildarchiv ÖNB. S. D.

3.11 Brief des Prinzen Eugen an den Grafen Johann Wenzel Wratislaw

Original, Papier, Tinte, eh. Unterschrift des Prinzen Eugen, 2 fol.
33 × 21 cm.
Feldlager bei Trevillio, 11. September 1705.

Graf Wratislaw, zuerst böhmischer Hofkanzler und Minister der Geheimen Konferenz, Vertrauter Kaiser Josephs I. und seines Nachfolgers Karls VI., war ein treuer Freund des Prinzen Eugen, der stets mit dessen Unterstützung rechnen konnte.
In seinem Brief vom 11. September 1705 bittet Eugen den Grafen, wegen der 4000 in englischem und holländischem Sold stehenden württembergischen Truppen, die nach Italien marschieren sollten, „an unßeren hoff die weithere passus zu thun, und dießes werck mit allem eyffer zu pressiren".

Wien, HHStA, Große Korrespondenz 67 Conv. a, fol. 7, 8. H. L.

3.12 Genealogische Beschreibung aller des h. r. Reichs jetztlebender Graffen und Herren ...

Regensburg: Seidel, 1722.
324 Seiten, keine Abbildungen, 18 × 19 cm (geöffnet).

Der vollständige Titel des Buches lautet: „Genealogische Beschreibung aller des H. R. Reichs jetztlebender Graffen und Herren/ Sammt Deroselben Gemahlinnen/Herren/ Fräulinnen/auch Brüdern/Schwestern und Verwandten/dabey ihre Geburt/Regierung/ Vermählung und Residenzen angemerckt werden" —; daraus geht hervor, daß das Buch eine kurze Lebensbeschreibung sämtlicher Reichsgrafen, kurze Anmerkungen zur Herkunft ihrer Gemahlinnen, Anmerkungen über Verwandte mit Angabe der wichtigsten Daten aus ihrem Leben und schließlich ein Verzeichnis aller genealogischen Schriften, die bis zum Jahre 1719 gedruckt worden waren, enthält.
Aufgeschlagen ist die Seite mit dem Namensregister der adeligen Familien, die dem „Wetteranischen" und dem „Schwäbischen Kollegium" angehörten. Unter den 17 Familien des „Wetteranischen Kollegiums" befanden sich u. a. die Familien Salm und Mansfeld, unter den 20 Familien des „Schwäbischen Kollegiums" die Familien Sinzendorf und Waldstein.

Wien, NÖLB, Sign. 231-B. H. L.

3.13 Mayer, Joseph, Vortrefflich hoch-adeliches Controfee: das ist vollkommener Adel ... des ... Hauses von Lamberg ...

Wien: Heyinger, 1709.
371 Seiten, 42 Kupferstiche, 30 × 38 cm (geöffnet).

Das Buch enthält die Lebensbeschreibung sämtlicher Herren aus dem Hause Lamberg aus sechs Jahrhunderten, die durch besondere Verdienste erwähnenswert scheinen. Ergänzt werden die in überschwenglichen Worten verfaßten Beschreibungen durch beigefügte Sinnbilder mit lateinischen und deutschen Versen. Erwähnenswert ist die Lebensbeschreibung des Obristjägermeisters Leopold Matthias Lamberg († 1711), der von einem Zeitgenossen als „ausgezeichneter Zuhälter für seinen Herrn" bezeichnet worden war, da er angeblich die Rendezvous zwischen Joseph I. und dessen Mätressen organisiert hatte, wofür er vom Kaiser reichlich belohnt und vor jeder Anfeindung beschützt worden war. Es ist verständlich, daß sich Leopold Matthias dadurch den Unmut der kaiserlichen Mutter Eleonore und der Gattin Josephs I., Amalie, zugezogen hatte und bei den beiden Damen äußerst unbeliebt war. Ihr Zorn steigerte sich noch, als sie bei der Testamentseröffnung Josephs I. erfahren mußten, daß dieser den Erben seines kürzlich zuvor verstorbenen Freundes eine ansehnliche Summe Geld vermacht hatte.
Aufgeschlagen ist das Titelblatt des Buches.

Wien, NÖLB, Sign. 474-C. H. L.

Kat.-Nr. 3.14

3.14 Beratung im Belvedere

Kupferstich.

28,8 × 39,2 cm (Pl.).

Johann Balthasar Probst nach Salomon Kleiner, aus: „Wunderwürdiges Kriegslager, 2. T., Bl. 2".

Seit seiner Bestellung zum Hofkriegspräsidenten und zum Mitglied der Geheimen Konferenz nahm Prinz Eugen zunehmenden Einfluß auf die politischen Geschicke des Habsburgerreiches. Er hatte begonnen, eine Geheimdiplomatie in Europa aufzubauen, die ihn zum bestinformiertesten Mann am Hof werden ließ. Von dieser Geheimkorrespondenz wußte in Wien nur sein Sekretär Iganz Koch, der die Post chiffrierte, und der Geheimschreiber Brockhausen. Seine Informanten — in den Niederlanden der Postdirektor Jaupain, in Spanien der kaiserliche Botschafter Graf Lothar Königsegg, in Rußland Graf Rabutin und über die deutschen Fürsten berichteten ihm Albert von Braunschweig-Bevern und Graf Friedrich Heinrich Seckendorff — verfaßten und erhielten jeweils einen offiziellen Bericht des Kaisers und eine Weisung des Prinzen.

Lit.: Gerda Mraz, S. 175.

Wien, Hist. Museum, Inv.-Nr. 179.339/13. S. D.

3.15 Konferenzprotokoll der Sitzung der Geheimen Konferenz vom 23. November 1711

Original, Papier, Tinte, 2 fol.
33,5 × 22 cm.
Wien, 23. November 1711.

Ende Juni 1703 war Prinz Eugen von Kaiser Leopold I. zum Hofkriegsratspräsidenten und zum Minister der Geheimen Konferenz ernannt worden. In den Sitzungen von Geheimer Konferenz und Hofkriegsrat scheute sich Prinz Eugen, um Rat und Meinung befragt, nicht, die herrschenden Mängel in der Organisation der kaiserlichen Truppen und die allgemeine finanzielle Misere zu kritisieren und Besserungsvorschläge, denen man jedoch allzuoft kein Gehör schenkte, vorzubringen.
Das Protokoll der unter dem Vorsitz des Prinzen Eugen abgehaltenen Sitzung der Geheimen Konferenz vom 23. November 1711 enthält neben Bemerkungen über die Kriegsmüdigkeit der Seemächte England und Holland und über „die aus Engelland vnd Holland über die zu London mit Franckreich heimblich vnd einseitig tractirte Praeliminarien vnd Friedens geschäfft“ auch Bemerkungen über das Erlöschen einer Kerze im Konferenzzimmer, das als schlechtes Omen angesehen wurde.

Wien, HHStA, Staatskanzlei-Vorträge 16, fol. 76, 77.
H. L.

3.16 Referat über die Sitzung der Geheimen Konferenz vom 30. Jänner 1726

Original, Papier, Tinte, gebunden, 16 fol.
33,5 × 45 cm (geöffnet).
Wien, 30. Jänner 1726.

In der unter dem Vorsitz des Prinzen Eugen abgehaltenen Sitzung vom 30. Jänner 1726 wurde „über die äußerliche und innerliche bedenkliche Situation der Weltgeschäften“, über den „statum militarum“ in den Erblanden und im Reich, wo man die Infanterie verstärken und an der schlesischen Grenze ein Lager von einigen tausend Mann errichten wollte, beraten. Eugen, den man zu den einzelnen Problemen befragte, riet dem Kaiser, daß es „ohnumbgenglich sei, daß man so viel als möglich ist ein Totum aus Ewer Kayl. und Cath. Mayt. weitläuffig und herrlichen Monarchie machen [solle]“, d. h. aus der Monarchie ein einheitliches organisiertes Ganzes zu bilden.

Wien, HHStA, Staatskanzlei-Vorträge 26, fol. 14, 15.
H. L.

3.17 Brief des Grafen Philipp Joseph Kinsky an Prinz Eugen

Original, Papier, Tinte, eh. Unterschrift Kinskys, 2 fol.
35 × 44,5 cm (geöffnet).
Londres, 18. Mai 1729.

Graf Philipp Joseph Kinsky, der im Jahre 1728 als kaiserlicher Bevollmächtigter nach England reiste und dort bis zum Jahre 1735 mit großem Erfolg für die Interessen Österreichs tätig war, stand während dieser Zeit in regem Briefkontakt mit dem Prinzen Eugen, was die Vermutung nahe legt, daß Eugen dem Grafen Weisungen hinsichtlich seiner jeweiligen Schritte und seines Verhaltens den Engländern gegenüber erteilt hatte.
Die Berichte Kinskys, die er an Eugen sandte, sind größtenteils in Zahlenchiffre verfaßt. Bei dem vorliegenden Schreiben wurde die Auflösung der Chiffre über den Zahlenreihen eingetragen.
Wien, HHStA, Große Korrespondenz 94 Conv. b, fol. 53, 54.
H. L.

3.18 Barocke Bildergalerie

Öl/Lw., 136 × 165 cm; bez. D. Iortano 1685.

Kat.-Nr. 3.18

Das vorliegende Gemälde des nicht näher bekannten Malers Iortano, einem der zahlreichen Nachahmer David Teniers d. J., zeigt eine typische Bildergalerie aus dem adeligen Bereich, wie sie auch Prinz Eugen für sich anlegen ließ (Kat.-Nr. 5.3). Entscheidend war nicht die Aussage des Einzelbildes, sondern die dekorative Wirkung des gesamten Ensembles, so daß man oft auch auf Kopien zurückgriff, die den Bestand zu einem dekorativen Ganzen zusammenfügen sollten. Die Entwicklung führte von einer eher willkürlichen Anordnung der Bilder in der ersten Hälfte des 17. Jh.s allmählich zu einer immer strengeren Symmetrie, eine Praxis, die bis weit hinein ins 18. Jh. ihre Gültigkeit behielt. Um dieser Hängung willen wurden Bilder sogar beschnitten oder vergrößert. Interessanterweise waren in derartigen Galerien neben Gemälden noch eine Fülle verschiedenster anderer Gegenstände — Landkarten, Globen, kunstgewerbliche Gegenstände etc. — zu finden, basierend auf den Prinzipien der Kunst- und Wunderkammern. Selbst noch bei der ebenfalls unter dekorativen Gesichtspunkten erfolgten Neuaufstellung der kaiserlichen Galerie in der Stallburg Ende der zwanziger Jahre des 18. Jh.s (Kat.-Nr. 6.19 b) mischte man unter die Gemälde Skulpturen, diverseste Kuriositäten und sogar ausgestopfte Tiere.

Lit.: E. Herrmann-Fichtenau, Die Bildersammlung im Stift Herzogenburg, in: ÖZKD 28, 1984, H. 3/4, S. 185 ff.

Stift Herzogenburg, Gemäldegalerie. T. K.

3.19 Schloßhofer Weiß-Gold-Mobiliar

a) Kanapee

89 × 69 × 230 cm
Um 1775
Das weiß-gold gefaßte Kanapee aus Buchenholz ist mit indischer Baumwolle vom Anfang des 18. Jh.s bezogen.

b) Vier Sessel

Buche, Sitz und Lehne rohrgeflochten, 104 × 59 × 50 cm
Um 1775

c) Tisch

Buche, 78 × 62 × 90 cm
Um 1775

d) Konsoltisch

Buche, weiße Marmorplatte, 78 × 110 × 70 cm
Um 1775

e) Taburett

Buche, Sitz rohrgeflochten, 50 × 42 × 50 cm
Um 1775

Während des vom Kaiser Joseph II. 1773—1775 veranlaßten Umbaus von Schloß Hof wurden unter der Leitung des Architekten Franz Anton Hillebrand sämtliche Räume mit weiß-gold gefaßtem Mobiliar eingerichtet. Anhand dieser zahlreichen Sitzmöbel, welche sich heute im Inventar der Bundesmobilienverwaltung befinden, kann man sehr gut die handwerkliche Entwicklung früher klassizistischer Möbelkunst im Umfeld des österreichischen Kaiserhauses verfolgen. Von zunächst etwas plumpen und unbestimmten Proportionen bis zu kapriziösen Entwürfen steigert sich auch die handwerkliche Qualität der Objekte, die alle jedoch durch die gleiche Fassung (weiß-gold, weiß-taubengrau) einen geschlossenen Eindruck vermitteln.

Lit.: Ch. Witt-Dörring, Die Möbelkunst am Wr. Hof zur Zeit Maria Theresias, Wien 1978.

Wien, eh. k. k. Hofmobiliendepot, Inv.-Nr. MD 1269, MD 1270, 1211, 1304, 1321, S 4970, MD 1338, CE 171. Peter Parenzan

3.20 Pokal FB 33

Sachsen, um 1730—1740.

Das farblose Glas ist dreiteilig geblasen. Die Kuppa ist umlaufend mit der Darstellung eines Schloßparkes und höfischer Gesellschaft graviert.

Wien, Glasgalerie Michael Kovacek. M. K.

3.21 Deckelbecher FB 32

Potsdam, um 1720.

Das farblose Glas ist umlaufend mit einer Landschaftsdarstellung graviert. Neben einem Baum sitzt Saturn (Chronos), in der linken Hand eine Sense, in der rechten Hand die Weltkugel mit der Glücksgöttin haltend.

Wien, Glasgalerie Michael Kovacek. M. K.

3.22 Deckelpokal

Potsdam oder Zechlin, um 1735—1740

Das farblose Glas ist mit Hoch- und Tiefschnittmustern verziert und vergoldet.

Wien, Glasgalerie Michael Kovacek. M. K.

3.23 Pokal

Böhmen, Ende 17. Jh.

Die Kuppa des farblosen, leicht gelblichen Glases ist umlaufend mit einer Fantasielandschaft und Figurenstaffage im Stil der Nürnberger Glasgravur dekoriert.

Wien, Glasgalerie Michael Kovacek. M. K.

3.24 Zwischengoldpokal

Böhmen, um 1730.

Das farblose Glas ist dreiteilig geblasen und zusammengeschmolzen. In die Kuppa wurde ein Becher eingepaßt, dessen Außenwandung mit einer höfischen Szene in Gold- und Silberradierung dekoriert ist.

Wien, Glasgalerie Michael Kovacek. M. K.

3.25 Becher

Böhmen, 1690.

Die Wandung des farblosen, leicht gelblichen Glases ist umlaufend mit einer Fantasielandschaft graviert. Auf der Vorderseite in einem durch Fratzen und Ornamenten eingerahmten Medaillon die symbolische Darstellung einer Krönung durch Gott. Inschrift: „Die Ere komet von Gott ano 1690."

Wien, Glasgalerie Michael Kovacek. M. K.

3.26 Drei Flaschen

Böhmen, Anfang 18. Jh.

Das farblose Glas hat eine rechteckige Form mit abgeschrägten Ecken. Die Wandung ist umlaufend mit Blüten und Ornamenten im Tiefschnitt verziert. Die Originalstöpsel sind vorhanden. Die Flaschen stammen aus einem Reiseservice und wurden meist mit anderen Glasgegenständen in einer Kassette (Flaschenkeller) mitgeführt.

Wien, Glasgalerie Michael Kovacek. M. K.

Kat.-Nr. 3.22

3.27 Vase

Glasiertes Porzellan mit „deutschem" Blumendekor, Manufaktur Du-Paquier, um 1725/30.
H 29 cm, Dm 17,7 cm.

Die Vase besteht aus einem kugelförmigen Bauch, der auf einer Seite ein Allianzwappen und bunten Blumendekor zeigt, aus einer schmalen, mit Gitter-, Laub- und Bandelwerk bemalten Kehle mit einem Wulst und aus einem langen Hals mit einer grün-, blau-, purpur- und goldbemalten reliefartigen Bordüre.

Lit.: Kat. Wiener Porzellan, S. 87, Nr. 73. — Mrazek, S. 9, S. 16, Tafel 19.

Wien, ÖMAK, Inv. Ke 7524. H. L.

3.28 Tabakstopf

Glasiertes Porzellan mit „indianischem" Dekor, Manufaktur Du-Paquier, um 1725/30.
L 11,3 cm, B 11,3 cm, H (mit Deckel) 18,8 cm.

Der quadratische Fuß des viereckigen Gefäßes ist mit bordürenartigem Dekor in Eisenrot bemalt, Deckelrand, oberer und unterer Rand des Topfes sind mit einer bunten Blattbordüre, die Wandungen mit Insekten und „indianischem" Blumendekor verziert.

Lit.: Kat. Wiener Porzellan, S. 85, Nr. 56, Tafel 11. — Folnesiscs-Braun, S. 15, S. 40, Tafel V/3.

Wien, ÖMAK, Inv. Ke 7552. H. L.

3.29 Olliotopf

Glasiertes Porzellan mit „indianischem" Dekor, Manufaktur Du-Paquier, um 1720/25
H (mit Deckel) 16,1 cm, Dm 17,5 cm.

Der runde, nach oben breiter werdende Topf mit breitem, gewelltem Rand, gewölbtem Deckel mit Knauf und drei Maskaronfüßchen, zeigt auf den Wandungen und auf dem Deckel „indianischen" Dekor: Blütenzweige in Eisenrot, Gold und Unterglasurblau.

Lit.: Kat. Wiener Porzellan, S. 82, Nr. 37. — Folnesics-Braun, S. 10, S. 20, S. 23, Tafel IV/1.

Wien, ÖMAK, Inv. Ke 4762. H. L.

3.30 Schüssel

Glasiertes Porzellan mit buntem Dekor, Manufaktur Du-Paquier, um 1725/30.
H 5,6 cm, Dm 20,5 cm.

Der Schüsselboden ist mit „deutschem" Blumendekor, die gerippte Wandung außen mit buntem Laub- und Bandelwerk sowie Palmetten bemalt, die Rippen sind durch blaue Streifen hervorgehoben. Der gezackte Schüsselrand ist innen vergoldet, mit Gitterwerk in Eisenrot und Goldhöhungen sowie grünen und violetten Palmetten verziert.

Lit.: Kat. Wiener Porzellan, S. 91, Nr. 105.

Wien, ÖMAK, Inv. Ke 7549. H. L.

3.31 Becher

Glasiertes Porzellan mit buntem Dekor, Manufaktur Du-Paquier, um 1740.
H 8,5 cm, Dm 6,7 cm.

Die mit buntem Blumendekor bemalte Wandung des Bechers besteht aus gitterartigen Vierpaßfeldern. Der innere Rand ist mit buntem Laub- und Bandelwerk bemalt. H. L.

Lit.: Kat. Wiener Porzellan, S. 90, Nr. 95.

Wien, ÖMAK, Inv. Ke 7544.

3.32 Eßbesteck

Messer und Gabel, Griffe aus glasiertem, mit buntem Dekor versehenem Porzellan, Manufaktur Du-Paquier, um 1730/40.
L (Griff) 7,7 cm.

Die Porzellangriffe sind mit eisenrotem, purpurnem, grünem und goldgehöhtem Laub-, Bandel- und Gitterwerk verziert.

Lit.: Kat. Wiener Porzellan, S. 100, Nr. 167. — Hayward, S. 207, Tafel 38b.

Wien, ÖMAK, Inv. Ke 9204. H. L.

4. Der Mensch Prinz Eugen und seine Familie

Im Grunde genommen blieb Prinz Eugen zeit seines Lebens ein einsamer Mensch. Seine Jugend in Paris scheint nur in wenig familiäre Geborgenheit eingebunden gewesen zu sein, denn der Vater war meist als Offizier unterwegs und die Mutter mehr mit ihren eigenen Problemen beschäftigt als mit der Sorge um die Erziehung ihrer Kinder. Schließlich mußte sie sogar aus Angst vor Verfolgung durch König Ludwig XIV. aus Paris nach Brüssel flüchten und überließ ihre Kinder deren Großmutter Maria von Bourbon. Diese wollte aus Eugen einen Geistlichen machen, doch führte der Junge einen Lebenswandel, der solchem Bemühen Hohn sprach. Wenn die Erzählung der tratschfreudigen Liselotte von der Pfalz richtig ist, trieb er sich damals sogar im Homosexuellenmilieu herum. Daß er auch Schulden machte, ist gewiß, sonst könnte man ihn nicht rühmen, daß er diese später zurückgezahlt habe. Schließlich wurde er von der Großmutter des Hauses verwiesen und mußte sich selbst um sein Fortkommen umsehen, das er im Soldatenberuf suchte.

Ganz kam er aber von der Kirche nicht los. Zur Verbesserung seiner wirtschaftlichen Situation verlieh der Herzog von Savoyen dem jungen Eugen zwei Abteien in Piemont. Aus dieser Pfründe eines zweifachen Laienabtes bezog er jährlich 150.000 Gulden, mußte dafür aber einen Vikar, der an seiner Stelle die geistlichen Geschäfte erledigte, bezahlen. Diese Einkünfte sollten ihm solange verbleiben, als er im Zölibat lebte. Da Eugen unverheiratet blieb, war er bis an sein Lebensende gut bezahlter Abt.

Schon als Jüngling bewies Eugen, daß er Soldat aus Berufung war. Als der Neunzehnjährige den König von Frankreich um eine Offiziersstelle bat und abgewiesen wurde, kehrte er sofort dem Vaterland den Rücken und wandte sich ebenso wie schon zuvor sein Bruder Ludwig Julius an den Kaiserhof, um ans Ziel seiner Wünsche zu gelangen. Das war damals recht häufig, Skrupel um Vaterland und Treue gegen seinen König machte sich niemand.

Eugens Lebensweg war durch eine ungemein rasche Karriere im militärischen Bereich gekennzeichnet. Anfangs half ihm dabei sicherlich die Protektion einiger Verwandter, wie des Markgrafen Ludwig Wilhelm von Baden oder des Kurfürsten Max Emanuel von Bayern, die nach 1683 am Kaiserhof ziemlichen Einfluß hatten. Nach etwa einem Jahrzehnt hatte er diese nicht mehr notwendig, es begann die Zeit, wo seine Karriere durch seine Tüchtigkeit getragen wurde. Er zeichnete sich als Soldat stets durch persönlichen Mut aus und wurde daher auch mehrmals verwundet oder war Lebensgefahr ausgesetzt, wenn er an vorderster Stelle kämpfte. Seine Siege wurden aber auch entsprechend belohnt. Die Positionen eines Obersten, eines Generals oder Feldmarschalls waren mit beträchtlichen Einkünften verbunden, für Siege gab es entsprechende Sonderbelohnungen: Nach der Schlacht bei Zenta erhielt er Güter im Wert von 80.000 Gulden, die Siege bei Oudenaarde und Malplaquet wurden mit 300.000 Gulden abgegolten und sollten aus dem enteigneten Besitz ungarischer Rákóczy-Anhänger bezahlt werden. Schließlich wurden daraus sogar 400.000 Gulden, mit denen Eugen die Anlage des Belvederegartens finanzieren konnte.

Eugen hatte aber auch als Präsident des Hofkriegsrates eine gut besoldete Position, die er von 1703 bis an sein Lebensende bekleidete. Die Position eines Generalgouverneurs von Mailand wurde mit jährlich 12.000 Pistolen, das mögen 150.000 Gulden gewesen sein, entlohnt, die eines Generalstatthalters der Niederlande mit 100.000 Talern jährlich, wahrlich eine fürstliche Bezahlung, wenn man bedenkt, daß er in den Jahren 1716 bis 1724 niemals dieses Land aufgesucht hat und alle Regierungsgeschäfte in Wien erledigte. Als er von diesem Amt zurücktrat, wurde für ihn der völlig unnötige Posten eines Generalvikars der österreichischen Besitzungen in Italien geschaffen, wofür er neuerlich 140.000 Gulden im Jahr erhielt. Gleichzeitig wurde ihm von Kaiser Karl VI. wegen dieses Rücktrittes im Jahre 1725 die Herrschaft Obersiebenbrunn geschenkt, die einen Wert von 230.000 Gulden hatte. Die von ihm erworbenen Besitzungen im Marchfeld wurden auf insgesamt 600.000 Gulden geschätzt, sein Gesamtbesitz hatte zur Zeit seines Todes einen Wert von etwa zwei Millionen Gulden, seine jährlichen Einkünfte betrugen zuletzt etwa 400.000 Gulden. Daher ist es verständlich, daß bei seinem Tode auch noch drei Millionen Gulden Barmittel vorhanden waren. Das war zu einer Zeit, in der ein mit jährlich 400 bis 500 Gulden besoldeter Beamter als wirtschaftlich gut fundiert galt, eine ungeheure Summe.

Prinz Eugen, der 1683 als mittelloser Flüchtling nach Österreich gekommen war, ist also während seiner Tätigkeit für den Kaiser einer der reichsten Männer der Monarchie geworden und besaß ein Einkommen und Vermögen, das mit dem der reichsten Familien wie der Liechtenstein oder Schwarzenberg durchaus vergleichbar war. Die Vermögensverwaltung hatte er dem aus Westfalen stammenden Georg Gottfried Koch anvertraut, dessen Sohn Ignaz Eugens langjähriger Sekretär war und eine besondere Vertrauensstellung einnahm.

Protektion verschaffte also anfangs die Familie im weitesten Sinn. War Prinz Eugen also ein Mensch mit besonderem Familiensinn? Zuerst einige entfernte Verwandte: Den „Türkenlouis" verdrängte er seit 1704 ziemlich hart aus seiner Position, Kurfürst Max Emanuel war in der Schlacht bei Höchstädt sein Gegner, dessen Land wurde in der Folge von ihm rücksichtslos ausgebeutet, der französische Marschall Vendôme war sein erster bedeutender Gegner und gleichzeitig sein Cousin. Wie stand es nun mit der engeren Familie? Beginnen wir bei den beiden Schwestern, die großjährig wurden. Über beide liegen nicht die besten Nachrichten vor. Marie Jeanne-Baptiste, die um zwei Jahre jünger als Eugen war, führte ein solches Lotterleben, daß sie aus Paris ausgewiesen wurde, „weil sie alle Jahre einen Bastard dahergesetzt" und „alle Abend sternblindvoll soffen, summa ein dolles Leben" führte, wie Liselotte von der Pfalz schrieb. Später verheiratete sie sich in Lausanne mit einem Abenteurer und starb am 30. Mai 1705 in Morges am Genfer See. Die 1667 geborene zweite Schwester Eugens hieß Louise Philiberte Mademoiselle de Carignan. Auch ihr wurde einiges vorgeworfen, wenn auch nicht in den Dimensionen wie der Älteren. Doch wurde auch sie anfangs 1698 zwangsweise in ein Kloster eingewiesen. Nachdem sie eine zeitlang bei der Mutter in Brüssel gelebt hatte, trat sie später in ein Kloster in Savoyen ein, wo sie im Februar 1722 starb. Mit diesen beiden Kontakte zu pflegen, mag für Eugen nicht sonderlich begehrenswert gewesen sein.

Wie stand es nun mit den Brüdern? Emanuel, der ein Jahr älter als Eugen war und den Titel eines Grafen von Dreux führte, war schon im Alter von vierzehn Jahren in Turin gestorben. Philippe, Eugens zweitältester 1659 geborener Bruder wurde so wie er als Kind für den geistlichen Stand bestimmt, führte aber in jungen Jahren ein ähnliches Leben wie Eugen. Als der junge Abbé im Jahre 1684 in England bei einem Duell den Sohn des schwedischen Feldmarschalls Banér tötete, wurde er zwar von einem englischen Gericht begnadigt, um seine kirchlichen Pfründe nicht zu verlieren, mußte er den Kampf gegen die Türken geloben. In venezianischen Diensten wurde er auf Morea verwundet und durfte deshalb nach Frankreich zurückkehren, wo er nur mehr durch hohe Spielschulden und den Streit mit seinem älteren Bruder um das Erbe der Großmutter von sich reden machte. Am 4. Oktober starb dieser nach den Worten der Herzogin Liselotte „große Narr" an den Blattern. Ludwig Julius, Eugens anderer älterer Bruder, sollte in Savoyen von den dortigen Verwandten versorgt werden, bereitete ihnen aber einige Probleme. Er wollte schließlich in Spanien oder Österreich Offizier werden, was ihm in Wien auch dank der Hilfe Ludwig Wilhelms von Baden gelang. Am 7. Jänner 1683 wurde ihm ein kaiserliches Regiment verliehen, am 13. Juli starb er an einer Verwundung. Probleme gab es auch mit seinem ältesten Bruder Ludwig Thomas, allerdings vorwiegend in Frankreich. Von ihm hatte man sich am französischen Hof manches erwartet. Als Patenkind Ludwigs XIV. hatte er vom Vater Rang und Titel geerbt, bewarb sich sogar im Jahre 1673 kurz um den polnischen Thron, den schließlich Johann Sobieski einnahm, und wurde im Jahre 1676 mit der Inhaberschaft eines französischen Regimentes ausgezeichnet. Bei seiner standesbewußten Großmutter zog er sich größten Unwillen zu, als er 1682 ein schönes Mädchen geringer Herkunft namens Uranie de la Cropte-Beauvais heiratete. Auch er wurde enterbt, kam auf die schiefe Bahn und machte Spielschulden. Daraufhin wurde er in der französischen Armee nicht mehr verwendet und bot im Jahre 1694 seine Dienste der Republik Venedig an. Obwohl dies zum völligen Bruch mit dem französischen König führte, war auch dieser Dienst nur von kurzer Dauer, und Ludwig Thomas von Savoyen wurde überall zum ungern gesehenen Bittsteller. In dieser Lage wandte er sich im Jahre 1699 an Eugen in Wien um Hilfe. Dieser nahm ihn in sein Haus auf und erwirkte für ihn bei Ausbruch des Spanischen Erbfolgekrieges auch den Rang eines österreichischen Feldzeugmeisters. Im Gefolge des jungen Königs Joseph starb er an den Folgen einer schweren Verwundung vor der Festung Landau am 24. August 1702, noch nicht einmal 45 Jahre alt. Er hatte es in Wien zu beträchtlichem Ansehen gebracht und damit seinen schlechten Ruf aus der vorhergehenden Zeit beseitigt. Die Sorge um die vier Kinder und die Witwe, die er hinterließ, blieb vorerst den Verwandten in Savoyen, erst später nahm sich Eugen der Söhne an. Als nämlich Eugens Bruder im Jahre 1702 fiel, befand sich seine Gattin mit den Kindern in Turin. Die Witwe fand Aufnahme in einem Kloster, die Söhne wurden für die militärische Laufbahn vorbereitet. Uranie de Soissons ist später mit Erlaubnis Ludwigs XIV. nach Frankreich zurückgekehrt und starb am 14. November 1717 in Paris. Als Eugen im Herbst 1706 als Sieger in Turin einzog, sah er die drei Neffen, auf denen die Zukunft der Familie ruhte, wieder. Emanuel, der älteste, war als savoyischer Soldat verwundet in französische Kriegsgefangenschaft geraten, aber rasch ausgetauscht worden. Er konnte deshalb gemeinsam mit den beiden jüngeren Brüdern beim Einzug des siegreichen Onkels in die entsetzte Stadt dabei sein und machte auch den Zug gegen Toulon im nächsten Jahre mit. Eugen nahm sich nun der Neffen an und versuchte sie am Kaiserhof zu versorgen. Das war beim mittleren namens Moritz am schwersten. Eugen nahm ihn auf dem Feldzug von 1708 mit nach Belgien und sandte ihn nach der Kapitulation von Mons mit der Siegesnachricht nach Wien. Dort gab es mit ihm einigen Ärger, zuerst als ihm die Kaiserin Amalie Wilhelmine im Fasching 1709 auf einem Ball den Tanz verweigerte und Eugen dies als persönlichen Affront betrachtete. Eugen hatte auch einige Sorgen, als er den jungen Mann zu Karl III. nach Spanien sandte, doch ist dieser zwanzig Jahre alt am 8. März 1710 an einer plötzlichen Krankheit gestorben. Der jüngste Neffe, der den Namen

Eugen trug, war wegen seiner Vorliebe für Hasardspiele schlecht beleumundet, weshalb ihn Eugen als Hauptmann in sein Dragonerregiment eingliederte. Seit 1710 bei den Savoyendragonern in der Slowakei gegen die ungarischen Konföderanten eingesetzt, scheint er sich so bewährt zu haben, daß ihn Eugen am Beginn des Jahres 1712 auf die Reise nach England mitnahm. In London wurde er von den Blattern befallen, starb am 7. März 1712 und wurde in der Westminsterabtei beigesetzt. Die beste Karriere machte Eugens ältester Neffe Emanuel. Nachdem Kaiser Joseph I. schon 1707 versprochen hatte, dem jungen Mann ein Reiterregiment zu verleihen, wurde diese Zusage erst realisiert, als mit dem Tod des Grafen Breuner ein Reiterregiment frei wurde. So gab es in der kaiserlichen Armee künftig auch Savoyenkürassiere. Dem 22jährigen Oberst hat Eugen bei dessen Aufbruch auf den westlichen Kriegsschauplatz strikte Weisungen gegeben und aufmerksam gemacht, daß er bei schlechter Pflichterfüllung keinen Pardon kennen werde. Er hatte aber keinen Grund zur Klage, denn Emanuel wurde als guter Offizier zum General und schließlich zum Feldmarschalleutnant befördert und mit dem Goldenen Vlies ausgezeichnet.

Als einziger Neffe Eugens heiratete er und gründete eine Familie. Am 22. Oktober 1712 fand auf Schloß Schwarzkosteletz/Kostelec nad Cernými Lesy bei Prag die Hochzeit mit Theresia von Liechtenstein, der Tochter des damals schon verstorbenen Fürsten Adam, statt. Daß diese Verbindung schon länger vorbereitet war, beweist sein 1710 entstandenes Porträt von David Richter in den Sammlungen der Fürsten von Liechtenstein. Der Ehe entsproß ein Sohn namens Johann Eugen, der schließlich der letzte lebende männliche Sproß der Familie außer dem Prinzen selbst sein sollte. Denn Emanuel starb am 28. Dezember 1729 an den Blattern. Auch sein Sohn Johann Eugen, dem das Regiment des Vaters und der Orden vom Goldenen Vlies verliehen wurde und der Herzog von Troppau werden sollte, lebte nicht lange. Man rühmte sein gutes Gemüt und seinen hervorragenden Charakter, und Eugen mag alle Hoffnungen in ihn gesetzt haben. Zwar hatte der alt gewordene Großonkel einiges an ihm auszusetzen, als er 1732 aus Turin nach Wien zurückkehrte, als diplomatischer Kurier in Berlin machte er aber im Sommer des Jahres 1733 einen guten Eindruck und gewann dort die Zuneigung des Kronprinzen Friedrich. Dann wurde er mit seinem Regiment an den Rhein entsandt, wo er am 24. November 1734 plötzlich starb. Sein Leichnam wurde nach Wien gebracht und an der Seite seines Vaters im Stephansdom beigesetzt. So endete die Zukunft des Hauses Savoyen-Carignan, noch bevor Prinz Eugen am 21. Februar 1736 starb.

Bei seinem Tod lebte also nur mehr eine Nichte, ebenfalls eine Tochter seines ältesten Bruders Ludwig Thomas. Sie hieß Anna Victoria und war 1684 geboren worden. In Paris und später in Turin aufgewachsen, blieb sie unverheiratet und wurde zuerst in Turin, dann in Chamberry in einem Kloster als weltliche Dame untergebracht. Mit Eugen trat sie immer dann in Kontakt, wenn sie Geld brauchte. Sie wurde dann die Erbin alles dessen, was Eugen an Vermögen angehäuft und hinterlassen hatte.

Prinz Eugen war nicht verheiratet, was manchen Historikern Anlaß gibt, ihn als Homosexuellen zu sehen. Daß er in seiner Jugend hier einiges erlebt hat, bezeugt, allerdings viel später, die ihm nicht sonderlich gut gesinnte Liselotte von der Pfalz. Auf einer Liste, die der französische König von so gearteten jungen Leuten seiner Hauptstadt im Jahre 1682 anlegen ließ, fehlt allerdings sein Name.

An Versuchen, ihn in jungen Jahren zu verheiraten, fehlte es nicht. So glaubte seine Mutter im Jahre 1687, für ihn eine ranghohe und reiche Braut in Madrid gefunden zu haben.

Als Olympia aber die spanische Hauptstadt fluchtartig verlassen mußte, hörte man nichts mehr davon. Den nächsten Versuch machte Markgraf Ludwig Wilhelm von Baden, der Eugen 1690 zu seiner Hochzeit auf das Lobkowitzschloß Raudnitz in Nordböhmen lud, wo er Franziska von Lauenburg kennenlernen sollte. Warum daraus keine Ehe wurde, ist nicht recht klar, doch dürfte Eugens unscheinbare Person keinen besonderen Eindruck hinterlassen haben, die junge Dame wollte auch nur einen künftigen Herrscher ehelichen und fand den noch gar nicht bekannten kaiserlichen Offizier unter ihrer Würde. Weitere Heiratsversuche Eugens sind nicht bekannt, wenn man später auch glaubte, er habe die Komtesse Maria Maximiliane von Salberg gut gekannt. Auf Schloß Salaberg gibt es tatsächlich ein Porträt Eugens, doch hat die Dame schon 1698 den Grafen Thürheim geheiratet. Wenn der Tratsch richtig ist, war er damals auch mit der Gräfin Eleonore Batthyány schon enger bekannt.

Sie war 1683 als elfjähriges Mädchen nach Wien gekommen, als ihr Vater Theodor Heinrich Freiherr von Strattmann Hofkanzler wurde. Im August 1692 heiratete sie den Grafen Adam Batthyány, der bei der Schlacht bei Zenta einer der besten Offiziere Eugens war, dann als Banus von Kroatien im Jahre 1703 starb. In Wien hatte er ein Haus in der Renngasse zu einem Palais umbauen lassen.

Daß Eugen die „schöne Lori" schon zu Lebzeiten ihres Gatten näher gekannt hat, darf man deshalb annehmen, weil der Stadttratsch ihre beiden 1696 und 1697 geborenen Söhne nicht als Batthyánys, sondern als Eugens Kinder sehen wollte. Jedenfalls bestand um 1714 eine solch enge Freundschaft zwischen beiden, daß auch in den Berichten von Diplomaten darüber zu lesen war. In den führenden Kreisen Wiens sprach man ihr großen Einfluß auf Eugens Entscheidung zu, so daß sie bei der Krise um seine Person im Jahre 1719 eine große Rolle spielte. Allmählich hatte sich nämlich um den Prinzen und sie ein gesellschaftlicher Kreis gebildet, zu dem auch ihre verwitwete Schwägerin, Eleonore Strattmann, gehörte. Man warf den beiden Frauen vor, sie lenkten Eugen viel zu sehr von seinen Amtspflichten ab und beanspruchten seine Zeit über Gebühr. Tatsächlich spielten Landpartien, Jagden und viele Abendgesellschaften seit etwa 1720 eine immer größere Rolle im Alltag des Prinzen, der sich mit zunehmendem Alter in diesem Kreise immer wohler fühlte. Auch andere hochadelige Damen zählten zu diesem Kreis, darunter auch die Witwe seines Neffen Emanuel, eine geborene Fürstin Liechtenstein.

Zu Eugens Freundeskreis zählten aber auch einige Kollegen, wie etwa der stellvertretende böhmische Hofkanzler Johann Wenzel Wratislaw von Mitrowitz, eine Zeit hindurch auch Gundacker Thomas Graf Starhemberg und in den letzten Jahrzehnten seines Lebens Gundakker Graf Althann und der Reichsvizekanzler Friedrich Karl von Schönborn.

In Eugens Leben nahmen gesellschaftliche Veranstaltungen immer einen großen Raum ein, insbesondere in den Wintermonaten, wenn er den jeweiligen Kriegsschauplatz verließ und nach Wien zurückkehrte. Ein Teil davon waren offizielle Verpflichtungen, wie etwa der Empfang türkischer Agas in den Jahren 1711, 1715, 1719/20 und 1731, die Familienfeste der kaiserlichen Familie, bedeutende Hofreisen, aber auch sein eigener Geburtstag. Nach 1718 hatte er auch das ganze Jahr über viel Zeit für Gesellschaften im kleinen Kreis oder für Jagdausflüge und für all das, was man in jenen gehobenen Gesellschaftskreisen, denen er angehörte, für Vergnügen hielt. Weite Reisen wurden aber mit zunehmendem Alter seltener, er bevorzugte den Aufenthalt in seinen Schlössern und Gärten in und um Wien.

Karl Gutkas

Ehem. Antecamera: Stuckdekoration

Die Waffen ruhen: im ovalen Stuckrelief des Eckkamins spielen Putten mit Helm, Panzer, Schild und Standarte. In Friedenszeiten blühen Kunst und Wirtschaft — verkörpert durch Apollo, der Lyra und geflügelten Krummstab (wohl eine Verbindung zu Merkur) hält. Er thront am Deckenspiegel im ursprünglich barock geschwungenen Rahmen einträchtig neben dem Kriegsgott Mars, dessen Schwert von Ölzweigen umwunden ist, während die geflügelte Kriegsgöttin Bellona, von einem Putto ihrer Lanze beraubt, herabstürzend auf das friedliche Paar weist. Auf einer Wolke schwebend reichen zwei Putti einander die Hände wie um den friedlichen Bund zwischen Mars und Ars zu bekäftigen. I. S.

Objekte

4.1 Verwandtschaftstafel des Prinzen Eugen

Die Tafel verfolgt Eugens Verwandtschaft zurück bis zu den Urgroßeltern. Die väterlichen Ahnen beginnen mit Karl Emanuel, Herzog von Savoyen (1562—1630), der mit Catharina (1576—1597), einer Tochter König Philipps II. von Spanien (1527—1598) vermählt war.

Deren drittältester Sohn Thomas Franz, Prinz von Carignan (1596—1656), heiratete 1625 Marie von Bourbon (1606—1612), eine Tochter Karls von Bourbon, Graf von Soissons (1566—1612). Vierter Sohn dieser Ehe war Eugen Moritz Graf von Soissons (1635—1673), der Vater des Prinzen Eugen. Eugen Moritz ehelichte am 22. Februar 1657 Olympia (1640—1708), Tochter aus der Ehe des Michele Lorenzo Mancini (gest. 1657) mit Hieronyma (1614—1655), einer Frau aus der Familie Mazzarini.

Die Tafel zeigt weiters Eugens gesamte Verwandtschaft (Brüder, Neffen, Nichte und Großneffe) sowie sein Verwandtschaftsverhältnis zu Ludwig Wilhelm, Markgraf von Baden, zu Kurfürst Max Emanuel von Bayern und dem Herzog Victor Amadeus von Savoyen.

Lit.: Erstellt nach Braubach, Bd. 1. K. G.

4.2 Adelswappen des Prinzen Eugen aus den Wappenbüchern des niederösterreichischen Herren- und Ritterstandes

Handschrift, 44 × 64 cm (geöffnet).

Die Wappenbücher des niederösterreichischen Herren- und Ritterstandes, in rotes Leder gebundene Handschriften, enthalten die Namen und Wappen der dem Herren- und Ritterstand angehörenden Adelsgeschlechter. In der ersten Herrenstandsmatrikel aus dem Jahre 1705 sind Namen und Wappen der Mitglieder aus der ersten Hälfte des 18. Jh.s verzeichnet. Die im Jahre 1718 auf Veranlassung des Landuntermarschalls Johann Joachim von Aichen angefertigte Matrikel wurde im 19. Jh. um einen weiteren Band vermehrt und bis zum Jahre 1846 fortgeführt.

Auf der in der Ausstellung gezeigten Seite der Handschrift ist das Gesamtwappen des Prinzen Eugen (Kat.-Nr. 2.18), der im Jahre 1717 nach dem einstimmigen Beschluß des niederösterreichischen Herrenstandes in das Consortium der niederösterreichischen Stände aufgenommen worden war (Kat.-Nr. 2.16), zu sehen.

Lit.: Kat. Adel — Bürger — Bauern, S. 67.

Wien, NÖLA, Hs. 391, fol. 88. H. L.

4.3 Eugen Moritz Graf von Soissons-Carignan

Öl/Lw., 60 × 40 cm.
Um 1700.

Der am 3. Mai 1635 in Chambery geborene Vater des Prinzen Eugen, Eugen Moritz, war ein Sohn des Thomas Franz von Carignan und der Maria von Bourbon, Gräfin von Soissons

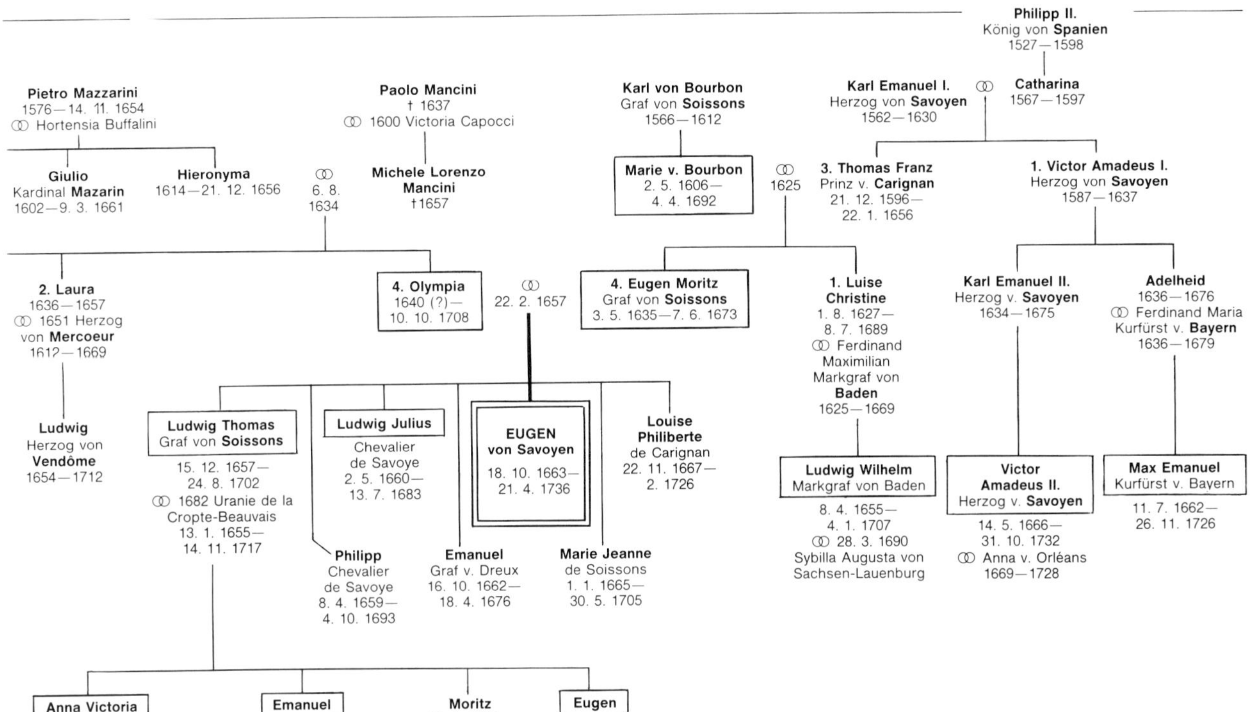

VERWANDTSCHAFTSTAFEL
DES PRINZEN EUGEN
Nach Max Braubach, Prinz Eugen, Bd. 1, 1963

Kat.-Nr. 4.1

(Kat.-Nr. 4.8). Seinen Vornamen erhielt er von dem heiliggesprochenen westgotischen Prinzen und sollte als Jugendlicher Geistlicher werden. Man hatte sogar schon seine künftige Erhebung zum Kardinal vorbereitet. Mit Hilfe des Kardinals Mazarin gelang es seiner Mutter, ihm Titel, Rang und Güter des Grafen von Soissons zukommen zu lassen, der nur dem Erstgeborenen zustand, so daß er als französischer Prinz von Geblüt Offizier werden konnte. Rasch in der militärischen Laufbahn hochgestiegen, wurde er im französisch-spanischen Krieg im Juli 1657 bei Montmedy und in der Schlacht an den Dünen am 14. Juni 1658 ausgezeichnet. Nach dem Pyrenäenfrieden von 1659 wurde ihm zuerst das Gouvernement des Bourbonais und später das der Champagne übertragen. Am 22. Februar 1757 heiratete er Olympia Mancini im Louvre zu Paris und nahm mit seiner Frau Wohnung im Hôtel de Soissons. Der Ehe entsprossen sieben Kinder.

Er war mit Leib und Seele Soldat und konnte sich im 1672 ausbrechenden holländischen Krieg auszeichnen. Mit der Hauptarmee, die vom Land des verbündeten Kurfürsten von Köln aus operierte und den Rhein bei Schenkenschanz überschritt, zeichnete er sich aus und war einer der höchsten Kommandanten. Auch im Frühjahr 1673 kehrte er zur Armee Turennes nach Westfalen zurück, erkrankte aber im Mai in Soest und starb auf der Heimreise am 7. Juni 1673 in Unna. Sein überraschender Tod ließ die Vermutung eines Gift-

Kat.-Nr. 4.4

mordes aufkommen. Im Mausoleum der Familie in der Chartreuse von Gaillon wurde er beigesetzt.

Lit.: Braubach, Bd. 1, S. 26ff. und 43ff.

Turin, Villa Racconigi. K. G.

4.4 Eugen Moritz Graf von Soissons

Öl/Lw., 132 × 98 cm.
Pierre Mignard oder Schule, um 1700.

Das Bild zeigt den Vater des Prinzen Eugen in Dreiviertelfigur nach links gewendet in Rüstung.
Eine Kopie des Brustbildes befindet sich im Finanzministerium in Wien.

Lit.: Gottfried Mraz, Abb. S. 31.

Stockholm, Schwed. Nationalmuseum, Porträtsammlung Schloß Gripsholm. K. G.

4.5 Olympia, Gräfin von Soissons

Öl/Lw., 70 × 50 cm.
Vor 1700.

Die 1638 oder 1640 geborene Mutter des Prinzen war das dritte Kind und die zweite Tochter des Römers Michele Lorenzo Mancini und der Hieronyma Mazzarini. Die Mutter starb 1656, der Vater bereits 1657. Schon 1647 war Olympia mit ihren älteren Geschwistern nach Paris gekommen und wurde am 11. September im Louvre der Königin-Regentin vorgestellt, da ihr Onkel Jules Mazarin unterdessen eine mächtige Position erlangt hatte. Die jungen Mancini zogen bald in das Palais Royal ein und wurden Spielgefährten des noch nicht zehnjährigen Königs Ludwig XIV. und seines Bruders Philippe. Im Jahre 1651 heiratete Olympias Schwester Laura den Herzog von Mercoeur, ihr Sohn, der Herzog von Vendôme, wurde einer der bedeutendsten Gegenspieler Eugens. Um 1655 wurde Olympia die intime Freundin König Ludwigs XIV. und machte sich wohl Hoffnungen, Königin von Frankreich zu werden. Aber 1657, als sie Mutter, Vater und Schwester in kurzen Abständen verloren hatte, heiratete sie Eugen Moritz Graf von Soissons (Kat.-Nr. 4.3). Die Kontakte zum König blieben aber bestehen. Im April 1665 war sie in eine Intrige verwikkelt und zog sich mit ihrem Gatten in die Champagne zurück. Nach einem Jahr Verbannung nach Paris zurückgekehrt, führte sie ein großes Haus und wollte eine führende Position am Königshof einnehmen.
Ihre Ehe war in den letzten Jahren nicht sehr harmonisch gewesen. Nach dem Tod ihres Gatten 1673 war sie weitgehend auf die Unterstützung der Herzöge von Savoyen ange-

Kat.-Nr. 4.6

wiesen, mußte ihre Stelle einer Oberintendantin in Paris zurücklegen, erhielt dafür aber eine Pension. Eine Reihe von Giftmischeraffären wurden aufgedeckt und Olympia damit in Verbindung gebracht, denn die Gerüchte um die Todesursache ihres plötzlich verstorbenen Gatten waren nie verstummt. Sie mußte Frankreich fluchtartig verlassen. Olympia reiste nach Brüssel, wo sie unter dem Schutz des spanischen Statthalters stand, ihre Kinder blieben in Paris zurück. In Brüssel hatte sie ein Verhältnis mit dem Generalgouverneur Alexander Farnese Prinz von Parma. Im März 1686 segelte sie von Rotterdam nach Spanien, begleitet von ihrem Sohn Eugen. Offenbar wollte sie diesem eine gute Heirat und eine Position in Madrid verschaffen, konnte aber am spanischen Hof nicht Fuß fassen, der König beschuldigte sie sogar, ihn verhext zu haben. So mußte sie, als am 12. Februar 1689 die spanische Königin plötzlich starb, fluchtartig Spanien verlassen und kehrte im Sommer 1690 über Portugal nach Belgien zurück, wo man ihr Schloß Tervueren in Brüssel als Wohnsitz übertragen hatte. Dort hatte sie nun engen Kontakt mit Max Emanuel von Bayern, der Statthalter der Niederlande geworden war. 1695 übersiedelte sie nach Aachen, wo sie am 29. September 1697 an einem Dankfest für den Sieg ihres Sohnes bei Zenta teilnehmen konnte. Dann kehrte sie wieder nach Brüssel zurück, ihr Leben in der Öffentlichkeit war zu Ende. Eugen hatte mit ihr wenig Kontakte. Als er die Feldzüge in Belgien zusammen mit Marlborough leitete, besuchte er sie nur am 8. Juli 1708 vor der Schlacht bei Oudenaarde und machte sie wegen seiner kühlen Zurückhaltung sehr betroffen. Am 10. Oktober 1708 verstarb Olympia in Brüssel.

Lit.: Braubach, Bd. 1, S. 21ff.

Turin, Villa Racconigi. K. G.

4.6 Olympia Mancini

Öl/Lw., 130 × 99 cm.

Pierre Mignard (oder Schule), um 1700.

Das Bild zeigt die Mutter des Prinzen Eugen als Pallas Athene. Es unterscheidet sich grundlegend von dem angeblichen Porträt Olympias aus der Schule Mignards im Finanzministerium, das vermutlich ihre Schwester Maria darstellt.

Lit.: Gottfried Mraz, Abb. S. 30.

Stockholm, Schwed. Nationalmuseum, Porträtsammlung Schloß Gripsholm. K. G.

4.7 Mutter des Prinzen Eugen

Bronze vergoldet, H 6 cm.

1. H. 18. Jh.

Kat.-Nr. 4.9

Der weibliche Kopf, der starke Ähnlichkeit mit dem in Stockholm befindlichen Porträt von Olympia Mancini (Kat.-Nr. 4.6) hat, diente als Griff eines Spazierstockes.

Privatbesitz. K. G.

4.8 Maria von Bourbon-Soissons 1606—1692

Öl/Lw., 60 × 40 cm.
Um 1700.

Die Großmutter des Prinzen Eugen war eine Angehörige jenes Zweiges der Kapetinger, der mit Heinrich IV. auf den französischen Thron gelangt war. Geboren wurde sie am 2. Mai 1606 als Tochter Karls von Bourbon, eines Vetters Heinrichs, der Erbe der Grafen von Soissons war und vermählte sich 1625 mit Tommaso Francesco, dem der Titel eines Principe di Carignano verliehen worden war. Dieser schwankte politisch zwischen Frankreich und Spanien, war ein tapferer Soldat, den der Maler van Dyck auf einem Gemälde hoch zu Roß dargestellt hat. Später trat er in den Dienst Frankreichs, starb aber am 22. Jänner 1656 in Turin. Er war in erster Linie Condottiere.

Maria war eine große, rücksichtlos auf ihr Ansehen bedachte Dame mit vielen Verehrern. Sie starb am 4. Juni 1692 im Hôtel de Soissons in Paris. Sie hat die Erziehung Eugens geleitet, als seine Mutter aus Paris hatte fliehen müssen, war mit ihm aber sehr unzufrieden.

Lit.: Braubach, Bd. 1, S. 24f.

Turin, Villa Racconigi. K. G.

4.9 Emanuel Thomas von Savoyen-Carignan

Öl/Lw., 94 × 75,5 cm.
Auf der Rückseite der Leinwand bezeichnet: D: Richter fecit AN: 1710.

Der am 8. Dezember 1687 geborene älteste Neffe des Prinzen Eugen, Sohn seines 1702 gefallenen Bruders Ludwig Thomas, kam nach Eugens Italienfeldzügen 1706/07 nach Wien und wurde kaiserlicher Offizier. 1709 erhielt er ein Kavallerieregiment und wurde später General und Feldmarschalleutnant. Im Jahre 1720 wurde er Ritter des Ordens vom Goldenen Vlies. Er starb am 28. Dezember 1729.
Das vorliegende Brustbild galt in der älteren Literatur als Porträt von Kurfürst Clemens August von Bayern, was allein auf Grund der Lebensdaten des Kurfürsten — er wurde 1700 geboren — auszuschließen ist. Die Bestimmung als Emanuel von Savoyen stammt von Bengt Holmquist und wurde möglich, weil sich eine ebenfalls mit 1710 datierte und eindeutig auf seine Person bezogene zweite ganzfigurige Fassung im Besitz der Sammlungen des Fürsten Liechtenstein in Vaduz befindet. Sie war früher im Schloß Feldsberg (Valtice, ČSSR)

und wurde 1944 nach Liechtenstein gebracht. David Richter d. Ältere, 1662 in Stockholm geboren, war als Maler höfischer Bildnisse in Berlin und Dresden, seit etwa 1701 in Wien tätig.

Lit.: ÖKT 2, S. 158. — B. Holmquist, Das Problem David Richter, Studien in der Kunstgeschichte des Spätbarock, Acta Universitatis Stockholmiensis 15, 1968, S. 34f., 112f.

Wien, KHM, Gemäldegalerie, Inv.-Nr. 3358.

K. S.

Kat.-Nr. 4.12

4.10 Prinz Eugen

Öl/Metall, bombiert, 31,6 × 23,6 cm.

Das halbfigurige Porträt zeigt den Prinzen vor einem grauen Vorhang in Rüstung und blauem , pelzgefüttertem Umhang, hinter ihm der federngeschmückte Helm; er trägt an der Collane den Orden des Goldenen Vlieses. Im Landschaftsausschnitt ist die Belagerung einer Stadt zu erkennen.
Das jugendliche Alter des Prinzen sowie die Malweise des Bildnisses lassen eine Entstehung im ausgehenden 17. Jh. annehmen.

Unveröffentlicht. Erworben im Wiener Kunsthandel 1980.

Privatbesitz. Peter König

4.11 Elisabeth Charlotte von der Pfalz

Medaille, Silber, 43 mm, 44,91 g.
Medailleur: Michael Roey.
Vs.: Brustbild Elisabeth Charlottes von der Pfalz fast en face r.
Rs.: NON SOLIUS VERIS HONOS. Ein in einen Behälter mit den Wappen Bourbon und Pfalz gepflanzter Orangenbaum in einer weiten Parklandschaft.

Die am 27. Mai 1652 in Heidelberg als Tochter des Kurfürsten Karl Ludwig von der Pfalz geborene „Lieselotte" heiratete 1671 den Herzog Philipp I. von Orléans und lebte bis zu ihrem Tode am 8. Dezember 1722 am französischen Hof. In einigen ihrer Briefe urteilte sie auch über den jungen Prinzen Eugen und äußerte sich später mehrmals kritisch über ihn: Eugen habe ein „kurz aufgeschnupftes Näschen, ein ziemlich langes Kinn und so kurze Oberleffzen, daß er den Mund allzeit ein wenig offen hat und zwei breite, doch weiße Zähne sehen läßt; er ist gar nicht groß und schmal von Taille".

Lit.: Exter Bd. II, S. 400, Nr. 130.

Wien, KHM, MK, Inv.-Nr. 7713 bß. H. J.

4.12 Eugen im Ornat vom Goldenen Vlies

Öl/Lw., 255 × 173 cm.

Kat.-Nr. 4.13

Jacob van Schuppen.

Am 6. Oktober 1687 beschloß Karl II. von Spanien, Eugen im Hinblick auf die persönlichen Qualitäten und die Verdienste seiner Vorfahren um die Casa d'Austria zum Ritter des Ordens vom Goldenen Vlies zu ernennen. Gleichzeitig erhielten mit ihm die Grafen Rosenberg, Weißenwolf, Windischgrätz und Wratislaw von Sternberg den Orden, allerdings wurden deren Dekrete einen Tag nach seinem ausgestellt. Die feierliche Investitur nahm Kaiser Leopold I. am 31. Jänner 1688 in der Ritterstube der Wiener Hofburg im Beisein des spanischen Gesandten Carlo Emanuele d'Este Marchese di Borgomanero als ältesten in Wien weilenden Vliesritter vor. Als erstem wurde Eugen die Kette um den Hals gelegt.
Das Gemälde von Jacob von Schuppen war bisher nur durch einen Stich von Gustav Adolf Müller bekannt. Es befindet sich, allerdings unsigniert, im Schloß Rajice in Mähren, das früher Besitz der Altgrafen Salm war.

Lit.: Braubach, Bd. 1, S. 138f.

Rajice Staatsschloß. K. G.

4.13 Ornat eines Ritters des Ordens vom Goldenen Vlies

Wien, 2. Hälfte 18. Jh.

Der Ornat, eine Leihgabe des Ordens vom Goldenen Vlies, besteht aus einem Mantel, einem Untergewand und einer Kappe.
Der Mantel aus karmesinrotem Samt ist mit weißem Atlas gefüttert und reich mit Gold und Seide bestickt. Die Stickerei zeigt die Ordenszeichen — das Widderfell, die beiden Feuereisen, den Feuerstein mit sprühenden Funken — sowie die Devise Herzog Karls des Kühnen von Burgund „je l'ay emprins" (ich hab's gewagt). Die kunstvolle Goldstickerei ist teilweise mit roten, blauen, grünen und schwarzen Seidenfäden gesäumt.
Unter dem Mantel wurde ein scharlachrotes Gewand getragen.
Von der Kappe (chaperon) hängt ein langes Samtband, ein sogenanntes Streifband (cornette), das über die Schulter gelegt wurde.

Wien, KHM, Monturdepot. Georg Kugler

4.14 Prinz Eugen von Savoyen

Schabblatt, 27,5 × 17,6 cm.
Petrus Schenk, Amsterdam.

Prinz Eugen wird als „Caesareorum armorum in Italia Dux" genannt, somit ist die Entstehung dieser Bildnisses zwischen 1703 und 1707 anzusetzen; vermutlich ist auf den Feldzug gegen Turin 1706 Bezug genommen. Die Vorlage des Stiches ist schwer festzustellen, ein zweites Exemplar befindet sich in Ingolstadt.

Lit.: Braubach, Bd. 5, S. 86f.

Wien, Hist. Museum, Inv.-Nr. 13.602. K. G.

4.15 Porträt des Prinzen Eugen

Schabblatt, 35,2 × 25,5 cm.
Bernhard Vogel nach Johann Kupetzky, 1735.

Nach dem Ölgemälde Kupetzkys, das sich in Bayreuth befindet (Kat.-Nr. 3.8), stellte Bernhard Vogel zwei Stiche her, die nicht nur im Bildausschnitt und in der Haltung, sondern auch bis zur Ziselierung des Harnisches und der Beleuchtung des Ordensbandes übereinstimmen. Nur im Gesichtsausdruck und in der Draperie bestehen geringe Abweichungen. Vorliegendes Blatt, das einen älteren Eugen zeigt, ist 1735 datiert, eine zweite Fassung, die Eugen jünger zeigt, ist nicht datiert und verweist auf das Bild Kupetzkys. Dieses Blatt wurde später durch B. C. Monath und G. D. Heumann kopiert und neuerlich herausgegeben.

Lit.: E. Bachmann, Ein unbekanntes Bildnis des Prinzen Eugen, in: Stifter Jahrbuch II, 1951, S. 5ff. — Kat. Maria Theresia, Schönbrunn 1980, Nr. 01.07 (jüngerer Typus).

Wien, Hist. Museum, Inv.-Nr. 132.762. K. G.

4.16 Porträtmedaille des Prinzen Eugen anläßlich der Eroberung von Belgrad

Medaille, Silber, 44 mm, 30,41 g, 1717.
Medailleur: Georg Wilhelm Vestner.
Vs.: Geharnischtes Brustbild des Prinzen Eugen r.
Rs: NON EST HEIC ALIVD NISI etc. (Chronogramm). Der Prinz zu Pferd vor der Stadt; i. A.: TVRCIS FVSIS/CASTRIS OCCVPATIS/BELGRADO RE=/CEPTO.

Anläßlich der Eroberung von Belgrad entstanden mehrere Medaillen, eine mit dem Bildnis Karls VI. und zwei mit dem Bildnis Eugens.

Lit.: H. Jungwirth, Prinz Eugen auf der Medaille, in: K. Gutkas, Prinz Eugen, S. 396f.; Montenuovo 1509.

Wien, KHM, MK, Inv.-Nr. 6508 bß. H. J.

4.17 Porträt des Prinzen Eugen

Kupferstich, 30 × 24 cm.
Dominico Rossi, 1716.

Der Stich zeigt den Prinzen nach jenem Porträttyp, der in den Niederlanden gebräuchlich war und bezieht sich auf die Verleihung der Ehrengaben durch Papst Clemens XI. im Jahre 1716. Dominico Rossi war bis 1708 in verschiedenen böhmischen Adelsschlössern, aber auch für Markgraf Ludwig Wilhelm von Baden tätig und kehrte dann nach Italien zurück.

Landau in der Pfalz, Stadtarchiv und Museum. K. G.

4.18 Büste des Prinzen Eugen

Marmor, H 118 cm, B 63 cm.
Gabriel Grupello (?), um 1720.

Nach dem Tod seines Gönners Johann Wilhelm von der Pfalz im Jahre 1716 wandte sich der Bildhauer Gabriel Grupello mit einer Bittschrift an Eugen als Generalstatthalter Belgiens. Er war vorher Hofbildhauer des Königs Karl II. von Spanien gewesen und hatte dann als Hauptwerk das große Reiterstandbild Johann Wilhelms in Düsseldorf geschaffen. Eugen veranlaßte die Ernennung Grupellos zum kaiserlichen „Statuaire" in Belgien und stellte in Aussicht, bei seiner Ankunft in den

Kat.-Nr. 4.18

Niederlanden Grupellos „Verlangen nach Arbeit, das Sie haben, zu erfüllen". Der in den Jahren 1718/19 durchgeführte Briefwechsel war wohl auch Ursache für das Entstehen der Büste, die Eugen dem Amsterdamer Bankier George Clifford geschenkt haben soll. Von dessen Nachkommen wurde sie dem Rijksmuseum in Amsterdam übergeben.
Grupello wollte im Jahre 1719 auch Hofbildhauer Karls VI. werden. Von ihm stammen die Porträtplastiken Leopolds I., Josephs I. und Karl VI. in den kaiserlichen Sammlungen, dem jetzigen Kunsthistorischen Museum.

Lit.: Braubach, Bd. 5, 70f., 381.

Amsterdam, Rijksmuseum, Inv.-Nr. NG 716.
K. G.

4.19 Porträt des Prinzen Eugen

Farbiges Wachs auf Holzplatte in Rahmen, Dm 10,5 cm.

Das Stück ist offenbar nach einem Stich, vielleicht dem von Engelhard Nunzer, angefertigt worden.

Braunschweig, Herzog Anton Ulrich-Museum Wac 94. K. G.

4.20 Würdigung für Prinz Eugen

Medaille, Silber, 33 mm. 14,05 g, 1724—1735.
Medailleur: Benedikt Richter.
Vs.: EUGEN·FRANC·P·SAB·DUX·EXERC·ET VIC·INITAL· Brustbild des Prinzen r.
Rs.: ET PACE ET BELLO Herkules mit Keule frontal stehend.

Die Medaille nennt Eugen „Vicarius in Italia", muß also nach 1724 entstanden sein.

Lit.: H. Jungwirth, Prinz Eugen auf der Medaille, in: Gutkas, Prinz Eugen, S. 398.

Wien KHM, MK, Inv.-Nr. 6511 bß. H. J.

4.21 Das kaiserliche Lustschloß Schloßhof, Hofseite FB 37

Öl/Lw., 136 × 238 cm; Bernardo Bellotto, gen. Canaletto, 1759/60.

Bernardo Bellotto, der seit 1747 in Dresden lebte, verließ im Dezember 1758 die Stadt vor den preußischen Truppen und war von Anfang des Jahres 1759 bis Ende 1760 in Wien tätig. In dieser Zeit entstanden mindestens 17 Bilder, davon 13 im Auftrag des kaiserlichen Hofes: eine Serie mit sechs kleinen Ansichten aus der Wiener Innenstadt sowie sieben größere von Schlössern aus der Umgebung von Wien. Alle diese für Kaiserin Maria Theresia gemalten Bilder wurden als Ausstattung der Schlösser verwendet und blieben dadurch relativ unbekannt. Erst ab 1882 sind alle dreizehn Bilder in der Gemäldegalerie vereint.

Das Bild zeigt Schloß Hof (Kat.-Nr. 21.9) von Westen mit dem Ehrenhof, noch im Zustand vor dem 1760 begonnenen Umbau. Die Balustraden und der Neptunbrunnen wurden im 19. Jahrhundert entfernt, die beiden Figurengruppen auf der Balustrade befinden sich jetzt im Oberen Belvedere.

Eine etwas kleinere Wiederholung mit verminderter Anzahl der Staffagefiguren, vermutlich unter starker Mitarbeit des Sohnes Lorenzo Bellotto entstanden, befindet sich in der Galeria Nazionale di Palazzo Barberini in Rom.

Lit.: Kat. Bernardo Bellotto, genannt Canaletto, Wien, Oberes Belvedere 1965, Nr. 57. — St. Kozakiewicz, Bernardo Bellotto, gen. Canaletto, Recklinghausen 1972, Bd. 1, S. 125f.; Bd. 2, Nr. 282 (mit vollständigem Literaturverzeichnis).

Wien, KHM, Gemäldegalerie, Inv.-Nr. 1673.

K. S.

Kat.-Nr. 4.22

4.22 Eleonore Gräfin Batthyány, geb. Strattmann

Öl/Lw., 75 × 66 cm.

Kopie von E. Ritschel (1869) nach verl. Original.

Eleonore (1672—1741), von den Zeitgenossen die „schöne Lori" genannt, kam mit ihrem Vater Theodor Heinrich Strattmann, der in Wien rasch Karriere machte, als Elfjährige aus der Pfalz nach Wien. 1692 heiratete sie den Grafen Adam Batthyány, der 1703 als Banus von Kroatien starb. Prinz Eugen hielt sich oft und gerne in Gesellschaft der Gräfin auf und besuchte sie häufig in ihrem Palais. Briefe oder Dokumente geben keinerlei Aufschluß über die Art ihrer Beziehung, wenngleich auch die Zeitgenossen von einem engeren Verhältnis sprechen. Auch über ihren politischen Einfluß auf den Prinzen gibt es widersprüchliche Berichte, wahrscheinlich blieb er aber ohne Bedeutung für Eugens Entscheidungen. Eleonore betreute den Prinzen auch in seinen letzten Lebensjahren. Ihr Sohn Karl Joseph begann seine militärische Laufbahn unter Prinz Eugen und wurde später zum Erzieher Josephs II. bestellt.

Das Porträt zeigt Eleonore in ungarischer Tracht mit einem reich bestickten Kleid und aufwendigem Schmuck.

Lit.: Braubach, Bd. 5, S. 148ff. — Gottfried Mraz, S. 238f.

Privatbesitz.

S. D.

4.23 Eleonore Gräfin Strattmann

Öl/Lw., 50 × 39 cm.

Eleonore (1678—1739), Tochter des Grafen Franz Schellart von Obbendorf und der Margarethe von Bernsau, war mit dem Bruder der Gräfin Eleonore Batthyány (Kat.-Nr. 4.22), dem Diplomaten und Reichshofrat Heinrich von Strattmann, der 1707 starb, verheiratet. Welchen Kontakt sie in jüngeren Jahren zu Eugen hatte, ist nicht bekannt. Sie war mit ihrer Schwägerin eng befreundet und gehörte deshalb auch zum Gesellschaftskreis des Prinzen. In seinen letzten Lebensjahren hielt er sich in deren Palais in der Schenkenstraße häufiger auf als im Palais Batthyány in der Renngasse. Das Gemälde zeigt die Gräfin in einem leichten weißen Kleid mit einem Hündchen auf dem Schoß.

Lit.: Braubach, Bd. 5, S. 150ff.

Wien, Ladislaus Batthyany-Strattmann. K. G.

4.24 Porträt des Prinzen Eugen

Öl/Lw., 66 × 57 cm.
Johann Kupetzky zugeschrieben, Carel Moor (?), 1718.

Das Brustbild zeigt den Prinzen dreiviertel nach links gewendet mit Lockenperücke und voller Rüstung vor neutralem Hintergrund und wurde bisher Johann Kupetzky zugeschrieben. Tatsächlich befand sich im Besitz der Batthyány in Margarethen am Moos ein Prinz-Eugen-Porträt, bei dem es sich eindeutig um ein Bild von Kupetzky handelt, aber als verschollen gilt. Davon ist nur ein Foto im Bildarchiv der Österr. Nationalbibliothek erhalten.
Es könnte sich bei dem vorliegenden Bild vielmehr um ein Porträt des holländischen Malers Carel van Moor handeln, das dieser dem Prinzen im Jahre 1718 übergab, Eugen aber nicht gefiel, es aber trotzdem behielt. Möglicherweise schenkte er es der Gräfin Batthyány. Das Bild hat starke Ähnlichkeit mit einem in belgischem Adelsbesitz befindliche Porträt Eugens (Kat.-Nr. 21.39).

Lit.: Kat. Prinz Eugen 1963, Nr. 205. — Braubach, Bd. 5, S. 86f.

Privatbesitz. K. G.

4.25 Palais Batthyány-Schönborn

Kupferstich, 23 × 34,5 cm (Pl.).
S. Kleiner del. Corvinus excud.
Taf. 23 aus „Wahrhaffte Abb.", 3. Teil.

In dem in der Renngasse Nr. 4 gelegenen Palais der Gräfin Batthyány war Prinz Eugen oft und gerne zu Gast. Eine Anekdote berichtet, daß Eugen vor Übermüdung in der Kutsche eingeschlafen ist und die mitleidige Gräfin den Prinzen vor dem Palais in dem Wagen schlafen ließ.

Wien, Hist. Museum, Inv.-Nr. 54.518 a. S. D.

4.26 Das „Anleg-Zimmer"

Kupferstich, 29,2 × 38,3 cm (Pl.).
S. Kleiner del., J. A. Corvinus sculps.
aus: „Kriegs- und Siegeslager", 2. T., Bl. 9.

In der spärlich mit zwei Garderobenschränken und einer Kommode eingerichteten, blau ausgestatteten Garderobe sind mehrere mathematische und optische Instrumente abgebildet. Nach Küchelbechers Beschreibung waren diese im Bilderkabinett aufgestellt, ob sie zur Zeit, als Kleiner im Belvedere zeichnete, dort oder in der Garderobe standen, muß dahingestellt bleiben. Möglicherweise versuchte Kleiner das schmucklose Anlegzimmer durch diese Instrumente aufzuwerten.
Eugen hatte in seiner umfangreichen Bibliothek in der Himmelpfortgasse eine astronomische Maschine des Engländers Roley aufgestellt, welche die Bewegungen der Gestirne nach kopernikanischem System zeigte. Das Geschenk Lord Cadogans, dem Berater Marlboroughs, wurde Eugen im Juli 1723 in Prag übergeben. Roley erklärte Eugen und dem Kaiser selbst die Handhabung.

Lit.: Braubach, Bd. 5, S. 113. — Aurenhammer, Kleiner, S. 48.

Wien, Hist. Museum (Inv.-Nr. 179.339/20; M 122). S. D.

4.27 Taschenperspektiv

Österreich (?), Ende d. 17. Jh.
Silber, ziseliert, teilw. vergoldet. L 48 mm; Okular Dm 22 mm, größter Dm 30 mm.

Das zierliche Taschenfernrohr aus dem Besitz des Prinzen Eugen (Inschrift auf dem Etui) schenkte der Historiker Albert von Camesina (1806—1881) dem ihm befreundeten Klosterneuburger Chorherrn Florian Thaller, der es 1861 den Stiftssammlungen einverleibte. Camesina hatte das Stück von seinem Vorfahren, dem Hof-Stukkateur Albert Camesina (1675—1756) geerbt, der mehrere Schlösser des Prinzen Eugen, darunter auch Schloßhof, mit Stuck ausstattete. Bei einer solchen Gelegenheit soll der Prinz dem Künstler das Fernrohr geschenkt haben.

Lit.: Die Schatzkammer u. die Kunstsammlung des Stiftes Klosterneuburg, Wien 1889, 13f. — Die Künstler Wiens, Bd. 1 Leopold Sailer, Die Stukkateure, Wien 1943, 76f.

Stift Klosterneuburg, Museum. F. Röhrig

Kat.-Nr. 4.28

4.28 Prinz Eugen und Kardinal Albani

Kupferstich 34,2 × 22 cm, J. M. Clementina pinx. J. B. Scotin.

Aus Italien erhielt Eugen Hinweise auf wertvolle Handschriften und Bücher für seine Bibliothek, insbesondere von Domenico Passionei, von Kardinal Annibale Albani und von dessen Neffen Alessandro. Vorliegender Stich aus der Bibliothek des Grafen Szechényi ist nach einem nicht bekannten Gemälde der Malerin Clementina entstanden. Eugen steht hinter einem Schreibtisch in einem Gelehrtenzimmer und hört den Ausführungen des Kardinals Annibale Albani zu. Ein Adler hält ein Medaillon mit dem Porträt des Prinzen, an der Wand sind Embleme mit Antiken und Statuen in Nischen zu sehen. Eugen ist mit dem Orden vom Goldenen Vlies dargestellt, daher ist anzunehmen, daß es sich bei vorliegendem Stich nicht um eine Darstellung der Erziehung des jungen Eugen handelt, sondern um eines seiner Gespräche mit Albani, die als weiterführende Studien zu betrachten sind. Der in der Studierstube fleißig lernende junge Prinz ist eine später entstandene Legende. Eugen genoß sicherlich eine seinem Stand gemäßen Unterricht, insbesondere in Hinblick auf seine geistliche Laufbahn, aber sein Interesse an der Wissenschaft und an den Künsten wurde wohl erst später entscheidend durch seine Gespräche und geistige Auseinandersetzung mit Gelehrten beeinflußt.

Lit.: Braubach, Bd. 5, S. 101. — Gerda Mraz, S. 22.

Budapest, Magyar Nemzeti Muzeum, Inv.-Nr. 4280. S. D.

4.29 Schnupftabakdose Prinz Eugens FB 35

Blaue Dose mit Goldrand.

Eugen soll den zeitgenössischen Berichten nach gerne und häufig geschnupft haben, so daß seine ohnehin aufgestulpte Nase, Lieselotte von Pfalz-Orleáns nennt sie „aufgeschnupfte Löcher", zusätzlich verunstaltet wurde. Eine Anekdote berichtet, daß Prinz Eugen Carel Moor für ein Porträt Modell saß und dieser nach der zweiten Sitzung beim Anblick des Prinzen zu lachen begonnen hätte. Eugen fragte ihn etwas befremdet um den Grund und Moor meinte, daß er einiges an dem Bild zu ändern hätte, denn seit zwei Tagen sei der Bart beträchtlich gewachsen und voller Schnupftabak.

Lit.: Braubach, Bd. 5, S. 86f.

Wien, NHM. S. D.

4.30 Spazierstock

Schildpatt, L 87 cm, Goldknauf in Piquéarbeit.

Das kleine Spazierstöckchen weist auf seinem Goldknauf eine Darstellung des gekrönten Doppeladlers auf, dessen Herzschild die Darstellung einer weiblichen Allegorie vor einer Blumenvase zeigt. Es ist ein persönliches Geschenk des Kaisers an den Prinzen Eugen.

Lit.: Kat. Prinz Eugen 1933, S. 32, Nr. 6.

Wien, KHM, Sammlung f. Plastik und Kunstgewerbe, Inv.-Nr. 4101. T. K.

4.31 Prinz Eugen im Etablissement der Madame Traese

Pinsel mit Kreide auf blauem Papier, 32,5 × 51,3 cm.

Die Beschriftung auf der Rückseite des Blattes besagt, daß Prinz Eugen und der englische Konsul Renart zum Vergnügen in Amsterdam in die Prinzengraacht zu Madame Traese gingen und die Damen des Etablissementes Revue passieren ließen. Vermutlich fand dieser Besuch im April 1708 statt, als sich Eugen einige Wochen in Holland aufhielt.

Lit.: J. W. Niemeijer, Cornelis Troost, Assen 1973, Nr. 614.

Amsterdam, Rijksprentenkabinet, Inv.-Nr. 1899:4220. K. G.

4.32 Haarlocke des Prinzen Eugen

Haarteil in kleiner Dose

Eugens Haare waren allen Anschein nach von Natur schwarz, der Mode gemäß trug er aber meistens eine Allongeperücke. Auf seine tatsächliche Haarfarbe wurde durch die dichten schwarzen Brauen und durch seinen in Diplomaten- und Agentenkreisen bekannten Decknamen „le Noireau", der allgemein mit der „Schwarzkopf" übersetzt wird, geschlossen.

Lit.: Braubach, Bd. 5, S. 338.

Wien, HGM, Inv.-Nr. 1476d. S. D.

4.33 Gebetbuch der Eva Rosina Mattreyin

18 × 11 cm, 373 Seiten Text und Register, Beneschau, 26. März 1766.

Das Gebetbuch enthält das Gebet des Prinzen Eugen (Seite 71—76) in deutscher Sprache und trägt die Überschrift: „Andächtiges Gebett Ihro hochfürstlichen Durchlaucht Prinzens Eugeny zu täglicher Übung der vornehmsten ins Teutsche übersetzt." Zwischen den einzelnen Gebeten finden sich einfache Verzierungen in Rot und eingeklebte Kupferstiche. Flugblätter mit dem Gebet Eugens wurden in Kriegszeiten unter den Soldaten verteilt. Trotz mancher gegenteiliger zeitgenössischer Berichte war Eugen ein gläubiger Christ, wenngleich ihm jeder fanatische Glaubenseifer fernlag und er anderen Konfessionen äußerst tolerant gegenüber stand.

Lit.: Braubach, Bd. 5, S. 340 ff.

Wien, HGM, Inv.-Nr. I 24.042. F. K.

4.34 Brief des Prinzen Eugen an die Gräfin Draskovich

Orig. Papier, 33 × 22,5 cm.

Der kaiserliche General Johann Draskovich, zusammen mit General Heister Grenzkommandant an der ungarischen Grenze, verstarb im Jahre 1733. Eugen überbrachte dessen Witwe am 10. Jänner 1733 Beileidswünsche und versicherte ihr jederzeit behilflich zu sein. Eugen war sich der Verantwortung gegenüber seinen Soldaten stets bewußt. Immer wieder trafen Berichte von Versorgungsschwierigkeiten der Soldaten im Feldlager in Wien ein und nach den Feldzügen verschaffte er unversorgt gebliebenen Soldaten Arbeitsplätze.

Privatbesitz. S. D.

4.35 Altersbildnis Prinz Eugens

Xylographie nach einer Originalzeichnung von Karl Swoboda.
28,5 × 20 cm (Pl.).

Porträts des Prinzen aus seinen letzten Lebensjahren sind in der Regel nicht vorhanden. Diese seltene, allerdings posthume, Darstellung zeigt Eugen im Belvederegarten mit Blick auf die Innenstadt von Wien in ziviler Kleidung, gestützt auf einen Spazierstock.
Mit zunehmendem Alter war Prinz Eugen seltsam eigensinnig und vergeßlich geworden. Den geistigen Verfall beschleunigte sein körperliches Leiden, ein chronischer Katarrh und ein Ischias. Die Zeitgenossen berichten von diesen letzten Lebensjahren teils gehässig, teils voller Mitleid für den Feldherrn, der Menschen aus seiner Umgebung nicht mehr erkannte und vergaß, was er im Augenblick zuvor gesagt hatte. Auch Karl VI. wollte Eugen nicht völlig beiseite schieben, konnte aber vieler seiner Entscheidungen nicht mehr akzeptieren und bediente sich einer „doppelten Buchführung“: für Eugen wurde eine eigene Version bei allen wichtigen Entscheidungen ausgearbeitet. So war man zunächst in Wien erleichtert, als der Prinz am 21. April 1736 verstarb.

Lit.: Gerda Mraz, S. 182.

Wien, ÖNB, Bildarchiv. S. D.

4.36 Brief der Nichte des Prinzen Eugen, Anne-Victoire von Savoyen, an Kaiser Karl VI.

Original, Papier, Tinte, 3 fol.
33,5 × 44 cm (geöffnet).
Chambery, ce 10 May 1736 und à la (Ravoire) le 16 May 1736.

Die Nichte des Prinzen Eugen erinnert in zwei kurzen Briefen den Kaiser daran, daß sie nach dem Tod ihres Onkels Eugen von Savoyen die einzige Überlebende ihrer Linie sei und ihr daher der Anspruch auf das gesamte Erbe des Prinzen Eugen gebühre.
Nachdem sie Karl VI. daran erinnert hatte, daß ihr Vater, ihre Onkel und ihre Brüder im Sold des Kaisers gestanden und im Kampf gegen dessen Feinde getötet worden waren, appelliert sie an die Güte des Kaisers und bittet, das Erbe ihres Onkels antreten zu dürfen.

Wien, HHStA, Familienakt 108, fol. 23—25.
H. L.

4.37 Anna Victoria von Savoyen ersucht um die Abschreibung ihrer Gülteinlage für Obersiebenbrunn

Kat.-Nr. 4.38

Orig., Papier, 2 fol., eh. Unterschriften und aufgedruckte Lacksiegeln.
20. März 1737.
Gleichzeitig mit dem Gesuch Victorias um Abschreibung ihrer Gülteinlage aus dem ständischen Gültbuch (Steuerkataster) ersucht Sigismund Cardinal Kollonitz, der die Herrschaft Obersiebenbrunn erworben hat, um „Anschreibung" im Gültbuch.
NÖ. Landesarchiv, Ständisches Archiv, Alte Gülteinlagen, VUMB 69, fol. 84, 85.

Silvia Petrin

4.38 Glaspokal mit Darstellung der Schlacht bei Belgrad und Prinz Eugen

H 20,8 cm, Trichter-Dm 9 cm, Fußscheibe 10,8 cm.
Werkstatt Christian Schneider 1735/40.

In der ersten Hälfte des 18. Jh.s nahmen Handel und Gewerbe in den habsburgischen Ländern trotz der ständigen Kriege einen ungeahnten Aufschwung. In erster Linie wurden Dekorateure, Tischler, Schlosser, Silber- und Goldschmiede, Porzellan- und Glashersteller für die Innenausstattung der vom Adel errichteten Paläste benötigt.
In den Glashütten und Manufakturen, die bereits um 1700 auf Anregung des jeweiligen Landesherrn in Böhmen und in verschiedenen Regionen Deutschlands gegründet worden waren, nahm die Produktion von Schnittgläsern in einem neuen Glasstil zu. Man bevorzugte dabei die Form des Pokals mit und ohne Deckel, auf welchem man mit Vorliebe Porträts von Regenten, gefeierten Helden — in erster Linie Prinz Eugen von Savoyen — und Schlachtenszenen darstellte. Von einem Glasschneider, der die Feinheiten der Glasschneidekunst perfekt beherrschte, wurden einige Szenen der Niederlage des türkischen Heeres von Belgrad am 16. August 1717 und die Eroberung der Festung durch den Prinzen Eugen auf der Wandung eines Trichterpokals festgehalten, wobei graphische Darstellungen, die bis dahin nur auf Schlachtenplänen angewendet worden waren, nun auf das Glas übertragen wurden.
Auf der Fußplatte des Pokals sind kaiserliche Waffen und türkische Trophäen dargestellt, auf der Glaswandung bilden zwei sich gegenüberstehende Reiter, die durch Türkenzelte und eine Wolkenwand aus Pulverdampf getrennt sind, den einen Schwerpunkt der Komposition. Europäische Kleidung, Degen, Vlies-Orden und das große E auf der Pistolentasche weisen den einen Reiter als Prinz Eugen,

Turban, Schwert, Köcher und Bogen den anderen Reiter als Befehlshaber des türkischen Heeres aus. Auf der Seite Eugens sind Putti mit Posaunen und Palmzweigen in den Händen, auf der Seite des türkischen Befehlshabers türkische Waffen, die den freien Platz füllen, zu erkennen.
Den zweiten Schwerpunkt der Komposition bildet die Darstellung eines kaiserlichen Adlers mit den Worten „Sic Belgradum fit novus gradus gloriae" auf einem Spruchband, wobei die Festung auf dem Berg, die Stadt mit den Häusern und Moscheen entlang der Save, der doppelte Belagerungsring, ein türkisches Zeltlager am unteren Ende des Bildfeldes und kleinformatige, türkische Reiter zu erkennen sind. Aus den im Belagerungsring angeordnete Kanonen werden Festung und Stadt beschossen, wobei die Explosion durch strahlende Sternchen angedeutet wird.
Seine Originalität erhält der technisch-perfekte Pokal, der eine Meisterleistung eines Glasschneidekünstlers darstellt, durch das Miteinander von linear-graphischen und malerisch-plastischen Elementen.

Lit.: W. Mrazek, Die Schlacht von Belgrad. Prinz Eugen und die Glasschneidekunst, in: Alte und Moderne Kunst, Jg. 28, Heft 189, 1983, S. 26ff. — I. Schlosser, Das alte Glas, Braunschweig 1956. — B. Klesse, Glassammlung Helfried Krug, 2. Tle., 1965 und 1973.

Privatbesitz. H. L.

4.39 Glaspokal mit dem Bildnis des Prinzen Eugen

H 21,9 cm, Fußscheiben-Dm 11,6 cm.
In die Kuppa des Pokals ist das nach rechts gewandte Bildnis des Prinzen Eugen im Harnisch mit der Inschrift „Vivat Ihro Hochfürstl. durchl. Prinz Eugenius von Savoyen K.Gen.-Feldm.-Lievt." eingeschnitten. Die Fußscheibe zeigt ornamentale Verzierungen.

Wien, ÖMAK, Inv.-Gl. 2175. H. L.

4.40 Bechervase aus Kristallglas

H 24 cm, Dm 13,6 cm.

Die Bechervase aus überschliffenem Kristallglas mit einem Absatz in versilberter Metallmontierung auf quadratischem Marmorsockel zeigt auf der Vorderseite eine tief gravierte Darstellung des Prinzen Eugen als Reiter, sein Wappen und den Orden vom Goldenen Vlies auf der Rückseite. Am oberen Vasenrand sind die Worte „Eugenio de Savoia" eingraviert. An den Darstellungen Eugens auf Gläsern, Vasen und Glastellern fällt auf, daß er meistens als Reiter, in frontaler Ansicht abgebildet wird.

Wien, Sammlung Lobmeyr. H. L.

4.41 Teller aus Bleikristall

H 6,5 cm, Dm 40 cm.
Ausgeführt um 1935.

In der Mitte des Bleikristall-Tellers aus 24teiligem Rhombenschliff ist in einer kreisrunden Schlifflinse Prinz Eugen auf einem Pferd sitzend dargestellt, zusätzlich graviert mit einer kreisrunden Zierbordüre.

Wien, Sammlung Lobmeyr. H. L.

4.42 Prinz Eugen-Glaspokal

H 22,5 cm, Dm 9,5 cm
Böhmen 1718.

Der aus einem Boden mit Kugelschliff, einem facettierten Stengel und einer polygonal geschliffenen Kuppa mit Bandwerkdekor bestehende Pokal trägt auf der Wandung die Inschrift „MagnI DVCIs et prInCIpIs EVgenII sanItas".
Aus der Zusammenzählung der darin enthaltenen lateinischen Ziffern ergibt sich die Datierung des Pokals. Wegen seiner reichen Schnitt- und Schlifftechnik dürfte dieser wohl in Böhmen hergestellt worden sein, da für diese Art von Technik Böhmen im 18. Jh. führend war. Der aus dem Stift St. Florian stam-

mende Pokal ist wahrscheinlich für dieses angefertigt worden.

Linz, Oö. Landesmuseum, Inv.-Nr. J 129.

Brigitte Wied

4.43 Bechervase mit Tiefschnitt

H 23 cm.
Graveur: August Bischof, 1945.

Die von August Bischof für J. u. L. Lobmeyr in Wien gravierte Bechervase mit der Inschrift am oberen Glasrand „Prinz Eugen der edle Ritter" zeigt den Prinzen auf einem Pferd sitzend. Auffallend an der Darstellung ist die genaue Wiedergabe sämtlicher Details der Pferdedecke, der Mähne und des Zaumzeugs des Pferdes, der Rüstung und Lockenperücke des Prinzen und der Gräser unter den Hufen des Pferdes.
Der individuelle Gesichtsausdruck des Prinzen wurde durch die Wiedergabe des Gesichts von vorne durch stärkere perspektivische Gestaltung erzielt.
Die im Jahre 1945 gefertigte Bechervase ist ein Beispiel dafür, daß auch im 20. Jh. die Person des Prinzen Eugen von den Glasschneidern als beliebtes Motiv auf den Schnittgläsern verwendet wurde.

Lit.: S. Baumgärtner, Porträtgläser. Das gläserne Bildnis aus 3 Jahrhunderten (Hrsg. Heinrich Heine), Abb. 391.

Privatbesitz. H. L.

4.44 Glaspokal mit dem Bildnis des Prinzen Eugen

H 23 cm, Fußscheiben-Dm 9,5 cm.
Böhmisch, 18. Jh.

Auf der Kuppa des aus farblosem Glas bestehenden Pokals mit eingeritztem Blütenmotiv auf der Fußscheibe und spiralenförmigen Rubinfäden im Schaft ist das nach links gewandte Bildnis des Prinzen Eugen in Rüstung, mit Allongeperücke, umgeben von der Inschrift „VIVAT P. EVGENIVS VON SAVOYEN" und Kriegstrophäen, eingeschnitten.

Privatbesitz. H. L.

4.45 Schloßhofer Nußholzmobiliar vom Anfang des 18. Jh.s

a) Zwei Sessel

100 × 50 × 50 cm.
Um 1730.

Die aus Nußholz geschnitzten Sessel sind mit indianischem Baumwolldruck vom Beginn des 18. Jh.s bezogen.

b) Zwei Hocker

55 × 53 × 42 cm.
Um 1730.

Beide Hocker sind aus Nußholz geschnitzt und mit indianischem Baumwolldruck bezogen.

c) Holzbock

55 × 73 × 50 cm, Nußholz.
Um 1730.

Von den wenigen Objekten, welche sich aus der ersten Einrichtung von Schloß Hof unter Prinz Eugen erhalten haben, sind die barocken massiven Nußholzsitzmöbel insoferne von großer Bedeutung, weil sie in der 2. Hälfte des 19. Jh.s von den österreichischen Möbelfirmen sehr gerne kopiert wurden. Ende des 19. Jh.s gab es kaum eine bürgerliche Wohnung, in der nicht qualitativ hochwertige Nachschöpfungen dieser Schloßhofer Sesseln zu finden waren. Die Bezugsstoffe der in den Schauräumen des ehem. k. k. Hofmobiliendepots befindlichen Möbel sind indische Baumwollhanddrucke und sollen aus der Türkenbeute Prinz Eugens stammen.

Wien, eh. k. k. Hofmobiliendepot, Inv.-Nr. MD 1075, MD 1073, MD 1951, MD 1047.

Peter Parenzan

5. Prinz Eugen als Kunst- und Kulturmäzen

Im 17. und 18. Jahrhundert entdeckten auch österreichische Hochadelige das kulturelle Mäzenatentum. Die wohnlich gewordenen barocken Schlösser bedurften des Schmucks, die persönlichen Erfolge der bildhaften Dokumentation. Funktionen in Italien oder den Niederlanden machten sie mit hochrangigen Künstlern bekannt, die man für sich zu verpflichten wußte, Mittelsmänner machten die ausländischen Kunstmärkte zugänglich.

Prinz Eugen zählte sicherlich zu den bedeutendsten Mäzenaten seiner Zeit. Die Anzahl der für ihn arbeitenden Künstler ist fast nicht überblickbar. Seine besondere Neigung dürfte der italienischen Malerei gegolten haben.

Zwar beschäftigte er Porträtisten und Schlachtenmaler verschiedenster Herkunft, unter ihnen Johann Kupetzki, Jacob van Schuppen, Jaques Ignace Parrocel oder Jan van Huchtenburgh, hatte aber für die Dekorationen seiner Paläste fast durchwegs Italiener herangezogen. Besondere Vorliebe hegte er für die Bolognesen, von denen er, sieht man von den alternden Hauptmeistern Carlo Cignani und Marcantonio Franceschini ab, fast alle Größen des bolognesischen Spätbarocks, wie Gioseffo dal Sole, Benedetto Gennari, Francesco Burrini, aber auch ihren bedeutendsten Vertreter, Giuseppe Maria Crespi, beschäftigte, wobei er mit dem letztgenannten sogar in persönlichem Briefkontakt stand und ihn zu seinem „familiaris“ ernannte. Waren die Bolognesen vorwiegend im Winterpalais des Prinzen tätig, so trifft man bei den weiteren Ausstattungsunternehmungen des Prinzen, insbesondere im Belvedere, auch auf Künstler anderer Kunstlandschaften, welche die Malerei des Spätbarocks entscheidend mitbestimmten. Insbesondere waren es, dem Geschmack der Zeit entsprechend, Neapolitaner, vor allem ihr Hauptmeister Francesco Solimena aber auch der expressive Giacomo del Po, schließlich der Lombarde Carlo Innocenzo Carlone, die der Prinz nun heranzog. Von den Bolognesen berücksichtigte er nun lediglich den Quadraturisten Marc Anton Chiarini und dessen Schüler Gaetano Fanti, sieht man ab von den für das Obere Belvedere geschaffenen Ruinenlandschaften Pietro Paltronieris.

Durch Mittelsmänner erwarb der Prinz aber auch Gemälde älterer Meister, Werke italienischer (auch hier ist eine Bevorzugung von Werken bolognesischer Provenienz feststellbar), vor allem aber auch der niederländischen Malerei, die er ebenfalls besonders zu schätzen wußte. Auch Tapisserien befanden sich in den Schlössern des Prinzen, etwa eine Serie von Judokus de Vos mit der Darstellung der militärischen Künste im Winterpalais. Unsere heutige Kenntnis der Gemäldegalerie Prinz Eugens beruht auf dem Katalog von 175 Gemälden, die nach dem Tod des Prinzen von seiner Nichte Anna Victoria zum Kauf angeboten worden waren. Der Großteil von ihnen wurde 1741 von Karl Emanuel III. von Savoyen, König von Sardinien, angekauft und befindet sich heute in der Galleria Sabauda in Turin.

Eugens besonderes Interesse galt der Antike. Im Jahre 1713 erhielt er von Prinz d'Elboeuf, der als General in Neapel kommandierte, antike Statuen geschenkt, die auf dessen Landgut bei Portici im Gebiet von Herculaneum am Golf von Neapel gefunden worden waren. Sie stammten also von der am 24. August 79 n. Chr. bei einem gewaltigen Ausbruch des Vesuvs neben Pompeij und Stabiae verschütteten Stadt. Diese drei weiblichen Marmorfiguren, als „die Herkulanerinnen“ bekannt, wurden von Eugen in der Marmorgalerie des Unteren Belvederes aufgestellt. Ein weiteres Stück von besonderer Schönheit, der „Betende Knabe“, ein junger Mann, der mit erhobenen Händen, den Blick gegen den Himmel gerichtet, den Schritt anhält, um ein Gebet zu verrichten, wurde von Eugen im Jahre 1717 vom Marquis de Belle Isle um den stattlichen Betrag von 18.000 Francs gekauft. Wenig später bat er den kaiserlichen Bibliothekar Heräus, für ihn die Tabula Peutingeriana zu erwerben, jene Kopie einer römischen Straßenkarte, die vom Humanisten Conrad Celtis aufgefunden, in den Besitz des Augsburger Ratsherren Konrad Peutinger gelangt war und nun verkauft werden sollte. Eugens Versuch gelang und seither war dieses wertvolle Stück eine besondere Zimelie seiner Bibliothek.

Denn noch berühmter als seine Bilder- und Plastikensammlung war Eugens Bibliothek, die vorwiegend im Wiener Stadtpalais verwahrt wurde. Eugens Generaladjutant Georg Wilhelm von Hohendorff und der von Eugen im Jahre 1715 nach Wien berufene französische Philosoph Jean-Baptiste Rousseau halfen beim Ankauf, Jean-Pierre Mariette, Sohn eines Pariser Buchhändlers und Verlegers, legte den Katalog an und der gelernte Buchbinder Etienne Boyet wurde vom Prinzen als Bibliothekar beschäftigt und betreute die immer mehr anwachsenden Bestände.

Neben Druckschriften verschiedenster Art umfaßte diese Bibliothek auch 240 Handschriften, Handzeichnungen, Druckgraphik, insbesondere Kupferstiche, teils als Blätter, teils als gebundene Werke, Atlanten und eine umfangreiche Porträtsammlung. Einheitliche Maroquinledereinbände, jedoch für jedes Wissensgebiet eine andere Farbe, das Wappen Eugens auf jedem Band geprägt, auf dem Rücken der Titel und ein Monogramm, gaben den Büchern auch als Gesamtheit ein monumentales Aussehen. Die graphische Sammlung wurde in ähnlichen Bänden und Kassetten aufbewahrt.

Eugen war aber nicht nur Sammler, sondern auch eifriger Leser. Im Juni 1716 schrieb Jean-Baptiste Rousseau, der eben erst in des Prinzen Gunst gekommen war, einem Freund, es gäbe in Eugens Bibliothek fast kein Buch, das vom Besitzer nicht gelesen worden wäre. Er hielt es fast für unmöglich, „daß ein fast allein mit allen Sorgen Europas belasteter Mensch . . . Zeit finde, ebenso viel zu lesen wie jemand, der nichts anderes zu tun habe“. Auch Muratori ging 1724 in der lateinischen Widmung des vierten Bandes seiner „Rerum Italicarum Scriptores“ auf Eugens Buchliebhaberei ein, wenn er sinngemäß meinte: „Wir wissen, wie ihre Liebe zu den Wissenschaften beschaffen ist: Während Sie bei den Feldzügen mit der rechten Hand unbesiegt das Schwert führen, benützen sie diese zu Hause zur Handhabung vortrefflicher Bücher. Wir haben von den Schätzen und kostbaren Büchern ihrer berühmten Bibliothek gehört, in die sie aus allen Ländern Werke zusammengetragen haben, würdig einem solch großen und erhabenen Fürsten der Bücher. Wir haben auch in Erfahrung gebracht, mit welch vortrefflichen gelehrten Männern sie Umgang pflegen, mit welcher freundlicher Güte sie Vorreden und Bucheinleitungen gewähren. Als sie für die Ehre und das Schicksal Mailands hier sorgten, bemerkten wir kein einziges Mal, daß sie weniger wußten als alle anderen Wissenschaftler.“

Offenbar hat Eugen bei seinen wenigen Aufenthalten in Mailand während seiner Statthalterschaft ebenfalls Umgang mit Gelehrten gepflogen, wie er auch 1715 den französischen Philosophen Rousseau nach Wien holte und ihn bis 1722 als Gast finanziell unterstützte. Dieser widmete Eugen nach dem Frieden von Passarowitz ein Gedicht mit 25 Strophen, in dem er den Savoyer nicht nur als Krieger und Sieger, sondern auch als Freund der Musen Bewunderung und Huldigung darbrachte. Er hat auch eine Verbindung zu Voltaire hergestellt, doch entstand daraus keine engere Beziehung. Hingegen war Montesquieu im April 1728 Gast des Prinzen in Wien. Besonderen

Kontakt hatte der Feldherr aber mit dem deutschen Philosophen Gottfried Wilhelm Leibniz, den er wahrscheinlich bei einem Besuch am Welfenhof in Hannover im April 1708 kennengelernt hatte. Leibniz setzte auf Eugens Hilfe, als er im Jahre 1714 Kaiser Karl VI. für den Plan einer Akademie der Wissenschaften gewinnen wollte.

Prinz Eugen hatte auch ein besonderes Interesse für seltene und exotische Tiere. Seine internationalen Beziehungen nutzte er auch für den Ankauf seltener Exemplare aus aller Welt. Zuletzt umfaßte die Menagerie 43 Arten von Säugetieren und 76 Arten von Vögeln. Manche Exemplare waren ihm auch von ausländischen Potentaten geschenkt worden, als seine Vorliebe bekannt geworden war. Friedrich Wilhelm I. von Preußen schenkte ihm ein Wisentpaar, der König von Schweden Rentiere, vom Gesandten von Tunis, Jussuf Khodschah, erhielt er 1732 einen Tiger. Zur Unterbringung seiner Tiere ließ Eugen neben dem Belvedere eine Menagerie anlegen, die durch Zeichnungen und Stiche ziemlich genau bekannt ist. Darüber hinaus ließ er viele Tiere zusammen mit Pflanzen aus dem botanischen Garten von Ignaz Heinitz malen, vielleicht dienten sie auch Philipp Ferdinand de Hamilton als Vorlage.

Nach dem Tode Eugens wurden die kulturellen Sammlungen von seiner Erbin sofort verkauft. Nachdem schon im Jahre 1737 die Schlachtenbilder Huchtenburghs, die sich zuletzt in Schloßhof befunden hatten, nach Turin gebracht werden, schloß sie im Jahre 1741 mit Karl Emanuel von Savoyen-Sardinien einen Kaufvertrag über die Gemäldegalerie, die mit zwei Wägen über den Semmering nach Triest, dann per Schiff nach Venedig und von dort wieder auf dem Landweg nach Turin gebracht wurde. Da unter Napoleon diese Bilder nach Paris verschleppt und später nur mehr teilweise zurückgegeben wurden, sind sie heute teilweise über alle Welt zerstreut.

Betender Knabe, Berlin, Antikensammlung

Auch die antiken Plastiken wurden verkauft. Um eine verhältnismäßig geringe Summe erwarb im Jahre 1736 König August III. von Polen (Kurfürst Friedrich Georg II. von Sachsen) die drei Herkulanerinnen und vermehrte damit seine schon bestehende Dresdner Antikensammlung um wertvolle Stücke. Den „betenden Knaben" kaufte nach Eugens Tod Prinz Wenzel Liechtenstein und stellte ihn im Wiener Stadtpalais seiner Familie auf. Nachdem er eine Zeichnung und einen riesigen Kupferstich hatte herstellen lassen, kaufte im Jahre 1747 König Friedrich II. von Preußen die Plastik um 5000 Taler und ließ sie nach Sanssouci bringen. Nachdem auch er durch Napoleons Truppen nach Paris gebracht worden war, kehrte der Knabe 1814 wieder nach Berlin zurück und befindet sich nun in der Antikenabteilung der Staatlichen Museen Berlins (DDR).

Nur die Tabula Peutingeriana blieb Wien erhalten, denn die Bibliothek des Prinzen wurde im Jahre 1737 von Kaiser Karl angekauft und der Hofbibliothek eingegliedert.

Karl Gutkas — Thomas Karl

Lit.: G. Hamann, Prinz Eugen als Bibliophile, naturhistorischer Sammler und Freund der Wissenschaften, in: K. Gutkas (Hrsg.), Prinz Eugen und das barocke Österreich, 1985. — Ders., Prinz Eugen und die Wissenschaften in Österreich, in: Geschichte und Literatur, Sondernummer 1963. — R. Noll, Die Antiken des Prinzen Eugen im Unteren Belvedere, in: Prinz Eugen und sein Belvedere, S. 57ff. — H. und G. Aurenhammer, S. Kleiner, Das Belvedere in Wien, 1969. — G. Heinz, Die italienischen Maler im Dienste des Prinzen Eugen, in: Prinz Eugen und sein Belvedere, S. 115ff. — M. Braubach, Die Gemäldesammlung des Prinzen Eugen, in: FS für Herbert v. Einem, Berlin 1965, S 27ff.

Ehem. Audienzzimmer: Stuckdekoration

Das barocke Stuckrelief ist von einem klassizistischen Rahmen umschlossen. Die allegorische Bedeutung der Figuren an der Decke ist nicht ganz klar. Auf einer Wolkenformation thront eine Dreiergruppe weiblicher Gestalten. Dominierend ist Pallas Athene als Allegorie der Weisheit: Putti halten Ölzweig, Schild und Fahne, neben ihr wahrscheinlich Prudentia, die Klugheit, mit Spiegel und von Triangel bekrönter Kugel (?). I. S.

Objekte

5.1 Prinz Eugen beim Kunsthändler Somer

Foto nach einer Zeichnung von Pieter van den Berge, Rijksmuseum Amsterdam.

Eugen besuchte selbst, wenn es ihm die Zeit erlaubte, Kunsthändler, um persönlich Gemälde anzukaufen. Während seiner Aufenthalte in der Kunstmetropole Amsterdam im Zuge des Spanischen Erbfolgekrieges (1708 oder 1712) entstand diese Zeichnung, die den Prinzen beim Kunsthändler Somer zeigt. Der Graphiker Pieter van den Berge präsentiert ein Bild, das der kunstsinnige Prinz eingehend betrachtet. Weitere Gemälde werden gerade hereingebracht, mehrere Personen, unter ihnen auch Somer, unterhalten sich über die Kunstwerke. Ein weiterer Holländer, der Sammler Coenraet Droste, berichtet in einem Gedicht ebenfalls von dem Besuch Eugens in seiner Galerie. Eugens Adjutant Wilhelm Georg von Hohendorff sowie Jean und Pierre Mariette berieten den Prinzen bei seinen Ankäufen und wurden in die verschiedensten Teile Europas gesandt, um besondere Kunstwerke aufzutreiben.

Lit.: Braubach, Bd. 5, S. 73f.

S. D.

5.2 Selbstbildnis Johann Kupetzkys mit Porträtskizze des Prinzen Eugen

Öl/Lw., 94 × 75 cm.

Bez.: Johann Kupetzky pinxit 1709.

Kat.-Nr. 5.1

Der in Bösing bei Preßburg 1707 geborene Johann (Jan) Kupetzky wurde auf Schloß Holič zum Maler ausgebildet, kam 1683/84 nach Wien und reiste dann durch Italien, wo er Rigaud kennenlernte. Im Jahre 1708/09 kam er auf Einladung des Fürsten Adam von Liechtenstein wieder nach Wien zurück, wo er bald ein gesuchter und vielbeschäftigter Bildnismaler wurde. Auch Prinz Eugen gehörte zu seinen Kunden. Im Jahre 1723 verließ Kupetzky Wien fluchtartig, vielleicht wegen seiner Zugehörigkeit zu den „Böhmischen Brüdern" und zog nach Nürnberg, wohin er auch sein reifstes Porträt des Prinzen mitnahm. Seinen Bildnissen liegt eine besondere Erfassung des Menschlichen und Persönlichen zugrunde.

Auf seinem Selbstbildnis aus dem Jahre 1709 ist auf der Staffelei die Porträtskizze einer Person zu erkennen, bei der es sich um Prinz Eugen handeln könnte. Jedenfalls ist es dem anderen von Kupetzky gemalten Eugenporträt sehr ähnlich. Allerdings ist der Dargestellte im Vergleich zu anderen Bildnissen der Jahre um 1709 relativ alt, so daß dieses Porträt später eingefügt worden sein könnte. Denn eine zweite Fassung dieses Selbstporträts aus dem Jahre 1711 zeigt die Frau des Künstlers, eine weitere nur die Umrisse eines männlichen Porträts.

Lit.: Kat. Barockmuseum, S. 272 f., Nr. 165.

Wien, Österr. Galerie, Inv.-Nr. 4939. K. G.

5.3 Bilderkabinett im Oberen Belvedere

Kupferstich, 29,3 × 39 cm.

G. Pfanz nach Salomon Kleiner, Blatt 7 des 3. Teils des „Kriegs- und Siegeslagers".

In der Bildergalerie des Oberen Belvedere,

Kat.-Nr. 5.2

einem unumgänglichen Bestandeil des barocken Schlosses, manifestierte sich der Kunstsinn Prinz Eugens in augenfälliger Weise. Sie diente aber nicht nur dem Kunstgenuß, sondern gleichzeitig auch der Repräsentation. Wie alle Galerien der Zeit war auch die des Belvedere nach Gesetzen der Symmetrie geordnet, um eine dekorative Gliederung der Wand zu erzielen. Die Gemäldesammlung des Prinzen gehörte zu den berühmtesten Europas. Der Großteil der Bilder war in dem von Claude le Fort du Plessy dekorierten Belvedere untergebracht und im wesentlichen auf zwei Räume des oberen Schlosses verteilt.
Das hier gezeigte Kabinett im Ostflügel bewahrte die Bestände der niederländischen Malerei des 16. und 17. Jh.s, das im Westflügel die Werke italienischer Meister. Unter den Bildern befanden sich unter anderem das heute im Louvre bewahrte Gemälde der „wassersüchtigen Frau“ von Gerard Dou, das der Prinz um 13.000 Gulden erworben haben soll. Zu den bedeutendsten Gemälden gehörte ein Selbstporträt Rembrandts (ehemals Turin, heutiger Standort unbekannt) sowie ein Porträt des Erasmus von Rotterdam von Hans Holbein dem Jüngeren, heute in der Galleria Sabauda in Turin, wo sich der Großteil der Gemälde des Prinzen befindet.

Lit.: Aurenhammer, Kleiner, S. 44ff. (mit umfassender Literaturangabe). — C. Spantigati, Vecchie e nuove precisazioni sulla quadreria del principe Eugenio di Savoia, in: Conoscere la Galleria Sabauda. Documenti sulla storia delle sue collezioni, Torino 1982, S. 17—51.

Wien, Historisches Museum, Inv.-Nr. 179.339/19. T. K.

5.4 Orpheus befreit Euridice

Öl/Lw., 120 × 119,5 cm (allseitig leicht beschnitten).
Giovan Antonio Burrini, um 1700.

Der bolognesische Biograph Zanotti berichtet, daß Prinz Eugen über Vermittlung des bolognesischen Senators Davia bei Giuseppe Maria Crespi ein Bild mit „Chiron, Achilles das Bogenschiessen lehrend“ bestellt habe (KHM, Inv.-Nr. 270), das ein Ensemble mit drei anderen Gemälden von Benedetto Gennari, Giovan Gioseffo dal Sole („Traum der Dido“) und Giovan Antonio Burrini bilden sollte. „Orpheus und Euridice“ Burrinis wurde von Heinz (1963) erstmals mit den Aufträgen Prinz Eugens in Zusammenhang gebracht. Gennaris Gemälde für den Prinzen Eugen (KHM, Inv.-Nr. 7126) konnte kürzlich mit Hilfe einer unpublizierten Zeichnung Salomon Kleiners (Paris, Privatsammlung) identifiziert werden und stellt „Theseus mit den beiden Töchtern des Minos“ dar. Zu dieser Gruppe gehört weiter

Giuseppe Maria Crespis „Aeneas, die Sibylle und Charon" (KHM, Inv.-Nr. 306). Alle fünf Werke haben annähernd gleiches quadratisches Format und sind von den Quellen her und stilistisch etwa zwischen 1695 und 1705 anzusetzen. Mit Sicherheit läßt sich durch eine von Heinz (1967) publizierte Zeichnung des Paradeschlafzimmers (Kat.-Nr. 21.) lediglich feststellen, daß die beiden Bilder Crespis Mitte der zwanziger Jahre des 18. Jh.s als Supraporten des Raumes angebracht waren, nicht aber wo ursprünglich das eine der beiden Bilder — Zanotti spricht nur vom „Achill" — und die anderen Bolognesen lokalisiert waren, noch wo nach der Redekoration der Räume des Fischerschen Mitteltraktes die Bilder Burrinis und dal Soles verwendet waren. Denn das Parade-Zimmer hatte (und hat noch immer) nur drei Türen: die zwei westlichen waren mit den beiden Bildern Crespis dekoriert, die östliche (hier wäre Platz entweder für dal Sole oder Burrini) führte ins Audienz-Zimmer, in dem an der westlichen Seite — das beweisen zeitgenössische Schilderungen und die unpublizierte Zeichnung Kleiners mit dem Einblick ins Audienz-Zimmer — nur der kuriose Bronzeofen mit Herkules und dem Drachen (Kat.-Nr. 21.61) und ein Baldachin stand. Über der einzigen Türe ins Parade-Zimmer war Gennaris „Theseus" angebracht. Ebenso unklar wie der ursprüngliche Standort der Supraporten ist auch der ikonographische Zusammenhang der vier bzw. fünf Bilder untereinander oder der Konnex mit den figürlichen Deckenfresken Lanzanis (Kat.-Nr. 21.62) bzw. Gamberinis und Dorignys (Kat.-Nr. 21.64), die, im Abstand von etwa zwölf Jahren entstanden, beide eindeutig Herkules zugeordnet sind. Auch der Bezug zu einem Schlafzimmer, den man in den nächtlich-unterweltlichen Themen des „Orpheus", „Charon" und des „Dido-Traums" erkennen zu können glaubte, erübrigt sich, da das Paradeschlafzimmer Zeremonialraum war, abgesehen davon, daß schon ehedem Crespis „Achill" und nun auch der rezent erkannte „Theseus mit den beiden Töchtern des Minos" nicht in diesem Zusammenhang gepaßt hätten.

Kat.-Nr. 5.4

Lit.: G. Zanotti, Storia dell'accademia clementina, Bologna 1739, Bd. I, S. 302f., Bd. II, S. 43f. — Heinz, Italienische Maler, S. 122ff. — M. Braubach, Die Gemäldesammlung des Prinzen Eugen von Savoyen, in: Festschrift für Herbert von Einem zum 16. Februar 1965, Berlin 1965, S. 30. — G. Heinz, Zur Dekoration des Schlafzimmers des Prinzen Eugen in seinem Wiener Stadtpalast, in: MÖG 11, H. 55, 1967, S. 69ff.

KHM, Gemäldegalerie, Inv.-Nr. 5762. W. P.

5.5 Ruinenvedute

Tempera/Lw., 221,5 × 171 cm.
Marc Antonio Chiarini oder Pietro Paltronieri, Figuren von Gambarini.

Der bolognesische Biograph Giampietro Zanotti, ein Zeitgenosse Prinz Eugens, berichtet, daß Marc Anton Chiarini acht Temperabilder mit Architekturen für das Untere Belvedere (Kat.-Nr. 5.12) geschaffen habe, während Luigi

Crespi von einem Wiener Aufenthalt Pietro Paltronieris, eines in diesem Fach spezialisierten Meisters und Schülers Chiarinis, erzählt. Günther Heinz hält ihn für den Maler der Bilder, die unter Anleitung seines Lehrers entstanden wären, während Renato Roli auf Chiarini zurückgreift. Im Gegensatz zu Paltronieris bolognesischen Werken, deren malerische, atmosphärische Gestaltung größere Fernsicht suggeriert, sind die Wiener Bilder stärker durchstrukturiert, was ihnen einen altertümlichen Charakter verleiht. Da auch die 1702 in Bologna erschienenen Perspektivansichten Chiarinis vergleichbar schwere Architekturprospekte zeigen, kann doch er als führender Meister angenommen werden, was einer Mitarbeit seines Schülers nicht widerspricht. Die acht erhaltenen Veduten dürften demnach mit den von Zanotti genannten identisch sein. Die Figuren wurden Giuseppe Gambarini zugeschrieben. Bekannt ist allerdings nur ein Wiener Aufenthalt des Künstlers im Jahre 1697. Die Veduten dürften jedoch erst nach 1715 entstanden sein.

Ruinendarstellungen, die den Verfall antiker, von der Natur überwucherter Bauten thematisieren, haben ihre Wurzel in den Porträtveduten antiker Monumente und in der klassischen Landschaftsmalerei. Seit dem späten 17. Jahrhundert nahmen sich in Oberitalien vor allem die Architekturmaler dieser Sparte an. Ihre von der Bühnenkunst beeinflußten Szenerien stellten die Ruine in den Mittelpunkt, der Landschaft kam nur mehr eine sekundäre Rolle zu. Die schnelle, flächig deckende, skizzenartige Malweise entsprach dem Anbringungsort der Bilder als dekorativer Schmuck der Wände, im Belvedere innerhalb einer in Fresko gemalten Scheinarchitektur. Bei der Neuadaptierung des Schlosses 1816 dürften die Wandmalereien zerstört und die Temperabilder in die kaiserliche Galerie übertragen worden sein.

Heinz, Italienische Maler, S. 118 ff. — R. Roli, Pittura bolognese 1650—1800, Bologna 1977, S. 207 ff., Abb. 385 a, b. — G. C. Cavalli, Dalla prospettiva al paesaggio: evoluzione del temperismo bolognese nel'700, in: L'arte del settecento emiliano, architettura, scenografia, pittura di paesaggio, Bologna 1979, S. 302 ff.

Wien, KHM, Gemäldegalerie, Inv.-Nr. 2948.

U. K.

5.6 Östlich gelegenes „Gesellschafts-Sommerzimmer" im Oberen Belvedere

Kupferstich, 28,8 × 39,7 cm.
I. Groessman nach Salomon Kleiner; Bl. 3 des 4. Teils des „Kriegs- und Siegeslagers", 1735.

Das kleine, östlich gelegene „Gesellschafts-Sommerzimmer" im Erdgeschoß des Oberen Belvedere hatte ein ähnlich gestaltetes Pendant im westlichen Flügel des Schlosses. Die Scheinarchitektur Gaetano Fantis schuf hier keine großartige illusionistische Struktur, sondern dekorierte nur die Wände. Die Illusion blieb auf kleine Nischen und Einbuchtungen der Oberfläche beschränkt. Die ebenfalls in Fresko eingefügten Medaillons zeigten mythologische Liebesszenen: Apoll und Daphne, Aurora und Zephalus, Dionysos und Ariadne.

In den geschlossenen Achsen der südlichen Raumhälfte befanden sich vier Veduten, die antike Ruinen darstellten. Sie werden heute gemeinsam mit den vier Gegenstücken des westlichen Raumes im Depot des Kunsthistorischen Museums in Wien (Kat.-Nr. 5.5) aufbewahrt.

Lit.: Aurenhammer, Kleiner, S. 59 f.

Wien, Hist. Museum, Inv.-Nr. 179.339/33. U. K.

5.7 Aurora entführt Zephalus

Öl/Lw., 101 × 137,5 cm.
Francesco Solimena, vor 1729.

Im Zentrum der Szene ist auf einer Wolke Aurora abgebildet, die im Schoß den jungen Jäger Zephalus hält, dessen sie sich bemächtigte, als er am frühen Morgen jagen ging.

Kat.-Nr. 5.7

Amor, in Begleitung der Venus, schießt auf Aurora Pfeile der Liebe. Die beiden Liebenden sind von einer lustigen Hochzeitsschar von Amoretten umgeben. Im Hintergrund befindet sich Auroras Wagen, der von zwei Pferden gezogen wird, auf dem Aurora täglich auf den Olymp mit der Nachricht über die baldige Ankunft ihres Bruders Helios kommt, dessen Nähe auch der mit einer Lyra vor der strahlenden Sonnenscheibe sitzende Apollo andeutet. Auroras Gespann zielt symbolisch in das Sternzeichen der sich umarmenden Zwillinge.

Das Bild ist eine Entwurfskizze Solimenas für das 1950 verbrannte Deckengemälde im Goldkabinett des Oberen Belvedere, das 1720 von Prinz Eugen bestellt und 1729 geliefert worden war. Das längliche Format des Entwurfs von Opočno ist im realisierten Gemälde des Goldkabinetts zu einem länglichen Achteck verändert, im Figürlichen wie in der Komposition ergeben sich nur geringe Abweichungen.

Das Bild demonstriert hervorragend die starken Seiten von Solimenas Kunst, dank derer das Schaffen dieses berühmten neapolitanischen Meisters einen so großen Widerhall in der italienischen — vor allem in der venezianischen —, aber auch in der europäischen

Malerei des 18. Jh.s fand. Anregend wirkte vor allem Solimenas Fähigkeit, die Werte des klassischen Erbes der italienischen Malerei mit den Anforderungen und Bedürfnissen der spätbarocken dekorativen Auflockerung zu verbinden (Kat.-Nr. 6.20). Solimenas koloristische Meisterschaft äußert sich auf dem Entwurf im suggestiven Modellieren der reichen Farbigkeit durch die Atmosphäre des erwachenden Tages.

Lit.: Aurenhammer, Kleiner, S. 43f. — O. Ferrari, Considerazioni sulle vicende artistiche a Napoli durante il viceregno austriaco (1707—1734), in: Storia dell'arte 35, 1979, S. 11ff. — J. Neumann, Unbekannte neapolitanische Gemälde im Schloß in Opočno, in: Akten des 25. internationalen Kunsthistorikerkongresses, Sektion 7, Wien 1986, S. 139ff.

Opočno, Staatsschloß, Inv.-Nr. 4544/3539. I. K.

5.8 Francesco Solimena, Christi Himmelfahrt

Öl/Lw., 145,5 × 77 cm.

Der in Öl gemalte Bozzetto diente wahrscheinlich als Entwurf für das Altarbild der Kapelle im Oberen Belvedere, von dessen Entstehung Briefe Prinz Eugens und die Solimena behandelnde Monographie De Dominicis Nachricht geben.
Der Neapolitaner Francesco Solimena, mit dem Prinz Eugen wohl über die Vermittlung des Vizekönigs von Neapel, Graf Wirich P. L. Daun, Kontakt pflegte, erhielt den Auftrag für die Himmelfahrt und den ebenfalls für das Obere Belvedere bestimmten Raub des Zephalus (Kat.-Nr. 5.7) bereits 1720. Im nächstfolgenden Jahr soll er Zeichnungen für die Gemälde nach Wien gesandt haben, um des Prinzen Instruktionen bzw. eventuelle Änderungswünsche zu erfahren. In einem Brief vom Juni 1730 berichtet Prinz Eugen über die kürzliche Ankunft der „Auferstehung", die in dem bereits 1723 fertiggestellten Altar ihren Platz fand. Der Bozzetto gibt auf das Genaueste die Komposition des Altarbildes wieder. Während jedoch in der Skizze weiche Schatten die statuarischen Idealfiguren modellieren, opponieren im Altarblatt die fast schwarzen, Flächen bildenden Dunkelzonen gegen die Plastizität der Körper und bilden mit den aufleuchtenden Farbpartien ein Geflecht. Ähnlicher Veränderung unterliegt der einheitliche, atmosphärische Raum des Entwurfes, der im Altarbild durch betonte Hell-Dunkelgrenzen eine der Oberfläche folgende Felderteilung erfährt, die der suggerierten Tiefe entgegenwirkt. Diese Änderungen gehen kaum auf Wünsche des Prinzen zurück, sondern finden ihre Bedingung im Stil des neapolitanisch geschulten Meisters und der gestellten Aufgabe, das Altarbild dekorativ dem Gefüge der Ausstattung der Kapelle einzufügen. Dieser Forderung folgt auch die thematische Durchführung: den auferstehenden Christus erwarten im Deckenfresko Carlo Innocenzo Carlones Gott-Vater und der Heilige Geist.

Lit.: F. Bologna, Francesco Solimena, Neapel 1957, S. 192ff., 280f., 282f. — Heinz, Italienische Maler, S. 131ff. — O. Ferrari, Considerazioni sulle vicende artistiche a Napoli durante il viceregno austriaco (1707—1734), in: Storia dell'Arte 35 (1979), S. 14f., 16ff.

Wien, Öst. Galerie, Inv.-Nr. 6159. U. K.

5.9 Kapelle des Oberen Belvedere

Kupferstich, 42,8 × 26 cm (Pl).
J. G. Thelott nach Salomon Kleiner.
Blatt 4 des 2. Teils des „Kriegs- und Siegeslagers".

Der im südöstlichen Turmpavillon gelegene Sakralraum gehört dem seit dem Mittelalter bestehenden Typus der zweigeschossigen Palastkapelle an, in der der fürstliche Hausherr dem Gottesdienst von der Empore aus beiwohnte, während der Raum selbst im Normalfall den Bediensteten vorbehalten blieb. Nach der Datierung des Altars und des Freskos von Carlo Innocenzo Carlone wurde der Raum im

Jahre 1723 fertiggestellt, das Altarblatt des Neapolitaners Francesco Solimena (Kat.-Nr. 5.9) langte jedoch erst 1730 in Wien ein. Während das Ölbild die Auferstehung Christi zeigt, erscheinen Gottvater und der Heilige Geist umringt von Engeln im Deckenfresko. Durch die Einschnürung des Mauerringes unterhalb der Flachkuppel ist deren Ansatz nicht sichtbar, so daß der täuschende Effekt einer zum Himmel geöffneten Architektur wirksam wird, eine Lösung, die aus der bolognesischen Architektur des 17. und 18. Jh.s. bekannt ist und auf die Hildebrandt auch in der Kapelle des Palais Schwarzenberg zurückgriff. Auch Entwürfe Jules Hardouin-Mansarts für Versailles werden als vorbildgebend genannt. Die strenge, jedoch flache Gliederung der Wände, das reiche, auf französischen Vorbildern (Jean Berain, Pierre Lepautre) basierende, die Linie betonende Ornament sind typisch für den Stil Hildebrandts. Diese, die architektonische Oberfläche überspannende Dekoration beeinflußte auch seine Gestaltung des Altares, der obwohl etwas vorgesetzt, nur aus einem riesigen, grafisch reizvoll gerahmten Bild zu bestehen scheint, das auf einem ornamentalen Sockel aufsitzt und von einer giebelartigen Verdachung bekrönt wird. Genauso wie die beiden vollplastischen, Skulpturen der Apostel Petrus und Paulus ist auch der Altar mit der Wanddekoration zusammen zu sehen, deren Hauptakzent er darstellt.

Lit.: Aurenhammer, Kleiner, S. 42.

Wien, Hist. Museum, Inv.-Nr. 179.339/15. U. K.

5.10 Christus am Kreuz

Öl/Lw., 145 × 90 cm.
Werkstatt Anthonis Van Dycks (?).

Im Jahr 1882 gelangten in die Badener Hofkirche, die heutige Frauenkirche, zwei Ölbilder, die einer Eintragung des Inventars der k. k. Hofkapelle Baden (Bd. 4, 1865—1900, Eintragung vom 16. Juni 1882) zufolge aus der Belvederekapelle stammen sollen. Bei den Gemälden handelt es sich um eine Grablegung Christi und die vorliegende Kreuzigung. Letztere hängt eindeutig von Anthonis Van Dycks Kreuzigungsbildern — wie etwa jener im Kunsthistorischen Museum — ab, von denen sowohl eigenhändige Wiederholungen und Varianten als auch zahlreiche Werkstatt- und Schülerrepliken existieren. Um eine solche dürfte es sich bei dem vorliegenden, teilweise übermalten Gemälde (Lendenschurz, Kreuzestafel) möglicherweise handeln. Gegen eine eigenhändige Fassung spricht die fehlende Virtuosität des Vortrags wie die gegenüber eigenhändigen Varianten des Themas verminderte Intensität des Ausdrucks. Ob sich das Bild und sein Gegenstück bereits zu Lebzeiten Prinz Eugens in der Kapelle des Oberen Belvedere befanden ist nicht mit Absolutheit klärbar — in dem Fall hätten sie nur zu Seiten des Eingangs der Kapelle angebracht gewesen sein können, da sie auf Kleiners Einblick in die Kapelle nicht wiedergegeben sind — im Bildinventar Anna Victorias scheinen sie jedenfalls nicht auf.

Lit.: J. Ressel, Kirchen und Kapellen, religiöse Gedenksäulen und Wegzeichen in Baden bei Wien, Baden 1982, S. 33 ff. — G. Glück, Van Dyck, Stuttgart — Berlin 1931, S. 542. — E. Larsen, L'opera completa di Van Dyck, Milano 1980, Nr. 377—379, 571—573, 591 und 591 a.

Baden, Frauenkirche. T. K.

5.11 Kleine Herculanerin

Abguß der Statue aus der Schule des Praxiteles, H 172 cm.

Im Jahr 1713 hatte Prinz Eugen von Emanuel Moritz Prinz d'Elboeuf, General der kaiserlichen Truppen in Neapel, drei antike Statuen aus der Schule des Praxiteles als Geschenk erhalten (Kat.-Nr. 5.12), die im Jahr 1711 bei Bauarbeiten auf dessen Landgut bei Portici zutage gekommen waren, was zum Beginn der

Ausgrabungen von Herculaneum führte. Die drei Marmorfiguren — von Winkelmann, der die Figuren als „große Meisterstücke der griechischen Kunst“ feierte, als Vestalen bezeichnet — sind seither allgemein als Herculanerinnen bekannt. Die Fachliteratur erwähnt in der Regel nur die sogenannte „große Herculanerin“ (195 cm) und die hier als Abguß gezeigte „kleine Herculanerin“. Die dritte, meist unberücksichtigt bleibende Statue ist eine genaue Wiederholung der „kleinen Herculanerin“, deren fehlender Kopf durch einen Abguß der Kopfpartie des Gegenstückes ergänzt wurde. In ikonographischer Hinsicht dürfte in der „großen Herculanerin“ wohl eine Frau, in der kleineren Statue ein Mädchen zu sehen sein. Vermutet wurde aus diesem Grund eine Darstellung von Mutter und Tochter, vielleicht sogar von Demeter und Kore.

Lit.: R. Noll, Die Antiken des Prinzen Eugen im Unteren Belvedere, in: Prinz Eugen und sein Belvedere, S. 57 ff.

Dresden, Staatliche Kunstsammlungen, Skulpturenabteilung. T. K.

Kat.-Nr. 5.11

5.12 Die Marmorgalerie im Unteren Belvedere

28,2 × 42,4 cm.

J. G. Thelot nach Salomon Kleiner; Blatt 7 des 10. Teils des „Kriegs- und Siegeslagers“, 1740.

Die Marmorgalerie dürfte von Lucas von Hildebrandt eigens zur Unterbringung der berühmtesten Antiken des Prinzen Eugen, der sogenannten „Drei Herculanerinnen“ (Kat.-Nr. 5.11) entworfen worden sein. Allerdings wechselten die auf einem stark verkröpften Sockel in dreifach gerahmten Nischen aufgestellten, in sich ruhenden Antiken mit stark bewegten barocken Figuren Domenico Parodis ab, die von Zeitgenossen mit Begeisterung aufgenommen worden waren. Durch an den Schmalseiten der Galerie einander gegenüberliegend angebrachte Spiegel wurde der Eindruck einer endlosen Statuenreihe erweckt.

Rotbrauner Stuckmarmor, die reiche Vergoldung und das Weiß der Stuckdekoration steigerten darüberhinaus die repräsentative Wirkung. Die drei figürlichen Stuckreliefs der Galerie geben eine Apotheose auf den siegreichen Feldherrn wieder.

Da die Herculanerinnen noch im Todesjahr des Prinzen von Anna Victoria an König August III. von Polen verkauft worden waren, muß die zeichnerische Aufnahme Kleiners für den erst 1740 publizierten Stich bereits vor 1736 erfolgt sein. Heute stehen an ihrer Stelle weitere Götterfiguren von Domenico Parodi.

Lit.: H. Aurenhammer, Kleiner, S. 106ff. — I. Schemper-Sparholz, Skulptur und dekorative Plastik zur Zeit des Prinzen Eugen, in: Gutkas, Prinz Eugen, S. 339ff.

Wien, Hist. Museum, Inv.-Nr. 179.339/97. T. K.

5.13 Tabula Peutingeriana FB 40

Faksimile des Codex 324 der ÖNB. Graz, Akademische Druck- und Verlagsanstalt.

Der Wiener Humanist Conrad Celtis (1459—1508) fand eine im 12. oder am Beginn des 13. Jahrhunderts kopierte römische Straßenkarte aus dem 4. Jahrhundert und übergab diese dem Augsburger Ratsschreiber und Humanisten Konrad Peutinger (1465—1547). Nach diesem wird sie Tabula Peutingeriana genannt. Die Karte, eine aus ursprünglich zwölf Segmenten bestehende Pergamentrolle, von der elf Teile erhalten sind, hat eine Länge von 682 und eine Breite von 34 cm. Auf ihr sind die wichtigsten Straßenzüge schematisch dargestellt. Für Österreich sind die Segmente drei und vier wichtig.

Die Karte wurde nach Peutingers Tod erstmals publiziert und wechselte in der Folge mehrmals den Besitzer. Im Jahre 1717 gab Prinz Eugen den Auftrag, sie für ihn zu erwerben (Kat.-Nr. 5.14). Tatsächlich konnte sie von einem Leipziger Antiquar gekauft werden und ging nach Eugens Tod in den Besitz der kaiserlichen Hofbibliothek, jetzt Nationalbibliothek, über.

Lit.: Einleitung zur Faksimileausgabe der Akademischen Verlagsanstalt Graz, 1971. — A. Lhotsky, Quellenkunde z. ma. Gesch. Österreichs, 1963, S. 143.

K. G.

5.14 Brief des Prinzen Eugen an Karl Gustav Heraeus aus dem Feldlager in Selim am 20. September 1717

Faksimile des Orig., ÖNB, 30 × 20 cm.

Nach der Eroberung von Belgrad schrieb Prinz Eugen aus dem Lager von Selim einen Brief an den kaiserlichen Rat und Hofantiquar Karl Gustav Heraeus und bat diesen, das in Leipzig zum Kauf angebotene Exemplar des „Tabula Peutingeriana" für ihn zu erwerben. Tatsächlich konnte das wertvolle Stück angeblich um 100 Dukaten gekauft werden. Mit der Bibliothek des Prinzen kam die Tabula 1738 in die Hofbibliothek.

Lit.: Faksimileausgabe der Wiener Bibliophilengesellschaft, Wien 1969.

Wien, NÖLB, Sign. 34520-C. K. G.

5.15 Atlas Bleauw - Van der Hem

Faksimileausgabe des Bandes 13 der ÖNB. Graz, Akademische Druck- und Verlagsanstalt.

Den größten Teil der Bibliothek Eugens nahmen seine geographischen und geschichtlichen Werke ein. Diese kostbar ausgestatteten Bücher beziehen sich nicht nur auf Europa, sondern erstrecken sich in ihren Wissensgebieten auf alle Teile der Welt. Der Atlas Bleauw — von Jan Bleauw in Amsterdam 1640 begonnen und durch Laurenz van der Hem ergänzt — ist ein Prachtwerk, bestehend aus 50 Folianten, das mit kolorierten Karten und Stichen, an den 600 holländische Künstler arbeiteten, ausgestattet ist. Eugen erwarb diesen prächtigen Atlas 1732 für seine Bibliothek von dem Buchhändler Moetjens in Haag für 6000

Gulden. Von den zahlreichen Bänden wurde der Band mit der Darstellung der Schweiz ausgewählt.

Lit.: Braubach, Bd. 5, S. 111. — G. Hamann, Prinz Eugen als Bibliophile, naturhist. Sammler und Freund der Wissenschaften, in: Gutkas, Prinz Eugen, S. 352.

S. D.

5.16 Die Menagerie Prinz Eugens FB 41, 42

Fotos nach den aquarellierten Blättern des Stichwerkes S. Kleiners, „Vorbildung aller ausländischen Thiere so in dem Thiergarten Sr. Hochfürstl. Durchl. Eugenii Francisci ... vor der Stadt Wien aufbehalten werden. Welche daselbst nebst einigen rahresten und frembden Gewächßen nach dem Leben gezeichnet worden durch Herrn Salomon Kleiner, Chur-Fürstl. Mayntz. Hoff-Ingenieur", 1734.

Albertina, Graphische Sammlung, Inv.-Nr. 3858.

Im östlichen Parkteil des Oberen Belvedere ließ Eugen um einen Springbrunnen einen halbkreisförmigen Tiergarten errichten, der zum berühmtesten neben der Menagerie in Versailles werden sollte. Neben durch Baumalleen und Wasserläufen abgetrennten Rasenflächen waren Gebäude für Wärter, Winterquartiere sowie Vogelhäuser in dem Areal vorhanden, das während seines zwanzigjährigen Bestandes über hundert verschiedene Tiere beherbergte. Eugens weitreichende Verbindungen ermöglichten es, exotische Pflanzen und Tiere nach Wien zu schaffen.
Kleiner hinterläßt mit seinem zwölfteiligen Stichwerk, für das sich in der Albertina vier farbig lavierte Vorzeichnungen erhalten haben, eine Darstellung fast aller Tiere nach seinen Vorstellungen, mit exotischen Pflanzen, Antiken, Ruinen und Springbrunnen des Belvederegartens zusammengestellt. Nicht immer zeichnete er die Tiere getreu der Natur; um besondere Eigenarten herauszuheben, verzerrte er manchmal die Realität. Eugens Erbin verkaufte den gesamten Tierbestand — bis auf einen Weißkopfgeier, der im Belvedere bleiben konnte und erst 1823 starb — sowie die Pflanzen.

a) Auf den Brückenteilen sitzen zwei „indianische Füchse" (mit indianisch war alles aus Übersee kommende bezeichnet worden), ein Maki (Lemur), der erste seiner Gattung, der im 18. Jh. nach Europa kam, sowie ein Nasenbär. Bei der „wilden Katz" handelt es sich um einen Serval. Ein Bericht des tripolitanischen Gesandten gibt den Transport einer „gesprechelten Wildkatz" nach Wien an. Der „indianische Rab'", der Papagei, war wegen seiner Farbenprächtigkeit und Sprechfähigkeit sehr beliebt. Hier ist er, umgeben von dem Großen Fettkraut, dem sehr beliebten „Wunder-Baum", aus dessen Samen Abführmittel hergestellt wurden, sowie einem säulenartigen zartverzweigten Kaktus, dargestellt. Paarhufer waren schwieriger zu transportieren und Tiere, wie ein „Guineisches Hausschaf", neben dem „indianischen Wolff", der Hyäne abgebildet, waren in Menagerien seltener. Die Gemse neben dem doppelhörnigen „Wallonischen Schaf" sowie die „indianische Katz", eine Zibetkatze, neben der kleinen Herculanerin, vervollständigen diese Tafel.

b) Neben den verschiedensten Papageienarten sitzt auf einem Ast der heute ausgestorbene Karolinasittich, der Mitte des 19. Jh.s als Landwirtschaftsschädling ausgerottet wurde. Weiters sind zwei Zwergmeerkatzen, ein Halsbandmangabe und ein Dammwild abgebildet.

c) Der Löwe, von Kleiner bewußt stilisiert, thront auf den Steinen neben einer angeketteten Rolowaymeerkatze, umgeben von Kakteenarten, einer Aloe africana und einem Kaffeebaum, nach dem die Meerkatze greift. Prinz Eugen besaß einen zahmen Löwen, den er zum Schrecken der Besucher bei Banketten auftauchen ließ. In der Todesstunde des Prinzen soll der Löwe, an dem Eugen sehr gehangen ist, schrecklich gebrüllt haben. Neben einer „afrikanischen Kuh“, der heute ausgestorbenen Kuhantilope und einer weniger gelungenen Gazelle, dem „Meerhirschl“, sind zwei Wisente zu sehen, die Friedrich Wilhelm I. dem Prinzen zum Geschenk gemacht hatte.

d) Drei prächtige afrikanische Sträuße, Tiere, die vorher noch nie in Europa zu sehen waren, sind auf diesem Blatt neben einem Helmkasuar (ganz links), einer Großtrappe und einem Stachelschwein dargestellt. Von den beiden Flamingos, „Meerstörche aus Tripoli“, ist der im Vordergrund abgebildete mit einem extrem großen Schnabel wiedergegeben. Neben der Sphinx drapierte Kleiner einen „Palm-Baum“, eine heute weitverbreitete Zwergpalme, und eine Aloe africana.

Lit.: W. Fiedler - U. Giese, Die Menagerie und der botanische Garten des Prinzen Eugen im Belvedere, in: Prinz Eugen und sein Belvedere, S. 143—178.

S. D.

EUGENIO. A. SABAUDIA.
PRINCIPI. SERENISSIMO.
LOCUMTENENTI. GENERALI.
SACRI. ROMANI. IMPERII. MARESCALLO.
AUREI. VELLERIS. EQUITI.
CAROLO. VI.
ROMM. IMP. FOELICISSIMO.
A. PENITIORIBUS. CONSILIIS.
AULICI. RERUM. BELLICARUM. CONSESSUS. PRAESIDI.
LEGIONIS. EQUITUM. LEVIORIS. ARMATURAE. TRIBUNO.
BELGICAE. PROVINCIAE. MODERATORI. &c.
QUI. OMNES. OMNIUM. ANTE. SE. DUCUM. VICTORIAS.
NUMERO. GLORIA. ET. FOELICITATE. SUPERAVIT.
VICTIS. UBIQUE. CHRISTIANI. NOMINIS. HOSTIBUS.
PROPAGATIS. IMPERII. FINIBUS.
MEDIOLANENSI. DITIONE. DUCTU. SUO. RECUPERATA.
ET. BENEFICIIS. AUCTA.
MODERATORI. OLIM. OPTIMO.
ET.
PATRONO. SEMPER. BENEMERENTISSIMO.
TOMUM. HUNC. RERUM. ITALICARUM.
MEDIOLANENSES. PALATINI. SOCII.
PUBLICE. PRIVATIMQUE. DEVOTI.
D. D. D.

Kat.-Nr. 5.18

5.17 Buch mit rotem Maroquineinband und Wappenemblem des Prinzen Eugen

Firenze: Vincenzio Vangelisti, 1682.
9 Kupferstiche, 24,5 × 18 cm.
Maroquineinband mit Wappenemblem in Gold, um 1720—1730.

Der Titel des Buches, das aus dem Besitz des Prinzen Eugen stammt, lautet: „Vita del Cavaliere Giovanni Lorenzo Bernino, scvltore, architetto e pittore, scritta da Filippo Baldinvcci Fiorentino. Alla sacra e reale Maesta di Cristina Regina di Svezia.“ Daraus geht hervor, daß es sich um eine Lebensbeschreibung des berühmten italienischen Architekten, Bildhauers und Malers Giovanni Lorenzo Bernini handelt. Das Buch enthält neun Kupferstiche, einer davon zeigt das Porträt des Architekten, auf den acht anderen sind Detailstudien von St. Peter in Rom dargestellt. Der rote Maroquineinband mit dem aufgeprägten Savoyer-Wappen in Gold wurde von Etienne Boyet, dem Sohn des Luc-Antoine Boyet, der als Buchbinder Ludwigs XIV. tätig war, angefertigt. Etienne Boyet war der Bibliothekar des Prinzen Eugen, der den Ankauf und den Transport der Bücher für den Prinzen organisierte und die Einbände für die erworbenen Bücher herstellte.

Lit.: Braubach, Bd. 5, S. 93ff.

Wien, ÖMAK, Sign. B I 22255. H. L.

5.18 Rerum Italicarum Scriptores

39 × 48,5 cm (geöffnet).
Ludovico Antonio Muratori, Bd. 4, 1724.
Titelkupfer von Franc M. Francia nach Gemälde von Andreas Toresanus.

Ab dem Jahre 1723 veröffentlichte Ludovico Antonio Muratori (1672—1750) — von 1695 bis 1700 Bibliothekar an der Ambrosiana in Mailand, dann Bibliothekar und Archivar des Herzogs Rinaldo von Modena — seine bis 1751 25 Bände erreichenden Rerum Italicarum Scriptores. Mit dieser Quellenausgabe wurde die moderne italienische Geschichtswissenschaft begründet. Für jeden Band fand Muratori einen Sponsor, so für den vierten Band den

Prinzen Eugen. Sein Porträt, ein Stich von Francisco M. Francia nach einem nicht bekannten Gemälde von Andreas Toresanus, ist als Titelkupfer, wie die Bilder der anderen Sponsoren in den übrigen Bänden, vorangestellt.

Lit.: L. E. Zlabinger, L. A. Muratori und Österreich, 1970.

Wien, Institut für österr. Geschichtsforschung. K. G.

5.19 Brief des Prinzen Eugen an den königlichen Steuereinnehmer Roth

Original, Papier, Tinte, eh. Unterschrift Eugens,
1 fol.
20,5 × 16 cm.
Feldlager vor Mons, 21. Oktober 1709.

Prinz Eugen, der durch seine Agenten und Korrespondenten im In- und Ausland Kunstwerke, Bücher, Münzen und Medaillen ankaufen ließ, stand auch mit dem Steuereinnehmer des polnischen Königs, Monsieur Roth, in Verbindung. In seinem Brief vom 21. Oktober 1709 bedankt er sich bei diesem für die ihm übersandten Medaillen.

Dresden, Staatliche Kunstsammlungen, Münzkabinett. H. L.

5.20 Gottfried Wilhelm Leibniz

Kupferstich, 15 × 10 cm (Pl.).

Der Philosoph (1646—1716) traf während der laufenden Friedensverhandlungen 1713/14 in Wien ein. Schon Jahre vorher hatten Prinz Eugen und Leibniz durch Vermittlung des Comte de Bonneval, mit dem Eugen über Jahre freundschaftliche Beziehungen pflegte, einen regen Briefwechsel begonnen.
Während seines Aufenthaltes in Wien verkehrte Leibniz häufig in Eugens Palais und führte Gespräche mit dem Prinzen und mit Bonneval. Zudem half er Eugen beim Ausbau der Bibliothek und versuchte sich auch mit politischen Ratschlägen. Hauptsächlich war Leibniz an der Gründung einer Akademie der Wissenschaften in Wien interessiert, was Eugen unterstützte. Das Projekt scheiterte an der Finanzierung. Der Gelehrte widmete Prinz Eugen den sogenannten „Leibniz-Codex“, der philosophische Gespräche in Form von Handschriften enthält und von Eugen sehr geschätzt wurde. Die französischen Verse Voltaires unter dem Brustbild Leibniz' beziehen sich auf seine Gelehrsamkeit und Bedeutung in der Philosophie.

Lit.: Braubach, Bd. 5, S. 171f. — G. Hamann, Prinz Eugen als Bibliophile, naturhist. Sammler und Freund der Wissenschaften, in: K. Gutkas, Prinz Eugen, S. 356. — Gottfried Mraz, S. 200.

Wien, ÖNB, Bildarchiv. S. D.

5.21 Jean Baptiste Rousseau

Kupferstich, 37,2 × 53,3 cm (Pl.).
Jean Daulle nach F. Aved.

Der Lyriker Jean Baptiste Rousseau (1670—1741) mußte Frankreich wegen seiner politisch orientierten Couplets verlassen und kam 1715 nach einem Aufenthalt in der Schweiz in das Haus Prinz Eugens, wo er die Stelle eines „Hofdichters“ innehatte. In zahlreichen Oden huldigte er dem Prinzen und dem Kaiser. Rousseau beriet und half Eugen beim Ankauf von Büchern und machte ihn auch mit den Werken der französischen Aufklärung, insbesondere mit den Schriften Voltaires, bekannt. Rousseau sollte als Hofhistoriograph nach Brüssel, doch nach Differenzen mit dem Stellvertreter Eugens in den Niederlanden trübte sich auch das Verhältnis zwischen Prinz Eugen und Rousseau.
Der Kupferstich zeigt Rousseau mit der Schreibfeder, in legerer Kleidung, umgeben von Schriften.

Lit.: Braubach, Bd. 5, S. 174. — G. Hamann, Prinz

Eugen als Bibliophile, naturhist. Sammler und Freund der Wissenschaften, in: K. Gutkas, Prinz Eugen, S. 350.

Wien, Bildarchiv ÖNB. S. D.

5.22 Allerneuerste Nachricht vom Römisch = Kayserl. Hofe Nebst einer ausführlichen Beschreibung der Kayserlichen Residenz = Stadt Wien . . .

25 × 11,5 cm (Pl.).
Johann Basilius Küchelbecher, Hannover 1730.
Aufgeschlagen fol. 744 f. mit Kupferstich von J. G. Schmidt: Säulenkaktus vor der Wiener Favorita.

Das 1730 edierte Buch Küchelbechers liefert nicht nur einen sehr anschaulichen Querschnitt über die Situation am kaiserlichen Hof, sondern ist der eigentliche „Baedeker" des damaligen Wien. Großes Augenmerk brachte Küchelbecher dem Gartenpalais des Prinzen Eugen entgegen. Besonders eindrucksvoll ist eine Schilderung eines Menageriebesuchs des Belvederes im Jahr 1729 (fol. 789 f.), der gemeinsam mit Salomon Kleiners Blättern der Menagerie (Kat.-Nr. 5.16) und den Berichten aus den „Heldenthaten" des Prinzen (Kat.-Nr. 12.25 a) ein geschlossenes Bild der Anlage mit den darin befindlichen Tieren zu geben vermag.
Küchelbecher gibt in seinem Werk aber auch eine genaue Beschreibung der Orangerie des Belvederes (fol. 793), in welchem auch andere kostbare Gewächse zu sehen seien, welche im Winter in einem „curieusen Glaß-Hause verwahret werden". Sie kämen teilweise von „Florentz, theils von Genua, von Neapolis, aus Peru, Malabar, Indien und Türckey" und würden „über zwey tausend gezehlet". Prinz Eugens Sammlung war nicht nur eine der reichhaltigsten, sondern beherbergte auch außerordentliche Seltenheiten, darunter einen Säulenkaktus (Kleiner, Menageriewerk II/1), der in dem bei Küchelbecher abgebildeten Kaktus der kaiserlichen Favorita einen artverwandten Konkurrenten hatte.

Lit.: W. Fiedler - U. Giese, Die Menagerie und der Botanische Garten des Prinzen Eugen im Belvedere, in: Prinz Eugen und sein Belvedere, 1963, S. 143 ff.

Wien, ÖMAK, Inv.-Nr. E I 64. T. K.

5.23 Roman de Troie (französ.) FB 39

Pergament. I, 189, I* Bl. 32,5 × 23,5 cm. Oberitalien (Bologna?), Mitte oder 3. Viertel 14. Jh.

Das von Bénoit de Sainte-More, einem altfranzösischen Dichter des 12. Jahrhunderts aus Sainte-Maure-de-Touraine, verfaßte Werk ist der älteste mittelalterliche Trojaroman (30.000 Achtsilber), der zum Ausgangspunkt fast aller übrigen mittelalterlichen Trojadichtungen wurde und in ganz Europa Verbreitung fand. Die ausgestellte, vielleicht aus dem Besitz der Familie Este stammende Handschrift ist ein treffliches Beispiel für eine oberitalienische Prachthandschrift des Trecento, deren reicher Bildschmuck von einem oberitalienischen Illuminator, einem der vornehmsten zeitgenössischen Malerpersönlichkeiten, und Gehilfen geschaffen wurde.
Der Text ist in sorgfältiger Rotunda in zwei Spalten zu 42 Zeilen geschrieben. Zahlreiche rote und blaue Lombarden wechseln ab mit Fleuronnée in der Gegenfarbe. Der Band enthält 43 gemalte Initialen und 197 Miniaturen (teilweise abgerieben), darunter ein Titelblatt mit drei Miniaturen und Zierrahmen. Die aus dem Besitz Prinz Eugens stammende Handschrift zeigt den typischen roten Maroquineinband (Kat.-Nr. 5.17).

Lit.: Tabulae codicum manu scriptorum praeter Graecos et orientales in Bibliotheca Palatina Vindobonensi asservatorum. II. Wien 1868, 100. — F. Unterkircher, Inventar der illuminierten Handschriften, Inkunabeln und Frühdrucke der Österreichischen Nationalbibliothek. I. Wien 1957, 75. — H. J. Hermann, Die italienischen Handschriften des Dugento und Trecento 2. (Beschreibendes Verzeichnis der illuminierten Handschriften in Österreich. N. F. 5/2). Leipzig 1929, 136—152.

Wien, ÖNB, Cod. 2571. O. M.

5.24 Le pélerinage de la vie humaine; Le pélerinage de Jesus Christ; Le pélerinage de l'âme (französ.)

Pergament. III, 250, II* Bl. 29,5 × 21,5 cm.
Nordfrankreich, Mitte des 15. Jh.s

Der Verfasser des Werks, Guillaume de Deguilleville, Zisterzienserprior in Chaalis (Dep. Oise), schuf, angeregt vom „Roman de la rose", einen Versroman in 36.117 Versen, der als Traumdichtung konzipiert ist und den Wandel der Menschen in dieser Welt, das Leben der Seele nach dem Tode und Christi vorbildhaftes Leben und Sterben zum Inhalt hat. Der erste Teil wurde 1330—1332 geschrieben, der zweite 1335, der dritte 1358. Der vorliegende Codex 2593 enthält eine spätere Fassung des ersten Teiles, dessen ältere Fassung in Cod. 2601 der Österreichischen Nationalbibliothek vorliegt. Die Chronik ist geschrieben in flüssiger französischer Bastarda in zwei Spalten zu 39 bis 41 Zeilen. Sie enthält Versmajuskeln mit gelben Füllungen, zahlreiche abwechselnd blaue und rote Lombarden und sieben größere Fleuronnée-Initialen. Eine ganzseitige Federzeichnung auf Bl. 1 zeigt den Autor bei der Niederschrift des Werkes, in einem gotischen Interieur sitzend. Vier Federzeichnungen (Bl. 2r, 3r, 3v, 5r) sind in Spaltenbreite ausgeführt. Bl. 5v zeigt eine Vorzeichnung einer Federzeichnung. Für zahlreiche weitere Illustrationen ist Platz freigelassen.
Der in braunes Maroquin mit Golddruck (2. Hälfte 17. Jh.) gebundene Codex befand sich im 16. Jahrhundert im Besitz eines Lesten Gambier und seiner Frau Radegunde Leferon und wurde im 18. Jahrhundert von Prinz Eugen erworben.

Lit.: Tabulae codicum manu scriptorum praeter Graecos et oientales in bibliotheca Palatina Vindobonensi asservatorum II. Wien 1868, 105. — F. Unterkircher, Inventar der illuminierten Handschriften, Inkunabeln und Frühdrucke der Österreichischen Nationalbibliothek. I. Wien 1957, 77. — H. J. Hermann, Die westeuropäischen Handschriften und Inkunabeln der Gotik und der Renaissance III. (Beschreibendes Verzeichnis der illuminierten Handschriften in Österreich. N. F. 7 3). Leipzig 1938, 199—201.

Wien, ÖNB, Cod. 2593. O. M.

5.25 Colloquium heptaplomeres de abditis sublimium rerum arcanis libris VI. digestum. Band 1 (lat.)

Papier. I, 240, I* Bl. 29 × 20,7 cm.
Frankreich (?), 17. Jh.

Die Schrift stammt von Jean Bodin (Johannes Bodinus, geboren 1530 in Angers, gestorben 1596 in Laon), der zu den bedeutendsten Staatstheoretikern des 16. Jahrhunderts zählt. Zu seinen Verdiensten gehört die Pflege der religiösen Toleranz, die Schaffung einer Theorie des Geldes und die Begründung einer modernen Volkswirtschaftslehre. In seiner Staatstheorie geht er von der Übereinstimmung des allgemeinen und des individuellen Wohles aus und macht den Staat zum Diener des Individuums. Bodin verficht auch die Unabhängigkeit der staatlichen Gewalt von inneren und äußeren Bindungen. Da er das Mitbestimmungsrecht nicht völlig verneint, kann er nur bedingt als Ahnherr des Absolutismus angesprochen werden.
Im Werk „Colloquium heptaplomeres" wird ein Dialog der sieben Partner Coroneus, Fridericus, Octavius, Senamus, Curtius, Salomo und Toralba vorgeführt, in dem eine Fülle von wissenschaftlichen und philosophischen Problemen behandelt wird. Der von roten Linien gerahmte, vereinzelt Marginalien enthaltende Text ist in sorgfältiger kursiver Antiqua geschrieben. Gebunden ist das aus dem Besitz Prinz Eugens stammende Werk wieder in rotes Maroquin über Pappe.

Lit.: Tabulae codicum manu scriptorum praeter Graecos et orientales in Bibliotheca Palatina Vindobonensi asservatorum. VI. Wien 1873, 185—186.

Wien, ÖNB, Cod. 10.391. O. M.

6. Die Kunstunternehmungen des Kaiserhauses und die kulturelle Situation am Hof

Bereits 1938 hat Hans Sedlmayr in einem Aufsatz über die politische Bedeutung des deutschen Barock von Werken eines „Kaiserstils mit einer Tendenz zum Reichsstil“ gesprochen. Diese seien einer begrenzten Auftraggeberschicht und deren politischen Interessen zuzuordnen, nämlich dem Kaiserhof in Wien und eventuell noch seinen Parteigängern im Reich, den Anhängern der Reichsidee, die auf Wien hin orientiert waren, weil sie im Kaiser die Quelle ihrer Macht und Privilegien sahen.

Die bereits von Sedlmayr geforderte genaue Analyse der betreffenden Werke, vor allem die dem Stil zugrundeliegende Ikonographie und deren Deutung auf vermutete politische Inhalte hin blieben bis vor einigen Jahren ein Desideratum. Erst Franz Matsche hat sich eingehend mit der Frage nach dem politischen Inhalt und der politischen Absicht der vom Kaiserhaus im Hochbarock in Auftrag gegebenen Werke auseinandergesetzt.

Ihm gelang es, die entscheidende Rolle des Auftraggebers herauszuarbeiten und aufzuzeigen, daß die entsprechenden Werken innewohnenden politischen Intentionen bereits im Vorhinein diesen auferlegt sind und nicht erst von dem frei waltenden Künstler, um den Interessen des Auftraggebers wenigstens einigermaßen entgegenzukommen, quasi als Draufgabe hinzugefügt worden wären. Matsche sieht den Grund für das Auftreten des „Kaiserstils“ in der durch die europäische Gleichgewichtspolitik veränderte politische Lage des Reiches. Indem man nämlich das Haus Habsburg aus dem Zentrum des Reiches zu verdrängen trachtete, war es für die Habsburger notwendig geworden, ihre Stellung als führendes Herrscherhaus Europas unter Beweis zu stellen, zumal man an dem an der Vergangenheit orientierten herrschaftspolitischen Denken festhielt und das Kaisertum weiterhin als dynastisches Erbe betrachtete. Dies geschah vor allem dadurch, daß sie sich in Bau- und sonstigen Kunstwerken darzustellen und zu verewigen suchten.

Die vom Kaiserhaus in Auftrag gegebenen Werke, wobei Kunst jetzt zum politischen Propagandamittel wird, lassen aber schon in ihrem Umfang und ihrer Größe sowie in der Qualität ihrer Ausstattungen ein neuerwachtes Selbstbewußtsein erkennen. Der eigentliche Beginn des „Kaiserstils“ liegt in den anläßlich der Krönung Josephs I. zum römischen König 1690 errichteten Triumphbögen, die bereits Hans Jakob Wagner von Wagenfels (Ehren-Ruff Teutschlands, Wien 1691) als etwas Neues, als Beginn einer deutschen Kunst und als Sieg über die bisher am Hof herrschenden „wälschen“ Künstler gepriesen hatte. Errichtet wurden sie von dem seit 1687 in Hofdiensten stehenden, in Italien ausgebildeten Johann Bernhard Fischer von Erlach, der dem Herrscherhaus überhaupt erst die neue Einstellung zu den Möglichkeiten der Kunst als Darstellungsmittel herrscherlicher Vorstellungen und Repräsentationswünsche vermittelt haben dürfte, und somit der eigentliche Hauptproponent des neuen Stils war. Entscheidend war freilich auch die politische Situation. Erst um 1690 hatte sich diese einigermaßen konsolidiert und ließ eine günstige Entwicklung erwarten. Zuvor hatte Kaiser Leopolds an zwei Fronten geführter Kampf um die Verteidigung des Erbes der Dynastie die Finanzmittel völlig beansprucht. Auch nach

1683 konnten lediglich die wichtigsten Maßnahmen, wie der Wiederaufbau der von den Türken zerstörten Gebäude, vor allem Nutzbauten, in Angriff genommen werden. Repräsentativen Charakter unter den vom Kaiserhaus um diese Zeit in Auftrag gegebenen Bauwerken hat lediglich die 1679 gelobte Dreifaltigkeitssäule am Graben (Kat.-Nr. 17.19), wodurch der Kaiser seine besondere Frömmigkeit und seine Fürsorge für die breite Öffentlichkeit eindringlich unter Beweis stellen konnte.

Ganz anders ist die Baugesinnung im Zusammenhang mit der Planung von Schloß Schönbrunn. Wie die Beschriftung des Kupferstichs des ersten Projekts Fischers „la Venerie Imperiale" erkennen läßt, sollte der Bau für den Kaiser oder das Kaiserhaus bestimmt sein und nicht speziell für Joseph, wie es bei dem 1696 begonnenen Bau der Fall war. Erstmals zeigen sich in diesem die politischen Ambitionen des Herrscherhauses, ganz offensichtlich in unmittelbarer Auseinandersetzung mit dem Versailles Ludwigs XIV. Anders als Leopold und Joseph betonte Karl VI. in den von ihm in Auftrag gegebenen Werken vor allem die Kontinuität seines Herrschertums, indem er auf dynastische Vorbilder zurückgriff. Hinsichtlich der geplanten Klosterresidenz in Klosterneuburg schloß man etwa nicht nur an das große Vorbild des Escorial der spanischen Habsburger an, sondern besann sich vor allem des Vorbildes der Babenberger, die erstmals unter Leopold III. ihre Residenz in Klosterneuburg errichtet hatten. Aus diesem Grund zeigte Karl für Schönbrunn bezeichnenderweise nur wenig Interesse. Nach Josephs Tod überließ er das Schloß dessen Witwe, Amalie Wilhelmine, 1728, als sich diese in das von ihr gestiftete Salesianerinnenkloster am Rennweg zurückzog, hatte er dafür keine Verwendung außer als Jagdsitz. Erst Maria Theresia, die ihrerseits den Bau Klosterneuburgs einstellte, hat demonstrativ an Joseph anschließend, erneut Schönbrunn zum Herrschersitz gewählt.

Mehr als bei seinen Vorgängern diente die Kunst bei Karl als Mittel zur Einwirkung auf die Untertanen bei der Ausübung der Herrschaft, indem sie sich auf die Anliegen des Staates als Gemeinwesen und der Untertanen bezog. Anhand der Hofbibliothek wurde etwa der Nutzen der Wissenschaft für das Staatswesen und die Rolle, die der Monarch dabei spielt, dargestellt. Gleichzeitig erklärte man sie zur öffentlichen Bibliothek und zu einer Institution für den allgemeinen Nutzen. Die Karlskirche als Pestvotiv des Kaisers sollte seine Frömmigkeit und die Fürsorge für das Wohl der ihm von Gott anvertrauten Untertanen zur Schau stellen, diente gleichzeitig aber auch der staatspolitischen Propaganda und der Verherrlichung der Person des Kaisers.

Die treibende Kraft bei der Verwirklichung der kaiserlichen Kunstunternehmungen war Karl selbst, obwohl auch seine Ratgeber, allen voran Graf Gundacker von Althann (Kat.-Nr. 3.6), nicht unwesentlich an deren Durchführung beteiligt waren. Da der Kaiser die Notwendigkeit einer einheitlichen Leitung der staatlichen Bautätigkeit erkannt hatte, und Althann ihm für dieses Vorhaben die geeignetste Persönlichkeit zu sein schien, ernannte er diesen mit einem Dekret vom 20. 6. 1716 zum kaiserlichen Generalbaudirektor über die gesamten „Hof- Civil- Lust- auch Landt-Gebäude und Gärthen". Althann, der über fundierte architektonische Kenntnisse verfügt und möglicherweise auch an der Plangestaltung der Hofbibliothek aktiv mitgewirkt haben dürfte, war durch dieses Dekret zum Zuständigen für alle Bauten in den habsburgischen Ländern ernannt worden. Daß man ihn als Autorität auf dem Gebiet der Architektur und der Künste im allgemeinen zu schätzen wußte, geht daraus hervor, daß er 1720 und 1724 neben Prinz Eugen als Berater und Gutachter in künstlerischen Fragen für Friedrich Karl von Schönborn erwähnt ist.

Althann dürfte auch der Initiator der 1726 gegründeten kaiserlichen Kunstakademie gewesen sein, die er nach Leibeskräften unterstützte. Seine Rolle im Akademiebetrieb wird auch an den Ehrenmedaillen deutlich, die seit 1731 jährlich am 4. November, dem Namenstag des Kaisers, an die Sieger in den Wettbewerben der verschiedenen Abteilungen der Akademie als Preise verliehen wurden. Die Inschrift auf der Reversseite der Medaille nennt Althann als Protector „bonis artibus praefecto" der Akademie. Erster Direktor der Akademie war der in Fontainebleau geborene Jacob van Schuppen, der die Akademie nach den Statuten der Pariser „Académie Royale de Peinture et Sculpture", deren Mitglied er seit 1704 gewesen war, reformierte.

Diese kaiserliche Akademie war zwar die erste offizielle, nicht aber die erste (überhaupt) auf Wiener Boden. Bereits 1688 hatte nämlich der aus Cles in Südtirol stammende Peter Strudel eine vom kaiserlichen Hof protegierte, allgemeine Ausbildungsstätte für Künstler außerhalb der Zunftordnung geschaffen. Zumal sich der Hof jedoch als säumiger Zahler erwies, konnte diese private Akademie nur durch höchste Preise, die Strudel von Privatkunden forderte (sein bedeutendster Protektor war Reichsvizekanzler Friedrich Karl von Schönborn, der Strudel als „peintre le plus dignier de l'Europe" bezeichnete) weitergeführt werden. Nach einem ersten Niedergang der Akademie um 1700 konnte sie, gefördert durch Kaiser Joseph I., 1705 wieder den Betrieb aufnehmen, um mit dem Tod ihres Gründers 1714 für immer ihre Pforten zu schließen.

Auf die Initiative Gundacker Althanns hin gelang unter Karl VI. auch die Einrichtung einer kaiserlichen Gemäldegalerie, die in den eigens dafür prunkvoll ausgestatteten Räumen in der Stallburg untergebracht wurde und die gegen Gebühr besichtigt werden konnte. Ein Stichwerk von Francisco de Stampart und Antonio de Brenner, der sogenannte „Podromus" (Kat.-Nr. 6.19b), gedacht als Art Katalog, stellte die einzelnen Räume mit ihren Beständen vor. Etwa gleichzeitig erschien ein aufwendiges, von Ferdinand von Astorffer gemaltes dreibändiges, in Deckfarbenminiaturen gemaltes Prachtinventar (Kat.-Nr. 6.19c). Anläßlich der Eröffnungsfeier der Galerie am 15. April 1728 gab Althann bei Francesco Solimena in Neapel ein Gemälde in Auftrag, das Althann vor dem Kaiser kniend zeigt, ihm entweder den ersten Band des Storfferschen Inventars bzw. den ersten Band des „Theatrum artis pictoriae" feierlich überreichend.

Solimena, der auch für Prinz Eugen mehrfach tätig war, zählte damals zu den bedeutendsten und beim italienischen Hochadel gefragtesten Malern. Es fällt auf, daß im Gegensatz zur Architektur, wo es bereits in den neunziger Jahren J. B. Fischer von Erlach, später dann auch seinem Sohn Joseph Emanuel und Lukas von Hildebrandt gelang, das Gros der kaiserlichen Aufträge an sich zu ziehen und somit die Prädominanz der italienischen Architekten zu brechen, in der Malerei bis in die zwanziger Jahre des 18. Jahrhunderts hinein der italienische Geschmack bestimmend blieb. Lediglich J. M. Rottmayr konnte den italienischen Hauptmeistern (1702/03 etwa malte er in Schönbrunn Seite an Seite mit dem Venezianer Sebastiano Ricci) in den Anfängen gleichbedeutend zur Seite treten. Peter Strudel erhielt zwar immer wieder kaiserliche Aufträge (anläßlich der Hochzeit Josephs I. mit Amalie Wilhelmine hat er etwa die kaiserlichen Wohnräume in der Hofburg mit einer Vielzahl von allegorischen Gemälden ausgestaltet, Kat.-Nr. 6.8), erreichte aber nie einen ähnlichen Bekanntheitsgrad wie etwa Rottmayr, obwohl ihm mitunter durchaus Aufträge internationalen Ranges angeboten wurden (Kat.-Nr. 6.9). Ab

Beginn der dreißiger Jahre lösten Österreicher die italienischen Maler zusehends in der Gunst beim Auftraggeber ab, nicht zuletzt bedingt sicherlich durch die politische Lage. Noch 1730 freskierte der venezianische Hauptmeister Gianantonio Pellegrini die Kuppel der Salesianerinnenkirche in Wien, in der Karlskirche arbeiteten der Franzose Van Schuppen, die Italiener Ricci und Pellegrini gemeinsam mit Gran und Rottmayr an der malerischen Ausstattung, kurz danach sind es jedoch nur noch Österreicher, vor allem Gran und Troger, die für die Ausstattung österreichischer Klöster tätig waren.

Bisher unerwähnt blieb die Rolle von Theater und Musik am kaiserlichen Hof. Vor allem letztere spielte eine so bedeutende Rolle, daß man in Analogie zu dem eingangs dargelegten kunstgeschichtlichen Phänomen auch in der Musik einen „Reichsstil" postulierte, der weit über die Grenzen der Monarchie reichte. Dies ergab sich zum einen aus der musikalischen Tradition Wiens als einem der Brennpunkte der europäischen Musik und nicht zuletzt durch die Tatsache, daß sowohl Leopold I. als auch Joseph I. und Karl VI. selbst Komponisten waren. Wie für viele andere Belange gilt auch in der Musik der Umstand, daß Joseph, der angeblich auch in der Musik begabteste der drei Kaiser, auch in Sachen Musikgeschmack von seinem Vater und seinem Bruder abwich. Er war vor allem dem äußeren Prunk zugetan und hegte eine besondere Vorliebe für die Oper, für die er ein neues Theater errichten ließ. Dennoch hat Karl, der eher den Musikgenuß in kleinerem Rahmen schätzte, Joseph durch Opernaufführungen wie „La Costanza e fortezza" anläßlich seiner Krönung zum König von Böhmen 1623 (Kat.-Nr. 2.36) hinsichtlich der Prunkentfaltung mitunter noch bei weitem übertroffen.

Den entsprechenden Rahmen für derartige Opernaufführungen, desgleichen für die repräsentativen höfischen Theaterfeste, schufen eigens dafür bestimmte Theatralarchitekten und Theatralingenieure. Für den Wiener Hof waren vorwiegend die Familien Burnacini und Galli-Bibiena in diesem Genre tätig. Diese hatten aber nicht nur prachtvolle Scheinbauten für das Theater zu schaffen, sondern errichteten auch Dekorationen für die verschiedenartigsten Feste, gestalteten Triumph- und Trauerdekorationen und zu besonderen Anlässen auch Freudenfeuerwerke. Der Familie Galli-Bibiena verdankte Wien auch die Neugestaltung des Hoftheaters Leopolds I. (1704). 1709 hatte der Universalkünstler Antonio Beduzzi in seiner Tätigkeit als Theatralarchitekt mit dem Kärntner-Tor-Theater das erste stehende Theater im deutschen Sprachraum geschaffen.

Das Ende der glanzvollen barocken Epoche Österreichs bahnte sich mit dem Tod Karls VI. an. Im Kampf um die Existenz der Monarchie konnte Maria Theresia die Künste nicht mehr im bisherigen Ausmaß fördern, der barocken Fest- und Theaterherrlichkeit wurde ebenso ein jähes Ende bereitet wie der kaiserlichen Hofmusik. Der durch die beginnende Aufklärung veränderte Zeitgeist brachte den verschwenderischen Unternehmungen des barocken Österreich keinerlei Interesse mehr entgegen.

Thomas Karl

Lit.: F. Matsche, Die Kunst im Dienst der Staatsidee Karls VI., 2 Bde., Berlin - New York 1981. — H. Sedlmayr, Die politische Bedeutung des deutschen Barock. Der „Reichsstil", in: Gesamtdeutsche Vergangenheit. Festgabe für Heinrich Ritter von Srbik, München 1938, S. 126—140. — H. Aurenhammer, Kat. Johann Bernhard Fischer von Erlach, Graz, Wien, Salzburg 1956/57. — F. Hadamowsky, Fest und Theater im Barock, in: Kat. Jakob Prandtauer und sein Kunstkreis, Melk 1960, S. 238ff. — T. Antonicek, Die Musik am kaiserlichen Hof, in Klöstern und Städten zwischen 1683 und 1740, in: K. Gutkas (Hrsg.), Prinz Eugen und das Barocke Österreich, Salzburg 1985, S. 359ff. — Th. Karl, Zur Malerei des Hochbarocks in Österreich, in: K. Gutkas, Prinz Eugen, S. 319ff. — F. W. Riedel, Der „Reichsstil" in der deutschen Musikgeschichte des 18. Jahrhunderts, in: Bericht über den Internationalen Musikwissenschafts-Kongreß Kassel 1962, S. 34—36.

6.1 Augusta Carolinae Virtutis Monumenta seu Aedificia a Carolo VI. Imp. Max P(ater) P(atriae) per Orbem Austriacum Publico Bona posita

Traktat von Anton Höller, 17 × 19 cm (geöffnet).
Wien, 1732.
Kupferstiche von M. Fuhrmann.

Die vorliegende Schrift war zur Verleihung der Ehrendoktorwürde der Wiener Universität auf dem Gebiet der freien Künste und der Philosophie an 46 Mitarbeiter des Kaisers bei dessen architektonischen und künstlerischen Unternehmungen von dem Jesuiten Anton Höller, Professor Emeritus der Fakultät, verfaßt worden. Sie zeigt, daß den gesamten architektonischen und künstlerischen Unternehmungen Karls ein staatspolitisches Programm im Sinn der Manifestation der staatsbezogenen Tugenden des Monarchen zugrundeliegt und daß auch die Bautätigkeit selbst einer politischen Konzeption verpflichtet ist.
Die einzelnen kaiserlichen Bauwerke sind nach Sachgebieten geordnet, die die einzelnen Ressorts des Gemeinwohles betreffen, wobei jedem Bereich ein Kupferstich beigefügt ist, der in Kartuschen, kreisförmigen Medaillons oder ovalen Feldern die wichtigsten Bauwerke abbildet, die im Text erläutert werden.
Die Abteilungen betreffen die „Aedificia sacra“ für Kultus und Religion, die „Aedificia docta“ für Bildung, Wissenschaft und Kunst, die „Aedificia oeconomica“ für Wirtschaft, Handel und Verkehr, schließlich die „Aedificia civila oder civica“ für Soziales und öffentliche Ordnung sowie die „Aedificia bellica“ für militärische Rüstung und Friedenssicherung.
Aufgeschlagen ist der die „Aedificia docta“ betreffende Kupferstich, der in acht querovalen Medaillons folgende Institutionen und Bauwerke vorstellt: die 1726 gegründete kaiserliche Hofakademie (präsentiert in zwei Abteilungen), die kaiserliche Ingenieurakademie (Akademie für Kriegsarchitektur), die Fassade der Reichskanzlei, die kaiserliche Hofbibliothek, die 1728 eröffnete kaiserliche Gemäldegalerie in der Stallburg und als Pendant die kaiserliche Antikensammlung. Das oberste Medaillon zeigt die am Boden kniende Minerva, die Göttin der Weisheit, Künste und Wissenschaften, die von der sitzenden kaiserlichen Großzügigkeit eine Medaille verliehen bekommt, anspielend auf die jährliche Preisverleihung des Kaisers an Gelehrte.

Lit.: Matsche, S. 386—427.

Wien, NÖLB, Sig. 21 B. T. K.

6.2 Verherrlichung der Kunst- und Baubestrebungen Karls VI.

Kupferstich, 22,6 × 33,3 cm (Pl.).
G. Daniel Heumann nach Salomon Kleiner.
Titelblatt des 3. Bandes der „Wahrhafften und genauen Abb.“.

Die Widmungsinschrift des Blattes preist die unermüdliche Arbeit und Anstrengung des Ingeniums des Kaisers, mit dem er die Wunder an Bauwerken entstehen habe lassen. Im Gemälde oberhalb der Inschrift sitzt in der Mitte auf einem Podest Austria mit dem Fürstenhut und dem Szepter. Ein Putto zu ihrer Seite trägt den österreichischen Bindenschild mit dem altösterreichischen Fünf-Adlerwappen. Neben Austria steht die Personifikation der Stadt Wien, ein Putto zu ihren Füßen hält einen Schild mit dem Stadtwappen. Chronos symbolisiert Vergänglichkeit und Alter, im Gegensatz zu der Personifikation der Jugend links, die der Stadt — sich auf die Architektur beziehend — Verjüngung bringt. Die gesamte Gruppe, die ein Vorhangmotiv hinterfängt, wird bekrönt vom römischen Adler mit der Kaiserkrone auf dem Kopf, Schwert und Szepter in den Fängen, die nach Heraeus die Devise Karls „Constantia et Fortitudine“ bedeuten können. Fama links verkündet den

Kat.-Nr. 6.2

Ruhm des Kaisers. Links im Vordergrund werden die wichtigsten kaiserlichen Bauten vorgestellt. Ein Putto trägt das Modell der Hofbibliothek, dahinter erkennt man Modelle des Reichskanzleitraktes und der Karlskirche. Rechts, hinter den Personifikationen der Flußgötter Donau und Wien, ragt die Fassade des Reichskanzleitraktes hervor. Hermen flankieren das gerahmte Bildfeld. Die linke hält ein halb entrolltes Blatt, auf dem der Oberteil der Josephssäule erkennbar ist, die rechte einen Zirkel und eine Tafel mit dem Fassadenriß eines Palastes. Die große Rolle, die Graf Gundacker Althann als kaiserlicher Generalbaudirektor bei der Konzeption der Gebäude zukam, wird symbolisiert durch die links im Vordergrund stehende Tafel, die den Grundriß und die hofseitige Ansicht des Althannschen Gartenpalais in der Ungargasse zeigt.

Lit.: Matsche, S. 383ff.

Wien, Hist. Museum, Inv.-Nr. 80.991. T. K.

6.3 1. Projekt für Schloß Schönbrunn

Aufgestochene Radierung, 30,4 × 42,4 cm (Pl.).
J. A. Delsenbach nach J. B. Fischer von Erlach.
Taf. 2 des 4. Buches der „Hist. Architektur“.

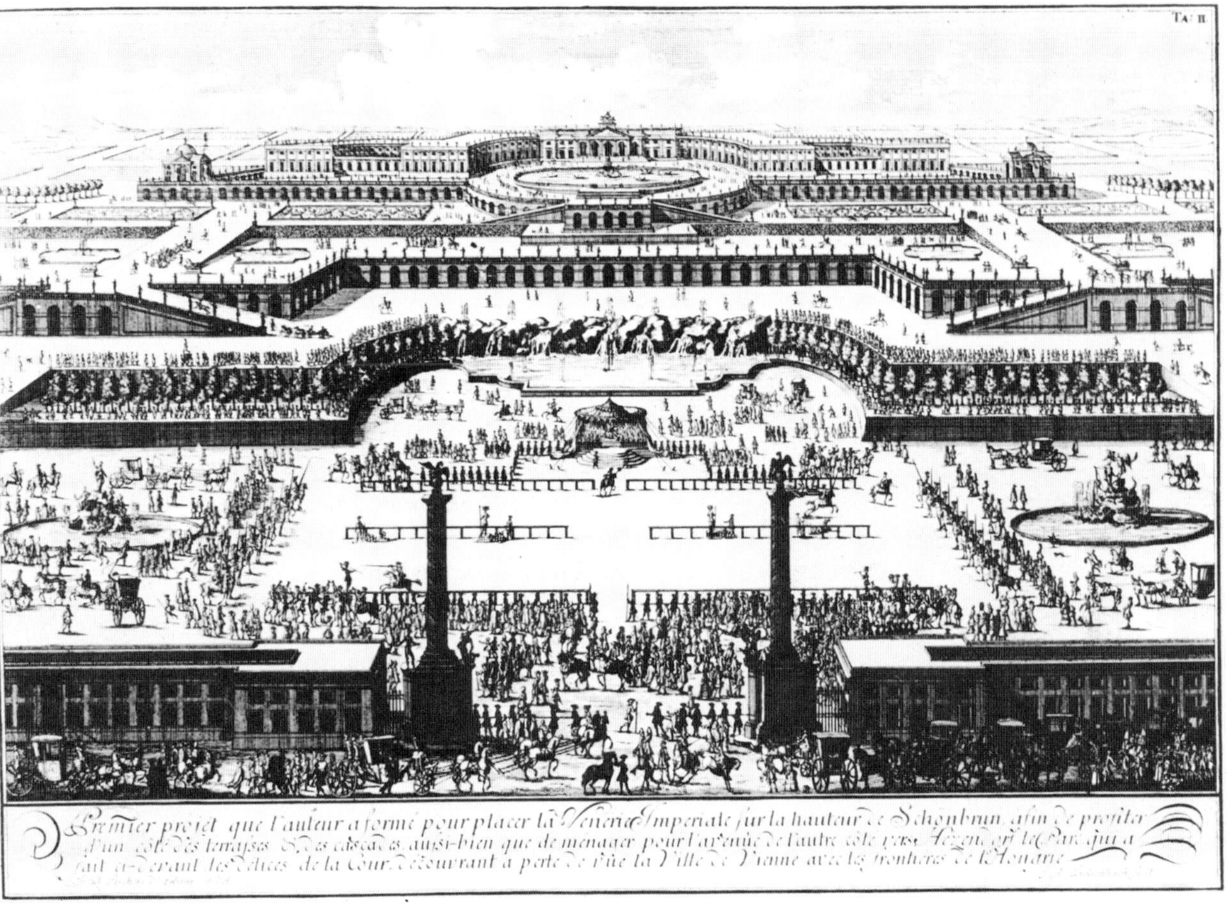

Kat.-Nr. 6.3

In den Jahren zwischen 1688 und 1690 legte der 1687 gerade erst von seiner Ausbildung in Italien zurückgekehrte Johann Bernhard Fischer von Erlach (Kat.-Nr. 21.67) Kaiser Leopold seinen repräsentativ formulierten, utopischen Idealplan für den Neubau des verwüsteten Schönbrunner Jagdschlosses vor, der wahrscheinlich noch ohne präzisen Bauauftrag geschaffen wurde. Immer wieder gab dieses Projekt, in dem Fischer italienische (Bernini, Cortona, Maderna) und französische Stilelemente (Le Vaus und Mansarts Projekte für Versailles), v. a. aber auch antikes und Gedankengut der altpersischen Architektur und nicht zuletzt heimisches (Neugebäude Maximilian II.) zu einer großartigen Synthese vereinigte, Anlaß zu Interpretationen. Nicht auszuschließen ist die Vermutung, das Projekt mit der Krönung Josephs I. zum römischen König im Jahr 1690 in Verbindung zu bringen. Aus dem Entwurf ist eindeutig die Rivalität mit dem Versailles Ludwigs XIV. zu ersehen, die bereits von den Zeitgenossen, vor allem von Leopolds Biographen Eucharius Gottlieb Rink, besonders herausgestrichen wurde.

Lit.: Kat. Fischer, Nr. 23/1. — G. Hajós, Schönbrunn (Wr. Geschichtsbücher, Bd. 18), Wien - Hamburg 1976, S. 17ff. — Sedlmayr, J. B. Fischer, S. 52ff.

Wien, Hist. Museum, Inv.-Nr. 19.111. T. K.

Kat.-Nr. 6.5

6.4 Prospekt des 2. Projektes von Schloß Schönbrunn

Aufgestochene Radierung, 22,2 × 32,5 cm (Pl.).
J. A. Delsenbach nach J. B. Fischer von Erlach.
Taf. 18 der „Prospekte".

Bei Fischers erstem Projekt, in dem das Schloßgebäude auf der Höhe des kleinen Berges Platz finden hätte sollen, lag in der künstlerischen Gestaltung des Berghanges ein Hauptaugenmerk. Bei der Verwirklichung seines Projektes mußte Fischer nun sowohl auf die Berglage als auch auf die vorgesehene Größe und Prunkentfaltung verzichten. Das Schloß wurde daher in die Ebene versetzt, das künstlerische Verhältnis zwischen Bauwerk und Landschaft gänzlich neu durchdacht. Daß aus Schönbrunn überhaupt nicht nur ein Jagdschloß, sondern eine prunkvolle Residenz gemacht wurde, war letztlich das Verdienst des königlichen Obersthofmeisters Fürst zu Salm, in dessen Hand die oberste Bauführung und somit auch die Finanzierung des Projektes lag.
Wahrscheinlich fällt die Entstehung dieses zweiten, wesentlich modifizierteren Planes in das Jahr 1693, als von der „zu negst bevorstehenden auferbauung des Schloß" die Rede ist. Die fünfachsigen schweren Seitenflügel der 35achsigen, mehrfach abgestuften Fassade waren erst auf Wunsch des Kaisers dazugekommen, wie Rink bemerkt, vermutlich um „die gantze Kays. Hof-stadt zu behalten". Zwischen 1743 und 1749 wurde das Schloß durch Nicolaus Pacassi außen teilweise und innen völlig umgestaltet.

Lit.: Aurenhammer, Fischer, Nr. 24/1. — G. Hajós, Schönbrunn, S. 27 ff. — Sedlmayr, J. B. Fischer, S. 52 ff.

Wien, Hist. Museum, Inv.-Nr. 19.112. T. K.

6.5 Vollendung des Rohbaus des Mittelteils des Schlosses Schönbrunn

Medaille, Silber, 64 mm, 78,80 g.
Medailleur: I. V. Wolffgang, 1700.
Vs.: Belorbeertes Brustbild Josephs I. im Harnisch r.
Rs.: SCHÖNBRUNN. Ansicht der Anlage des Schlosses Schönbrunn nach dem zweiten Entwurf Johann Bernhard Fischer von Erlach aus der Vogelschau; i. A.: SOL UBI ROMANUS CURIS/PERCURRERIT ORBEM etc.

Die Medaille wurde anläßlich der Fertigstellung des Mitteltrakts, als dieser bezogen wurde, geprägt. Das lateinische Distichon unter dem Prospekt verherrlicht Joseph I. als Sonnenkönig.

Lit.: Montenuovo 1279. — Jungwirth, Prunkmedaille, S. 84, Abb. 73, 74. — Kat. Fischer, Nr. 24.5.

Wien, KHM, MK, Inv.-Nr. 1196 bß. H. J.

6.6 Allegorie der fürstlichen Tugenden

Öl/Lw., 87,5 × 158,5 cm.
Sebastiano Ricci, 1701/02.

Die Ölskizze ist das Modell für das Deckenfresko der „Blauen Stiege“ in Schloß Schönbrunn in Wien. Der obere Teil dieser Stiege beherbergte bis etwa 1744/49 den sogenannten Spiegelsalon, einen Speisesaal, für dessen Decke Ricci im Auftrag des damaligen römischen Königs Joseph das Fresko anfertigte.
Obwohl Riccis Arbeiten in Wien für den künftigen Kaiser in den Quellen (Pascoli, Dezailler d'Argensville) erwähnt sind, hat erst K. Garas die vorher Rottmayr zugeschriebenen Fresken mit den Quellen in Verbindung gebracht und Ricci als Autor gesichert. Ricci ist wohl im Herbst 1701 in Wien eingetroffen und hielt sich hier wahrscheinlich bis 1702/03 auf.
Das Programm — eine Allegorie auf die tugendhafte Entwicklung des jungen römischen Königs — bezieht sich auf zwei im barocken Herrscherlob topische Konzepte: die richtige Prinzenerziehung und Herkules am Scheidewege. Auf der linken Seite muß sich der jugendliche Prinz zwischen sinnlicher Lust — verkörpert durch Venus, die, umgeben von ihrem Gefolge aus Musikanten, Satyrn und Bacchantinnen, unter einem Zelt lagert — und der geflügelten „Liebe zur Tugend“ entscheiden. Der Jüngling steigt auf der breiten Wolkenstraße empor, vorbei an der Figur der Geschichte, die auf dem Rücken des kauernden Saturn in einem Buch schreibt, und an der Posaune blasenden Fama, dem Ruhm. Die Personifikationen der „virtù“, der Tugend mit Lanze und Sonne auf der Brust, und von „merito“, dem Verdienst, dem alten Mann mit Lorbeerkranz, führen den Jüngling vor den Thron der „Ewigkeit“, die ihn mit dem Lorbeerkranz und ihrem eigenen Attribut krönt, der sich in den eigenen Schwanz beißenden Schlange. An der rechten Schmalseite ist der siegreiche Kampf der Kräfte der Tugend gegen die Laster der Sinnlichkeit geschildert. Oben und unten (im Fresko an den Längsseiten der Decke) ist je eine Schlacht zu Lande und zu Wasser in zeitlos antikischem Gewand wiedergegeben. Direkte Anspielungen auf zeitgenössische historische Ereignisse, wie sie auch gesehen wurden, scheinen in der Schilderung grundsätzlicher Prinzipien der Fürstenmahnung und des Fürstenlobes hier noch keinen Platz zu haben, auch wenn es vielleicht verführerisch wäre, die Gefahren der Sinnenlust auf den in dieser Hinsicht besonders gefährdeten Joseph zu beziehen.

Lit.: K. Garas, Ein unbekanntes Hauptwerk Sebastiano Riccis, in: Pantheon 20, 1962, S. 235ff. — J. Daniels, Sebastiano Ricci, Hove/Sussex 1976, S. 118, Nr. 422.

Treviso, Ospedale Civile. W. P.

6.7 Erfreutes Wienn/welches ... Josepho I. ... und Wilhelmine Amaliae ... drey Ruhm- und Ehren-Porten auffgericht ...

Keine Seitennumerierung, Kupferstiche.
J. F. X. Fachner, Wien 1699.

Das vorliegende Buch ist, wie der zweite Teil des Titels besagt, „Eine Beschreibung alles dessen/was Denckwürdiges vor und nach Dero pomposen Einzug und königlichen Vermählung zu sehen gewesen“.
Der feierliche Einzug Josephs und Amalies, der seinen Anfang bei der Favorita nahm, über Wollzeile, Stock-im-Eisen-Platz, Graben und Kohlmarkt, vorbei an den drei errichteten Ehrenpforten und dem sogen. „Berg Parnassus“, wo roter und weißer Wein flossen sowie Münzen und Gebäck unter das Volk verteilt worden waren, zur Augustinerkirche führte, ist ebenso detailliert beschrieben wie die feierliche Trauungszeremonie, das nachfolgende Festmahl, die Serenade auf dem großen Burgplatz und das großartige Feuerwerk, das am 29. Februar 1699 abgebrannt worden war.
Auf verschiedenen Kupferstichen, die genau erklärt werden, sind die Ordnung des feierlichen Einzugs, die Triumphpforten, der „Berg Parnassus“, das „Schema sessionis“ in der Augustinerkirche und bei der Hochzeitstafel, die

Aufstellung der Triumphwägen auf dem großen Burgplatz bei der Serenade, und die Theaterkulisse, die anläßlich der Abbrennung des Feuerwerkes errichtet worden war, zu sehen.

Wien, UB, Sign. I 256.160 A. H. L.

6.8 Allegorie auf die Hochzeit Josephs I.

(Eheliche Fruchtbarkeit).
Öl/Lw., 225 × 220 cm.
Peter Strudel 1698—99.

Im Jahr 1698 erhielt Peter Strudel, seit 1698 Kammermaler Kaiser Leopolds, den Auftrag zur Ausschmückung der Wohnräume des Thronfolgers Joseph, anläßlich dessen Vermählung mit Amalie Wilhelmine von Braunschweig-Lüneburg. Anfangs waren 37 Bilder geplant, doch wurden dann 148 große und kleine Stücke „in aller Eyl" und größten Mühen ausgeführt, wie der Maler noch bei der Hochzeit an Kaiser Leopold klagt. 1701 und 1702 werden ihm dafür 12.000 Gulden ausbezahlt.
König Josephs Appartements lagen wie die seines Bruders Karl im Leopoldinischen Trakt der Hofburg, wurden durch die mariatheresianischen Umbauten jedoch vollständig verändert. Die von Strudel in venezianischer Manier auf Leinwand gemalten, seit über 200 Jahren großteils deponierten Deckenbilder sind heute auf ein Drittel des ursprünglichen Bestandes dezimiert.
Inhaltlich sind die auf Untersicht komponierten Leinwände als Spiegel des Fürstenruhmes und der Fürstentugenden konzipiert: Ruhm, Tugenden, Künste in allegorischer Verkleidung, wozu die ikonographischen Vorlagen aus Cesare Ripas „Ikonologie" stammen. Nach Ausweis der geschweiften Formate waren den Decken meist mehrere Bilder symmetrisch einkomponiert, wozu noch Supraporten kamen. Eine zusammenhängende Gliederung der fragmentierten Bestände ist aber nicht mehr möglich, zumal auch eine am 14. März 1699 in den Avvisi Italiani erwähnte, bei Johann Ghelen in Wien gedruckte Beschreibung der gesamten Dekoration, die den Majestäten zur Fertigstellung präsentiert wurde, verloren gegangen ist.

Lit.: M. Koller, Peter Strudel, 1660—1714, phil. Diss., Wien 1972, Kat.-Nr. 64.

Wien, KHM, Gemäldegalerie, Inv.-Nr. 9232.
M. K.

6.9 Die Zeit enthüllt die Wahrheit und vernichtet den Betrug

Foto einer Handzeichnung Peter Strudels in der British Library, London (Add. MS 61244, fol. 150).

Eine weitere künstlerische Beziehung (vgl. S. 16) zwischen Prinz Eugen und Marlborough zeigt ein Fund von Peter Barber in der Korrespondenz des Herzogs, die in der British Library verwahrt wird.
Der kursächsische Feldherr, Kunstagent und Gesandte am Wiener Hof, August Christoph Graf Wackerbarth (1662—1734) schickte am 23. März 1710 eine Zeichnung des Wiener Hofmalers Peter Strudel mit dessen eigener ausführlichen Beschreibung an Marlborough für das Projekt eines Deckenbildes im großen „Cabinet" seiner im Bau befindlichen Residenz Blenheim Palace in Oxfordshire. Peter Studel schuf um 1710 das in ähnlicher Weise auf die staatsmännisch-heroische Rolle des Hausherrn anspielende Deckenbild im Arbeitszimmer von Prinz Eugens Stadtpalast in der Himmelpfortgasse.
Die Ausführung von Strudels Projekt dürfte möglicherweise wegen des Sturzes Marlboroughs, vielleicht aber auch wegen der hohen Honorarforderungen des Malers und der Bauverzögerung von Blenheim Palace unter-

blieben sein. Die Londoner Zeichnung Strudels liefert uns als einzige gesicherte eigenhändige Graphik einen wichtigen Schlüssel zur stilkritischen Beurteilung der vielen ungelösten Probleme österreichischer Handzeichnungen des frühen 18. Jh.s.

Lit.: P. M. Barber, Marlborough, Art and Diplomacy: The Background to Peter Strudels Drawing of Time revealing Truth and confounding Fraudulence, in: Journal of the Warburg and Courtauld Institutes, vol. 47, 1984, S. 119—135. M. K.

6.10 Die Hofbibliothek in Wien

Montage von Faksimiledrucken aus: Salomon Kleiner — Wienerisches Welttheater, Bd. 1, Eigentliche Vorstellung der vortrefflichen und kostbaren Kaiserlichen Bibliothec; Original Albertina, Neudruck durch Akademische Druck- und Verlagsanstalt Graz.

Leibniz schreibt in einem Brief vom 8. 5. 1716 an den hamburgischen Senator Widon, daß Karl VI. die Bibliothek neu erbauen wolle und schon Pläne (v. Johann Bernhard Fischer?) dazu vorhanden seien. Karl VI. weist hingegen erst 1722 dem Hofbauamt 5000 Gulden an, damit das Bibliotheksgebäude auf der (bereits von Kaiser Leopold I. angelegten) Reitschule nach dem Plan des Generalbaudirektors Gundacker Graf Althann ausgeführt werden könne. Althann dürfte demnach für die Konzeption und Planung der Hofbibliothek verantwortlich gewesen sein, die jedoch im Einvernehmen mit dem entwerfenden Architekten J. B. Fischer erfolgte, dessen Sohn Joseph Emanuel nach dem Tod des Vaters 1723 das Projekt ausführte. Formal und ikonologisch schließt der Bau an die großen Bibliotheksbauten der Vergangenheit und Gegenwart an. In der einmaligen Lösung des Typus eines Kuppelraums mit Flügeln beeinflußte Fischer den österreichischen und süddeutschen barocken Bibliotheksbau nachhaltig.
1726 war die Palatina Vindobonensis im Rohbau fertiggestellt. Zwischen 1726 und 1730 wurde sie mit den Fresken Daniel Grans und seiner Mitarbeiter ausgestattet, ab 1730 mit dem eigentlichen Mobiliar eingerichtet. Die Bibliothek dürfte ab diesem Moment das Interesse Salomon Kleiners geweckt haben, der sich zur möglichst umfassenden Dokumentation des Neubaus der kaiserlichen Bibliothek mit Jeremias Jacob Sedelmayr d. J. (1706—1761) zusammentat. Ursprünglich wahrscheinlich gedacht als Illustration der Drucklegung des handschriftlich erhaltenen Codex 7853 der ÖNB, des „Codex Albrecht", dem textlichen Programm für die Ausstattung der Hofbibliothek mit Fresken und Mobiliar, brachte Kleiner nach dem Scheitern des Unternehmens die Kupfer im Selbstverlag unter dem Titel „DILUCIDA REPRAESENTATIO" heraus. 1737 erschienen, wurde der Band ein Mißerfolg, der die Finanzierung des geplanten zweiten Teiles der „DILUCIDA REPRAESENTATIO", zu dem sich die Vorbereitungszeichnungen Kleiners und Sedelmayers im Cod. Min. 71 der ÖNB erhalten haben, unmöglich machte.

a) Facciata gegen Mitternacht

Faksimile der Taf. I der „Dilucida Repraesentatio".

Das Blatt zeigt die Hauptfront des Baus gegen den Josephsplatz.

b) Durchschnitt der ganzen Bibliotec nach der Länge

Faksimile der Taf. VI der „Dilucida Repraesentatio".

Der von Kleiner vorgenommene Längsschnitt entlang der Mittelachse des Saales läßt den Zustand des Baus vor dem Umbau durch Pacassi deutlich erkennen, dem unter anderem vier Bücherschränke geopfert werden mußten.

c) Durchschnitt nach der Breite durch das Mittel der Kuppel

Kat.-Nr. 6.11

Faksimile der Taf. VII der „Dilucida Repraesentatio".

Dieses künstlerisch wohl perfekteste Blatt der Serie zeigt als Zentralstück den Büchersaal und die Kuppel in ihrer größten Ausdehnung, bei dem die Harmonie des Fischerschen Baus besonders deutlich zum Ausdruck kommt.

d) Das Kuppelgemälde der Hofbibliothek

Faksimile der Taf. IV aus „Dilucida Repraesentatio".

Das von Sedelmayer gestochene Blatt zeigt das Kuppelfresko Grans. Abgestimmt auf die Ikonologie der beiden Flügelbauten (Krieg und Frieden) gibt es, zurückgehend auf das Programm Conrad Adoph von Albrechts eine Apotheose Karls VI. wieder, in Sinnbildern seiner „Weisheit zu regieren und seiner Kunst Krieg zu führen". Gemeinsam mit den Statuen seiner Vorfahren unter dem Fresko, in deren Zentrum das Standbild Karls VI. als Herkules der Musen steht, wird der Kuppelraum sowohl Tempel der Weisheit als auch Ahnensaal.

e) Inneres der Kuppel der Länge nach

Faksimile des Cod. Min. 71, Bl. 58 der ÖNB.

Das Blatt ist eine der von Adam von Bartsch im Cod. Min. 71 der ÖNB zusammengestellten Vorbereitungszeichnungen Salomon Kleiners für den geplanten zweiten Teil der „Dilucida Repraesentatio". Die bereits aufgestellten

Globen lassen eine Entstehung des Blattes gegen Ende der Einrichtungsarbeiten annehmen.

Lit.: W. Buchowiecki, Kommentar zur Faksimileausgabe: Salomon Kleiner — Wienerisches Welttheater. Eigentliche Vorstellung der vortreflichen und kostbaren kaiserlichen Bibliothec, Graz, Akademische Druck- und Verlagsanstalt, 1967. — Kat. Fischer, Nr. 61. — Matsche, S. 38f.

St. Pölten, Stadtarchiv. T. K.

6.11 Der Reichskanzleitrakt der Hofburg

Kupferstich, 23,1 × 34,7 cm (Pl.).
J. A. Corvinus nach Salomon Kleiner, um 1732.
Taf. 16 aus „Wahrhaffte Abb.", 3. Teil.

Obwohl der von Joseph Emanuel Fischer erbaute Reichskanzleitrakt vielleicht nicht unmittelbar zu den kaiserlichen Bauwerken zu zählen ist, da er von den Fürsten des Reiches finanziert wurde, hat ihn Höller (Kat.-Nr. 6.1) unter die „aedificia docta" des Kaisers aufgenommen, da Karl den Bau in den Bereich des Hofes einverleibt habe, diesen von seiner Gunst vorwärtsgebracht und die Reichskanzlei nach ihrer Vollendung auch dem Kaiser symbolisch geschenkt wurde. In der Kanzlei untergebracht war der kaiserliche Hofrat, die kaiserliche Hofkammer mit ihrer Kanzlei, ebenso das Hof-, Hofkriegs- und das Reichsarchiv, und schließlich wohnte dort der Reichsvizekanzler.

Das Konzept für den Neubau der Kanzlei geht auf Konrad Adolph von Albrecht zurück. Dieser hatte auch ein alle vier Fassaden des äußeren Burghofes umfassendes Dekorationsprogramm ausgearbeitet, von dem lediglich das der Reichskanzleifassade verwirklicht wurde. Dieser Hof, der schon längere Zeit Zentrum der öffentlichen Festveranstaltungen des Hofes war, sollte zu einem repräsentativen Schauplatz gestaltet werden, an dessen Schauwänden die gesamte antike Götter- und Heroenwelt des Kaisers versammelt sein und somit die mythischen Qualitäten des Herrschertums und des göttlich-olympischen Hofes Karls präsentieren sollte.

Lit.: Matsche, S. 46, 73f., 334ff. und 406. — Zur Baugeschichte siehe: T. Zacharias, J. E. Fischer von Erlach, Wien - München 1960, S. 60ff.

Wien, Hist. Museum, Inv.-Nr. 105.765/87. T. K.

6.12 Die Favorita auf der Wieden

Kupferstich, 23,2 × 34,6 cm (Pl.).
G. D. Heuman nach Salomon Kleiner.
Taf. 4 aus „Wahrhaffte Abb.", 2. Teil.

Die von Burnacini in den Jahren 1687 bis 1690 erneuerte Favorita, das heutige Theresianum, diente seit 1714 als Sommerresidenz Karls VI. In den zwanziger Jahren des 18. Jh.s kam es zu einer neuerlichen Veränderung der Innenausstattung. Leiter dieses Unternehmens dürfte wahrscheinlich Joseph Emanuel Fischer von Erlach gewesen sein. Urkundlich belegt ist nur die Einrichtung eines Spiegelzimmers für die Kaiserin durch Claude le Fort du Plessy. Vollständig erhalten aus dieser Zeit ist lediglich das Goldkabinett, dennoch lassen sich in den fragmentarisch erhaltenen Resten der übrigen Kaiserzimmer Fischersche Dekorationsformen erkennen.

Fischer hat nach der Absetzung Jean Trehets als Gartenarchitekt vermutlich auch die Gartenanlage neu gestaltet, was anhand gleichartiger Details in anderen Gärten Fischers überprüfbar ist. Ferner dürfte auch das wegen seiner glanzvollen Aufführungen berühmte Gartentheater der Favorita von ihm stammen, das allerdings nur noch in vereinfachtem Grundriß überliefert ist. Von Fischer stammte schließlich das von Kleiner gezeichnete „Schieß-Häußl" im Garten, das zu Joseph Emanuels originellsten Bauten gehört.

Noch während der Regierungszeit Karls VI. scheint die Favorita an Glanz verloren zu haben, denn bereits 1737 vermerkte Küchel (Johann Michael Küchel, dessen Reiss. Beschreib. nacher Wienn und deren orthen. 1737,

Kat.-Nr. 6.14

Bamberg, Staatsarchiv, Hofkammerprotokolle, 1731—1745), daß die Favorita sehr alt und schlecht sei, ebenso gehe der Garten zu Grund und das darin befindliche Theater falle auch zusammen.

Lit.: T. Zacharias, Joseph Emanuel Fischer von Erlach, Wien - München 1960, S. 134ff.

Wien, Hist. Museum, Inv.-Nr. 15.414. T. K.

6.13 Grundsteinlegung der Geheimen Hofkanzlei (heute Bundeskanzleramt)

Medaille, Silber vergoldet, 61 mm, 121,46 g.
Medailleur: Benedikt Richter.
Vs.: Belorbeertes Brustbild im Harnisch r.
Rs.: IMP·CAES·/CAROLO VI·HI·MO·A·A·/ORDINES PROVINCIAR·AVST·/QVOD EIVS IVSSV/SERVANDIS AVG·DOM·ARCANIS/PRIVATORVMQVE TABVLIS/AEDEM PVBL· etc. 14 Zeilen Schrift.

Der Bau der Österreichischen Hof- und Staatskanzlei ist der einzige dem Rang Lucas von Hildebrandts gemäße Auftrag, den er von seiten des Hofs erhielt, obwohl man ihm bereits 1700 den Titel eines „Kayserlichen Hoff-Ingenieurs" verliehen hatte.

Lit.: Rath, S. 307, Nr. 243; Grimschitz, Hildebrandt, S. 88f., Abb. 87 u. 88.

Wien, KHM, MK, Inv.-Nr. 1292 bß. H. J.

6.14 Prospekt der Karlskirche in Wien

Aufgestochene Radierung, 33,8 × 43,2 cm (Pl.). Bez. „Fischers V:E: inv.“, Stechername unbekannt.
Taf. 12 des 4. Buches der „Historischen Architektur“.

Im vorliegenden Prospekt, der offenbar die Idee Fischers von der Karlskirche wiedergibt, sind die einzelnen ikonologischen und formalen Elemente zu einem Idealprospekt vereint. In den oberen Ecken sind überdies die abgeänderte Vorder- sowie die Rückseite der 1716 anläßlich der Grundsteinlegung von Daniel Warou (Kat.-Nr. 6.16) herausgegebenen Medaille wiedergegeben.
In diesem 1713 anläßlich der Pest von Karl VI. gelobten und ab 1716 errichteten Bau, der als Denkmal für die Dankbarkeit des Kaisers für die Errettung seiner Untertanen von der Pest steht, tritt die habsburgische Heiligenverehrung zu Nutzen und Ruhm des Verehrenden und ihre Bedeutung für das allgemeine Staatswohl am deutlichsten in Erscheinung. Die Karlskirche, geweiht dem Pestheiligen und Namenspatron des Kaisers, dem hl. Karl Borromäus, ist zum einen Votivkirche, zum anderen ein kaiserlicher Propagandabau, denn über seinen Namenspatron wird der Kaiser durch ein allusives typologieähnliches Darstellungsverfahren selbst verherrlicht. Schon das Konzept zur bildkünstlerischen Ausstattung der Karlskirche im Codex Albrecht erwähnt ein typologisches Verhalten des Kaisers nach dem Vorbild seines Namenspatrones im persönlichen Einsatz bei der Pestepidemie. Wie der Heilige in Mailand sei Karl zum höchsten Nutzen der Pestkranken in Wien geblieben. An der Kirchenfassade wird die Gleichsetzung mit seinem Patron symbolisch dadurch anschaulich gemacht, daß das monumentale Säulenpaar, das Symbol von Karls Devise „Constantia et Fortitudine“, mit Reliefdarstellungen aus dem Leben des Heiligen geschmückt wurde. Da Karl seinem Namenspatron die kaiserlichen Wahrzeichen überließ, demonstrierte er öffentlich eine spezifische Tugend des Hauses Habsburg, seine Modestia (Bescheidenheit), die wiederum der „Humilitas“ (Demut) des Heiligen entspricht, die im Kuppelfresko Rottmayrs als wichtigste Tugend des kaiserlichen Namenspatrons herausgestrichen wird. Ähnliches gilt auch für Elisabeth Christine, die Gemahlin des Kaisers, deren Nächstenliebe (ebenfalls eine besondere Tugend des hl. Karl) in Verbindung steht zu dem Altarbild Grans, der Almosenspende der hl. Elisabeth von Portugal, zumal die Kaiserin im Jahr 1708 einen Orden der Nächstenliebe gestiftet hat.

Kat.-Nr. 6.15

Lit.: Zusammenfassende Darstellung in: Kat. Fischer, S. 161 ff., Nr. 53 sowie Matsche, S. 201—205. — Zur In-

Kat.-Nr. 6.16

terpretation der Fassade der Karlskirche siehe: H. Sedlmayr, Die Schauseite der Karlskirche in Wien, in: Kunst und Wahrheit, 1958, S. 173—184.

Wien, Hist. Museum, Inv.-Nr. 44.958. T. K.

6.15 Kaiser Karl VI. vor der Karlskirche

Federzeichnung aquarelliert, 25,4 × 18,1 cm.
Rückseite gerötelt, um 1730.

Die Federzeichnung eines unbekannten Künstlers zeigt Karl VI. in ganzer Figur mit Federhut vor einer Balustrade im Freien stehend. Seine Linke liegt auf einem kleinen Tischchen zu seiner Seite, dessen Tischplatte von geschnitzten Kaiseradlern getragen wird. Auf einem Kissen am Tisch liegen als Zeichen für Karls kaiserlicher Würde Schwert, Szepter und Krone, alle allerdings ziemlich allgemein gehalten. Nach links hin begrenzt ein Vorhangmotiv, das eine auf die „Constantia" des Kaisers anspielende Säule fast völlig verdeckt, den Bildraum. Rechts im Hintergrund erblickt man die Karlskirche.

Heidelberg, Kurpfälzisches Museum, Z 2254.
T. K.

6.15 a Grundsteinlegung für die Karlskirche in Wien

Medaille, Gold, 56 mm, 104,36 g.
Medailleur: Benedikt Richter/Daniel Warou, 1716.
Vs.: Belorbeertes Brustbild im Harnisch r.
Rs.: QVOD POPVLVS — PESTE LIBERATVS
Ansicht der Karlskirche; i. A.: DIVO CAROLO BOROM:/EX VOTO.

Die Ansicht gibt ein Stadium der Entwürfe wieder, bei dem bereits hinter der Vorhalle die Attika eingezogen ist, die eine fortlaufende Verbindung zwischen den Türmen herstellt, wodurch die in einzelne Baublöcke aufgelöste Front des Fischerschen Idealprospekts wesentlich vereinheitlicht wird.

Lit.: Montenuovo 1442. — Schulz, Numismatische Zeitschrift, Bd. 98 (1984), S. 81, Nr. 4.3. — Kat. Fischer, Nr. 53/9.

Wien, KHM, MK, Inv.-Nr. 1288 bß. H. J.

6.16 Christus heilt den Gichtbrüchigen

Öl/Lw., 96 × 53 cm.
Gian Antonio Pellegrini, um 1730.

Die Skizze ist wohl eine eigenhändige Replik des Originalmodellos für Pellegrinis Altarbild in der linken vorderen Seitenkapelle der Karlskirche in Wien. Das Originalmodello befindet sich, zusammen mit den Modelli für die anderen Altarbilder der Karlskirche von Daniel Gran, Sebastiano Ricci und Martino Altomonte (alle aus der Esterházy-Sammlung), im Szépmüveszeti-Museum Budapest. Von diesen Repliken des Originalmodellos (eine weitere z. B. in einer Klosterneuburger Privatsammlung), die wahrscheinlich für den Werkstattgebrauch angefertigt wurden, sind Reduktionen in kleinerem Format nach dem Altarbild selbst zu unterscheiden, von denen sich eine in der ehemaligen Colloredo-Mansfeld-Sammlung in Opočno befindet. Ein augenfälliges Merkmal des Originalmodellos (und der Repliken nach diesem) ist das abgestreckte linke Bein des fliegenden Puttos links oben, das im Altarbild selbst (und in dessen Reduktionen) abgewinkelt gegeben ist.
Pellegrini hielt sich mehrmals in Wien auf: 1725 und 1727, als er die Kuppel der Salesianerinnenkirche und ein Altarbild dort malte, und 1730; während dieses letzten Aufenthalts entstand wahrscheinlich das Seitenaltarbild der Karlskirche, dessen Thematik dem „Pestpatrozinium" der Kirche entspricht.

Lit.: Kat. Fischer, Nr. 53/22. — E. A. Šafařik, Il Settecento veneziano nelle collezioni cecoslovacche, in: Arte Veneta 18, 1964, S. 112f. — Museum der Bildenden Künste, Katalog der Galerie Alter Meister, Budapest, Tübingen 1968, S. 534. — Kat. Dal Ricci al Tiepolo, Venedig 1969, Nr. 33.

Wien, KHM, Gemäldegalerie, Inv.-Nr. 4100.

W. P.

6.17 Jesus und der Hauptmann von Kaphernaum

Öl/Lw., 76,5 × 37,5 cm.
Sign.: „Daniel Gran", um 1736.

Das vorliegende Ölgemälde ist eine seitenverkehrte Vorbereitungsskizze für Grans 1736 datiertes und signiertes Seitenaltarbild der ersten linken Kapelle der Karlskirche. Neben der Seitenverkehrung sind gegenüber der Ausführung sowohl Abweichungen im Architektonischen, als auch im Figürlichen — insbesondere in der im Entwurf eher an Solimena gemahnende Engelsgruppe — feststellbar. Überhaupt ist in der Ausführung des von den kurz zuvor für die Karlskirche entstandenen Gemälden Sebastiano Riccis bzw. Gianantonio Pellegrinis (vor allem Übereinstimmungen mit dessen Figurenstil, Kat.-Nr. 6.16) abhängigen Bildes gegenüber dem Bozzetto verstärkt eine klassische Note zu konstatieren.

Lit.: E. Knab, Daniel Gran, Wien - München 1977, S. 86 und Kat. Ö 31 u. Ö 32.

Benediktinerstift Seitenstetten, Galerie. T. K.

6.18 Kelch mit Inschrift auf Karl VI.

Böhmisch, 18. Jh., H 18,3 cm, Fußscheiben-Dm. 8,8 cm.

Die Wandung des facettierten, geschliffenen Glases zeigt das österreichische Wappen mit der Umschrift „Vivat Carolus" und das von Schwert, Zepter und Kaiserkrone bekrönte Wappen Karls VI. mit der Devise „Constantia et Fortitudine". Auf den Flächen zwischen den beiden Wappen befindet sich geschliffenes Laub- und Rankenwerk sowie blumengefüllte Vasen.
Wien, ÖMAK, Inv. Gl. 1349. H. L.

6.19 Die kaiserliche Gemäldegalerie

a) Graf Gundacker Althann übergibt Kaiser Karl VI. das Inventar der kaiserlichen Gemäldegalerie

Öl/Lw., 68 × 56 cm.

Das Gemälde ist wohl eine Werkstattreplik nach Solimenas (bisher nicht aufgetauchtem) Originalmodello für das Repräsentationsbild, heute im Kunsthistorischen Museum, auf dem der kaiserliche Oberbaudirektor Gundacker Graf Althann (Kat.-Nr. 3.6) Kaiser Karl VI. das Inventar der in der Stallburg neu aufgestellten Gemäldegalerie überreicht. Das Inventar kann möglicherweise mit der 1728 erschienenen ersten Lieferung des „Theatrum artis pictoriae ...“ identifiziert werden. Das große Bild wurde im fünften, gegen die Bräunerstraße zu gelegenen Saal im obersten Stock der Stallburg aufgestellt (Kat.-Nr. 6.19 a u. b).
Solimenas neapolitanischer Zeitgenosse, der Künstlerbiograph Bernardo de Dominici, berichtet über den Auftrag des Wiener Hofes. Laut seinen Aussagen habe das am 15. 4. 1728 dem Kaiser feierlich präsentierte Gemälde, auf dem auch Solimenas Neffe wiedergegeben sei, der eine Ode auf den Kaiser verfaßt habe, allerhöchsten Beifall gefunden. Dies ist auch dem bei De Dominici abgedruckten Dankesbrief Althanns an Solimena zu entnehmen.
Das 1728 datierte und signierte Bild unterscheidet sich in einigen wesentlichen Punkten vom Modello, soweit dieses aus der hier ausgestellten Kopie zu rekonstruieren ist. Auf dem Modell sind weder Karl VI. noch Althann porträtähnlich wiedergegeben. Mechels Bericht im Galeriekatalog von 1783, die Gesichter des Kaisers und Althanns seien vom Wiener Hofmaler Johann Gottfried Auerbach, wurde durch kürzlich angefertigte Röntgenaufnahmen des großen Bildes bestätigt, auf denen unter den Porträts (Auerbachs) zwei jugendliche Köpfe in genau jenen Positionen erscheinen wie sie das Modello zeigt. Warum Solimena selbst nicht ihm sicher bekannte Porträts des Kaisers und Althanns umgesetzt hat, findet nicht leicht eine Erklärung. War dem Kaiser, abgesehen von der Porträtunähnlichkeit, die Darstellung der bewegt zueinander strebenden Protagonisten zu kasuell? Wahrscheinlich erfüllten die „ikonal“-starr aus dem Bild blickenden Porträts von Auerbach eher das höfische Bedürfnis nach feierlicher Repräsentation.

Lit.: B. De Dominici, Vite de' pittori, Scultori, ed architetti napoletani, Bd. 3, Napoli 1742, S. 601 f. — Ch. von Mechel, Verzeichniß der Gemälde der Kaiserlich Königlichen Bilder Galerie in Wien, Wien 1783, S. XII. — O. Ferrari, Considerazioni sulle vicende artistiche a Napoli durante il viceregno austriaco (1707—1734), Storia dell'arte 35, 1979, S. 13 ff.

Wien, KHM, Gemäldegalerie, Inv.-Nr. 4020.

W. P.

b) Einblick in den 5. Saal der kaiserlichen Gemäldegalerie

Foto aus: Prodromus, / Oder / Vor-Licht / Des eröffneten / Schau- und Wunder-Prachtes / Aller deren / An dem Kaiserl. Hof / ... sich befindlichen / Kunst-Schätzen und Kostbarkeiten / ... / Herausgegeben / Von Francisco de Stampart, und Antonio de Brennern ..., Wien 1735.

Das 1735 erschienene, mit Stichen versehene Bildinventar gibt am besten die räumliche Situation des fünften Saales der Gemäldegalerie der Stallburg mit dem Monumentalgemälde Solimenas wieder. Der „Podromus“ bildet neben Einblicken in die Galerie auf je einem Blatt jene Gemälde miniaturhaft ab, die eine Lieferung des ursprünglich geplanten Bild-Inventars, des „Theatrum artis pictoriae“, ausmachen hätte sollen, von dem bis zum Jahr 1731 lediglich vier Lieferungen erschienen waren. Der „Podromus“ ist in diesem Sinn eine weniger aufwendige Variante des ursprünglich geplanten Vorhabens.
Leiter der Aufstellung und Innendekoration war Claude Lefort du Plessy, der auch die Inneneinrichtung des Belvederes geleitet hatte, und wie für die Bildergalerie im Belvedere (Kat.-Nr. 5.3) entwarf man auch hier ein deko-

ratives, auf Achsensymmetrie, Größenentsprechungen, Aufgipfelungen beruhendes System von Öffnungen in der geschnitzten und vergoldeten Wandvertäfelung, in die die Bilder in wörtlichem Sinn eingepaßt wurden.

Lit.: Stix, Die Aufstellung der ehedem kais. Gemäldegalerie in Wien im 18. Jahrhundert, in: Museion 3, Mitteilungen, 1922, S. 9ff. — A. Lhotsky, Die Geschichte der Sammlungen, 1. Hälfte (= Festschrift des Kunsthistorischen Museums zur Feier des fünfzigjährigen Bestandes, 2. Teil), Wien 1941—45, S. 393ff.

Wien, KHM, Gemäldegalerie. W. P.

c) Stirnwand des fünften Saales der kaiserlichen Gemäldegalerie mit einem „Groß Historien Stück von Solimene" FB 43

Foto der Miniatur (fol. 53) des Astorfferschen Inventars.

Die vorliegende Miniatur aus dem 1733 datierten dritten Band des von Ferdinand Astorffer illuminierten Katalogs der kaiserlichen Gemäldegalerie gibt ähnlich wie der „Podromus" eine ungefähre Vorstellung von der Aufstellung des großen Dedikationsbildes Solimenas.

Wien, KHM, Gemäldegalerie. W. P.

6.20 Boreas raubt Oreithyia FB 44

Öl/Lw., 114 × 86,5 cm.
Francesco Solimena, kurz vor 1729.

Boreas, der in Nordgriechenland beheimatete Gott des stürmischen, eisigen Nordwinds, liebte die athenische Königstocher Oreithyia, konnte sie jedoch nicht heimführen, weil die Athener einer Verbindung mit dem thrakischen Gott Widerstand entgegensetzten. Als alles Bitten und Flehen nichts nützte, besann Boreas sich seiner natürlichen Eigenschaften und entführte Oreithyia mit Gewalt (Ovid, Metam. VI, 682—771). Das Bild entstand sicherlich im Auftrag des Wiener Hofes und wurde sofort der kaiserlichen Gemäldegalerie einverleibt, zumal es schon 1729 in der zweiten Lieferung der Galeriepublikation „Theatrum artis pictoriae ..." (fol. 58) aufscheint und späterhin auch in deren Nachfolgepublikationen, dem 1735 erschienenen „Prodromus" (Kat.-Nr. 6.19b). Solimena variierte eine eigene, etwa dreißig Jahre ältere, querformatige Komposition in der römischen Galleria Spada. Das Wiener Bild unterscheidet sich jedoch stilistisch erheblich von der sehr barocken römischen Version: durch eine sehr viel klassischere Haltung, die von einem schärferen Hell-Dunkel, einer sehr greifbaren Plastizität und einer leuchtenden Farbigkeit verlebendigt wird, ein stilistischer Kompromiß, der gerade dem im weitesten Sinn eklektischen Geschmack des kaiserlichen Hofes entgegengekommen sein muß. Bilder ähnlicher stilistischer Haltung hat Solimena auch für den österreichischen Vizekönig in Neapel, Alois Thomas Raimund Harrach, oder für den Prinzen Eugen angefertigt.

Lit.: F. Bologna, Francesco Solimena, Napoli 1957, S. 282 (mit falscher Provenienz aus der Sammlung des Prinzen Eugen). — O. Ferrari, Considerazioni sulle vicende artistiche a Napoli durante il viceregno austriaco, in: Storia dell'arte 35, 1979, S. 16.

Wien, KHM, Gemäldegalerie, Inv.-Nr. 354.
W. P.

6.21 Aufnahme der Malerei in das Reich Apolls

Foto der Miniaturkopie Ferdinand Astorffers nach dem um 1726 entstandenen ehemaligen Deckenbild Jacob van Schuppens im Hauptsaal des Nordtraktes des obersten Stockwerks der Stallburg, aus: Letztes Inventarium / Deren in der Kayserlichen Gal / lerie sich befindlich nachfolgenden / Mahlereyen / Anno 1733, fol. 3, No 1, Wien, KHM, Gemäldegalerie.

Das heute im Depot des Kunsthistorischen Museums verwahrte, stark beschädigte und ergänzte Deckengemälde der kaiserlichen Galerie in der Stallburg (bis 1776), darstellend

eine Allegorie der Malerei, besaß ursprünglich ein Gegenstück, „Minerva richtet die verfolgten Künste auf“, das allerdings zerstört wurde und nur mehr in der Astorfferschen Kopie auf uns gekommen ist.
Die Programmatik der Deckenbilder, die Rettung der verfolgten Künste durch Minerva und die Aufnahme der von Merkur geleiteten und von den Grazien gekrönten Malerei und ihrer Gefolgsleute in das Reich Apollos, der über den neun Musen thront, während die Dämonen des Unverstandes in den Abgrund stürzen, muß zusammengesehen werden mit der in den zwanziger Jahren des 18. Jh.s aufgebrochenen Kontroverse zwischen dem reformeifrigen Direktor der kaiserlichen Akademie, Jacob van Schuppen (Kat.-Nr. 6.24), und den Wiener Zünften. Die an sich alte Kontroverse wurde um die Erneuerung des akademischen Kunstunterrichts, die Förderung der wahren, akademischen Kunst und um die Ebenbürtigkeit der bildenden Künste mit Dichtung und Wissenschaften geführt. Schuppens gemalte Polemik bekam programmatischen Charakter dadurch, daß sie offensichtlich mit der Förderung Gundacker Althanns ausgetragen wurde, der sowohl Protektor der Akademie als auch leitender Kopf bei der Neugestaltung der kaiserlichen Gemäldegalerie (vgl. S. 155) war, und die damit auch das kaiserliche Placet hatte. Auch spielte in der Herrscherallegorik um Karl VI. Apollo, der Beschützer der Musen, eine so bedeutsame Rolle, daß sogar an eine unmittelbare Anspielung auf den Kaiser selbst auf Schuppens Deckenbild gedacht werden kann. Im Gefolge der „vergöttlichten Malerei waren unmißverständlich die Zöglinge und Mitglieder der Akademie zu erblicken, während in den Dämonen des Unverstandes sich die Wiener Handwerksmeister erkennen mochten.“

Lit.: G. Heinz, Die Allegorie der Malerei von Jacob van Schuppen, Wiener Jb. für Kunstgeschichte 25, 1972, S. 268 ff.

W. P.

6.22 Karl VI. als Förderer der Wissenschaft und der Numismatik früherer Zeiten und Gegenwart

Medaille, Silber, 60 mm, 70,18 g, o. J. (1717).
Medailleur: Benedikt Richter/Hieronymus Fuchs.
Vs.: Belorbeertes Brustbild im Harnisch l.
Rs.: OB SERVATAM PRISCI NOSTRIQ TEMPORIS MEMORIAM. Herkules musarum in einer mit Altertümern bedeckten Landschaft l. sitzend, hinter ihm steht eine Muse und bekränzt ihn; i. A.: HERCVLI MVSARVM.

Die Medaille ist der Errichtung des Münz- und Antikenkabinettes durch Karl VI. im Jahre 1717 gewidmet. Der Kaiser war selbst Numismatiker und führte sogar in Spanien ein Kästchen Münzen mit sich. Im Juni 1712 nahm der Kaiser Carl Gustav Heraeus als Medaillen- und Antiquitäteninspektor in seinen Dienst. Heraeus sollte die Bestände an Münzen sichten und ein einheitliches Münzkabinett schaffen. Heraeus führt in seiner Arbeit INSCRIPTIONES ET SYMBOLA VARII ARGVMENTI (Nürnberg 1721) auf Seite 47 die Medaille an und übertitelt den dazugehörigen Kommentar mit „Insignem de Literis atque de antiqui & nostri aevi Numismatibus Curam“.

Lit.: Montenuovo 1487. — Rath, S. 312, Nr. 247. — Heraeus, Inscriptiones, S. 47.

Wien, KHM, MK, Inv.-Nr. 1307 bß. H. J.

6.23 Akademie der schönen Künste in Wien

Medaille, Silber, 61 mm, 105,37 g.
Medailleur: Benedikt Richter/Matthäus Donner.
Vs.: Belorbeertes Brustbild Karls VI. r.; PATER ARTIVM genannt.
Rs.: AVGVSTAE DONA MINERVAE. Minerva mit drei Genien, die die Malerei, Bildhauerei und Architektur verkörpern; i. A.: GVND·S·R·I·COM·AB ALTHANN·/BONIS ARTIS·PRAEFECTO/J·V·Direcf.

Die sowohl in Gold als auch in Silber geprägte Medaille wurde seit 1731 jährlich dem ersten und zweiten Preisträger der jeweiligen Abteilung der Akademie verliehen.

Lit.: Montenuovo 1631. — Matsche, S. 41 f.

Wien, KHM, MK, Inv.-Nr. 1311 bß. H. J.

6.24 Jakob van Schuppen

Öl/Lw., 125 × 93 cm.
Zeitgenössische Kopie des Selbstgemäldes van Schuppens in der Akademie der Bildenden Künste in Wien.

Der 1670 in Paris geborene van Schuppen war Schüler seines Onkels Nicolas Largillières, von dessen Porträtkunst er nachhaltig beeinflußt wurde, wenngleich er die Porträts realistischer interpretierte. 1704 wurde er Mitglied der Pariser Akademie. In den Jahren 1708 bis 1716 war er Hofmaler Herzog Leopolds I. in Lunéville, von wo er 1716 nach Wien berufen wurde. Seit 1723 kaiserlicher Hofmaler, wurde van Schuppen, der Vertreter der klassischen Doktrin, 1726 zum Direktor der Akademie (vgl. Kat.-Nr. 6.21) ernannt.
Van Schuppen war hauptsächlich Porträtist (Kat.-Nr. 3.6, 4.12, 9.38, 21.66), malte aber auch Altarbilder (Karlskirche, Salesianerinnen). Für die kaiserliche Gemäldegalerie in der Stallburg schuf er zwei allegorische Plafonds (Kat.-Nr. 6.21). Von seiner Hand stammen ferner die Deckengemälde im Palais Lobkowitz.

Lit.: P. Schreiden, Jacques van Schuppen (1670—1751), in: Wiener Jb. f. Kunstgeschichte 35, 1982, S. 2 ff., v. a. S. 75, Nr. 19 a.

Stift Herzogenburg. T. K.

6.25 Porträt des kaiserlichen Hofarchitekten Joseph Emanuel Fischer von Erlach (1693—1742)

Foto/Lw. des Porträts in der Camera praefecti der ÖNB.

Kat.-Nr. 6.25

Das seit alters in der Camera praefecti der Hofbibliothek als Pendant zum Bildnis seines Vaters (Kat.-N. 21.67) verwahrte Porträt zeigt den nach längeren Studienaufenthalten in Westeuropa 1722 zum Hofarchitekten ernannten zweiten großen Gegenspieler J. L. v. Hildebrandts. In Joseph Emanuel Fischers Schaffen finden sich insgesamt moderne architektonische Lösungen verarbeitet, und hierin setzt sich auch seine Richtung von der Kunst des eine Generation älteren Hildebrandts deutlich ab. Während der Hofadel als Bauherrschaft sich auf die beiden rivalisierenden Künstler aufteilte, konnte Fischer die Stellung bei Hof und im Dienste des einflußreichen Generalhofbaudirektors Gundacker Graf Althann für sich behaupten, so daß sein Name mit der Ausbildung und Verbreitung des

Reichsstils unter Karl VI., in der Nachfolge seines Vaters, fest verbunden ist.

Lit.: T. Zacharias, Joseph Emanuel Fischer v. Erlach, Wien - München 1960.

W. R.

6.26 Litanie de S. Francesco Xaverio

Litanie (d-moll) à 6 voci con 6 Instrumenti. Fragment (Schluß) der eigenhändigen Partitur „... tate veneremur ora pro nobis“ Leopolds I. (WV 34).
27 x 21,5 cm, 6 Bl. (eingeklebt Kupferstichporträt des Kaisers).

Leopold I. erhielt seine musikalische Ausbildung aller Wahrscheinlichkeit nach vom Hoforganisten Wolfgang Ebner, der in einem Sammelband („Spartitura compositionum Sacrae Regiae Maiestatis Hungariae Leopoldi I.“) die Jugendwerke des Kaisers aus den Jahren 1654—1657 zusammenfaßte (Musiksammlung der ÖNB, Mus. Hs. 18.831). Das Werkverzeichnis weist 69 erhaltene Kompositionen auf, ohne Berücksichtigung der großen Zahl von Einlagearien, Tanzsätzen und Licenze. Ein Großteil der Quellen befindet sich in der sogenannten „Schlafkammerbibliothek“ („Bibliotheca cubicularis“), der ehemaligen Privatbibliothek des Kaisers (heute: Musiksammlung der ÖNB).
Das hier gezeigte, undatierte Bruchstück der „Litanie de S. Francesco Xaverio“ bildet die Ergänzung zu der im Archiv der Gesellschaft der Musikfreunde Wien vorhandenen Partitur, die mit den Worten „Apostole dignitate et merito ora pro no[bis]“ abbricht.

Lit.: G. Brosche, Die musikalischen Werke Kaiser Leopolds I. Ein systematisch-thematisches Verzeichnis der erhaltenen Kompositionen, in: Franz Grasberger zum 60. Geburtstag. Hrsg. v. G. Brosche, Tutzing 1975. — G. Adler, Musikalische Werke der Kaiser Ferdinand III., Leopold I. und Joseph I. Bd. 1: Kirchenwerke, Einleitung, Wien 1893.

Wien, ÖNB, Musiksammlung.

Joseph Gmeiner

6.27 Fragment einer geistlichen Komposition

Partitur-Autograph, 1 p.; Kaiser Karl VI.

Karl VI. war wie seine drei Vorgänger auf dem Kaiserthron selbst ausübender Musiker und Komponist. Zum Unterschied von Ferdinand III., Leopold I. und Joseph I. sind von ihm allerdings keine Kompositionen erhalten. Das vorliegende, Adler unbekannt gebliebene Blatt gilt als die einzige erhaltene Musikhandschrift des Kaisers. Der Text („in principio et nunc et semper et in saecula saeculorum amen“) läßt an eine Vespervertonung denken. Die Verschlüsselung weist auf ein sechsstimmiges Vokalwerk hin.

Lit.: G. Adler, Musikalische Werke der Kaiser Ferdinand III., Leopold I. und Joseph I., 1. Bd., Wien 1892, S. XX ff.

Wien, Archiv der Gesellschaft der Musikfreunde (Sign. A 187).

O. B.

6.28 Te Deum à 10 Voci à 2 Cori con Trombe, Timpani Violini e Rip[ie]ni

Partitur-Manuskript, 133 pp, Pappband, Francesco Conti.

Die von einem Wiener Hof-Kopisten ins Reine geschriebene Partitur eines aufwendigen, doppelchörigen Te Deum, entspricht dem Typus wie er bei Dank-Gottesdiensten nach besonders bedeutungsvollen Siegen oder Friedensschlüssen im Wiener Stephansdom erklungen ist. Francesco Conti (1682—1732) war von 1713 bis zu seinem Tod kaiserlicher Hofkompositor. Wann dieses Werk entstanden ist, ist unbekannt; es spricht manches für die Jahre um 1716/17, also für die Zeit, als Prinz Eugen seine Siege bei Peterwardein und Belgrad erfocht.

Wien, Archiv der Gesellschaft der Musikfreunde (Sign. I 1707).

O. B.

6.29 L'Eroe Immortale. Servizio da Camera. Per il glorioso, e felicissimo. Giorno Natalizio.

di Carlo VI. Imperadore de' Romani Sempre Augusto L'anno 1717

Partitur-Manuskript, 279 pp, Ganzledereinband; Johann Georg Reinhardt.

Aufgeführt am 1. Oktober 1717 zum Geburtstag Kaiser Karls VI. Das von dem damaligen Hof-Organisten und späteren Hof-Kompositor Johann Georg Reinhardt (1676?—1742) vertonte Libretto Pietro Pariatis steht deutlich erkennbar unter dem Eindruck der wenige Wochen zuvor erfochtenen Siege Prinz Eugens vor Belgrad. Die mythologisch verbrämte Glorifizierung des Kaisers als „Eroe Immortale" und vielfache Anspielungen auf seine jüngsten Siege stellen dieses Werk in einen direkten Zusammenhang mit den politisch-kriegerischen Zeitereignissen.

Lit.: L. Ritter von Köchel, Johann Josef Fux, Wien 1872, S. 533.

Wien, Archiv der Gesellschaft der Musikfreunde, Sign. IV 15779 (Q 1857). O. B.

6.30 Violine

L 60 cm, geteilter Boden, Griffbrett um 1902. Carl Erdmann (Neukirchen bei Adorf, Chursächs Voigtlande), 1. Hälfte 18. Jh.

Neben dem führenden Wiener und Prager Geigenbau rückte an der Wende zum 18. Jh. das an Böhmen angrenzende Sachsen in den Vordergrund des Geigenbaues.
Zentren waren Leipzig, Dresden, Klingenthal und Neukirchen bei Adorf im „Chursächs Voigtlande".
Vor hier stammt auch die von Carl Erdmann erbaute Violine.

Mank, NÖ, Musikhaus Schagerl.
Viktor Mayerhofer

6.31 Barockoboe in C

L 57 cm, 2 Klappen, 8 Grifflöcher ohne Daumenloch.
J. Baur, Wien; 1. Drittel 18. Jh.

Das führende Holzblasinstrument des Barock war die Oboe. Ihre Verwendung reichte von der Sakralmusik bis zur Feldmusik, wo sie schon in den Regimentern der altösterreichischen Armee zur Zeit Prinz Eugens zu finden war.
Mit Trompeten, Pauken und Fagotten bildete sie die Basis für die späteren Harmonie- und Militärmusiken, zumal Klarinetten und Hörner erst in Adelskapellen auftauchten.

Stift Melk. Viktor Mayerhofer

6.32 „Per la Favorita alla Grotta" Bühnenbild für eine Aufführung im kaiserlichen Lustschloß Favorita

Handzeichnung, Bister/Papier, 36,3 × 60,4 cm. 1710.

Die im Jahre 1683 von den Türken niedergebrannte und von Ludovico Ottavio Burnacini auf Befehl Kaiser Leopolds I. wiederaufgebaute Favorita (Kat.-Nr. 6.11) hatte sich im Laufe der Zeit zur Sommerresidenz der kaiserlichen Familie entwickelt. Bei Schönwetter spielte man im prachtvollen, weiten Garten auf einem an geeigneter Stelle errichteten „Theatrum" mit den Bäumen im Hintergrund, bei der sogenannten „Grotta", wo man das natürliche Echo nützte, oder auf dem Teich, Theater.
Die vorliegende Handzeichnung Francesco Galli-Bibienas, der einer begabten Architektenfamilie entstammte und Nachfolger von Ludovico Ottavio Burnacini als Hofingenieur war, zeigt den Entwurf für ein Bühnenbild für eine Aufführung in der Favorita. Links im Vordergrund ist eine Hütte mit einem Ziehbrunnen davor zu erkennen, an dem vorbei ein Weg in den Hintergrund führt. An einer Kurve des Weges, durch Felsen getrennt, ist eine von zwei Statuen flankierte Stiege zu sehen, die zu einem Rundpavillon mit dem Standbild einer

Göttin führt. Rechts im Vordergrund befindet sich ein Marmorbrunnen, von welchem ein Weg zu einer Ruine hinanführt.

Lit.: F. Hadamowsky, Die Familie Galli-Bibiena in Wien. Leben und Werk für das Theater, Wien 1962 (Museion. N. F. 1, 2). — M. Baur-Heinhold, Theater des Barock. Festliches Bühnenspiel im 17. und 18. Jh., München 1966 (Kulturgeschichte in Einzeldarstellungen). — H. Tintelnot, Barocktheater und barocke Kunst, Berlin 1929.

Wien, ÖNB, Theatersammlung, Sign. S III/43.

Ch. G.

6.33 „La Costanza d'Ulisse"

Kupferstich, beschnitten, aufkaschiert, 32 × 47 cm.
Gestochen nach der Aufführung am 9. Juni 1700 oder möglicherweise erst im Jahre 1704.
Sign.: Ludovico de Burnacini del. Joann Ulrich Krausen scul.

Das vorliegende Blatt zeigt eine Szene aus dem Eröffnungsballett der Oper „La Costanza d'Ulisse", die am 9. Juni 1700 aus Anlaß des Geburtstages Kaiser Leopolds I. auf dem Teich im Garten der Favorita in Wien aufgeführt worden war. Die Kulissen waren vom Hofingenieur Ludovico Ottavio Burnacini, der einer italienischen Künstlerfamilie entstammte, die zur Entwicklung des Barocktheaters in Österreich Wesentliches beigetragen hatte, entworfen worden.
Das Blatt schildert, wenn auch abgewandelt, die hauptsächlichen Begebenheiten bei der Ankunft des Odysseus auf der Insel der Circe im Thyrrenischen Meer, über die Homer in seiner Odyssee berichtet.
Die Bühne ist im Halbkreis von Felsen eingefaßt, deren Gipfel von Ungeheuern — den von Circe in Fabelwesen verwandelten Gefährten des Helden — besetzt sind. Aus den Abgründen zwischen den Felsen treten ebenfalls Ungeheuer hervor und treiben ihr Unwesen. Im Vordergrund sind Griechen im Kampf mit Inselbewohnern zu erkennen. Der Bühne gegenüber befindet sich die Kaiserloge, dahinter das aus Höflingen bestehende Publikum. Darunter ist auf einem Tuch mit verziertem Rand die Widmung des Künstlers zu lesen.

Lit.: F. Biach-Schiffmann, Giovanni und Ludovico Burnacini, Theater und Feste am Wiener Hofe, Wien - Berlin 1931. — S. Buchler, Ludovico Ottavio Burnacini: Festdekoration und Groteske. Aus der Werkstatt eines barocken Bühnenbildners, phil. Diss., Salzburg 1971. — G. Tauschhuber, Kaiser Leopold I. und das Wiener Barocktheater, phil. Diss., München 1947. — F. Hadamowsky, Barocktheater am Wiener Kaiserhof, in: Jb. der Gesellschaft für Wiener Theaterforschung 1951/52.

Wien, ÖNB, Theatersammlung, Sign. GSÜ 1.

Ch. G.

6.34 Johann Joseph Fux (1660—1741)

Kupferstich, 23 × 16 cm.

Johann Joseph Fux, Sohn eines Bauern aus Hirtenfeld in der Obersteiermark, wurde vermutlich in einer geistlichen Schule erzogen. Schon bald dürfte er in Wien Gönner gefunden haben, die seine große musikalische Begabung erkannt hatten. Mit 36 Jahren war er bereits Organist an der Schottenkirche in Wien, 1698 erhielt er den Titel eines Hofkompositeurs, den er bis zum Jahre 1740 innehatte. Protegiert von dem selbst komponierenden Kaiser Leopold, dessen Sohn Karl er unterrichtete, konnte er sich an dem von italienischen Musikern dominierten Hof immer mehr in Szene setzen. Neben unzähligen Opern und geistlichen Kompositionen schuf er in dem Lehrbuch „Gradus ad Parnassum" eine theoretische Abhandlung, die für die Generationen nach ihm, bis hinauf zu Beethoven, bestimmend blieb.

Lit.: L. Ritter von Köchel, Johann Josef Fux, Hofcompositeur und Hofkapellenmeister der Kaiser Leopold I., Josef I. und Karls VI. von 1698 bis 1740, Wien 1872.

Wien, ÖNB, Bildarchiv. T. K.

6.35 Elisa, Festa Theatrale per Musica

Partitur K 312.

29,5 × 22,5 cm, 420 S.; Widmung des Textdichters P. Pariati dem Notentext vorgebunden; roter Samteinband mit Goldstickerei (Widmungsexemplar an Karl VI.).
Johann Joseph Fux, 1719.

Mit „Angelica vincitrice di Alcina" (1716) und der für die Prager Krönungsfeierlichkeiten 1723 komponierten Festoper „Costanza e Fortezza" (Kat.-Nr. 2.36) gehört diese „Festa Teatrale" zu den musikalisch anspruchsvollsten und szenisch prunkvollsten Werken des Hofkapellmeisters J. J. Fux (Kat.-Nr. 6.34). Die Uraufführung erfolgte am 28. August 1719 zum Geburtstage der Kaiserin Elisabeth Christina im Garten der Favorita. Das Libretto stammt aus der Feder des Hofpoeten Pietro Pariati (1665—1733), szenische Gestaltung und Bühnenbilder vom berühmten Theaterarchitekten Giuseppe Galli-Bibiena (1696—1756).
Karl VI. leitete selbst eine der folgenden Aufführungen dieser Oper. Köchel (Beil. X, S. 138) vermutet das hier ausgestellte Prunkexemplar der Partitur als jenes, aus dem der Kaiser dirigierte. „Die älteste Erzherzogin sang selbst mit auf dem Theater, und dem Kaiser, welcher die ganze Oper auf dem Flügel begleitete, wurde beym Eintritt ins Orchester, im Namen der Kaiserin, die aufs kostbarste eingebundene Partitur der Oper überreicht, worauf sich der Kaiser, nach einer Verbeugung gegen die Kaiserin, an den Flügel setzte und das Zeichen zum Anfange gab. Bey dieser Gelegenheit war es auch, wo Fux, welcher hinter dem Kaiser stand, nach vielen Proben von des Kaisers gutem Benehmen bey den schwierigsten Stellen und nach wiederholtem Bravo, endlich ausrief: O, es ist Schade, dass Ew. Majestät kein Virtuose geworden sind! Worauf der Kaiser sich umdrehte, indem er antwortete: Hat nichts zu sagen, habs halter[!] so besser!" (Köchel, S. 187).

Lit.: L. R. v. Köchel, Johann Josef Fux, Hofcompositor und Hofkapellmeister der Kaiser Leopold I., Josef I. und Karl VI. von 1698 bis 1740, Wien 1872. — J. H. van der Meer, Johann Josef Fux als Opernkomponist, Bilthoven 1961. — F. Hadamowsky, Barocktheater am Wiener Kaiserhof, Wien 1955. — H. Seifert, Die Aufführungen der Opern und Serenate mit Musik von Johann Joseph Fux, in: StMw 29, 1978.

Kat.-Nr. 6.34

Wien, ÖNB, Musiksammlung, SA. 79.A.30.

Joseph Gmeiner

6.36 Angelica Vincitrice di Alcina. Festa teatrale . . ., Wien 1716

51 pp, 5 gefaltete Kupfertafeln mit Szenenbil-

dern, gebunden in einem Sammelband von „Opere Cesaree“; Johann Joseph Fux.

Das Libretto zu der von dem kaiserlichen Hofkapellmeister Johann Joseph Fux anläßlich der Geburt des Erzherzogs Leopold vertonten Festoper wurde von dem Hofpoeten Pietro Pariati verfaßt. Die Aufführung fand am 21. September 1716 auf dem eigens mit einer Bühne überbauten Teich im kaiserlichen Lustschloß Favorita statt (vgl. Kat.-Nr. 6.37). Die Oper gilt als eines der repräsentativsten Beispiele für die Blüte der barocken Hofoper in Wien.

Lit.: L. Ritter von Köchel, Johann Josef Fux, Wien 1872, S. 532, Beilage X/310.

Archiv der Gesellschaft der Musikfreunde in Wien (Sign. 22/19). O. B.

6.37 Szenenbild aus der Oper „Angelica vincitrice di Alcina“

Plastische Fotomontage nach einem Stich F. Dietells nach Giuseppe Galli-Bibiena.
Palast der Alcina aus dem 1. Akt.
Gestaltung Irmgard Grillmayer.

Die Opernaufführung in der kaiserlichen Favorita (Kat.-Nr. 6.36) wurde von Ferdinando Bibiena und seinem Sohn Giuseppe gestaltet, die sich in der Errichtung märchenhafter Dekorationen und hinsichtlich des Erfindungsreichtums der Inszenierung überboten. Die Aufführung wurde von der gerade in Wien weilenden Lady Montague begeistert beschrieben.

Lit.: Kat. Prandtauer, Nr. 453 und 454. T. K.

6.38 Bühnenkostüme der höfischen Oper in Wien von 1707—1743

Großfotos nach den Original-Bühnenkostümentwürfen Daniele Antonio Bertolis.
Wien, Theatersammlung der ÖNB: a) Min. 43/I/54, b) Min. 43/II/56, c) 43/II/74, d) Min. 43/I/46.

Die überlieferten Textbücher der im Jahre 1716 in der Favorita aufgeführten Oper „Angelica vincitrice di Alcina“ geben als Bühnenbildner Giuseppe Galli-Bibiena an, während der Kostümbildner nicht genannt wird. Wahrscheinlich stammen die Kostümentwürfe von Daniele Antonio Bertoli, der 1707 an den Kaiserhof gekommen und hier bis zu seinem Tode im Jahr 1743 als „Disegnatore di Camera“ beschäftigt war. Eine seiner Hauptaufgaben war der Entwurf der Figurinen für die kaiserlichen Opernaufführungen, daneben zeichnete er auch die aufwendigen Kostüme für die Maskenfeste am Kaiserhof.

Für Bertoli bedeutete das Ornament das wesentliche Ausdrucksmittel. Er besaß eine immense Ornamentphantasie, die es ihm erlaubte, die einzelnen Kostümgruppen, sowohl vom Ornamentmaterial als auch von der Ornamentmotivik her, voneinander zu unterscheiden. Bertoli verstand es, kleidungstechnische Voraussetzungen mit dem Ornament in einer untrennbaren Symbiose zu verbinden. Die Bertolikostüme erfüllen in ihrer perfekten Proportion nicht nur die Ansprüche der Neapolitanischen Oper, sondern decken auch einen Teilaspekt des Aufklärungszeitalters ab: den Hang zur Perfektion.

280 Entwürfe Bertolis sind erhalten. Betrachter mit kostümkundlicher Erfahrung können eine Zusammengehörigkeit verschiedener Gruppen erkennen, die es schließlich ermöglicht, der „Angelica“ die folgenden vier Kostüme zuzuteilen:

a) Ruggiero, der anfänglich in die Bradamante, hernach in die Angelica verliebt war,
b) Angelica, die Königin von Cataja, die sich in den Medoro verliebte,
c) Alcina, die Zauberin, die sich ebenfalls in den Medoro verliebte, und
d) Bradamante, die in Mannskleidung, unter dem Namen des Astolfo, auftritt und in den Ruggiero verliebt war.

Annemarie Bönsch

7. Die militärische Karriere des Prinzen Eugen

Selbst für einen hochprotegierten jungen Mann machte Eugen unwahrscheinlich rasch militärische Karriere. Die Vorstellungen des kaum achtzehnjährigen französischen Prinzen mit weitgehend italienischer Abstammung, sofort das Regiment seines verstorbenen Bruders Ludwig Julius verliehen zu erhalten, waren reichlich kühn, aber doch realistischer als es scheinen mag. Denn nach wenigen Monaten ging sein Wunsch in Erfüllung, es wurde ihm am 14. Dezember 1683 das durch den Tod des Grafen Hans Heinrich von Kuefstein frei gewordene, erst ein Jahr zuvor aufgestellte Reiterregiment verliehen und ihm damit mit dem Oberstenrang die Basis für die weitere Karriere geschaffen. Knapp zwei Jahre später stieg er mit der am 16. Oktober 1685 erfolgten Ernennung zum Generalfeldwachtmeister in den Generalsrang auf und wurde noch während seines Einsatzes auf dem ungarischen Kriegsschauplatz am 31. Jänner 1688 zum Feldmarschalleutnant befördert. Bevor er zur Unterstützung des Herzogs Victor Amadeus von Savoyen nach Italien versetzt wurde, ernannte ihn der Kaiser anfangs Juni 1690 zum General der Kavallerie, und am 23. Mai 1693 wurde mit der Beförderung zum Feldmarschall ein vorläufiges Ende der steilen Karriere gesetzt. Er war die Karriereleiter also hochgestiegen, bevor er seine großen Siege errang. Nun blieb für ihn nur mehr ein Titel, den jeweils nur ein Offizier tragen konnte, der eines Oberbefehlshabers aller kaiserlichen Truppen. Diesen Rang hatte, wenn zuletzt auch nur mehr nominell, ebenso wie die Würde eines katholischen Reichsfeldmarschalls, der „Türkenlouis“ Markgraf Ludwig Wilhelm von Baden inne. Als dieser am 4. Jänner 1707 in seinem Schlosse Rastatt starb, wählte schon am 21. Februar 1707 der Reichstag zu Regensburg einstimmig, auch mit dem Votum der evangelischen Reichsstände, Eugen zum Reichsfeldmarschall. Auch der zweite Titel sollte bald folgen, denn am 7. März 1708 teilte Eugen dem spanischen König Karl III. mit, der Kaiser habe ihn zum Generalleutnant ernannt, „obschon die Deklaration gewisser Ursachen halber bisher unterlassen worden“. Die feierliche Urkunde, mit der Eugen „zum General Leutnant über alle seine Armaden und sämtliche Kriegsvölker“ ernannt wurde, unterschrieb Kaiser Joseph I. am 2. Mai 1708. Im Alter von 45 Jahren hatte also Prinz Eugen alle militärischen Ränge durchlaufen, die Österreich, Kaiser und Reich damals zu vergeben hatten.

Karl Gutkas

Cabinet: Stuckdekoration

Hier hat sich die Stuckdekoration aus der Zeit des Prinzen Eugen vollständig erhalten. Über einem mit Schmuckstäben verzierten Gesims wachsen aus den Ecken, wo Wand und Wölbung durch agraffenartige Motive miteinander verbunden sind, vielfach miteinander verknüpfte Bandwerkformationen unterschiedlicher Breite der Deckenmitte zu, wo sie in den geschwungenen profilierten Rahmen des Deckenspiegels wieder durch ein Klammermotiv verankert werden. Dazwischen füllen C- und S-förmige geschwungene Bänder, die auch als Sitzfläche für Putti dienen, den Grund. Dieses ornamentale Grundgerüst wird durch Gittermotive, stilisierte Ranken, Palmetten u. ä. bereichert. Die mit Tauben spielenden Amoretten im Deckenspiegel betonen die intime Sphäre des Raumes.

I. S.

7.1 Reiterbildnis des Prinzen Eugen FB 45

Öl/Lw., 316 × 237 cm.
Johann Gottfried Auerbach zugeschrieben, um 1725.

Das großformatige Porträt ist in Komposition und Hintergrundgestaltung dem Reiterbildnis des Prinzen Thomas Franz von Savoyen-Carignan von Anton van Dyck, das sich im Besitz des Prinzen Eugen befand, ähnlich. Es wurde später, ebenso wie ein anderes Reiterbild von van Schuppen nach dem gleichen Vorbild gemalt, nach Turin gebracht.
Das Gemälde hatte sich möglicherweise im Belvedere befunden und die Inschrift stammt aus der Zeit nach Eugens Tod. Eine spätere Kopie befindet sich im Finanzministerium in Wien. Das Gemälde zeigt den reitenden Eugen in voller Rüstung mit Vlies-Collane und hermelingefüttertem Umhang.
Während van Schuppens Bildnis, das mehrmals in kleinerem Format kopiert wurde, (Dr. Sommerfeldt, Salzburg, Türkenmuseum Perchtoldsdorf) den Prinzen über tote Türken hinwegreitend zeigt, ist auf diesem nur ein Landschaftshintergrund gemalt. Es dürfte nach dem großen Reiterbildnis van Schuppens entstanden sein.

Lit.: Kat. Prinz Eugen, 1963, Nr. 210.

Wien, HGM. K. G.

7.2 Ernennung Prinz Eugens zum Generalleutnant, 1708

Orig. Perg. 83 × 89 cm (mit Rahmen); Randilluminationen in Gold; aufgedrücktes Papiersiegel.
2. Mai 1708, Wien.

Kaiser Joseph I. ernennt seinen Geheimen Rat, den Hofkriegsratspräsidenten, Feldmarschall und bestellten Obristen Eugen Prinz von Savoyen und Piemont anstelle des verstorbenen Generalleutnants Feldmarschalls Grenzobristen zu Raab und bestellten Obristen Ludwig Wilhelm Markgrafen zu Baden zu „Unserem General Leuthenanden über alle Unser Armaden und sambentliche Kriegs-Volckher . . .“.

Wiener Neustadt, Bibliothek des Stiftes Neukloster. G. B.

7.3 Karl VI. bestellt Kurfürst Clemens August von Köln (1723—1761) in seiner Eigenschaft als Hoch- und Deutschmeister (1732—1761) zum kaiserlichen Oberst des deutschmeisterischen Infanterieregiments

Original/Papier, Tinte; kaiserliches Oblatensiegel und Unterschriften, 45,5 × 59 cm.
Prag, den 13. August 1732.

Aufgrund einer Vereinbarung zwischen Kaiser Leopold I. und seinem Schwager, dem Kurfürsten Johann Wilhelm von Pfalz-Neuburg (1690—1716), war am 15. März 1695 ein Infanterieregiment aufgestellt worden, das bereits in der Schlacht von Zenta unter dem Prinzen Eugen seine Feuertaufe glänzend bestand.
Vom 21. Januar 1696 bis zum Ende der Donaumonarchie waren die jeweiligen Hoch- und Deutschmeister die kaiserlich zu ernennenden Regimentsinhaber mit Oberstrang. Das hier gezeigte Patent zeigt die von Karl VI. vorgenommene, vom Hofkriegsratspräsidenten Eugen von Savoyen gegengezeichnete Bestellung des neuen kurfürstlichen Hoch- und Deutschmeisters Clemens August von Bayern (1732—1761). Der Wittelsbacher war nach seinem Vetter Franz Ludwig von Pfalz-Neuburg (1694—1732 Hoch- und Deutschmeister) der zweite Regimentsinhaber in der Ordens- und Regimentsgeschichte.

Lit.: B. Demel, Der Deutsche Orden und das Regiment „Hoch- und Deutschmeister“, in: Die Deutschmeister — Museum Perchtoldsdorf o. J. (Perchtoldsdorf 1981), S. 27—37 mit den Abb. ebd. S. 45—53.

Wien, Deutschordenszentralarchiv. B. D.

7.4 Standarte des Dragonerregiments „Eugen Prinz von Savoyen“ (1711/1712) FB 46

Roter Seidenbrokat, Format längsrechteckig, an den abfliegenden Rändern dreieckig ausgeschnitten.
Blatt: 53 × 79 cm, im Ausschnitt 47 cm.
Stange mit Spitze und Schuh: 253,5 cm.

Die Vorderseite zeigt die in sich verschlungenen Initialen C R I (Carolus Romanorum Imperator), die von Palmen- und Lorbeerzweigen kreisförmig umrahmt sind, daneben die verschlungenen Initialen E V S (Eugen von Savoyen).
Auf der Rückseite befindet sich der kaiserliche Doppeladler mit aufgelegtem Bindenschild, der von der Collane des Ordens vom Goldenen Vlies umgeben wird. Auf beiden Blattseiten ist in den vier Ecken je ein Bündel von goldenen Flammen, an den abfliegenden Rändern ein goldenes Blatt- und Rankenwerk zu erkennen.
Die vierfächrig gestaltete Spitze ist aus vergoldetem Messing, 21 cm und graviert. In den einzelnen Vierteln befinden sich a) die verschlungenen Initialen C R I, b) die verschlungenen Initialen E V S, c) der von der Kaiserkrone überhöhte Doppeladler, und d) das Wappen des Hauses Savoyen.

Wien, HGM, Inv.-Nr. 222-1. F. K.

7.5 Kommandostab des Prinzen Eugen FB 47

L 101,7 cm.
1662.

Der Stab setzt sich aus zwei Musketenläufen zusammen, die meisterhaft mit Blumen und Blättern umgestaltet wurden. An der mit Blättern verdeckten Verbindungsstelle ist die Jahreszahl und die Meistermarke C. K. eingeschlagen. Der Kommandostab, der sich seit 1731 im Besitz des Hofes befindet, wird der Tradition nach mit dem Prinzen in Verbindung gebracht.

Lit.: Kat. Prinz Eugen 1963, Nr. 217.

Wien, HGM. S. D.

7.6 Kamisol des Prinzen Eugen FB 48

Gefüttertes perlgraues Obergewand.

Das aus perlgrauem Tuch mit grober Leinwand gefütterte Kleidungsstück wurde unter dem Küraß getragen. Das Unterfutter unter den Kettenärmeln ist ein ungefärbter, grober Wollstoff.

Lit.: Kat. Prinz Eugen 1963, Nr. 213.

Wien, HGM. S. D.

7.7 Entsatz von Wien

Medaille, Silber, 65 mm, 83,31 g, Randschrift, 1683.
Medailleur: Hans Jakob Wolrab.
Vs.: Büste Leopolds I. auf einem Sockel mit AEIOV, von erbeuteten Fahnen und Waffen umgeben.
Rs.: WIEN DAS ADLER NEST SICH FREUT · DAS DER TURKEN HEER ZERSTREUT etc. Die Entsatzschlacht, im Hintergrund die Stadt Wien, darüber Regenbogen und gekrönter Adler mit Schwert und Stadtwappen.

Die Entsatzschlacht von Wien vom 12. September 1683 brachte den ersten Einsatz des Prinzen Eugen. Kurz vorher war er zu Karl von Lothringen gestoßen und hatte in dessen Gefolge auch bei dem Zusammentreffen mit Johann Sobieski in Hollabrunn teilgenommen. Zu dieser Zeit bekleidete er noch keinen militärischen Rang.

Lit.: Hirsch 41.

Wien, KHM, MK, Inv.-Nr. 1018 bß. H. J.

7.8 Einnahme von Ofen

Medaille, Silber, 50 mm, 66,60 g, 1686.
Medailleur: Martin Brunner.
Vs.: A DOMINO VENIT PAX ET VICTORIA. Schlachtszene.
Rs.: LEOP·I·IMP·ROM·SEMP·AVG·VI BUDAM EXPUGNAT· Beschießung der Stadt, darüber Adler mit Zweigen.

Die Einnahme der Festung Buda/Ofen am 2. September 1686, drei Jahre nach der Entsatzschlacht vom Kahlenberg, war ein weiterer großer Sieg des kaiserlichen Heeres unter Karl von Lothringen. Eugen, nun Generalfeldwachtmeister, gehörte mit seinem Regiment, das ihm noch 1683 verliehen worden war, dem von Max Emanuel von Bayern geführten Korps an.

Lit.: Gohl, Budapest emlékérmei 42.

Wien, KHM, MK, Inv.-Nr. 1029 bß. H. J.

Kat.-Nr. 7.9

7.9 Sieg bei Mohacs

Medaille, Silber, 52 mm, 44,23 g, 1687.
Medailleur: Philipp Heinrich Müller.
Vs.: Angriff der kaiserlichen Truppen auf das türkische Lager, im Vordergrund Max Emanuel von Bayern; i. A.: LEOPOLDVS·R·I·H·ET·-B·REX/SVA AVXILIORVMQ-IMPERI/VIRTVTE etc.
Rs.: Schlacht von Mohacs zwischen Ludwig II. von Ungarn und den Türken; i. A.: LVDO:HVNG:BOEM:ZC·REX etc.

Mit dem Sieg bei Mohacs (Nagyharsány) vom 12. August 1687 bereiteten Karl von Lothringen und Max Emanuel von Bayern die Eroberung Belgrads vor. Eugen ließ seine Dragoner absitzen und stürmte mit ihnen die feindlichen Schanzen. Als er die Siegesnachricht nach Wien brachte, schenkte ihm Kaiser Leopold ein mit Diamanten besetztes Bildnis.

Lit.: Montenuovo 1049.

Wien, KHM, MK, Inv.-Nr. 1034 bß. H. J.

7.10 Eroberung von Belgrad

Medaille, Silber, 48 mm, 41,01 g, Randschrift, 1688.
Medailleur: Martin Brunner/F.
Vs.: ELECTOR BAVARVS LEOPOLDI DEXTERA etc. Beschießung Belgrads, im Vordergrund Max Emanuel von Bayern.
Rs.: UBIQUE-RECLUDIT. Aus den Wolken ragende Hand mit einem dreifachen Schlüssel über einer Landschaft mit den Bezeichnungen SERVIA, GRÆCIA und WALACHIA, im Mittelpunkt Belgrad.

Die Eroberung von Belgrad am 6. September 1688 war der größte militärische Erfolg des Kurfürsten Max Emanuel. Da Eugen bei den Kämpfen während der Belagerung verwundet worden war, konnte er am entscheidenden Sturm auf die Festung nicht teilnehmen.

Lit.: Weifert 14.

Wien, KHM, MK, Inv.-Nr. 1165 bß. H. J.

7.11 Eroberung von Mainz

Medaille, Silber, 43 mm, 33,88 g, Randschrift, 1689.
Medailleur: Georg Hautsch.
Vs.: Belorbeertes Brustbild Leopold I. r.
Rs.: FORTVNA REDVD. Beschießung der Stadt; i. A. MOGVNTIA RECEPTA etc.

Als im Jahre 1688 die Franzosen in die Rheinlande einrückten, wurde unter den kaiserlichen Truppen auch Eugens Dragoner gegen sie aufgeboten und der Prinz mit dem Kommando über drei Kavallerieregimenter betraut. Als Ende Juli die Beschießung von Mainz unter dem Kommando von Karl von Lothringen und Max Emanuel von Bayern begann, war auch Prinz Eugen anwesend und wurde durch eine Musketenkugel am Kopf verwundet. Am 8. September wurde die Festung gestürmt.

Lit.: Montenuovo 1093, Braubach, Bd. I, S. 147ff.

Wien, KHM, MK, Inv.-Nr. 1972 bß. H. J.

7.12 Eroberung von Savoyen durch die Franzosen

Medaille, Silber, 41 mm, 34,43 g, 1690.
Medailleur: Jean Mauger.
Vs.: Kopf Ludwigs XIV. r.
Rs.: SABAUDIA SUBACTA. Die Savoyen sitzt, den Kopf auf den Arm gestützt, vor Gebirgslandschaft.
Im Jahre 1690 wollte sich der junge Herzog Victor Amadeus von französischem Einfluß lösen. Als der mißtrauisch gewordene französische König die Zitadelle von Turin besetzen lassen wollte, schloß Victor Amadeus am 4. Juni ein Bündnis mit dem Kaiser und Spanien. Prinz Eugen, zum General der Kavallerie befördert, sollte das kaiserliche Hilfskorps befehligen. Die Franzosen unter Catinat fielen aber in Piemont ein und schlugen am 18. August 1690 die Verbündeten bei Staffarda.

Lit.: Divo 233.

Wien, KHM, MK, Inv.-Nr. 7606. H. J.

7.13 Friede Frankreichs mit Savoyen

Medaille, Silber, 41 mm, 34,42 g, 1697.
Medailleur: Jean Mauger.
Vs.: Kopf Ludwigs XIV. r.
Rs.: MINERVA-PACIFERA. Minerva mit Lanze und Ölzweig stehend, l. Schild mit Gorgonenhaupt, r. Genius mit den Wappenschildern von Frankreich und Savoyen; i. A.: PAX SABAUDIAE.

Der Vertrag von Vigevano vom 7. Oktober 1696 machte Oberitalien zur neutralen Zone, führte zum Abzug der fremden Truppen und zum Frieden zwischen Frankreich und Savoyen. Damit war Eugens Mission in Italien beendet, er wurde wieder auf den Kriegsschauplatz in Ungarn versetzt.

Lit.: Divo 265.

Wien, KHM, MK, Inv.-Nr. 7641. H. J.

7.14 Küraß des Prinzen Eugen

Metall, Silber, Leder, grüner Samt, Roßhaarpolsterung.
Ende des 17. oder Anfang des 18. Jh.s.

Der mit einer gesteppten Roßhaarpolsterung gefütterte Küraß zeigt eine reich verzierte Vorderseite: Kragen, Achselhöhlen, Taille und die mit Silber eingefaßten und mit grünem Samt gefütterten Schulterriemen sind an den Rändern mit starken Ziernägeln besetzt. An den Rändern und in der Mitte von Vorder- und Rückenseite wurden mit dem Stichel bortenartige Verzierungen aus den blanken Flächen herausgearbeitet. Auf der linken Brusthälfte ist die Mariazeller Madonna mit dem Kind dargestellt.
Der ursprünglich im Palazzo Carignano aufbe-

wahrte Küraß soll vom Prinzen Eugen in der Schlacht von Turin (1706) getragen worden sein. Er weist vier Einschläge von Kugeln an Brust und Rücken auf.

Lit.: C. Bertolotto u. a., L'Armeria Reale di Torino, 1982, Nr. 56.

Turin, L'Armeria Reale. H. L.

7.15 Ein Paar Feuerstein-Sattelpistolen aus dem Besitz des Prinzen Eugen

Metall, Messing, Gold, Horn, Holz.
L 548 mm, Kaliber 16,2 mm.
Felix Meier, Wien, Anfang des 18. Jh.s.
Läufe: Antonio Coma, Ripoll.

Auf dem vergoldeten Laufwerk der Pistolen ist ein Jäger, der auf einen Vogel schießen will, mit seinem Hund dargestellt. Auf dem langen Schaft aus Nußholz, der mit Messing, Gold und Hornreifen verziert ist, ist auf einer Platte mit gravierten, durchbrochenen Ornamenten über einem kleinen Schild das Wappen des Prinzen Eugen, umgeben von der Ordenskette des Goldenen Vlieses, dargestellt. Der Ladestock besteht aus Holz und schwarzem Horn.
Die Worte in goldenen Buchstaben „COMA" auf dem Laufwerk und „MEIER", „IN. WIENN" hinter dem Hahn weisen auf die Künstler hin, welche die Pistolen angefertigt haben.

Lit.: C. Bertolotto u. a., L'Armeria Reale, Nr. 345, 345a, 345b.

Turin, L'Armeria Reale. H. L.

7.16 Ein Paar Feuerstein-Sattelpistolen, dem Prinzen Eugen zugeteilt

Metall, Messing, Gold, Holz.
L 491 und 315 mm, Kaliber 14,2 mm.
Frankreich (?), Ende des 17. Jh.s.

Die aus einem zweireihigen, vierkantigen Lauf bestehenden Pistolen zeigen auf einer viereckigen Platte aus Messing die vergoldete Gravur einer zwischen Trophäen sitzenden Siegesgöttin und auf einer gegenüberliegenden Platte eine ornamentale Gravur. Der Schaft aus Nußholz mit Beschlägen aus Messing zeigt einige vergoldete, gravierte Verzierungen.
Da die Pistolen aus dem Hause Savoyen-Carignan stammen, wird angenommen, daß sie im Besitz des Prinzen Eugen waren.

Lit.: C. Bertolotto u. a., L'Armeria Reale, Nr. 346.

Turin, L'Armeria Reale. H. L.

7.17 Ein Paar Feuersteinpistolen, wahrscheinlich aus dem Besitz des Prinzen Eugen

Damaszener Stahl, Gold, Silber, Holz.
L 520 und 378 mm, Kaliber 15,5 mm.
Daghestan (Kaukasus), 18. Jh. (?).

Der aus damaszener Stahl gefertigte Lauf der Pistole trägt auf der Unterseite einen mit reliefartigen Lilien und Goldintarsien verzierten schmalen Rahmen. Auf einer kleinen, von drei mit Blattmotiven ziselierten Silberlamellen gehaltenen Scheibe mit Goldintarsien ist eine arabische Inschrift zu erkennen. Hahn und Abzugswerk zeigen geometrische und arabeskenförmige Verzierungen, der eiserne Abzug ist mit Goldintarsien versehen. Der hölzerne Schaft mit dem sich verbreiternden und kugelförmig endenden Kolben zeigt eine Ziselierung aus Blattsilber. Der hölzerne Ladestock ist am unteren Teil mit Silber überzogen. Die in Daghestan, einer Randregion islamischer Kultur gefertigten Pistolen stammen angeblich aus dem Besitz eines Möbelaufsehers des Hauses Savoyen-Carignan und waren wahrscheinlich von Prinz Eugen im Verlauf eines seiner Feldzüge gegen die Osmanen erbeutet worden.

Lit.: C. Bertolotto u. a., L'Armeria Reale, Nr. 390. — V. d'Aix Seyssel, Armeria antica e moderna di S. M. Carlo Alberto, Torino 1840.

Turin, L'Armeria Reale. H. L.

8. Die Feldzüge des Prinzen Eugen in Italien und am Rhein

In den letzten Jahrzehnten des 17. und am Beginn des 18. Jahrhundertes führte Kaiser Leopold I. mehrere Kriege gegen Frankreich, die sowohl in Deutschland als auch in Oberitalien ausgetragen wurden. Der erste hatte seine Ursache in der Furcht des französischen Königs Ludwig XIV., der Kaiser könnte seine Erfolge gegen die Osmanen nützen, um die Gewinne Frankreichs im Zuge der Reunionen wieder in Frage zu stellen. Deshalb erhob er beim Tode des pfälzischen Kurfürsten Karl im Jahre 1685 für dessen Schwester und seiner Schwägerin Elisabeth Charlotte, Herzogin von Orleans, Ansprüche auf den Allodialbesitz der Linie Pfalz-Simmern. Dagegen bildete sich unter Führung Kaiser Leopolds die „Augsburger Allianz", worauf Ludwig im September 1688 ins Reich einmarschierte, Entschädigung für das pfälzische Erbe, die Wahl seines Verbündeten Wilhelm Egon von Fürstenberg zum Erzbischof von Köln und die volle Anerkennung der Reunionen forderte. Die meisten rheinischen Städte, wie Trier, Köln und Mainz, wurden besetzt und geplündert. Einige Reichsstände, wie Brandenburg, Hannover, Hessen und Kassel, stellten ein Heer auf, mit dem Georg III. von Sachsen noch im Jahre 1688 Heilbronn und Aschaffenburg zurückeroberte und Frankfurt sicherte. Obwohl der Türkenkrieg fortdauerte, erklärte der Reichstag zu Regensburg am 3. April 1689 den Reichskrieg an Frankreich, die Generalstaaten (Holland) und England traten einer großen Allianz bei, der sich später auch Spanien und Savoyen anschlossen. Als die Franzosen in die Defensive gedrängt wurden, verwüsteten sie auf dem Rückzug die Pfalz und die meisten Orte der mittelrheinischen Ebene, bevor das deutsche Heer unter Karl von Lothringen, Max Emanuel von Bayern und Georg III. von Sachsen im Jahre 1690 Mainz und Bonn zurückerobern konnte. Der Krieg wurde aber auch in Italien ausgetragen, wo die Schwäche der weitgehend in Ungarn gebundenen kaiserlichen Armee Erfolge verhinderte. Nachdem Prinz Eugen im Jahre 1689 beim Bau der Stollenhofener Linien mitgewirkt und an der Belagerung von Mainz teilgenommen hatte, wo er am 4. August durch eine Musketenkugel am Kopf neuerlich verwundet worden war, sollte er im Jahre 1690 in Italien helfen, das Bündnis mit dem Herzog Victor Amadeus von Savoyen zu festigen.

Zu diesem Zweck wurde ein Korps kaiserlicher Truppen aufgestellt, das der zum General der Kavallerie ernannte 28 Jahre alte Prinz befehligen sollte. Bevor diese Verstärkung einlangte, wagte der Herzog am 18. August 1690 bei der Abtei Staffarda eine Schlacht und wurde besiegt. Eugen half mit der Heeresgendarmerie des Herzogs den Rückzug zu decken. Unter Max Emanuel von Bayern, der in den Jahren 1691 und 1692 den Oberbefehl führte, konnte sich Eugen im Jahre 1691 beim Entsatz der Festung Cuneo auszeichnen, ansonsten befriedigten ihn die gestellten Aufgaben wenig. Als Max Emanuel 1692 Statthalter der spanischen Niederlande wurde, hoffte er, dessen Nachfolger zu werden, doch wurde ihm der General Enea Silvio Graf Caprara vorgezogen. Dieser erlitt am 4. Oktober 1693 bei Marsaglia eine Niederlage gegen die Franzosen unter Catinat, wobei der unterdessen zum Feldmarschall beförderte Eugen auf dem rechten Flügel länger als die anderen Teile der Armee standgehalten hatte. Erst im Jahre 1694, als Caprara nach Ungarn versetzt wurde, war Eugens Stunde gekommen. Unterdessen war aber die Haltung des Herzogs von Savoyen unsicher geworden, zumal dessen Land immer schwerer verwüstet wurde und sich bei den Verbündeten keine Erfolge einstellten. Als Eugen im Frühjahr 1695 die Festung Casale belagerte, wurde diese zu seinem Erstaunen sehr rasch übergeben, weil bereits ein Übereinkommen zwischen Savoyen und Frankreich abgeschlossen worden war, von dem der kaiserliche Feldherr nichts wußte. Nachdem im Juni 1696 zwischen beiden Ländern ein Separatfriede abgeschlossen worden war, sah sich auch der Kaiser außerstande, den Krieg in Italien fortzusetzen. Am 7. Oktober 1696 unterzeichneten Österreich, Spanien, Savoyen und Frankreich den Vertrag von Vigevano, der Italien für neutral erklärte. Damit war Eugen für neue Aufgaben frei geworden. Der Krieg in Italien hatte ihm zwar einige Beförderungen, aber keinen besonderen Ruhm gebracht, in Westeuropa war aber sein Name bekannt geworden, insbesondere in England, was sich später im Spanischen Erbfolgekrieg bezahlt machen sollte.

Der 1697 mit Frankreich zu Rijswijk geschlossene Friede geriet schon wenige Jahre später in Gefahr, als die spanische Linie des Hauses Habsburg ausstarb. König Karl II. von Spanien wollte 1698 den jungen Kurprinzen Joseph Ferdinand von Bayern als nächsten männlichen Verwandten zum Gesamterben bestimmen. Nach dessen Tod vereinbarten Frankreich und England sowie Holland, daß Kaiser Leopolds Sohn Karl Spanien, die Niederlande und die Kolonien, der französische Bewerber hingegen die Besitzungen der Spanier in Italien, Frankreich hingegen Lothringen erhalten sollte. Kaiser Leopold verweigerte die Zustimmung zu diesem Vertrag, woraufhin König Karl II. von Spanien wenige Tage vor seinem Tode den zweiten Sohn des Dauphin, Philipp von Anjou, zum Gesamterben einsetzte. Nachdem der spanische König am 1. November 1700 gestorben war, nahm Ludwig XIV. dessen Testament im Namen Philipps an und ließ diesen am 16. November in Paris zum König von Spanien ausrufen. Der spanische Reichstag war damit einverstanden, und am 18. Februar 1701 konnte Philipp V. in Madrid einziehen. Die Seemächte fanden sich vorerst mit dieser Lösung ab, nicht aber Kaiser Leopold I. und seine Söhne.

Der Kaiser entschloß sich rasch, und ohne Bundesgenossen zu finden, zum Krieg, der ohne förmliche Erklärung eröffnet wurde. Noch im November 1700 wurde Prinz Eugen neuerlich zum Oberbefehlshaber in Italien ernannt und sollte das dafür notwendige Heer sammeln. Während die Regimenter aus Böhmen, Ungarn und Innerösterreich in Marsch gesetzt wurden, landeten die Franzosen im Februar 1701 in Finale bei Genua und besetzten, nachdem sich Savoyen auf ihre Seite gestellt hatte, in den nächsten Wochen die ganze Poebene. Als Eugen im Mai seine Armee im Etschtal versammelt hatte, versperrten ihm die Franzosen den Weg nach Süden. Durch einen kühnen Zug über die Alpen konnte der kaiserliche Feldherr seine Truppen nach Oberitalien führen und am 8. Juni bei Carpi einen Sieg erringen. Am 1. September endete eine zweite Schlacht bei Chiari neuerlich siegreich, obwohl der glücklose französische Feldherr Catinat durch Marschall Villeroy ersetzt worden war.

Im Spätsommer des Jahres 1702 schlossen England und Holland einen Allianzvertrag mit dem Kaiser, mehrere deutsche Staaten wie Brandenburg-Preußen, Hannover, Hessen und Pfalz-Neuburg traten diesem bei, und am 3. September 1702 beschloß auch der Reichstag in Regensburg den Krieg gegen Frankreich und Spanien. Daher weitete sich der Kriegsschauplatz auch nach Deutschland aus. Während Eugen in diesem Jahr durch einen Handstreich wohl den französischen Feldherrn am 1. Februar in Cremona gefangen nehmen konnte, aber am 15. August bei Luzzara seine Position nur knapp zu behaupten vermochte, wehrte die Reichsarmee unter

Ludwig Wilhelm von Baden die Franzosen bei den Stollhofener Linien ab und eroberte am 10. September in Anwesenheit des Thronfolgers und Königs Joseph I. die Festung Landau in der Pfalz. Am Niederrhein konnte der englische Feldherr John Churchill Earl of Marlborough mit englischen, holländischen, braunschweigischen, preußischen und dänischen Truppen Erfolge erringen und die Positionen halten.

Im Jahre 1703 verschlechterte sich die Lage für den Kaiser und seine Länder dramatisch. Noch im Herbst 1702 schloß sich Max Emanuel von Bayern den Franzosen an und öffnete ihnen damit den Zugang zu den habsburgischen Stammlanden. Die französische Armee in Italien wollte sich mit den Bayern vereinigen und marschierte von Süden her, die Truppen des Kurfürsten von Norden her in das Land Tirol ein, trafen aber auf harten Widerstand des Volksaufgebotes. Man mußte aber selbst in Kärnten und der Steiermark Vorkehrungen gegen Invasionsversuche treffen. Dort wurde die Angst noch verstärkt, als im Sommer 1703 in Ungarn ein Aufstand der Kuruzen unter der Führung von Franz II. Rákoczy ausbrach und die Grenzgebiete der Steiermark, Niederösterreichs und Mährens bedrohte.

In dieser allgemeinen Staatskrise, die durch schwere finanzielle Sorgen verstärkt wurde, kam es zur Berufung neuer Minister, Prinz Eugen wurde Ende Juni zum Präsidenten des Hofkriegsrates bestellt. Er mußte sich nun in erster Linie um die Armeeorganisation und um Verteidigungsmaßnahmen kümmern und schied vorerst aus der unmittelbaren Armeeführung aus.

In politischer Hinsicht traten einige Verbesserungen ein, als sich der Herzog von Savoyen entschloß, auf die Seite des Kaisers zu treten und auch Portugal die Reihen der Alliierten verstärkte. Nun beschloß man, mit Hilfe der Seemächte den Krieg nach Spanien zu tragen. Nachdem die inneren Probleme der kaiserlichen Familie durch das Pactum mutuae successionis gelöst worden waren, wurde der junge Erzherzog Karl zum spanischen König Karl III. ausgerufen und trat im Herbst die Reise durch das Reich nach Holland und England an. Eine Flotte der Seemächte brachte ihn in den ersten Monaten des Jahres 1704 nach Lissabon, wo aber jene Prinzessin, die ihm als Braut zugedacht war, unterdessen verstorben war.

So konnte das Jahr 1704 eines werden, das durch Offensiven der Verbündeten gekennzeichnet war. Die Alliierten stellten sich als Ziel, Bayern auszuschalten und die Franzosen aus Deutschland zu vertreiben. Zu diesem Zweck marschierte das unter dem Befehl Marlboroughs stehende alliierte Heer südwärts nach Schwaben, vereinigte sich mit den unter Eugens Befehl stehenden Truppen und schlug die Bayern und Franzosen am 13. August bei Höchstädt an der Donau. Damit veränderte sich die politische Landschaft völlig, denn nun hatten die Allierten wieder die Oberhand und nützten diese auch politisch aus. Während die Franzosen das rechte Rheinufer räumen mußten, ließ der Kurfürst sein Land im Stich, trat in Brüssel wieder die Statthalterschaft der spanischen Niederlande an und übertrug die Verwaltung Bayerns seiner Gattin Therese. Im Vertrag von Ilbesheim vom 7. November 1705 mußte diese alle festen Plätze übergeben, die Truppen entlassen und vier Fünftel Bayerns, das ganze Land mit Ausnahme des Rentamtes München, unter kaiserliche Verwaltung stellen.

In den folgenden Monaten wurde Bayern mit gewaltigen Kontributionen belegt, so daß es im November nach kleineren Empörungen im Isartal und in der Oberpfalz zu einem Aufstand in Niederbayern kam, der von den Österreichern mit größter Härte unterdrückt wurde. Am Christtag des Jahres 1705 wurde das Bauernheer bei Sendling vor den Toren

Münchens aufgerieben und am 8. Jänner 1706 der Rest bei Aidenbach in der Nähe von Vilshofen zersprengt. Bis zum Jahre 1713 hatte Bayern neben achteinhalb Millionen ordentlicher Steuern noch mehr als dreizehn Millionen Gulden Kontributionen aufzubringen.

Ansonsten brachte das Jahr 1705 keine entscheidenden militärischen Ereignisse, zumal nach dem Tode Kaiser Leopolds I. der Herrscherwechsel viel Zeit und Energie beanspruchte. Holland fühlte sich bedrängt, ebenso der Herzog von Savoyen, dem der erfolglose Versuch der Übersetzung des Addaflusses bei Cassano am 16. August nur geringe Erleichterung brachte. Nur in Spanien konnte König Karl mit englischer Hilfe Barcelona erobern und damit in Katalonien einen Brückenkopf errichten. Seine Truppen drangen sogar bis Madrid vor, mußten die Stadt aber bald wieder räumen.

Im Jahre 1706 mußte das Hauptgewicht der militärischen Aktionen nach Oberitalien verlegt werden, sollte der Herzog von Savoyen nicht neuerlich die Front wechseln. Starke Streitkräfte wurden dorthin entsandt, Prinz Eugen übernahm mit Beginn des Sommers wieder das Kommando. Während die Vorbereitungen nicht gerade erfolgreich begannen, konnte Marlborough in Belgien am 23. Mai bei Ramillies einen bedeutenden Sieg erringen und die Franzosen zur Räumung Brabants, Flanderns und des Hennegaus zwingen. Dann aber richtete sich das Interesse nach Italien, wo Prinz Eugen am rechten Ufer des Po von Ferrara bis Turin marschierte und am 7. September die französisch-spanische Armee so besiegte, daß diese Piemont und Mailand räumen mußte. Nach einem Vertrag vom 13. März 1707 verließen die noch verbliebenen französisch-spanischen Truppen Oberitalien.

Nach den Erfolgen des Jahres 1706 wollte England die Herrschaft über das westliche Mittelmeer ausbauen. Aus diesem Grunde wurden zwei Aktionen durchgeführt. Während unter dem Kommando von Feldmarschall Graf Wirich Daun die Eroberung des Königreiches Neapel rasch durchgeführt werden konnte, endete der Feldzug in die Provence, mit dem Ziel, den Kriegshafen Toulon zu erobern oder zumindest zu zerstören, mit einem Mißerfolg. Diese von Eugen allerdings unter dem Kommando des savoyischen Herzogs geleitete Aktion erwies sich als viel schwieriger als angenommen, so daß sie am 21. August abgebrochen werden mußte. Da auch Marlborough in den Niederlanden keine Erfolge erzielen konnte und am Oberrhein die Franzosen eher Vorteile hatten, endete auch dieses Jahr nicht besonders erfreulich. Schließlich war auch die Möglichkeit eines Eingreifens des Schwedenkönigs Karl XII. in den westeuropäischen Konflikt befürchtet worden.

Nachdem die Franzosen im März 1708 vergeblich versucht hatten, den katholischen Prätendenten Jakob Stuart nach Schottland zu bringen und dort eine Erhebung gegen die Engländer zu entfachen, agierten nun Marlborough und Eugen gemeinsam in den Niederlanden. Als die Franzosen einen Vorstoß in belgische Provinzen begannen, traten ihnen die Heere beider Feldherren an der Schelde bei Oudenaarde südlich von Gent entgegen und erfochten einen glänzenden Sieg. So groß schien der Erfolg zu sein, daß Marlborough sofort ins Zentrum Frankreichs vorstoßen wollte, doch setzte sich Eugen mit seinem Vorschlag durch, zuerst die Festung Lille, flämisch Ryssel genannt, einzunehmen. Diese Stadt und schließlich auch die Zitadelle fielen zwar noch im Spätherbst und hatten auch die Übergabe von Gent und Brügge zur Folge, für den Stoß ins Herz Frankreichs war es aber zu spät geworden.

Die geringen Erfolge König Karls in Spanien machten die Entsendung eines kaiserlichen Hilfskorps notwendig. Während die Engländer gerne den Prinzen Eugen als dessen Kommandanten gesehen hätten, wurde Graf

Guido Starhemberg mit dem Kommando dieser Truppen beauftragt. Er konnte aber wenig ausrichten, nach der verlorenen Schlacht bei Tortona im August 1708 ging das Königreich Valencia für Karl verloren. Dafür eroberte eine englische Flotte die Insel Sardinien, wo Karl III. einen Vizekönig einsetzen konnte.

Der Feldzug der kaiserlichen Truppen gegen Neapel im Jahre 1707 hatte auch einen Konflikt mit Papst Clemens XI. zur Folge. Dieser Papst war schon bisher auf seiten König Philipps V. gestanden. Nun wurde der kaiserliche Botschafter Graf Leopold Joseph von Lamberg im Jahre 1705 aus Rom abberufen. Als Prinz Eugen im Winter 1706/07 in den als Reichslehen angesehenen Herzogtümern Parma und Piacenza Kontributionen zum Unterhalt seiner Armee ausschrieb, wurde er vom Papst mit der Exkommunikation bedroht. Im Jahre 1708 kam es zum offenen Konflikt, als kaiserliche Truppen die östlich von Ferrara gelegene Stadt Comacchio besetzten und sich benahmen, als würden sie jenen Teil des Kirchenstaates nicht mehr verlassen wollen. Schließlich sah sich der Papst gezwungen, am 10. Oktober 1709 Karl III. als König von Spanien anzuerkennen. Comacchio blieb aber besetzt und wurde erst 1725 von den Österreichern geräumt.

Der überaus strenge Winter des Jahres 1708/09 und die Erschöpfung Frankreichs machten Friedensverhandlungen möglich, die aber Ende Mai erfolglos abgebrochen wurden. So wurde ab Juni 1709 der Krieg in Belgien fortgesetzt. Die Verbündeten eroberten die Festung Tournay und belagerten anschließend Mons. Im Zuge dieser Operationen kam es am 11. September 1709 bei Malplaquet zur größten und blutigsten Schlacht dieses Krieges. Auf beiden Seiten standen sich an die hunderttausend Mann gegenüber. Marlborough und Prinz Eugen konnten zwar Marschall Villars besiegen, dessen Armee aber nicht vernichten und hatten selbst ein Sechstel ihres Heeres verloren. Wer die Beendigung des Krieges erwartet hatte, wurde bitter enttäuscht, denn nun begannen andere Probleme mitzuspielen. Von März bis Juni 1710 gab es zwar neuerlich Friedensverhandlungen, die wieder zu keinem guten Ende führten, die militärischen Erfolge waren mit der Eroberung der Festungen Douay, Béthune, St. Venant und Aire aber ebenfalls bescheiden.

In Spanien hingegen schien vorerst das Glück dem nun mit Elisabeth Christine von Braunschweig-Wolfenbüttel verheirateten König Karl III. holder zu sein. Nach Siegen des Feldmarschalls Starhemberg über Franzosen und Spanier bei Almenara und Saragossa konnte der Habsburger Ende September 1710 zum zweiten Mal in Madrid einziehen, traf aber auf eine feindselige Stimmung der Bevölkerung. Schon nach wenigen Wochen mußte man den Rückzug antreten und verlor am 24. Jänner 1711 sogar den Stützpunkt Gerona. Damit war die Lage König Karls schlechter als zuvor.

War also das Jahr 1710 das bisher erfolgloseste des ganzen Krieges gewesen, änderte sich mit dem Tode des Kaisers Joseph I. die gesamteuropäische Lage ebenso, wie mit dem Sturz des Herzogs von Marlborough die Zusammenarbeit mit den englisch-holländischen Generälen aufhörte. Nachdem im Jahre 1711 keinerlei militärische Entscheidung gefallen war, versuchte Prinz Eugen eine solche im Sommer 1712 nach seiner Rückkehr aus England zu erzwingen. Der neue englische Feldherr James Butler Duke of Ormonde erhielt aber den Befehl, sich an keiner Schlacht mehr zu beteiligen und trennte sich am 16. Juli völlig von der kaiserlichen Armee. Der französische Feldherr Villars nützte die Lage und eroberte das von Holländern verteidigte Lager bei Denain, was für die Franzosen einen gewaltigen moralischen Auftrieb bedeutete. In den nächsten Monaten gewannen die Franzosen auch die Festungen Douay, Quesnoy und Bouchain.

Unterdessen wurde zu Utrecht über den Frieden verhandelt, der am 11. April 1713 unterzeichnet wurde. Während die Abgesandten Frankreichs, Englands, Hollands, Preußens, Savoyens und Portugals ihre Unterschriften unter die Friedensurkunde setzten, erhielten die kaiserlichen Gesandten die Weisung, dies nicht zu tun. Karl VI. war entschlossen, den Krieg allein weiterzuführen.

Wenige Tage später erhielten die kaiserlichen Truppen den Befehl, an den Oberrhein zu marschieren und sich mit den Reichstruppen zu vereinigen. Doch ging die von Prinz Carl Alexander von Württemberg verteidigte Festung Landau ebenso verloren wie ein Entsatz der noch im gleichen Jahr von den Franzosen belagerten Stadt Freiburg unmöglich war. Auch sie mußte kapitulieren. So endete das Kriegsjahr 1713 mit Mißerfolgen des Prinzen Eugen, den das Feldherrenglück verlassen zu haben schien.

Da beide Herrscher unterdessen auch kriegsmüde geworden waren, begannen im Spätherbst 1713 in dem vom Markgrafen Ludwig von Baden erbauten Schloß Rastatt die Friedensverhandlungen. Auf kaiserlicher Seite führte sie Prinz Eugen, auf französischer Marschall Villars. Sie konnten am 7. März 1714 die Friedensurkunde unterzeichnen. Ganz war der Krieg aber noch nicht beendet, denn die Reichsstände waren nicht eingeschlossen. So gingen die Verhandlungen zu Baden im schweizerischen Aargau weiter, wo sie schließlich am 7. September 1714 ebenfalls zum Abschluß gebracht werden konnten.

Damit war Eugens militärischer Einsatz im Rheingebiet noch nicht beendet. Zwei Jahrzehnte später sollte er dort neuerlich eine kaiserliche Armee befehligen, diesmal aber schon alt und müde geworden. Im Zuge der umstrittenen polnischen Königswahl erklärte im Oktober 1733 Frankreich dem Kaiser den Krieg, weil Österreich ebenfalls in Polen eingegriffen hatte. Frankreich und das mit ihm verbündete Spanien erklärten überdies, die Heirat der Erzherzogin Maria Theresia mit Franz Stephan von Lothringen bedrohe das europäische Gleichgewicht. Während sich Savoyen den Franzosen anschloß, hielten sich die bisherigen Verbündeten des Kaisers, England und Holland, zurück.

Prinz Eugen wurde mit dem Oberbefehl am Rhein betraut, um nicht gegen seinen Vetter kämpfen zu müssen. Dort gab es aber keine Erfolge, die von den Franzosen belagerte Feste Philippsburg mußte kapitulieren. Der preußische König Friedrich Wilhelm und sein Sohn Friedrich (der Große) erlebten als Gäste einen Feldherrn Eugen, der nur mehr ein Schatten von einst war. Noch schlechter gestaltete sich die Lage in Italien. Dort war noch 1733 Mailand verloren gegangen, die Schlacht bei Parma endete am 29. Juni 1734 ohne Entscheidung und in Neapel wie auf Sizilien brach die österreichische Herrschaft rasch zusammen. Am Rhein verlief auch der Feldzug des Jahres 1735 ohne bedeutende militärische Ereignisse. Eugen war in diesem Sommer zum letzten Mal im Felde tätig. Am 13. Mai traf er in Heilbronn ein, anfangs Oktober übergab er das Kommando dem Herzog Carl Alexander von Württemberg und kehrte am 16. Oktober nach Wien zurück. Dort war am 3. Oktober im geheimen im Trinitarierkloster ein Präliminarfriede geschlossen worden, der die Positionen Österreichs in Unteritalien beendete und auf lange Sicht Frankreich in den Besitz Lothringens brachte. Der endgültige Friedensschluß erfolgte auf der Basis dieser Abmachungen erst am 18. Oktober 1738. Zu dieser Zeit war aber Prinz Eugen schon lange tot.

Karl Gutkas

Raumbeschreibung 8—10

Im Gegensatz zu den Räumen 2—7 wurden „Ihro Durchl. Guardaroba", das „Gewöhr zimer" mit Abgang in den Garten sowie ein „Camer Jungfrau zimer", ein „Dame zimer" und ein „Cavallier zimer", jeweils mit Garderobe, in der zweiten Hälfte des 18. Jahrhunderts komplett neu ausgestaltet; davon zeugen aber heute nur mehr die weiß-gold gefaßten Weichholzlambris und die mit Vierpaßmotiven gezierten Türen (die Decken wurden nach schweren Wasserschäden vor ca. 20 Jahren ausgewechselt, von den aufwendig stukkierten Kaminen nur mehr Reste in der Beschüttung gefunden). R. M.

Objekte

8.1 Der Alpenübergang der kaiserlichen Truppen unter Prinz Eugen FB 52

Kolorierter Kupferstich, 119,2 × 98,5 cm (Teil eines aus insgesamt vier Teilen bestehenden, 50 × 60 cm großen Gesamtplanes). L. Covens und C. Mortiers, 1702..

Der Kupferstich zeigt die große Leistung des Prinzen Eugen, den Alpenübergang des Jahres 1701, der zu einer völligen Überrumpelung der in der oberitalienischen Tiefebene befindlichen französischen Truppen geführt hat.
Darunter findet sich ein Grundriß der Stadt Cremona mit der Darstellung des Eindringens der kaiserlichen Truppen und daneben jene der Gefangennahme des französischen Generals Villeroy.
Der Hauptteil des Blattes zeigt einen Ausschnitt des oberitalienischen Raumes, und zwar — im großen gesehen — das Gebiet Turin bis zur Adria bzw. vom Apennin bis zum Inntal.

Lit.: Kat. Prinz Eugen 1963, Nr. 39.

Wien, ÖStA, Kriegsarchiv, Kartensammlung, Sign. H III d 372. E. H.

8.2 Überquerung der Alpen und Übergang über die Etsch durch Prinz Eugen mit seinem Heer

Medaille, Silber, 48 mm, 41,33 g, Randschrift, 1701.
Medailleur: Martin Brunner.
Vs.: FREGI ALPES, GALEISQVE — PADVM VICTRICIBVS HAVSI. Geharnischtes Brustbild des Prinzen r.; i. A.: EUGENIUS SAB:/PRINC:/SUPR:EXERCIT:CÆS:/IN ITAL:DUX.
Rs.: VICTORES ITE FVRENTES etc. Schlacht bei Carpi an der Etsch; i. A.: IMPETVS GALLORVM FRAC-/TVS AD ATHESIN etc.

Die spektakuläre Überquerung der tridentinischen Alpen Ende Mai, anfangs Juni 1701 wurde auch mit einer Medaille gewürdigt (Kat.-Nr. 8.2).

Lit.: Gedächtnuß=Müntzen, S. 122 ff. — Johnson 3. — Feldzüge des Prinzen Eugen, Bd. 3, S. 146 ff.

Wien, KHM, MK, Inv.-Nr. 6492 bß. H. J.

8.3 Gefangennahme des Marschalls Villeroy in Cremona

Kupferstich, 59 × 47 cm (Pl.).
J. Wolff und M. Engelbrecht nach Paul Decker.

Im Jänner 1702 plante Prinz Eugen unter Beteiligung eines Mönches aus dem Kloster Santa Maria Nuova die Gefangennahme des Generals Villeroy im französischen Hauptquartier. Mehrere Flugblätter berichteten von dem am 1. Februar durchgeführten Überfall, der in ganz Europa große Erheiterung hervorrief. Der Kupferstich zeigt den Mönch, der dem von Herkules und weiblichen Personifikationen umgebenen, angestrengt nachdenkenden Prinzen, den Plan des Kanalsystems der Stadt Cremona verrät. Der neben dem Göt-

Kat.-Nr. 8.3

terboten Hermes an der Balustrade sitzende Eugen plant nun den genauen Ablauf der Gefangennahme. Der Hintergrund der Darstellung zeigt die Durchführung, bei der Cremona selbst nicht genommen werden konnte. Der gefangene Herzog Villeroy wurde für kurze Zeit nach Graz gebracht und später freigelassen. Seinen Nachfolger Vendôme wollte Eugen auf ähnliche Weise gefangennehmen, doch der Versuch scheiterte.

Lit.: Gottfried Mraz, S. 109, 115. — Braubach, Bd. 1, S. 335f.

Wien, HGM. S. D.

8.4 Gefangennahme von Villeroy in Cremona

Medaille, Silber, 41 mm, 29,94 g, Randschrift, 1702.
Medailleur: —, herausgebracht von Lauffer in Nürnberg.
Vs.: PATIENS VOCARI. Das Brustbild des Prinzen Eugen von Palmzweigen umgeben, l. die Fama, darunter schlägt ein Adler einen Hahn; i. A.: VILLAREGIO SVPR·GALI·/DVCE INTRA MOENIA/CREMONÆ CAPTO·
Rs.: FLANTIBVS AVSTRIS. Germania mit kleiner Victorian in der Hand r. sitzend, während Wind Lilienstauden zerzaust; i. A.: VIRTVS GERMA=/NORVM.

Das Eindringen kaiserlicher Truppen in die Stadt Cremona in der Nacht zum 2. Februar 1702 war zwar ein spektakuläres Ereignis, hatte aber keinen Einfluß auf den Verlauf des Krieges (Kat.-Nr. 8.3).

Lit.: Gedächtnuß=Müntzen, S. 148. — Johnson 4.

Wien, KHM, MK, Inv.-Nr. 6494. H. J.

8.5 Der denkwürdige Tag von Cremona

Medaille, Silber, 41 mm, 30,56 g, 1702.
Medailleur: Thomas Bernard.
Vs.: Kopf Ludwigs XIV. r.
Rs.: VIRTUS — DOLI VICTRIX. Auf einen gestürzten Krieger, neben dem ein Doppeladlerschild liegt, tritt ein Soldat in antiker Rüstung, im Hintergrund sitzende Stadtgöttin; i. A.: CREMONA SERVATA etc.

Die Medaille soll an den 2. Februar 1702, an den Tag der Gefangennahme des französischen Marschalls Villeroy durch kaiserliche Truppen erinnern (Kat.-Nr. 8.3).

Lit.: Divo 288.

Wien, KHM, MK, Inv.-Nr. 7663 bß. H. J.

8.6 Abzug der Franzosen aus Landau 1702

Kupferstich, 18 × 28 cm (Pl.).
Zu finden in Wienn bey Jo. Carl Stueber.

1702 eroberte die kaiserliche Armee die von den Franzosen besetzte Stadt Landau. Joseph I. nahm an dieser Belagerung im September an der Seite Ludwig Wilhelms von

Kat.-Nr. 8.6

Baden teil. Die Darstellung zeigt den römischen König mit dem Oberbefehlshaber, sie beobachten den Zug der Franzosen aus der Stadt. Zahlreiche Menschen, Verletzte, Wagen und Pferde ziehen an dem König und seinen Soldaten vorüber, wobei der Kommandant der Stadt, Melac, Joseph I. ehrerbietig grüßt.

Speyer, Historisches Museum der Pfalz. S. D.

8.7 Prinz Eugen

Kupferstich, 28,4 × 18,9 cm.
Gerard Valck, um 1705.

Der Stich stammt aus einer Serie, in der die Kämpfe in Italien beschrieben werden. Es ist die einzige bekannte Abbildung des Prinzen, auf der er als Abt — Laienabt von San Michele della Chiusa und Santa Maria di Casanova — bezeichnet wird.

Heidelberg, Kurpfälzisches Museum, Inv.-Nr. 4866. K. G.

8.8 Bericht des Prinzen Eugen an Kaiser Leopold I. über die Leistungen seiner Generäle in der Schlacht bei Luzzara und über die Lage der kaiserlichen Armee in Italien

Original, Papier, Tinte, eigenhändige Unterschrift des Prinzen Eugen, 12 fol.
32,5 × 45 cm (geöffnet).
Auf der Wallstatt bei Luzzara, 21. August 1702.

In der Schlacht bei Luzzara (am Po, südwestlich von Mantua) konnte Prinz Eugen am 15. August 1702 die zahlenmäßig überlegene französische Armee unter dem Marschall Louis Duc de Vendôme aufhalten und den Entsatz der von den Kaiserlichen eingeschlossenen Festung Mantua verhindern. In der verlustreichen Schlacht ist der kaiserliche Feldmarschall Carl Franz Prinz von Commercy, ein Vertrauter des Prinzen, gefallen. In diesem Bericht lobt der Prinz nicht nur die ausgezeichneten Leistungen seiner Generäle und Truppen, er kritisiert auch die schlechte wirtschaftliche Lage seiner Armee und macht verschiedene Verbesserungsvorschläge.

Lit.: Kat. Prinz Eugen 1963, Nr. 54. — Braubach, Bd. 1, S. 343f. — Feldzüge des Prinzen Eugen, Bd. 4, S. 293—315, Suppl. S. 214—220.

Wien, ÖStA, Kriegsarchiv, Hofkriegsrat 1702, Exp. Sept. 213, fol. 15 und fol. 24.

Rainer Egger

8.9 Schlacht bei Höchstädt, Sturz des Prinzen Eugen FB 50

Öl/Lw., 41 × 63 cm, Jan van Huchtenburgh.

Das Bild zeigt einen Ausschnitt aus der Schlacht bei Höchstädt am 13. August 1704 zwischen 15 und 16 Uhr am Nebelbach bei Oberglauhaim. Die Enscheidungsschlacht ist auf dem Höhepunkt, 52.000 alliierte Truppen greifen 56.000 Franzosen und Bayern an.

Der Herzog von Marlborough erleidet große Verluste und muß vom ohnehin nur äußerst schwach besetzten Frontabschnitt Eugens Truppen abziehen, sodaß dieser nun den zahlenmäßig völlig unterlegenen Nordabschnitt der Front gegen die zahlenmäßig weit überlegenen Bayern und Franzosen halten muß. Er begibt sich selbst in den Kampf, um die eigene Reiterei von der Flucht abzuhalten. Da wird Eugens Pferd von einer Kugel an der Hinterhand getroffen, es stürzt und mit ihm der Prinz. Diesen Moment nutzt ein bayerischer Kürassier vom Regiment Latour oder Weickel, holt zum entscheidenden Schlag aus, um dem Prinzen den Tod zu geben. In derselben Sekunde wird der Bayer von einem Dragoner des kaiserlichen Regiments Styrum erstochen, Prinz Eugen wie durch ein Wunder gerettet.

Genau dieser Augenblick ist im Bild festgehalten und wird in einem Brief des Baron Prié an den Herzog Victor Amadeus von Savoyen, 14 Tage nach der Schlacht, am 27. August 1704, erwähnt. Auch Baron Grumbkow berichtet dem preußischen König Friedrich I. von diesem Wunder.

Ausgerechnet im Zeitalter des absolutistischen Barocks läßt sich der siegreiche Feldherr am Boden liegend und von einem einfachen Soldaten gerettet darstellen.

Unter den unzähligen Schlachtendarstellungen aller Zeiten nimmt dieses kleine Bild sicher einen besonderen Platz ein, es zeigt die Demut des großen Feldherrn.

Lit.: W. Schott, Le Miracle — oder — Die Demut des Feldherrn — Fast ein Votivbild des Prinzen Eugen von Savoyen, Stuttgart 1983.

Privatbesitz.

8.10 Die Schlacht bei Höchstädt

Öl/Lw., 77 × 143 cm.
Louis Laguerre, um 1716.

Louis Laguerre, der seit 1683 in England lebte, hielt im Auftrag des Herzogs von Marlborough dessen Siege in Bildern und Fresken im Marlborough House in London und in Blenheim Palace in Woodstock, Oxfordshire, fest. Das Bild ist eine Ölskizze zu den großformatigen Wandgemälden Laguerres im Salon des Marlborough Hauses beim St. James-Palace in London und ist in drei Teile gegliedert. Der linke Bildteil zeigt den Angriff der Engländer unter Lord Cutts gegen die in Blindheim verschanzte französische Gendarmerie. Im Mittelteil ist der Durchbruch der von Marlborough befehligten Truppen zwischen den Dör-

Kat.-Nr. 8.12

fern Blindheim und Oberglau zu sehen, während der rechte Abschnitt den Angriff des von Prinz Eugen befehligten rechten Flügels gegen die Franzosen unter Marschall Marsin und die Bayern unter Max Emanuel zeigt. Prinz Eugen ist im Kampfgewühl deutlich zu erkennen.

Lit.: Barnett, Marlborough, S. 104 ff. — Kat. Max Emanuel, Nr. 355. — E. Ritter, Politik und Kriegsführung. Ihre Beherrschung durch Prinz Eugen 1704, 1934, S. 161 ff.

Plas Newydd, Llanfairpwll (Anglesey), The Marquess of Anglesey. K. G.

8.11 Sieg bei Höchstädt

Medaille, Silber, 48 mm, 38,59 g, Randschrift, 1704.
Medailleur: Martin Brunner.

Vs.: VT SESE TERTIVS — ADDAT DVX DEVS. Prinz Eugen und der Herzog von Marlborough knien, darüber der strahlende Himmel.
Rs.: SOCIVM COMITANTIBVS ARMIS etc. Die Schlacht bei Höchstädt. Mit dieser Medaille wird die reibungslose Zusammenarbeit der beiden Feldherren Eugen und Marlborough gewürdigt.

Lit.: Gedächtnuß = Müntzen, S. 389 f. — Johnson 13.

Wien, KHM, MK, Inv.-Nr. 133.229. H. J.

8.12 John Churchill, Herzog von Marlborough

Öl/Lw., 131,5 × 107,5 cm.
Adrian van der Werff, 1705.

Marlborough (1650—1722) gehörte als überzeugter Protestant zu der Gruppe, die Wilhelm von Oranien und seine Gattin nach England holten. Seine Karriere als Heerführer und Diplomat machte er unter der Regentschaft Königin Annas, unterstützt von seiner Gattin Sarah (Jennings), die einen großen Einfluß auf die Königin ausübte, und von dem Schatzmeister und Premier Sidney Godolphin. Mit Eugen führte Marlborough die entscheidendsten Schlachten im Spanischen Erbfolgekrieg, beide scheinen sich auch persönlich gut verstanden zu haben. Der Sieg von Höchstädt-Blindheim brachte Marlborough großen militärischen Ruhm. Königin Anna schenkte ihm ein Landgut, wo er Blenheim Palace erbauen ließ. Noch heute überreicht ein Bote des jetzigen Herzogs an jedem Jahrestag der siegreichen Schlacht der Königin eine Nachbildung des damals erbeuteten Lilienbanners. Joseph I. erhob Marlborough in Folge seiner Verdienste in den Reichsfürstenstand. Ein politischer Umschwung in London — die Tories übernahmen die Macht — stürzte Marlborough. 1712 kam Eugen persönlich nach London, trotz vieler Warnungen, um seinem Freund zu helfen, doch Marlborough wurde

Kat.-Nr. 8.14

noch vor Eugens Ankunft aller Ämter enthoben.

Der Herzog ist hier in Feldherrnpose dargestellt, in einen schwarzen Harnisch gekleidet, mit dem Hosenbandorden. Mit entschiedener Geste zeigt er mit dem Feldherrnstab auf ein Schlachtgetümmel.

Lit.: Kat. Max Emanuel, Nr. 362. — Barnett, Marlborough.

Florenz, Galleria Pitti. S. D.

8.13 Tod John Churchills, Herzog von Marlborough

Medaille, Silber, 49 mm, 43,70 g, 1722.
Medailleur: Georg Wilhelm Vestner.
Vs.: Geharnischtes Brustbild des Herzogs r.
Rs.: MARS ALTER MARLBROVGH DE MARTE ET MORTE TRIVMPHAT. Victoria mit Palmzweig und zwei Lorbeerkränzen schreitet r. zwischen dem am Boden liegenden Mars und Tod.

Nach seiner Entlassung im Jahre 1711 ging Marlborough außer Landes. Als er 1714 nach England zurückkehrte, hatte er keinen politischen Einfluß mehr. Man gedachte nur mehr seines Todes am 16. Juni 1722.

Lit.: Hawkins, S. 456, Nr. 67.

Wien, KHM, MK, Inv.-Nr. 14.217 bß. H. J.

8.14 Porträt Prinz Eugen

Öl/Kupfer, 30,5 × 23,5 cm.
Johann Friedrich Gerhard, um 1735/40.

Das Bild entstand als Gegenstück zu einem Porträt Herzog Carl Alexanders von Württemberg (Kat.-Nr. 8.15), welcher an der Seite Eugens nicht nur im Spanischen Erbfolgekrieg, sondern auch im Polnischen Erbfolgekrieg gekämpft hatte. Möglicherweise entstanden die Gemälde gleichzeitig zu einer für die Sommerresidenz Carl Alexanders, Schloß Ludwigsburg, bei August Querfurt in Auftrag gegebenen Schlachtenbilderserie (Kat.-Nr. 8.59), welche der Herzog zur Verherrlichung der Siege Eugens anfertigen hatte lassen.

Das vorliegende Hüftstück zeigt Prinz Eugen in Rüstung und hermelinbesetztem Mantel nach links gewandt, den Kopf auf den Betrachter gerichtet. Er trägt den Orden vom Goldenen Vlies, seine Rechte ist auf den Feldherrnstab gestützt.

Lit.: Braubach, Bd. 5, S. 389, Fußnote 267.

Ludwigsburg, Schloß (Inv.-Nr. 4161). T. K.

8.15 Carl Alexander von Württemberg

Öl/Kupfer, 30,5 × 23,5 cm.
Johann Friedrich Gerhard, um 1735/40.

Der am 24. Jänner 1684 geborene Sohn des württembergischen Herzogs Friedrich Karl (1652—1698) und der Eleonore Juliane (von Brandenburg-Ansbach) erhielt im Alter von 13 Jahren am 1. Juli 1697 von Leopold das Infanterieregiment seines Vaters verliehen und war zeit seines Lebens stets als Offizier im kaiserlichen Dienst tätig.
An der Seite Eugens kämpfte er 1705 bei Cassano, wo er schwer verwundet wurde, 1706 bei Turin und nahm 1707 am Zuge nach Toulon teil. Als Gouverneur von Landau verteidigte er diese Festung 1713 gegen die Franzosen, mußte sie aber schließlich übergeben. Im folgenden Türkenkrieg fiel er bei Peterwardein bei der Eroberung von Temesvar und schließlich bei Belgrad durch besondere Tapferkeit und Führungskraft auf. Er war durch einige Zeit Gouverneur des Banates, der Festung Belgrad und schließlich bis zu seinem Regierungsantritt in Württemberg im Jahre 1733 Generalkommandant von Serbien. Als Reichsfeldmarschall nahm er in den Jahren 1734/35 neuerlich an Eugens Rheinfeldzug teil und war während dessen Abwesenheit Kommandeur der gesamten Armee. Zur Zeit seiner Regierung in Württemberg spielt die Geschichte des Joseph Süß-Oppenheimer („Jud Süß"). Dieser war geheimer Finanzrat des Herzogs, wollte wirtschaftliche Reformen und Industrialisierung durchsetzen, wurde aber nach des Herzogs Tod wegen Hochverrats verurteilt und gehängt. Carl Alexander wurde im Jahre 1720 vom Kaiser zum Geheimen Rat ernannt und 1721 mit dem Goldenen Vlies ausgezeichnet. Er starb im Alter von 53 Jahren am 12. März 1737.

Lit.: Wurzbach, Bd. 58, S. 241 f.

Ludwigsburg, Schloß (Inv.-Nr. 4163). K. G.

Kat.-Nr. 8.15

8.16 Marschall Camille de Tallard

Kupferstich, 49 × 35 cm (Pl.).

Marschall Camille de Tallard (1657—1728) kämpfte in der französischen Armee im Spanischen Erbfolgekrieg, insbesondere in Süddeutschland, an der Seite Max Emanuels von Bayern. In der Schlacht bei Höchstädt wurde der Marschall mit weiteren 11.000 Franzosen von den Engländern gefangengenommen.
Der Kupferstich zeigt Tallard im Ornat des Ordens vom Heiligen Geist, einen Becher in den Händen haltend. In der oberen Bildmitte ist das Wappen des französischen Königs mit der darunterhängenden Ordenskette zu erkennen. Die Bildunterschrift beschreibt die Kleidung des Ordensritters: Der an der rechten Seite offene und an der linken Seite geraffte Mantel aus Samt war mit goldenen Flammen bestickt. Die Ordenskette mit dem achtzackigen Stern,

Kat.-Nr. 8.16

in dessen Mitte die Taube des Hl. Geistes dargestellt war, wurde über dem breiten Kragen getragen. Frack und Kniehosen waren aus Tuch und Silberspitze gefertigt. Der Hut aus schwarzem Samt war mit einem weißen Federbuschen und einer diamantenen Agraffe verziert.

Lit.: Braubach, Bd. 2, S. 21, S. 77.

Landau i. d. Pfalz, Stadtarchiv und Museum.

S. D./H. L.

8.17 Schlacht bei Höchstädt und Gefangennahme von Marschall Tallard

Medaille, Silber, 37 mm, 20,20 g, Randschrift, 1704.
Medailleur: Philipp Heinrich Müller.
Vs.: Geharnischtes Brustbild des Prinzen Eugen r.
Rs.: GENII VIRTVTE BONI. Engel mit feurigem Schwert über Schlachtszene in einem Lager (nach dem 2. Buch der Könige, C. 19); i. A.: GALLIS BAVARISQ.CÆSIS/TALLARDO CUM X.MILL/AD HOCHSTAD.CAPT.

Der französische Marschall Tallard wurde in der Schlacht bei Höchstädt am 13. August 1704 von den englischen Truppen gefangengenommen (Kat.-Nr. 8.16).

Lit.: Gedächtnuß=Müntzen, S. 392. — Johnson 11. — Feldzüge des Prinzen Eugen, Bd. 6, S. 460 ff.

Wien, KHM, MK, Inv.-Nr. 6495 bß.

H. J.

8.18 Kaiser Leopold I. erteilt dem Prinzen Eugen die Vollmacht, für ihn die Huldigung in Bayern entgegenzunehmen

Original, Papier, Tinte, eh. Unterschrift Kaiser Leopolds I., Oblatsiegel, 1 fol.
36,5 × 48 cm.
(Wien), 21. Dezember 1704.

Nach den Niederlagen von Donauwörth am 2. Juli und Höchstädt am 13. August 1704 mußte Kurfürst Maximilian II. Emanuel von Bayern sein Land, das von kaiserlichen Truppen besetzt wurde, verlassen. Am 7. November schlossen in Ilbesheim (bei Landau in der Pfalz) kaiserliche Bevollmächtigte mit der die Regierung führenden Kurfüstin Theresia einen Vertrag, in dem Bayern zur Übergabe seiner Festungen und zur Entlassung seiner Armee gezwungen wurde. Im Auftrag des Kaisers hatte Prinz Eugen diesen Vertrag durchzuführen, ihm hatten die bayrischen Stände zu huldigen; im Dezember 1704 residierte er zu diesem Zweck in Landshut, bis kaiserliche Statthalter bzw. Kommandanten eingesetzt waren. Ende Dezember 1704 kehrte der Prinz nach Wien zurück.

Lit.: Kat. Prinz Eugen 1963, Nr. 70. — Braubach, Bd. 2, S. 81f. — Feldzüge des Prinzen Eugen, Bd. 6, S. 627—647, S. 902—905 (Anhang Nr. 50).

Wien, ÖStA, Kriegsarchiv, Hofkriegsrat 1704 Exp. Dez. 445. Rainer Egger

8.19 Der Traum Ludwigs XIV. von der Sonnenfinsternis

Kupferstich, 31,5 × 20,5 cm.
Niederlande, um 1704.

Unmittelbar vor der Schlacht von Höchstädt schien die Lage für die Franzosen und Bayern mehr als günstig, doch dann veränderte sich die Lage radikal. Der vorliegende in den Niederlanden erschienene Karton setzt sich in ironischer Weise mit der neuen Situation auseinander. Inschriften in Holländisch und Französisch verweisen auf den verzweifelten König, der rechts auf seinem Thron sitzt. Vor ihm kniet weinend Madame de Maintenon, der Ludwig seinen Traum von der Sonnenfinsternis darlegt, der nach der Schlacht von Höchstädt nun wahr geworden ist. Links im Vordergrund kniet Philipp V. von Spanien, der seinen Großvater bittet, ihn aus Spanien zurückzuberufen, da ihn die Spanischen Granden wie die Pest hassen und außerdem Karl III. zu ihren König proklamiert hätten.

Lit.: Barnett, Marlborough, Abb. S. 85.

Paris, Bibliothèque Nationale, Inv.-Nr. Hennin 7083. T. K.

Kat.-Nr. 8.19

8.20 Belagerung von Landau 1704

Kupferstich, 44 × 40 cm (Pl.). J. C. Marchane delineavit et sculpsit Norbibergis.

Nach der Schlacht von Höchstädt im August 1704 schien eine weitere Offensive gegen Frankreich nicht ratsam, aber Landau sollte wieder zurückerobert werden. Die Belagerung wurde im September begonnen und stellte sich als schwieriger heraus als angenommen. Der Herzog von Marlborough reiste vorzeitig ab, im Lager blieben Eugen, Ludwig Wilhelm von Baden und der römische König Joseph I. zurück. Landau wurde am 23. November erobert.

Der Kupferstich zeigt die Stellungen der Belagerer vor der Stadt, dazu jeweils das Datum ihres Vormarsches. Auf dem Hügel im Vordergrund sind Prinz Eugen, Herzog von Marlborough, Ludwig Wilhelm von Baden, Joseph I. und Generäle zu sehen.

Lit.: Braubach, Bd. 2, S. 81f.

Landau i. d. Pfalz, Stadtarchiv und Museum. S. D.

8.21 Die Requisition FB 49

Tapisserie, 388 × 229 cm, gewirkt 1709—1713 bei J. de Vos in Brüssel.

„Die Requisition" gehört zu einer der berühmtesten Tapisserie-Serien des 18. Jh.s., der sogenannten „Feldzugsfolge", die im Besitz von Herrschern und Feldherren des alliierten Lagers im Spanischen Erbfolgekrieg war. Die alte „Kriegskunstfolge" von 1696, die heute in den Räumen der Kurfürstin in Schloß Schleißheim bei München hängt, ist ein Vorläufer der „Feldzugsfolge", von Lambert de Hondt entworfen und von Leclerc in Brüssel gewirkt. Erst in letzter Zeit ist es gelungen, Prinz Eugen als Urheber der Feldzugsfolge festzustellen und es ist anzunehmen, daß er Jan van Huchtenburgh mit dem Entwurf betraut hat.
Während die „Pillage" aus der „Kriegskunstfolge", die damals leider übliche Plünderung mit Brandschatzung, Totschlag, Prügel und Leichenfledderei zeigt, wird auf der „Requisition" dieses Thema auf die Beschlagnahme und das Beuterecht begrenzt. Albert Ilg schreibt in seinem Buch „Prinz Eugen und die Kunst", daß er sich, damaligem Brauch widersetzend, niemals an Plünderungen bereichert habe.
Der Behang „Requisition" ist besonders geeignet, die menschliche Art Eugens unter Beweis zu stellen. Wieviel sich Eugen dies kosten ließ, zeigt eine Kuriosität eigener Art. Kurfürst Max Emanuel von Bayern, der die alte Kriegskunstfolge schon seit 1696 besaß, wollte seine Feldzüge ebenfalls in einer neuen Tapisserie-Serie verwirklichen lassen, offensichtlich war ihm dies als absoluter Monarch zu teuer und er begnügte sich mit einer Serie, die aus Eugens Feldzugsfolge und den Blenheim-Tapisserien des Herzogs von Marlborough entstand, ließ kleine Abänderungen vornehmen und tauschte die Köpfe seiner ehemaligen Gegner mit seinem Kopf aus.
So zeigt sich, daß die alte Kriegskunstserie, mit großem Aufwand zu ersetzen, nicht nur künstlerische, sondern vor allem thematische Gründe hatte und Prinz Eugen damit ein deutliches Zeichen seiner humanen Gesinnung gesetzt und der Geschichtsforschung auch ohne Memoiren, auf diesem Umweg, seine Auffassung übermitelt hat.

Lit: W. Schott, Die Feldzugsfolge, Stuttgart 1985.

Privatbesitz.

8.22 Eroberung von Ivrea durch die Franzosen

Medaille, Silber, 41 mm, 34,32 g, 1704.
Medailleur: Thomas Bernard.
Vs.: Kopf Ludwig XIV. r.
Rs.: EPOREDIA-CAPTA. Francia, einer knienden Frau mit Schild eine Mauerkrone überreichend.

Als im Jahre 1704 die Franzosen Piemont erobern wollten, versuchten sie, alle Außenposten um Turin einzunehmen, um sich dann ganz auf die Einnahme der Hauptstadt konzentrieren zu können. Dabei spielte der einen Monat lang dauernde Kampf um die Festung Ivrea eine besondere Rolle. Der kaiserliche General Kriechbaum verteidigte diese durch ihre Magazine bedeutende Stadt bis Ende September 1704.

Lit.: Divo 298.

Wien, KHM, MK, Inv.-Nr. 7672 bß. H. J.

8.23 Schlacht bei Cassano

Medaille, Silber, 41 mm, 34,16 g, 1705.
Medailleur: Thomas Bernard/Jean Dollin.
Vs.: Kopf Ludwig XIV. r.
Rs.: DE-GERMANIS. Fliegende Victoria mit Fahne über der Flußgöttin Adda; i. A.: AD CASSANUM etc.

Da die Franzosen den Versuch Eugens, die Adda bei Cassano zu überschreiten, verhindern konnten, feierten sie die unentschieden endende Schlacht als Sieg (Kat. Nr. 8.54).

Lit.: Divo 300. — Feldzüge des Prinzen Eugen, Bd. 7, S. 215 ff.

Wien, KHM, MK, Inv.-Nr. 7673 bß. H. J.

8.24 Ächtung der Kurfürsten von Bayern und Köln, 29. April 1706

Kupferstich, 31,1 × 33,1 cm (beschnitten).

Kurfüst Max Emanuel II. von Bayern war nach Ausbruch des Spanischen Erbfolgekrieges zum Reichsfeind erklärt worden, nachdem er sich auf die Seite der Franzosen gestellt hatte. Sein Bruder Joseph Clemens, Erzbischof und Kurfürst von Köln, wandte sich ebenfalls gegen den Kaiser. Am 29. April 1706 wurde über beide Brüder die Reichsacht ausgesprochen, nach dem Rastätter Frieden wurden sie wieder in Amt und Würden eingesetzt.
Der Kupferstich zeigt drei Szenen der Ächtung, die im Rittersaal der Hofburg in Wien vollzogen wurde. Joseph I. befiehlt dem Reichsvizekanzler Friedrich Karl Graf von Schönborn, die Achterklärung zu verkünden. Der Kaiser zerreißt daraufhin die Investitur- und Lehensbriefe der Kurfürsten, zwei Herolde sammeln die Papierstücke und werfen sie aus dem Fenster. Auf dem Burgplatz, Graben und am Neuen Markt werden die Achterklärungen von den Herolden verkündet.

Lit.: Gottfried Mraz, Prinz Eugen, S. 119, 192. — E. Pripfl, Dokumentation des Zeitalters Karls VI. und Prinz Eugens im Hist. Museum der Stadt Wien, phil. Diss. Wien 1982, S. 158, Nr. 23.

Wien, Hist. Museum, Inv.-Nr. 138.549. S. D.

8.25 Der Entsatz von Turin 1706 FB 53

Öl/Lw., 116 × 143 cm.
Jan van Huchtenburgh, vor 1719.

Während durch die Schlacht bei Höchstädt die Position der Alliierten in Deutschland entscheidend verbessert worden war, blieb die Lage in Oberitalien weiterhin schwierig. Seit Anfang Juni 1706 war Turin, die Hauptstadt Savoyens, von einem französischen Heer unter Marschall Louis Duc de La Feuillade eingeschlossen. Seine Truppen wurden durch ein zweites Heer unter dem Herzog Philipp von Orléans verstärkt, während die dritte Armee unter Vendôme die Lombardei decken sollte. Diese konnte den Prinzen Eugen, dem die Reorganisation der kaiserlichen Truppen übertragen worden war, allerdings nicht am Vormarsch über Etsch und Po, durch Parma und Piacenza nach Westen hindern. Das kaiserliche Heer umging die Franzosen vor Turin im Süden und stand der Belagerungsarmee an ihrer schwächsten Stelle im Westen gegenüber. Mit Grenadieren als Stoßtruppe griff Eugen am Morgen des 6. August 1706 die französischen Truppen an und konnte damit in deren Feldbefestigung einbrechen. Da ein Teil der Belagerer den Angegriffenen über den Po hinweg keine Hilfe bringen konnte, entschied die nachfolgende kaiserliche Kavallerie im Laufe des frühen Nachmittags die Schlacht. Durch einen zeitlich begrenzten Waffenstillstand wurden die Franzosen in der Folge gezwungen, Italien zu räumen.
Im Hintergrund des Bildes sieht man die Stadt Turin. Im Mittelgrund greift das Entsatzheer die französischen Schanzen von rechts an, links nimmt man die französische Armee zwischen diesen Feldbefestigungen und der Circumvallationslinie vor Turin aus. Im Vordergrund tobt links der Reiterkampf, rechts reitet Prinz Eugen inmitten einer Gruppe von Offizieren. (Das Gemälde gehört zu jener Serie von zehn Bildern [Kat.-Nr. 8.54], die Huchtenburgh zwischen 1708 und 1719 für einen Palast Eugens malte.)

Lit.: Kat. Prinz Eugen 1963, Nr. 82.

Turin, Galleria Sabauda. K. G.

8.26 Siege des Prinzen Eugen in Italien

Medaille, Silber, 38 mm, 20,73 g, Randschrift, 1706.
Medailleur: Philipp Heinrich Müller.
Vs.: Geharnischtes Brustbild r.; Titel: S.C.M. GENERAL.GUBER.MEDIO (Sacrae Caesareae Majestatis Generalis Gubernator Mediolani).
Rs.: GENIO TVTELARI ITALIAE. Der Prinz als Schutzengel mit Doppelblitz über gestürztem Krieger mit Lilienschild; neben dem Prinzen Savoyen mit Lanze und Schild, dahinter die kniende Mailand mit Schlüssel und Wappenschild; i. A.: SABAVD.LIBERAT.MEDIOLAN. / RESTITVT.DVCE.AVRE / LIAN. CUM EXERC.FV/GATO.

Die Medaille erinnert an Eugens Feldzug und Siege des Jahres 1706 in Oberitalien sowie an seine Ernennung zum Generalgouverneur von Mailand.

Lit.: Gedächtnuß=Müntzen, S. 605.

Wien, KHM, MK, Inv.-Nr. 6496 bß. H. J.

8.27 Francisco Eugenio, duci Sabaudiae ... in urbem Viennam ... reduci applausus emblematicus ...

Abbildungen, 20 × 16 cm (geöffnet), 1707.

Das vorliegende Buch enthält ein Lobgedicht auf den Prinzen Eugen, das in überschwenglichen Worten seinen italienischen Feldzug im Jahre 1706 und seine Erfolge in Italien rühmt. Dem Text beigefügt sind satirische Sinnbilder.

Wien, Druckschriftensammlung ÖNB, Sign. 100.938-B. H. L.

8.28 Eroberung von Neapel

Medaille, Gold, 46 mm, 68,89 g, Randschrift, 1707.
Vs.: Medailleur: —, herausgebracht bei Lauffer, Nürnberg.
Vs.: NOVA VELOCEM CINGVLA LAEDIT EQVVM. Pferd wirft Reiter ab, der auf dem Brustpanzer eine Lilie trägt.
Rs.: DESERTOS VIDERE LOCOS LITTVSQVE RELICTVM. Ansicht der Stadt. Die Kaiserlichen werden von den Bewohnern mit Palmzweigen empfangen; i. A.: NEAPOLIS A GALL DESERT. A.CAES:OCC: etc.

Während Eugen im Sommer 1707 den erfolglosen Feldzug gegen Toulon durchführte, eroberten kaiserliche Truppen unter dem Befehl von Feldzeugmeister Wirich Graf Daun Unteritalien und die Stadt Neapel.

Lit.: Gedächtnuß=Müntzen, S. 686f. — Lauffer, S. 66. — Montenuovo 1304. — Feldzüge des Prinzen Eugen, Bd. 9, S. 175ff.

Wien, KHM, MK, Inv.-Nr. 1241 bß. H. J.

8.29 Schlacht bei Oudenaarde

Medaille, Silber, 43 mm, 29,87 g, Randschrift, 1708.
Medailleur: —.
Vs.: SALVTARIVM SIDERVM APPARITIO. Prinz Eugen und der Herzog von Marlborough als die beiden Dioskuren r. reitend; i. A.: EVGENII ET MARLEBO=/RVGII FELIX CON/IVNCTIO.
Rs.: VANDOM·IN FLANDR·SICVT IN ITAL·EVNDEM FVGIT ET VT FVGIENDVS DOCET. Die Schlacht, im Hintergrund die Stadt; i. A.: MVLT·MILL·GALLORVM/ CLADES AD ALDENAR etc.

Die erfolgreiche Zusammenarbeit beider Feldherren in dieser Schlacht (Kat.-Nr. 8.54) wird mit dieser Medaille gewürdigt.

Lit.: Gedächtnuß=Müntzen, S. 794ff.

Wien, KHM, MK, Inv.-Nr. 6498 bß. H. J.

8.30 Eroberung von Lille

Medaille, Silber, 43 mm, 29,78 g, Randschrift, 1708.

Medailleur: Martin Brunner.
Vs.: LILIIS DISCERPTIS LILIVM CAPTVM. Prinz Eugen und der Herzog von Marlborough, jeder mit einer Lilie in der Hand, vor der Stadtgöttin; i. A.: EVGENIO OBSIDENTE, MARLBORVG:/PROTEGENTE, GALLO SPECTANTE/INSVLAE CAPTAE etc.
Rs.: VRBS ANTIQVA etc. Plan von Stadt und Festung.

Die Festung Lille wurde nach der Schlacht bei Oudenaarde im Herbst 1708 belagert, Ende Oktober konnte die Stadt und am 9. Dezember die Zitadelle eingenommen werden. Der Besatzung wurde freier Abzug gewährt.

Lit.: Montenuovo 1309. — Gedächtnuß=Müntzen, S. 827f. — Johnson 22. — Feldzüge des Prinzen Eugen, Bd. 10, S. 486ff.

Wien, KHM, MK, Inv.-Nr. 11.429 bß. H. J.

8.31 Die Schlacht bei Malplaquet 1709 FB 55

Öl/Lw., 116 × 143 cm.
Jan van Huchtenburgh, vor 1719.

Die Feldzüge des Jahres 1708 hatten den Alliierten große Erfolge gebracht, Ludwig XIV. war zu Friedensgesprächen bereit, die in Den Haag stattfanden. Ihr Scheitern im Mai/Juni 1709 führte zu einem neuen Feldzug in Belgien. Die Franzosen standen unter dem Befehl des Marschalls Villars, der sich zwischen Douai und Béthune verschanzte und sich erst zur Schlacht stellte, als nach der Festung Tournai auch Mons zu fallen drohte. In einer Ebene zwischen zwei Waldgebieten griffen die Alliierten am 11. September 1709 frontal an, wobei die holländischen Truppen schwere Verluste erlitten. Der Kavallerie gelang zwar ein Durchstoß im Zentrum, doch hatte auch sie schwere Verluste. So wurde die französische Armee wohl geschlagen, aber nicht vernichtet und blieb weiterhin ein Machtfaktor. Malplaquet war nicht nur die größte und letzte Schlacht des Spanischen Erbfolgekrieges, sondern eine wahre Völkerschlacht. Auf seiten der Alliierten kämpften Engländer, Preußen, Hannoveraner und Holländer vom Herzog von Marlborough befehligt am linken Flügel, während Kaiserliche, Reichstruppen, Dänen und Sachsen unter Eugens Befehl den rechten Flügel bildeten.
Links ist der Angriff der Holländer auf den Wald von Jonsart dargestellt, dahinter erkennt man das Dorf Malplaquet. Rechts greifen die Kaiserlichen und die Engländer den Wald von Sart an. Prinz Eugen reitet im linken Vordergrund inmitten einer Gruppe von Offizieren.

Lit.: Kat. Prinz Eugen 1963, Nr. 113.

Turin, Galleria Sabauda. K. G.

8.32 Plan der Schlacht bei Malplaquet FB 54

Aquarellierte Handzeichnung, 38,6 × 29 cm, 1709.

Das Blatt mit dem Titel „Plan de la bataille de Malplaquet donné par l'armée des Hauts Aliees le 11. Sept(embre) 1709" zeigt auf der Rückseite einen Plan des engeren Ortsgebietes von Malplaquet und an seinem unteren Rand Titel und Erläuterungen. Auf der Vorderseite ist ein Ortsplan von Malplaquet mit seiner Umgebung, den Stellungen und Verschanzungen der Truppen zu Beginn der Schlacht und die Truppenbewegungen während derselben wiedergegeben.

Wien, ÖStA, Kriegsarchiv, Kartensammlung, Sign. H III d 664. E. H.

8.33 Claude Louis Hector Duc de Villars

Kupferstich, 52 × 35 cm.
P. Drevet nach Hyacinthe Rigaud.

Der am 8. Mai 1653 zu Moulins geborene Villars war von 1697 bis 1701 französischer Gesandter in Wien. Nach wechselvollen Erfolgen wurde er 1708 Oberbefehlshaber der französi-

Kat.-Nr. 8.33

schen Armee in den Niederlanden und damit zum bedeutendsten Gegner des Prinzen Eugen, von dem er 1709 bei Malplaquet geschlagen wurde. Nach dem Frieden von Utrecht zwang er durch die Eroberung von Landau und Freiburg 1713 Kaiser und Reich zum Frieden, den er gemeinsam mit Eugen zu Rastatt aushandelte. Villars und Eugen lernten sich als Diplomaten besonders schätzen, der Prinz schenkte ihm ein Gemälde von Kneller. Im Polnischen Erbfolgekrieg war er in der Lombardei eingesetzt und starb am 17. Juni 1734 in Turin.

Landau in der Pfalz, Stadtarchiv und Museum.
K. G.

8.34 Prinz Eugen überreicht Kaiser Joseph I. französische Kriegstrophäen

Kupferstich, 36,8 × 41,6 cm.
Giacomo Zatta nach Pietro Antonio Novelli, Ende 18. Jh.

Kaiser Joseph I. sitzt in einem großen Saal auf einem Thron, umgeben von einer Gruppe von Ministern. Vor ihm steht Prinz Eugen und deutet auf Gewehre, Trommeln, ein Zelt und Fahnen, die von Offizieren präsentiert werden. Die italienische und französische Inschrift bezeichnet das Bild als „Übergabe von französischen Kriegstrophäen an Kaiser Joseph I.“. Der Stich ist in Venedig entstanden und von Antonio Zatta vertrieben worden. Dessen Sohn Giacomo stach mehrere Werke nach Gemälden von Pietro Antonio Novelli (1729—1804). Die Vorlage zu diesem seltenen Stich ist offenbar wie viele andere Bildnisse Novellis nicht mehr erhalten.

Karlsruhe, Badisches Landesmuseum, Inv.-Nr. 54/82.
K. G.

8.35 Der Friede von Utrecht 1713

Aufgestochene Radierung, 52 × 59,5 cm.
Abraham Allard, Amsterdam, 1713.

Das Blatt besteht aus insgesamt zehn Einzelbildern, die holländisch und französisch beschriftet sind.

a) Im Zentrum wird der thronenden Pax ein Palmblatt überreicht, während Mars weichen muß. Darunter die „Explication de l’Ensemble de la Paix“.
b) Oben steht über die gesamte Bildbreite eine Ansicht von Utrecht.
c) Links oben: Versammlung aller Alliierten.
d) Links Mitte: Beratungszimmer der Engländer.
e) Rechts oben: Beratungszimmer der Franzosen.
f) Rechts unten: Gemeinsame Beratung der Engländer, Holländer, Portugiesen,

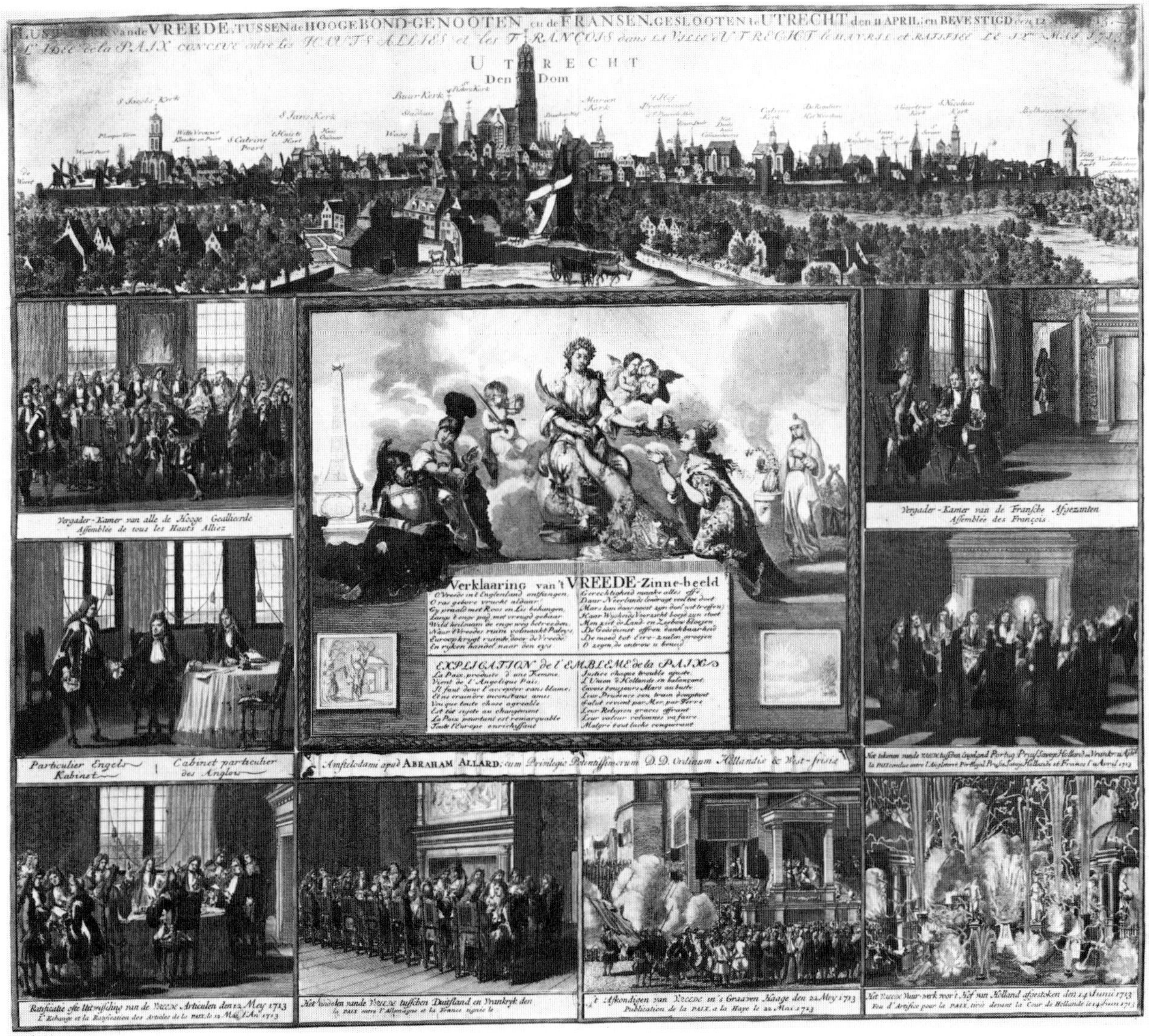

Kat.-Nr. 8.35

Preußen, Savoyer und Franzosen im April 1713.

g) Links unten: Austausch und Unterzeichnung der Verträge am 12. Mai 1713.

h) Anschließend: Der Friede zwischen Deutschen und Franzosen unterzeichnet am ... (offen gelassen, Friedensschluß fand in Basel statt).

i) Anschließend: Verkündung des Friedens in Den Haag am 22. Mai 1713.

j) Rechts unten: Feuerwerk für den Frieden am holländischen Hof am 14. Juni 1713.

Abraham Allard gab mehrere satirische und politische Blätter über den Spanischen Erbfolgekrieg heraus. Das letzte von ihm gezeichnete und datierte Blatt bezieht sich auf den Separatfrieden Hollands mit Spanien vom 26. Juli 1714.

Lit.: Thieme-Becker, 1, S. 301. — Barnett, Marlborough, S. 268.

Paris, Bibliothèque Nationale. K. G.

8.36 Friede von Utrecht

Medaille, Silber, 42 mm, 33,13 g, 1713.
Medailleur: Thomas Bernard/Jean Duvivier.
Vs.: Kopf Ludwig XIV. r.
Rs.: SPES FELICITAS ORBIS. Frau mit Waage, Füllhorn und Merkurstab auf Wolke sitzend; i. A.: PAX ULTRAJECTENSIS etc.

König Ludwig XIV. konnte zurecht den Frieden von Utrecht als Erfolg für sich verzeichnen.

Lit.: Le Maistre Nr. 433. — Divo 315.

Wien, KHM, MK, Inv.-Nr. 7690 bß. H. J.

8.37 Eroberung von Landau und Freiburg

Medaille, Silber, 41 mm, 33,99 g, 1713.
Medailleur: Thomas Bernard/Jean Dollin.
Vs.: Kopf Ludwig XIV. r.
Rs.: MARS DEBELLATOR. Mars steht r., vor ihm auf dem Boden zwei Schilde und zwei Mauerkronen; i. A.: LANDAVIA ET FRIBURGO/EXPUGNATIS etc.

Die Eroberung der beiden Festungen Landau und Freiburg durch Villars im Jahre 1713 war schließlich der Anlaß, daß Kaiser Karl VI. in den Beginn der Friedensverhandlungen einwilligte, die schließlich in Rastatt und Baden zum Ende des Spanischen Erbfolgekrieges führten.

Lit.: Divo 316.

Wien, KHM, MK, Inv.-Nr. 7691. H. J.

8.38 Der Friede von Rastatt zwischen Kaiser Karl VI. und Ludwig XIV. von Frankreich

Original, Papier, Tinte, gebunden, Siegelabdrücke des Prinzen Eugen und des Duc de Villars, 46 fol.
37,5 × 50 cm (geöffnet).
Rastatt, 6. März 1714.

Da der nach dem Frieden von Utrecht (11. April 1713) weitergeführte Kampf mit den zahlenmäßig überlegenen Franzosen den kaiserlichen Truppen keine Erfolge mehr brachte, wurden am 28. November 1713 die Friedensverhandlungen zwischen Prinz Eugen und Louis Hector Duc de Villars unter Zuziehung des kaiserlichen Gesandten Johann Christoph Pendterriedter und des französischen Sekretärs d'Hauteval im Schloß Rastatt begonnen. Die Verhandlungen drohten an den übermäßigen Forderungen der Franzosen zu scheitern. Das Zustandekommen des Vertrages ist dem diplomatischen Geschick Prinz Eugens, der in Rastatt „sein Meisterstück als Diplomat" geliefert hat, zu verdanken. Dem von Eugen und Villars unterzeichneten Vertrag trat das Reich am 7. September 1714 in Baden in der Schweiz bei.
Gezeigt wird der letzte von den insgesamt 37 Artikeln, der die Ratifikation des Vertrages durch Karl VI. und Ludwig XIV. regelt. Unter dem Artikel sind die Unterschriften Prinz Eugens und des Duc de Villars samt ihren Siegelabdrücken zu sehen.

Lit.: Braubach, Bd. 3, S. 180—225.

Wien, HHStA, Allgemeine Urkundenreihe, 1714 März 6, fol. 37. H. L.

8.39 Friede von Rastatt

Medaille, Silber, 44 mm, 30,17 g, 1714.
Medailleur: —.
Vs.: CONVENERE DVCES PRO PALMIS IVNGERE PALMAS. Prinz Eugen und Marschall Villars, jeder auf einem Harnisch sitzend, reichen einander die Hände; dahinter zwei Palmen.
Rs.: IVNGVNTVR IVPPITER ET SOL. Tier-

Kat.-Nr. 8.40

kreiszeichen des Fisches, darunter VI.MARTII./A:MDCCXIIII; i. A.: PAX RASTADIEN.

Als besonderes Charakterstikum dieses Friedens kann gelten, daß er von den beiden Feldherrn, Eugen und Villars, ausgehandelt wurde.

Lit.: Le Maistre Nr. 451. — Johnson 35.

Wien, KHM, MK, Inv.-Nr. 11.838. H. J.

8.40 Die Abgeordneten des Friedenskongresses von Baden 7. September 1714

Öl/Lw., 112 × 148 cm.
Johann Rudolf Huber, 1714.

Nach den Friedensschlüssen von Utrecht und Rastatt begannen die Friedensverhandlungen zwischen Frankreich und dem Reich in der Stadt Baden im Schweizer Kanton Aargau, die drei Monate lang dauerten. Am 7. September 1714 fand im Tagsatzungssaal des Badener Stadthauses die Unterzeichnung des Vertrages statt. Graf du Luc, einer der französischen Unterhändler, gab dem Basler Maler Johann Rudolf Huber den Auftrag, dieses Ereignis festzuhalten. Das Gemälde zeigt den dunkel ausgeschlagenen Saal — die Parteien kamen durch getrennte Türen nach einem genau durchdachten Zeremoniell in den Raum — mit dem Verhandlungstisch, an dem die Diplomaten das Kongreßergebnis unterzeichneten. Die beiden Hauptbevollmächtigten waren Marschall de Villars (links) und Prinz Eugen (ihm gegenüber). Daran schließen sich die französischen Unterhändler Comte du Luc und Comte de Contest, zwei Sekretäre und die österreichische Seite, die durch Graf von Goeß und Graf von Seilern vertreten ist.

Lit.: Kat. Max Emanuel, Nr. 420. — Gottfried Mraz, S. 192. — Neudruck des Kunstblattes aus dem Neujahrsblatt der Apotheke F. X. Münzel auf das Jahr 1938.

Versailles, Musée National du Château de Versailles. S. D.

8.41 Friede von Baden/Aargau

Medaille, Silber, 49 mm, 45,15 g, 1714.
Medailleur: —.
Vs.: EXSOLVUNT GRATES CAESAR ET IMPERIUM. Der kniende Kaiser, hinter ihm die kniende Germania, opfernd neben Altar; i. A.: IANI TEMPLO BADENAE IN/ARGOVIA CLAVSO (als Chronogramm).
Rs.: HAS TANDEM AD THERMAS. Die Ansicht von Baden mit der Limmat, im Vordergrund Mars, der sein Schwert reinigt.

Mit dem Friedensschluß zu Baden im Aargau vom 7. September 1714 zwischen Frankreich und dem Reich war der Spanische Erbfolgekrieg beendet (Kat.-Nr. 8.40).

Lit.: Montenuovo 1433. — Le Maistre 477.

Wien, KHM, MK, Inv.-Nr. 1364 bß. H. J.

8.42 Allegorie auf die Friedensschlüsse von Rastatt und Baden

Braun getönter Kupferstich, 49 × 39 cm.
Jeremias Wolff nach Paul Decker.
Aus: Paul Decker, Der Spanische Successionskrieg.

Den Mittelpunkt der Darstellung nimmt ein monumentales Reiterstandbild Karls VI. ein, das sich vor einem konkav einschwingenden Triumphtorprospekt Fischerscher Prägung erhebt, in dessen Nischen die kaiserlichen Ahnen Karls als römische Imperatoren wiedergegeben sind. Eine Inschrift in einem Medaillon am Sockel des Denkmales verweist auf die Friedensschlüsse in Rastatt und Baden. Auf Karls Vorgänger verweisen aus Muschel- und Rollwerkmotiven zusammengesetzte, mit emblematischem Beiwerk versehene Triumphsäulen. Sie sind bekrönt von Büsten Leopolds I. und Josephs I., Ovalkartuschen verweisen auf die Devisen der beiden Herrscher „consilio et industria" bzw. „amore et timore". Lateinische Inschriften in den Medaillons der Sockel künden das Ende der Grausamkeiten und die Zeit der Friedensherrschaft an. Auf das Ende des Krieges verweisen die trauernden Personifikationen des Mars und der Kriegsgöttin Bellona. Hinter dieser nimmt man Pallas Athene aus, die vorausweist auf die nun einsetzende Zeit der Förderung von Kunst und Wissenschaft, links verweist Pax, zwei Merkurstäbe haltend, auf den Frieden und die Glückseligkeit. Den Ruhm des Kaisers verkündet Fama, über der die göttliche Vorsehung schwebt.

Stift Göttweig, Graphische Sammlung. T. K.

8.43 Renunziation Karls VI. auf die spanische Monarchie

Original, Pergament, Tinte, roter Samteinband, eh. Unterschrift Karls und Johann Georgs von Buol mit Papiersiegel, 8 fol.
34 × 52 cm (geöffnet).
Wien, 16. September 1718.

Kardinal Giulio Alberoni, unterstützt von der zweiten Gemahlin Philipps V., Elisabeth Farnese, wollte die durch den Frieden von Utrecht erlittenen Einbußen wieder wettmachen. In den Jahren 1717 und 1718 landeten spanische Truppen auf Sardinien und Sizilien, weshalb Österreich, Frankreich und England — die Niederlande waren dem Bündnis wegen innerer Schwierigkeiten nicht beigetreten — die sogenannte „Quadrupelallianz" bildeten. Von Karl VI. wurde der offizielle Verzicht auf die spanische Monarchie, der am 16. September 1718 erfolgte, verlangt.

Lit.: Zöllner, S. 268.

Wien, HHStA, Allgemeine Urkundenreihe, 1718 September 16. H. L.

8.44 Stanislaus I. Leszczynski

Kupferstich, 51,1 × 33 cm (Pl.).
N. de Larmessin nach Venloo.

Von 1704—1709 regierte Leszczynski Polen, doch er verlor seine Königswürde endgültig, als Peter der Große gemeinsam mit August II. Schweden besiegen konnte (Kat.-Nr. 1.61). In diesen Jahren brachte der Zar die interessante Idee vor, die Königskrone von Polen unter Eugen und Marlborough aufzuteilen. Eugen überließ Joseph I. die Entscheidung, wohl wissend, daß er in Polen keine Chancen hatte.
Der Kupferstich zeigt den König, ausgezeichnet mit Band und Stern des Ordens vom Heiligen Geist, in Repräsentationspose mit Harnisch und Kommandostab.

Lit.: Porträt 1, Der Herrscher, Nr. 186. — Gottfried Mraz, S. 178. — Gerda Mraz, S. 76, 182.

Münster, Westfäl. Landesmuseum PAD. S. D.

Kat.-Nr. 8.44

8.45 Vereinigung von Lothringen und Bar mit Frankreich

Medaille, Silber, 42 mm, 32,53 g, 1737.
Medailleur: Jean Duvivier.
Vs.: Brustbild Ludwig XV. r.
Rs.: MINERVA PACIFERA. Der französische König erhält von einer Frau, die eine Mauerkrone trägt, den Schild von Lothringen-Bar, dahinter steht Minerva; i. A.: LOTHARING·ET BAR·/REGNO ADD·.

Obwohl Lothringen und Bar erst nach dem Tode des früheren Polenkönigs Ladislaus Leszczinski an Frankreich fallen sollte, wurde dies schon nach dem Abzug der alten Dynastie in die Toskana als vollzogen gefeiert.

Lit.: Fleurimont, S. 55.

Wien, KHM, MK, Inv.-Nr. 7790. H. J.

8.46 Plan des Feldlagers vor Philippsburg

Kolorierter Kupferstich, 37,2 × 45,3 cm.
1734.

Das nach Westen orientierte Blatt zeigt eine Ansicht der Stadt — die Reichsarmee unter dem Kommando Eugens belagerte die Stadt vom 1. bis 22. Juli — während der Beschießung. Hauptthema des Planes sind die Belagerungsarbeiten der Franzosen sowie das Lager der kaiserlichen und der Reichsarmee in verschiedenen Phasen des Geschehens.
Am unteren Rand sind Profile der französischen Belagerungsarbeiten, eines in Draufsicht, das andere im Querschnitt zu sehen. Interessant sind vor allem die hier erscheinenden „Wolfsgruben", ca. 1,90 m breite und

2,20 m tiefe Löcher, die vor dem Hauptwall, zwischen Haupt- und Vorgraben liegen.

Wien, ÖStA, Kriegsarchiv, Kartensammlung, Sign. H III d 1234. E. H.

8.47 Eroberung von Phillipsburg durch die Franzosen

Medaille, Silber, 41 mm, 34,45 g, 1734.
Medailleur: —.
Vs.: Geharnischtes Brustbild Ludwig XV. r.
Rs.: RHENO/EXUNDANTE/ET TOTIUS GERMANIÆ/EXERCITU SPECTANTE/PHILIPPI BURGUM/EXPUGNATUM etc. innerhalb einer Stadtmauer.

Der Verlust von Philippsburg war das entscheidende Ereignis des von Eugen geleiteten Feldzuges am Rhein.

Lit.: Fleurimont, S. 51. — Feldzüge des Prinzen Eugen, Bd. 19, S. 241 ff.

Wien, KHM, MK, Inv.-Nr. 7787 bß. H. J.

8.48 Erfolge des Prinzen Eugen an der Mosel

Medaille, Silber, 43 mm, 34,99 g, 1735.
Medailleur: Martin Brunner/W. Hoffmann.
Vs.: Belorbeertes Brustbild Karl VI. im Harnisch r.
Rs.: GALLORUM VIRTVS AD SPELVNCAS REDACTA. Reiterei vor einem befestigten Lager; i. A.: ADVENTV EXERC:IMP./EVGENIO DVCE etc.

Die Erfolge während des letzten Feldzuges des Prinzen Eugen an der Mosel im Jahre 1735 waren so bescheiden, daß man die Medaille als Ausdruck der Höflichkeit betrachten muß.

Lit.: Montenuovo 1613. — Johnson 49.

Wien, KHM, MK, Inv.-Nr. 1439 bß. H. J.

8.49 Prinz Eugen empfängt Kronprinz Friedrich von Preußen im Lager von Philippsburg, 7. Juli 1734

Kupferstich, 8,2 × 11,9 cm (Pl.).
1. Hälfte 19. Jh.

Friedrich Wilhelm I. schickte seinen zweiundzwanzig Jahre alten Sohn Friedrich mit preußischen Soldaten in das Lager von Philippsburg, wo Prinz Eugen den Kronprinzen am 7. Juli 1734 empfing. Fast ein Vierteljahr war Friedrich im Lager Eugens und führte viele Gespräche mit dem Prinzen. Eugen versuchte, Friedrich, der mit Frankreich zu sympathisieren schien, wie seinen Vater Friedrich Wilhelm I. sicher für die deutsche Seite zu gewinnen. Friedrich kritisierte nach der verlorenen Schlacht um Philippsburg den greisen Feldherrn, doch Jahre später berichtete er über dessen großes Wissen und seine Erfahrung, die der nunmehrige König von Preußen bewunderte.
Der Kupferstich zeigt den Feldherrn und Friedrich mit Begleitung vor dem Zelt Prinz Eugens bei ihrem ersten Treffen im Juli 1734.

Lit.: Braubach, Bd. 5, S. 280—286.

Speyer, Hist. Museum der Pfalz. S. D.

8.50 Friede zwischen Karl VI., Ludwig XV., Spanien und Sardinien

Medaille, Silber, 56 mm, 58,23 g, 1737.
Medailleur: Paul Gottlieb Nürnberger/Peter Paul Werner.
Vs.: DIE KÖNIGE DER HEERSCHAAREN etc. Die Brustbilder Karl VI. und Ludwig XV. von Genien umgeben über Fahnen und Kriegsgerät.
Rs.: NICHTS IST SO GROSS, ES WIRD DURCH ZWITRACHT ENDLICH KLEIN etc. (dreizeilige Umschrift). Gekrönter Doppeladler mit Schwert und Zepter, auf der Brust SUUM/CUIQUE.

Obwohl schon am 3. Oktober 1735 zu Wien ein Präliminarfriede geschlossen worden war, zog sich der endgültige Abschluß des Vertrages zur Beendigung des Polnischen Erbfolgekrieges bis zum 18. November 1738 hin. Die Medaille ist also noch vor der Vertragsunterzeichnung geprägt worden.

Lit.: Le Maistre 510. — Montenuovo 1623.

Wien, KHM, MK, Inv.-Nr. 1310 bß. H. J.

8.51 Kaiserliche Soldaten

Figurinen, Helmuth Krauhs, Wien.

a) Der Stabsoffizier des Regiments zu Fuß Georg Freiherr Browne de Camus

Bis zum Beginn des 18. Jh.s variierten die Uniformfarben von rot zu blau, von violett zu weichselbraun. Der Offizier — dem Adel stand von vornherein eine Offiziersstelle zu, ansonsten hatte der Ämterkauf um sich gegriffen, dem Eugen entscheidend entgegentrat — trug eine der bürgerlichen Kleidung sehr ähnliche Uniform. Über dem Kamisol und dem Küraß wurde ein langer, mit breiten Aufschlägen und Goldborten versehener Rock getragen. An die Stelle des breiten Halskragens war ein Halstuch, meist aus Spitze, getreten und die Kopfbedeckung ähnelte immer mehr einem Dreispitz, an dem später auch Rangabzeichen angebracht wurden. Die hohen Stiefel reichten über die Knie und an einem breiten Gehänge wurde der Degen getragen, eine zusätzliche Waffe war das Spontons. Ein Offizier trug stets eine Allongeperücke, auch ansonsten waren die Haare lang, mußten aber bei den einfachen Soldaten unter der Mütze, nach 1700 am Hinterkopf zusammengebunden, getragen werden. Nach 1730 wurden die Haare als Zopf geflochten.

b) Der kaiserliche Kavallerist — der Kürassier

Leopold I. versuchte die Einkleidung der rekrutierten Soldaten von kaiserlichem Geld zu bestreiten. Im allgemeinen streckte man aber Geld vor, das vom Sold später abgezogen wurde. Eine Vereinheitlichung der Uniformen konnte nicht so leicht durchgesetzt werden, denn der Regimentsinhaber konnte die Farben seiner Truppe bestimmen. Auf Drängen Eugens wurde ab 1708 der perlgraue oder weißgraue Rock — das ungefärbte Tuch stammte insbesondere aus Iglau und zeichnete sich durch seine Haltbarkeit und Billigkeit aus — zur Vereinheitlichung nach dem Vorbild der französischen Armee eingeführt. Erst 1714 rückten erstmals Regimenter in diesen Uniformen aus. Für die schwere Reiterei, die Kürassiere, war ein perlgraues Kamisol und ein ebensolcher Rock mit roten Aufschlägen vorgesehen. Das schwarze oder weiße Halstuch hing über den Küraß, schwere Stiefel und am Kopf die sogenannte Zischägge, ein Gesichts- und Nackenschutz, vervollständigten die Kleidung. Die Hauptwaffe, der 80—90 cm lange Pallasch, eine Hiebwaffe, trug der Reiter an der Seite.

c) Grenadier des Regiments zu Fuß Anton Graf Alcandete

Grenadiere, ungefähr seit 1670 in der kaiserlischen Armee nachweisbar, trugen Flinte und Stichwaffe, waren aber in der Hauptsache für das Werfen von Handgranaten, etwa faustgroße mit Pulver gefüllte Eisenkugeln, die mit einer Lunte gezündet wurden, zuständig. Neben der perlgrauen Uniform mit Aufschlägen und einer hohen schwarzen Pelzmütze mit Emblem, trugen die Grenadiere eine Tasche für die Handgranaten und einen am Patronentaschenriemen vor der Brust befestigten Luntenverberger.

d) Dragoner des Regiments Prinz Eugen von Savoyen-Carignan

Die Dragoner ähnelten im Äußeren stark den Kürassieren (Kat.-Nr. 8.51 b), ihre Hauptwaffe war der Pallasch, die Stichwaffe. Eugen legte großes Augenmerk auf seine Dragoner und setzte sie gekonnt in den Schlachten ein.

e) Füsilier des Regiments zu Fuß Niklas Graf Pálffy

Der Artillerist trug einen perlengrauen Rock und weiße lange Strümpfe zu den schweren Schuhen. Der Dreispitz war mit einer Goldborte verziert und als Waffen hatte er Degen und Flinte, zu Beginn des 18. Jh.s bereits mit Patronen ausgestattet, bei sich.

f) Feldwebel des Regiments zu Fuß Leopold Clemens Erbprinz von Lothringen — „Alt-Lothringen“

Die den Feldwebel kennzeichnende Waffe war das Kurzgewehr, eine Halbpike oder Hellebarde, ansonsten trug er die übliche perlgraue Uniform.

g) Stückmeister der Artillerie

In den Zuständigkeitsbereich des Stückmeisters fiel die Überwachung des Transportes der Geschütze, den Kern der artilleristischen Ausrüstung, die mit Pferden oder auch Ochsen zu ihrem Bestimmungsort gebracht wurden.

h) Tambour des Regiments zu Fuß Georg Wilhelm Markgraf von Brandenburg-Bayreuth

Die Tamboure der Infanterie waren zumeist wie alle Spielleute farbenfroh und lebendig bekleidet. Jede Abteilung hatte ihr charakteristisches Instrument und zu den Aufgaben des Regimentstambours gehörte es, zu bestimmten Gelegenheiten die Spielleute des ganzen Regiments zum Musizieren zusammenzuholen.

i) Trompeter eines Kürassierregiments

Die von den Spielleuten zur Zeit Eugens geblasenen Signale gingen im allgemeinen auf den Dreißigjährigen Krieg zurück und manche sind bis zum heutigen Tag erhalten geblieben.

Lit.: F. Gall, Das äußerliche Bild der kaiserlichen Armee zur Zeit des Prinzen Eugen, in: Österr. milit. Zeitschrift, Heft 5, Sept./Okt. 1963, S. 282—286. — E. Gabriel, Die Bewaffnung des kaiserlichen Heeres zur Zeit des Prinzen Eugen, in: Gutkas, Prinz Eugen, S. 125f. — W. Hummelberger, Das kaiserliche Heer des Prinzen Eugen, in: Österr. milit. Zeitschrift, Heft 5, Sept./Okt. 1963, S. 277.

Wien, HGM. S. D.

8.52 Prinz Eugen

Öl/Lw., 210 × 168 cm.
bez. „Der Durchl. Franciscus Printz Eugenius Hertzog von Savoyen . . . Armee General Leutnant wie auch Obrister über ein Regiment Dragoner“.

Das Bild stammt aus dem Károly-Schloß Antol in der Slowakei, und wurde wohl von dem Schloßbesitzer Graf Andreas Joseph Koháry (1694—1757) in Auftrag gegeben. Dieser begann seine militärische Laufbahn unter Prinz Eugen und nahm am Türkenkrieg der Jahre 1716—1718 teil. Seit 1732 war er Gespan des Honter Komitates. Da die Familie Koháry zu den habsburgisch gesinnten Adelsfamilien Ungarns gehörte, wurde sie mit großen Güterschenkungen belohnt. Ausgedehnte Waldungen im mittelslowakischen Erzgebirge, Landgüter im Honter und Nograder Komitat (Filakovo/Fülek, Muan/Murany, später Antol/Szent Antal) sowie Güter in Ebenthal und Walterskirchen in Niederösterreich gehörten ihr. Das Schloß Antol wurde unter dem Grafen Andreas Joseph im Jahre 1744 an der Stelle einer alten Burg nach den Plänen des Wiener Bau- und Maurermeisters Johann Enzenhofer erbaut.

Lit.: D. Ŭcnikova, Historicky portet na Slovensku 1983 S. 38 Nr. GKp 4.

Antol, Schloß, Forst-, Holz und Jägermuseum.
Anna Petrová

8.53 Porträt des Prinzen Eugen

Kupferstich, 56,4 × 38,1 cm (beschnitten).
Bernard Picard nach Jacob van Schuppen, 1722.

Kat.-Nr. 8.54 g

Nach dem Gemälde van Schuppens, das sich später in dessen Besitz befand, hat im Jahre 1722 der in Frankreich und Holland lebende und in Amsterdam 1733 verstorbene Bernard Picard einen großformatigen Stich angefertigt, der weite Verbreitung fand. Auf dem Stich ist Eugen in Dreiviertelfigur zu sehen; im Vergleich zu dem Gemälde (Kat.-Nr. 9.39) ist die Körperhaltung wesentlich anders: Eugen hält den Feldherrnstab in der rechten Hand und deutet mit der Linken auf eine Reiterschlacht, während Belgrad nicht zu sehen ist. Zudem befindet sich auf dem Stich rechts ein Baum. Der Stich weist neben einem Spruch J. Baptiste Rousseaus, der damals mit Eugen engen Kontakt hatte, unter Eugens Funktionen auch die eines Reichsfeldmarschalls und eines Generalstatthalters der österreichischen Niederlande auf. Der Stich wurde später von Andreas und Josef Schmutzer seitenverkehrt wiederholt.

Wien, Hist. Museum, Inv.-Nr. 12.423. K. G.

8.54 Schlachtenbilderserie von Jan van Huchtenburgh

Im Auftrag des Prinzen Eugen malte Jan van Huchtenburgh zehn Bilder von Schlachten des Prinzen. Diese wurden nach dem Tode Eugens von dessen Nichte an den Herzog von Savoyen verkauft und befinden sich jetzt in der Galleria Sabauda in Turin. Vier Stück davon sind in dieser Ausstellung zu sehen (Kat.-Nr. 8.25, 8.31, 9.17, 9.28).
Darüber hinaus existieren zwei kleinformatige Serien der zehn Bilder, eine in österreichischem Adelsbesitz, eine zweite im Schloß Wiesentheid in Franken. Aus diesen beiden Serien wurden je fünf Bilder zur Verfügung gestellt. Ob diese Bilder von Prinz Eugen dem Reichsvizekanzler Karl Friedrich von Schönborn geschenkt oder von diesem in Auftrag gegeben wurden, ist nicht zu eruieren.

Fünf Schlachtenbilder

Öl/Lw., 37 × 52 cm.
Jan van Huchtenburgh.

a) Das Treffen bei Chiari

Links von der Bildmitte sieht man Prinz Eugen im roten Rock im Kreis von Offizieren, dahinter kaiserliche Kavallerie. Im Mittelteil hinter den kaiserlichen Truppen die französische Schlachtordnung, am linken Bildrand den Ort Chiari, wo sich Eugen am 1. September 1701 gegenüber dem französischen Heer behaupten konnte.

Lit.: Feldzüge des Prinzen Eugen, Bd. 3, 146, 250. — Kat. Prinz Eugen 1963, S. 58 ff.

b) Die Schlacht bei Höchstädt FB 51

Als sich das französische und bayrische Heer bei Ulm gesammelt hatten, führte Marlborough seine Armee den Rhein und Neckar aufwärts über die schwäbische Alb an die Donau und vereinigte sich mit den Truppen Eugens. Am 13. August 1704 kam es bei den Orten Höchstädt und Blindheim zur Schlacht. Marlborough griff mit dem linken Flügel die in Blindheim verschanzten Franzosen an, während Eugen gegen Lutzingen vorrückte. Erst beim dritten Angriff konnte er dieses Dorf nehmen, während Marlborough der Einbruch in die feindlichen Linien gelang, die zur Gefangennahme des Marschalls Tallard und zur Kapitulation seiner Armee führte.
Ganz rechts im Vordergrund sieht man Eugen, neben ihm tobt eine Reiterschlacht. Im Hintergrund konzentrieren sich die Kämpfe um Blindheim. Der Lauf der Donau ist links im Hintergrund zu erkennen.

Lit.: Feldzüge des Prinzen Eugen, Bd. 6, S. 460—528. — Kat. Prinz Eugen 1963, S. 76 ff. — E. Ritter, Politik und Kriegsführung. Ihre Beherrschung durch Prinz Eugen 1704, Schriften d. kriegsgesch. Abt. im hist. Seminar d. Univ. Berlin 10, 1934, S. 161 ff.

c) Die Schlacht von Oudenaarde

Am 6. Juli 1708 traf Eugen mit Marlborough zusammen. Man beschloß, die bei Gent stehende französische Armee anzugreifen. Da Marlborough erkrankt war, mußte Eugen den Hauptteil der militärischen Operationen leiten. Es gelang ihm, am 11. Juli die Franzosen an der rechten Flanke zu umgehen und über Marschall Vendôme einen eindeutigen Sieg zu erringen.
Im Vordergrund sieht man Prinz Eugen, umgeben von Gefallenen und Verwundeten. Im Mittelgrund links erkennt man das Dorf Eyne, wo die Kämpfe begannen, rechts davon die Schlachtreihen der beiden Parteien.

Lit.: Feldzüge des Prinzen Eugen, Bd. 10, S. 339 ff. — Kat. Prinz Eugen 1963, S. 109 ff.

d) Schlacht bei Peterwardein

Die als Schlacht bei Slankamen bezeichnete Darstellung, auf dem großen Bild richtig als Peterwardein bezeichnet, zeigt in der Mitte vorne den Prinzen Eugen mit Offizieren, über Türken hinwegsprengend. Im Mittel- und Hintergrund ist das Schlachtfeld südlich von Peterwardein mit der Schlachtordnung der kaiserlichen und türkischen Armee, links hinten das Zelt des Großwesirs zu sehen.

Lit.: Kat. Prinz Eugen 1963, Nr. 136. — Feldzüge des Prinzen Eugen, Bd. 16, S. 170 ff.

e) Die Schlacht bei Belgrad

Nachdem schon im Winter 1716/17 das Unternehmen gegen Belgrad vorbereitet worden war, konnten die Kaiserlichen am 15. Juni 1717 die Donau überqueren und die Festung einschließen. Anfang August erschien ein türkisches Entsatzheer unter Großwesir Halil Pascha und umschloß die kaiserliche Armee. Am 16. August griff Eugen das Entsatzheer überraschend an und schlug es in die Flucht, am 18. August kapitulierte Belgrad.
Das Bild zeigt Eugen am äußersten linken Rand, während um ihn Kämpfe toben. Ein Adler bringt bereits den Lorbeerkranz. Im Hintergrund sieht man die Festung Belgrad, das befestigte kaiserliche Lager, das Schlachtfeld und das Zelt des Großwesirs.

Lit.: Feldzüge des Prinzen Eugen, Bd. 17, S. 63—180. — Kat. Prinz Eugen 1963, S. 181 ff.

Wien, Privatbesitz.

Fünf Schlachtenbilder

Öl/Lw., 37 × 52 cm.
Jan van Huchtenburgh.

f) Die Schlacht bei Zenta

Im Vordergrund links sieht man Eugen in einer Gruppe Offiziere über gefallene Türken hinwegsprengen. Im Mittelgrund kann man die provisorischen Befestigungen des türkischen Brückenkopfes erkennen, in den die Kaiserlichen eindringen. Dahinter sieht man die über die Theiß geschlagene Brücke der Türken und deren Zeltlager (Kat.-Nr. 9.17).

Lit.: Feldzüge des Prinzen Eugen, Bd. 2, S. 145 ff. — Kat. Prinz Eugen 1963, S. 32 ff.

g) Die Schlacht bei Luzzara

Ein weiteres Gemälde ist der Schlacht bei Luzzara vom 15. August 1702 gewidmet, in der Prinz Eugen die Franzosen mit unterlegenen Truppen angriff, aber die Schlacht nur unentschieden halten konnte. Allerdings wurde als Folge davon der Wechsel des Herzogs von Savoyen zu den Alliierten eingeleitet. Im Vordergrund sieht man Prinz Eugen über liegende, stürzende und fliehende Feinde hinwegsprengen. Im Mittelgrund kann man links die Schlachtlinie der Kaiserlichen, rechts die heftig umkämpften Deiche gegen den Po erkennen.

Lit.: Feldzüge des Prinzen Eugen, Bd. 4, S. 293 ff. — Kat. Prinz Eugen 1963, S. 64 ff.

h) Die Schlacht bei Turin

Am 7. September 1706 wagte Prinz Eugen den Angriff auf die Belagerungstruppen von Turin. Der Angriff des Entsatzheeres ist im Mittelgrund zu sehen, links ziehen sich die französischen Truppen bereits zurück. Turin kann im Hintergrund ausgenommen werden. Im Vordergrund rechts reitet Prinz Eugen inmitten einer Gruppe von Offizieren, während im linken Bildteil Reiter kämpfen.

Lit.: Feldzüge des Prinzen Eugen, Bd. 8, S. 229—270. — Kat. Prinz Eugen 1963, S. 94 ff.

i) Die Schlacht bei Cassano

Während Turin von den Franzosen belagert wurde, versuchte Prinz Eugen am 16. August 1705 die Adda bei Cassano zu überqueren, um dem kaiserlichen Hilfskorps in Piemont Entlastung zu verschaffen. Da aber der französische Marschall Vendôme seine Truppen gut verschanzt hatte, konnte der Übergang nicht erzwungen werden und die Schlacht endete unentschieden.
Im Vordergrund reitet Prinz Eugen über am Boden liegende Franzosen, während im Mittelgrund die angreifenden Kaiserlichen, die zwei Flußkanäle überschritten haben, auf die Feinde feuern. In der rechten oberen Bildecke sind Minerva und Zeus mit Donnerkeilen, Adler und Putten mit Kränzen und Posaunen zu sehen.

Kat.-Nr. 8.55

Lit.: Feldzüge des Prinzen Eugen, Bd. 7, S. 215—226. — Kat. Prinz Eugen 1963, S. 84 ff.

j) Die Schlacht bei Malplaquet

Als die Alliierten Tournai erobert hatten und sich gegen die Festung Mons wandten, stellte sich der französische Marschall Claude Louis Duc de Villars am 9. September 1709 in einer gut vorbereiteten Waldstellung bei Malplaquet zur Schlacht, die ihren Höhepunkt am 11. September erreichte. Nach schweren Verlusten konnten die Alliierten den Sieg erringen.
Im Vordergrund reitet Prinz Eugen in einer Gruppe von Offizieren, im Mittelgrund sieht man den Angriff der Kaiserlichen und Engländer, dahinter wieder die Holländer und das Dorf Malplaquet.

Lit.: Feldzüge des Prinzen Eugen, Bd. 11, S. 96—110. — Kat. Prinz Eugen 1963, S. 123 ff.

Franken, Privatbesitz. K. G.

8.55 Das Gefecht bei Friedlingen

Öl/Lw., 37 × 52 cm.
Um 1720.

Im Oktober 1702 überquerten die Franzosen unter Villars den Oberrhein, wurden aber

bei Friedlingen/Tüllingen von Reichstruppen unter dem Kommando von Markgraf Ludwig Wilhelm von Baden gestellt. Die unentschieden endende Schlacht brachte Villars die Marschallwürde.
Im Vordergrund links sieht man französische Soldaten über den Rhein zurückgehen, rechts ist in der hügeligen Landschaft noch der Kampf um Weil im Gange. Im Vordergrund rechts reitet eine Gruppe von Offizieren, im Zentrum vermutlich Markgraf Ludwig Wilhelm. Im Zuge dieser Kämpfe wurde das von Markgraf Friedrich V. von Baden-Durlach zur Erinnerung an den Dreißigjährigen Krieg errichtete Schloß Friedlingen bei Weil am Rhein völlig zerstört. Von dieser Schlacht existiert ein dem Bild ähnlicher Stich im Stadtarchiv Basel-Stadt.

Lit.: Chronik der Stadt Weil, 1961, S. 41 ff. — Braubach, Bd. 1, S. 325.

Privatbesitz. K. G.

8.56 Kupferstichserie aus dem Spanischen Erbfolgekrieg

Kol. Kupferstiche, 59 × 47 cm (m. R.).
Aus: Paul Decker, Der spanische Successionskrieg.

a) Die vereinigte Flotte der Holländer und Engländer vor Cadiz

J. A. Corvinus sculps.

Als Einleitung des Spanischen Erbfolgekrieges erschien am 23. August 1702 eine holländisch-spanische Flotte vor der Hafenfestung Cadiz. Unter dem Kommando von Georg von Hessen-Darmstadt landeten Truppen, um die Stadt von der Landseite her zu stürmen. Durch Plünderungen brachten sie die Spanier gegen sich auf, so daß diese Aktion zur Festigung der Herrschaft Philipps von Anjou führte. Da man die Festung nicht bezwingen konnte, wurde am 22. September mit der Einschiffung der gelandeten Truppen begonnen.

Kat.-Nr. 8.56 a

Am 27. September wurde die Aktion abgebrochen.

Lit.: Die Feldzüge des Prinzen Eugen, Bd. 4, S. 582—589.

b) Die Erstürmung von Huy 1705

J. Balthasar Probst sculps.

Die Festung Huy in den Niederlanden gehörte ebenso wie Bonn und Lüttich zum Reichsterritorium, wurde aber von den Holländern als Barrierefestung beansprucht. Am 2. Mai 1705 begannen die Franzosen unter dem Kommando von Marschall Villeroy die Belagerung des stark befestigten Platzes und eroberten die Festung am 10. Juni. 112 Offiziere und 3000 Mann der Generalstaaten gerieten in Gefangenschaft.

Lit.: Die Feldzüge des Prinzen Eugen, Bd. 7, S. 310 ff.

c) Eroberung der Festung Tortona 1706

J. A. Corvinus sculps.

Im Juli 1706 marschierte die kaiserliche Armee südlich des Po über Parma gegen Piemont, um Turin zu entsetzen. Am 25. August konnte man nach sechs Wochen Belagerung Tortona erobern und damit eine gute Ausgangsposition für den Entsatz von Turin schaffen.

Lit.: Braubach, Bd. 2, S. 159. — Die Feldzüge des Prinzen Eugen, Bd. 8, S. 318f.

d) Belagerung von Gaeta 1707

J. A. Corvinus sculps.

Im Jahre 1707 wurde Prinz Eugen von verschiedenen Seiten gedrängt, gegen Neapel zu marschieren. Schließlich führte diesen Feldzug aber Feldzeugmeister Graf Daun, der am 18. Mai aufbrach, ohne Zwischenfälle durch den Kirchenstaat marschierte, am 22. Juni die Grenzen von Neapel erreichte und am 7. Juli in diese Stadt einziehen konnte. Er und der zur Verwaltung bestimmte Vizekönig Graf Georg Adam Martinitz nahmen das Land im Namen Karls III. in Besitz. Besatzungen der Spanier oder Bourbonen hielten sich noch bis September in Pescara, am 30. September kapitulierte die bedeutendste Festung Gaeta.

Lit.: Braubach, Bd. 2, S. 191. — Die Feldzüge des Prinzen Eugen, Bd. 9, S. 191—197.

e) Passierung der Schelde 1708

J. A. Corvinus sculps.

Am 11. Juli 1708 wurde eine Brücke über die Schelde geschlagen und am gleichen Tag der Fluß bei Oudenaarde überwunden. Dies war der Beginn der Schlacht bei Oudenaarde, die am Nachmittag des gleichen Tages begonnen wurde.

Lit.: Die Feldzüge des Prinzen Eugen, Bd. 10.

f) Angriff auf Sardinien 1708

J. A. Corvinus sculps.

Mit Hilfe der englischen Flotte konnten im Jahre 1708 die Inseln Sardinien und Minorca erobert werden. Damit konnte die Vorherrschaft der Verbündeten im westlichen Mittelmeer erreicht und die Nachschublinien der um Barcelona stationierten Truppen Karls III. aus Italien gesichert werden.

Am 1. August 1708 startete die Expedition mit 17 englischen Schiffen in Barcelona, am 14. August erschien die Flotte vor Cagliari, das nach zweitägiger Beschießung kapitulierte. Dem schloß sich die ganze Insel an.

Lit.: Die Feldzüge des Prinzen Eugen, Bd. 6, S. 256ff.

g) Eroberung von Béthune 1710

M. Engelbrecht sculps.

Ein kleiner, aber gut befestigter Platz wurde am 16. Juli umschlossen und von beiden Feldherren, Eugen und Marlborough, belagert. Meinungsverschiedenheiten zwischen beiden Feldherren verzögerten den Fortgang, schließlich wurde nach heftigem Beschuß von der französischen Besatzung die Kapitulation angeboten, zu deren Unterzeichnung beide Feldherrn am 29. August selbst nach Bethune kamen. Sie hatten 3000 Mann verloren.

Die gemeinsame Zeit beider Feldherrn ging zu Ende. Zur gleichen Zeit fanden Friedensverhandlungen mit Frankreich statt, die aber scheiterten.

Lit.: Braubach, Bd. 2, S. 357ff. — Die Feldzüge des Prinzen Eugen, Bd. 12, S. 196—210.

h) Belagerung und Eroberung der Festung Arien (Aire) 1710

Die am rechten Ufer der Leys an der Einmündung der Laquette gelegene Festung wurde von den Franzosen gegen die verbündeten Truppen unter dem Befehl des Prinzen von Anhalt-Dessau seit dem 12. September 1710 verteidigt. Schlechtes Wetter verhinderte den Erfolg eines Angriffes am 31. Oktober. Prinz Eugen und Marlborough erschienen selbst vor der Festung, die nach schweren Verlusten am 9. November kapitulierte.

Lit.: Die Feldzüge des Prinzen Eugen, Bd. 12, S. 237—258.

Wien, Assecuratione Generali. K. G.

8.57 Belagerung von Landau 1704

Kol. Kupferstich.
43 x 37 cm (Pl.).
J. A. Corvinus nach Abraham Drentwett.

Die Darstellung zeigt die Belagerung Landaus, darüber den Plan der Stellungen des Heeres (Kat.-Nr. 8.20).
Die Stadt Landau kapitulierte am 23. November 1704, anscheinend wird vor dem Zelt von einem Abgesandten die Kapitulationsurkunde überreicht. Die Szene ist von einem reichen allegorischen Beiwerk umgeben.

Landau i. d. Pfalz, Stadtarchiv und Museum.
S. D.

8.58 Carl Alexander von Württemberg als Waffengefährte des Prinzen Eugen

Fotos der Gemälde von August Querfurt, Ludwigsburg, Schloß, 1736 bis 1738.

Carl Alexander von Württemberg, kaiserlicher General, war seit 1698 Waffengefährte des Prinzen Eugen. Bei seinem letzten Feldzug im Jahre 1735 übergab Eugen dem Württemberger im Oktober das Kommando über die Armee und begab sich nach Wien. Um diese Zeit hat Carl Alexander den Maler August Querfurt mit der Herstellung von vierzehn Schlachtenbildern beauftragt, von denen noch zehn erhalten sind. Neben den zwei in der Ausstellung im Original gezeigten Gemälden (Kat.-Nr. 12.41 und Kat.-Nr. 12.42), die Belagerung von Temesvár und die Schlacht bei Turin, werden die restlichen Bilder hier als Fotos gezeigt. Zwei der Gemälde, die Schlachten von Höchstädt und Belgrad, sind im derzeitigen Aufstellungsort Schloß Ludwigsburg wegen ihres großen Formats nicht vollständig zu fotografieren, aus diesem Grund wird davon nur ein Fotoausschnitt gezeigt.

a) Schlacht bei Chiari 1701

Im Vordergrund ist Prinz Eugen zu Pferd zu sehen, neben ihm vermutlich Carl Alexander von Württemberg.

b) Schlacht bei Schellenberg 1704

Bei dieser Schlacht war Prinz Eugen selbst nicht beteiligt, der Reiter im Vordergrund dürfte Carl Alexander von Württemberg sein.

c) Schlacht bei Höchstädt 1704

Das Detail zeigt Prinz Eugen neben Carl Alexander von Württemberg im Kampfgetümmel.

d) Schlacht bei Turin 1705

Kat.-Nr. 12.41

e) Schlacht bei Ramillies 1706

Der Feldherr im Vordergrund dürfte Carl Alexander von Württemberg sein.

f) Schlacht bei Oudenaarde 1705

Im Vordergrund reitet Prinz Eugen, wie auf allen Gemälden der Serie mit rotem Rock bekleidet, hinter ihm ist Carl Alexander von Württemberg zu sehen.

g) Schlacht bei Malplaquet 1709

Im Vordergrund sieht man Prinz Eugen, Carl Alexander von Württemberg war zu dieser Zeit Gouverneur der Festung Landau.

h) Schlacht von Peterwardein (?)

Im Vordergrund Carl Alexander von Württemberg und der in einen roten Mantel gehüllte Prinz Eugen.

i) Schlacht bei Temesvár 1716

Kat.-Nr. 12.42

j) Schlacht bei Belgrad

Im Vordergrund links reiten Prinz Eugen und Carl Alexander von Württemberg.

Lit.: Allgemeine deutsche Biographie, Bd. 15, S. 366 ff.

K. G.

8.59 Schlachtenbilder mit Siegen des Prinzen Eugen

Fotos der Schlachtenbilderserie von J. I. Parrocel, Winterpalais des Prinzen Eugen.

a) Schlacht bei Cassano 1705

Im Vordergrund Artillerie und Bagage der Kaiserlichen, im Mittelgrund kaiserliche Kürassiere und Dragoner, auf den kleinen Inseln zwischen den Kanälen Dänen, rechts im Hintergrund auf den großen Inseln die Lager der Franzosen. Wie alle übrigen Gemälde zeigt auch diese Darstellung eine Vorliebe für das Detail.

b) Schlacht bei Belgrad 1717

Im Vordergrund ein Reiterkampf zwischen Kaiserlichen und Türken, rechts inmitten kaiserlicher Reiter vielleicht Prinz Eugen. Im Mittelteil stoßen kaiserliche Truppen gegen türkische Schlachtreihen vor, im Hintergrund sieht man ein türkisches Zeltlager.

c) Schlacht bei Zenta 1697

Im weiträumigen Landschaftsbild ist der Angriff der Kaiserlichen auf den türkischen Brückenkopf besonders gut dargestellt. Das Sumpfgelände jenseits der Theiß und das türkische Lager bilden den Mittelgrund. Prinz Eugen reitet im Vordergrund.

d) Entsatz von Turin 1706

Das großformatige Bild zeigt am linken Rand den Po, in den die im Vordergrund fließende Stura mündet. Der Fluß im Mittelteil ist die Dora Riparia, in der Bildmitte liegt die Stadt Turin, im weiten Bogen um sie ist die Verteidigungslinie gegen die Belagerer erkennbar. Im Vordergrund greift von rechts die kaiserliche Entsatzarmee die Franzosen an, während Teile der französischen Armee schon über den Po zurückweichen.

e) Schlacht bei Höchstädt 1704

Im Vordergrund kaiserliche Infanterie und Kavallerie im Angriff. Durch das Zusammendrängen der Landschaft des schmalen Bildes sind die dargestellten Orte schwer zu identifizieren. Vorne düfte Blindheim liegen, rechts im Mittelgrund Höchstädt. Dargestellt ist der Angriff der Verbündeten in Richtung Donau.

f) Schlacht bei Oudenaarde 1708

Im Vordergrund die rot und blau uniformierte französische Reiterei, dahinter abziehende französische Artillerie und Infanterie. Im Mittelteil verschanzte Infanterie der Verbündeten, in der Mitte der Ort Oudenaarde. Die Darstellung entspricht nicht ganz dem Schlachtbericht und der ordre de bataille.

g) Schlacht bei Malplaquet 1710

Im Vordergrund zwischen Häusergruppen kaiserliche Soldaten, nach rechts Brandenburger und Niederländer. Im Mittelgrund sieht man die Schlachtordnung der Franzosen. Die große Ortschaft im Hintergrund dürfte Malplaquet sein.

Der im Jahre 1667 in Avignon geborene Maler Jacques-Ignace Parrocel kam nach 1711 nach Wien und malte für den Winterpalast des Prinzen Eugen sieben großformatige Bilder mit Schlachtendarstellungen, die alle signiert, aber nicht datiert sind. Die Gemälde könnten etwa bis 1720 entstanden sein, denn Parrocel starb im Jahre 1722 in Mons, wo er vorher noch Schlachtenbilder für das Palais des Prinzen Arbenberg gemalt hatte.

Die Gemälde für den Prinzen Eugen wurden in dem nicht mehr bestehenden Großen Saal im Winterpalais (Finanzministerium) in der Wand eingelassen. Im Jahre 1752 wurden sie abmontiert und kamen in ein Depot. Im Jahre 1805 wurden sie von den französischen Besatzungstruppen beschlagnahmt und nach Paris gebracht, aber im Jahre 1805 aus dem Louvre wieder nach Wien zurücktransportiert, wo sie in den Besitz des Kunsthistorischen Hofmuseums kamen.

Im Jahre 1933 bei der Prinz-Eugen-Ausstel-

Kat.-Nr. 8.62

lung gezeigt, kamen sie im Jahre 1947 in das ehemalige Winterpalais und wurden im früheren Großen Bibliothekssaal, der bisher Empiresaal nun Schlachtenbildersaal genannt wurde, in der oben gezeigten Reihenfolge in die Wände eingelassen. Wegen seiner Größe bildet das Gemälde vom Entsatz von Turin das Zentrum.

Lit.: Thieme - Becker, 26, S. 257. — Kat. Prinz Eugen 1963, Nr. 28, 65, 75, 94, 114, 166. — Kat. Prinz Eugen 1933, Nr. 5, 7, 8, 11. — Das Winterpalais des Prinzen Eugen, 1979, S. 68.

K. G.

8.60 Eine französische Armee überquert den Rhein

Kupferstich, 49,5 × 68,5 cm.
J. Maussard nach P. D. Martin.

Der Stich stellt die Überquerung des Rheins und die Belagerung von Breisach im Herbst 1703 dar. Die französischen Truppen standen unter dem Befehl des Marschalls de Tallard (Kat.-Nr. 8.16).

Lit.: Barnett, Marlborough, S. 74.

Paris, Bibliothèque Nationale, Inv.-Nr. Hennin 6790. K. S.

8.61 Zinnteller mit Porträtbüste des Prinzen Eugen in Relief

Dm ca. 23 cm.
Fünfblattförmig geschweift, mit Reliefdarstellung am Boden.
Auf der Rückseite drei Marken (Öhringen, Württemberg ?).
18. Jahrhundert.

Die Darstellung des Prinzen Eugen auf dem Zinnteller, der ausschließlich Dekorationszwecken dienen konnte, zeugt von der großen Popularität, die der Prinz im 18. Jh. genoß.

Innsbruck, Tiroler Landesmuseum Ferdinandeum, Inv.-Nr. Z 21. Meinrad Pizzinini

8.62 Vier Silberteller mit Schlachtendarstellungen

Silber, getrieben, punziert, 24 × 21 cm.
Esaias Stenglin (?), Augsburg.
Anfang 18. Jh.

Die vier Silberteller sind ein Geschenk des Baron Ferenc Révay. Dem Dankbrief ist zu entnehmen, daß auf den Tellern angeblich Szenen aus den Schlachten des Prinzen Eugen dargestellt sind. Der gewellte, mit Perlen verzierte Rand der Teller besitzt Rocaillekartuschen bzw. Waffentrophäen zwischen Blätterwerkornamenten. Am Tellergrund sind Schlachtenszenen mit verschiedenem Landschaftshintergrund dargestellt.

a) Ein Mann mit bittend erhobenen Händen kniet vor einem Reiter in Rüstung, der einen Säbel in seiner Rechten hält. Im Hintergrund ist ein in Flammen stehendes Gebäude, auf der linken Seite ein zerstörter Zaun zu erkennen.

b) Ein Reiter mit Kuruzenmütze zielt mit der Pistole in seiner Rechten auf einen vor ihm liegenden Türken, dessen Säbel und

Turban auf dem Boden liegen, sein Pferd ist unter dem des daherstürmenden Gegners zu erkennen. Im Hintergrund ist eine Landschaft mit Bergen zu sehen.

c) Einer der beiden dargestellten Duellanten steht in Angriffspose vor seinem vor ihm zurückweichenden Gegner. In der linken Bildhälfte ist eine Mauer, in der rechten eine Baumgruppe zu erkennen.

d) Vor einem felsigen Hintergrund wendet sich ein Reiter in Rüstung, das Schwert in der erhobenen Rechten haltend, seinem mit einer Pistole auf ihn zielenden Gegner zu.

Lit.: H. Seling, Die Kunst der Augsburger Goldschmiede 1529—1868, Bd. I, München 1980. — Magyar Müvelödéstörténet, Bd. IV, o. D., S. 46.

Budapest, Magyar Nemzeti Múzeum.

Annamária Németh

8.63 Zwei französische Pauken

Kupferne Kessel, Felle neu ergänzt, Dm 50 cm und 70 cm.
Um 1700.

Die aus markgräflich-brandenburgisch-bayreuthischem Besitz stammenden Pauken wurden von Markgraf Wilhelm zu Brandenburg, der während des gesamten Spanischen Erbfolgekrieges unter Prinz Eugens und Marlboroughs Kommando kämpfte, in der Schlacht bei Höchstädt von den Franzosen erbeutet. Zu entnehmen ist dies der Gravur neben dem französischen Lilienwappen. Auf Höchstädt verweist auch die Aufschrift „Blendheim An. 1704" auf den erneuerten Fellen.
Die Pauken werden ihrer ungewöhnlichen Klangqualität wegen heute noch bei den Aufführungen barocker Musik während der Ansbacher Bachwoche verwendet.

Lit.: Kat. Max Emanuel, Nr. 370.

Ansbach, Stadt- und Kreismuseum. T. K.

8.64 Reiterbildnis des Prinzen Eugen FB 64

Öl/Lw., 40 × 32 cm.
Vor 1710 (?).

Das Gemälde zeigt den Prinzen in Rüstung auf einem weißen Schimmel auf den Betrachter zureitend. Im Mittelgrund ist eine Schlacht im Gange, wobei Fußsoldaten und Berittene Reiter angreifen und in die Flucht schlagen. Eugen ist als relativ junger Mann abgebildet, sein Porträt gehört jenem Typ an, der sich bei den Bildern in Linz, Stadtmuseum, und Salaberg wiederfindet. Vielleicht war es ein Bozzetto eines nicht ausgeführten geplanten Reiterbildnisses. Es könnte zu jenen Beständen gehört haben, die Napoleon I. aus Turin nach Paris bringen ließ, nach der Aufteilung in Provinzmuseen aber nicht zurückgebracht wurden.

Cambrai, Musée de Cambrai. K. G.

8.65 Die habsburgischen Länder zur Zeit der Auseinandersetzungen in Italien und am Rhein

Entwurf: Wolfgang May.
Graphische Gestaltung: Irmgard Grillmayer.

Mit dem dauerhaften Erwerb der Herzogtümer Mailand und Mantua konnte auch in Oberitalien eine Machtposition gesichert werden. Die Königreiche Neapel, Sizilien und Sardinien, die zeitweilig in österreichisch-habsburgischen Besitz gelangten, sind in ihrer korrekten geographischen Lage aus der Europakarte (Kat.-Nr. 1.1) ersichtlich. Auf der Karte sind die wichtigsten Schlachtenorte und Friedensschlüsse verzeichnet.

Lit.: Großer Historischer Weltatlas. Dritter Teil: Neuzeit. Hrsg. v. Bayerischen Schulbuch-Verlag. Red. v. J. Engel und E. W. Zeeden. München [4]1981. — F. W. Putzger, Historischer Schul-Atlas zur allgemeinen und österreichischen Geschichte. Wien [43]1963.

Wolfgang May

9. Die Türkenkriege Prinz Eugens

Im Jahre 1682 hatte das Osmanische Reich zur Unterstützung der Herrschaft Emmerich Thökölys in Oberungarn den Krieg mit Kaiser Leopold I. begonnen. Die Ursache der häufigen Kriege zwischen beiden Mächten war der seit 1526 währende Kampf um den Haupteinfluß in Ungarn, den die Osmanen bisher erfolgreich behauptet hatten. Den Habsburgern war nur ein größerer Teil der heutigen Slowakei, ein Teil Ungarns westlich des Plattensees und Kroatien verblieben. Zentralungarn war eine türkische Provinz, das Fürstentum Siebenbürgen ein osmanischer Satellitenstaat geworden.

Die erste Phase des lange dauernden Krieges brachte im Jahre 1683 das Vordringen des Osmanenheeres nach Niederösterreich und die Belagerung von Wien mit der Schlacht vom Kahlenberg vom 12. September. Der junge Prinz Eugen nahm als Volontär daran ebenso teil wie am Herbstfeldzug dieses Jahres, der für ihn mit der Ernennung zum Obersten und mit der Verleihung eines Kavallerieregimentes endete. Im März 1684 gründete Kaiser Leopold mit Polen und Venedig die Heilige Liga, das Ziel der österreichischen Politik wurde die Zerstörung der osmanischen Herrschaft in Ungarn. Dies gelang auch während der Feldzüge der folgenden Sommer: Nachdem noch im Oktober des Jahres 1683 die Stadt Gran/Esztergom erobert werden konnte, wurden im folgenden Jahr Waitzen/Vác und Visehrád erobert, Buda aber erfolglos belagert. Nun gewährte der Kaiser den ungarischen Anhängern der Türken und Thökölys Amnestie, von der viele Kuruzen Gebrauch machten, die nun ins kaiserliche Heer eintraten. Imre Thököly aber kämpfte weiter. Im Jahre 1685 erstürmten die Kaiserlichen Neuhäusel/Nově Zamký, Novigrad/Nógsód, Eperies/Prešov, Kaschau/Košice, Ungvar/Uzgorod und Tokaj, südlich der Drau Virovitica. Im Jahre 1686 konzentrierten die kaiserlichen Feldherren Karl von Lothringen und Max Emanuel von Bayern alle Kräfte auf die Belagerung von Buda/Ofen und erstürmten die Festung am 2. September. Im Oktober eroberte Markgraf Ludwig Wilhelm von Baden auch noch Fünfkirchen/Pécs und ein anderes Korps nach einem Sieg über ein osmanisches Entsatzheer auch die Festung Segedin/Szeged. Am 12. August 1687 erlitt der Großwesir am Berge Harsan bei Mohács (Nagyharsany) eine schwere Niederlage, im gleichen Jahr konnten auch noch Esseg/Eszek, Palota und Peterwardein/Petrovaradin eingenommen werden. Als Folge der fortgesetzten Niederlagen stürzten die Janitscharen in Konstantinopel am 8. November 1687 Sultan Mehmed IV. Die Kaiserlichen nützten diese Schwäche zu einem Marsch nach Siebenbürgen, das sich nun unter habsburgische Oberhoheit stellen mußte. Nicht nur Stuhlweißenburg/Székesfehérvár und einige Orte in der Theißebene im Jahre 1688 konnten eingenommen werden, sondern der neue kaiserliche Oberbefehlshaber Kurfürst Max Emanuel von Bayern eroberte am 6. September die Schlüsselfestung Belgrad, während Ludwig Wilhelm von Baden mit Sziget/Sighet und Kanisza zwei weitere wichtige Orte den Türken abnahm.

Prinz Eugen hatte seit 1683 alle Feldzüge in Ungarn als Kommandant seines Reiterregimentes mitgemacht, wurde 1684 bei der Belagerung von Buda durch eine Musketenkugel am Arm verwundet und bewährte sich am 16. August 1685 in der Schlacht bei Gran mit seiner Truppe besonders. Im Oktober dieses Jahres zum Generalfeldwachtmeister befördert, lag er 1686 neuerlich vor Buda, wo er wieder, diesmal durch einen Pfeilschuß in die rechte Hand, verwundet wurde. Im Jahre 1687 durfte er nach dem Siege beim Berge Harsan die Siegesnachricht nach Wien bringen, nahm noch am Herbstfeldzug nach Siebenbürgen und bei der Eroberung von Erlau/Eger und Munkácz/Munkucsevo teil, wurde aber am 2. September 1688 während der Endphase der Belagerung Belgrads durch eine Musketenkugel oberhalb des Knies „arg blessiert". Die Ausheilung zog sich bis in den Jänner des folgenden Jahres hin und beendete für einige Jahre seine Tätigkeit in Ungarn.

Unter dem Eindruck der Siege der kaiserlichen Heere verzichtete der ungarische Reichstag im Oktober 1687 auf das Recht des Widerstandes gegen den König, das in der Goldenen Bulle von 1222 verankert war und anerkannte ferner die Erblichkeit der Krone im Mannesstamm des Hauses Habsburg. Erst nach dessen Aussterben sollte das Wahlrecht wieder gültig werden. Der älteste Sohn Kaiser Leopolds, Joseph, wurde am 9. Dezember 1687 auch gleich zum König von Ungarn gekrönt. Nach dem Einmarsch des kaiserlichen Heeres in Siebenbürgen wurde im Vertrag von Blasendorf dem Fürsten Apafi und seinem Sohn wohl die weitere Herrschaft und den Ständen sowie den vier Religionen ihre Freiheiten zugestanden, aber am 9. Mai 1688 beschlossen die Stände Siebenbürgens den Anschluß an Ungarn. Am 4. Dezember 1691 bestätigte Kaiser Leopold den siebenbürgischen Ständen neuerlich ihre religiösen Freiheiten, in den folgenden Jahren wurde die Verwaltung des Landes von Ungarn getrennt und 1694 in Wien eine siebenbürgische Hofkanzlei errichtet. Der junge Fürst Apafi verzichtete nach einigem Widerstand im Jahre 1697 auf seine Herrschaftsrechte in diesem Land, zumal unterdessen die endgültige Ausschaltung des türkischen Einflusses zur Gewißheit geworden war.

Nachdem die Kaiserlichen am 24. September 1689 unter dem Oberbefehl von Ludwig Wilhelm von Baden bei Niš im südlichen Serbien neuerlich einen eindrucksvollen Sieg errungen hatten, erhielten die Osmanen im November dieses Jahres mit Mustapha Köprüly wieder einen tüchtigen Großwesir, der im nächsten Jahr Niš zurückeroberte und am 18. Oktober 1690 Belgrad erstürmte. Im August des nächsten Jahres verschanzte er sich mit seiner Armee an der Theißmündung bei Slankamen, französische Offiziere und Imre Thököly befanden sich in seinem Gefolge. Am 19. August 1691 griffen aber die kaiserlichen Truppen unter dem Befehl des „Türkenlouis" die osmanischen Schanzen an und errangen einen großen Sieg. Der Großwesir fiel mit 18 Paschas und 20.000 Soldaten seines Heeres. Aber auch die Kaiserlichen hatten so große Verluste erlitten, daß sie die Festung Belgrad nicht mehr belagern konnten, im folgenden Jahr aber Großwardein/Oradea gewannen.

In diesem Jahr 1692 mußte Ludwig Wilhelm von Baden den ungarischen Schauplatz verlassen und als Reichsfeldmarschall die Verteidigung des Rheins gegen Frankreich übernehmen. Sein Nachfolger wurde Kurfürst Friedrich August I. (der Starke) von Sachsen, der sich aber als wenig fähig erwies. Als der ihm als Hilfe zugeteilte Feldmarschall Graf Caprara im Herbst 1696 abberufen wurde, ernannte man den in Italien nicht mehr benötigten Prinzen Eugen als dessen Nachfolger. Nach dem Tode Johann Sobieskis wurde aber der Sachse zum König von Polen gewählt, und im Sommer 1697 konnte Eugen dessen Nachfolge als kaiserlicher Oberbefehlshaber antreten. Der Vierunddreißigjährige ging mit großer Tatkraft an die Reorganisation der Armee und konzentrierte 50.000 Mann bei der Festung Peterwardein. Zu dieser Zeit marschierte der Sultan Mustapha mit einem starken Heer die Theiß aufwärts und überschritt diesen Strom beim Dorfe Zenta, um Szegedin einzunehmen und Siebenbürgen neuerlich unter osmanische Oberherrschaft zu zwingen. Während der Flußübersetzung griff Prinz Eugen, der mit seinem Heere den Osmanen gefolgt war, die türkischen Truppen an. Als die Kaiserlichen ihre Schanzen erstürmten, wollten die Janitscharen ebenfalls über die Brücke, lösten dort aber ein fürchterliches Chaos aus. Binnen weniger Stunden war die türkische Infanterie vernichtet. Der Großwesir Elmas Mohammed Pascha und vier weitere Offiziere starben mit 25.000 Mann. Noch im Oktober des gleichen Jahres unternahm Eugen einen Vorstoß bis nach Sarajewo in Bosnien, um den Türken zu zeigen, wie groß der Aktionsradius der Kaiserlichen geworden war.

Unterdessen waren aber beide Seiten so erschöpft und auch mit Frankreich Friede geschlossen worden, so daß man bei den Ruinen des Ortes Karlowitz/Sremki Karlovce in Syrmien zu verhandeln begann. Friedensfühler hatte es schon vorher gegeben, so war im Jahre 1689 eine türkische Botschaft nach Wien gereist, hatte aber keinen Erfolg erzielt. Nun kam es unter Beisein von Botschaftern Englands, Venedigs, Polens und Rußlands zu einem guten Ende und um ¾12 Uhr mitternachts des 26. Jänner 1699, als nach Meinung der Türken die Sterne am günstigsten standen, wurde der Friedensvertrag unterzeichnet, der den größten Teil Ungarns und Siebenbürgens unter die Herrschaft der Habsburger stellte.

Während des Spanischen Erbfolgekrieges und des großen Aufstandes der Kuruzen unter Franz II. Rákóczy wahrte das Osmanische Reich ein freundschaftliches Verhältnis zur habsburgischen Monarchie. Das war ein glücklicher Umstand, denn der Kuruzenaufstand bedrohte die habsburgische Herrschaft in Ungarn in höchstem Maße. In Ungarn gab es viele Gründe der Unzufriedenheit mit den Österreichern. Die Einsetzung fremder Beamter mit der Absicht, Ungarn im Laufe der Zeit zu einer österreichischen Provinz zu machen, der starke Druck auf alle nichtkatholischen Konfessionen, die hohe Besteuerung des Salzes, riefen allerorten Widerstand hervor. Im Jahre 1703 trat der angesehene Magnat Franz II. Rákóczy an die Spitze eines Aufstandes, der sich wie ein Lauffeuer in kürzester Zeit über ganz Ungarn ausbreitete. Als auch die kaiserliche Haupt- und Residenzstadt bedroht wurde, befahl Prinz Eugen als Präsident des Hofkriegsrates die Errichtung des Linienwalles, um die Vorstädte zu sichern. Die ungarischen Konföderierten wollten jeden Weg zurück abschneiden, wählten Rákóczy zu ihrem Fürsten und setzten auf dem Landtag von Onod im Mai 1707 Joseph I. als König von Ungarn ab. Eine Reihe bedeutender Familien, wie die Esterhazy, Batthyány oder Palffy, blieben aber weiterhin dem Habsburger treu, dessen Truppen allmählich die Oberhand gewannen. Doch banden die fortdauernden Kämpfe starke Kräfte, die am Rhein und in Italien fehlten. Im Jahre 1710, als der bisherige Befehlshaber General Heister durch Graf Johann Palffy ersetzt wurde, waren von den 133.000 kaiserlichen Soldaten 49.000 in Ungarn eingesetzt. Im April 1711 wurde kurz nach Josephs Tod zu Szátmar Friede mit den Konföderierten geschlossen, denen verziehen werden sollte. Die Verfassung von 1687 sollte weitergelten, doch nahm Franz Rákóczy die Amnestie nicht an, sondern ging vorerst ins Exil nach Frankreich.

Wenige Jahre später flammte der Türkenkrieg neu auf. Als im Jahre 1714 die Osmanen die Halbinsel Morea (Peloponnes) den Venezianern abnahmen, hofften sie auf die Neutralität Österreichs. Kaiser Karl VI. schloß aber im April 1716 ein Bündnis mit Venedig und forderte die Rückgabe Moreas an die Markusrepublik. Als dies verweigert wurde, brach im Mai 1716 neuerlich ein Türkenkrieg aus. Dieser brachte dem kaiserlichen Feldherrn Prinz Eugen seine am weitesten bekannten

Erfolge. Es begann schon im Sommer 1716, als der Großwesir Silahdar Ali Pascha mit einem Heer von 120.000 Mann gegen Peterwardein zog, wo sich Eugen mit den Kaiserlichen verschanzt hatte. Am 5. August griff er die Türken aber überraschend an und erfocht einen vollständigen Sieg. Noch im gleichen Jahr wurde auch Temesvar und damit das Banat als letzter noch fehlender Teil Ungarns erobert. Für das folgende Jahr wurde die Eroberung der Festung Belgrad vorbereitet. Zur Unterstützung der Armee wurde eine Donauflotte gebaut, aus ganz Europa kamen Fürsten, um als Volontäre zuzusehen und einfache Soldaten, um in das Heer einzutreten. Das kaiserliche Heer setzte bei Pancovar über die Donau und bezog auf serbischem Gebiet ein Lager, das sowohl gegen die Festung hin wie auch nach Süden verschanzt war. Nachdem die Kaiserlichen Belgrad durch vierzehn Tage beschossen hatten, wollte der Großwesir die Festung entsetzen. Eugens Heer schien zwischen Belgrad und dem Entsatzheer eingeschlossen zu sein. Von einem Anhänger Rákóczys, der zu den Kaiserlichen geflüchtet war, erfuhr Eugen den Tag des geplanten osmanischen Angriffes und kam dem zuvor. Während er am Morgen des 16. August 1717 die Festung heftig beschießen ließ, griff er das Heer des Großwesirs an und jagte es in die Flucht. Nach zwei Tagen ergab sich Belgrad, und das Lied vom „Prinzen Eugen, dem edlen Ritter" wurde bald in ganz Europa verbreitet.

Die Folge dieses letzten Sieges, den Eugen auf dem Schlachtfeld errang, war ein Friedensschluß, der in den folgenden Monaten zu Passarowitz/Pozarovac in Nordserbien ausgehandelt und am 21. Juli 1718 unterzeichnet wurde. Der Kaiser bekam das Banat, die westliche Walachei bis zur Aluta, das nördliche Serbien mit Belgrad. Auf der bosnischen Save wurde freie Schiffahrt zugestanden und den österreichischen Waren Zugang in das Osmanische Reich gewährt. In Ungarn und Nordserbien sollte ein großzügiges Besiedlungswerk zum Aufbau des weithin zerstörten Landes führen.

Mit dem Frieden von Passarowitz hatte die österreichische Monarchie Kaiser Karls VI. ihren größten Gebietsumfang erreicht, der aber nicht lange gehalten werden konnte. Nachdem während des Polnischen Erbfolgekrieges die Positionen in Unteritalien verloren gegangen waren, wurde in einem weiteren Türkenkrieg der Jahre 1737 bis 1739 mit Ausnahme des Banates alles verloren, was Eugen zu Passarowitz gewonnen hatte. Auch Belgrad mußte am 1. September 1739 wieder an das Osmanische Reich abgetreten werden.

Karl Gutkas

Objekte

9.1 Die habsburgischen Länder zur Zeit der Auseinandersetzung mit dem osmanischen Reich

Entwurf: Wolfgang May.
Graphische Gestaltung: Irmgard Grillmayer.

Bemerkenswert sind die gewaltigen Veränderungen im Bereich der Länder der ungarischen Krone (heutiges Ungarn sowie Teile der Tschechoslowakei, Jugoslawiens und Rumäniens). Mit der Eroberung dieser Gebiete wurde Österreichs Aufstieg zur Großmacht, deren staatsrechtliche Grundlegung bereits 1526 mit dem Erwerb der böhmischen und der ungarischen Krone durch die Habsburger erfolgt war, auch realpolitisch vollzogen.
Auf der Karte sind auch die wesentlichen Schlachtenorte und Friedensschlüsse verzeichnet, die im Zuge der langjährigen Auseinandersetzungen Österreichs mit dem osmanischen Reich eine Rolle spielten.

Lit.: Großer Historischer Weltatlas. Dritter Teil: Neuzeit. Hrsg. v. Bayerischen Schulbuch-Verlag. Red. v. J. Engel und E. W. Zeeden. München [4]1981. — F. W. Putzger,

Historischer Schul-Atlas zur allgemeinen und österreichischen Geschichte. Bearb. v. E. Lendl und W. Wagner. Wien ^{43}1963.

Wolfgang May

9.2 Entsatz von Wien am 12. September 1683

FB 56

Öl/Lw., 80,5 × 112 cm.
Sign. Mar(tino) Alt(omonte), 1685.

Im Jahre 1684 wurde Martino Altomonte vom Polenkönig Johann Sobieski an dessen Hof berufen und beauftragt, die beiden Siege des Königs aus dem Jahre 1683 bei Wien und bei Gran im Bilde festzuhalten. Dies geschah mit zwei großformatigen Wandgemälden in der Kirche von Żolkiew bei Lemberg. Dieses Bild ist eine Ölskizze zur Darstellung der Entsatzschlacht in Żolkiew und kam wahrscheinlich nach Österreich, als Altomonte im Jahre 1703 nach Wien, später nach Linz und schließlich nach Heiligenkreuz übersiedelte. Dort starb er als Laienbruder im Jahre 1745.
Altomonte zeigt auf diesem Bild im Vordergrund den König in prunkvollem Harnisch, wie er mit gepanzerten Reitern den Angriff gegen die Osmanen führt und diese in die Flucht schlägt. Dahinter ist die Zeltstadt der Türken zu sehen. Im Hintergrund dringen die kaiserlichen Truppen von den Hängen des Kahlenberges gegen Wien vor, während die Stadt selbst heiß umkämpft wird.
Altomonte stellte vor der Herstellung seiner Türkenbilder umfangreiche Studien an, die in seinem im Stift Melk erhaltenen Skizzenbuch niedergelegt sind. Deshalb stimmen auch Zelte, Kleidung und Bewaffnung der Krieger mit der Wirklichkeit überein, der landschaftliche Hintergrund ist hingegen weitgehend frei gestaltet.

Lit.: Kat. Türken vor Wien, Nr. 11/12. — Kat. Türken, Pottenbrunn, Nr. 6.68.

Stift Herzogenburg. K. G.

Kat.-Nr. 9.3

9.3 Das Haus Habsburg als Bollwerk gegen die Türkenmacht

Kupferstich, 70 × 49 cm (Pl.).
Christian Dittmann fecit Pragae, Joann Ulrich Kraus scul. August. Vin.

Auf einem Ölbaum hängen 29 Porträtmedaillons von Rudolf I. bis Leopold I. sowie Banner und Wimpel, die siegreiche Schlachtorte sowie Länder und Herrschaften der Habsburger dokumentieren sollen. Auf der diesem Ölbaum umschließenden Balustrade stehen Allegorien und Personifikationen der österreichischen Länder, vor der Gartenmauer warten die Ver-

treterinnen der sieben freien Künste. Seitwärts nach hinten abgerückt steht dieser Verherrlichung der habsburgischen Macht ein Ölbaum, das türkische Reich symbolisierend, gegenüber, der vom Doppeladler und einem bekrönten Löwen zum Sturz gebracht wird. Zahlreiche Fahnen und Medaillons, bezeichnet mit von den Habsburgern eroberten türkischen Territorien, liegen vor einer Ruinenlandschaft, welche die Grausamkeit des osmanischen Reiches widerspiegeln sollen. In der Krone des beinahe vernichteten Baumes hält eine Eule die Augenbinde der Personifikation des Islams, während über der Spitze des habsburgischen Stammbaumes die Personifikation des Christentums schwebt und der Doppeladler Leopold I. die rudolphinische Hauskrone reicht. In den Wolken dargestellte Schlachten, eine das östliche Habsburgerreich dokumentierende Karte und Johann Wenzeslaus Kunass, Ritter von Machowitz, ein Blatt mit einer Widmung an Leopold I. haltend, vervollständigen dieses Thesenblatt.
Ein gleichartiges Blatt befindet sich in der Albertina (Hist. Blätter — Stammbäume).

Lit.: Kat. Thesenblatt, Nr. 64.

Stift Göttweig, Graphische Sammlung. S. D.

9.4 Entsatz von Gran und Eroberung von Neuhäusel

Medaille, Silber, 61 mm, 87,89 g, Randschrift, 1685.
Medailleur: —.
Vs.: Pallas mit kleiner Victoria und Palmzweig hält zwei Tafeln. Auf der einen die Schlachtszene vor der Stadtansicht, auf der anderen der Plan von Neuhäusl; i. A.: A°1685·$\frac{6}{16}$ AUG· TURCA STRIGO=/NIO FRUSTRA OPPUGNATO. etc.
Rs.: AQVILA AVGVSTI MENSE AVGVSTO etc. (Chronogramm). Pallas mit Doppeladlerschild zu Pferd jagt hinter fliehenden Wölfen her, l. treibt ein alter Olivenbaum wieder aus. Der Versuch der türkischen Abwehr Gran zurückzuerobern und die Einnahme der Festung Neuhäusel/Nove Zamky im August waren die bedeutendsten Ereignisse des Türkenkrieges im Jahre 1685.

Lit.: Montenuovo 949.

Wien, KHM, MK, Inv.-Nr. 1026 bß. H. J.

9.5 Die Plünderung von Buda

Öl/Lw., 182 × 277 cm.
Charles Herbel, um 1690.
Links unten: Eroberung von Ofen 6 Sept. 1686 (in späterer Zeit).

Nach mehr als zweimonatiger Belagerung konnte am 2. September 1686 die Festung Buda, die seit 1451 in der Hand der Türken war, von den vereinigten kaiserlichen und brandenburgischen Truppen unter Herzog Karl von Lothringen und den Bayern unter Max Emanuel eingenommen werden. Die plündernden Truppen richteten unter der Besatzung und den überlebenden Einwohnern ein fürchterliches Blutbad an.
Zusammen mit anderen Schlachtenstücken des aus Nancy gebürtigen Malers Herbel, der Herzog Karl von Lothringen auf dessen Feldzügen begleitete, war das Gemälde Teil der Dekoration einer Ehrenpforte für den feierlichen Einzug Herzog Leopolds von Lothringen in Nancy am 10. Oktober 1698. Zwischen 1703 und 1710 wurde nach der Vorlage dieser Bilder in der Teppichmanufaktur des Charles Mité in Nancy eine Serie von fünf Tapisserien mit den Siegen Herzog Karls von Lothringen gewebt; der entsprechende Teppich mit der Einnahme von Buda gelangte aus der königlichen Burg in Budapest, wo er während des Zweiten Weltkriegs verlorenging, über den Kunsthandel in das Musée historique Lorrain in Nancy.

Lit.: M. Antoine, Les Manufactures de tapisseries des ducs de Lorraine au XVIIIe siècle, Nancy 1965, S. 94. — Kat. Max Emanuel, Nr. 203. — Kat. Historische

Schlachten auf Tapisserien des Kunsthistorischen Museums Wien, Schloß Halbturn 1976, S. 29.

Wien, KHM, Gemäldegalerie (Innsbruck, Hofburg). K. S.

9.6 Die Stadt Esseck und die Schlacht bei Mohacs

Zwei Kupferstiche auf einem Blatt, 31,5 × 20 cm.
Johann Axelt (oder Azelt).

Der Nürnberger Kupferstecher stellt zwei wichtige Ereignisse des großen Türkenkrieges dar. Im Jahre 1687 wurden mit der Schlacht beim Berge Harsan (Nagyharsany-Mohacs) am 12. August und am 29. September mit der Eroberung der Brückenstadt Esseg zwei entscheidende Siege im südlichen Ungarn errungen. Als Folge dieser Niederlagen brach am 8. November 1687 in Konstantinopel ein Aufstand der Janitscharen aus, der Sultan Mehmed IV. stürzte. Karl von Lothringen nützte diese Situation zu einem Einmarsch in Siebenbürgen, das sich fortan unter kaiserliche Oberhoheit stellte.

Fürth, Stadtarchiv. K. G.

9.7 Eroberung von Stuhlweißenburg

Medaille, Silber, 50 mm, 45,05 g, 1688.
Medailleur: —.
Vs.: EX VOTO HVNGARIAM etc. (Chronogramm). Leopold I. mit dem kleinen Josef I. in einem von zwei Adlern gezogenen Prunkwagen über türkische Soldaten fahrend, darüber Engel mit Lorbeerkranz und Schlange.
Rs.: EXITIVM TVRCIS ANNOTAT ALBA REDVX (Chronogramm). Ansicht der Stadt, l. aufgehende Sonne, r. untergehende Mondsichel; i. A.: ALBA REGALIS RE=/CVPERATA etc.

Nach der Erstürmung von Buda/Ofen und der Besetzung von Siebenbürgen war die Vertreibung der Türken aus Westungarn mit der Eroberung von Stuhlweißenburg/Székesfehérvár im Mai 1688 ein weiterer Schritt.

Lit.: Montenuovo 1062. — Kat. Türken vor Wien, 18/23.

Wien, KHM, MK, Inv.-Nr. 1163 bß. H. J.

9.8 Sieg bei Slankamen

Medaille, Silber, 44 mm, 19,37 g, 1691.
Medailleur: Johann Höhn.
Vs.: Lager und Schlacht an den Ufern der Donau, unten Schild mit A.CAST.TURC./ B.EQVITAT$_9$ TVRC./C.EXERCIT$_9$ CHRIST./ D.OPPID.SELANKE/MEN.
Rs.: FELIX MEMORIA/DIEI 19 AUGUSTI 1691 etc. 12 Zeilen Schrift.

Die Türken hatten im Jahre 1691 Belgrad zurückerobert, doch Markgraf Ludwig Wilhelm von Baden konnte am 19. August durch den Sieg bei Slankamen an der Theißmündung ihren Vormarsch stoppen.

Lit.: Montenuovo 1109.

Wien, KHM, MK, Inv.-Nr. 550—1914 B. H. J.

9.9 Einnahme von Peterwardein

Medaille, Silber, 40 mm, 23,08 g, Randschrift, 1694.
Medailleur: —.
Vs.: PER VIAM QVA — VENIT REVERTATVR. Weibliche geflügelte Person mit dem ungarischen Wappen an der Hüfte vor Schlachtszene bei Peterwardein; auf den einen Teil fällt Schatten; i. A.: IN.MEMORIAM.PETRO.VARADINI.A.TVRCIS./LIBER. etc.
Rs.: PETRO=VARADINVM. Ansicht der Stadt und der Befestigungen.

Die Eroberung von Peterwardein am 1. Dezember 1694 war deshalb wichtig, weil diese Festung in der Folge zum kaiserlichen Hauptstützpunkt ausgebaut wurde.

Lit.: Montenuovo 1120. — Kat. Türken vor Wien, 18/36.

Wien, KHM, MK, Inv.-Nr. 11.745 bß. H. J.

Kat.-Nr. 9.10

9.10 Elfenbeinrelief Markgraf Ludwig Wilhelms von Baden

15,1 × 11,7 cm, größte Tiefe 2,6 cm.
Ignaz Elhafen zugeschrieben, zwischen 1686/87 und 1690/95.

Das Relief stammt aus einer 1905 vom Kunsthistorischen Museum erworbenen Serie von acht Reliefs mit reitenden Siegergestalten aus den Türkenkriegen zwischen 1683 und 1699, von denen hier drei zur Ausstellung gelangen. Die Serie, die sich wahrscheinlich an bis heute allerdings nicht nachweisbaren Stichvorlagen orientiert, wurde von Kris als eine österreichische Arbeit vom Ende des 17. Jh.s bezeichnet, von Christian Theuerkauff aufgrund stilistischer Kriterien allerdings Ignaz Elhafen zugeschrieben.

Das vorliegende Relief zeigt den Markgrafen mit dem in die Seite eingestemmten Feldherrenstab aufrecht auf seinem Pferd sitzend, das in der Levade nach rechts steht. Hinter der Bodenwelle im Vordergrund ist eine Truppe bewaffneter Reiter wiedergegeben, den übrigen Reliefgrund nimmt eine aufsichtig gehaltene Wald- und Flußlandschaft ein (zu Biographie Ludwig Wilhelms siehe Kat.-Nr. 1.65).

Lit.: E. Kris, Die Arbeiten des Gabriel Grupello für den Wiener Hof, in: Jb. d. KH Slgn. 8, 1934, S. 220. — Chr. Theuerkauff, Der „Elffenbeinarbeiter" Ignaz Elhafen, in: Wr. Jb. f. Kunstgeschichte XXI, 1968, S. 139, Nr. 90.

Wien, KHM, Sammlung für Plastik und Kunstgewerbe, Inv.-Nr. 7174. T. K.

9.11 Elfenbeinrelief Herzog Karl V. von Lothringen

15 × 11,5 cm, größte Tiefe 31 mm.
Riß links oben, Zügel abgebrochen.
Ignaz Elhafen zugeschrieben, vor 1690.

Das Reiterrelief zeigt das Pferd in Levade nach links. Karl aufrecht auf dem Pferd sitzend, den Kopf nach hinten gewendet, hält in seiner Rechten den Kommandostab. Hinter der Bodenwelle im Vordergrund sind bewaffnete Reiter und Fußvolk wiedergegeben. Der Reliefgrund zeigt links und rechts eine an einem Fluß gelegene Burg vor einer waldigen Flußlandschaft.

Der 1663 vom französischen Hof nach Wien gekommene Herzog Karl von Lothringen (1643—1690) bewährte sich schon bald nach seiner Ankunft in der berühmten Türkenschlacht von St. Gotthard/Raab und heiratete 1674 die Halbschwester Kaiser Leopolds I., Witwe König Michaels von Polen, Eleonore Maria Josepha, wodurch er seine gesellschaftliche Stellung in Wien festigen konnte. 1683 war er neben Sobieski wesentlich am erfolgreichen Ausgang der Entsatzschlacht beteiligt.

Nach weiteren Erfolgen in Ungarn, in Oberitalien und zuletzt am Oberrhein erkrankte er schwer und verstarb bereits 1690.

Lit.: Chr. Theuerkauff, S. 140, Nr. 92. — H. Urbansky, Karl V. von Lothringen, in: Die Türken vor Wien, Salzburg 1982, S. 202—209.

Wien, KHM, Sammlung für Plastik und Kunstgewerbe, Inv.-Nr. 7177. T. K.

9.12 Elfenbeinrelief Kurfürst Max Emanuel von Bayern

15,1 × 11,6 cm, größte Tiefe ca. 4 cm.
Ignaz Elhafen zugeschrieben, zwischen 1686/87 und 1690/95.

Das Reiterrelief gibt das Pferd in Levade nach links wieder. Max Emanuel, die Zügel in der Linken, den Kommandostab in der Rechten, wendet Kopf und Oberkörper leicht aus dem Bildraum. Hinter der üblichen Bodenerhebung erblickt man wieder Reiter, ebenso zeigt der Reliefgrund die aufsichtig wiedergegebene Wald- und Aulandschaft (zur Biographie Max Emanuels siehe Kat.-Nr. 1.66).

Lit.: Chr. Theuerkauff, S. 140, Nr. 93. — Kat. Max Emanuel, Nr. 233 mit Abb.

Wien, KHM, Sammlung für Plastik und Kunstgewerbe, Inv.-Nr. 7175. T. K.

9.13 Gedenkblatt auf Max Emanuel von Bayern als Türkensieger

Kupferstich, 35,1 × 45 cm.
Justus van der Nypoort nach Johannes Paulus Zenarolla de Rizzolea, um 1688.

Der vorliegende Stich wurde vermutlich nach der Einnahme von Belgrad 1688 vom infulierten Propst St. Nikolaus in Stuhlweißenburg, Johannes Paulus Zenarolla, dem bayrischen Kurfürsten gewidmet. Das Blatt mag möglicherweise als Titelblatt der ebenfalls Max Emanuel gewidmeten Schrift Zenarollas „Operationi di Leopoldo Primo . . . sotto l'anno 1688 overo Campagna gloriosa die Massimiliano Emmanueli III. [sic] elettore die Bariera . . ." (Wien 1689) gedient haben.
Es zeigt eine von Kriegstrophäen gerahmte Landkarte des südosteuropäischen Kriegsschauplatzes. Konstantinopel und Adrianopel am unteren Bildrand geben der Hoffnung Ausdruck, nach Belgrad eines Tages auch jene Städte erobern zu können. Vor die Landkarte ist der bayrische Kurhut gestellt, in dessen Zentrum das Brustbild Max Emanuels in Wolken wiedergegeben ist. Darunter erscheinen der habsburgische Adler und der bayrische Löwe, die den zerbrochenen türkischen Halbmond mit der auf die Vergänglichkeit des Glücks bezogenen Inschrift „Fortuna vitrea est" halten. Die zentrale Szene ist umgeben von acht radial angeordneten Ansichten von Schlachtenorten, beginnend unten mit Wien 1683 und endend mit Belgrad 1688 unmittelbar über dem Brustbild Max Emanuels.

Lit.: Kat. Max Emanuel, Nr. 227 u. Abb. S. 89.

Wien, Hist. Museum, Inv.-Nr. 95.883. T. K.

9.14 Leopold I. als Türkensieger

Radierung, 37 × 26,5 cm (Pl.).
Zu finden in Nürnberg bei Jacob Sandrart, Kupferstecher und Kunsthändler.

Das Reiterbildnis Leopolds — der Kaiser trägt einen Harnisch und hält in der Rechten den Kommandostab — stellt eine Verherrlichung der Türkenkriege unter Leopold dar, wie die Zeilen unter der Darstellung erklären. Über dem Schlachtgetümmel schweben Putten, die mit Feuer (Blitzbündel) und Schwert die Osmanen bekämpfen. Zwei Putten halten über den Kopf des barhäuptigen Kaisers einen Lorbeerkranz und einen Ölzweig. Beide Attribute stehen in Zusammenhang mit den Spruchbändern, wo dem siegreichen Herrscher ein Lorbeerkranz mit Lob und Ehre gebunden wird. Nach den Kriegen soll der Kaiser aber als

Kat.-Nr. 9.13

Zepter den Ölzweig führen, also den Frieden bringen.

Lit.: Porträt 1, Der Herrscher, Nr. 21.

Münster, Westfäl. Landesmuseum PAD. S. D.

9.15 Friedrich August I. (der Starke), Kurfürst von Sachsen, als August II., König von Polen

Kupferstich, 52,9 × 35,6 cm (Pl.).
J. M. Bernigeroth nach Antoine Pesne.

Der am 12. Mai 1670 in Dresden als Sohn des Kurfürsten Johann Georg III. von Sachsen und der Sophie (von Dänemark) geborene Friedrich August war seit 1691 mit Joseph I. befreundet und schloß sich — 1694 Kurfürst geworden — mit einem Hilfskorps der Großen Allianz gegen Frankreich an. Dafür verlangte er die Übertragung des Oberbefehls im Türkenkrieg. Er führte diesen aber in den Jahren 1695/96 in Ungarn so schlecht, daß Prinz Eugen 1697 ihm als Adlatus beigegeben wurde. Der unterdessen katholisch gewordene Kurfürst wurde 1697 mit Hilfe Kaiser Leopolds I. von einer polnischen Minorität nach großen Bestechungen als August II. zum König von Polen gewählt. Im Nordischen Krieg mußte er sich im Bündnis mit Dänemark und Rußland gegen Schweden und den gewählten Polen Stanislaus Leszczynski behaupten, jedoch nach Niederlagen im Frieden von Altranstädt 1706 zu dessen Gunsten auf den polnischen Thron verzichten. Im Spanischen Erbfolgekrieg beteiligte er sich mit einem Korps an der Eroberung von Lille und konnte nach der Niederlage der Schweden bei Poltawa 1709 mit Hilfe Rußlands und Preußens Teile Polens zurückerobern, schloß 1719 mit den Schweden einen Waffenstillstand, aber erst 1729 Frieden mit Stanislaus, der den Königstitel behalten durfte.

Der körperlich außerordentlich kräftige Mann war geistig wendig, vielseitig und verschlagen. Er war ein großer Kunstmäzen und gestaltete seine beiden Residenzen Dresden und Warschau. Er starb am 1. Februar 1733 in Warschau.

Das ganzfigurige Porträt zeigt Friedrich August im Harnisch mit übergeworfenem Hermelinmantel, dessen Schleppe ein Mohr trägt. Nach rechts gewandt weist er mit dem Kommandostab auf eine Schlachtszene im Hintergrund. Das Bild von Antoine Pesne wurde wie die Porträts vieler durchreisender Persönlichkeiten für den Berliner Hof gemalt, und von Johann Martin Bernigeroth in Leipzig gestochen.

Lit.: Porträt 1, Der Herrscher, Nr. 185. — J. Menzhausen, Der augusteische Barock in Dresden, in: Kat. Barock und Klassik, Schallaburg 1984, S. 9ff. — J. Kalisch - J. Gierowski, Um die polnische Krone, 1962.

Münster, Westfäl. Landesmuseum PAD. K. G.

9.16 Ernennungsdekret des Hofkriegsrates für den Feldmarschall Prinz Eugen von Savoyen zum Oberkommandanten des kaiserlichen Heeres in Ungarn

Original, Papier, Tinte, 8 fol.
33,5 × 21 cm.
Wien, 5. Juli 1697.

Als Ludwig XIV. 1688 den Pfälzischen Erbfolgekrieg auslöste, entschloß sich Kaiser Leopold I. den französischen Truppen entgegenzutreten, obwohl er dadurch die Belastung mit einem Krieg an zwei Fronten, in Ungarn und am Rhein, auf sich nahm. Tatsächlich kam es in den folgenden Jahren zu militärischen Rückschlägen in Südungarn, etwa zur Rückeroberung Belgrads durch die Osmanen 1690.

Die Lage änderte sich erst, als Ludwig XIV. angesichts der gegen ihn zustandegekommenen Großen Allianz zu einem Frieden ohne Annexionen bereit schien und als auf Empfehlung des Hofkriegsratspräsidenten Ernst Rüdiger Graf Starhemberg der junge aber bereits kriegserfahrene und initiativenreiche Prinz Eugen von Savoyen zum Oberkommandanten in Ungarn anstelle des zum König von Polen gewählten Kurfürsten Friedrich August von Sachsen ernannt wurde. Noch im gleichen Feldzugsjahr errang der Prinz den Sieg bei Zenta an der Theiß.

Lit.: Feldzüge des Prinzen Eugen, Bd. 2, S. 58ff., S. 415. — Kat. Österreich und die Osmanen, Wien 1983, Nr. 286, Abb. 46.

Wien ÖStA, Kriegsarchiv, Alte Feldakten 1697/Türkenkrieg/7/10, fol. 544. Rainer Egger

9.17 Schlacht bei Zenta

Öl/Lw., 116 × 153 cm.
Jan van Huchtenburgh, nach 1708.

Als Prinz Eugen im Sommer 1697 das Kommando über die kaiserliche Armee in Ungarn übernommen hatte, stieß ein osmanisches Heer unter dem Kommando des Sultans Mustafa gegen Ungarn vor. Während Eugen seine Truppen bei Peterwardein gesammelt hatte, rückte der Sultan nach Norden in Richtung Szegedin in der Absicht vor, sich gegen Siebenbürgen zu wenden.

Kat.-Nr. 9.18

Bei Zenta errichteten die Türken einen verschanzten Brückenkopf, um die Theiß auf einer Pontonbrücke zu überschreiten. Die Kaiserlichen folgten in Eilmärschen dem Heer des Sultans und griffen es am Nachmittag des 11. September 1697 während des Brückenüberganges an. Die Kavallerie war schon jenseits der Theiß, die Janitscharen noch im Brückenkopf. Unter Ausnützung einer Sandbank drangen die Kaiserlichen in den Brückenkopf ein, die Brücke brach unter der Last der Fliehenden. Dieser Vernichtungssieg ebnete den Weg zum Frieden von Karlowitz.
Auf dem Gemälde sieht man im Hintergrund die Theiß, welche die türkischen Truppen in Auflösung überschreiten wollen. Links im Hintergrund erkennt man das Zeltlager des Sultans Mustafa. In der Bildmitte kann man die zum Teil durch vorgestellte Bagagewagen geschützte Schanze der Türken ausnehmen, in welche die kaiserliche Infanterie, von der Kavallerie gefolgt, einbricht. Im Vordergrund reitet inmitten einer Gruppe von Offizieren Prinz Eugen über gefallene Türken hinweg.

Lit.: Kat. Prinz Eugen 1963, Nr. 27. — Le Battaglie di Jan Huchtenburgh per Eugenio di Savoia-Soissons: alcune indicazioni tra Vienna e Torino, Turin 1983.

Turin, Galleria Sabauda. K. G.

9.18 Sieg bei Zenta

Medaille, Silber, 43 mm, 28,50 g, Randschrift, 1697.
Medailleur: Georg Hautsch, herausgebracht von Lauffer in Nürnberg.
Vs.: INTERFECIT EXERCITUM EORUM ET etc. Die Schlacht bei Zenta und die Flucht der Türken über die Theiß; im Vordergrund Prinz Eugen zu Pferd.
Rs.: TIBISCVS. Flußgott Theiß mit Quellkrug und kleiner Victoria hält Tafel mit 17 Zeilen Schrift: AUSPICIIS/LEOPOLDI MAGNI/ VIRTVTE EVGENII/SABAVDIAE D· etc.

Durch die Tapferkeit Eugens wurde, wie diese Medaille aussagt, Kaiser Leopold der Sieg von Zenta zuteil.

Lit.: Lauffer, S. 46. — Montenuovo 1127. — Johnson 1.

Wien, KHM, MK, Inv.-Nr. 1180 bß. H. J.

9.19 Prinz Eugen als Reiter

Kupferstich, 25 × 17,3 cm.
C (Christoph) Weigl.

Im Zentrum reitet Eugen, umgeben von marschierenden Soldaten. Es könnte sich um einen Hinweis auf den Marsch der Armee Eugens in Richtung Zenta im September 1697 handeln. Der Stich diente zur Illustration eines Buches.

Stift Göttweig, Graphische Sammlung. K. G.

9.20 Sieg bei Zenta

Medaille, Silber, 43 mm, 35,95 g, Randschrift, 1697.

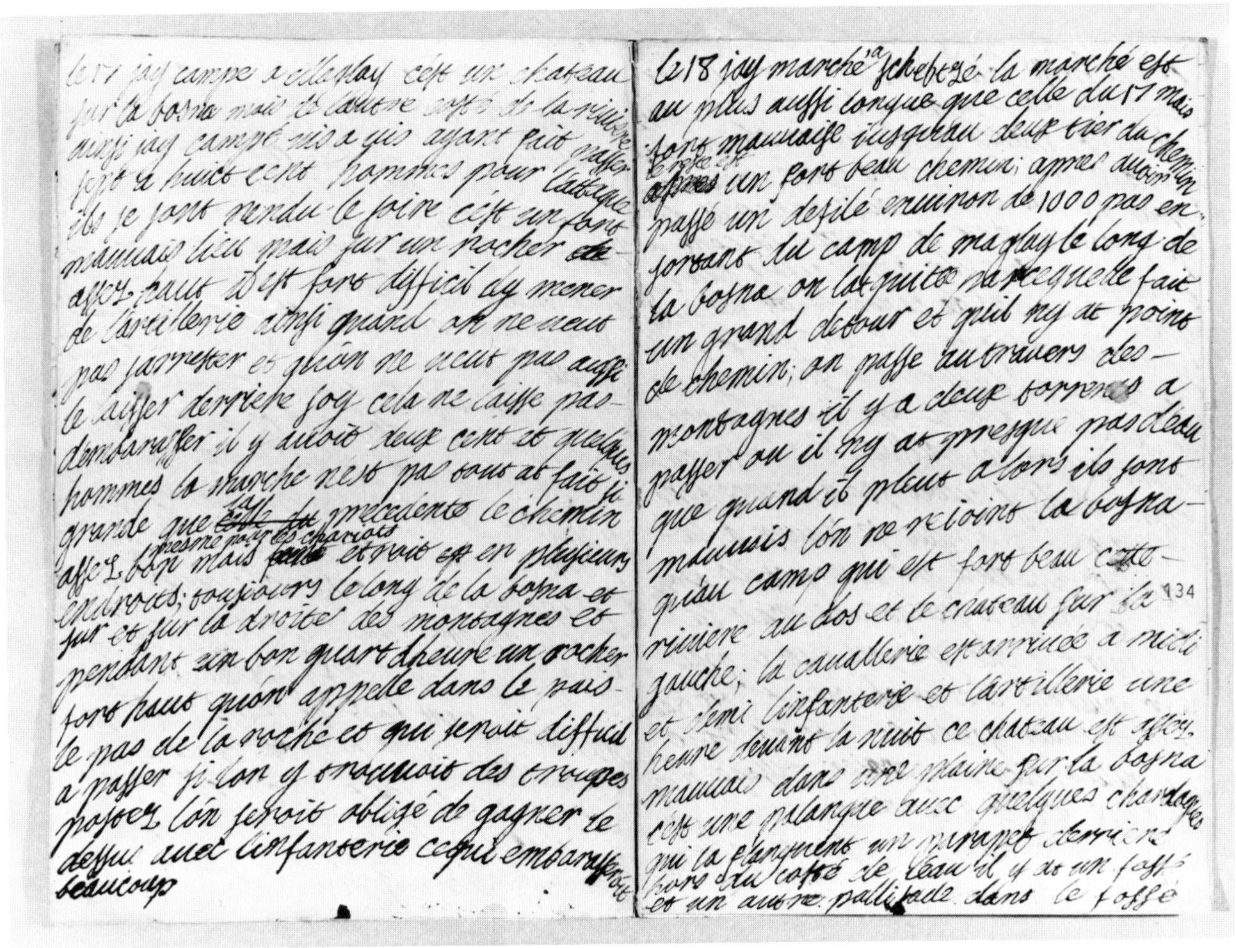

Kat.-Nr. 9.21

Medailleur: Martin Brunner/Georg Friedrich Nürnberger.

Vs.: HAUD ULLI VETE=-RUM VIRTUTE SECUNDUS. Geharnischtes Brustbild Prinz Eugens r.

Rs.: SEMPER HONORATUS etc. Fünf Frauen mit türkischen Beutestücken tanzen vor den Flußgöttern von Theiß und Donau, die das Wappen Eugens emporhalten; i. A.: GLORIA CHRISTIA/NORUM.

Nach dem am 3. September 1697 erfochtenen Sieg wurde Prinz Eugen erstmals eine Medaille gewidmet.

Lit.: Johnson 2.

Wien, KHM, MK, Inv.-Nr. 6491 bß. H. J.

9.21 Kriegstagebuch des Prinzen Eugen (Journal de la marche en Bosnie)

Original, Papier, Tinte, 16 fol. (fol. 126—147).
34 × 46 cm (geöffnet).
13. Oktober 1697 bis 8. November 1697.

Da es Prinz Eugen auch nach der siegreichen Schlacht bei Zenta angesichts der fortgeschrittenen Jahreszeit nicht mehr wagen konnte, Belgrad oder Temesvár anzugreifen, unternahm er einen Streifzug nach Bosnien bis nach Sarajevo, das am 23. Oktober 1697 erreicht und teilweise niedergebrannt wurde. Der Zweck, den Sultan friedensgeneigter zu stimmen, wurde erreicht. Eugen trug eigenhändig die Ereignisse des Tages in das Tagebuch ein.

Lit.: Kat. Prinz Eugen 1963, Nr. 31, Taf. 14.

Wien, ÖStA, Kriegsarchiv, Alte Feldakten 1697/Türkenkrieg/13/1, fol. 133 und fol. 134.

P. B.

9.22 Der Friede von Karlowitz zwischen Kaiser Leopold I. und Sultan Mustapha II.

Osmanische Kopie des Vertrages, Papier, Tinte, Siegelabdrücke der kaiserlichen Bevollmächtigten, 1 fol.
73 × 32,5 cm (geöffnet).
Karlowitz, 24. April 1699.

Nachdem die Türken nach der Niederlage bei Zenta keinen erfolgreichen Abschluß der seit 1683 andauernden Kämpfe erwarten konnten, nahmen sie die Vermittlung der Seemächte an und entschlossen sich zu Friedensverhandlungen mit dem Kaiser.
Die Bevollmächtigten des Kaisers, Reichshofratspräsident Graf Wolfgang Öttingen, Obristwachtmeister Graf Leopold Schlick, Graf Marsigli und als Sekretär der Hofkriegsrat Thiel trafen im Oktober 1698 im Dorf Karlowitz in Syrmien unterhalb Peterwardein zusammen. Die Vertreter der Türkei waren Reis-Efendi Mehmed Rami und Dolmetsch Alexander Mavrokordato, Vermittler Englands war Lord William Paget, der Bevollmächtigte der Generalstaaten Graf Jacob Colyer.
Nach heftigen Auseinandersetzungen um Siebenbürgen und das Banat wurde der Friedensvertrag für 25 Jahre am 26. Jänner 1699 unterzeichnet. Siebenbürgen, Ungarn mit Ausnahme des Temesvárer Banats, Slawonien mit Ausnahme des südöstlichen Teils von Syrmien und Kroatien waren dem Kaiser zugesprochen worden. Belgrad blieb türkisch.
In der Ausstellung wird die türkische Kopie des von türkischer Seite durch Reis-Efendi Mehmed Rami und dem Dolmetsch Alexander Mavrokordato unterzeichneten Friedensvertrages gezeigt. Die Kopie trägt die Siegelabdrücke der kaiserlichen Bevollmächtigten.

Lit.: Braubach, Bd. 3, S. 269f.

Wien, HHStA, Türkische Urkunden, 1699 Jänner 26.

H. L.

9.23 Friede von Karlowitz

Medaille, Silber, 47 mm, 25,28 g, 1699.
Medailleur: Johann Kittel.
Vs.: PRÆCLARIS-LEO-POLDI-VICTORIIS. Vexillum, auf der Fahne die ungarischen, siebenbürgischen und slawonischen Landesteile mit den bedeutendsten Städten, l. unten auf der Fahne die Wappen von Ungarn und Siebenbürgen in Kranz.
Rs.: PANNONIIS RESTITVTIS.VII.CAL. FERR.MDCIC. Frau mit Palmzweig und Trompete, auf der PAX zu lesen ist.

Der „Friede um Mitternacht", am 26. Jänner 1699 unterzeichnet, beendete den nahezu sechzehn Jahre dauernden Krieg und brachte Ungarn wieder unter habsburgische Herrschaft.

Lit.: Montenuovo 1156. — Le Maistre 392.

Wien, KHM, MK, Inv.-Nr. 552-1914 B. H. J.

9.24 Der Friedensschluß zu Karlowitz 1699

Aufgestochene Radierung, 50,9 × 59 cm (Pl.).
Verlegt von Anna Beek in Den Haag.

Das aus der Kupferstichsammlung Eugens stammende Blatt bezieht sich auf den Ablauf der Verhandlungen in dem stark zerstörten Karlowitz. Die beiden Mittelfelder zeigen den Donaulauf bei Karlowitz und das aus Holz errichtete Konferenzhaus, das in seiner Raumeinteilung dem Schloß von Rijswik entsprach.

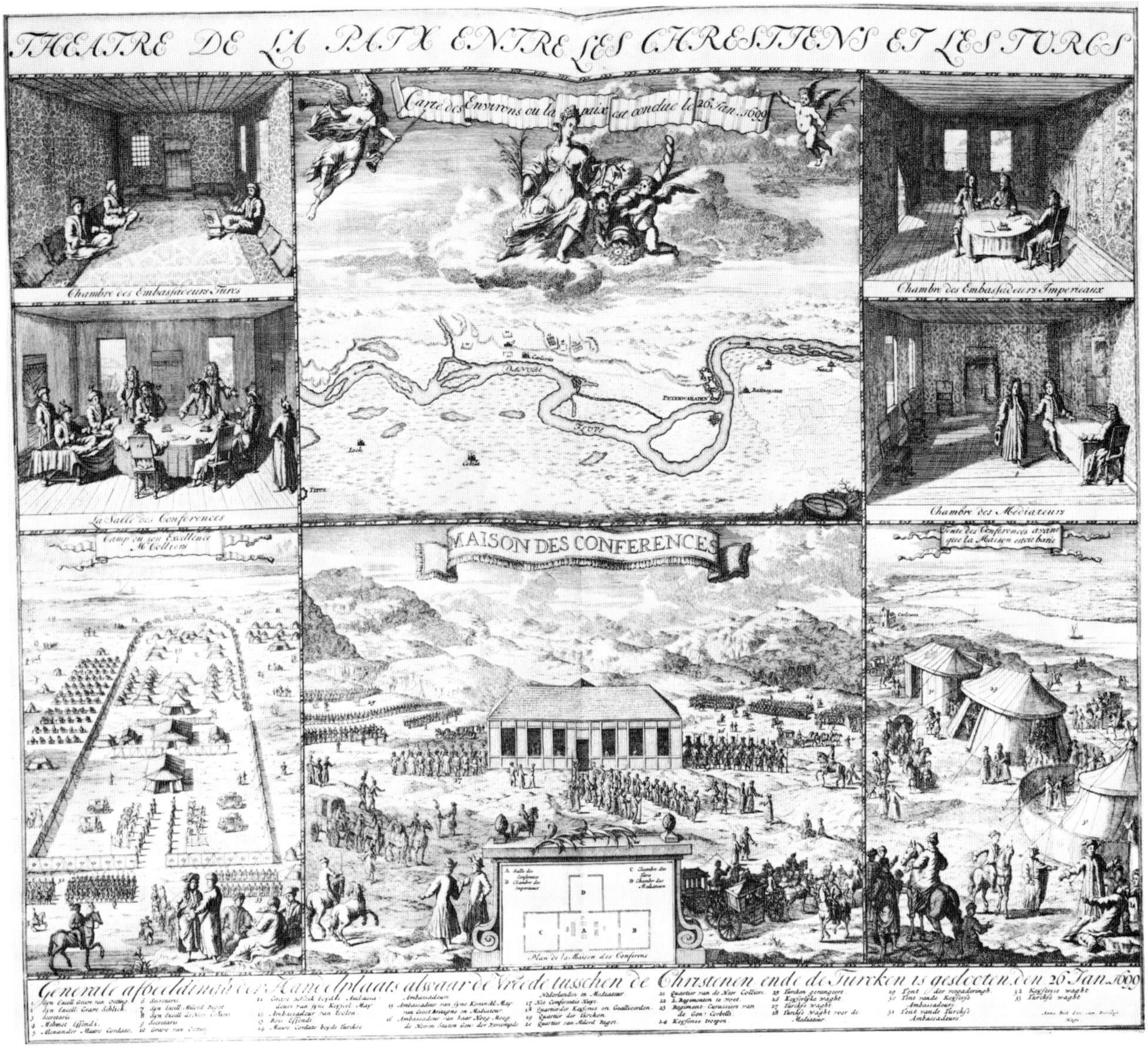

Kat.-Nr. 9.24

Die türkische, kaiserliche und englische bzw. niederländische Delegation hatte eigene Zimmer, die um den gemeinsamen Konferenzraum gruppiert waren. Vor Errichtung des Hauses konferierte man in einem Zeltlager, die Delegierten wurden in Zelten untergebracht, wie das Lager des Niederländers Colyer zeigt.

Lit.: Gerda Mraz, S. 42. — Braubach, Bd. 3, S. 270.

Wien, Albertina, Hist. Blätter, Bd. 18. S. D.

9.25 Barockes Schwurkreuz

Silber vergoldet, getrieben und gegossen, H 48 cm; 2. Hälfte 17. Jh.

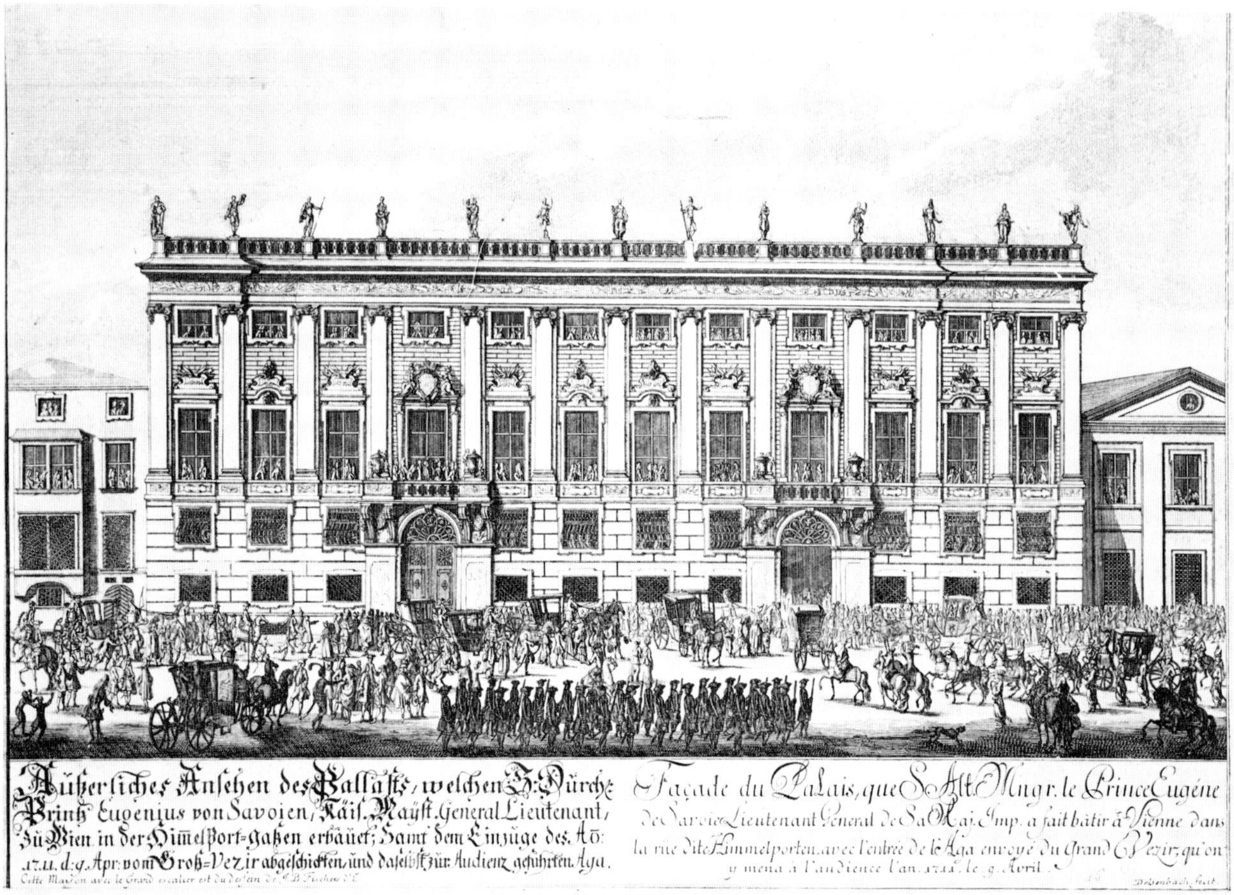

Kat.-Nr. 9.26

Auf das von Prinz Eugen für die Heeresführung gestiftete, Reliquien bewahrende Kreuz mit Korpus, wurde erstmals beim Frieden von Karlowitz geschworen.
Der fein ziselierte Fuß des Kreuzes ist vierpaßförmig. Auf den kurzen Schaft setzt der ebenfalls vierpaßförmige, ziselierte Nodus auf, über welchem sich der Kreuzesstamm erhebt. Die dreipaßförmigen Balkenenden mit abschließenden Kugelmotiven sind mit über die Dreipässe reichenden geflügelten Engelsköpfen verziert mit Ausnahme des Dreipasses am Fuß des Kreuzstammes, auf den ein Totenkopf geblendet ist. Über dem Corpus Christi ist am Schnittpunkt der Balken eine Scheibe angebracht, darüber das Kreuzeszeichen „INRI".
Als unter Joseph II. die Feldvikarswürde eingerichtet wurde, gelangte das Kreuz in die Obhut des Feldvikars, deren erster Bischof Kerens von St. Pölten war. Als Schwurkreuz des Feldvikars diente es bis zum Ende der Monarchie. Damals wurde es vom letzten Feldvikar und späteren Diözesanbischof von Großwardein nach Ungarn mitgenommen. Das heute in Privatbesitz befindliche, dem Ungarischen Adelskapitel als Leihgabe zur Verfügung gestellte Kreuz dient diesem heute wiederum als Schwurkreuz.

Privatbesitz.

T. K.

9.26 Besuch des türkischen Agas bei Prinz Eugen im Jahre 1711

Kupferstich, 29,4 × 42,2 cm (beschnitten).
J. A. Delsenbach, Taf. 5 des 4. Buches der „Hist. Architektur".
Nach 1711.

Der Kupferstich zeigt das Winterpalais des Prinzen Eugen nach der ersten Erweiterung, an dessen Fenstern Schaulustige stehen und die Ankunft des türkischen Agas und seines Gefolges beobachten. Eine fast identische Darstellung des Winterpalais, allerdings ohne Staffage, findet sich auf einem von Joseph Emanuel Fischer gezeichneten und von J. A. Delsenbach gestochenen Blatt der „Prospecte" (Kat.-Nr. 21.46). Als Hofkriegsratspräsidenten war es dem Prinzen Eugen erlaubt, Friedens- und Sonderbotschafter des türkischen Sultans oder anderer afrikanischer oder asiatischer Großherrscher zu begrüßen, wobei die Ankunft und Abfahrt der fremdländischen, bunt und kostbar gekleideten Gäste jedes Mal eine Art Volksfest war. Die Bevölkerung ließ sich derartige farbenprächtige Schauspiele nicht entgehen.

Lit.: Braubach, Bd. 5, S. 127f.

Wien, Hist. Museum, Inv.-Nr. 19.781. H. L.

9.27 Bericht über Einzug und Audienz Ibrahim Paschas im Februar 1700 in Wien

Vienna - Padova: Sardi, 1700.
3 Seiten, brauner Ledereinband, Lederfutteral, keine Abbildungen, 23 × 33 cm (geöffnet).

Der vollständige Titel des in italienischer Sprache abgefaßten Berichts lautet: „Racconto distinto dell'vdienza solenne havvta appresso sva Maestà Cesarea in Vienna Dal Signor Grande Ambaseratore Ottomano Ibrahim Pascia Beiler Bey Di Romelia." Dem Bericht über Einzug und Audienz des Ibrahim Pascha ist eine Liste mit den vom Sultan für den Kaiser bestimmten Geschenken beigefügt.

Wien, ÖMAK, Sign. A I 133. H. L.

9.28 Die Schlacht bei Peterwardein

Öl/Lw., 116 × 153 cm.
Jan van Huchtenburgh, 1716.

Gegenüber dem vor der Festung Peterwardein gegen Ende Juli 1716 von Prinz Eugen errichteten Lager ließ der Großvezir Dahmad Ali Pascha ein von einem Graben umgebenes Lager befestigen. Dieses griff der Prinz am Morgen des 5. August an und konnte einen großen Sieg erringen. In einer kritischen Situation hatte er selbst in die Kämpfe eingreifen müssen.
Im Vordergrund reitet der Prinz inmitten einer Gruppe von Offizieren über gefallene Türken hinweg, während in unmittelbarer Nähe Janitscharen in die Flucht geschlagen werden. Im Mittel- und Hintergrund sieht man das Schlachtfeld von Peterwardein. Über dem Schlachtfeld hält ein Genius einen Kranz, Putten die päpstlichen Ehrengaben und ein Adler schleudert Blitzbündel. Auf den beiden kleineren Serien wird als Schlachtfeld „Szlankamen" angegeben (Kat.-Nr. 8.54).

Lit.: Feldzüge des Prinzen Eugen, Bd. 16, S. 217—271. — Kat. Prinz Eugen 1963, S. 151ff.

Turin, Galleria Sabauda. K. G.

9.29 Schlacht bei Peterwardein

Medaille, Zinn mit Kupferstift, 44 mm, 1716.
Medailleur: Georg Wilhelm Vestner.
Vs.: Belorbeertes Brustbild Karl VI. r.
Rs.: PRIMITIAE DEVICTIS TVRCIS (Chronogramm). Prinz Eugen übergibt dem thronenden Kaiser türkische Kriegstrophäen; i. A.: CC.MILL./CAST.OCCVP. etc.

Anläßlich des Sieges von Peterwardein wurden zwei Medaillen geprägt.

Lit.: Montenuovo 1465. — Johnson 36. — Jungwirth, Prinz Eugen auf der Medaille, in: Gutkas, Prinz Eugen, S. 396.

Wien, KHM, MK, Inv.-Nr. 139.438. H. J.

9.30 Einnahme von Peterwardein

Silber, 40 mm, 23,08 g, Randschrift.
Medailleur: —.
Vs.: PER VIAM QVA — VENIT REVERTATVR. Weibliche geflügelte Person mit dem ungarischen Wappen an der Hüfte vor Schlachtszene bei Peterwardein; auf den einen Teil fällt Schatten; i. A.: IN.MEMORIAM.PETRO.VARDINI.A.TVRCIS./LIBER. etc.
Rs.: PETRO = VARADINVM. Ansicht der Stadt und der Befestigungen.

Lit.: Montenuovo 1120.

Wien, MK, Inv.-Nr. 11.745 bß.

9.31 Einnahme von Temesvar

Medaille, Silber, 49 mm, 34,88 g, 1716.
Medailleur: Benedikt Richter.
Vs.: Belorbeertes Brustbild Karl VI. im Harnisch r.
Rs.: TEMESWARO EXPVGNATO PANNONIA sitzt neben ungarischem Wappenstein vor Stadtansicht; i. A.: R.HVNG.TERMIN. DECVMAN. etc.

Mit der Einnahme von Temesvar im Spätherbst 1716 wurde die Rückeroberung Ungarns abgeschlossen.

Lit.: Montenuovo 1473.

Wien, KHM, MK, Inv.-Nr. 1557 bß. H. J.

9.32 Eroberung von Temesvar

Medaille, Silber, 47 mm, 27,75 g, 1716.
Medailleur: Karl Josef Hoffmann.
Vs.: VICTORI EVGENIO TEMESII. Stadttor, das mit einem Schlüssel, der von einer aus Wolken reichenden Hand geführt, aufgeschlossen wird. Der Schlüssel besteht aus einem Schwert, das von einer Feldherrnbinde umschlungen ist. Der Schlüsselbart hat die Form eines E für Eugen.
Rs.: NON SINE STRAGE VENIT. Ein Blitz fährt auf eine hügelige Landschaft hernieder, im Vordergrund zwei Türkenköpfe.

Lit.: Johnson 40.

Wien, KHM, MK, Inv.-Nr. 6505 bß. H. J.

9.33 Prinz Eugen informiert Kaiser Karl VI. über die Schlacht bei Peterwardein

Fragmentarisches Original, Papier, Tinte, 11 fol.
30,5 × 20,5 cm.
Lager vor der Festung Peterwardein, 8. August 1717.

In dem Bericht an den Kaiser schildert der Feldherr seinen Entschluß, trotz etwa dreifacher türkischer Übermacht in der Nacht vom 4. zum 5. August 1716 auf zwei Schiffbrücken über die Donau in ein verschanztes Lager einzurücken. Am 5. August brach er sodann mit den Truppen aus jenem Lager zum erfolgreichen Angriff auf die Osmanen, die sich zur Belagerung Peterwardeins vorbereitet hatten, auf.

Lit.: Kat. Prinzen Eugen 1963, Nr. 133.

Wien, ÖStA, Kriegsarchiv, Alte Feldakten 1716/Türkenkrieg/8/56, fol. 168. P. B.

9.34 Des Grossen Feld-Herrns Eugenii ... Helden-Thaten ... Dritter Teil

Frankfurt - Leipzig: Riegel 1718.
1224 Seiten, 11 Kupferstiche.
17 × 20 cm (geöffnet).

Der dritte Teil der „Helden-Thaten" enthält neben den üblichen Beschreibungen sämtlicher Schlachten, Schlachtenordnungen und Berichten über den Verlauf der jeweiligen Schlacht 11 Kupferstiche, unter ihnen auf

S. 984 den 186 × 149 cm großen Kupferstich mit den von Papst Clemens XI. an Prinz Eugen im Jahre 1716 übersandten Ehrengaben. Darunter verstand man die Verleihung von „stocco und berettone“ (Schwert und Hut) durch den Papst an Herrscher und Fürsten, die sich um den Schutz von Glauben und Kirche besonders verdient gemacht hatten.
Bei dem an Prinz Eugen verliehenen Schwert handelte es sich um ein Prunkschwert, der dunkelviolette Hut mit der Taube des hl. Geistes auf der rechten Seite, war mit Perlen bestickt und mit Hermelin gefüttert. Hut und Schwert lagen bei der Aufbewahrung des Prinzen auf seinem Totenbett, bei seinem Leichenbegängnis auf dem Sarg.

Wien, NÖLB, Sign. 1.344 B. H. L.

Kat.-Nr. 9.34

9.35 Prinz Eugen dankt Papst Clemens XI. für die ihm übersandten Ehrengaben

Konzept, Papier, Tinte, 1 fol.
33 × 21,5 cm.
Wien, 16. November 1716.

Papst Clemens XI., dem nach der Schlacht bei Peterwardein türkische Fahnen und Roßschweife aus der Beute übersandt worden waren, ehrte den Sieger. Er übersandte ihm Schwert und Hut als eine Auszeichnung, die die Päpste bereits seit dem Spätmittelalter an christliche Herrscher und Fürsten verliehen, die sich um den Schutz der Kirche besonders bemüht hatten. Das diesbezügliche päpstliche Breve wurde am 7. September 1716 in Rom unterzeichnet, die Auszeichnungen am 8. November 1716 im Dom zu Raab (Györ) übergeben.

Lit.: Kat. Prinz Eugen 1963, Nr. 141, 143, 144.

Wien, ÖStA, Kriegsarchiv, Alte Feldakten 1716/Türkenkriege/11/34. P. B.

9.36 Papst Clemens XI.

Medaille, Silber, 44 mm, 34,32 g.
Medailleur: Ermenegildo Hamerani.
Vs.: Brustbild des Papstes fast en face l.
Rs.: Hl. Lukas malt Madonna mit Kind.

Papst Clemens XI. (1700—1721) unterstützte Venedig und den Kaiser im Türkenkrieg von 1716—1718. Nachdem ihm Eugen nach dem Sieg bei Peterwardein zwei türkische Fahnen und zwei Roßschweife als Trophäen übersandt hatte, antwortete der Papst mit der Widmung eines geweihten Hutes und eines Degens. Diese wurden Eugen zusammen mit einem Breve am 8. November 1716 im Dom zu Raab/Györ übergeben.

Lit.: Numismata Romanorum Pontificum, S. 338.

Wien, KHM, MK, Inv.-Nr. 5796 bß. H. J.

9.37 Kalender auf das Jahr 1717

Aufgestochene Radierung, zweifarbiger Let-

terndruck, verlegt von Adam Jonathan Felsecker, Nürnberg.
74,3 × 31,6 cm (Pl.).

„Der unbeständigen Zeit Freud- und Leid-Wechsel, aber auch Beständigen Hoffnungs-Trost vor stellender Kupffer Calender“ zeigt in der oberen Bildhäfte eine Allegorie auf den Tod des einzigen Sohnes Karls VI., Erzherzogs Leopold, der in der rechten oberen Bildhäfte, auf einer Wolke sitzend, gehalten von zwei Engeln, dargestellt ist. Seinem Munde entströmen die Worte „Weine nicht. Hinfort ist mir beygefügt die Crone der Gerechtigkeit“.
Die untere Bildhälfte zeigt das von zwei viereckigen Bildfeldern, worauf Tod und Aufbahrung des Erzherzogs dargestellt sind, und von vier emblematischen Darstellungen umrahmte Kalenderblatt: Eine Landschaft, ein Füllhorn, eine welkende Rose und ein blühender Strauch weisen auf den Wechsel von Freud und Leid hin.
Unter dem Kalenderblatt sind in zwei viereckigen Bildfeldern Szenen aus der Schlacht bei Peterwardein und der Eroberung von Temesvar, wo die den Festungsplan betrachtenden Feldherrn im Vordergrund zu erkennen sind, dargestellt.

Wien, Albertina, Histor. Bl. 10/10. H. L.

9.38 Die Schlacht bei Belgrad

Öl/Lw., 124 × 175 cm.
Johann Georg Moevius, um 1730.

Das Gemälde zeigt eine Szene der Entsatzschlacht von Belgrad vom 16. August 1717. Im Vordergrund reitet Eugen auf levierendem weißen Pferd vor einer Gruppe von Offizieren und deutet auf die im Mittelgrund tobende Reiterschlacht. Den Hintergrund bildet die Festung Belgrad und eine Landschaft an einem Flußsystem (Donau, Save).
Das Bild hat wenig historisch belegte Grundlagen und gehört zu den häufigen Darstellungen der bald legendär gewordenen Schlacht. Der Bildnis-, Landschafts- und Schlachtenmaler Moevius war vorwiegend in Frankfurt tätig, wo das Bild auch aufbewahrt wird. Eine ähnliche Darstellung der Schlacht bei Belgrad befindet sich auch im ehemaligen Kaunitz-Schloß Austerlitz/Slavkov.

Frankfurt am Main, Historisches Museum.
K. G.

9.39 Prinz Eugen als Türkensieger

Öl/Lw., 146 × 119 cm.
Jacob van Schuppen.

Das wohl bald nach der Schlacht bei Belgrad 1717 entstandene Porträt zeigt Eugen als Halbfigur, mit einer Allongeperücke und einem Brustharnisch bekleidet. In der Linken hält er einen Feldherrenstab, mit der Rechten deutet er auf eine Reiterschlacht und auf die Bergfestung Belgrad.
Das, wie aus dem 1722 entstandenen Stich von Bernard Picard (Kat.-Nr. 8.53) hervorgeht, „ad vivum“ gemalte Porträt hat jenen für van Schuppen typischen Gesichtsausdruck, der sowohl auf dem großen Reiterbild in Turin als auch auf dem Gemälde, das Eugen im Ordenskleid der Ritter vom Goldenen Vlies (Kat.-Nr. 4.12) sowie auf mehreren Stichen zu finden ist. Das Bild befand sich im Besitz des Kupferstechers Bernard Picard und wurde 1737 aus seinem Nachlaß verkauft. Im Jahre 1806 wurde es dem Nationalmuseum Den Haag übergeben, jetzt befindet es sich im Besitz des Rijksmuseums Amsterdam.

Lit.: Kat. Rijksmuseum 1964, S. 282. — Kat. Höfische Bildnisse des Spätbarocks, Berlin-Charlottenburg 1966, S. 164f. — P. Schreiden, Jaques van Schuppen, in: Wiener Jb. f. Kunstgesch. XXXV, 1982, Nr. 18.

Amsterdam, Rijksmuseum, Inv.-Nr. W 2182.
K. G.

9.40 Eroberung von Belgrad

Medaille, Silber, 49 mm, 44,09 g, 1717.
Medailleur: Georg Wilhelm Vestner.
Vs.: Belorbeertes Brustbild Karls VI. im Harnisch r.
Rs.: GLADIVS DEI CAROLI ET GIDEONIS EVGENII (Chronogramm). Engel mit flammendem Schwert über der Stadt Belgrad; i. A.: TVRCIS FVSIS/CASTRIS OCCVPATIS/BELGRADO RE=/CEPTO.

Der Sieg bei Belgrad wurde schon von den Zeitgenossen als größter Triumph Eugens und Karls VI. angesehen, aus diesem Grund prägte man auch eine Reihe von Medaillen (Kat.-Nr. 9.41).

Lit.: Montenuovo 1506. — Weifert 24.

Wien, KHM, MK, Inv.-Nr. 1576 bß. H. J.

Kat.-Nr. 9.40

9.41 Eroberung von Belgrad

Medaille, Silber, 43 mm, 29,79 g, 1717.
Medailleur: Martin Brunner.
Vs.: Behelmtes Brustbild Prinz Eugens im Harnisch r.
Rs.: ALTER GRADIVI BELLVS GRADVS BELGRADO OBTENTO (Chronogramm). Der Prinz in römischer Rüstung mit Schwert und Lanze vor der Stadt Belgrad; i. A.: BIDVO POST VICTORI-/AM etc.

Lit.: Weifert 31. — Johnson 44. — Jungwirth, Prinz Eugen auf der Medaille, in: Gutkas, Prinz Eugen, S. 396f.

Wien, KHM, MK, Inv.-Nr. 6506 bß. H. J.

9.42 Plan der Schlacht bei Belgrad FB 59

Aquarellierte Handzeichnung (1717).
47,1 × 104,7 cm.

Der Plan mit dem Titel „Plan der bataille bei Belgrad zwischen einem detachement der kaiserl(ichen) armée von 50 battaillons, 51 grenadiers compagnies und 24 regg(imen)ter zu pferdt unter commando ihro hochfürstliche durchlaucht Printz Eugenio von Savoyen und türckischen 200.000 mann starcken stehenden armée den 16. Augusti 1717" enthält neben der Darstellung des Hauptgeschehens — der Belagerung Belgrads — noch folgende Details: in der oberen Mitte den Titel, rechts daneben in einer von Waffen (Lanzen, Kanonen usw.), türkischen Soldaten und Fahnen gebildeten Kartusche eine Ansicht Belgrads von Semlin her gesehen zum Zeitpunkt der Explosion des Pulvermagazins, darunter eine Darstellung des Gefechtes auf der Donau zwischen kaiserlichen und türkischen Kriegsschiffen und die Legende zum Hauptplan. Das letzte Detail zeigt die Aufstellung der kaiserlichen Truppen und die Belagerungsarbeiten um Belgrad. Auf der Donau sind die Lage der Brücke und die Positionen der Kriegsschiffe eingetragen. Wiedergegeben ist das Geschehen in der Phase des beginnenden Angriffes auf das türkische Entsatzheer und deren Ansetzen zur Flucht.

Wien, ÖStA, Kriegsarchiv-Kartensammlung, Sign. H III d 956. E. H.

9.43 Prinz Eugen meldet dem Hofkriegsrat den Sieg in der Schlacht bei Belgrad

Konzept, Papier, Tinte, 1 fol.
31,5 × 21 cm.
(Lager vor Belgrad), 16. August 1717.

Prinz Eugen betont, daß nach dem erfolgreichen Ausgang der am frühen Morgen begonnenen Schlacht die Kriegskanzlei des osmanischen Heeres und der Artilleriepark erbeutet werden konnten. Er lobt in einem Nachtrag insbesondere die Generalität.

Lit.: Kat. Prinz Eugen 1963, Nr. 161.

Wien, ÖStA, Kriegsarchiv, Alte Feldakten 1717/Türkenkrieg/8/81. P. B.

9.44 Marienbild zum Dank für die Siege bei Temesvár und Belgrad FB 58

Pergament, Feder mit Tusche und Pinsel mit Deckfarben, 82 × 59 cm, um 1720.

Das von einem Priester aus Verona in zweijähriger Arbeit anläßlich der kaiserlichen Türkensiege bei Temesvár und Belgrad hergestellte Pergamentbild zeigt die Rolle Mariens als „Generalissima" der Habsburger und Patronin in den Türkenkriegen. In der lateinischen Inschrift wird sie als die Urheberin der Siege von Temesvár und Belgrad bezeichnet.
Maria erscheint als die Immaculata über der Weltkugel, um die sich die Schlange windet, mit dem einen Fuß auf die Schlange, mit dem anderen auf die Mondsichel tretend, die hier zugleich den Sieg über den türkischen Halbmond symbolisiert. In Verbindung mit dem Kind in ihrem Arm, das der Schlange mit dem Kreuzesstab den Todesstoß versetzt, nennt man diesen seit der Schlacht von Lepanto verbreiteten Madonnentypus auch „Maria vom Siege".
Im Hintergrund nimmt man die aus verschiedenem Blickwinkel wiedergegebenen, durch einen blauen Horizont getrennten Schlachtenorte Temesvár und Belgrad aus. Gerade für die letztgenannte Schlacht ist die Rolle Mariens überdies von besonderer Bedeutung, da er am 16. August, einen Tag nach Maria Himmelfahrt, errungen wurde.
Die Bedeutung des Zusammenwirkens von himmlischer und weltlicher Macht wird auch aus dem gemalten Rahmen des Blattes ersichtlich, der alternierend Engelsköpfe und Kaiseradler in Blattwerksornamentik wiedergibt.

Lit.: Kat. Türken, Perchtoldsdorf, Nr. 2.7.

Benediktinerstift Seitenstetten. T. K.

9.45 „Göttlicher Nebel-Sieg welchen abermahl die unüberwindliche kayserliche Waffen . . . den 16. Augusti . . . 1717 . . . bey der Haubt-Vestung Belgrad erfochten haben"

Wien: W. Schwendimann, 1717.
8 Seiten, keine Abbildungen.
24,5 × 39 cm (geöffnet).

Bei der vorliegenden Flugschrift mit religiöser Tendenz handelt es sich um die im Quartformat gedruckte Predigt des Dompredigers zu St. Stephan, Pater Ignaz Raiffenstuel, die er anläßlich des Sieges bei Belgrad im Jahre 1717 vor dem Kaiserpaar gehalten hat. Der Pater preist den Sieg der Kaiserlichen als „Auswirkung der göttlichen Allmacht". Der siegreiche Ausgang der Schlacht wird der Hilfe Gottes, der dem Prinzen Eugen und seinen Truppen in einer Nebelwolke beigestanden sein soll, zugeschrieben.

Lit.: M. Baratta-Dragono, Prinz Eugen in der Publizistik seiner Zeit, phil. Diss. Wien 1960, S. 91.

Stift Klosterneuburg, Inv.-Nr. Bk II, 633-11.
H. L.

9.46 Prinz Eugen Lied

Faksimile eines Blattes des handgeschriebenen Liederbuches „Musikalische Rüstkammer auf der Harffe"

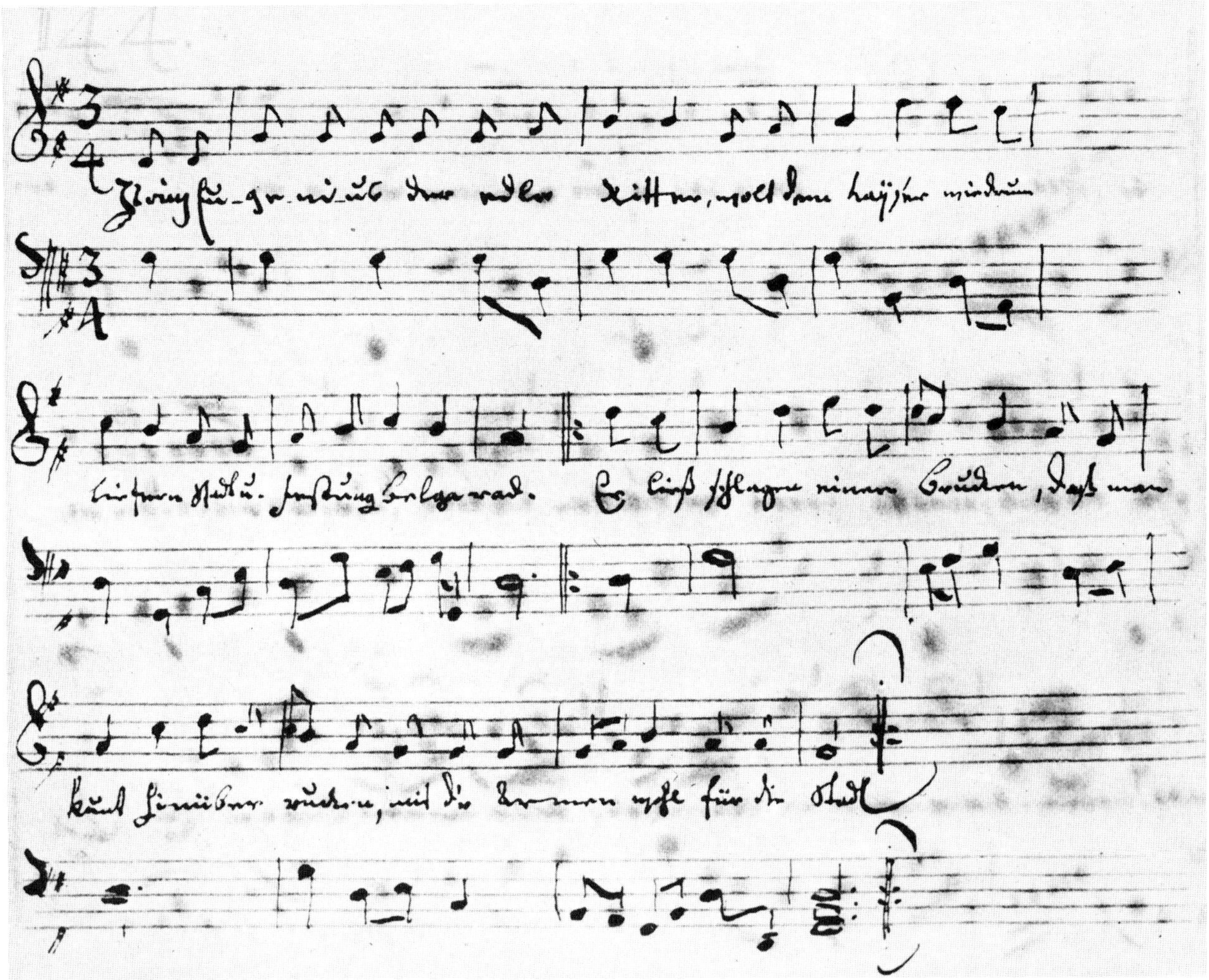

Kat.-Nr. 9.46

1719, Stadtbibliothek Leipzig.

Das Faksimile zeigt sechs Notenzeilen mit dem Text der ersten Strophe des berühmten Volksliedes, das den Sieg Eugens bei Belgrad verherrlicht und zum ersten Mal von einem einfachen Soldaten auf dem Schlachtfeld angestimmt worden war.

Prinz Eugenius, der edle Ritter,
Wollt dem Kaiser wied'rum 'kriegen
Stadt und Festung Belgarad;
Er ließ schlagen eine Brucken,
Daß man kunnt hinüberrucken
mit d'r Armee wohl für die Stadt!

Lit.: Kat. Prinz Eugen, 1963, Nr. 173.

Wien, HGM. S. D.

9.47 Türkische Fahne FB 60

Blatt aus Schlappseide, hochrechteckig, 143 × 133 cm, Stange mit Spitze und eisernem Schuh, L 263,5 cm.

Die bei den Kämpfen von Belgrad 1717 erbeutete osmanische Fahne zeigt im schwarzen Mittelfeld in den Ecken aus Zwilch geschnittene und aufgenähte Halbmonde, die kleine Kreise aus demselben Material umklammern, während an der Flugseite gedrehte schwarze Seidenfransen zu sehen sind. Die Spitze aus Eisen besteht aus einer langen zulaufenden Tülle, die über eine kugelförmige Verdickung in die vierkantig geformte Spitze übergeht.

Wien, HGM, Inv.-Nr. 224-20. F. K.

9.48 Ratifikation des zwischen Kaiser Karl VI. und dem Großsultan Ahmed III. geschlossenen Friedens von Passarowitz durch den Kaiser

Konzept, Papier, Tinte, 7 fol.
33 × 42 cm (geöffnet).
Passarowitz, 21. Juli 1718.

Nach den für Österreich siegreichen Kämpfen bei Peterwardein, Temesvár und Belgrad waren sowohl Türken als auch Österreicher einem Friedensschluß nicht abgeneigt, da die einen durch ihre Niederlagen erschöpft waren, die anderen sich auf Sardinien, das von den Spaniern bedrängt wurde, konzentrieren mußten. Von österrreichischer Seite wurden der ehemalige Gesandte in Polen, General Graf Virmond und der Hofkriegsrat Michael Talman, der frühere kaiserliche Gesandte bei der Pforte, und Prinz Eugen als Bevollmächtigte des Kaisers zu den Friedensverhandlungen in das serbische Passarowitz entsandt, wobei es Karl VI. dem mit einer Vollmacht ausgestatteten Prinzen Eugen überlassen hatte, im Falle nicht ausreichender Angebote der Türken gegen diese erneut die Waffen zu erheben oder weiter zu verhandeln.
Der 20 Artikel umfassende Friedensvertrag, wonach der Kaiser die kleine Walachei bis zur Aluta, das Banat, den bisher türkischen Teil Syrmiens, Nordserbien samt Belgrad und einem Grenzstreifen im nördlichen Bosnien erhielt, wurde am 21. Juli 1718 von den österreichischen Bevollmächtigten, den Vertretern Englands und der Generalstaaten unterzeichnet.
In der Ausstellung werden die erste Seite der Ratifikation des Friedensvertrages und die Seiten mit der Erklärung der österreichischen Bevollmächtigten Damian Hugo Graf von Virmond und Michael Talman sowie des Vertreters von England, Ritter Robert Sutton und des Vertreters der Generalstaaten, Jacob Graf Colyer, gezeigt.

Lit.: Braubach, Bd. 3, S. 364—379.

Wien, HHStA, Türkische Urkunden, 1718 Juli 21, fol. 48, 53, 54. H. L.

9.49 Friede von Passarowitz

Medaille, Silber, 57 mm, 139,05 g, Guß, 1718.
Medailleur: Benedikt Richter/Hieronymus Fuchs.
Vs.: Geharnischtes Brustbild Prinz Eugen r.
Rs.: VIRTVTI FELICI. Virtus, Fortuna und Stadtgöttin neben einem Haufen von eroberten Fahnen und Waffen.
Vorliegende Medaille, die sich durch besonders große künstlerische Qualität auszeichnet, bezieht sich auf den Frieden von Passarowitz.

Lit.: Johnson 47. — Jungwirth, Prinz Eugen auf der Medaille, in: Gutkas, Prinz Eugen, S. 398.

Wien, KHM, MK, Inv.-Nr. 6488 bß. H. J.

9.50 Plan des Zeltlagers bei den Friedensverhandlungen von Passarowitz 1718

Kupferstich, 30,5 × 19,6 cm (beschnitten).
Jeremias Wolff excud. Aug. Vind.

Das Zeltlager in Passarowitz war nach strengen protokollarischen Gesichtspunkten aufgestellt worden, um keine der verhandelnden Parteien zu bevorzugen oder zu benachteiligen. Im Mittelpunkt stand das für die Besprechung bestimmte Zelt, wo ein genaues Reglement die Sitzordnung regelte.

Lit.: B r a u b a c h, Bd. 3, S. 373 ff.

Wien, Hist. Museum, Inv.-Nr. 91.262. S. D.

9.51 Der Friedensschluß von Passarowitz 1718

Aufgestochene Radierung, 88 × 55,2 cm.
Verlegt von F. u. D. Landry in Paris.

Dieses von den beiden Kupferstechern François und Pierre Landry 1741 herausgegebene Kalenderblatt für das Jahr 1719, das aus der Kupferstichsammlung des Prinzen Eugen stammt, hält als wichtigstes Ereignis des Jahres 1718 den Abschluß des Friedens von Passarowitz vom 21. Juli fest. Vor einem Zelt sitzen um einen Tisch auf einer Seite die Bevollmächtigten des Kaisers (Hugo Damian Graf von Virmond, Michael von Talman, der Hofkriegsrat Franz Anselm von Fleischmann), der Venetianer Cavaliere Carlo Ruzzini, der englische Gesandte Sutton und der Holländer Colyer. Rechts sieht man die beiden türkischen Gesandten Ibrahim Aga und Mehmed Aga samt Gefolge. Den Vordergrund bilden ein kaiserlicher Herold und ein türkischer Paukenschläger neben dem Steinsockel mit dem Kalender.

Lit.: Kat. Prinz Eugen 1963, Nr. 179.

Wien, Albertina, Hist. Blätter, Bd. 24. K. G.

Kat.-Nr. 9.51

9.52 Franz II. Rákóczy

Öl/Lw., 79 × 61 cm.
Joseph Ferdinand Wasshuber.
1. Hälfte 18. Jh.

Franz II. Rákóczy (1676—1735) wuchs als Nachkomme siebenbürgischer Fürsten in einer habsburgfeindlichen Tradition auf. Als er noch ein Kind war, verteidigte seine Mutter, Tochter des 1671 hingerichteten Peter Zrinyi, zwei Jahre die Festung Munkacs gegen die Kaiserlichen. Im Jahr 1701 wurde er der Zusammenarbeit mit den Franzosen beschuldigt und im Nordwestturm der Wiener Neustädter Burg (heute noch „Rákóczy-Turm“ genannt) gefangen gehalten. Er konnte durch eine spektakuläre Flucht entkommen und stellte sich 1703 an die Spitze der ungarischen Kuruzen. Die Bewegung wandte sich gegen den habsburgischen Zentralismus in Ungarn und gelangte mit ihren verwüstenden Streitscharen bis vor Wien. Rákóczy wurde zum Fürsten von Siebenbürgen gewählt, trug in den Jahren 1706/07 verschiedenen Fürsten (August II. von Polen, Max Emanuel II. von Bayern, Karl XII. von Schweden) die ungarische Krone an und

Kat.-Nr. 9.52

erreichte im Juni 1707 auf dem Landtag von Onod die Absetzung des Habsburgers Joseph I. als ungarischen König. Bevor 1711 der Friede von Szatmár mit den Kuruzen geschlossen wurde, ging Rákóczy ins Exil nach Frankreich. 1717 stellte er sich den Osmanen zur Verfügung und besiegelte mit deren Niederlage sein Schicksal. Die letzten 18 Jahre seines Lebens verbrachte er als Flüchtling in der Türkei.
Um 1730 schuf der Wiener Neustädter Maler Joseph Ferdinand Wasshuber eine Serie von Gemälden für das Rathaus in Wiener Neustadt; es handelte sich dabei um Darstellungen der wichtigsten historischen Ereignisse in der Geschichte Wiener Neustadts sowie um Porträts von Persönlichkeiten, die in der Geschichte der Stadt eine Rolle gespielt hatten. Das Porträt Rákóczys — dargestellt en face im Küraß mit einem um die Schultern geworfenen Mantel — wurde in dieser Reihe wegen seiner Gefangenschaft in Wiener Neustadt aufgenommen.

Lit.: G. Gerhartl, Wiener Neustadt, 1978, S. 306. — G. Gerhartl, in: Kat. Wiener Neustadt, Festung, Residenz, Garnison, Wiener Neustadt 1972, Nr. 79.

Wiener Neustadt, Stadtmuseum. G. B./K. G.

9.53 Nikolaus VI. Pálffy FB 57

Öl/Lw., 130 × 100 cm.
Um 1715.

Das Porträt eines etwa fünfzigjährigen Feldmarschalls mit dem Orden vom Goldenen Vlies konnte bisher nicht gedeutet werden. Bei Berücksichtigung der Ähnlichkeit sowie der Trägerschaft des Goldenen Vlieses kann es sich nur um Nikolaus VI. Pálffy (1657—1732) handeln. Dieser wurde 1712 zum Feldmarschall befördert und erhielt im gleichen Jahr von Karl VI. das Vlies. Sein Verwandter, Graf Johann Pálffy, wurde hingegen erst 1739 damit ausgezeichnet. Eine Ähnlichkeit mit dem 1734 vor Parma gefallenen Nikolaus VII. Pálffy, dessen Porträt von F. Stampart aus dem Jahre 1726 im Museum Červeny Kameň erhalten ist, kann festgestellt werden. Hingegen ist das im gleichen Museum aufbewahrte Bild, das ebenfalls mit Nikolaus Pálffy bezeichnet ist, eindeutig ein Porträt des Grafen Johann Pálffy.
Der Lebensweg des Grafen Nikolaus VI. war lange Zeit dem des um sechs Jahre jüngeren Prinz Eugen ähnlich: In jungen Jahren Offizier geworden, kämpfte er 1683 vor Wien, Parkan und Gran, wurde 1687 Kommandant von Gran und 1688 bei der Belagerung von Belgrad verwundet. In den folgenden Jahren war er ebenfalls in Italien eingesetzt und wurde 1692 Feldmarschalleutnant. Im Jahre 1700 in den Geheimen Rat berufen, wählte ihn die

Kaiserin Eleonore zu ihrem Oberststallmeister, bis er 1714 Palatin von Ungarn wurde. In dieser Stellung verblieb er bis zu seinem Tode im Jahre 1732, wobei er sich im Juni 1722 auf dem Preßburger Landtag besonders für die Anerkennung der Pragmatischen Sanktion einsetzte.

Lit.: Wurzbach, Bd. 21, S. 214. — D. Učniková, Historický portrét na Slovensku (1980), XVII u. 40.

Wien, HGM. K. G.

9.54 Trompetenfahne

Weiße Seide mit Goldstickerei, 48 × 48 cm.
Um 1715.

Die von Goldfransen eingefaßte, mit Blattornamenten bestickte Fahne zeigt den gekrönten Doppeladler mit dem Wiener Wappen im Herzschild, auf der Gegenseite ist die von einem Wolkenkranz umgebene Weltkugel mit der Devise Karls VI., „Constantia et fortitudine" dargestellt.

Lit.: Kat. Das Wiener Bürgerliche Zeughaus, Schallaburg 1977, Nr. 771.

Wien, Hist. Museum, Inv.-Nr. 128.243. S. D.

9.55 Zehnpfündiger Mörser in eiserner Schleife

Kaliber 17,5 cm; Henkeln in Form von Delphinen.
Das Bronzerohr zeigt im Vorderstück das geteilte Wappen des Herstellungsortes Nürnberg und die Jahreszahl 1721, im Hinterstück drei Familienwappen und die Gießerinschrift „GOSS MICH IOHANN BALTHASAR HEROLDT".

Wien, HGM, Inv.-Nr. 332-60. E. G.

9.56 Kriegskasse

Holz mit Eisenbeschlag.
B 96 cm, H 47 cm, T 54 cm.

In der mit Eisenbeschlägen verzierten Holztruhe wurde das Geld der Truppe aufbewahrt. In Folge ständigen Geldmangels war es kaum möglich, die Soldaten zeitgerecht auszubezahlen, der Sold wurde oft mit monatelanger Verspätung ausgegeben.

Wien, HGM. S. D.

9.57 Kürassieroffizier und Musketier

Lebensgroße Figurinen.

a) Der Kürassier

Brust- und Rückenküraß und Zischägge, Lederkoller, Wehrgehänge, Haudegen und Sporen sind Originale (Kat.-Nr. 8.51 b).

b) Der Musketier

Flinte mit Lunten- und Batterieschloß, Spundbajonett, Pulvermaßen, Stichdegen und Saufeder sind Originale.

Die Uniform des Infanteristen bestand aus einem dick gefütterten Rock mit praktischen Seitentaschen, Gamaschen und einem schwarzen Dreispitz aus Filz mit links aufgeschlagener Krempe. Bevor gegen Ende des 17. Jh.s die umständlich zu ladenden Musketen durch Steinschloßflinten ersetzt wurden, kam den Pikenieren, die mit ihren langen Piken die Musketiere während des Nachladens schützten, eine wichtige Aufgabe zu. Später trugen die Musketiere Bajonette und sogenannte „Saufedern" bei sich, die sowohl zum Abstützen des Gewehres als auch als „Spanischer Reiter" verwendet wurden. Die Infanterie konnte sich bei einem plötzlichen Angriff der Kavallerie hinter den gatterähnlichen aufgestellten Spießen kurzfristig decken.

Lit.: E. Gabriel, Die Bewaffnung des kaiserlichen Heeres zur Zeit Prinz Eugens, in: Gutkas, Prinz Eugen, S. 123f.

Wien, HGM. S. D.

Kat.-Nr. 9.59

9.58 Kaiserliche Offizierspartisane

210 cm, Länge des Stoßeisens mit Tülle 26,5 cm, größte Breite des Stoßeisens 12 cm.
2. Hälfte 17. Jh.

Das an der Spitze etwas zugeschliffene und dadurch leicht beschädigte Stoßeisen ist auf der einen Seite mit dem gekrönten Doppeladler, den Türmen einer befestigten Stadt und militärischen Trophäen, auf der anderen Seite mit der Göttin Fortuna, darüber dem nicht mehr vollständig lesbaren Namen (F)VRTON(A) und ebenfalls militärischen Trophäen in Goldtauschia verziert.

Wien, HGM, Inv.-Nr. NI 13.466. E. G.

9.59 Petarde mit Madrillbrett

Kesselhöhe 32 cm, Dm 22 cm; Madrillbrett 55 × 55 × 8 cm, Gewicht 88 kg.

Das aus Bronze gegossene mörserartige Gefäß („Kessel") wurde mit Pulver geladen und mit der Mündung an dem mit eisenbeschlagenen starken Brett („Madrillbrett") aufgeschraubt. Das Madrillbrett wurde nun an dem zu sprengenden Gegenstand befestigt und die Pulverladung mit einer Lunte gezündet. Durch die gerichtete Explosionswelle wurde dem Madrillbrett eine derartige Durchschlagskraft verliehen, daß ihm nur selten das zu zerstörende Objekt standhalten konnte.

Wien, HGM, Inv.-Nr. NI 81.476. E. G.

9.60 Türkisches Gewehr mit Miqueletschloß

L 129 cm, Lauflänge 93,3 cm, Kaliber 1,5 cm.

Der glatte zehnkantige, mit zwei Stiften mit dem Schaft verbundene Lauf hat vier, ehemals mit Messingblecheinlagen verzierte Einschnürungen und ist bei der Mündung dekorativ aufgestaucht. Die Zieleinrichtung besteht aus einem Lochvisier. Das Miqueletschloß ist mit Eisenschnittarbeiten und eingeschlagener Goldtauschia verziert. Das Züngel hat die Form einer Kugel, der Ladestock ist aus Eisen. Der braune Holzschaft ist mit weißen Bein-, schwarzen Ebenholz-, Perlmutter- und Koralleneinlagen dekorativ verziert. Der Abzugsbügel und der vordere Tragering fehlen.

Wien, HGM, Inv.-Nr. Rot 996. E. G.

9.61 Türkisches Zepter

L mit Stiel 77 cm.
17. Jh.

Glatter, birnenförmiger Kopf mit Goldtauschierung, oben geriefeltes rundes Blättchen mit Kupferschraube. Die Tülle ist 32,9 cm lang und zweimal eingeschnürt. Der geschwärzte Holzstiel ist neu. Zepter waren vom 16. bis zum 19. Jh. Würdezeichen, die den Dienstrang und die berufliche Stellung ihrer Träger zum Ausdruck brachten.

Wien, HGM, Inv.-Nr. 303-23. E. G.

9.62 Pfeilköcher (Tîrkesch)

Braunes Leder, H 50 cm, B 24,5 cm.
Türkisch, 17. Jh.

Vorderseite und Boden sind mit grünem Samt überzogen, entlang des Randes zieht sich ein 10 bis 15 mm breiter Streifen aus Messingblech mit getriebener Ornamentik. In der Mitte ist eine Hülse für Pfeile befestigt, darüber und darunter befindet sich je eine große Rundscheibe, mit Akanthuslaub und Rosetten verschiedener Größe verziert. Alle Applikationen sind aus Messingblech mit getriebenen Arabesken gefertigt.

Wien, HGM, Inv.-Nr. Rot 1168. F. K.

9.63 Roßschweif (Tûg)

L 168 cm.
Türkisch, 17. Jh.

Der Roßschweif war kein Feldzeichen gleich den Fahnen, sondern ein Zeichen einer Würde. Drei Roßschweife führten die Paschâ von dem Rang eines Vezirs, deren zwei die Beglerbeg oder Statthalter, einen Roßschweif führten die Sandschâkbeg, d. i. Distriktsgouverneur. Die Roßschweife wurden von den Silihdâren (Waffenträgern) getragen, welche man in diesem Fall tûgdschî (Roßschweifträger) nannte.

Wien, HGM, Inv.-Nr. NI 19235. F. K.

9.64 Zwei türkische Gewehre

Gesamtlänge 118 cm und 136 cm.
2. Hälfte 17. Jh.

Die türkischen Gewehre waren durchwegs besonders schwer und überlang, außerdem reich mit Ornamenten, Perlmutt oder Messing verziert.

Perchtoldsdorf, Türkenmuseum. S. D.

9.65 Türkensäbel mit Scheide und Gehänge

Säbel mit Kreuz und großem Knauf, reich mit Goldtauschia geschmückt.
H 82 cm.

Der Säbel, das Schwert, nahm eine bedeutende Rolle unter den Waffen der Türken ein. Die Klinge ist aus Damaszener Stahl gefertigt, die Griffe sind kunstvoll verziert, häufig mit Koranzitaten oder religiösen Motiven ausgestattet, um dem Kampf im Sinne des Islams, mit Koran und Schwert, Vorschub zu leisten.

Lit.: Kat. Türken vor Wien, S. 176.

Steyr, Heimathaus. S. D.

9.66 Handschar

Klinge silber und gold tauschiert.
72 cm.

Eine der wichtigsten türkischen Waffen, insbesondere der Elitetruppe der Janitscharen, war der Krummsäbel, der mit furchtbarem Geheul gezogen wurde und alles in Angst und Schrecken versetzte. Mit einem Schlag konnte dem Gegner mit dieser Hiebwaffe — eine zweifach, im oberen Teil konkav, im unteren konvex gebogene Klinge — der Kopf abgeschlagen werden, wofür besondere Belohnungen ausgesetzt waren.

Lit.: P. Jaeckel, Die Bewaffnung des Osman. Heeres, in: Die Türken vor Wien, Salzburg 1982, S. 114.

Steyr, Heimathaus. S. D.

9.67 Osmanische Fahne

Rohleinen mit Applikationen, 230 × 181 cm.
2. Hälfte 17. Jh.

In der Mitte des rechteckigen, nach unten spitz zulaufenden Fahnenblattes aus Rohleinen ist das Dhu'l-Fahar appliziert. Zwei Arten von Fahnen können im allgemeinen unterschieden werden, entweder sie tragen das Dhu'l-Fahar, das Schwert des Propheten mit zwei Spitzen, oder religiöse Inschriften. Das Schwert und die Schutzhand stehen für das irdische Reich, während Halbmond und Sterne den Kosmos und den Schutz Allahs symbolisieren.

Lit.: Kat. Türken vor Wien, Nr. 13/4. — P. Jaeckel, Die Bewaffnung des osmanischen Heeres, in: Die Türken vor Wien, Salzburg 1982, S. 120.

Wien, Hist. Museum, Inv.-Nr. 128.087. S. D.

9.68 Osmanische Fahne

Rohleinen mit Applikationen, 232 × 185 cm.
2. Hälfte 17. Jh.

Das rechteckige, nach unten spitz zulaufende Fahnenblatt zeigt in der Mitte das Dhu'l-Fahar und ist von mehreren Symbolen, wie Sternen, Monden und Schriftzeichen umgeben (Kat.-Nr. 9.67).

Wien, Hist. Museum, Inv.-Nr. 128.099. S. D.

9.69 Türkische Fahne

160 × 200 cm.
Grüne Einfassung, Mittelteil rot mit Zeichen. „Durch Gottes gnad vnd dero R.K.M. Sigrichen Victoria ist diesse fahn von dem Erbfeindt durch Mich Erobert worden. So beschehen in Niesse (Niš), den 24. Sept. 1689, Wilhelm Joseph Myller, K.A.Y. PRO. OFFICIER."

Das spitz zulaufende fünfeckige Bannertuch aus roter Seide hat eine Beschriftung und ein doppelklingiges Schwert. Es ist das unfehlbare Schwert, das Mohammed erbeutete. Das Stück wird ebenso als Blutfahne bezeichnet wie zwei ähnliche Fahnen im Besitz der Stadt Wien.
Am 24. September 1689 errang das kaiserliche Heer unter dem Kommando des Markgrafen Ludwig Wilhelm von Baden bei der serbischen Stadt Niš einen großen Sieg über die Osmanen. Die damals erbeutete Fahne wurde nach Steyr gebracht, wo auch ein Gemälde auf die Eroberung der Festung Belgrad im Jahre 1688 Bezug nimmt.

Lit.: Kat. Türken, Pottenbrunn, Nr. 6.82, 6.83, 7.19.

Steyr, Heimathaus, Inv.-Nr. G 13.679. K. G.

9.70 Türkenkaftan

Gelber Musselin mit Silberfadensaum.

Das im vorder- und mittelasiatischen Raum verbreitete Kleidungsstück wird im allgemeinen mit einer kleinen Knopfreihe am Hals geschlossen, häufig auch mit einer Schärpe getragen. Je nach Anlaß und Gebrauch ist das Material und die Verzierung des Kaftans.

Stift Kremsmünster. S. D.

9.71 Hornbogen mit Pfeilen

Holz, Sehnen, Horn, mit ornamental bemaltem oder lackiertem Bast- bzw. Lederüberzug.

Die Hauptwaffe der türkischen Reiterei war neben dem Gewehr noch immer Pfeil und Bogen. In jahrelangen Arbeiten wurden diese Waffen, die eine Schußweite von 500 m erreichten, hergestellt. Die osmanischen Schützen waren bestens ausgebildet und hatten in der Armee einen hohen Stellenwert.

Lit.: P. Jaeckel, Die Bewaffnung des osmanischen Heeres, in: Die Türken vor Wien, Salzburg 1982, S. 118.

Stift Kremsmünster. S. D.

9.72 Pfeilköcher

Rotes Leder und Samt, dekorative Flachstikkerei mit Gold- und Silberfaden.

Der flache Pfeilköcher wurde an der linken Hüftseite getragen, so daß mit der rechten Hand der Pfeil genommen werden konnte. Ein Bogenring am rechten Daumen und eine kleine Platte aus Haifischhaut über dem linken Handgelenk, die mit einer Rinne aus Horn verbunden war, erleichterte den Abschuß und ermöglichte eine seitliche Richtung des Pfeiles.

Lit.: P. Jaeckel, Die Bewaffnung des osmanischen Heeres, in: Die Türken vor Wien, Salzburg 1982, S. 118.

Stift Kremsmünster. S. D.

9.73 Türkenlanze

Eine weitere, bei den kaiserlichen Truppen sehr gefürchtete Waffe war der „Dscherid". Der in der Regel um 85 cm lange Wurfspeer aus einem hölzernen Schaft mit einer dreikantigen Spitze war in lederüberzogenen hölzernen Köchern in Kniehöhe unter der Satteldecke angeschnallt. In langem Training lernten die Türken, den Speer zu werfen und erreichten eine erstaunliche Treffsicherheit.

Lit.: P. Jaeckel, Die Bewaffnung des osmanischen Heeres, in: Die Türken vor Wien, Salzburg 1982, S. 118.

Stift Kremsmünster. S. D.

Kat.-Nr. 9.74

9.74 Teile einer Türkenbeute

Der fein ziselierte Prunkteller, die Schnupftabakdose und die Besteckbehälter stammen aus einer von Kremsmünster angekauften Türkenbeute.

Lit.: Kat. Türken, Perchtoldsdorf, Nr. 3.6.

Stift Kremsmünster. S. D.

9.75 Geldbeutel, türkisch

Der wildlederne, in roter und grüner Seide gearbeitete Beutel, der sich an Schnüren zusammenziehen läßt, ist mit Innentaschen und Bändern ausgestattet.

Lit.: Kat. Türken, Perchtoldsdorf, Nr. 3.6.9.

Stift Kremsmünster. S. D.

9.76 Elfenbeinkrug mit Darstellung einer Schlacht FB 34

H 42,5 cm, B 20,9 cm, T 27 cm.
Um 1700, Montierung: Wien 1739, Ignaz Wilhelm Dermer.

In die elfenbeinerne Wandung des Kruges ist eine Schlachtenszene mit dahinstürmenden Reitern und am Boden liegenden Gestalten geschnitzt. Deckel und Henkel des Kruges bestehen aus vergoldetem, handgeschlagenem, geschnitztem und gepunztem Silber und zeigen eine reiche Gravur. Auf dem Deckel des Kruges ist eine Reiterfigur mit dem Säbel in der erhobenen Rechten dargestellt. Die aus vergoldetem Silber gefertigte Montierung wurde von Ignaz Wilhelm Dermer um 1739 in Wien (Stadtpunze) angefertigt.

Lit.: Kat. Türken vor Wien, S. 321, Nr. 22, 106.

Privatbesitz. H. L.

9.77 Kaiserliche und türkische Soldaten

Figurinen, Helmuth Krauhs.

a) Der kaiserliche Offizier FB 62

(Kat.-Nr. 8.51 a)

b) Der Kürassier

(Kat.-Nr. 8.51 b)

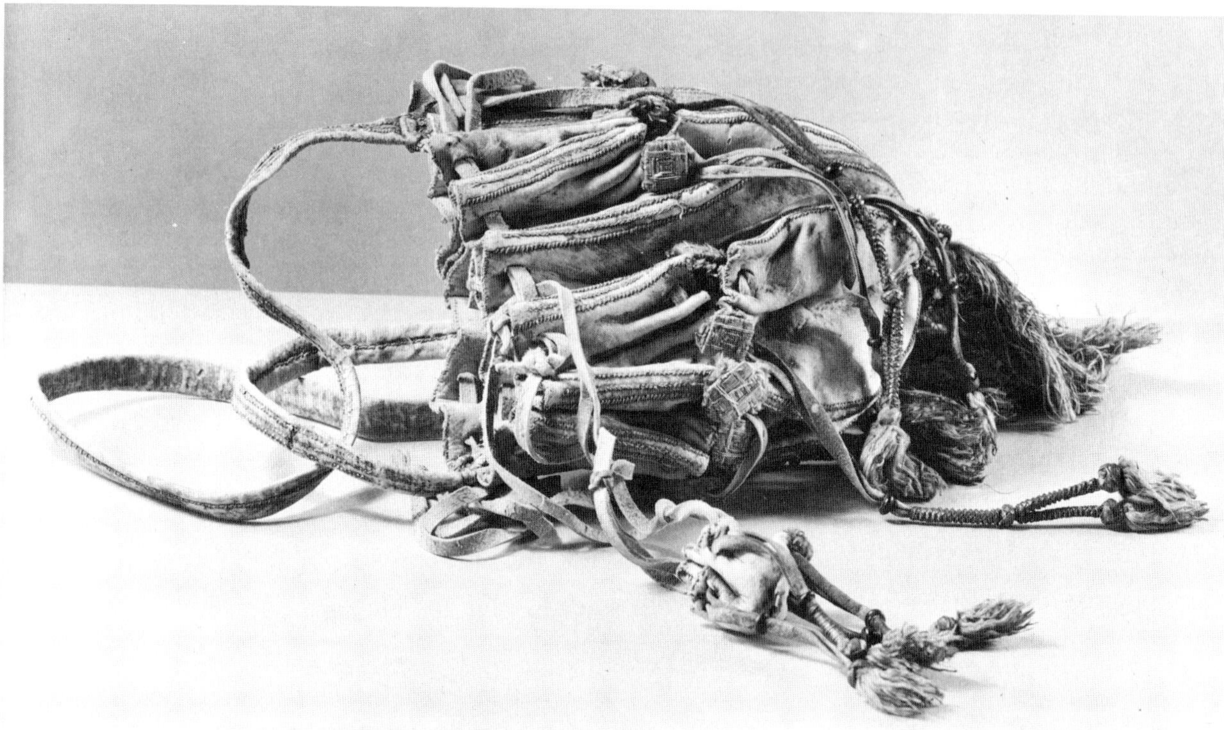

Kat.-Nr. 9.75

c) Der Sipahi

Den Kern der schweren Reiterei bildeten die Sipahi, die für ihren Kriegsdienst Lehen erhielten. Diese bei den Kaiserlichen sehr gefürchteten Soldaten trugen einen bodenlangen Kaftan über den Hosen, an dem breiten Gürtel waren die Waffen befestigt und am Kopf trug der Janitschar einen hohen Helm mit Nackenschutz.

d) Der Janitschar FB 63

Die Infanterie der Janitscharen — seit dem 14. Jh. hatte man begonnen aus den christlichen Provinzen Knaben auszuheben und militärisch auszubilden — trug einen blauen Rock und eine hohe weiße Filzmütze. Die Legende erzählt, daß der Gründer als Leitmotiv den Janitscharen die Worte mitgegeben hatte: „Ihr Name sei Neue Truppe, ihr Angesicht weiß, ihr Arm siegreich, ihr Säbel schneidend, ihr Speer durchstoßend, immer sollen sie zurückkehren mit Sieg und Wohlsein." Zur Bekräftigung soll er den abgetrennten Filzärmel seines Mantels um den Kopf gelegt haben, worauf die Entstehung der hohen Filzmützen zurückgeführt wird. Bewaffnet ist diese Truppe mit einem Gewehr und Hiebschwert.

e) Der Roßschweifträger FB 61

Der mit einem prächtigen Kaftan, pelzbesetztem Umhang und Turban bekleidete Reiter trägt das Würdezeichen der Osmanen, den Roßschweif, in der Hand, der den Ranghöchsten des Staates vorangetragen wurde.

Lit.: P. Jaeckel, Die Bewaffnung des osmanischen Heeres, in: Die Türken vor Wien, Salzburg 1982, S. 120. — Kat. Perchtoldsdorf Museum, S. 141.

Perchtoldsdorf, Türkenmuseum. S. D.

10. Pietas Austriaca

Der Begriff der „Pietas Austriaca“ taucht erstmals in barocken Ruhmeswerken auf. Man versteht darunter die Frömmigkeit als Herrschertugend der habsburgischen Dynastie, die das eigentliche Kernstück der habsburgischen Staats- und Herrscherideologie ist. Wesentlich ist, daß man sich die Überzeugung, daß dem Haus Österreich von Gott her eine bestimmte Mission für Reich und Kirche zuteil worden ist, auch als Landesfürst zu eigen machte. Kultisch, wie auch in allen für die breite Öffentlichkeit errichteten sakralen Bauwerken und Denkmälern, stellte man die Beziehung zum himmlischen Reich immer wieder unter Beweis. Gleichzeitig sollen die gelobten Bauten das Wohlwollen der himmlischen Adressaten sichern. Neben Gott Vater, der Trinität und Christus sind dies vor allem die Gottesmutter Maria, die Landesheiligen und die Namenspatrone der Herrscher.

Seit der Gegenreformation sahen sich die habsburgischen Herrscher wieder verstärkt als Schützer des Glaubens und der kirchlichen Institutionen, wobei man aus dynastischen Interessen bewußt die Kontinuität zu der Person des ersten Habsburgers, Rudolf I., herstellte. Dessen sprichwörtliche Gottesfürchtigkeit wurde vorbildlich für alle Habsburger, sobald sie ihre Frömmigkeit unter Beweise stellen wollten. Hinsichtlich des von den Habsburgern immer wieder herausgestrichenen Gottesgnadentums ist es vor allem Rudolfs anläßlich der Inthronisation im Bewußtsein der Stellvertreterschaft Christi geäußerte Erklärung, das Kreuz als Szepter verwenden zu wollen und in diesem Zeichen zu regieren, die zum traditionellen Topos innerhalb der Pietas Austriaca wurde. Diese an sich kaiserliche Regierungserklärung wurde von den habsburgischen Historiographen also als Akt spezifisch habsburgischer Frömmigkeit gedeutet. Zusätzlich verankerten die Habsburger ihr Gottesgnadentum durch eine speziell habsburgische Ideologie, die ebenfalls auf Rudolf zurückgriff, nämlich auf die berühmte Legende von der Begegnung Rudolfs mit der Eucharistie (Kat.-Nr. 10.7), die mit seinem unerwarteten Aufstieg zum Kaiser in Verbindung gebracht worden war und im Barock als eine besondere Weihe des Gottesgnadentums der Habsburger ausgeschmückt wurde. So sei das eucharistische Brot von Anfang an das stärkende Brot gewesen, das das Haus Habsburg zur Weltregierung befähigt hätte.

Die Betonung des besonderen Gottesgnadentums der Habsburger galt letztlich ihrer Stellung als Kaiser, allerdings betrachteten sie das Kaisertum gewissermaßen als tradierbares Erbstück ihrer Dynastie. Zumal sie sich im 17. Jahrhundert des Verbleibs der Kaiserwürde aber nicht mehr sicher sein konnten, fühlten sie sich veranlaßt, ihren Anspruch in jeder denkbaren Weise zu untermauern. Solange sie Gottesfurcht bewiesen, waren sie auch nach außen hin politisch unantastbar, wollten ihre Kritiker nicht als Ketzer und Feinde der Religion dastehen. Notwendig war aus diesem Grund, wie auch hinsichtlich des absolutistischen Systems, die Einheit von Herrscher und Untertanen in Religion und Konfession, letztlich die Grundlage für die sich zwangsläufig ergebende konfessionelle Intoleranz und militante Verteidigung des Katholizismus als der „einzig wahren Lehre“. Die Duldung andersgläubiger Untertanen war unmöglich, weil sie das den Herrscher und das Volk einigende religiöse Bewußtsein zerstört hätte.

Bereits zu Beginn der Gegenreformation hatte man einen Kreuzzug als Heiligen Krieg gegen die Ketzer proklamiert. Diese Kreuzzugsidee war die religiöse Grundlage für die habsburgische Kreuzesverehrung wie auch für die gegenreformatorische Marienverehrung. Erst bei Karl VI. wurde die Kreuzzugsidee wieder auf ihren ursprünglichen Gegenstand, auf den Krieg gegen die Türken, zurückgeführt.

Ähnliches gilt für die Verehrung Mariens, die sowohl als Patronin im Kampf gegen den Irrglauben angerufen wurde (z. T. zugeschrieben wird ihr etwa der Sieg am Weißen Berg 1620) als auch zur treibenden religiösen Kraft im Kampf gegen die Türken wurde, wo sie die Habsburger zu ihrer „Generalissima" ernannten.

Leopold I. war, ursprünglich bestimmt für die geistliche Laufbahn, als Kind Maria verlobt worden. 1658 hatte er sich in Altötting von Maria seine kaiserliche Würde und seine Herrschaft über Österreich gleichsam bestätigen lassen. Die Marienverehrung im Zusammenhang mit den Türkenkriegen wird bei Leopold erstmals 1665 offenbar, als er zur Danksagung für den Sieg über die Türken 1664 bei St. Gotthard nach Mariazell pilgerte. Insgesamt wandte sich Leopold, betreffend wichtige Geschehnisse politischer und familiärer Natur, siebenmal nach Mariazell, das im 17. Jahrhundert Altötting im habsburgischen Marienkult allmählich abzulösen begann. Im Gegensatz zu seinem Bruder Joseph I., der in Sachen Frömmigkeit hinter seinem Vater und seinem Bruder Karl weit zurückstand, versicherte sich letztgenannter immer wieder der Hilfe Mariens, sei es in persönlichen oder staatspolitischen Nöten. Frühestes Zeugnis seiner Marienverehrung ist eine Wallfahrt im September 1703 nach Mariazell, um Beistand für seine spanischen Unternehmungen zu erbitten (Kat.-Nr. 10.3). 1715 brachte Karl gemeinsam mit seiner Gattin Elisabeth Christine, die gerade guter Hoffnung war, in Mariazell den Wunsch nach dem sehnlichst erhofften Thronerben vor, und gelobte, den von J. B. Fischer von Erlach entworfenen Hochaltar zu vollenden, ein Unternehmen, das trotz des Todes Erzherzog Leopolds, der noch im selben Jahr seiner Geburt 1716 gestorben war, ausgeführt wurde.

Die Bedeutung Mariens im Zusammenhang mit den Türkenkriegen wird erstmals 1683 in ihrem vollen Ausmaß greifbar. Leopold, der sich mit dem Hof nach Passau zurückgezogen hatte, trat im selben Jahr im Angesicht der drohenden Gefahr durch die Türken der Marienbruderschaft von St. Peter in München bei. Im selben Jahr gab der Kapuzinerpater Marco d'Aviano für die Entsatzschlacht, in Anlehnung an den berühmten Türkensieg Philipps II. bei Lepanto, die Gefechtsparole „Maria Hilf" aus. Nach der siegreichen Schlacht entstand im strategischen Vorfeld der Befestigungsanlagen eine Reihe von Marienkirchen (Kat.-Nr. 18.37). Erbaut wurde damals auch die Kirche „Maria-Hülf" in der Vorstadt „Laimgrube" (1714—1730 neu gebaut), deren Gnadenbildkopie auf das Madonnenbild in Maria-Hilf ob Passau zurückgeht, das seinerseits eine Kopie nach Lucas Cranachs berühmtem Innsbrucker Mariahilf-Bild ist. In die berühmte Passauer Wallfahrtskirche hatte Leopold bereits 1676 die sogenannte „Kaiserampel" votiert, 1683 stiftete er dorthin erbeutete türkische Waffen als Votivgaben (Kat.-Nr. 10.1). Auch der entscheidende Sieg über die Türken bei Zenta wird Maria zugeschrieben, und zwar dem wundertätigen Gnadenbild „Maria Pötsch", das 1696 nach Wien gebracht worden war. Ähnliches gilt für die siegreichen Schlachten von Temesvár und Belgrad (1717), die, wie ein Votivbild in Seitenstetten mit der Darstellung der „Maria de Victoria" (Kat.-Nr. 9.44) hinweist, nach traditionellem Vorbild ebenfalls der Hilfe der Mutter Gottes zugeschrieben wurden.

Hinsichtlich der von den Habsburgern besonders verehrten Heiligen sei auch auf den hl. Joseph verwiesen, dessen Verehrung im Zusammenhang mit dem gegenreformatorischen Marienkult an Bedeutung gewonnen hatte. Bereits Ferdinand III. hatte seinen Söhnen den Beinamen Joseph gegeben. 1675 hatte Leopold I. den hl. Joseph zum Patron für die Grenzen und Rechte des Kaiserreiches und seiner Königreiche erklärt, 1677 erkor er ihn zum Beschützer seines Hauses. Einer Fürbitte an den Heiligen glaubte Leopold die Geburt seines dritten, am Leben gebliebenen Sohnes und Thronerbens zu verdanken, dem er aus diesem Grund den bis dahin bei den Habsburgern nicht üblichen Namen Joseph gab. Als sich dieser im Jahre 1702 nach Landau begab, um an der Seite Markgraf Ludwigs von Baden an der Belagerung Landaus teilzunehmen, um Beweise seiner Tapferkeit abzulegen, gelobte Kaiser Leopold, so sein Sohn gesund zurückkehre, dem hl. Joseph die Errichtung eines Denkmales, der erst 1732 von Joseph Emanuel Fischer vollendeten Josephssäule am Hohen Markt (Kat.-Nr. 10.5).

Eine besondere Rolle spielte die Verehrung des Namenspatrons auch für Karl VI., der für sein Pestvotiv nicht die Hl. Dreifaltigkeit wählte, der Leopold I. in der Pestsäule am Graben (Kat.-Nr. 17.19) bereits ein in seiner Programmatik und künstlerischen Ausgestaltung nicht mehr zu überbietendes Monument errichtet hatte, sondern seinen Namenspatron, den Mailänder Pestheiligen Karl Borromäus. Die 1713 gelobte und ab 1716 erbaute Karlskirche ist aber nicht nur ein Werk der individuellen Frömmigkeit des Kaisers, obwohl er durch den Bau seine Dankbarkeit und die seiner Untertanen für die Errettung von der Pest dokumentiert, sondern ebenso eine staatspolitische Propaganda im Rahmen der Verehrung des Namenspatrons, die letztlich dem Bauherrn und Monarchen selber gilt (Kat.-Nr. 6.14). Abschließend sei hier auf die Verehrung eines Heiligen verwiesen, zu dessen Heiligsprechung Karl VI. entscheidend beitrug, und der in der staatspolitischen Propaganda der Habsburger eine wichtige Rolle spielte, der hl. Johannes von Nepomuk. Indem der Kaiser nämlich dem bereits vor seiner Heiligsprechung in die Reihe der böhmischen Landesheiligen aufgenommenen Johann von Nepomuk besondere Verehrung zuteil werden ließ, konnte er demonstrativ sein Engagement in böhmischen Angelegenheiten unter Beweis stellen (Kat.-Nr. 10.11).

Schließlich widmete Karl seine Fürsorge vor allem auch dem christlichen bzw. katholischen Kult in Ungarn, zumal es hier galt, die völlige Rekatholisierung durchzusetzen. Über die Vielzahl neuerrichteter katholischer Kirchen und Klöster — in diesem Zusammenhang ist auch die Übergabe des Klosters St. Gotthard an Stift Heiligenkreuz (Kat.-Nr. 10.9) zu sehen — berichtet Höller (Kat.-Nr. 6.1) genauestens in dem Abschnitt über die „Aedificia Sacra". Bei Höller noch nicht mitberücksichtigt ist allerdings das zur Sühnung eines Hostienfrevels in einem der wichtigsten Orte der habsburgischen Religionspolitik in Ungarn, in Györ, von Antonio Corradini nach einem Entwurf Joseph Emanuel Fischers errichtete Bundesladendenkmal, das künstlerisch hochbedeutendste Denkmal der Hostienverehrung Karls VI.

Thomas Karl

Lit.: A. Coreth, Pietas Austriaca. Ursprung und Entwicklung barocker Frömmigkeit in Österreich, München - Wien 1959. — Kapitel, Die „Pietas Austriaca" oder „Österreichische Gottesfurcht" und die religiöse Staatsidee der Habsburger, in: F. Matsche, Die Kunst im Dienst der Staatsidee Kaiser Karls VI., Berlin - New York 1981, S. 78—212.

Objekte

10.1 Türkenvotivgaben Kaiser Leopolds I.

Türkei, vor 1683.

Unter der zunehmenden Bedrohung Wiens durch die Türken hatte sich Leopold I. mit dem kaiserlichen Hof eine Woche vor dem völligen Einschluß der Stadt nach Passau zurückgezogen. Zur Erflehung des Sieges fanden dort Wallfahrten in die Maria-Hilf-Kirche statt, wohin Leopold I. bereits 1676 die sogenannte „Kaiserampel" geopfert hatte. Bei den hier gezeigten Ex-Voto-Geschenken des Kaisers an die Maria-Hilf-Kirche in Passau handelt es sich um Gegenstände aus der Türkenbeute:

a) Pferdehalsschmuck (kútâs)

Messing vergoldet, Roßhaare, L 28,5 cm.

Der Schmuck, bestehend aus einem Messingknauf und einem aus weißen und schwarzen Roßhaaren gemischten Schweif, sollte als Schutz gegen Pferdefliegen dienen.

b) Fahnenspitze (sancakin basisi)

Messing vergoldet, L 16 cm.

Die Spitze besteht aus einer konischen Tülle, die unten in einer mit Wülsten verzierten Verdickung endet, als Bekrönung weist sie zwei aus einem Dreiberg herauswachsende Hörner auf.

c) Bogentasche (sadak)

Leder, Silber- und Goldfäden, L 60 cm, B 27 cm.

Die Tasche besteht aus schwarzem Leder, mit einer Scheibe und Randnähten aus rotem Leder und weist ornamentale Silberstickereien auf.

d) Schild (kalkan)

Eisen, Feigenruten, Garn, Leder, Holz, Dm 70 cm.

Auf dem aus Feigenruten geflochtenen Schild ist eine mit konzentrisch bemalten Kreisen versehene Scheibe aus Lindenholz angebracht, auf die der mit Goldbronze gestrichene Schildbuckel aufgesetzt ist.

Lit.: Kat. Max Emanuel, Nr. 110.

Passau, Wallfahrtskirche Maria-Hilf. T. K.

10.2 Sieg des Christentums über das Heidentum FB 66

Öl/Lw., 91 × 69,5 cm.
Angebl. ehem. bez.: Ioan Holzer fecit 1739 oder 1730.

Die Rolle der Person Christi im Kampf gegen das Heidentum kommt in der vorliegenden Allegorie besonders eindrucksvoll zur Geltung. Dargestellt ist Christus als Auferstehender und gleichzeitig als Weltenherrscher, als welcher er sich mit einem Segensgestus den Personifikationen der vier Erdteile zuwendet. Links unten liegt ein gestürzter Götzendiener, in der Hand ein Götzenbild, dessen Platz am Altar jetzt Christus einnimmt. Obwohl diese allgemein gehaltene, aber doch sehr persönlich gefärbte Allegorie nicht der offiziellen Sphäre angehört, sind hier doch Bezüge zu der Rolle, die Christus im Kampf gegen die Türken für die Habsburger gespielt hatte, ohne weiteres feststellbar. Mit dem Kreuz in der Hand hatte etwa Marco d'Aviano die kaiserlichen Truppen zum Sieg in der Entsatzschlacht vor Wien angespornt, im Zeichen des Kreuzes siegte auch Eugen bei Temesvar und Belgrad. In der legitimen Nachfolge Kaiser Konstantins hatten die Habsburger das Kreuz als Siegeszeichen aufgerichtet. Überdies waren sie als Kaiser aufgerufen, als Sachwalter des Reiches Christi diese gegen seine Feinde im Zeichen des Kreuzes zu verteidigen, sei es gegen die Ungläubigen oder auch gegen Häretiker innerhalb der wahren Kirche Christi.

Lit.: Kat. Barockmuseum, Nr. 149.

Wien, Österr. Galerie, Inv.-Nr. 6155. T. K.

10.3 Die Reise Karls III. (VI.) nach Mariazell 1703

Aquarell/Pergament, 40 × 30 cm.
Franz Stampart (?), 1707.

Im Jahre 1707 pilgerte die Gattin Kaiser Leopolds I. und Mutter Erzherzog Karls, Eleonore von Pfalz-Neuburg, gemeinsam mit ihren Töchtern Elisabeth, Maria Anna und Magdalena sowie der künftigen Gemahlin Karls, Elisabeth von Braunschweig-Wolfenbüttel, nach Mariazell. Bei dieser Gelegenheit brachte sie ein Aquarell in die Basilika, das auf die Reise Karls III. und dessen Opferung eines kostbaren, mit Juwelen besetzten Achatkreuzes (angefertigt vermutlich vom kaiserlichen Kammergoldschmied Johann Kanischbauer) im September 1703 Bezug nimmt.

Am 15. September war Karl mit einigen Begleitern nach Mariazell gekommen, um einen positiven Ausgang der Reise nach Spanien (erwähnt in „Leben und Thaten Caroli des Sechsten, 1712, S. 42) zu erbitten.

Zu seiten einer zentralen, möglicherweise von Karl selbst verfaßten Inschrift, die auf die Weihe des Kreuzes an Maria anspielt, sind Szenen der Kreuzesopferung Karls wiedergegeben. Begleitet sind diese von Inschriften, die auf die Wallfahrt der Kaiserinnen verweisen. Im obersten querrechteckigen Segment präsentieren die Personifikationen der Fides und der Ecclesia (?) ein Ovalmedaillon mit dem Porträt Karls. Die Inschriften unter den Konsolen im unteren Segment spielen auf die Gottesunmittelbarkeit der Habsburger an, wie etwa der Vers aus den Sprüchen Salomons „Per me reges regnant et legum conditores justa decernunt“ (Proverbia, VIII, 15), der auch die Regierungsmaxime des 1632 von Ferdinand II. für seinen Sohn Ferdinand in Auftrag

Kat.-Nr. 10.3

gegebenen habsburgischen Fürstenspiegels „Princeps in compendio“ ist.

Lit.: G. Rodler, Geschichte und Beschreibung der Gnadenkirche Mariazell in Steiermark, März 1907, S. 111. — Matsche, S. 172f.

Mariazell, Schatzkammer. T. K.

10.4 Die Christenheit huldigt dem Rosenkränze verteilenden hl. Joseph FB 65

Öl/Pergament, 163 × 132 cm.
Nach 1695.

Bei dem Gemälde handelt es sich um die Vorderseite (die Rückseite stellt einen Heiligen Wandel, i. e. die Heilige Familie auf der Wanderschaft, dar, umgeben von 14 Medaillons aus der Heilsgeschichte) einer wohl von der 1653 gegründeten Lilienfelder Erzbruderschaft des hl. Joseph in Auftrag gegebenen Prozessionsfahne. Es zeigt rechts im Vordergrund die Vertreter der weltlichen Sphäre, allen voran Kaiser Leopold I. mit seiner dritten Gattin Eleonore, dahinter den 1690 zum römischen König gekrönten Joseph I., links vermutlich Papst Innozenz XII, umgeben von verschiedenen Vertretern der geistlichen Stände. In der himmlischen Sphäre übergibt der hl. Joseph kleinen Engeln Rosenkränze, welche diese an die huldigende Christenheit verteilen. Durch das zentrale Wappen des Abtes Sigismund Braun (1695—1716) am unteren Bildrand ergibt sich eine Datierung des Gemäldes nach 1695.

Lit.: Kat. Staat und Kirche, Nr. 11.8.

Stift Lilienfeld, Gemäldegalerie. T. K.

10.5 Die 2. Josephssäule am Hohen Markt

Kupferstich, 22,9 × 34,7 cm (Pl.).
J. A. Corvinus nach Salomon Kleiner.
Taf. 6 aus „Wahrhaffte Abb.", III. Teil.

Die Josephssäule auf dem Hohen Markt in Wien ist eines der bedeutendsten Zeugnisse der habsburgischen Verehrung ihrer Namenspatrone. Gelobt wurde sie 1702 von Kaiser Leopold, als König Joseph 1702 aufbrach, um Markgraf Ludwig Wilhelm v. Baden, den „Türkenlouis", bei der Entsetzung der von den Franzosen gehaltenen Stadt Landau (Kat.-Nr. 8.20) zu unterstützen. Nach der erfolgreichen Rückkehr seines Sohnes wurde Johann Bernhard Fischer von Erlach mit dem Entwurf beauftragt. Bevor Leopold 1705 starb, übertrug er die Erfüllung des Gelübdes seinem Sohn Joseph, der den „Ehrentempel" 1706 vorerst, nicht wie es das Gelübde vorsah in Marmor, sondern in Holz errichten ließ. Alten Beschreibungen zufolge war sie allerdings weiß gestrichen, um Marmor vorzutäuschen. Endgültig erfüllt wurde das Gelübde erst durch Kaiser Karl VI. Noch vor 1725 muß das hölzerne Provisorium entfernt worden sein, da auf einem Stich Kleiners aus dem 1725 erschienenen 2. Band der „Wahrhafften Abbildungen" dieses nicht mehr zu sehen ist, dafür aber ein relativ einfacher Sockel mit einem Holzmodell der dann 1728 in Marmor ausgeführten Statuengruppe von Antonio Corradini.
1729 legte man den Grundstein für die heutige Josephssäule. Der Standort, den man für sie auswählte, lag in der Mitte des Platzes, wo ursprünglich ein Springbrunnen stand. Die von Joseph Emanuel Fischer konzipierte Säule war im Gegensatz zu dem Monument seines Vaters nicht als Tempel, sondern als Altar aufgefaßt. Unter der Aufsicht von Graf Gundacker von Althann wurde die Ausführung rasch vorangetrieben. Am 14. April 1732 wurde sie feierlich geweiht. Der vorliegende, nur ein Jahr später erschienene Stich Salomon Kleiners zeigt das ausgeführte Monument.

Lit.: Th. Zacharias, Joseph Emanuel Fischer von Erlach, Wien, München 1960, S. 155. — Matsche, S. 187 ff.

Wien, Hist. Museum, Inv.-Nr. 105.765/77. T. K.

10.6 Errichtung bzw. Erneuerung des Josefsbrunnen (Vermählungsbrunnen) am Hohen Markt in Wien

Medaille, Silber, 56 mm, 70,58 g, 1729.
Medailleur: (Antonio Maria de Gennaro?).

Vs.: SS:IOSEPHO ET MAR-IAE VIRGINI SPONSIS Der Josefsbrunnen
Rs.: EX VOTO/OPVS LIGNEVM/A DIVO LEOPOLDO AVG:/POSITVM./IMP: CÆS:CAROLVS PIVS/CLEMENS P. P./A FVNDAM:MARMOREVM/RESTITVIT/ET DEDICAVIT.

Lit.: Unger 893. — Stempelkatalog 778, 779.

Wien, KHM, MK, Inv.-Nr. 1302 bß. H. J.

Kat.-Nr. 10.7

10.7 Sakramentsverehrung Josephs I.

Kupferstich, 32 × 35,7 cm (Pl.)
Ch. Weigel nach C. Luyken.

Die Eucharistieverehrung der Habsburger im Barock hat ihre Wurzeln in der Gegenreformation. Indem sie die Verehrung des Allerheiligsten nämlich besonders in den Vordergrund stellten, erwiesen sie sich als konsequente Verfechter des Tridentinums, das auf die Anbetung des Altarsakraments besonderen Wert legte. Gleichzeitig konnten sie dadurch die Begegnung ihres Ahnherrn Rudolf I. mit dem Altarsakrament, die als segensreich für sein Geschlecht angesehen wurde, in besonderer Weise herausstreichen. Bei einem Ausritt soll

Rudolf einem Priester begegnet sein, der zu Fuß mit dem Allerheiligsten zu einem Kranken unterwegs war. Aus Ehrfurcht vor dem Leib Christi soll Rudolf dem Priester sein Pferd geschenkt und ihn auf seinem Weg zu Fuß begleitet haben. Die Sakramentsverehrung Rudolfs, wurde aus diesem Grund immer wieder nachgeahmt. Der vorliegende Stich zeigt die Begegnung Josephs I. mit dem Allerheiligsten in der Nähe Wiens. Auf das Vorbild seines Ahnen verweist ein von Engeln gehaltenes Ovalbild in der himmlischen Sphäre.

Ähnlich wie für Joseph ist die Eucharistieverehrung für Ferdinand II., Leopold I. oder Karl VI. überliefert. Es wird auch von Elisabeth Christine von Braunschweig-Wolfenbüttel berichtet, daß sie 1712 als Statthalterin für ihren Mann Karl VI. (III.) in Katalonien bewußt an diese Tradition anknüpfte. Eine Handlung, die von umso größerer politischer Bedeutung war, da Elisabeth Christine gerade erst zum neuen Glauben übergetreten war. Da Kaiser Joseph I., was religiöse Angelegenheiten betrifft, auffallend liberal war und in Sachen Frömmigkeit hinter seinem Vater Leopold und seinem Bruder Karl weit zurückstand, muß man seine Eucharistieverehrung als obligatorische Staatsaktion sehen.

Lit.: Kat. Staat und Kirche, Nr. 14.2.1 und Abb.; zur habsburgischen Pietas Austriaca siehe Matsche, S. 112ff.

Wien, Hist. Museum, Inv.-Nr. 31583. T. K.

10.8 Karl VI. als „ecclesiarum advocatus"

Titelkupfer, 27 × 16 cm (Pl.).
G. A. Müllers, aus: M. Hansizio, Germaniae Sacrae, Bd. 1, 1727.

In einem Gedicht des Heraeus auf die Erbhuldigung der Nö. Stände für Karl VI. im Jahr 1712, „das frolockende Österreich" (K. G. Heraeus, Gedichte und lateinische Inschriften, Nürnberg 1721), befindet sich ein längerer Passus, der das Vorbild alttestamentarischer Herrscher, v. a. Salomons, für Karl VI. beschwört und somit auf dessen Gottesgnadentum verweist. In einer Fußnote spricht Heraeus Karl als Beschützer des Glaubens an, indem er ihn „Advocatus Ecclesiae" bezeichnet. Das vorliegende Titelkupfer beruft sich auf diesen Passus.

Lit.: Matsche, S. 287.

Wien, NÖLB, Sig. 285 C. T. K.

10.9 Karl VI. übergibt Abt Robert Leeb das Stift St. Gotthard in Ungarn (1734)

Öl/Lw., 342,5 × 156,5 cm.
Stefan Dorfmeister, 1795/96.

Das Gemälde stammt aus einer in den Jahren 1795/96 vom Stift St. Gotthard in Auftrag gegebenen Serie von sechs Bildern aus der Klostergeschichte. Das im Jahr 1183 gestiftete Zisterzienserkloster war im 16. Jh. in weltliche Hände gekommen. Seit Ferdinand II. bemühten sich die Habsburger die geistlichen Pfründen wieder zurückzulösen. 1699 schließlich stellte man das Kloster gegen die Ansprüche der Zisterzienser den Jesuiten in Aussicht. Im Jahr 1723 verlieh es Karl VI. an den Erzbischof von Kalocza, Emmerich Csáky (Kat.-Nr. 2.5). Die Zisterzienser setzten aber den Kampf um die Abtei fort und erreichten durch die Initiative des seit 1728 amtierenden Abtes von Heiligenkreuz, Robert Leeb, daß der General des Zisterzienserordens vorerst das Recht eines Mutterstiftes über St. Gotthard von Stift Rein an das Stift Heiligenkreuz verlieh. Im Jahr 1734 schließlich entschloß sich Kaiser Karl, auf wiederholtes Bitten Abt Roberts, St. Gotthard dem Zisterzienserorden wiederzugeben, wobei an die Schenkung die Bedingung geknüpft wurde, daß an den Fonds für arme Pfarren eine einmalige Summe von 100.000 Gulden bezahlt werden solle. Ob die Übergabe persönlich stattfand, ist nicht belegt, fest steht nur, daß Abt Robert, der kein geborener Ungar war, im November 1734 zur Erlangung des Indignats den Eid in die Hände des Kaisers ablegte. Das Gemälde zeigt den Moment der fiktiven Übergabe der Schenkungsurkunde durch den auf einem Stufenpodest stehenden Kaiser. Hinter Abt Robert sind möglicherweise Prior Godefried und der Kanzleidirektor Otto wiedergegeben, die am 10. September 1734 als Repräsentanten des Konvents in den Besitz von St. Gotthard eingeführt worden waren, rechts von Abt Leeb möglicherweise Erzbischof Csáky, der Vorbesitzer St. Gotthards. Die ganze Szene spielt vor einer weiten Landschaft, in deren Mittelgrund eine tempiettoartige Architektur auszunehmen ist, unter der abermals Abt Robert wiedergegeben ist, der mit den Architekten die Pläne des Neubaues des Stiftes diskutiert. Rechts eine fiktive Ansicht des späteren Klosterprojekts, links im Hintergrund, aus topographischer Sicht freilich unvereinbar, eine Ansicht von Preßburg.

Lit.: M. Koll, Das Stift Heiligenkreuz, Wien 1834, S. 277 ff. — Szentgotthard, Szombathely 1981. — Kat. Staat und Kirche, Nr. 16.4.

Stift Heiligenkreuz. T. K.

Kat.-Nr. 10.10

10.10 Verherrlichung Karls VI. und seiner Gemahlin Elisabeth Christines

Schabkunstblatt, vierteilig, 213,8 × 149,3 cm (Pl.).
Gottlieb Heuss nach Franc Georg Heuman, 1724.

Das vorliegende Thesenblatt wurde von Johann Baptist Franz Graf von Thurn, Valsassina und Taxis anläßlich des Abschlusses seines Studiums und der Präsentation seiner Thesen an der Ettaler Ritterakademie in Auftrag gegeben. Es zählt zu den bedeutendsten Beispielen habsburgischer Heiligenverehrung. Im Mittelpunkt des Blattes steht der 1721 selig gesprochene Johann von Nepomuk, dessen Kanonisation vom Kaiserhaus mit Vehemenz gefördert wurde (Kat.-Nr. 10.11). Nepomuk überreicht, unterstützt von der ober ihm erscheinenden göttlichen Vorsehung, dem Kaiser und seiner Gemahlin zum Zeichen der Weltherrschaft einen mit entsprechenden Inschriften versehenen Globus. Auf die Weltherrschaft beziehen sich ebenso die Säulen des Herakles (Gibraltar) am Horizont, auf die Chronos, der Gott der Zeit, weist. Diese werden von dem angeschmiedeten kaiserlichen Adler zerbrochen, der auch ein zweites Mal, diesmal davonfliegend, dargestellt ist und somit die Überwindung der Grenzen Europas und die Ausdehnung der habsburgischen Monarchie nach Amerika verdeutlicht. Auf die

Kat.-Nr. 10.11

Grenzen des Habsburgerreichs dürften auch die beiden Flußgötter im Vordergrund anspielen, in denen wohl die Donau und der Rio del Plata zu sehen sind. Als Fürbitter für das Reich erscheinen der hl. Leopold als Landespatron und der hl. Karl Borromäus als Namenspatron vor der rechts oben auf Wolken sitzenden Immaculata, der Patronin in den Türkenkriegen, mit dem Jesuskind. Auf den Türkenkrieg bezieht sich auch die Schlachtenszene vor einer Stadt, vermutlich Belgrad, links im Mittelgrund. Rechts erscheint die Allegorie der Kirche mit dem Kreuz und dem brennenden Herz. Darunter sticht ein geflügelter Genius auf die am Boden liegenden Ketzer und Irrlehrer ein, die den österreichischen Bindenschild vom Ölbaum reißen wollen. Links im Vordergrund kniet die Personifikation des Waffenruhms auf erbeuteten Feldzeichen und Waffen, da erst der Waffenruhm die Friedensherrschaft Karls ermöglichte, die dargestellt ist durch Fortuna, die den Kaiser mit dem Lorbeerkranz krönt. Als Zeichen für den blühenden Handel hält sie in der Rechten den Merkurstab.

Lit.: F. Matsche, in: Kat. Johann von Nepomuk, Passau 1971, Nr. 95, Abb. 38. — Kat. Thesenblatt, Nr. 49.

Stift Göttweig, Graphische Sammlung. T. K.

10.11 Die Nepomukkapelle auf der Hohen Brücke

Kupferstich, 23,1 × 34,8 cm (Pl.).
C. Rembshart nach Salomon Kleiner.
Taf. 7 aus „Wahrhaffte Abb.", III. Teil; nach 1732.

Der hl. Johannes von Nepomuk, 1721 selig- und 1729 heiliggesprochen, war einer der beliebtesten Heiligen des 18. Jh.s und wurde bereits vor seiner Kanonisierung in die Reihe der böhmischen Landesheiligen aufgenommen. Karl VI. hat sich nicht nur um die Heiligsprechung Nepomuks bemüht, sondern auch den Anstoß für die Neugestaltung des von Joseph Emanuel Fischer entworfenen Nepomukgrabmals im Veitsdom gegeben. Bei Karls Hochschätzung des hl. Nepomuk spielten aber auch persönliche Gründe mit. Philipp V. hatte nämlich im Spanischen Erbfolgekrieg, um Karl bei den Spaniern in Mißkredit zu bringen, gegen diesen eine Verleumdungskampagne gestartet. Seit dieser Zeit dürfte Karl Nepomuk als „Verteidiger der Ehre wider falsche Nachrede" besondere Verehrung entgegengebracht haben. 1712 ließ er ihm zu Ehren in Barcelona zwei Altäre errichten, obwohl der Märtyrer damals noch nicht kanonisiert war. Infolge seiner Lebens- und Wunderlegende galt Nepomuk auch als besonderer Helfer und Patron der Kranken, wegen seines Martyriums als Patron gegen Hochwässer. In Böhmen und Österreich errichtete man ihm daher auf Brücken Standbilder. In diesem Zusammenhang sind in Wien zwei kleine baldachinartige Kapellen mit Standbildern des Heiligen zu nennen, die beide noch in den 20er Jahren errichtet, die frühe Verehrung Nepomuks in Österreich belegen. Es sind dies die vorliegende 1725 errichtete Nepomukkapelle auf der Hohen Brücke im ersten Wiener Gemeindebezirk, sowie das Monument, das sich ehemals am „Schanzl" nahe dem Rotenturmtor befand (Kat.-Nr. 10.12).

Lit.: Matsche, S. 100 und 205ff.

Wien, Hist. Museum, Inv.-Nr. 31.124. T. K.

10.12 Die Nepomukkapelle am „Schanzl"

Kupferstich, 23 × 34,7 cm (Pl.).
Salomon Kleiner, 1732/33.
Taf. 11 aus „Wahrhaffte Abb.", III. Teil.

In den Jahren zwischen 1721—1730 errichtete man in Wien auf dem „Schanzl" nahe dem Rotenturmtor dem hl. Johannes von Nepomuk eine baldachinartige Kapelle. Eine breitangelegte Treppe, deren geschwungene Balustraden Tugendfiguren tragen, führt zu dem Standbild des Heiligen, das sich unter einem von vier Säulen getragenen Helm auf einem plastisch geschmückten Sockel erhebt. Die Kapelle wurde bereits 1741 abgebrochen und 1744 wieder neu aufgebaut. 1884—1886 übertrug man sie auf das gegenüberliegende Donaukanalufer, wo sie sich noch heute befindet.

Lit.: E. Pripfl, Dokumentation des Zeitalters Kaiser Karls VI. und Prinz Eugens im Historischen Museum der Stadt Wien, phil. Diss., Wien 1982, S. 98, Nr. 112.

Wien, Hist. Museum, Inv.-Nr. 105.230. T. K.

10.13 Prozession einer Bruderschaft vor dem Palais Abensperg-Traun in Wien

Kupferstich, 23 × 34,5 cm (Pl.).
J. A. Corvinus nach Salomon Kleiner.
Taf. 25 aus „Wahrhaffte Abb.", III. Teil.

Von höchstem Interesse für die Dokumentation barocker Frömmigkeit sind die kleinen Staffagefigürchen auf Salomon Kleiners Wien-Ansichten, da hier Szenen wiedergegeben sind, die für das öffentliche Leben der Zeit selbstverständlich waren. Immer wieder etwa findet man Kreuzschleppende, die in Nachahmung Christi ihre Last von St. Stephan auf den Hernalser Kalvarienberg (Kat.-Nr. 18.39) trugen, etwa auch auf der vorliegenden Ansicht des Palais Abensperg-Traun. In die andere Richtung zieht eine Prozession von Kapuzenmännern, angeführt von Priestern. Vermutlich handelt es sich um Mitglieder der 1638 von der Kaiserinwitwe Eleonore zu St. Augustin in Wien gegründeten Armenseelen- oder Totenbruderschaft, in der Adelige und Bürger, unter der Kapuze unerkannt, Werke der Barmherzigkeit übten. Man versah die leibliche und geistliche Pflege der Eingekerkerten, man geleitete aber ebenso die zum Tode Verurteilten zur Richtstätte und kümmerte sich um die Bestattung der Hingerichteten. 1643 von Papst Urban VIII. bestätigt, wurde die Bruderschaft 1773 von Kaiser Joseph II. verboten, da er das Geleit zur Richtstätte als unstatthafte Verherrlichung von Verbrechern betrachtete.

Lit.: Kat. Groteskes Barock, Altenburg 1975, S. 190f. und Nr. 462.

Wien, Hist. Museum, Inv.-Nr. 14.262. T. K.

10.14 Altarbild der Gürtler-Bruderschaft

Öl/Lw., 277 × 178 cm.
1731 (?).

Das Bild entstand wahrscheinlich anläßlich der Gründung der Bruderschaft „Maria vom Trost" in Mariabrunn 1731, kam jedoch erst unter Maria Theresia nach 1763 in den Seitenaltar der Klosterkirche. Die Mitglieder dieser beschaulichen Bruderschaft, die von den Augustiner Eremiten in Bologna aus verbreitet wurde, trugen als Abzeichen den schwarzledernen Gürtel der Augustiner, der einer Legende nach von der Gottesmutter der hl. Monika gespendet wurde, eine Szene, die auf Bruderschaftsaltären häufig dargestellt ist. Auf dem Mariabrunner Bild übergibt der am Schoß Mariens sitzende Jesusknabe den Gürtel an die Schutzpatronin der Bruderschaft. Das ungewöhnliche Attribut der Tafel mit dem Christusmonogramm, das zu der irrigen Identifikation der Heiligen mit Juliana

Kat.-Nr. 10.14

von Lüttich geführt hat, findet sich auch bei anderen Monikadarstellungen (St. Johann bei Herberstein, Stmk., Rattersdorf im Burgenland). Neben ihr ist der hl. Augustinus zu sehen, der sich ekstatisch Gottvater und der Taube des hl. Geistes (Hl. Dreifaltigkeit) zuwendet. Am linken unteren Bildrand knien Kaiser Karl VI. in der traditionellen Anbetungspose des Herrschers, seine Gemahlin Elisabeth Christine und der Wiener Erzbischof Kardinal Sigismund Graf Kollonitsch, unter dessen Protektorat die Bruderschaft in Mariabrunn stand. Rechts unten blickt man undeutlich in das Innere einer Kirche mit einem Altar, wo auch das betende Volk der Erscheinung ansichtig wird.

Das Bild demonstriert die Pietas Austriaca unter Karl VI. Die Habsburger hatten ihre besondere Beziehung zum Augustinerorden dadurch bewiesen, daß sie ihm das Hofkloster anvertraut hatten. In der Verehrung der Hl. Dreifaltigkeit, Marias und von Heiligen, durch Kaiser, Vertreter der Kirche und des Volkes zeigt sich ein Programm der katholischen Kirche in seiner spezifisch österreichischen Form.

Als Maler kommt eventuell Anton Herzog in Betracht, der einige Bilder für die Augustiner-Barfüßer geschaffen hat und 1731 in Mariabrunn nachweisbar ist.

Lit.: Protocollum conventus B. V. Mariae ad Fontes Fvm. Evm. Discal. S. P. Augustini, 1763; Pfarrarchiv Maria. — H. Aurenhammer, Die Mariengnadenbilder Wiens und NÖs in der Barockzeit, Wien 1956, S. 106. — Matsche, S. 106.

Wien, Wallfahrtskirche Mariabrunn. I. S.

10.15 Benedictusornat

Wien, 1725—1730.

Den gesamten Leinengrund deckende Stickerei aus gelegten Goldfäden, etwas Silber und buntschattierter Seide in Petitpointstickerei.

Zu dem Ornat, der bis auf die Antependien vollständig und unverändert erhalten ist, gehören 2 Pluviale, 2 Kaseln und vier Dalmatiken sowie die entsprechenden kleineren Stücke. Er wurde unter Abt Carl Fetzer (1705—1750) für die Kirche „Unserer lieben Frau zu den Schotten" verfertigt und ist in dem 1738 angelegten Inventar der Sakristei dieser Kirche an erster Stelle mit dem stolzen Zusatz „desgleichen selber Zeit, id est Anno 1738, in ganzer Wienstadt nicht zu ersehen war" eingetragen. Vier im Archiv des Schottenstiftes erhaltene Rechnungsbelege sind von den beiden Frauen ausgestellt, denen diese große und kostbare Arbeit von dem kunstsinnigen Abt anvertraut wurde: „Maria Barbara Kayserin verwittibte Burg(er)l(iche) bildhauerin“ und „Maria Barbara Schwaigerin Kay(serliche) Hofcontralorsambt Prothocollistin“. In den Jahren 1725—1730 erhielten sie ein jährliches „solarium“ von 200 fl. für ihre Arbeit, die ausdrücklich als „von klein Perlstich sambt dem Goldtanlegen“ bezeichnet ist.

a) Pluviale

Vor dem in kleinen Rauten abgenähten Goldgrund breitet sich über die ganze Gewandfläche eine schwungvolle Dekoration aus: von Silber eingefaßte geschweifte und gebrochene Bänder, gebogene Zweige und bunte Blumen bilden eine einheitliche Komposition von großem farbigen und dekorativen Reichtum. Auf der Cappa befindet sich in bewegter Umrahmung die Darstellung des guten Hirten.

b) Dalmatika

In den Hauptfeldern der vier Dalmatiken bringen acht Szenen aus dem Alten Testament vorbildhafte Hinweise auf die Passion Christi: auf der gezeigten Dalmatika 2 Szenen aus der Geschichte des Erzvaters Abraham (Gen. XXI): Isaak, der das Holz für das Opfer auf der Schulter trägt, versinnbildlicht die Kreuztragung, die Opferung Isaaks den Erlösungstod Christi. Dieses typologische Bildprogramm der Levitenröcke wird in den anderen Gewändern durch die Darstellung des „Guten Hirten“ und der 4 Evangelisten (2. Pluviale) und dem Agnus Dei mit der Kreuzesfahne — von Glaube und Hoffnung angebetet — auf den beiden Meßgewändern weitergeführt.

Die in barocken Stickereien äußerst seltenen typologischen Darstellungen aus dem Alten Testament gehen auf Bibelillustrationen zurück. Die Opferung Isaaks ist, z. B. genau nach dem Blatt in der 1695 von Christoph Weigel herausgegebenen Biblia Ectypa (gezeichnet

Kat.-Nr. 10.15

von Georg Christoph Eimmart, gestochen von U. Kraus) gearbeitet. Die ornamentalen Teile entsprechen der Dekoration des sogenannten „Laub- und Bandelwerks“ der Zeit von 1720—1730.

c) d) Stola, Manipel

Der Ornat zählt aus historischen, ikonographischen und künstlerischen Gründen zu den wichtigsten und interessantesten Werken, die mit Sicherheit der Wiener Textilkunst in der 1. Hälfte des 18. Jh.s zugerechnet werden können.

Lit.: D. Heinz, Wiener Stickereien des 18. Jh.s und ihre Vorlagen, Alte und moderne Kunst 26, 1981, Heft 177, S. 24ff. — Farb. Abb. 1 Kasel in: H. Ferenczy, Das Schottenstift und seine Kunstwerke, Wien 1980.

Wien, Schottenstift. Dora Heinz

10.16 Kasel FB 67, 68

Schwarzer Samt mit reicher Goldstickerei.
Wien?, 1750—1760.

In den Stäben aufsteigender Stamm mit stilisierten Zweigen und Blüten in flachem Relief über Fadenunterlagen, statt der Borten breite Stickereistreifen aus zwei umeinander geschlungenen Bändern mit stilisierten Blüten in den Feldern. Die gesamte Stickerei in Gold mit verschiedenen Metalleffekten gearbeitet. Unter der Herzogskrone ist das Allianzwappen Savoyen-Liechtenstein dargestellt; das Savoysche Wappen ist von der Kette des Goldenen Vlieses umgeben. Die Wappen beziehen sich auf Emanuel Thomas von Savoyen, Neffen des Prinzen Eugen, und dessen Gemahlin Anna Theresia Felicitas Liechtenstein (1694—1772), die diese sowie zwei einfachere schwarze Kaseln an die Domkirche St. Stephan stiftete.

Lit.: ÖKT XXIII, S. 507, Abb. 629.

Wien, St. Stephan. Dora Heinz

10.17 Prinz Eugen von Savoyen FB 29

Öl/Lw., 160 × 130 cm.
Godfrey Kneller, 1712.

Als Eugen im Jahre 1712 in England weilte, malte der bekannte Porträtist Sir Godfrey Kneller, Direktor der Malerakademie in Great Queens Street, Porträts von ihm und von seinem Neffen Eugène, der in London starb. Schon im Jahre 1703 hatte er ein repräsentatives Porträt König Karls III. von Spanien verfertigt und war deshalb von Joseph I. zum Reichsritter ernannt worden.

Das Porträt zeigt Eugen in Dreiviertel-Figur nach links gewendet. Er trägt eine dunkle Allongeperücke, einen Harnisch und darüber einen hermelingefütterten Mantel, der das Goldene Vlies weitgehend verdeckt. Die Rechte hält einen Feldherrnstab, die Linke stützt sich auf eine Zischägge, die auf einem Tisch liegt. Von dem ursprünglich als verschollen geltenden Porträt existiert ein Stich von Simon.

Lit.: C. Barnett, Marlborough, 1974, S. 97.

Privatbesitz. K. G.

10.18 Kreuzigung Christi

Schabblatt, 150 × 95 cm (teilweise beschnitten).
Thesenleiste, 27 × 100 cm.

Die vorliegende Kreuzigung diente als Thesenblatt für die von dem Wiener Prämonstratenserpater Matthäus Wishofer 1721 präsentierten Thesen. Derartige Blätter kündigten einerseits die öffentliche Disputation an, wurden aber auch als Einladung an hochstehende Persönlichkeiten oder an nicht Anwesende verschickt. Die Blätter wurden offenbar als Manufakturware hergestellt, waren also zur Auswahl oft schon vorrätig. Der Großteil stammt aus Augsburg und geht oft auch auf Entwürfe dort ansässiger Künstler zurück. In diesem Umkreis dürfte auch der Autor der vorliegenden Kreuzigung, eventuell Johann Georg Bergmüller, zu vermuten sein. Die Texte der Thesenleiste wurden mitunter auch unabhängig vom Bild in anderen Orten gedruckt. Dies dürfte auch für den vorliegenden Text gelten, der Prinz Eugen, der auch in einem anderen Fall als Protektor nachweisbar ist (Kat. 12.43), als Gönner preist. Es war nämlich durchaus üblich — auch bei Ordensangehörigen —, daß sich die Kandidaten einen Gönner oder Patron für ihre Disputation suchten, der auch als Wohltäter des Studierenden fungierte, allerdings war es nicht zwingend, daß der Patron selbst bei jeder Disputation anwesend war.

Lit. E. Eibl, Die Thesentafeln des 18. Jh.s im Kloster der Salesianerinnen zu Wien, phil. Diss., Wien 1934, S.95ff.

Privatbesitz. T. K.

11. Schloßkapelle

Die durch zwei Stockwerke gehende, kuppelüberwölbte, quadratische Kapelle mit abgeschrägten Ecken in der SO-Ecke des Schlosses ist völlig in die Architektur des Baus eingebunden. Sie vermittelt noch den ursprünglichen Eindruck von der bewegten Fülle und dem Reichtum der Dekoration in dem Zusammenklang von grau-gelbem Marmorton, Gold, Weiß und Buntfarbigkeit der Malerei. An den Wänden der Emporen sind in Hochrelief Allegorien christlicher Tugenden eingelassen:

Linke Empore: Glaube (mit Kreuz, Kelch, Buch), Liebe (säugt ein Kind an der Brust), Hoffnung (Anker) — gegenüber: Mäßigung (Zaumzeug), Gerechtigkeit (Richtschwert, Waage).

Rechte Empore: wahrscheinlich Freigiebigkeit (ist im Begriff, etwas zu spenden) und Frömmigkeit (Weihrauchfaß). An der Decke der Emporen singende und musizierende Putten mit Flöten, Harfe und Viola da Gamba.

In der Kapellendekoration ist wohl eine Zusammenarbeit von Santino Bussi (Engel am Altar, Puttengruppen in den Emporen) und Alberto Camesina (Tugendreliefs) zu beobachten.

Ingeborg Schemper-Sparholz

Malerische Ausstattung

Die von Carlo Innocenzo Carlone stammenden Fresken bilden inhaltlich mit dem Altarbild eine Einheit, da der von Engeln angebeteten Trinität Gottes Sohn, der auf dem Altarblatt vom Kreuz genommen wird, fehlt. Die Putti in den Zwickeln tragen verschiedenste Leidenswerkzeuge.

Diese Zusammenhänge werden jedoch primär gedanklich durchgeführt, auf die Fresken mögliche Illusionskraft ist verzichtet. Jede künstlerische Ausdrucksform — ob Fresko, Altarbild oder Stuckreliefs (Ausnahmen bilden nur die wenigen Stuckwolken mit Puttoköpfen) — bleibt innerhalb ihrer Grenzen. Sogar die anscheinend im Raum auf Wolken ruhenden Putti sind Zierfeldern in den Zwickeln zugeordnet. Dieses Konzept beweist eine klassizierende Grundhaltung, die auch die Architektur charakterisiert.

Zumindest die Programmerstellung geht auf einen Verfasser zurück. Sie war Carlone zu Beginn der Planung noch unbekannt, denn die von ihm stammende mit dem Datum vom 19. August 1727 versehene Federzeichnung im Victoria and Albert Museum in London, die auch noch ein illusionistisches Eindringen des Himmels in den Raum projektierte, zeigt Gott-Vater, der den Leichnam seines Sohnes — einen Akt von klassischer Schönheit — auf den Knien hält. Um der geänderten Thematik zu entsprechen, stellte der Maler den vorderen Zwickel der Kuppel mit der neuen Mittelgruppe in einer Ölskizze (New York, Privatsammlung) dar.

Die Figuren des Freskos zeigen den schon vom Oberen Belvedere bekannten Stil Carlones. Bei Beibehaltung der an klassischer Kunst geschulten Durchzeichnung wird die malerische Ausführung immer freier. Divergierende Farbflecken illusionieren Plastizität und Modellierung. Durch die exakte Darstellung des Gegenstandes im Inhalt leicht ablesbar, offenbaren die Fresken dem Betrachter gleichzeitig die Fähigkeit des Künstlers, durch Farbflächen die Illusion des göttlichen Himmels vorzustellen. Tiefempfundener religiöser Inhalt und rein weltliche ästhetische Freude an den künstlerischen Möglichkeiten schließen einander im Spätbarock nicht aus.

Das Altarbild ist eine Kopie der heute im

Mars und Venus, Detail der Festsaaldecke (S. 273)

Kunsthistorischen Museum in Wien aufbewahrten Kreuzabnahme Francesco Solimenas, die Prinz Eugen in einem Brief vom 24. Juni 1730 bereits erwähnt. Wann sie fertiggestellt war, ist unbekannt. In dem nach Eugens Tod 1736 angefertigten Inventar von Schloßhof scheint das Bild auf. Christian von Mechel, der das begehrte Ölbild 1752 für die kaiserlichen Sammlungen ankaufte, erwähnt es auch in seinem Galeriekatalog aus dem Jahre 1784.

Der jetzt zerstörte Ölbozzetto befand sich einst im Museo Filangieri in Neapel, es existieren jedoch noch zwei weitere Versionen (Sammlung Pico Cellini in Rom; Sammlung von Chambéry).

Die Kopie nach der Kreuzabnahme in der Kapelle von Schloßhof scheint von einem akademisch geschulten Meister zu stammen, der auf die malerisch-dekorative Note des Neapolitaners zugunsten exakter Durchzeichnung der klassischen Idealfiguren verzichtete. Sie dürfte bereits kurz nach Entfernung des Originals angefertigt worden sein, da seit der Übernahme des Schlosses durch Maria Theresia im Jahre 1755 die kaiserliche Familie hier häufig Auenthalt nahm und die Kapelle regelmäßig benützte.

Eine zweite von Johann Gottfried Auerbach stammende Kopie befindet sich in der Augustinerkirche in Wien.

Lit.: F. Bologna, Francesco Solimena, Neapel 1957, S. 282f. — A. Barigozzi-Brini, K. Garas, C. I. Carlone, Milano 1967, S. 55ff.

Ulrike Knall-Brskovsky

12. Apotheose der Zeit und der Menschen

In der Zeit des Hochbarocks, insbesondere zwischen 1683 und 1720, gab es in Österreich manche Gelegenheit zu offiziellem Jubel. Die errungenen Siege verlangten nach äußerem Ausdruck der Befriedigung. Siegreich war schließlich nicht nur der Staat, verkörpert durch den jeweiligen Kaiser, mehrfach siegreich war auch die katholische Kirche. Nach der Niederringung der Evangelischen hatte man nun auch den mohammedanischen Erbfeind weit zurückgedrängt. So war es nur natürlich, daß kirchliche Institutionen ihre neuen Kirchen- und Klosterbauten mit Fresken und Bildern zur Verherrlichung Gottes und der Heiligen schmückten. Darüber hinaus wurden aber auch schon allerlei weltliche Ideen in Allegorien verpackt. Im Deckenfresko Paul Trogers im Stiegenhaus von Göttweig triumphiert Kaiser Karl VI., umgeben von personifizierten Symbolen der Künste und Wissenschaften, als jener Musengott, welcher der Welt Licht bringt. Im Deckenbild des Marmorsaales von Melk erschlägt Herkules — für den Kaiser stehend — den dreiköpfigen Höllenhund Zerberus und ermöglicht so den Triumph der auf einem von Löwen gezogenen Wagen thronenden Göttin Pallas Athene. Im Deckenfresko des Marmorsaales von St. Florian wieder ist Karl VI. als blitzeschleudernder Jupiter dargestellt, der einen Fuß auf einen Türken stellt, während er die Huldigung der Austria und der Hungaria entgegennimmt. Auch Hochadelige, die sich solches leisten konnten, ließen in ihren Stadtpalästen oder Garten- und Jagdschlössern Deckenbilder mit verschiedenartiger Symbolik anbringen, wie die Liechtenstein und die Schwarzenberg, die Kinsky in Eckartsau und Prinz Eugen im Belvedere oder in seinem Winterpalais. Schließlich folgten dem auch die Landstände, wie der Freskenschmuck im Saal des niederösterreichischen Landhauses in Wien, das Deckenbild des ehemaligen mährischen Landhauses in Brünn oder das Gemälde Fromillers an der Decke des Großen Wappensaales des Landhauses von Klagenfurt beweisen. Dem folgten auch kleinere Städte oder Märkte, wo man die Stuckdecke mit Kaisermedaillons und Herrschersymbolen im St. Pöltner Rathaus oder die Ausstattung des damals neu gebauten Rathauses von Stockerau mit Herrscherporträts als Beispiele nennen könnte.

Denn neben Kunstwerken, die mit dem Bauwerk verbunden waren, wurde es üblich, Gemälde der kaiserlichen Familie, aber auch der eigenen Angehörigen anzuschaffen. So werden die von Leopold I. noch nicht häufigen Bildnisse bei Karl VI. gleichsam Legion. Daß man auch den Gattinnen der Kaiser Gemälde widmete, gehörte wohl zur Höflichkeit. So gibt es Doppelbildnisse von Kaiser Leopold mit jeder seiner drei Gattinnen in niederösterreichischem Adelsbesitz, von Joseph I. und Amalie Wilhelmine etwa im ehemaligen Jagdschloß der Kinsky in Eckartsau, von Kaiser Karl VI. und Elisabeth Christine in verschiedenen Schlössern und einigen Klöstern. Unter Maria Theresia gehörte es dann zum guten Ton jedes größeren Klosters und auch vieler Städte, Bildnisse des Kaiserpaares zu besitzen.

Ein vielgepflegtes Mittel zur Popularisierung einer Persönlichkeit war der Kupferstich oder das Schabblatt. Von Prinz Eugen sind über dreißig verschiedene Porträtstiche vorhanden. Meist waren Gemälde die Vorlage, gelegentlich auch andere Stiche. Wie einfach man es sich manchmal machte, zeigt ein großformatiger Stich von Johann Wolfgang Probst in Augsburg. Zuerst stellte er 1720 einen Stich nach einem Gemälde Viviens zur Verherrlichung des Kurfürsten Max Emanuel von Bayern her, dann wechselte er den Kopf aus und vertrieb das gleiche Stück im Jahre 1729 als Allegorie des Prinzen Eugen.

Stiche eigneten sich auch für die Illustration von Büchern, besonders für die Widmungsseiten, die nicht selten Allegorien waren oder sein sollten. Es gibt kaum ein repräsentatives Werk dieser Zeit, das nicht Kaiser Karl VI. gewidmet worden wäre. Ein besonderer Meister des Widmungssystems war der Italiener Muratori, der jeden der zwanzig Bände seiner Rerum Italicarum Scriptores einer hochgestellten Persönlichkeit seiner Zeit zueignete, wobei diesem offenbar auch die Rolle des Sponsors zufiel. Der Widmungsartikel des Prinz Eugen gewidmeten vierten Bandes enthält zwar keinen Hinweis auf eine solche Geldspende des Ausgezeichneten, das dürfte aber selbstverständlich gewesen sein.

Ein beliebtes und nicht allzu kostspieliges Mittel zur Verherrlichung von Personen oder Ereignissen der verschiedensten Art war die Medaille, die am Beginn des 18. Jahrhunderts in Europa eine geradezu explosionsartige Verbreitung erlebte. Es gab kaum ein wesentliches politisches Ereignis auf dem Kontinent, aber auch keine Geburt, Heirat oder Todesfall in den Herrscherhäusern, die nicht Anlaß für die Prägung einer Medaille gewesen wären. Eine Seite diente der Darstellung des Ereignisses, die andere in der Regel zur Abbildung des Kaisers oder einer anderen wichtigen Persönlichkeit. Seit seinem Sieg bei Zenta zählte auch Prinz Eugen zu den „medaillenwürdigen“ Persönlichkeiten seiner Zeit. Schließlich gab es nahezu zwei Dutzend Prinz-Eugen-Medaillen, die schon im Jahre 1738 in einem in Nürnberg erschienenen Büchlein „Eugenius nummis illustratus“ zusammengefaßt und abgebildet wurden.

Prinz Eugen war etwa seit der Schlacht bei Belgrad bemüht, sich und seine Taten auf verschiedene Weise der Nachwelt zu überliefern. Man hat fast den Eindruck, daß er der Meinung war, nun genug getan zu haben und seinen Ruhm genießen wollte. So entstanden nicht nur die Schlachtenbilderserien und eine ganze Reihe von Porträts, er gab auch ein erstes plastisches Denkmal in Auftrag, als er im Jahre 1721 bei Balthasar Permoser, einen auf Allegorien eingearbeiteten bedeutenden Künstler, mit der Herstellung der großen Apotheose aus Marmor betraute und damit eine Ergänzung zur Verherrlichung seiner Taten im Deckenfresko Martino Altomontes im Unteren Belvedere herstellen ließ. Auch im Marmorsaal des Oberen Belvederes wurde eines zur Apotheose des Bauherren gestaltet, der in antiker Pose thront, während ihm Mars den Siegeskranz reicht.

Wie sich zeigen sollte, hat er gut getan, denn in Österreich fand sich niemand, der ähnlich dem Herzog von Württemberg eine Bilderserie seiner Siege malen hätte lassen, als er bereits dem Tode nahe oder gestorben war. Denn seine Nichte Viktoria nahm zwar das ungeheure Erbe gerne an, das Grabdenkmal Eugens bestellte und bezahlte aber die Witwe seines Neffen Emanuel zwei Jahrzehnte nach seinem Tode.

So ist es auch symbolhaft, daß am Vorabend der Eroberung der Lombardei durch Franzosen und Piemontesen ein Turiner Bürger der Stadt ein überlebensgroßes Denkmal Eugen widmete: Der jugendliche Held in Feldadjustierung hält den Marschallstab gegen Himmel und die Schrift darunter weist ihn als Führer der Heere aus, die Turin befreiten „zum Ruhme Italiens“. Weniger bewegt, gleichsam abgeklärt, zeigt ihn ein Standbild in der Galleria Sabauda.

Wenige Jahre nach dem 1858 aufgestellten Turiner Denkmal wurde auch in Wien ein Reiterdenkmal Eugens geschaffen. Ob es von Anfang an als Gegenstück zum mächtigen Erzherzog-Karl-Monument auf dem in Gestaltung begriffenen Heldenplatz konzipiert war oder nach dem Denkmal in Turin Eugen wieder als Österreicher reklamieren wollte, bleibt ungewiß. Jedenfalls steht das von Anton Fernkorn konzipierte Reiterdenkmal auch stilistisch im krassen Gegensatz zu dem italienischen Werk. Bewegtheit hingegen zeigt das zweite noch erhaltene Reiterdenkmal Eugens vor der Ungarischen Nationalgalerie, dem ehemaligen königlichen Palast in Budapest. Es steht aber eher zufällig auf seinem Platz. Als es nämlich die Stadt Zenta, die es vor der Jahrhundertwende beim ungarischen Bildhauer Jósef Róna bestellt hatte, nicht bezahlen wollte und ein großer Skandal drohte, griff König Franz Joseph ein und ließ es vor seinem Palast in Pest aufstellen, wo es auch jetzt noch zu finden ist.

Karl Gutkas

Lit.: F. Matsche, Die Kunst im Dienste der Staatsidee Kaiser Karls VI. Ikonographie, Ikonologie und Programmatik des „Kaiserstils", 2 Bde., Berlin - New York 1981. — Ders., Die Verherrlichung der kaiserlichen Majestät Karls VI. im Kunstwerk; H. Jungwirth, Prinz Eugen auf der Medaille; G. M. Lechner, Imperiale Allegorik und triumphale Programme in der österreichischen Deckenmalerei des Hochbarocks; Th. Karl, Zur Malerei des Hochbarocks in Österreich, alle in: K. Gutkas (Hrsg.), Prinz Eugen und das barocke Österreich, Salzburg - Wien 1985.

Raumbeschreibung

Die Stukkierung des Festsaales ist abgesehen von der barocken Decke eine völlige Neugestaltung des Wiener Stukkateurs Karl Martin Keller, zugleich ein Höhepunkt josephinischer Stukkateurkunst. Hier waren allerdings die technisch aufwendigsten Restaurierungen notwendig, da zur Sanierung der stark vermorschten hölzernen Tramdecke, insbesondere in den Randzonen, größere Teile des Deckenstucks abgenommen werden mußten. Dabei konnte auch die ursprünglich geschwungene Form des noch zur Ausstattung des Prinz Eugenschen Festsaales zählenden Deckenspiegels nachgewiesen werden: Kellner hatte 1773 lediglich die gesamte Deckenfläche aufgespitzt und diese zur Vereinheitlichung mit einer Feinschichte überzogen. Erwähnenswert ist in diesem Zusammenhang der Umstand, daß damals die nackten Putti aus Gründen einer puristischen Moralauffassung Lendentücher erhielten.

Bei der Entfernung der 1910 zu datierenden letzten Leimfärbelung an den Wänden konnten zwei ursprüngliche Farbmusteransätze in Rosa und Grün wie auch die heute vorliegende Gelb-Weißfärbelung, die durch eine lasierende Kalkfassung wiederhergestellt wurde, dokumentiert werden. Der zuletzt vorhandene Fechtboden ist entsprechend frühen Belegen durch diagonal verlegte Kelheimerplatten ersetzt worden.

Nach der Bau-Geld-Rechnung von 1773/75 können die aus Adneter Marmor errichteten Kamine dem „Hofsteinmetzmeister Steinbek" und die ehemals hier befindlichen Spiegel dem Wiener Spiegelmacher Wolf zugewiesen werden. Die gläsernen Wandappliken wurden erst 1985 einer im Bundesmobiliendepot verwahrten Originalleuchte nachgebildet.

Der mit der Restaurierung wiedergewonnene künstlerisch bedeutende Gesamteindruck des Festsaales wird lediglich durch die bereits in den sechziger Jahren dieses Jahrhunderts erneuerten Fenster beeinträchtigt; diese Erneuerung wurde damals im gesamten Gebäudekomplex vorgenommen. Die ursprünglichen Fenster sind als einfach verglaste innensitzende Fenster mit stehendem Kreuz und quadratischer Sprossenteilung und mit an der Außenlaibung angeschlagenen Fensterläden vorzustellen.

R. M.

Kat.-Nr. 12.1

Objekte

12.1 Allegorie auf Kaiser Leopold I. als siegreicher Herkules

Öl/Lw., 138 × 240 cm.
Sign. rechts unten: G. HOET; um 1670/75.

Kaiser Leopold I. steht als siegreicher Herkules auf der mit der Keule erschlagenen Hydra. Die geflügelte Fama mit der Siegespalme krönt ihn mit einem Lorbeerkranz. Rechts die Tugenden Glaube, Hoffnung, Liebe und Gerechtigkeit, Beständigkeit, Klugheit, Mäßigung; links empfiehlt der Genius der Liebe die kniende Gestalt der Hungaria der Milde des Herrschers, der Genius des Friedens entreißt dem blinden Furor die Kriegsfackel, dahinter führt die gerüstete Bellona gefangene Türken herbei.

Nach der Deutung von G. Heinz bezieht sich die Allegorie auf die siegreiche Schlacht gegen die Türken von St. Gotthard an der Raab von 1664 unter Feldmarschall Raimund Graf Montecuccoli und die Niederwerfung der ungarischen Magnatenverschwörung unter Franz Nádasdy, die vielleicht mit der Lernäischen Hydra symbolisiert ist. Als Entstehungszeit des Bildes ist der Anfang der siebziger Jahre des 17. Jh.s anzunehmen, als Hoet möglicherweise auf der Durchreise aus Italien kurze Zeit in Wien tätig war. Von einem längeren Aufenthalt des Künstlers am kaiserlichen Hof ist jedenfalls nichts bekannt.

Lit.: Kat. der Porträtgalerie zur Geschichte Österreichs 1400—1800, Wien 1976, 2. Aufl. 1982, Nr. 130. — Kat. Max Emanuel, Nr. 66.

Wien, KHM, Gemäldegalerie, Inv.-Nr. 1903 (Schloß Ambras).

K. S.

12.2 Kaiser Leopold I. als Türkensieger

Kupferstich, 43 × 60,6 cm (beschnitten).
Nach 1683.

Der Stich diente als Thesenblatt für den Defensor Christoph Anton Voglmair, der mit seiner Schriftrolle am äußersten linken Bildrand steht.
Die Mitte des Blattes nimmt ein Reiterstandbild Kaiser Leopolds ein, dessen Sockelinschrift ihn als den Unbesiegbaren, den Kaiser im Krieg und im Frieden preist. In der rechten Bildhälfte ist die Kriegssituation wiedergegeben: im Hintergrund die Türkenschlacht vor Wien, im Vordergrund steht Bellona, die Kriegsgöttin, vor einem Heidentempel. Links ist die Friedensherrschaft Leopolds dargestellt. Im Hintergrund nimmt man eine Hafenanlage und das Feld bestellende Bauern aus, im Vordergrund sitzt die Göttin des Friedens, die mit ihrer Fackel die Kriegswaffen verbrennt und als Zeichen des friedlichen Beisammenseins Löwe und Lamm an einer Kette hält. Zu ihren Füßen lagern Gerätschaften der Wissenschaften und Kunst, an den Sockel gelehnt nimmt man Pan mit seiner Schalmei aus. In Anspielung auf den Venuswagen erscheint in der himmlischen Sphäre ein von Friedenstauben gezogener Triumphwagen mit dem Passauer Mariahilf-Bild, der bedeutendsten Defileation des Innsbrucker Mariahilf-Bildes Lucas Cranachs. Ebenfalls im Triumphwagen ziehen zwei Adler, in Anspielung auf Zeus, die eucharistische Sonnenmonstranz. Zu beiden Seiten des Standbildes Leopolds verkünden Posaunenengel den Ruhm des Kaisers.
Sollte die Schlachtenszene im Hintergrund tatsächlich auf Wien verweisen, so ist die bisherige Zuschreibung an Matthäus Küsell (1629—1681) hinfällig.

Lit.: Kat. Thesenblatt, Nr. 39.

Stift Göttweig, Graphische Sammlung. T. K.

12.3 Verherrlichung der Siege Kaiser Leopolds

Kupferstich, 50,9 × 35,7 cm.
J. Müller nach Ch. Dittmann.
Nach 1695.

Das Blatt ist eine Apotheose auf die von Leopold I. von seinem Regierungsantritt bis 1695 errungenen Siege, wobei der Kampf gegen die Türken verständlicherweise im Vordergrund steht, gipfelnd in dem zentralen Emblem der Hl. Liga. Der Blick führt durch eine offene Säulenhalle in das Innere eines Rundtempels, dessen Zentrum ein auf einem Postament stehendes Standbild des Kaisers als österreichischer Herkules mit dem Löwenfell einnimmt. Die Lernäische Hydra und der Nemeische Löwe zu Füßen des Standbildes sind Allegorien des Aufruhrs und der Häresie. Den Eingang zum Tempel flankieren zwei Bäume, links der österreichische Ölbaum mit dem Porträt König Josephs I., auf dem die Hoffnungen der Dynastie ruhen, rechts eine etwas kleiner gehaltene Palme mit dem Medaillon Erzherzog Karls (VI.). Über Leopold erkennt man die vier Medaillons seiner Töchter. Schwieriger sind Leopolds drei Gattinnen auszunehmen, deren Büsten auf das Kranzgesims des Tempels gesetzt sind. In der antikisierenden, mit Schlachtenszenen ausgekleideten Vorhalle, stehen zwischen den monumentalen Kompositsäulen auf hohen Postamenten die huldigenden Personifikationen Siebenbürgens, Bulgariens, Polens und Dänemarks.

Lit.: Kat. Prinz Eugen 1963, Nr. 19. — W. Prohaska, Zum Bild der Türken in der österr. Kunst des 18. Jh.s, in: Die Türken vor Wien. Europa und die Entscheidung an der Donau, Salzburg 1982, S. 252.

Wien, Albertina, Hist. Blätter 9. T. K.

12.4 Triumph Kaiser Leopolds I. und König Josephs I. über die Türken

Ebenholzsockel, Elfenbein, H 68 cm, L 47 cm, B 41,5 cm.

Kat.-Nr. 12.4

Bez. am Sockel rechts: „Christophorus Maucher Sculptor, A. D. 1700".

Das Triumphdenkmal Christoph Mauchers, das einzige inschriftlich gesicherte Werk des ab 1670 in Danzig tätigen Bernstein- und Elfenbeinschnitzers, verherrlicht die Siege Kaiser Leopolds über die Türken, beginnend mit der Befreiung Wiens bis zum Frieden von Karlowitz.

Auf den Ebenholzsockel appliziert, geben von Elfenbeinengeln gehaltene Inschriftenbänder die Namen der siegreichen Schlachten wieder. Weitere Inschriften auf dem Sockel preisen Kaiser Leopold und seinen Sohn, den römischen König Joseph. Das zentrale Relief der Vorderseite zeigt, an antikes Gedankengut anschließend, Kaiser Leopold und seinen Sohn in einem einen Türken überfahrenden Triumphwagen. Das zentrale Relief der Rückseite zeigt eingekerkerte Kuruzen.

Der Elfenbeinaufsatz verherrlicht den christlichen Reichsgedanken im allegorischen Bereich. Über niedergemetzelten Türken, zerbrochenen türkischen Feldzeichen und negativ besetzten allegorischen Figuren und Symbolen, wie Harpyien, Schlangen, die Maske der Falschheit usw., thront Leopold, begleitet von dem ihm zur Seite stehenden König Joseph mit dem Reichsschwert. Über ihnen schwebt der kaiserliche Doppeladler, Halbmond und Turban zum Zeichen des Sieges über die Türken in seinen Krallen haltend. Die bekrönende Wolkenglorie zeigt ein um einen zentral plazierten Stern angeordnetes Gewirr von Putten. Der Glanz des Sternes soll nicht nur die Majestäten treffen, sondern ganz Deutschland und das Heilige Römische Reich bestrahlen, worauf auch die von Putten gehaltenen, nicht näher differenzierten Kronen Böhmens, Ungarns und des Reiches in der Glorie verweisen. Die zentrale Gruppe flankieren, erhöht auf kleinen Podesten stehende Personifikationen der „Nemesis Divina" (Göttliche Macht) und der „Providentia numinis" (Vorsehung), bezugnehmend auf Leopold als Beschützer des Reiches und Bewahrer des Christentums. Auf dem Sockel links und rechts vorne sitzen die Personifikationen des siegreichen Friedens und des Ruhmes.

Lit.: W. Prohaska, in: Kat. Türken vor Wien, Nr. 20/9, mit weiterführender Literatur.

Wien, KHM, Slg. f. Plastik und Kunstgewerbe, Inv.-Nr. 4560. T. K.

12.5 Relief Kaiser Leopolds I.

Marmor, hochoval, 46 × 38 cm.
Werkstatt Paul Strudels, um 1705.

Das im Anklang an altrömische Imperatorenmedaillen entstandene Medaillon zeigt den lorbeergekrönten Kaiser mit der Ordenscollane vom Goldenen Vlies. Es gehört zu einer Serie von Reliefs (Kat.-Nr. 1.5, 2.21), deren Prototypen in der Werkstatt Paul Strudels entstanden und dürfte noch zu Lebzeiten des Kaisers, wahrscheinlich um 1705 entstanden sein. Wie alle Medaillons dieser Serie zählt auch dieses zu den rein repräsentativen Zwecken dienenden Hofkopien.

Lit.: Kat. Europäische Barockplastik am Niederrhein, Grupello und seine Zeit, Düsseldorf 1971, Nr. 173. — E. Petrasch, Barocke Bildwerke. Eine Auswahl aus den Beständen des Badischen Landesmuseums, 1967, Nr. 10.

Karlsruhe, Badisches Landesmuseum, Inv.-Nr. 66/16. T. K.

12.6 Kaiser Joseph I.

Öl/Lw., 216 × 146,5 cm.
1705/06.

Vor einer roten Draperie steht der junge Kaiser im Harnisch mit um die Hüften geschlungener, goldener Feldbinde, den Kommandostab in der Rechten. Die Linke ist an den Degen gelegt. Über dem Harnisch trägt er das Goldene Vlies am blauen Band, um die Schultern ist ein hermelingefütterter, mit Perlen besetzter Goldbrokatmantel gelegt. Er trägt eine sehr modische, zu beiden Seiten des Scheitels hochtoupierte Allongeperücke. Auf dem Tischchen neben ihm die Reichskrone.

Graz, Landesmuseum Joanneum, Schloß Eggenberg, Inv.-Nr. Eg 721.

Friedrich Kryza-Gersch

12.7 Kaiserin Amalie Wilhelmine

Öl/Lw., 200 × 126 cm.
Jan Frans Douven?
Nach 1697.

Amalie Wilhelmine von Braunschweig-Lüneburg hielt sich von 1697 bis 1699 am Hof von Modena auf, wo ihre Schwester Charlotte Felicitas mit Rinaldo d'Este seit 1695 verheiratet war. Nach ihrer Verlobung mit Kaiser Joseph I. wurde sie im Auftrag des Wiener Hofes in Modena von dem aus Holland stammenden und an verschiedenen europäischen Höfen als

Kat.-Nr. 12.7

Spezialist für Bildnismalerei tätigen Jan Frans van Douven zweimal porträtiert, einmal in ganzer Figur, ein zweites Mal in kleinem Format (diese Fassung heute in den Uffizien, Florenz, Inv.-Nr. 4160).
Nach einer Vermutung von G. Guandalini könnte es sich bei dem vorliegenden Bildnis um das große, noch vor der Abreise der zukünftigen Kaiserin nach Wien an den kaiserlichen Hof geschickte Bildnis handeln. Es zeigt in der Durchführung im einzelnen allerdings nicht die Douvens höfischen Bildnissen eigene brillante Eleganz, so daß dessen Komposition hier vielleicht in einer der zweifellos mehrfach angefertigten Kopien vorliegt.
Ein weiteres, etwa gleichzeitig entstandenes ovales Brustbild nach einer anderen Bildnisaufnahme befindet sich im Museo Civico Modena (ehem. Slg. Castiglioni).

Lit.: Mostra di opere restaurate secoli XVI—XIX, Modena 1980/81, Nr. 48 (G. Guandalini).

Wien, KHM, Gemäldegalerie, Inv.-Nr. 3104.

K. S.

12.8 Relief Kaiser Josephs I.

Marmor, hochoval, 61 × 51 cm.
Werkstatt Paul Strudels, nach 1709.

Das ursprünglich dem Umkreis Gabriel Grupellos zugeschriebene Relief gehört ebenfalls der großen Gruppe der in der Werkstatt Paul Strudels entstandenen antikisierenden Kaiserreliefs (Kat.-Nr. 1.5, 2.21, 12.5) an, dürfte aber erst nach 1709 entstanden sein, als Peter Strudel die Werkstatt seines Bruders übernommen hatte.

Lit.: Kat. Barockmuseum, Nr. 488.

Wien, Österr. Galerie, Inv.-Nr. 5373. T. K.

12.9 Apotheose Josephs I. als Türkensieger

Kupferstich, 31 × 35,5 cm (Pl.).
Jeremias Wolff (Hrsg.).

Um ein zentrales Reiterstandbild auf hohem Sockel, das den jugendlichen Joseph im Gewand des antiken Imperators wiedergibt, sind verschiedene, ihm huldigende Personifikationen versammelt, unter ihnen Providentia, die Vorsehung, mit dem Januskopf. Unter der Inschrift, die Joseph als römischen König und als Sieger über Dacier, Pannonier und Türken wiedergibt, liegen gefesselte Türken und Teile der Türkenbeute. Auf diese deutet die links stehende Justitia. Vor ihr sitzt Herakles, gestützt auf den Nemeischen Löwen nach der Bändigung des Ungeheuers, den Frieden garantierend. Antikes Gedankengut offenbart sich auch in der Triumphsäule und dem Obelisk im Hintergrund, die beide der Repräsentation der königlichen Würde dienen.

Stift Göttweig, Graphische Sammlung. T. K.

12.10 Kaiser Karl VI.

Öl/Lw., 233 × 155 cm.
Um 1730.

Der Kaiser trägt ein mit Goldspitzen reichbesetztes Spanisches Mantelkleid über ebensolchen Justeaucorps und Kniehosen mit dunkelgrünem Umschlag, der mit den gleichfarbigen, goldgestickten Strümpfen, mit dem Futter des Mantels und den Straußenfedern am Hut, der über der Stirn von einer mit Diamanttropfen behangenen Agraffe geschmückt ist, korrespondiert. Unter dem Jabot ist vor der Brust die Collane des Goldenen Vlieses sichtbar.
Der Kaiser steht auf einem einstufigen Podest unter einem Baldachin mit gerafften, roten Samtdraperien mit goldgestickten Bordüren und Fransen, hinter denen ein Thronsessel erkennbar ist. Über dem Sessel an der Rückwand des Baldachins ein gestickter Doppeladler. Links ein Tischchen mit den Reichsinsignien.

Graz, Landesmuseum Joanneum, Schloß Eggenberg, Inv.-Nr. EG 640.

Friedrich Kryza-Gersch

12.11 Kaiserin Elisabeth Christine

Öl/Lw., 232 × 155 cm.
Um 1730.

Die Kaiserin ist in dunkelgrüner Robe mit goldgestickter Corsage dargestellt. Die Säume des Manteaus und des weiten Reifrocks sind ebenfalls mit Bordüren bestickt, die Ärmel zeigen in dreifachen Reihen gefältelte Spitzen. Das Dunkelgrün des Kleides korrespondiert mit demselben Farbton im Kostüm ihres Gatten (Kat.-Nr. 12.10).
Auch sie steht auf einem Podest, hinter ihr die Lehne eines reich geschnitzten Stuhls vor einer üppig gebauschten, goldfarbenen Baldachindraperie, deren einer Teil bis zum Bildrand vorquillt. Die Linke weist zu einem Tisch, auf dem die Kaiserkrone liegt.

Graz, Landesmuseum Joanneum, Schloß Eggenberg, Inv.-Nr. EG 641.

Friedrich Kryza-Gersch

Kat.-Nr. 12.12

12.12 Apotheose Karls VI. als Sieger über die Franzosen

Gouache/Pergament, 53 × 38 cm.
J. H. Schildt pinx., um 1711.

Das Gemälde zeigt den jugendlichen Kaiser mit dem Orden vom Goldenen Vlies auf seinem Schlachtroß über die am Boden liegenden, geschlagenen Franzosen triumphierend. Zumal Karl gerade von der „Providentia Divina“ mit der rudolphinischen Hauskrone zum König gekrönt wird, die Darstellung aber nur auf den Spanischen Erbfolgekrieg bezogen werden kann, dürfte das Gemälde kurz nach dem Tod Josephs I., noch vor der Abreise Karls aus Spanien entstanden sein. Ein weiterer Hinweis auf Karls kaiserliche Würde ist der Doppeladler auf dem Trompetenwimpel der Fama, die Karls Ruhm verkündet. Der Aufsatz des sehr aufwendigen Rahmens zeigt in einem von der rudolphinischen Hauskrone bekrönten Medaillon Karls Monogramm, zwei ineinandergreifende „C“ (Caesar Carolus).

Lit.: Kat. Herzog Anton Ulrich v. Braunschweig, Braunschweig 1985, H 9 und Abb.

Braunschweig, Herzog Anton Ulrich-Museum.

T. K.

12.13 Apotheose Kaiser Karls VI. als Türkensieger

Öl/Lw., 101,5 × 152,5 cm.
Sign.: Paulus de' Matthei f 1717.

Das Bild zeigt Karl als Triumphator inmitten eines Schlachtfeldes über gefallene Türken hinwegreitend. Er wird bekrönt mit dem Lorbeerkranz des Siegers. Die Fama verkündet seinen Ruhm. Der mit den Blitzen des Zeus bewaffnete Adler an der Seite des Kaisers ist zugleich das Wappentier der Habsburger. Im Gipfel der Komposition wird das Bündnis des

Kat.-Nr. 12.13

Staates und der Kirche allegorisch dargestellt. Die Thematik des Bildes hängt mit den Triumphen der österreichischen Armeen unter der Führung des Prinzen Eugen über die Heere der Großen Pforte in den Jahren 1716—1718 zusammen. Die Porträtminiatur in den Händen des Genius stellt den Auftraggeber, Feldmarschall Wirich Graf Daun dar, der in der Zeit der Entstehung des Bildes habsburgischer Vizekönig in Neapel war und bei den neapolitanischen Malern viele Gemälde für sein Wiener Stadtpalais bestellte.

Der Autor des Bildes, der neapolitanische Maler Paolo de Matteis, war Nachfolger Francesco Solimenas und vor allem Luca Giordanos. Als Schüler der römischen St.-Lucas-Akademie war er aber auch durch den klassizisierenden Carlo Maratta beeinflußt, was sich in einer gewissen Mäßigung und Veredelung des lebhaften giordanesken Stils des Bildes äußert.

Lit.: O. Ferrari, Considerazioni sulle vicende artistiche a Napoli durante il viceregno austriaco (1707—1734), in: Storia dell'arte 35, 1979, S. 11ff. — T. Karl, Zur Malerei des Hochbarock in Österreich, in: Gutkas, Prinz Eugen, S. 322. — J. Neumann, Unbekannte neapolitanische Gemälde im Schloß in Opočno, in: Akten des 25. internationalen Kunsthistorikerkongresses, Sektion 7, Wien 1986, S. 139ff.

Opočno, Staatsschloß (ČSSR), Inv.-Nr. 4548.

I. K.

12.14 Karl VI. als Türkensieger

Kupferstich, 68 × 47 cm (Pl.).

J. A. Delsenbach nach Paul Decker.

Karl VI., bekleidet mit Harnisch und Mantel, mit dem Lorbeerkranz des Siegers und dem Orden vom Goldenen Vlies, ist wiedergegeben als Triumphator über die Türken, versinnbildlicht durch einen am Boden liegenden Osmanen sowie durch türkische Beutegegenstände, auf die der Kaiser tritt. Nach links hin ist der Bildraum durch ein kleines Tischchen, dessen Beine geschnitzte Kaiseradler zieren, sowie durch einen Vorhang begrenzt. Auf einem Kissen auf dem Tisch, auf das Karl seinen Kommandostab stützt, liegt die Karl als Kaiser kennzeichnende Krone des Hl. Römischen Reiches.

Wien, ÖNB, Bildarchiv. T. K.

12.15 Allegorie auf Karl VI. als Förderer der Künste

Kupferstich, 23,3 × 34,6 cm (Pl.).
I. A. Thelot nach Hieronymus Sperling.
Titelkupfer des 2. Bd.s der „Wahrhafften Abb.", 1725.

Der vorliegende Stich verherrlicht die Tugenden Karls VI. in ihrem Wirken für die Künste. Die Widmungsinschrift richtet sich an das „Numen und die Majestät" der Stadt Wien, die von Karl VI., durch seine göttlichen Tugenden im Krieg und im Frieden mit Früchten reich beschenkt wurde. Die Darstellung zeigt den Kaiser auf einem Podest unter einem Baldachin thronend, umgeben von der Fama, der Personifikation des Ruhms, und der Pietas. Neben dieser steht Sapientia. Der doppelköpfige Janus steht stellvertretend für die zurückblickende und die vorausschauende Weisheit. Rechts der Sapientia nimmt man Justitia aus, links im Vordergrund sitzt Pallas Athene als Schutzgöttin der Künste und Wissenschaften. In der Linken hält sie eine Tafel, auf der man den Grundriß einer mit Bastionen versehenen Festungsanlage erkennt, zumal in der Militärarchitektur die Sicherung des Friedens besonders deutlich zum Ausdruck kommt. Auf Minerva bezieht sich der Putto mit der Farbpalette, die Malerei vertretend, die Jünglingsbüste ist ein Hinweis auf die Bildhauerkunst. Rechts halten Austria und die kniende Personifikation Wiens einen Wienprospekt, der die Befestigungsanlagen vor der Hofburg zeigt. Auf Krieg und Frieden nehmen auch die sitzenden Personifikationen zu beiden Seiten der Inschriftentafel Bezug, wobei Mars den zum Krieg gerüsteten Kaiser symbolisiert, der nach vollbrachten Taten ruhende Herakles den Frieden.

Lit.: Matsche, S. 381ff.

Wien, Hist. Museum, Inv.-Nr. 95.618. T. K.

12.16 Allegorie auf Karl VI.

Kupferstich, 37,5 × 23,4 cm.
J. D. Heuman delin. et sculps.

Der Kupferstich dient der Inschrift des zentralen Obelisken zufolge der Verherrlichung Karls VI. als Sieger über die Barbaren und soll ihn gleichzeitig als Friedensstifter preisen. Bezug genommen ist auch auf den Wahlspruch des Kaisers, seine „Fortitudo" und seine „Constantia". Der Obelisk, der das Medaillon des Kaisers trägt, das von der Fama, dem Ruhm, geschmückt wird, steht allgemein für die „Gloria Principis". Dem Kaiser huldigend sind verschiedene Personifikationen um den Sockel des Obelisken verteilt. Links deutet Bellona, die Kriegsgöttin, mit einem Speer auf die Inschrift. Hinter ihr steht die Personifikation der Weisheit, Sapientia, neben ihr, mit dem Horn der Amalthea, Abundantia, die Personifikation des Überflusses. Im Vordergrund knien Putten am Boden, die Festungsbauwerke konstruieren. Pallas Athene überreicht einem als Soldat verkleideten Putto das Blitzbündel Jupiters, als das stellvertretende Zeichen des obersten Gottes, der anstelle von Karl für die Sicherung des Friedens sorgt. Hinter Athene steht Urania, die Muse der höchsten Wissenschaft, der Astronomie, der

der Schlangenring einen Ewigkeitsanspruch verleiht.

Wien, Hist. Museum, Inv.-Nr. 81.194. T. K.

12.17 Reiterporträt Prinz Eugens

Basrelief, Gips, bräunlich eingefärbt, 60 × 49 cm.
1. Hälfte 18. Jh.
Geschnitzter Holzrahmen mit Rollwerkmotiven.

Das Relief zeigt Prinz Eugen leicht in den Vordergrund gedreht, aufrecht auf dem Pferd sitzend, das in der Levade nach links wiedergegeben ist. Er trägt an der Collane den Orden vom Goldenen Vlies, in der Rechten hält er den Kommandostab. Auf einem perspektivisch verzeichneten reliefierten Sockel rechts liegt ein mit Federbusch geschmückter Visierhelm. Im Vordergrund links erblickt man Soldaten, die eine türkische Bastion angreifen. Das Relief erinnert ebenso wie ein sehr ähnliches Holzrelief im Heeresgeschichtlichen Museum (Kat.-Nr. 12.18) im Typus an die allerdings erst 1905 erworbenen, Ignaz Elhafen zugeschriebenen Reiterreliefs im Kunsthistorischen Museum (Kat.-Nr. 9.9—11), unterscheidet sich von diesen aber durch ihre fast provinziell anmutende Ausführung.

Lit.: ÖKT 5, S. 517, Fig. 632.

Privatbesitz. T. K.

12.18 Reiterporträt Prinz Eugens FB 73

Holzrelief, 60 × 47 cm, gerahmt.

Das in qualitativer Hinsicht nicht besonders hochstehende, braun und gold gefaßte Holzrelief ist eine seitenverkehrte Variante des Rosenburger Gipsreliefs (Kat.-Nr. 12.17), ohne hiermit ein Abhängigkeitsverhältnis zu postulieren. Wahrscheinlich gehen beide auf nicht näher bekannte Stichvorlagen zurück.

Wien, HGM, Inv.-Nr. BI 22.076. T. K.

12.19 Apotheose des Prinzen Eugen

Grisaille, 92 × 78 cm.
Nach Stich von Johann Balthasar Propst bzw. nach einem verlorenen Gemälde von Joseph Vivien.
Nach 1729.

Das Bild zeigt Prinz Eugen ganzfigurig in Rüstung vor einem Zelt stehend. Hinter ihm hält ein Page oder Verwandter Helm und Mantel. In den Lüften schweben Victoria mit einem Siegeskranz und Fama mit einer Posaune. Im Hintergrund ist eine Schlacht dargestellt.
Das Originalgemälde von Joseph Vivien im Format 394 × 296 cm, das Max Emanuel von Bayern darstellt, verbrannte in der Münchner Residenz, ist aber durch mehrere Kopien und Stiche überliefert. Ähnlich wie bei einem Stich von Propst (Kat.-Nr. 12.20) dürfte auch hier der Kopf Max Emanuels durch den Prinz Eugens ersetzt worden sein.
Das Porträt stimmt mit der Darstellung Eugens im 17. Band des Theatrum Europaeum überein.

Lit.: Kat. Max Emanuel, Nr. 493.

Onoz, Conte de Beaufort. K. G.

12.20 Apotheose des Prinzen Eugen

Kupferstich, 78,5 × 55 cm.
Johann Balthasar Propst nach Joseph Vivien.

Das Blatt wurde nach einem Gemälde von Joseph Vivien gestochen und war in einer Fassung aus dem Jahre 1720 Max Emanuel von Bayern gewidmet (Kat.-Nr. 12.19). Im Jahre 1729 hat Propst bei einer Neuauflage den Kopf des bayerischen Kurfürsten durch den des Prinzen Eugen ersetzt. Der junge Mann im Hintergrund wäre dann als Johann Eugen, der 1734 gestorbene Großneffe Eugens, zu deuten.

Wien, Albertina, Inv.-Nr. N. F. 3179. K. G.

12.21 Die triumphale Aufnahme des Helden in den Olymp

Öl/Lw., 123 × 101 cm.

Giacomo del Pò, Anfang zwanziger Jahre des 18. Jh.s.

Auf dem Triumphwagen steigt der von Minerva mit einem Lorbeerkranz gekrönte Held (Prinz Eugen) zum Himmel. Aus strahlender Höhe über der Gruppe der Olympier fliegt ihm Gloria und ein Puttenpaar mit Posaunen entgegen, die seinen Ruhm verkünden. Ganz oben thront Apollo, der den Helden erwartet und bereit ist, ihn mit einer Siegeskrone zu schmücken. Das Getümmel der Laster in der dunklen Sphäre unter dem Triumphwagen ist zweifellos eine allegorische Darstellung der besiegten Türken.
Das ursprünglich Giovanni Battista Gaulli zugeschriebene Gemälde wurde erstmals von E. A. Safařík als Bozzetto Giacomo del Pòs für das Deckenfresko des Neapolitaners im Parade- oder Audienzzimmers des Oberen Belvedere erkannt, das wie das Deckengemälde Solimenas „Aurora und Cephalus" (Kat.-Nr. 5.7) bei einem Brand im Jahr 1950 vernichtet wurde.
Giacomo del Pò, in dessen Schaffen sich vor allem der späte expressive Stil von Luca Giordano, eines Protagonisten des malerischen Radikalismus des 18. Jh.s, widerspiegelt, nimmt in seinem temperamentvollen Werk auch andere Elemente, u. a. auch Anregungen aus dem Werk Baciccios auf. Das Bild aus Opočno gehört zu den besten Leistungen dieses Malers, der durch sein unbändiges Temperament sozusagen ein Antipode der abgeklärten Schönheit des Stils Francesco Solimenas ist. Für die Ausführung der Komposition wählte del Pò jedoch einen gemäßigteren malerischen Vortrag.
Man kann voraussetzen, daß das Bild Anfang der zwanziger Jahre entstand, weil die Räume noch nicht zur Dekoration vorbereitet waren.

Lit.: Heinz, Italienische Maler, S. 133 u. 141, Anm. 12. Aurenhammer, Kleiner, S. 40ff. — L. Machytka, Malířství 17. a 18. století ve státních zámích východních Čech (Die Malerei des 17. und 18. Jh.s in den staatlichen Schlössern Ostböhmens), Pardubice 1972, S. 23, Abb. XXVIII. — O. Ferrari, Considerazioni sulle vicende artistiche a Napoli durante il viceregno austriaco (1707—1734), in: Storia dell' arte 35, 1979, S. 11ff. u. Abb. 9. — J. Neumann, Unbekannte neapolitanische Gemälde im Schloß in Opočno, in: Akten des 25. internationalen Kunsthistorikerkongresses, Sektion 7, Wien 1986, S. 139ff.

Opočno, Staatliches Schloß, Inv.-Nr. 4550. I. K.

Kat.-Nr. 12.22

12.22 Allegorische Apotheose des Prinzen Eugen von Savoyen

Öl/Lw., 90 × 61 cm.
Giacomo del Pò, Anfang zwanziger Jahre des 18. Jh.s.

Das Gemälde ist wie die „triumphale Aufnahme des Helden in den Olymp" (Kat.-Nr. 12.21) ein Bozzetto Giacomo del Pòs für ein Fresko des Oberen Belvedere, und zwar für das der Antichambre. Die Gesamtauffassung und die Qualität des malerischen Vortrags bleiben unverändert. Das Grundthema ist wieder eine allegorische Apotheose des Prinzen Eugen von Savoyen. Der siegreiche Held, der, getragen von seinem Ingenium und seinen Tugenden, den Sieg errungen hat, wird in die himmlische Herrlichkeit aufgenommen. Die Realisierung des Entwurfs zeichnet sich auch diesmal durch einen gemäßigteren malerischen Ausdruck aus. Das Werk kann ebenfalls in die Zeit nach 1720 datiert werden.

Lit.: Wie 12.21, nur Aurenhammer, Kleiner, S. 38f.

Opočno, Staatliches Schloß, Inv.-Nr. 4549. I. K.

12.23 Apotheose Prinz Eugens

Kupferstich, 27,3 × 17,1 cm (Pl.).
Jacob Andreas Friedrich d. Ä.

Der Stich zeigt ein sehr aufwendig gestaltetes hohes Denkmalpostament, das eine Büste des Prinzen trägt. Diese bekrönen Mars links — sein Schild zeigt das Emblem des über den türkischen Halbmond siegenden Kaiseradlers — und Minerva rechts mit dem Lorbeerkranz. Unterhalb von Minerva weist der sich aus dem Bildraum bewegende Jason auf den Prinzen. Das Postament schmücken mit Schlachtenszenen versehene Kartuschen und Fahnen, auf den Kriegsruhm Eugens verweisend.

Heidelberg, Kurpfälzisches Museum, Inv.-Nr. S 685[1]. T. K.

12.24 Verherrlichung des Prinzen Eugen

Kupferstich, 51,5 × 41 cm (Pl.).
C. van Moore (?), zwischen 1716 und 1720.

Auf dem Kupferstich mit der Bildunterschrift „Son Altesse Le Serenissime & Victorieux Eugenes Prince de Savoye & de Piemont, Marquis de Saluces. Suprême Chef des Armées de l'jnvincible Empereur Roi Catholique des Espagnes Charles VI" ist auf einem Medaillon, das von einem Putto und der eine Posaune haltenden Pallas Athene getragen wird, das Porträt des Prinzen Eugen in Rüstung, mit der Ordenskette vom Goldenen Vlies dargestellt. Neben dem das „Labarum" haltenden Putto sind Kanonenrohre und Kugeln zu erkennen. Pallas Athene bekrönt das Porträt des Prinzen mit einem Lorbeerkranz. Die Szenerie ist von einem aus Blattwerk, herausragenden Fahnenspitzen und drapierten Fahnen bestehenden Rahmen umgeben, der von dem von zwei Löwen gehaltenen Wappen des Prinzen Eugen und den darüberliegenden Ehrengaben Papst Clemens XI. bekrönt wird. Der Kupferstich ist auch als Widmungsblatt in den „Batailles gagnées par le serenissime Prince Francois-Eugène de Savoye", welche die von Jan van Huchtenburgh gestochenen Hauptschlachten des Prinzen Eugen enthalten, zu finden.

Wien, Hist. Museum, Inv.-Nr. 134.228. H. L.

12.25 Des Grossen Feld-Herrns Eugenii ... Helden-Thaten ... Erster Theil

Frankfurt - Leipzig: Riegel 1718.
604 Seiten, keine Abbildungen, 17 × 20 cm (geöffnet).

Bei dem in sechs Teilen erschienenen Werk eines unbekannten Verfassers handelt es sich um das umfangreichste zeitgenössische Geschichtswerk über das Leben des Prinzen Eugen.
In dem hier gezeigten ersten Teil der „Helden-Thaten" ist neben der Charakteristik des Prinzen eine Beschreibung seiner Familie, seiner Jugend, des Beginns seiner kriegerischen Laufbahn im Jahre 1683 und seiner Unternehmungen bis zum Jahre 1699 enthalten.

Wien, NÖLB, Sign. 1.344 B. H. L.

12.25a Des Grossen Feld-Herrn Eugenii ... Helden-Thaten ... Fünfter Theil

Nürnberg: 1736.
17 × 20 cm (geöffnet).

Die beiden letzten Teile der „Helden-Thaten" enthalten neben der genauen Schilderung der Ereignisse von den Friedensverhandlungen zu Passarowitz bis zum Tod des Prinzen Eugen eine Beschreibung seines Leichenbegängnisses, seiner Kunstsammlungen, Schlösser und Gärten, schließlich eine Liste der bis zum Jahre 1739 erschienenen Druckwerke zur Geschichte des Prinzen Eugen.

Wien, ÖNB, Druckschriftensammlung, Sign. 214.052 A. 5. H. L.

12.26 The Life and Military Actions of his Royal Highness Prince Eugene of Savoy

London: Read, 1736, second edition.
228 Seiten, keine Abbildungen, 19 × 25 cm (geöffnet).

Das Werk enthält neben der detaillierten Beschreibung der kriegerischen Unternehmungen Prinz Eugens eine Charakteristik des Prinzen, verfaßt von Sir Richard Steele, dem Herausgeber und Verfasser der englischen moralischen Wochenschrift „The Spectator". Steele war anläßlich des Englandaufenthaltes Eugens im Jahre 1712 mehrmals aufgefordert worden, eine Beschreibung des Aussehens Eugens zu liefern, was dieser auf sehr schmeichelhafte Art tat. Stellenweise klingt seine Beschreibung aber etwas übertrieben. Steele schreibt unter anderem: "It is impossible for me to find Words to let one know what an artful Glance there is in his Countenance ... there is in his Look something sublime, which does not seem to arise from his Quality of Character, but the innale Disposition of his Mind ... the Prince has Wisdom and Valour in as high Perfection as Man can enjoy them ... he was a Man of Modesty and Merit ...".

Lit.: M. Baratta-Dragono, Prinz Eugen von Savoyen in der Publizistik seiner Zeit, phil. Diss., Wien 1960, S. 24ff.

Wien, ÖNB, Druckschriftensammlung, Sign. 7.321-B. H. L.

12.27 Apotheose des Prinzen Eugen

Abguß der Marmorplastik von Balthasar Permoser in der Österr. Galerie (1718—1721).

Auf dem Rücken eines am Boden liegenden bärtigen Türken steht Eugen in voller Rüstung mit dem Goldenen Vlies, den Degen an der Seite. Als Zeichen des Herkules trägt er ein Löwenfell, Putten halten die Keule, auf die er die Rechte stützt. Eine geflügelte Nike hält ihm mit einer Hand die Sonne des ewigen Ruhms vor das Angesicht und in der nach unten gerichteten anderen Hand eine Mondsichel. Auf der anderen Seite sitzt Fama am Boden, stützt einen Fuß des Helden und bläst in eine Posaune, deren Mündung jedoch vom Prinzen zugehalten wird. Der Sockel aus rotem Marmor trägt in Metallbuchstaben Name und vollen Titel des Prinzen.
Wahrscheinlich gab Eugen noch im Jahre 1718 dem damals in Dresden lebenden, aus Salzburg stammenden, fast siebzigjährigen Bildhauer Balthasar Permoser (1651—1732), der auch zwei Apotheosen des Polenkönigs August II. (Kurfürst Friedrich August I.) hergestellt hatte, den Auftrag, für ihn ein ähnliches Werk zu schaffen. Mit Hilfe eines ihm übersandten Porträts des Prinzen und eines Gipsmodells seines Kopfes erstellte er die Figur, den Darzustellenden hat er vermutlich nicht gekannt. Nachdem ein erster Entwurf nicht gefiel und vom Künstler zertrümmert worden war, konnte das Werk im Oktober 1721 nach längeren Pausen fertiggestellt werden. Permoser begleitete den Transport selbst nach Wien, um das Kunstwerk vorzuführen und allenfalls noch Änderungen vorzunehmen. Die Plastik dürfte Eugen aber nicht sonderlich gefallen haben, denn er ließ sie nicht an zen-

Kat.-Nr. 12.28

traler Stelle, sondern in einem der Gartensäle des Oberen Belvedere aufstellen, wo Salomon Kleiner sie in der fünften Lieferung seines seit 1731 erschienenen Stichwerkes abbildete (Kat.-Nr. 21.37 a). Nach des Prinzen Tod wurde sie vom Erdgeschoß des Südwestturmes entfernt und landete in einem Winkel des Belvederes. 1836 wird gemeldet, daß sie in der Sala terrena das Gegenstück zu Donners Standbild Karls VI. bildete, 1922 wurde sie im Barockmuseum des Unteren Belvedere aufgestellt.

Während Eugen und andere Kunstkenner der Zeit ein Werk nach antiker Art erwarteten, schuf Permoser ein echtes Kunstwerk des Barock. Die insgesamt neun kleinen und großen Figuren (zwei weibliche Wesen) und deren bildhafte Gruppierung um die Hauptperson in teils realistischer, teils idealisierender Art machen „die Gruppe zu einem Hauptwerk Permosers, ja der europäischen Plastik".

Lit.: Kat. Barockmuseum, Nr. 392. — M. Braubach, Bd. 5, S. 83 ff.

K. G.

12.28 Apotheose des Prinzen Eugen

Kupferstich, 25,2 × 38 cm (Pl.).

Bez. „J. J. Sedelmayr inv. del. et sculp. Viennae".

Titelblatt des 1. Teils des „Kriegs- und Siegslagers".

Das Titelblatt zum ersten Teil des insgesamt zehn Bände umfassenden Stichwerks Salomon Kleiners über das Belvedere ist das ein-

zige Blatt, das nicht von Kleiner selbst, sondern von Jakob Sedelmayr dem Jüngeren gezeichnet wurde. Die lateinische Inschrift preist Eugen als den hochmögenden und mächtigen Genius, den Ritter vom Goldenen Vlies, den Minister Karls VI., Legaten in Deutschland, Vikar in Italien und siegreichen Feldherrn, von dessen Feldherrentugenden, seinem königlichen Großmut und Ruhm die Denkmäler künden.
Im Zentrum der Darstellung steht die berühmte, von Balthasar Permoser geschaffene, Apotheose des Prinzen (Kat.-Nr. 12.27). Die Waffen der Unterlegenen rechts kennzeichnen ihn als Sieger ebenso wie die Figur der Siegesgöttin in der Hand des Genius, der das Wappen Eugens trägt. Das von einem Putto geschulterte Faszesbündel steht als Symbol der klugen Herrschaft des Staatsmannes, die auf den Siegen seiner Waffen beruht. Seine segensreiche Verwaltung zeigen die auf Dacien, Italien und Belgien bezogenen Gedenkmünzen rechts unten an. Pallas Athene links, in der Hand den Speer, aber auch einen Ölzweig, fungiert als Göttin der Wissenschaft und Kunst, unterstrichen durch das Pergament, das Buch der Wissenschaft und die Leier zu ihren Füßen. Ihr Wirken wird überhaupt erst durch Herakles ermöglicht, der die Göttin zur Apotheose seines irdischen Ebenbilds geleitet. Die Ruine im Hintergrund mit dem Wappen der Savoyer, weißes Kreuz auf rotem Grund, symbolisiert das „genealogische" Haus Eugens.

Lit.: Aurenhammer, Kleiner, S. 24ff.

Wien, Hist. Museum, Inv.-Nr. 179.339/3. T. K.

12.29 Tod und Leichenbegängnis des Prinzen Eugen

a) Eintragung in das Totenbuch der Pfarre St. Stephan in Wien

Foto.

In das Totenbuch der Pfarre St. Stephan in Wien wurde der Tod des Prinzen Eugen am 26. (!) April 1736 eingetragen. Die letzten Monate vor seinem Tod litt Eugen wieder an seinem Kartarrh, der ihm sein ganzes Leben, insbesondere im Winter, zu schaffen gemacht hatte. Trotzdem widmete er sich noch seinen Geschäften, wenngleich körperlich und auch geistig stark geschwächt. In der Nacht zum 21. April 1736 verstarb der Feldherr in seinem Palais in der Himmelpfortgasse.

K. G.

b) Leichenbegängnis des Prinzen Eugen

Kupferstich, 17,3 × 28,4 cm (Pl.), (beschnitten).

Nach dreitägiger Aufbahrung des Leichnams im Schlachtenbildersaal des Stadtpalais setzte sich am Nachmittag des 26. April der Leichenzug von der Himmelpfortgasse über die Augustinerkirche und Hofburg zum Stephansdom in Bewegung. Der Kondukt setzte sich aus Offizieren, dem Klerus und Abgesandten der Spitäler zusammen. Neben der großen Bahre, mit seinen militärischen Abzeichen und den päpstlichen Ehrengaben, gingen vierzehn Feldmarschall-Leutnants, die Zipfel und Enden des Bahrtuches haltend.

Lit.: Braubach, Bd. 5, S. 318—325.

Wien, Hist. Museum, Inv.-Nr. 19.789. S. D.

12.30 Tagebuch Kaiser Karls VI. mit der Notiz zum Tod des Prinzen Eugen

Papier, Tinte.
Quartheft, gebunden.
22 × 30 cm (geöffnet), 1736.

Bei den Tagebüchern Karls VI. handelt es sich um insgesamt 18 Hefte, deren Seiten eng in Karls kaum lesbarer Schrift in deutscher Sprache beschrieben sind. Häufig findet man zwischen den Seiten eingelegte Notizzettel mit flüchtig hingekritzelten, noch schwieriger zu entziffernden Notizen des Kaisers.

Kat.-Nr. 12.31

Die Tagebücher Karls VI. bieten eine Fülle von Informationen über das Leben der kaiserlichen Familie und das Hofleben allgemein, über verschiedene Persönlichkeiten, über Reisen und Jagd usw., während sie wenig Aufschlüsse über die Pragmatische Sanktion, die Türkenkriege, die Ereignisse des Spanischen Erbfolgekrieges und die Friedensverhandlungen geben.

Prinz Eugen wird einige Male als Berater des Kaisers, einfach „Prinz" genannt, in den Tagebüchern erwähnt, aber ohne nähere Aussagen darüber.

Die unter dem 21. April 1736 zu lesende Bemerkung lautet: „Um halb 9 Nachricht, (daß) Prinz Eugen von Savoyen, der sidter (seit) (16)83 in meines Haus Dienst, in Feldt sidter 97 in Comando Actionen groß Dienst gethan, 1703 Kriegspräsident wordten, mir sidter 1711 in allem dient, ihn Bett todt gefundten wordten nach langer Krankheit. Gott sey der Seel gnädig. In sein 73. Jahr."

Bei dieser Tagebucheintragung Karls VI. zum Tod des Prinzen Eugen handelt es sich um einen der wenigen längeren Nachrufe des Kaisers auf einen ihm nahegestandenen Menschen.

Lit.: O. Redlich, Die Tagebücher Karls VI., in: Gesamtdeutsche Vergangenheit. Festgabe für H. Ritter von Srbik zum 60. Geburtstag am 10. Nov. 1938, S. 141 ff.

Wien, HHStA, Familienarchiv, Sammelband 2.

H. L.

12.31 Trauergerüst für den Prinzen Eugen in der Stephanskirche zu Wien

Aufgestochene Radierung, 65,3 × 47,4 cm (beschnitten).

Salomon Kleiner nach J. L. v. Hildebrandt, 1736.

Die feierlichen Exequien für den Prinzen Eugen wurden am 9. Juli 1736 im Wiener Stephansdom abgehalten; das für diesen Anlaß errichtete Trauergerüst entwarf der Architekt des Prinzen, Johann Lucas von Hildebrandt, in kaiserlichem Auftrag. Der im Mittelschiff des Domes aufgestellte, reich mit Trophäen und Lichtern bestückte Apparat bestand aus dem auf einem hohen Sockel von zwölf korinthischen Säulen getragenen Baldachin, dessen festungsmauerartiger Kuppelaufsatz zuoberst ein Reiterbildnis des Prinzen schmückte. Unter dem Baldachin erscheint der Sarkophag mit den päpstlichen Ehrengaben von geharnischten Kriegern zuseiten von weiblichen Allegorien getragen. Außen begleiten allegorische Statuen den architektonischen Aufbau, auf dessen Sockelvoluten die Sitzfiguren der sieben Freien Künste ruhen. Vier hohe, von Lorbeer umwundene dorische „Helden Säulen" mit großen Trophäengruppen flankieren das Castrum doloris, welches in seinem

Programm durch Schilde, die mit der Darstellung von zehn Schlachten des Feldherrn an den Pfeilern des Mittelschiffs hingen (Kat.-Nr. 12.33), ergänzt wurde.

Lit.: Grimschitz, Hildebrandt, S. 144f. — Kat. Prinz Eugen 1963, S. 245f.

Wien, Hist. Museum, Inv.-Nr. 132.524. W. R.

12.32 Erklärung des Trauergerüstes Prinz Eugens

Letterndruck, 49 × 31,3 cm (Pl.).
Erschienen bei Peter v. Ghelen, Wien 1736.

Das Blatt gibt eine detaillierte Beschreibung des Hildebrandtschen Trauergerüsts, ebenso aber auch eine Erklärung „des kleineren Kupfer=Blats", womit das von Salomon Kleiner und Jeremias Sedelmayr gestochene Blatt der Trauerdekoration in der Stephanskirche (Kat.-Nr. 12.33) angesprochen ist. Bei der Beschreibung der zehn mit Schlachtenbildern bemalten Schilder, die an den Pfeilern der Kirche angebracht waren, dürfte hier allerdings ein kleiner Fehler unterlaufen sein, zumal die achte Schlacht der sonst auf die Reihenfolge der Huchtenburgh-Schlachten (Kat.-Nr. 8.54) zurückgehenden Serie, auf die etwa auch das Gedenkblatt Elias Bäcks auf den Tod des Prinzen (Kat.-Nr. 12.36) zurückgreift, nicht als Malplaquet, sondern als Mons bezeichnet wird.

Lit.: Kat. Prinz Eugen 1963, Nr. 224.

Stift Göttweig, Graphische Sammlung. T. K.

12.33 Trauerdekoration in der Wiener Stephanskirche

Aufgestochene Radierung, 43 × 36 cm.
Salomon Kleiner und Jeremias Jakob Sedelmayr nach Lucas von Hildebrandt, 1736.

Der Stich gibt Teile der gemeinsam mit dem Trauergerüst ebenfalls von Hildebrandt entworfenen Trauerdekoration der Stephanskirche wieder. Er zeigt drei mit Totenköpfen, Trophäen und Wappen geschmückte Kartuschen, die mit den Buchstaben A, B, C gekennzeichnet sind. A gibt einen der zehn an den Pfeilern der Kirche angebrachten Schilde wieder, die zurückgreifend auf die Serie Huchtenburghs (Kat.-Nr. 8.54) die zehn wichtigsten Schlachten des Prinzen, hier gezeigt ist Zenta, darstellen. Die Schilde B und C, die am Eingang der Kirche angebracht waren, geben die Verherrlichung des Prinzen als Herakles und die Verbreitung des Ruhmes seiner Siege über die ganze Welt (qua patet orbis) wieder.

Lit.: Kat. Prinz Eugen 1963, Nr. 225.

Wien, Albertina, Wiener Hist. Blätter 1736.
T. K.

12.34 Peikhart, Franz, Lob- und Trauer-Rede über den Todt des durchleuchtigen Printzen Eugenii Francisci . . .

Wien: Heyinger, 1736.
40 Seiten, keine Abbildungen, 22 × 36 cm (geöffnet).

Die vorliegende Leichenrede wurde von dem Jesuitenpater Franz Peikhart am ersten Tag der feierlichen Exequien für den Prinzen Eugen in der Stephanskirche am 9. Juli 1736 in deutscher Sprache gehalten. Noch im gleichen Jahr war diese Rede in deutscher und lateinischer Sprache als Flugschrift, die eine Rekordauflage von mehr als 4000 Exemplaren erzielte, nachgedruckt worden.

Aufgeschlagen sind die ersten Seiten der Trauerrede, wo Pater Peikhart den Verstorbenen kurz charakterisiert: er bezeichnet ihn als Prinz von Geburt, Soldat von Natur, Eroberer vieler Festungen, Bezwinger vieler Länder, Überwinder aller Feinde, als „Held, welcher, da er allen gleichen wollte, aus allen einen jeden übertroffen hat". Er rühmt Eugen als Feldherrn, der von den „Feinden geehrt und von den Freunden geliebt ware" und dessen Tod einen großen Verlust für Deutschland bedeutet.

Im weiteren Verlauf der Rede gedenkt Pater Peikhart der 14 siegreichen Schlachten Eugens, seiner „Helden-Thaten“ und faßt schließlich seine Verehrung und Bewunderung für den Verstorbenen in folgenden Versen zusammen:
EUGENIUS der theure Held, der allzeit obgesieget,
Der niemahls überwunden war, allhier im Grabe lieget,
Er ist nun todt: doch wer er war, wird dieser Grabstein melden,
Ein Sieger aller Siegenden, ein Helde aller Helden.

Wien, NÖLB, Sign. 1450-B. H. L.

12.35 In Funere Eugenii Francisci . . . oratio

Wien: Kaliwoda, 1738.
180 Seiten, Titel- und Schlußkupfer, 30 × 40 cm (geöffnet).

Bei dem im Jahre 1738 erschienenen Werk handelt es sich um eine lateinische Ausgabe der Trauerrede auf den Prinzen Eugen von Savoyen.
Gezeigt ist das Titelkupfer mit den von Papst Clemens XI. im Jahre 1716 an Prinz Eugen übersandten Ehrengaben.

Wien, NÖLB, Sign. 183-C. H. L.

12.36 Gedenkblatt auf den Tod Prinz Eugens

Kupferstich, 63,2 × 32 cm (beschnitten).
Elias Bäck a. H. S. W. H. K. invent. fecit et exc.

Das Blatt ist in zwei Hälften geteilt. Die obere zeigt ein von einem Totenkopf bekröntes, auf ein Podest aufgesetztes Ovalmedaillon mit dem Porträt des Prinzen als Halbfigur, dem der Stich Vogels nach dem in Bayreuth befindlichen Gemälde Johann Kupetzkys (Kat.-Nr. 4.15) zugrundeliegt, hier allerdings seitenverkehrt wiedergegeben. Das Medaillon wird flankiert von der Personifikation des Römischen Reiches und der Figur des Todes. Zwei querovale Medaillons am Sockel des Podestes weisen Prinz Eugen als Kriegshelden und Friedensstifter aus. Zwei am Fuße des Sockels sitzende Putten mit Helm — einer trägt das Goldene Vlies, der andere hält eine Lunte — beweinen den Prinzen. Die untere Hälfte des Blattes ist eine kleingedruckte, gereimte Apotheose auf die Erfolge des Prinzen, mit Schwerpunkt auf seinen zehn wichtigsten Siegen.

Wien, Hist. Museum, Inv.-Nr. 12.208. T. K.

12.37 Eugenius Nummis Illustratus, Leben und Thaten des grossen und siegreichen Printzen Eugenii . . .

Nürnberg: J. A. Schmidt, 1736/38.
661 Seiten, 17 Kupferstiche.
17 × 20 cm (geöffnet).

Das Buch enthält neben der detaillierten Beschreibung der Feldzüge des Prinzen Eugen, wobei Zitate aus Berichten und Briefen Eugens angeführt werden, Kupferstiche mit jenen Medaillen, die anläßlich der Siege des Prinzen geprägt worden waren, wie die Medaillen auf die Siege von Zenta, Höchstädt, Turin, Oudenaarde, Belgrad und auf den Frieden von Rastatt.
Dem Werk ist schließlich eine Ausgabe der „Lob- und Trauer-Rede über den Tod des Dl. Prinzen Eugenii-Francisci“ des Pater Peikhart beigebunden.

Wien, NÖLB, Sign. 1.709 B. H. L.

12.38 Tod des Prinzen Eugen

Medaille, Silber, 44 mm, 29,15 g, 1736.
Medailleur: Peter Paul Werner, herausgebracht bei Lauffer-Nürnberg.
Vs.: Brustbild des Prinzen dreiviertel en face l.
Rs.: VLTIMO SVPERATO.

Der Prinz in voller Rüstung ruht in sitzender Stellung an eine Urne gelehnt in einer weiten

Landschaft. Den Fuß hat er auf den auf dem Boden liegenden Kronos gesetzt, der eine zerbrochene Sense hält und vor dem eine zerbrochene Sanduhr liegt. Über dem Prinzen schwebt die Ewigkeit mit Kranz und Schlange. Beiderseits je eine Säule.

Lit.: Lauffer, S. 151. — Johnson 51. — Jungwirth, Prinz Eugen auf der Medaille, in: Gutkas, Prinz Eugen, S. 399.

Wien, MK, Inv.-Nr. 6514 bß. H. J.

12.39 Tod des Prinzen Eugen

Medaille, Silber, 44 mm, 29,79 g, 1736.
Medailleur: Paul Gottlieb Nürnberger.
Vs.: Brustbild des Prinzen im Harnisch r.
Rs.: INVICTVS VBIQVE. Der Prinz thront auf einem Waffenhaufen, über ihm die Ewigkeit mit Sternenkranz und Schlange, neben bzw. vor ihm drei weibliche Gestalten.

Lit.: Johnson 52. — Jungwirth, Prinz Eugen auf der Medaille, in: Gutkas, Prinz Eugen, S. 399.

Wien, KHM, MK, Inv.-Nr. 6513 bß. H. J.

Kat.-Nr. 12.39

12.40 Grabstätte des Prinzen Eugen

a) Grabdenkmal in der Kreuzkapelle des Stephansdomes

Foto.

Im westlichen Feld der Südseite der Kreuzkapelle, in eine rundbogig geschlossene Wandnische eingelassen, befindet sich ein großes Epitaph aus grauem und braunrosa Marmor mit vergoldeten aufgesetzten Lettern, vergoldeten Messingornamenten und -reliefs sowie Freiskulpturen aus Bronze. Das Epitaph besteht aus einer breiten kartuscheförmigen Inschrifttafel, die als Wandkonsole des ganzen Aufbaues fungiert, aus einem darüber aufgesetzten Tableau aus gekreuzten Fahnen und einem Helm sowie aus einer in die Wand eingelassenen Tumba, deren Vorderseite von einem Relief mit der Darstellung einer Türkenschlacht eingenommen wird. Auf dem Sarkophag befindet sich ein Aufsatz der aus einer gestutzten Pyramide besteht. Diese trägt als Bekrönung eine Urne mit dem Reliefmedaillon eines antikisierenden Jünglingskopfes, hinter ihr sind zwei seitliche Tableaus von Waffen, Roßschweifen und Fahnen sichtbar. Vor der Pyramide liegt auf einem Polster der äpstliche Hut und Degen sowie der Kommandostab des Prinzen Eugen; dahinter stehen zwei gerahmte Wappenschilde unter einer Krone, die von einem steigenden Löwen links und einem weiblichen Genius rechts gehalten werden. Der Genius setzt die Tuba an und hält in der Linken das Porträtmedaillon der Maria Theresia (von Liechtenstein) mit der Umschrift „Suum cuique Decus“. Die Inschrift auf der Pyramide bezieht sich auf Prinz Eugen, die der kartuschenförmigen Tafel auf Emanuel von Savoyen († 1729), den Neffen Eugens, und dessen Gattin Maria Theresia (von Liechtenstein). Diese ließ in den Jahren 1754—1758 durch Joseph Wurschbauer das Grabdenkmal errichten.

Lit.: ÖKT, Bd. 23, S. 498 u. 551.

b) Fotos der Gruft und der Herzurne

Am 21. Mai 1974 wurde im Beisein von Kardinal Dr. Franz König und weiteren hohen kirchlichen Würdenträgern die Gruft in der Kreuzkapelle geöffnet. Im Gruftraum befanden sich ein Kupfersarg, zwei Holzsärge sowie eine große Herzurne. Der links an der Wand stehende Kupfersarg war laut Inschrift für Emanuel von Savoyen, seine Gattin Maria Theresia (von Liechtenstein und Nikolsburg) und deren einzigen im Jahre 1734 verstorbenen Sohn Johann Eugen Franz bestimmt. Tatsächlich befinden sich im Sarg die Gebeine Emanuels und Johann Eugens.

Maria Theresia, Gattin und Mutter († 20. Februar 1772), wurde wahrscheinlich in dem in der Mitte befindlichen Holzsarg ohne Beschriftung bestattet. Der dritte, rechts stehende Holzsarg trägt eine Herzurne mit der Beschriftung „Das Herz Eugens von Savoyen ... gestorben am 21. April 1736“. Links neben dem Eingang der Gruft steht eine große Herzurne, die der Inschrift zufolge das Herz von Johann Eugen Franz, des am 24. November 1734 in Mannheim verstorbenen Großneffen Eugens, enthält.

Demnach wurde, als die Gruft in den Jahren 1754—1758 über Auftrag von Maria Theresia (von Liechtenstein) angelegt und das Denkmal errichtet wurde, dorthin der Familiensarg gestellt, in dem Emanuel und der unterdessen aus Mannheim überführte Leichnam Johann Eugens ruhten. Gleichfalls wurde die schon 1734 nach Wien gebrachte Herzurne Johann Eugens in die Nähe des Sarges gestellt. Auf die rechte Seite der Gruft stellte man den Sarg des Prinzen Eugen, wobei allerdings die darauf befindliche Herzurne ein Rätsel darstellt. Der Tradition nach wurde nämlich Eugens Herz nach Turin gebracht und am 9. Juni 1736 in der Basilika der Superga beigesetzt. Darüber erschien eine Trauerpredigt von P. Salvatore Baldovino im Druck. Vielleicht wurde eine Herzurne, die man in Wien vorbereitet hatte, um Eugens Herz in der Augustinerkirche beizusetzen, was Kaiser Karl VI. verhinderte, als Schmuck seines Sarges verwendet.

Lit.: Protokoll der Öffnung der Gruft in der Kreuzkapelle vom 21. Mai 1974. — P. M. Plechl, Die Gruft des Prinzen Eugen war offen, Die Presse, Jg. 1974, Nr. 8416. — A. Wandruszka, Zum Bericht über die Auffindung der Urne in der Wiener Stephansgruft, Die Presse, Jg. 1974, Nr. 8426.

K. G.

12.41 Der Entsatz von Turin

Öl/Lw., 278,5 × 153 cm.
August von Querfurt, 1736.

Herzog Carl Alexander von Württemberg (Kat.-Nr. 8.15), einer der treuesten Waffengefährten des Prinzen Eugen, beauftragte im Jahre 1734, als er zum letzten Mal mit Eugen einen Feldzug bestritt, den Maler August von Querfurt (Kat.-Nr. 8.58) mit der Herstellung von großformatigen Bildnissen zur Ausschmückung seiner Sommerresidenz Ludwigsburg bei Stuttgart. Die Bilder wurden 1736 fertiggestellt, als Eugen schon gestorben war. Der Auftraggeber benützte die Apotheose des Prinzen zur Darstellung des eigenen Ruhms.

Das Gemälde mit der Darstellung der Schlacht bei Turin zeigt im Vordergrund den Angriff der Kaiserlichen auf das türkische Belagerungsheer. Prinz Eugen reitet auf der rechten Seite des Vordergrundes auf weißem Schimmel über französische Fahnen, die am Boden liegen, hinweg. Auf der linken Seite ist ebenfalls auf weißem Schimmel Carl Alexander zu sehen. Im Mittelteil werden die um die Stadt angelegten Befestigungen umkämpft, während im Zentrum des Hintergrundes die Stadt Turin liegt. Cottische Alpen und Meeralpen bilden den Abschluß gegen den Horizont.

Schloß Ludwigsburg, Inv.-Nr. 5257. K. G.

12.42 Belagerung und Übergabe von Temesvár FB 72

Öl/Lw., 286 × 135 cm.
August von Querfurt, 1736.

Nach dem Sieg bei Peterwardein vom 5. August 1716 entschied sich Prinz Eugen trotz der vorgeschrittenen Jahreszeit zu einem Angriff gegen das letzte Bollwerk der Osmanen in Ungarn, die Stadt Temesvár. Sie wurde am 1. September eingeschlossen, ein türkischer Entsatzangriff am 23. September zurückgewiesen und am 1. Oktober die Große Palanka, ein wichtiger Teil der Festung, erstürmt. Daraufhin bot die Besatzung am 14. Oktober die Kapitulation an und erhielt freien Abzug zugestanden.
Auf dem Bild sieht man im Vordergrund Prinz Eugen und Carl Alexander von Württemberg, dahinter den Abzug der türkischen Besatzung. Im Hintergrund ist das turmreiche Temesvár zu sehen.

Schloß Ludwigsburg, Inv.-Nr. 5253. K. G.

12.43 Vellus Aureum Burgundo Austriacum sive ... Taquatorum Aurei Velleris Equitum ... Relatio Historica

Wien: Paul Anton Gundl, 1728.
32 × 40 cm (geöffnet), aufgeschlagen Titelseite.

Das vorliegende, 1728 bei Wolfgang Schwendiman erschienene Werk über die Geschichte des Ordens vom Goldenen Vlies und seiner Würdenträger wurde von seinem Verfasser Paulo Antonio Gundl Prinz Eugen gewidmet, unter dessen Patronanz Gundl an der Wiener Universität seine Thesen nach Vorlesungen Professor R. P. Sebastian Inspruggers verteidigt hatte. Die Geschichte gibt in zehn Kapiteln Auskunft über Gründung, Ordensregeln und -gepflogenheiten sowie Aufgaben des Ordens, aber auch eine Beschreibung der Insignien. Gundl geht ferner näher ein auf die Ordenssouveräne, seit Philipp dem Schönen bis zu Karl II., die Könige von Spanien, danach die Habsburger der österreichischen Linie, die sich die Ordensführung mit den Bourbonen teilten, wobei letztere bei Gundl nicht erwähnt sind. Ein Abschnitt ist schließlich den in den Orden aufgenommenen Vliesrittern gewidmet. Neben Kupferstichen der Ordenssouveräne beinhaltet der Band auch ein Blatt mit der Apotheose des Prinzen als Vliesritter (Kat.-Nr. 12.44).

Lit.: F. J. Kalff, Funktion und Bedeutung des Ordens

Kat.-Nr. 12.44

vom Goldenen Vlies in Spanien vom 16.—20. Jh., phil. Diss., Bonn 1963.

Wien, NÖLB, Sign. 361-C. T. K.

12.44 Apotheose Prinz Eugens als Vliesritter

Kupferstich, 29,2 × 18,3 cm.

Andreas Schmutzer nach Nikolaus Bruno Belau.

Aus: „Vellus Aureum Burgundo Austriacum" (Kat.-Nr. 12.43).

Der Stich zeigt Prinz Eugen im Ornat des Ordens vom Goldenen Vlies, leicht erhöht vor einer durch einen Vorhang zum Teil verdeckten Säulenarchitektur stehend, zu der mehrere Stufen führen. Er wird begleitet von Pallas Athene, die in ihrer Rechten eine Lanze und in der Linken einen Ölzweig hält. Im Hintergrund links nimmt man die Argo aus, die Jason verläßt, um Prinz Eugen persönlich das Goldene Vlies zu bringen. Daß Eugens Ruhm über alle Zeiten hinweg andauern werde, dafür garantiert der im Vordergrund kauernde Kronos, der gerade die Taten Eugens niederschreibt und dabei von einem Putto offensichtlich inspiriert wird, um dessen Hand sich als Symbol der Weisheit die Schlange windet. Im Hintergrund über der Argo fliegt die Fama, Eugens Ruhm verkündend.

Wien, ÖNB, Bildarchiv. T. K.

12.45 Apotheose Prinz Eugens als Türkensieger

Öl/Lw., 62 × 51 cm.

Pietro Longhi, um 1755/60.

Das von Pietro Longhi monogrammierte Bild, dessen Farbigkeit für eine Entstehungszeit um 1755/60 spricht, dürfte wohl in Erinnerung an Eugens entscheidende Türkensiege, an denen auch die verbündeten Venezianer beteiligt waren, in Auftrag gegeben worden sein, ist allerdings kein repräsentatives Historienbild, sondern eher ein dekoratives Kabinettstück. Eugen steht als zentrale Figur im Vordergrund vor einem kaiserlichen Zelt, umgeben von Beratern und kaiserlichen Soldaten. Den Kommandostab in der Rechten, deutet er auf eine im Hintergrund vor einer türkischen Bastion tobende Schlacht. Links im Vordergrund reiten bewaffnete Türken. Wie so oft bei Longhi wirken auch hier die Figuren puppenhaft, ja fast geschnitzt. Bewegung wird ihnen vornehmlich durch die brilliante Malkultur verliehen. Eigenartig mutet die Isoliertheit des Prinzen an, der von der ihm gerade präsentierten Kanone keine Notiz zu nehmen scheint. Fast genreartig eingesetzt ist das Motiv des Reiters im Hintergrund, der mit seinem Pferd, einem Dressurreiter gleich, das Schlachtfeld quert. Die beiden Türken im Vordergrund, für die es ihrer Stellung im Bild zufolge ein leichtes gewesen wäre, sowohl Eugen als auch den gesamten Generalstab zu exekutieren, sind ebenfalls nur als dekoratives Element zu werten, was den Charakter des Bildes als Sammlerstück unterstreicht.

Lit.: T. Pignatti, L'opera Completa di Pietro Longhi, Milano 1974, Nr. 108.

Venedig, Museo Civico Correr. T. K.

12.46 a) Schnupftabakdose

Horn, Dm 7,5 cm, H 2 cm.

2. Hälfte 18. Jh.

Auf dem Deckel dieser dunkelbraunen Dose ist ein Reiter abgebildet. Gemäß der Inschrift „P. Eugenius" handelt es sich um Prinz Eugen. Nach einer in der Dose liegenden Notiz war die Vorlage für die Darstellung des Prinzen eine ansonsten nicht bekannte Medaille von Samuel Lambelet (1663—1727).

Privatbesitz. K. G.

12.46 b) Tabaksdose

Messing, oval.

18. Jh.

Die Dose zeigt auf dem Deckel das Porträt des Prinzen Eugen, im Boden eine Darstellung Wiens.

Lit.: Führer durch das Museum von Austria Tabak, Nr. 50835.

Wien, Österreichisches Tabakmuseum. S. D.

12.47 Modell des Wiener Prinz-Eugen-Denkmales

Bronze, H 61 cm.

Nach der Fertigstellung des Erzherzog-Karl-Denkmales vor der Hofburg begann Anton Dominik Fernkorn im Herbst 1859 mit der Konzeption eines Prinz-Eugen-Denkmales, das offenbar von Anfang an als Pendant gedacht war. Nach Ablehnung des ersten Entwurfes und Vorlage weiterer erhielt er am 19. Oktober 1860 den Auftrag durch kaiserliches Handschreiben. Die Vorlage war das Reiterbildnis, das sich jetzt im Heeresgeschichtlichen Museum befindet (Kat.-Nr. 7.1). Für das Gesicht waren Bilder von Merian und van der Werff maßgebend. Das Gipsmodell wurde im Februar 1863 vollendet, der Guß erfolgte bis Februar 1865. Den Sockel entwarf Eduard van der Nüll, ausgeführt wurde er vom Steinmetzmeister Joseph Kranner. Die Texte der Inschriften stammen von Alfred von Arneth. Die Enthüllung erfolgte am 202. Geburtstag des Prinzen, am 18. Oktober 1865.

Da Fernkorn am 20. Juli 1863 einen zweiten Schlaganfall erlitt, ist die Frage, ob er das Denkmal konzipiert habe, offen. Nach Aurenhammer stammen Idee und Gipsmodell von ihm, die Durchführung des Gusses und der Feinarbeiten lag in den Händen seiner Mitarbeiter, vor allem seines Schülers Franz Pönninger.

Vom Denkmal sind mehrere Modelle angefertigt worden. Eines davon ist hier ausgestellt.

Lit.: H. Aurenhammer, Anton Dominik Fernkorn, 1959, S. 55 ff.

Wien, HGM, Inv.-Nr. 20.713. K. G.

Kat.-Nr. 12.47

12.48 Festgesang über die alte Weise: „Prinz Eugenius“ ... Clavierauszug

Manuskript-Autograph, datiert 12.10. 1865, 1 und 7 pp, Halbleinen, Johann Herbeck.

Der damalige Vize-Hofkapellmeister und artistische Direktor der Gesellschaft der Musikfreunde in Wien schuf dieses Werk über einen Text von Josef Weilen zur Enthüllung des Prinz-Eugen-Denkmales in Wien, die am 18. Oktober 1865 erfolgte. Es liegt in einer Fassung für Männerchor und Blasorchester vor (so erklang es bei der Denkmalenthüllung auf dem Wiener Heldenplatz) und in einer für

Männerchor und großes Orchester (so erklang es erstmals in einem Konzert des Wiener Männergesangvereines am 10. Dezember 1865). Mit der Verarbeitung der Melodie des Volksliedes „Prinz Eugen, der edle Ritter" steht dieses Werk Johann Herbecks (1831—1877) nicht allein da. Erinnert sei nur an die Ballade „Prinz Eugen" von Carl Loewe (1796—1869) und an Theodor Bergers (geb. 1905) Orchesterwerk „Legende vom Prinzen Eugen", op. 11, beides Werke, die ebenfalls diese Melodie verarbeiten.

Lit.: L. Herbeck, Johann Herbeck. Ein Lebensbild, Wien 1885, S. 161.

Wien, Archiv der Gesellschaft der Musikfreunde, Sign. V 67264. O. B.

12.49 Errichtung des Prinz-Eugen-Denkmals auf dem Heldenplatz in Wien

Medaille, Silber, 60 mm, 104,36 g, 1865.
Medailleur: Karl Radnitzky.
Vs.: Brustbild des Prinzen im Harnisch r.
Rs.: DEM·WEISEN·RATHGEBER·DREIER·KAISER-DEM·RUHMREICHEN·SIEGER etc. Das Denkmal.

Lit.: Wurzbach-Tannenberg 1942.

Wien, KHM, MK, Inv.-Nr. 6490 bß. H. J.

12.50 Zum Gedenken an die militärischen Erfolge des Prinzen Eugen

Medaille, Bronze, 165 mm, Hohlguß.
Medailleur: Karl Radnitzky.
Vs.: Brustbild des Prinzen im Harnisch in Lorbeerkranz r.
Rs.: VICTORIÆ·TE·HEROEM·TE·MUSÆ·PROBARUNT·AMICUM. Eine Tafel mit den bedeutendsten Siegen des Prinzen über dessen gekröntem Wappen. L. eine Frau mit Steuerruder und Palmzweig als Personifizierung für Kunst und Wissenschaft, r. junger Mann mit Schwert und Lorbeerzweig als Personifikation für das Kriegshandwerk.

Lit.: Jungwirth, Prinz Eugen auf der Medaille, in: Gutkas, Prinz Eugen, S. 400.

Wien, KHM, MK, Inv.-Nr. 14.878-1914 B. H. J.

12.51 Modell des Prinz-Eugen-Denkmales in Budapest

Kleinplastik, Bronze, 50 × 63 cm.
Jószef Róna, um 1900.

Das Objekt ist ein Kleinmodell jenes Denkmales, das vor dem Gebäude der Ungarischen Nationalgalerie in Budapest steht. Das Denkmal wurde im Auftrag der Stadt Zenta von Jószef Róna (1861—1939) vor 1899 gestaltet, konnte jedoch dann vom Auftraggeber nicht bezahlt werden. Deshalb kaufte es Franz Joseph I. an und ließ es vor dem königlichen Palast in Pest aufstellen. Die Ikonographie ist völlig auf die Schlacht bei Zenta bezogen. Die Hauptfigur ist der Sieger der Schlacht, auf den beiden Bronzereliefs sind Episoden des Sturmes auf die türkischen Schanzen dargestellt, die Nebenfiguren aus Stein sind türkische Gefangene. Auf der Vorderseite und Rückseite ist die ungarische Krone als Ornament zu sehen.

Budapest, Ungarische Nationalgalerie, Inv.-Nr. 56.547/N/3461. K. G.

12.52 Porträtbüste Prinz Eugens

Bronze, H 57 cm.
Caspar von Zumbusch, 1894.

Für das im Jahre 1893 von Helmer und Fellner erbaute Wiener Palais des aus Polen stammenden Grafen Karl Brzezie-Lanckorónski (letzter Oberstkämmerer von Kaiser Franz Joseph I.) schuf Caspar von Zumbusch nach der Fertigstellung seines Radetzky-Denkmales in den Jahren 1893/94 mehrere Büsten österreichischer Feldherren, darunter auch eine 1894 datierte Bronzebüste des Prinzen Eugen.

Lit.: Thieme-Becker, Bd. 36, S. 596. — M. Kolisko, Caspar von Zumbusch, 1962, S. 135.

Privatbesitz. K. G.

13. Schloß Hof an der March

In irgend einer Form war die March immer Grenze. Seit dem frühen Mittelalter war man bemüht, mit Befestigungen in Angern, Marchegg, Hof und Grafenweiden das Marchfeld vor Invasionen zu bewahren. Als mit der Entsatzschlacht bei Wien 1683 ein Vorstoß aus dem Osten endgültig unterbunden zu sein schien, brach auch für die Gegenden an der March eine neue Epoche an. Zwar drangen Anfang des 18. Jahrhunderts noch einmal ungarische Kuruzen über die March nach Westen, doch war nach dem Frieden von Passarowitz 1718 jede weitere Gefahr gebannt. Allmählich begann sich der wehrhafte Charakter dieser Grenzlandschaft in die heitere Atmosphäre höfischen Landlebens zu verwandeln. Sie wird nun Schauplatz höfischer Jagden und illustrer Festivitäten. Dieser Bedeutungswandel wird in besonderer Weise in Schloß Hof spürbar, wo in den hohen Terrassenmauern, Bastionen und Gräben, die Schloß und Garten umgeben, nach den Intentionen des Architekten Johann Lucas von Hildebrandt die einstige Bestimmung des Bauwerks als Grenzfestung an der March auch an dem barocken Schloßbau für Prinz Eugen von Savoyen sichtbar bleiben sollte.

In der 1672 erschienenen „Topographia Austriae inferioris" des Georg Matthäus Vischer findet sich auch eine Ansicht der Veste „Hoff an der March". Friedrich von Prankh, seit 1572 im Besitz der 1413 erstmals genannten „Vest ze Hof, gelegen im Marichart", hatte den längst ruinösen Ansitz in Markthof verlassen und sich auf sicherer Anhöhe ein neues wehrhaftes Kastell erbauen lassen. Noch heute erinnert ein Wappenstein im Hof des Schlosses an den Bauherrn. Die Ansicht Vischers zeigt eine zweigeschossige Vierflügelanlage auf einer künstlich aufgeschütteten, steil geböschten Terrasse, die von einem Wallgraben umgeben war. Der Zugang von der Nordseite war durch eine zinnenbekrönte Bastei zusätzlich bewehrt. Nach dem Tod Friedrichs von Prankh, 1627, wechselten rasch die Besitzer. Seit 1661 war die Familie St. Julien-Wallsee hier ansässig, die gegen Ende des Jahrhunderts eine schlichte Kapelle weihen ließ.

Von Obersthoffalkenmeister Graf Johann Albrecht von St. Julien-Wallsee hatte Prinz Eugen von Savoyen zu Ende des Jahres 1725 die Herrschaft Hof samt der Ortschaft Stopfenreuth „mit merklicher Überzahlung" erworben, weil er in der ihm im selben Jahr von Kaiser Karl VI. geschenkten Herrschaft Obersiebenbrunn „keine Jagdbarkeit gefunden" hatte. Zur Arrondierung seines Besitzes kaufte er die nahegelegene Herrschaft Engelhartstetten samt Schloß Niederweiden von Maria Josepha Gräfin Starhemberg.

Der zweiundsechzigjährige Prinz ging sofort daran, sich hier ein „tusculum rurale" zu schaffen. Noch im Jahr des Ankaufs muß Johann Lucas von Hildebrandt die ersten Entwürfe zum Umbau des Kastells vorgelegt haben, zeigt doch die 1726 von Abraham Maass gezeichnete „Mappe Der Hochfürstlich Printz Eugenischen Herrschafften Hof an der March" das Schloß bereits in jener Form, wie es kurz darauf auch ausgeführt worden war. Anstelle der späteren Gartenterrassen, die sich gegen Osten zur March hin abtreppen, läßt der Plan noch weitläufige Weingärten erkennen. Hildebrandt bezog das aus dem frühen 17. Jahrhundert stammende Kastell mit dem zweigeschossigen Arkadenhof in seine Planung ein und fügte der Westfront parallel zur Hauptachse zwei Flügelbauten

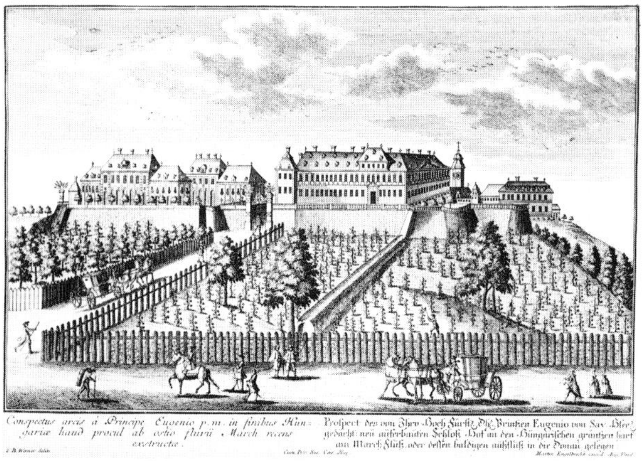

Schloßhof nach dem Tod des Prinzen Eugen (Kat.-Nr. 13.4)

mit Eckpavillons hinzu, wodurch ein repräsentativer Ehrenhof entstand. Die Querachse erhielt in dem fünfachsigen, wegen seiner Zweigeschossigkeit den Südtrakt überragenden Festsaal, ihren Abschluß. Vor dem Cour d'honneur entstand eine monumentale Neptunfontäne, die von zwei Rampen — geziert mit Herkulesgruppen, Putti und Wache haltenden Löwen — umfangen wurde, die zum äußeren, von Stallungen und Wagenremisen begrenzten, höher gelegenen Vorhof führten. Die Zugänge zur Schloßanlage wurden von Georg Oegg und Johann Christian Kremer mit prachtvollen Gittertoren abgeschlossen, die zu den bedeutendsten Schmiedeeisenarbeiten der österreichischen Barockkunst zählen.

Nur elf Jahre konnte sich Prinz Eugen seines großzügig ausgestatteten Lieblingsbesitzes Schloß Hof erfreuen. In den frühen Morgenstunden des 21. April 1736 war er in seinem Wiener Stadtpalais in der Himmelpfortgasse gestorben. Noch ein letztes Mal tritt Johann Lucas von Hildebrandt in den Dienst des verstorbenen Feldherrn. Mit der Errichtung des prunkvollen Trauergerüstes in der Wiener Stephanskirche fand die wohl einzigartige Beziehung zwischen einem Bauherrn und seinem Architekten ihren würdigen Abschluß. In den bekannten Gemälden Canalettos, fünfundzwanzig Jahre nach dem Tod des Prinzen Eugen entstanden, wird uns ein eindrucksvolles Bild von diesem letzten Kunstwerk des Savoyers und seines großen Architekten vermittelt.

Nach dem Tod des Prinzen fiel das gesamte Erbe an Eugens zweiundfünfzigjährige unverheiratete Nichte Victoria. Der Gesamtwert, so wurde errechnet, hätte sich nach heutigem Geld auf mindestens 100 Millionen Dollar belaufen müssen. Des Vermächtnisses ihres Onkels zeigte sie sich bald als unwürdig. Gelegenheitsdichter und Possenreißer in Salons und Schenken verbreiteten beißende Satiren und Pamphlete, deren frechstes — den Ruhm des Prinzen: la victoire mit dem Vornamen der Prinzessin: Victoire kombinierend — sich eines Tages am Tor des Winterpalais angeheftet gefunden haben soll: „Ist es möglich, daß der Ruhm des Prinzen Eugen durch eine so verabscheuungswürdige Victoria in den Schmutz gezogen wird?" Spott und Hohn erntete aber dann die Prinzessin vor allem durch die aufsehenerregende Heirat mit dem um fast zwanzig Jahre jüngeren Prinzen Joseph Friedrich von Sachsen-Hildburghausen, die am 17. April 1738 in der Kapelle zu Schloß Hof vollzogen worden war. Als „Morgengabe" erhielt der kaiserliche Feldzeugmeister neben dem Verfügungsrecht über fast 300.000 Gulden, Schloß und Herrschaft Hof an der March, dem sie auch nach der Trennung der Ehe im Jahre 1744 verblieb.

Auf den kunstsinnigen Joseph Friedrich, der sich zur musikalischen Unterhaltung eine eigene Hausmusik engagiert hatte, scheint der Bau des Schloßtheaters an der Südterrasse zurückzugehen. Der Theaterraum wurde später als Schießstatt verwendet und ist in den sechziger Jahren des vorigen Jahrhunderts abgebrochen worden.

Bis zum Tode des Kaisers am 18. August 1765 waren im Schloß Hof immer wieder kleinere Instandsetzungsarbeiten und Verschönerungen durchgeführt worden. Nach Ablauf der Trauerzeit für Franz Stephan von Lothringen wurde das Schloß an der March am 8. April 1766 zum Schauplatz der Hochzeitsfeierlichkeiten für die Lieblingstochter Maria Theresias, die dreiundzwanzigjährige Erzherzogin Marie Christine, und den Herzog Albert von Sachsen-Teschen. Das Schloß an der March stand Herzog Albert, der als ungarischer Statthalter in Preßburg residierte, stets offen. Für das junge Paar ließ Maria Theresia 1767 durch ihren Hofarchitekten Nikolaus Pacassi das Schloß instandsetzen. Um eine bessere Verbindung nach Preßburg zu schaffen, entstand 1771 nach Plänen des kaiserlichen Hofarchitekten Isidor Canevale östlich von Schloß Hof die erste steinerne Marchbrücke.

War Schloß Hof durch vier Jahrzehnte fast unangetastet geblieben, so setzte im Jahr 1773 unter der Leitung von Oberhofarchitekt Franz Anton Hillebrandt eine rege Bautätigkeit ein. Mit der Aufstockung des gesamten Schloßkomplexes, der Neugestaltung der Hauptstiege, der künstlerischen Ausgestaltung des Festsaales sowie der völligen Neuadaptierung aller Räumlichkeiten, stellte sie einen schwerwiegenden Eingriff in das künstlerische Konzept der Hildebrandtschen Schloßanlage dar. Die Fassaden des Ehrenhofes wurden überarbeitet, an den Eckpavillons und an den Seitenfronten durch Lisenen und an der Hauptfront durch Pilaster gegliedert. Vom Abschluß der Bauarbeiten kündet stolz die von Freiherrn Joseph Sperges von Palenz verfaßte Bauinschrift auf der von Bildhauer Johann Georg Leithner gestalteten Attika: EVGENIVS PR. SABAVDIAE EXTRVXIT / IMP. CAES. FRANCISCVS DELEGIT LEVANDO / IMPERII CVRIS ANIMO M. THERESIA / AVG. DEDIT FILIO MAXIMIL. VT HEROIS / ET PATRIS EXEMPLA IMITETVR.

Damals erfolgte auch ein Wechsel in der Führung des Hofbauwesens: Ernst Christoph

Volksfest in Schloßhof, Radierung um 1750

Fürst Kaunitz wurde zum Generalhofbaudirektor bestellt. Damit war die Rokokophase am Wiener Hof zu Ende gegangen und der Weg frei für den französischen Klassizismus. Künstlerischer Höhepunkt dieser Entwicklung war zweifellos die Innenausstattung von Schloß Hof.

In den Baurechnungen der Jahre 1773 bis 1775 werden die Tischlermeister Joseph Heyer und Niklas Dahinte, der Kammervergolder Mathias Landerer und der bürgerliche Vergolder Joseph Pill erwähnt. Die Bildhauerarbeiten, insbesondere der Stuckzierat im Festsaal, stammen von Carl Magis. Den Salon neben dem Festsaal — nun als Speisezimmer eingerichtet — zierten acht große Schlachtenbilder, die Franz Stephan von Lothringen an der Spitze des Heeres zeigten. Bei den Zeitgenossen fanden die chinesischen Bambuspapiertapeten im Balkonzimmer, auf welchen in zwölf Teilen Porträts von Chinesen gemalt waren, und im angrenzenden Kammerdienerzimmer, die Trachten der Chinesen nebst Tier- und Blumenstücken zeigen, besonderen Anklang. Für die Bespannung der damals angefertigten Sitzmöbel wurden die großen Bestände an verschiedenartigen indischen Chintzstoffen verwendet; sie waren im „Garde-Meuble“ aufbewahrt worden und stammten

Schloßhof um 1795. Kol. Radierung von Ferdinand Runk - Johann Ziegler, (Kat.-Nr. 13.8)

noch aus dem Besitz des Prinzen Eugen. Auch die Neugestaltung des Inneren geht auf Franz Anton Hillebrandt zurück, der neben den Boiserien auch das Meublement entworfen und so eine dekorative Raumeinheit geschaffen hatte, die bisher am Wiener Hof in solcher Geschlossenheit nicht anzutreffen war.

In Erzherzog Maximilian Franz, dem jüngsten Sohn Maria Theresias, hätte Schloß Hof einen neuen Besitzer finden sollen. Ein körperliches Gebrechen veranlaßte ihn jedoch, sich dem geistlichen Stand zuzuwenden: 1784 erlangte er die Würde eines Erzbischofs von Köln und Bischofs von Münster.

Von der kaiserlichen Verfügung vom 6. Februar 1778, in der das Hofbauamt zu äußerster Sparsamkeit bei allen Ausgaben für die kaiserlichen Residenzen aufgefordert wurde, war vor allem Schloß Hof betroffen. Damit setzte der Niedergang ein, der fast zwei Jahrhunderte anhalten sollte. 1788 ließ Joseph II. in den Stallungen ein Beschälerdepartment einrichten, das bis 1857 bestand. In der Folge versank dann Schloß Hof in Vergessenheit. Das Wasserwerk für die Fontänen und Kaskaden der Gartenterrassen verfiel, und wuchernde Wildnis überspann bald die einst gepflegten Gartenanlagen.

Militärischer Nutzung wurde Schloß Hof 1898 zugeführt, als das K. u. K. Militär-Reit- und Fahrlehrer-Institut der Artillerie und Traintruppe eingerichtet wurde, das bis zum Ausbruch des Ersten Weltkrieges bestand. Vor der Übergabe an das Militär wurde alles, was nur irgendwie historischen Wert zu haben schien, aus Schloß Hof entfernt. Der Abtransport dauerte von Ende November bis Ende Dezember 1898, wurde dann durch die strenge Kälte unterbrochen und erst im Frühjahr 1899 fortgesetzt. Vor ihrem von der Schloßhauptmannschaft Schönbrunn organisierten Abtransport per Bahn von Marchegg waren genaue Inventare aufgenommen worden. Erzherzog Franz Ferdinand hatte sich verschiedene Wandtische und Stühle sowie einige Gemälde ausgesucht, die er nach Schloß Ekkartsau bringen und gründlich restaurieren ließ. Den in Schloß Hof einziehenden Offizieren bot sich ein Bild der Verwüstung. Im Jahr 1938 fand die Übernahme der seit 1920 in Schloß Hof eingerichteten Reit- und Fahrausbildungskurse des österreichischen Bundesheeres durch die deutsche Wehrmacht statt. Die Remontenschule wurde als „Wehrkreisreit- und Fahrschule XVII“ geführt. Für den Reichsjägermeister Hermann Göring, der die wildreichen Donauauen bis zur Marchmündung zum Reichsjagdgebiet erklären hatte lassen, sollte Schloß Hof in seinen ursprünglichen Zustand versetzt werden. Mit den Arbeiten in den Gartenanlagen, an den Statuen und schmiedeeisernen Toren wurde unverzüglich begonnen. Der Ausbruch des Zweiten Weltkrieges setzte dann allerdings diesen Bestrebungen ein jähes Ende, und die Besatzungszeit nach 1945 machte alle weiteren Bemühungen zunichte.

Als im Herbst 1955 nach Abschluß des Staatsvertrages die russische Besatzung das Marchfeld verließ, versuchte man sofort, den schlimmsten Verwüstungen Einhalt zu gebieten.

Walther Brauneis

Ehem. Billardzimmer: Stuckdekoration

Der Raum stand zur Zeit des Prinzen Eugen ähnlich wie eine Sala Terrena in direkter Verbindung zum Garten. Dem entspricht auch der locker-luftige Charakter der Stuckdekoration. An der Decke sind auf Wolken schwebende Putti mit Falkenjagd und Reiherbeize beschäftigt. Auf dem Kaminrelief sind zwei „Kindl" gerade dabei, einen Reiher von seinen Fesseln zu befreien. Die Figuren und Ornamente sind ohne Bindung an ein strenges Rahmensystem rhythmisch über die Decke verteilt, sich stellenweise zu Szenen zusammenschließend. Der zarte malerische Charakter der Dekoration und die genaue Naturbeobachtung spricht für Santino Bussi als Stukkateur. I. S.

Objekte

13.1—13.10 Fotomontagen zur Geschichte von Schloßhof

13.1 Schloß Hof mit seinen Gartenterrassen

Ölgemälde von Bernardo Bellotto.

13.2 Vom Kastell zum Jagdschloß

Das Prankhsche Kastell.
Kupferstich von Georg Matthäus Vischer, 1672.

Schematischer Grundriß des Prankhschen Kastells.

Wappengrabstein der Familie Prankh in der Pfarrkirche Markthof.

Vogelschau der Schloßanlage und des Meierhofes.
Aquarellierte Federzeichnung von Johann Georg Windpässinger, um 1730.

Prinz Eugen von Savoyen
Büste aus dem Wiener Militärinvalidenhaus.

Johann Lucas von Hildebrandt
Ölgemälde von Jacob van Schuppen, um 1720.

13.3 Das Eugensche Lustgebäude

Der Ehrenhof von Schloß Hof
Ölgemälde von Bernardo Bellotto, um 1760.

Neptunfontaine
Lavierte Federzeichnung von Johann Wolfgang van der Auwera, 1733.
Entwurf zum Kuppelfresko in der Schloßkapelle.
Federzeichnung von Carlo Innocenzo Carlone, 1727.

Grundriß des Hauptgeschosses, um 1730.

Inventar von 1736 im Haus-, Hof- und Staatsarchiv, Familienfondsakten.

13.4 Das savoysche Erbe

Schloß Hof nach dem Tod des Prinzen Eugen.
Kupferstich nach Friedrich Bernhard Werner, um 1740.

Bacchantenzug im Ehrenhof am 26. September 1754.
Zeitgenössische Gouache auf Pergament.

Beilage zum „Wienerischen Diarium" vom 12. Oktober 1754.

13.5 In kaiserlichem Besitz

Franz Stephan von Lothringen und Maria Theresia
Doppelporträt von Martin van Meytens (?), um 1750.

Kaufbrief Maria Theresias über Schloß Hof vom 12. März 1755 mit Schenkungsvermerk an Franz Stephan von Lothringen.

Die Verlobung von Erzherzogin Marie Christine mit Herzog Albert von Sachsen-Theschen.
Porzellangruppe nach Anton Grassi, um 1780.

13.6 Vom Jagdschloß zur Sommerresidenz

Gartenfront von Schloß Hof vor dem Umbau von 1773.

Rekonstruktion von Hugo Ehrlich, um 1908.

Gartenfront von Schloß Hof nach der Aufstokkung 1775.
Bauaufnahme von Hugo Ehrlich, um 1908.

13.7 Das „ungarische Sanssouci"

Erzherzog Maximilian Franz.
Porträt (vor 1778).

Inschrift an der Attika der Gartenfront.

Der Festsaal.
Foto von Josef Wlha, um 1885.

Grundriß des Hauptgeschoßes zur Zeit Maria Theresias.

13.8 Letzter Glanz

Schloß Hof vom Ehrenhof.
Kolorierter Kupferstich nach Friedrich Ferdinand Runk, um 1810.

Schloß Hof vom Gartenparterre.
Kolorierter Kupferstich nach Friedrich Ferdinand Runk, um 1810.

Blick über die March auf Schloßhof.
Ölgemälde von Bernardo Bellotto, genannt Canaletto, um 1760. (Ausschnitt).

Cholera-Kontumazstation nächst Schloß Hof.
Kreidelithographie von Franz Wolf, 1831.

Das Innere der Kontumazstation.
Kreidelithographie von Franz Wolf, 1831.

13.9 Schloß Hof in militärischer Verwendung

Organisation des Militär-, Reit- und Fahrlehrinstitutes.

Aus der Zeit des Reit- und Fahrlehrerinstitutes.
Diese Fotos stammen aus der Zeit des Kommandanten Oberstleutnant (zuletzt Generalmajor) Friedrich Freiherr von Boxberg und wurden von Herrn Prim. Dr. Nikolaus Nürnberger zur Verfügung gestellt:

— Schloßhof mit Garten
— Reitunterricht vor dem Ehrenhof
— Reitunterricht vor den Stallungen
— Offiziere auf der Gartentreppe
— Offiziere in einem Zimmer
— Zimmer mit Prinz-Eugen-Bild
— Tennisspieler
— Erzherzog Leopold Salvator im Auto

Russische Inschriften im Reitstall (nach 1945).
Fotos von Anna H. Bibersteiner.

13.10 Der Schloßpark

Schematischer Plan der Gartenanlage mit Skulpturenprogramm.

Der Herbst.
Jahreszeitgengruppe an der ersten Gartenterrasse.
Sphinx und Putto.
Sandsteingruppe an der Haupttreppe.
Prinz Eugens Kriegsruhm.
Sandsteingruppe an der zweiten Gartenterrasse.

13.11 Porträt des Prinzen Eugen

Öl/Lw., 75 × 60 cm.
Kopie (?) nach David Richter d. Ä., 1705.

Im Jahre 1705 malte und datierte David Richter d. Ä. ein Porträt des Prinzen Eugen, das sich im 20. Jh. in Besitz der Familie Montenuovo im Schloß Margarethen am Moos in Niederösterreich, 1941 im Heeresgeschichtlichen Museum in Wien befand, dessen Aufenthalt derzeit aber als unbekannt gilt. Ein völlig gleichartiges, aber unsigniertes Ölbild befindet sich im Schloß Bojnice/Weinitz in der Slowakei.
Der Prinz ist in Halbfigur mit Profil nach links dargestellt.
Eine weitere Kopie dieses Bildes befindet sich aus dem Besitz der Familie Pálffy im Museum

Gemeinschaftsraum für Offiziere, um 1910 (Kat.-Nr. 13.9)

Červený Kameň in der Slowakei, eine weitere Fassung aus dem Schloß Königswusterhausen ist nicht erhalten.

Lit.: M. Holmquist, Das Problem David Richter. Acta Universitatis Stockholmensis 15 (1968), S. 112, Nr. 11. — D. Ucnikova, Historicky portret na Slovensku, 1980, Nr. 34 u. S. 84, Petrová.

Bojnice, Muzeúm. K. G.

13.12 Porträt des Prinzen Eugen

Öl/Lw., 132,5 × 86 cm.
Nach 1700.

Prinz Eugen ist auf diesem Hüftbild nach links gewendet zu sehen. Er steht vor einem roten Vorhang, trägt eine Allongeperücke und eine Reiterrüstung. Der Hermelinmantel ist blau gefüttert, das Goldene Vlies hängt am roten Band. Auf einem Marmortisch liegen Handschuhe und Helm. In der rechten Hand hält er den Feldherrnstab. Im Hintergrund sieht man eine Landschaft mit Reitern und Zelten bei der Beschießung der Stadt. Die Gesichtszüge ähneln denen des Bildes von Onoz (Kat.-Nr. 21.39) und eines Bildes in Privatbesitz (Kat.-Nr. 4.24).

Lit.: Kat. Prinz Eugen 1963, Nr. 204.

Eferding, Starhembergsches Familienmuseum, Inv.-Nr. K 58. K. G.

13.13 Porträt des Prinzen Eugen

Öl/Lw., 90 × 71 cm.
Kopie nach Johann Gottfried Auerbach (?).

Auf dem Gemälde ist Eugen mit kleiner Perücke, Küraß sowie einem hermelingefütterten Umhang bekleidet. Im Ausdruck ist es ähnlich dem Bild von Bern (S. 25), das wohl um 1725/26 entstanden ist, hat aber auch Ähnlichkeit mit weiteren Bildnissen (Kat.-Nr. 13.13, 20.4). Es stammt vermutlich aus dem Besitz des mit Eugen eng befreundeten Reichsvizekanzlers Friedrich Karl von Schönborn, der im Jahre 1729 Bischof von Würzburg und Bamberg wurde. Damals könnte auch die vorliegende Kopie entstanden sein.

Würzburg, Festung Marienberg, Mainfränkisches Museum, Inv.-Nr. S. 47, 589. K. G.

13.14 Jugendbildnis des Prinzen Eugen

Öl/Lw., 62 × 50 cm.
Nach 1683.

Das möglicherweise in Italien entstandene Gemälde soll der Beschriftung am oberen Bildrand zufolge den jungen Prinzen Eugen darstellen.

Privatbesitz. K. G.

13.15 Porträt des Prinzen Eugen

Öl/Lw., 60 × 45 cm.
Um 1690, italienisch.

Das beschnittene Bild gehört zur Gruppe der seltenen Jugendbildnisse des Prinzen Eugen. Es zeigt ihn ihm Küraß mit dem Orden vom Goldenen Vlies, womit eine Entstehungszeit des Gemäldes nach 1688 gegeben ist.

Turin, Guido Amoretti. K. G.

13.16 Prinz Eugen und seine Zeitgenossen

Prinz Eugen von Savoyen
Kupferstich, 13,8 × 7,8 cm (Pl.).
G. F. Schmidt Sculp.

Prinz Eugen von Savoyen
Stahlstich, 9,4 × 7,5 cm (Pl.).

Hieronymus Graf Colloredo
Kupferstich, 34,7 × 24,1 cm (Pl.).

Franz Anton Graf von Harrach
Schabblatt, 34,7 × 24,1 cm.
Chr. Weigel exc.

Franz Anton Graf von Sporck
Kupferstich, 19,6 × 13,6 cm.
Hiebel delin., Birckart sculp.

Leopold Graf von Königsegg
Kupferstich, 21,4 × 15,3 cm (beschnitten).

Johann Wenzeslaus Graf von Gallas
Kupferstich, 25,2 × 17,2 cm (Pl.).

Friedrich Fürst von Dietrichstein
Kupferstich, 25,2 × 17,2 cm (Pl.).
Joan de Herde del., Fra Vander Steen fe.

Franz Ferdinand Freiherr von Ruml
Kupferstich, 24 × 16,9 cm (Pl.)
J. J. Hoffman del. und sculp.

Wirich Graf von Daun
Kupferstich, 13,9 × 8,4 cm (Pl.)

13.17 Theatrum Bellicum

Herausgegeben von Petrus Schenk.
Amsterdam, 1712.

Der großformatige Band enthält eine Vielzahl von Stichen über Ereignisse zwischen 1700 und 1715 (trotz Titelblatt 1712).
Das rot gedruckte Exemplar der Universitätsbibliothek Wien diente als Vorlage für eine Auswahl in der Ausstellung präsentierter Fotos.

14. Die Restaurierung von Schloß Hof

Für die Vorbereitung der Prinz-Eugen-Ausstellung in Schloß Hof waren umfangreiche Restaurierungsarbeiten an den Fassaden und in den für die Ausstellung vorgesehenen Bereichen und Räumlichkeiten notwendig. Nach Maßgabe des zur Verfügung stehenden Budgets und im Hinblick auf die knapp bemessene Zeitspanne wurden die Räume im ersten Stock, durch die der Ausstellungsrundgang führt, der Festsaal, das Stiegenhaus und das Billardzimmer im Erdgeschoß des Südtraktes restauriert. Die Räume der Flügelbauten und des zweiten Stockes mußten unberücksichtigt bleiben, in der Schloßkapelle wurden lediglich Sicherungsarbeiten am Stuck vorgenommen, in der Sala terrena wurde ein Raumsegment als Musterdokumentation restauriert.

Die Arbeiten, die im Herbst 1984 begonnen wurden, konnten im Winter 1985/86 zu Ende geführt werden. Vor Beginn dieser Maßnahmen wurden vom Bundesdenkmalamt genaueste Untersuchungen und Befundungen veranlaßt, die Restauratoren durchführten und dokumentierten. Diese Untersuchungsergebnisse bildeten die Grundlage sowohl für die Instandsetzung und Restaurierung der umhüllenden Bauteile als auch der Innenräume. Ziel der restauratorischen Maßnahmen war es, unter Verzicht auf historisierende Ergänzungen den Originalbestand zu sichern und zu restaurieren.

Bis zum Jahre 1898 war ein großer Teil der aus zwei Hauptausstattungsphasen stammenden Einrichtung vorhanden. 1898 und 1899 wurden bei der Adaptierung des Schlosses in ein k. k. Fahrlehr- und Reitlehrinstitut sämtliche Möbel, Bilder, Luster, Spiegel, Boiserien, Bespannungen, Kamine, Öfen und andere Einrichtungs- und Ausstattungsgegenstände abtransportiert und in verschiedenen kaiserlichen Schlössern, in Museen oder im Hofmobiliendepot aufgestellt oder verwahrt. Abgesehen vom unverändert erhaltenen Festsaal sind nur in dem als Offiziersmesse genützten Nordtrakt und in Teilen des Osttraktes die Lambris und drei Kamine verblieben. Im Südtrakt wurden lediglich die Wandverkleidungen an Ort und Stelle erhalten. Fotos von 1885 und genaue Inventarlisten waren wertvolle Hilfen bei der Restaurierung der Innenräume und würden darüber hinaus eine weitgehende Wiederherstellung des Interieurs ermöglichen.

Auch ein Großteil der Gartenplastiken, der Vasen, Trophäen, Pfeiler und Balustraden wurden nach Wien transportiert. Einzelstücke sind in den Schlössern Belvedere und Schönbrunn verwahrt. Da jedoch der Verbleib dieser Gegenstände nur zum Teil bekannt ist, dürfte eine Rekonstruktion des ursprünglichen Figurenprogramms des von Dominique Girard gestalteten Gartens kaum möglich sein. So wurde der Neptunsbrunnen im Rondeau des Ehrenhofes wie auch die umgebenden Balustraden entfernt. Bei der nunmehrigen Sanierung des Vorplatzes konnten zumindest die im Schloßareal verbliebenen Steinlöwen in der Nähe ihres ursprünglichen Platzes auf rekonstruierten Postamenten aufgestellt werden.

Nach der Nutzung als Fahr- und Reitlehrinstitut befand sich die Schloßanlage in sehr desolatem Zustand. 1937 begann man mit der Sanierung der Terrassenmauern, der Dächer, der Decken und der Fassaden. Der bereits schadhafte alte Fassadenputz wurde abgeschlagen. Ebenso wurden die Originalschlämmen der Steinteile abgewaschen, eine damals weit verbreitete Gepflogenheit. Danach wurden die Fassaden des Schlosses komplett neu verputzt. Durch diese Maßnahmen waren 1985, als die Farbtöne für die Färbelung festgelegt werden sollten, Befunde der originalen Fassung am Hauptbau nicht mehr möglich. Erst eine an den Marställen beiderseits der ehemaligen Hauptzufahrt durchgeführte Untersuchung lieferte Ergebnisse, da diese Fassaden üblicherweise mit dem Schloß mitgefärbelt wurden und in die Sanierung der dreißiger und vierziger Jahre nicht einbezogen worden waren. Der Befund bestätigte die auf den Veduten Bernardo Bellottos wiedergegebene Gelb-Weißfärbelung. Dieses Konzept, nämlich Ockerfassung der Gliederung und Sockelzone sowie Fassung der Nullflächen und des Dachgesimses in zart ockergetöntem Weiß stellt ein vom Hofarchitekten Johann Lucas von Hildebrandt oftmals verwendetes Färbelungsschema dar. Später folgten Ockerfärbelungen in dunkleren Tönen, die im System die ursprüngliche Fassung wiederholten. Erwähnenswert sind zwei Rosafassungen, die einer Neufärbelung nach 1750 zuzuschreiben sind. Es folgen zahlreiche Gelb- und Grüntöne, wobei das sogenannte „Kaisergelb“ als einheitlicher Anstrich aus der Zeit um 1900 den Abschluß bildet. Für die 1985 mit mineralischem Farbmaterial durchgeführte, in zwei Tönen nuancierte Gelbfärbelung wurde die der Umbauphase von 1773 bis 1775 entsprechende Fassung unter Heranziehung von Färbelungsbefunden zeitgleicher Vergleichsobjekte gewählt.

Befundaufnahmen und Dokumentationen sowie neue Erkenntnisse während der Arbeiten ermöglichten es, die aus dem Quellenmaterial bekannten zwei Hauptausstattungsphasen der Räume nachzuweisen:

In der Zeit von 1726 bis 1732 ließ Prinz Eugen von Johann Lucas von Hildebrandt seine „maison de campagne“ errichten, wo er seine Freunde empfangen konnte. Wie eine Einritzung im Putz einer Fensternische der Ante Camer im ersten Stock des Südflügels bezeugt, waren die Maurerarbeiten bereits 1728 abgeschlossen. Hildebrandt beschäftigte hier die selben Handwerker und Künstler wie in den Schlössern des Belvedere, nämlich die Werkstätten Santino Bussis und Albert Camesinas für Stuck und Stuckmarmor, Carlo Carlone für die Ausmalung der Kuppel und Francesco Solimena für die Schöpfung des Altarbildes. Weiters werden der Garteningenieur Anton Zinner, der Feldingenieur Christian Willhammer, der Steinmetzmeister Thomas Hiskhi sowie Christian Kremer und Johann Georg Oegg als Schöpfer der Schmiedeeisenarbeiten genannt. Für die gesamte „inwendige Auszierung“ war Claude le Fort du Plessy verantwortlich, der auch nachweislich zwei Räume im Erdgeschoß des Südtraktes bewohnte. Weitere Künstler und Handwerker sind nicht nachweisbar. Aus dem bei Max Braubach ausführlich angeführten Schriftverkehr Prinz Eugens geht hervor, daß die Marmorkamine aus Italien, die Möbel größtenteils aus den Niederlanden kamen, wo der Bauherr sich unter Ausnützung seiner vorzüglichen Beziehungen auch die kostbarsten Stoffe besorgte, die mit Handelsschiffen aus Indien, Persien und China gebracht worden waren. Die qualitätvollen Glasluster und Spiegel waren venezianischer Provenienz, Beschläge, Türschlösser und Uhren kamen größtenteils aus England. Französische Ausstattungsstücke konnten weder für hier, noch für die Schlösser des Belvedere oder des Winterpalais des Prinzen nachgewiesen werden.

Von den gegen Ende der fünfziger Jahre, nach Ankauf des Schlosses 1755 durch die Kaiserin Maria Theresia eingerichteten „Embellissements“ ist außer einigen Möbelstücken (Fassung in Braun-Gold) und der mit chinesischen Motiven bemalten Papiertapeten, nichts erhalten. Auch bezüglich der archivalisch nachweislichen Tätigkeit des Hofarchitekten Nikolaus Pacassi in den Jahren 1763 und 1767 in Schloß Hof ist außer einem Stallumbau nichts bekannt.

Die letzte prägende Umgestaltung des Schlosses, die sein heutiges Erscheinungsbild erheblich mitbestimmt, erfolgte unter dem Oberhofarchitekten Franz Anton Hillebrandt auf Weisung Kaiser Josephs II. Hillebrandt zeichnet nicht nur für die Aufstockung, die „Veränderung der Hauptstiegen, des Saal", sondern auch für die „Veränderung der gesamten Zimmer im ersten Stock, derenselben Einrichtung, und auch Einrichtung der Zimmer im neu erbauten zweiten Stock ..." verantwortlich. Die „Schloß Haupt Bau Geld Rechnung" der Jahre 1773 bis 1775 führt sämtliche ausführende Handwerker an. Ab diesem Zeitpunkt waren im Gegensatz zur Regierungszeit Karls VI. aufgrund der Neuordnung des Hofbauwesens und der Reorganisation des Hof- und Kammerkünstlerstabes keine ausländischen, sondern nur mehr einheimische Kunsthandwerker beschäftigt. Als bedeutendste unter ihnen sind für die Schnitzarbeiten an den Boiserien und Sitzmöbeln der Bildhauer Karl Magis, für Vergolder- und Fassungsarbeiten der Hof-Kammervergolder Matthias Landerer und der bürgerliche Vergolder Joseph Pill zu nennen. Die „Stokodorer Arbeit" führte der Preßburger Karl Tratner und „die gesamte Arbeit, in einigen neuen zimern, in den zimern im 1ten Stockh und für ganzliche Veränderung des Saal ...", das heißt des Festsaales, Karl Keller durch. Das „frontispitium" an der Fassade des zum Garten orientierten Osttraktes schuf der „könig. kais. Accademie Bildhauer Leitner".

Vorbild war nun Frankreich, der Stil am Hofe Ludwigs XVI. Unter diesem Einfluß wird eine vereinfachte klassizistische Formensprache entwickelt, für welche die Ausstattung in Schloßhof in ihrer Geschlossenheit innerhalb Österreichs einzigartig ist.

Die nähere kunsthistorische Betrachtung der Räume und die Analyse der Untersuchungsergebnisse lassen den Schluß zu, daß die Adaptierungsarbeiten unter Joseph II. doch nicht so umfassend gewesen sind, wie man aufgrund der Rechnungen anzunehmen geneigt ist (Raumbeschreibung 2—12).

Die Restaurierungsarbeiten wurden von der Bundesbaudirektion Wien unter der Leitung von Herrn Hofrat Dipl.-Ing. Julius Felmerer durchgeführt. Die Bauleitung lag in den Händen des Architekturbüros Requat und Reinthaller in Wien.

Von seiten des Bundesdenkmalamtes waren vorwiegend Hofrat Dr. Werner Kitlitschka als Landeskonservator und Dr. Renate Madritsch als Sachbearbeiterin tätig.

Für die Durchführung der Arbeiten wurden die Restauratoren Gerhard Fladischer und Ernst Lux, die akademischen Bildhauer Hilde und Ernst Werner und der Stukkateurmeister Josef Wimmer, Bildhauer Josef Souschill, Malermeister Edi Reitenbacher, die Maler- und Anstreicherfirma Rudolf Weidenauer sowie die Baufirmen Haderer, Hainburg, und Maschtex, Wien, herangezogen.

Renate Madritsch

Quellen: Kriegsarchiv, Schloßhof, 8 A.H.B. 7—76, N. 492. — Bundesmobiliendepot, Inventarlisten Schloßhof, 1928. — Bundesdenkmalamt, Aktenkonvolut Schloßhof und Restaurierberichte. — Haus-, Hof- und Staatsarchiv, Familienfonds, Schloß Hof, 15/1, 15/2, 15/3 und Schloßhof 305—309, Schloß-Haupt-Bau-Geld-Rechnung.

Raumbeschreibung

Die Sala terrena im Erdgeschoß des Osttraktes erschließt wie im Oberen Belvedere in Wien den Zugang zum Garten. Das ursprüngliche Aussehen dieses Raumes wird in einem Reisebericht des Johann Jakob Michael Küchel des Jahres 1737 wie folgt beschrieben:

Sala terrena, im unrestaurierten Zustand, 1985

„die Sala terrain, welche das golt, spiegel, das weiße, unvergleichlich schönes aussehen machet, deßen Cabinet auch wunderschön, alda ist nichts ersparet worden, sonder gantz modern künstlich verfertiget". Diese Schilderung eines in Weiß und Gold gehaltenen Raumes bestätigte sich auch durch die Untersuchungen der akademischen Bildhauer Hilde und Ernst Werner. Denn, obwohl im ausgehenden 19. Jahrhundert, als dieser Raum als Turnsaal Verwendung fand, der gesamte Deckenstuck sowie der Stuck in den Fensterlaibungen abgeschlagen und die Wände und Decken weiß gefärbelt wurden, konnten nach Entfernung der Tüncheschichten die originalen Graphitvorzeichnungen, Vorritzungen sowie Bolusreste festgestellt werden. Hiedurch war eine genaue Rekonstruktion — vorerst eines Raumsegmentes — der ehemals reich vergoldeten Stuckdekorationen und des hellen Stuckmarmors möglich. Hilfreich bei der Restaurierung war der Umstand, daß die Ausstattung des noch gut erhaltenen Nebenraumes, des Retirariums, stilistisch dem der Sala terrena entspricht, da hier lediglich der reich vergoldete Stuck im 19. Jahrhundert mit Metallfolien überschossen wurde. R. M.

Sala terrena, vor dem Ersten Weltkrieg, um 1910

15. Die Gartenanlage

Weit bemerkenswerter als das Schloß und seine Ausstattung erschien den Zeitgenossen des Prinzen Eugen der von Johann Lucas von Hildebrandt entworfene Terrassengarten, der mit dem Schloß eine künstlerische Einheit bildet. Er geht wohl auf ein Konzept des französischen Garteningenieurs Dominique Girard zurück. Die in den Wintermonaten 1729/30 ausgearbeiteten Pläne halfen der auch an der Gestaltung des Gartenparterres im Wiener Belvedere beteiligte Garteninspektor Anton Zinner sowie der Feldingenieur Ludwig Seibb verwirklichen. Die Pfarrbücher der benachbarten Ortschaft Groissenbrunn nennen darüber hinaus noch den Gärtner Christian Willhammer und den Steinmetz Thomas Hisky als Mitarbeiter. Wenn die Anwesenheit Hildebrandts auf Schloß Hof für den Oktober 1729 angenommen werden kann, so erst recht für den Beginn des Jahres 1730. In einem Brief des Feldmarschalls Harrach an seinen Bruder Aloys vom 28. Januar 1730 findet sich nämlich folgender Hinweis: „Jean Luca ist nicht hier, sondern schon einige Tage zu Hoff, wo der Prinz um 100.000 Gulden nicht ausbauen wird, was er nun anfängt."

Das ikonographische Programm der Statuen im Park von Schloß Hof scheint in besonderer Weise auf den Kriegshelden Eugen Bezug zu nehmen. Das Skizzenbuch des jungen Würzburger Bildhauers Johann Wolfgang van der Auwera von 1733 (Kat.-Nr. 21.11) zeugt von der hohen künstlerischen Qualität dieser Steinbildwerke des bis heute unbekannt gebliebenen Bildhauers. Inmitten der Schloßterrasse, die gegen Osten mit einer Bastei und zwei Eckrondellen bewehrt ist, befindet sich der Najadenbrunnen, aus dem einst eine hohe Wasserfontäne emporstieg. Zwei geschwungene Steintreppen, die eine Brunnengrotte mit den Statuen der Flußgötter Donau und March umfassen, führen zu einem kunstvollen schmiedeeisernen Gittertor mit dem Kreuz Savoyens unter der Fürstenkrone. Dieses Tor öffnet den Weg zur obersten Gartenterrasse, zu der eine mit Sphinxen und Vasen geschmückte Freitreppe hinabführt und die mit Springbrunnen, Laubengängen, Blumenbosketten und vier Trillagepavillons ausgeschmückt war. Die sich vorwölbende Mauer dieser Terrasse zieren vier monumentale Reliefs und zwei allegorische Figurengruppen: „Prinz Eugens Kriegsruhm" und „Prinz Eugens Staatskunst", versinnbildlicht durch den Kriegsgott Mars und den sagenhaften Herkules. Aus einer monumentalen Muschel, in der Neptun mit der Meernymphe Thetis von Nereiden und Tritonen umgeben thront, ergoß sich der Wasserstrahl von Kaskade zu Kaskade in das Becken am Fuße der Terrasse, in dem sich zwei Puttengruppen mit wasserspeienden Seepferden tummelten. Seitliche Freitreppen waren mit Jahreszeiten-Gruppen sowie Puttengruppen der vier Elemente und vier Erdteile geziert. Den Mittelpunkt der untersten Terrasse bildete ein mächtiges achteckiges Bassin mit einer Seeungeheuer-Fontäne.

Die Fontänen und Kaskaden der Gartenterrassen speiste ein Wasserwerk im nahegelegenen Groissenbrunn, dessen Funktion im Reisebericht des kurmainzischen Ingenieurs Johann Jakob Michael Küchel von 1737 ausführlich beschrieben ist. Das klare Wasser von mehr als einem halben Dutzend Quellen wurde in drei noch heute bestehenden Weihern gesammelt, ein oberschlächtiges Wasserrad mit sechs Schaufeln pumpte es in einen hochgelegenen Wasserturm, von dem es in ein Reservoir mit einem Fassungsraum von 231.522 Eimer geleitet wurde. Das große Gefälle bis zum Schloßpark hinunter ließ dann die „schönen spring werckern springen". Walther Brauneis

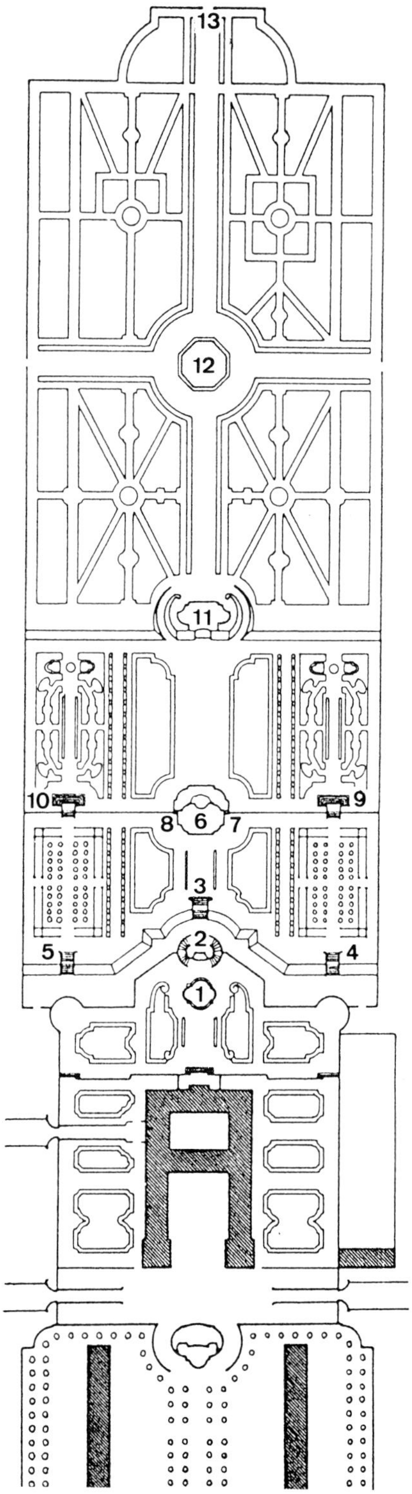

Prinz Eugens Kriegsruhm (8)

Plan der Gartenanlage mit Skulpturenprogramm

Gartenparterre: 1 Najaden-Fontaine, 2 Brunnengrotte mit Statuen der Flußgötter Donau und March, 3 Freitreppe mit Sphingen und Vasen (die beiden Vasen heute im Kammergarten von Schloß Schönbrunn), 4—5 Freitreppen mit Jahreszeitengruppen, 6 Neptun-Thetis-Gruppe über vier Monumentalreliefs (bis auf Neptun-Statue zerstört), 7 Figurengruppe „Prinz Eugens Staatskunst“, 8 Figurengruppe „Prinz Eugens Kriegsruhm“, 9—10 Freitreppen mit Puttengruppen der vier Elemente und vier Erdteile („Erdteil Amerika“ und „Element Wasser“ heute an der Treppe im Südwestpavillon des Oberen Belvedere), 11 Kaskade, 12 Fontaine mit Seeungeheuer (heute Bad Deutsch-Altenburg, Villa Erhard), 13 Marchtor.

15.1 Attikastatuen des Palais Trautson

Benedikt Stöber (?) und Werkstatt.

a) Pallas Athene

Kalksandstein, 195 × 70 × 60 cm.

b) Venus bestraft Amor

Kalksandstein 195 × 60 × 60 cm.

c) Bacchus mit kleinem Satyr

Kalksandstein, 192 × 70 × 60 cm.

d) Bacchantin

Kalksandstein, 196 × 75 × 60 cm.

Johann Leopold Donat Graf Trautson, seit 1709 Obersthofmeister Kaiser Josephs I., ließ um diese Zeit von Johann Fischer von Erlach einen Gartenpalast errichten. Seiner Größe, seinem künstlerischen Typus und Anspruch nach, entsprach dessen Werk jedoch eher einer monumentalen Stadtresidenz. Bauführer war der Baumeister Alexander Oedtl aus Tirol, der „eines der größten Unternehmen" unter den Baubetrieben des Wiener Barock (Rizzi) aufgebaut hatte.

Einer standesgemäßen Residenz hatte eine reiche bildkünstlerische Ausschmückung der Stellung und Bildung des Bauherrn zu entsprechen. In dieser Hinsicht zählt der Gartenpalast Trautson neben dem Belvederegarten des Prinzen Eugen und dem Gartenpalais Liechtenstein in der Rossau zu den größten Unternehmungen des frühen 18. Jahrhunderts in Wien. Die Gartenplastiken gingen mit dem Garten und seinen Gebäuden (Orangerie, Grotte, Ziermauer) schon 1716 verloren. Die 66 erhaltenen überlebensgroßen Attikastatuen sind jedoch in reduziertem Zustand erhalten und seit 1971 an der Fassade selbst durch Kopien ersetzt.

Das ikonographische Programm der Trautsonstatuen ist nur mehr fragmentarisch rekonstruierbar. Es folgt jedoch der, dem damals entstehenden „Reichsstil" entsprechenden

Kat.-Nr. 15.1 a

klassisch-antiken Mythologie mit gleichzeitiger allegorischer Anspielung auf die fürstlichen Tugenden des Bauherrn in vielschichtiger Antithetik (z. B. Apollo — Herkules, Pallas Athene — Bacchus). Diese Programmatik wird nahtlos an den Stuckreliefs der Fassaden und der (bis auf Reste verlorenen) Plafonds fortgesetzt.

Die frühere Zuschreibung der Skulpturen an Giovanni Giuliani ist aus stilistischen Gründen abzulehnen. Bei der Abnahme 1971 konnte an der Unterseite der Figur des Herkules mit dem Löwenfell das eingemeißelte Monogramm „B S" festgestellt werden. Damit wird als Autor der, sonst in erhaltenen Werken schwer belegbare, hofbefreite Bildhauer Benedikt Stöber wahrscheinlich. Stöber ist am 26. Oktober 1720 mit 49 Jahren in seinem Haus in Mariahilf an der damals typischen Bildhauerkrankheit („Lungensucht" also wohl Staublunge) gestorben, war aus Landsberg in Bayern gebürtig. Er zählt zum Künstlerkreis des Hofingenieurs Matthias Steinl. Da sonst nur gefaßte Holzplastiken und Altäre für ihn nachgewiesen und erhalten sind, kann der Zyklus des Palais Trautson als einziger Beleg seines Stils als Steinbildhauer gelten. Als solcher löste er anders als Giuliani oder Mattielli die Silhouette und Oberfläche seiner Figuren in ein bewegtes Gegenspiel von Körper und Draperie auf, sondern betonte ihre Statuarik, wohl auch in Beziehung zu der streng achsial-symmetrischen Fassadengliederung der Architektur.

Lit.: M. Koller, Untersuchungen am Palais Trautson in Wien, in: ÖZKD XXII, 1968, S. 206ff. — M. Krapf, Palais Trautson, Wien 1974 (Festschrift zur Eröffnung als Justizministerium). — W. G. Rizzi, Der Tiroler Barockmeister Christian Alexander Oedtl, in: Das Fenster, Heft 28, Innsbruck 1981, S. 2821ff. — M. Koller, Zur Sozialgeschichte von Kunst und Handwerk im 17. Jahrhundert, in: Literatur und Volk im 17. Jahrhundert, (Wolfenbütteler Arbeiten zur Barockforschung 13), Wolfenbüttel 1985, S. 425ff.

Wien, in Verwahrung des Bundesdenkmalamtes.

M. K.

15.2 Allegorie der Europa

Kalksandstein 170 × 100 × 75 cm.
Giovanni Giuliani, um 1707—09.

Als einer der größten Bauherren und Mäzene am Hofe Kaiser Leopolds holte Fürst Johann Adam Andreas Liechtenstein vorwiegend aus Italien Architekten und Künstler nach Wien. Der 1663 in Venedig geborene Giovanni Giuliani war von 1697 bis zu seinem Eintritt ins Kloster Heiligenkreuz im Jahre 1711 für ihn tätig, zunächst für das Stadtpalais in der Bankgasse und seit etwa 1707 für die Attika der Vorgebäude des Gartenpalastes in der Vorstadt Rossau. Dieser Zyklus umfaßt 32 Einzelstatuen, 4 Gruppen an den Ecken sowie in den Verträgen „Urnen" genannte Ziervasen, welche neben Prinz Eugens Belvedere und dem Gartenpalais Trautson das einzige vollständig erhaltene Ensemble seiner Art in Wien darstellen. Infolge der fortgeschrittenen Verwitterung fehlen jedoch die meisten Attribute, sodaß kein Programm rekonstruierbar ist. Für den Auftrag im Rossaupalais erhielt Giuliani die Stallungen als Werkstätte „adiustirt". Zur Allegorie der Europa ist im Stift Heiligenkreuz ein Tonbozzetto erhalten, der Giulianis malerisch bewegten Modellierstil, der weitgehend auch auf das harte Steinmaterial übertragen wurde, zeigt. Die ursprüngliche Bleiweißfassung ist auf den Veduten Canalettos noch gut zu erkennen. Die Allegorien der Europa als behelmte Frau mit Turm und Pferd und ihr Gegenüber, die „Asia", als Gegenstück sind der mehrfach in Padua neuaufgelegten „Iconologia" Cesare Ripas entnommen.

Lit.: E. Baum, Giovanni Giuliani, Wien - München 1964, Kat.-Nr. 64, Abb. 33 (Bozzetto).

Wien, in Verwahrung des Bundesdenkmalamtes.

M. K.

FB 21: Porträt des Prinzen Eugen, Privatbesitz (Kat.-Nr. 20.4)

FB 22: Porträt Kaiser Leopolds I., Privatbesitz (Kat.-Nr. 1.47)

FB 23: Bergkristallcameo mit Porträt Kaiser Leopolds I., KHM (Kat.-Nr. 1.9)

FB 24: Dose aus Muschelschalen mit Porträts Karls VI. und Elisabeth Christines, KHM (Kat.-Nr. 1.25)

FB 25: Porträt Kaiser Josephs I., Privatbesitz
(Kat.-Nr. 1.48)

FB 26: Porträt König Karls III., Privatbesitz
(Kat.-Nr. 1.49)

FB 27: Justizthron,
NÖ Landhaus,
Rittersaal, Wien
(Kat.-Nr. 2.11)

FB 28: Besuch Kaiserin Amalie Wilhelmines bei ihrer Tochter Maria Josepha 1737 in Schloß Neuhaus in Böhmen, Privatbesitz (Kat.-Nr. 2.20)

FB 29: Porträt des Prinzen Eugen, Godfrey Kneller, Privatbesitz (Kat.-Nr. 10.17)

FB 30: Porträt des Grafen Guidobald Starhemberg, Johann Kupetzky, ÖG (Kat.-Nr. 3.1)

FB 31: Porträt des Grafen Philipp Harrach, Deutschordenszentralarchiv (Kat.-Nr. 3.3)

FB 32: Deckelbecher, Glasgalerie Michael Kovacek (Kat.-Nr. 3.21)

FB 33: Pokal, Glasgalerie Michael Kovacek (Kat.-Nr. 3.20)

FB 34: Elfenbeinkrug, Privatbesitz
(Kat.-Nr. 9.76)

FB 35: Dose aus dem Besitz des Prinzen Eugen, NHM (Kat.-Nr. 4.29)

FB 36: Teekanne, Privatbesitz
(Kat.-Nr. 19.16)

FB 37: Ansicht von Schloßhof, Hofseite, Bernardo Bellotto, gen. Canaletto, KHM (Kat.-Nr. 4.21)

FB 38: Ansicht von Schloßhof, Gartenseite, Bernardo Bellotto, gen. Canaletto, KHM (Kat.-Nr. 21.9)

FB 39: Roman de Troie, Italien 14. Jh., ÖNB (Kat.-Nr. 5.23)

FB 40: Tabula Peutingeriana, ÖNB (Kat.-Nr. 5.13)

FB 41: Menagerie des Prinzen Eugen, Albertina Kat.-Nr. 5.16)

FB 42: Menagerie des Prinzen Eugen, Albertina (Kat.-Nr. 5.16)

FB 43: Graf Gundacker Althann überreicht Karl VI. das Inventar der Gemäldegalerie, KHM (Kat.-Nr. 6.19 c)

FB 44: Boreas raubt Oreithyia, Francesco Solimena, KHM (Kat.-Nr. 6.20)

Franciscus Princeps Sabaudiae et Pedemontium
Marchio De Saluzzo Aurei Velleris Eques Sac Caes
Actualis Intimus Consiliarius
Generalis Locum Tenens nec non
Haereditariarum Provinciarum
Generalis Obiit 21 Aprilis Ano M DCCXXXVI

FB 46: Standarte des Dragonerregimentes „Prinz Eugen von Savoyen", HGM (Kat.-Nr. 7.4)

FB 47: Kommandostab des Prinzen Eugen, HGM (Kat.-Nr. 7.5)

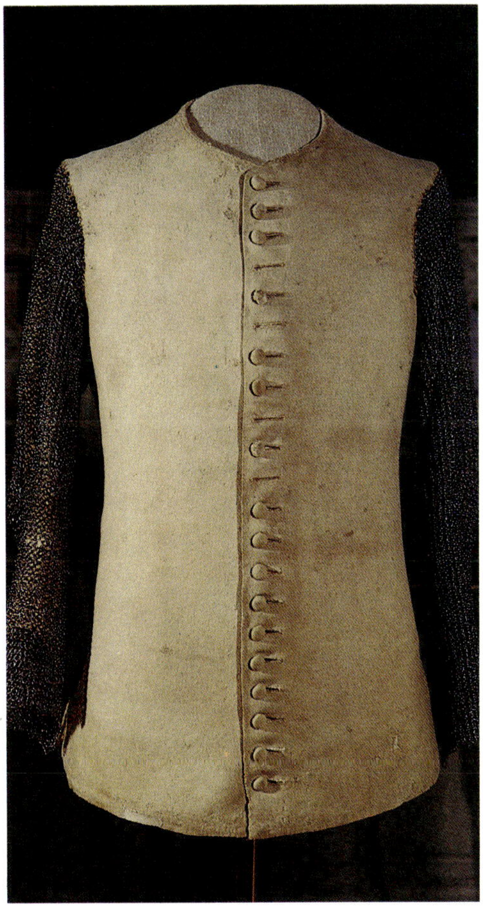

FB 48: Kamisol des Prinzen Eugen, HGM (Kat.-Nr. 7.6)

◄
FB 45: Reiterporträt des Prinzen Eugen, HGM (Kat.-Nr. 7.1)

FB 49: Requisition, Privatbesitz (Kat.-Nr. 8.21)

▶
FB 50: Schlacht bei Höchstädt, Sturz des Prinzen Eugen, Jan van Huchtenburgh, Privatbesitz (Kat.-Nr. 8.9)

▶
FB 51: Schlacht bei Höchstädt, Jan van Huchtenburgh, Privatbesitz (Kat.-Nr. 8.54)

FB 52: Alpenübergang, Kriegsarchiv (Kat.-Nr. 8.1)

FB 53: Schlacht bei Turin, Jan van Huchtenburgh, Galleria Sabauda, Turin (Kat.-Nr. 8.25)
▼

FB 54: Plan der Schlacht bei Malplaquet, Kriegsarchiv (Kat.-Nr. 8.32)

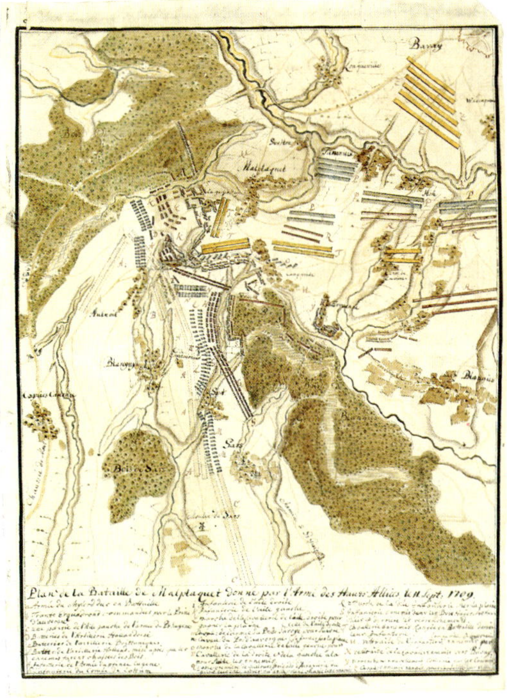

FB 55: Schlacht bei Malplaquet, Jan van Huchtenburgh, Galleria Sabauda, Turin (Kat.-Nr. 8.31)
▼

FB 56: Entsatzschlacht von Wien, Martino Altomonte, Stift Herzogenburg (Kat.-Nr. 9.2)

▶
FB 57: Porträt des Grafen Niklas Pálffy, HGM (Kat.-Nr. 9.53)

victoriarum Themisuary, ac [mirâ sequente nebula] Belgrady Auctricem, Coeli Imperatricem, vos
omnes Angeli orate pro nobis, votisq. Archiducum: Alleluia, & diuturna incolumitate: Alleluia.
Opus integri bienny ad perenne marianorum munerum gratum monumentum per sacerdotem veronensem aetatis cadentis 66 annorum.
valde laborioso calamo [DEI adiuvante GRATIA] depictum in charta membrana. Si dignum clementer judicabitur: GRATIA secundum clemen-
tiam, & devotionem in honorem beatae semper VIRGINIS, solitis, & ferventioribus quocunq. tempore precibus pro votis [ut supra] recognoscenda.

FB 59: Plan der Schlacht bei Belgrad, Kriegsarchiv (Kat.-Nr. 9.42)

◄
FB 58:
Marienbild zum Dank für die Siege bei Temesvár und Belgrad, Stift Seitenstetten (Kat.-Nr. 9.44)

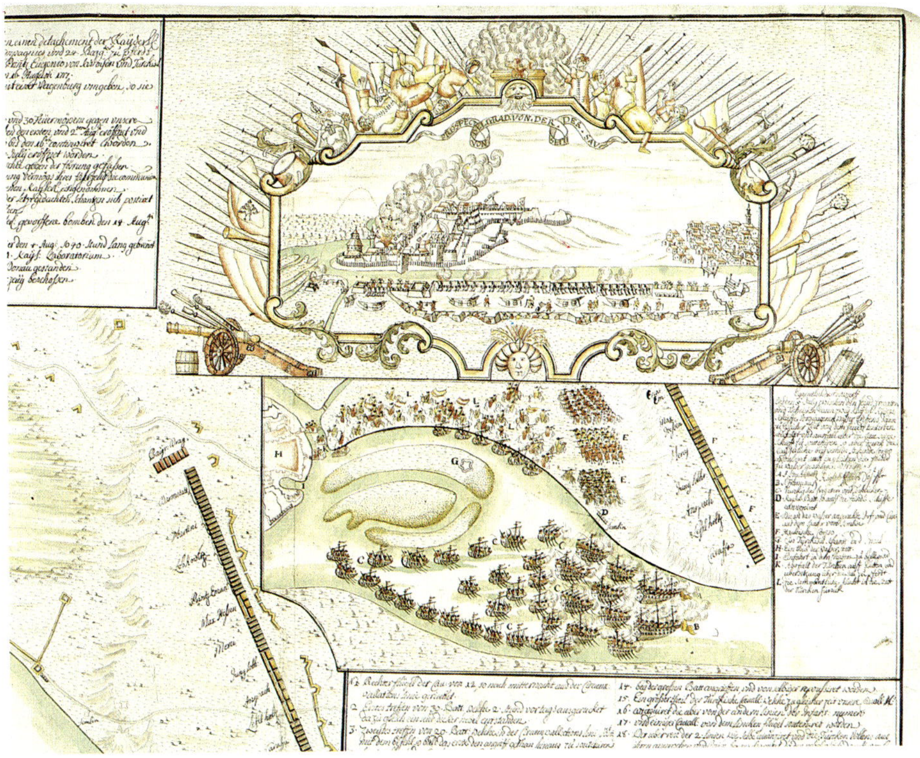

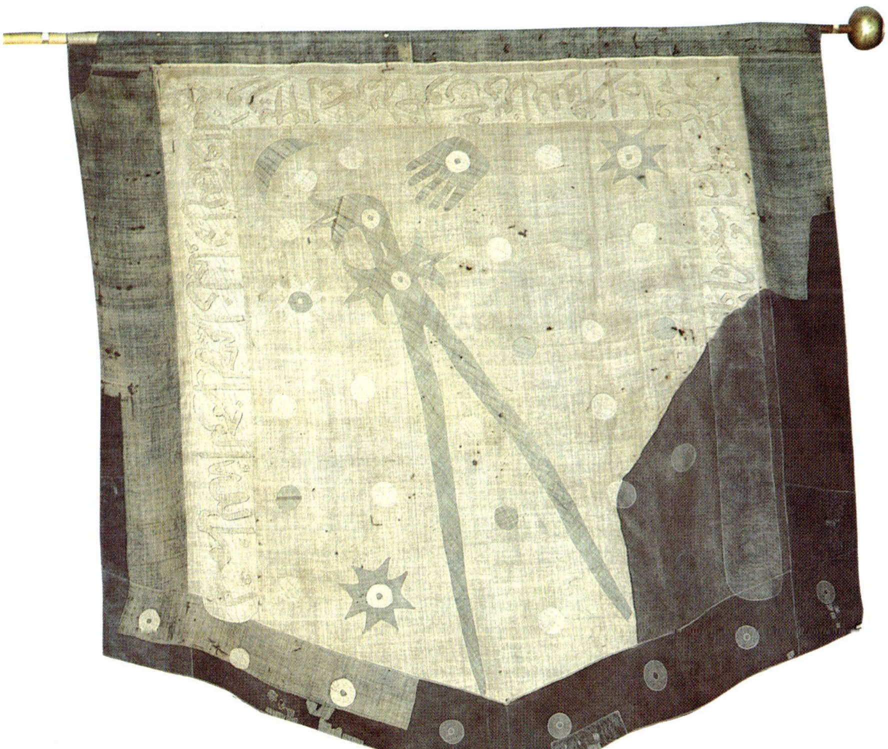

FB 60: Türkische Fahne, HGM (Kat.-Nr. 9.47)

FB 61: Roßschweifträger, Perchtoldsdorf, Türkenmuseum (Kat.-Nr. 9,77 e)

FB 62: Kaiserlicher Offizier, Perchtoldsdorf, Türkenmuseum (Kat.-Nr. 9.77 a)

FB 63: Janitschar, Perchtoldsdorf, Türkenmuseum (Kat.-Nr. 9.77 d)

FB 64: Reiterporträt des Prinzen Eugen, Cambrai (Kat.-Nr. 8.64)

FB 65: Die Christenheit huldigt dem Rosenkränze verteilenden hl. Joseph, Stift Lilienfeld (Kat.-Nr. 10.4)

FB 66: Sieg des Christentums über die Heiden, Johann Evangelist Holzer, ÖG (Kat.-Nr. 10.2)

FB 67: Kasel des Savoyerornates, St. Stephan (Kat.-Nr. 10.16)

FB 69: Ausschnitt einer Kasel des Savoyerornates mit dem Wappen der Savoyer, St. Stephan

FB 68: Savoyen-Liechtensteinsche Wappen, Ausschnitt einer Kasel des Savoyerornates (Kat.-Nr. 10.16)

FB 70: Kapelle von Schloßhof

FB 71: Deckenfresko der Kapelle von Schloßhof, Carlo Innocenzo Carlone

FB 72: Belagerung und Übergabe von Temesvár, August Querfurt, Schloß Ludwigsburg (Kat.-Nr. 12.42)

FB 73: Reiterporträt des Prinzen Eugen, HGM (Kat.-Nr. 12.18)

FB 74: Bergbau im 18. Jh., Hüttenwerksbetrieb, Salzburg, Museum Carolino Augusteum (Kat.-Nr. 16.5 d)

FB 75: Siebarbeit und Scheidkaue, Salzburg, Museum Carolino Augusteum (Kat.-Nr. 16.5c)

FB 76: Sparkasse aus Porzellan, Erste Österr. Sparcasse (Kat.-Nr. 16.26)

FB 77: Geldkassette mit geöffnetem Deckel, Erste Österr. Sparcasse (Kat.-Nr. 16.27)

FB 78: Geldkassette, Erste Österr. Sparcasse (Kat.-Nr. 16.28)

▶

FB 79: Zunftfahne der Müller von Tulln, Tulln, Stadtmuseum (Kat.-Nr. 16.34)

R
T
C.VI.

FB 80: Rentmeister und Bauer, Privatbesitz (Kat.-Nr. 16.42)

FB 81: Hirte mit Lamm. Supraporte, Schloß Antol (Kat.-Nr. 16.46)

FB 82: Barocker Aufsatzkasten, Staatsschloß Cervený Kameň (Kat.-Nr. 16.50)

FB 83: Juramentstafel, Perchtoldsdorf, Heimatmuseum (Kat.-Nr. 17.2)

FB 84, 85, 86: Der Teufelsbündler Johann Christoph Haitzmann, ÖNB (Kat.-Nr. 17.3)

FB 87: Vermählung von Herkules und Hebe, Fresko von Marc Anton Chiarini und Louis Dorigny, Winterpalais des Prinzen Eugen (Kat.-Nr. 21.64)

FB 88: Raub der Oreithia, Entwurfzeichnung von Louis Dorigny, Verona (Kat.-Nr. 21.65)

FB 89: Stiegenhaus, Winterpalais des Prinzen Eugen (Kat.-Nr. 21.57)

◀
FB 90: Bruderschaftsbild, W. N. Turman, Krenstetten, Pfarrkirche (Kat.-Nr. 17.30)

▶
FB 91: Himmelfahrt Mariae, Paul Troger, Stift Altenburg (Kat.-Nr. 18.24)

FB 92: Porträt Johann Bernhard Fischer von Erlach, ÖNB (Kat.-Nr. 21.67)

FB 93: Selbstporträt, Johann Michael Rottmayr, Stift Herzogenburg (Kat.-Nr. 18.43)

FB 94: Heilung eines Lahmen durch Petrus und Paulus, Martino Altomonte, ÖG (Kat.-Nr. 18.31)

FB 95: Entwurf für die Karmelitinnenkirche in St. Pölten, Allg. Verwaltungsarchiv (Kat.-Nr. 18.16)

FB 96: Maria Antonia Fürstin Montecuccoli, Privatbesitz (Kat.-Nr. 18.17)

FB 98: Allegorie auf den Tagesanbruch, Daniel Gran, ÖG (Kat.-Nr. 21.42)

◄
FB 97: Himmelfahrt Mariae, Daniel Gran, Stift Lilienfeld (Kat.-Nr. 18.25)

FB 99: Triumphzug des hl. Benedikt, Entwurfskizze von Paul Troger, Stift Melk (Kat.-Nr. 18.14)

FB 100: Fassadendekoration der Wiener Schwarzspanierkirche, Aquarell von Anton Schmid, Wien, Schottenarchiv (Kat.-Nr. 18.38)

FB 101: Ansicht des Schlosses Halbturn, KHM (Kat.-Nr. 21.18)

FB 102: Graf Sigmund Friedrich Khevenhüller mit seinen beiden Gemahlinnen, Privatbesitz (Kat.-Nr. 21.23)

FB 103: Apotheose des Prinzen Eugen, Deckenfresko von Martino Altomonte, Unteres Belvedere (Kat.-Nr. 21.35 b)

AUSSTELLUNGSTEIL SCHLOSS NIEDERWEIDEN

Schloß Niederweiden war ein Teil der Herrschaft Engelhartstetten, die seit dem Jahre 1685 Ernst Rüdiger von Starhemberg gehörte. Dieser ließ um 1693 durch den Hofarchitekten Johann Bernhard Fischer von Erlach einen Entwurf für ein „Lustgebäude" inmitten der weiten Ebene des Marchfeldes ausarbeiten und ein zierliches Jagdschloß mit einem ovalen Kuppelsaal als Zentrum errichten. Im September 1726 erwarb Prinz Eugen von Maria Josepha Gräfin von Starhemberg die Herrschaft Engelhartstetten mit Schloß und Dorf Niederweiden. Er hat am Schloß selbst kaum etwas verändert, für ihn selbst war nur ein Appartement eingerichtet, denn er weilte nur gelegentlich hier.

Zehn Jahre nach dem Ankauf von Schloß und Herrschaft Hof ließ Maria Theresia das Lustgebäude in Niederweiden durch Nikolaus Pacassi umgestalten. Zwar blieb das Grundrißmotiv des ovalen Saales erhalten, doch wurde das Schloß aufgestockt und ein Stiegenhaus zugebaut. Seit damals wird das Schloß von einer stark gegliederten Dachlandschaft geprägt. Durch den kaiserlichen Hofmaler Jean Baptist Pillement wurde 1765 auch der Mittelsaal ausgemalt.

Die Nutzung des Gebäudes war immer problematisch, so daß der Erhaltungszustand nach dem 2. Weltkrieg sehr schlecht war. In den 50iger Jahren begann die Nö. Landesregierung mit der Restaurierung, die aber im Jahre 1956 durch einen Brand des Dachstuhles unterbrochen wurde. Die folgende Wiederinstandsetzung wurde am Beginn der 80er Jahre durch die Bundesgebäudeverwaltung vollendet, die seit 1971 für die Erhaltung des Bauwerkes zuständig ist.

Karl Gutkas

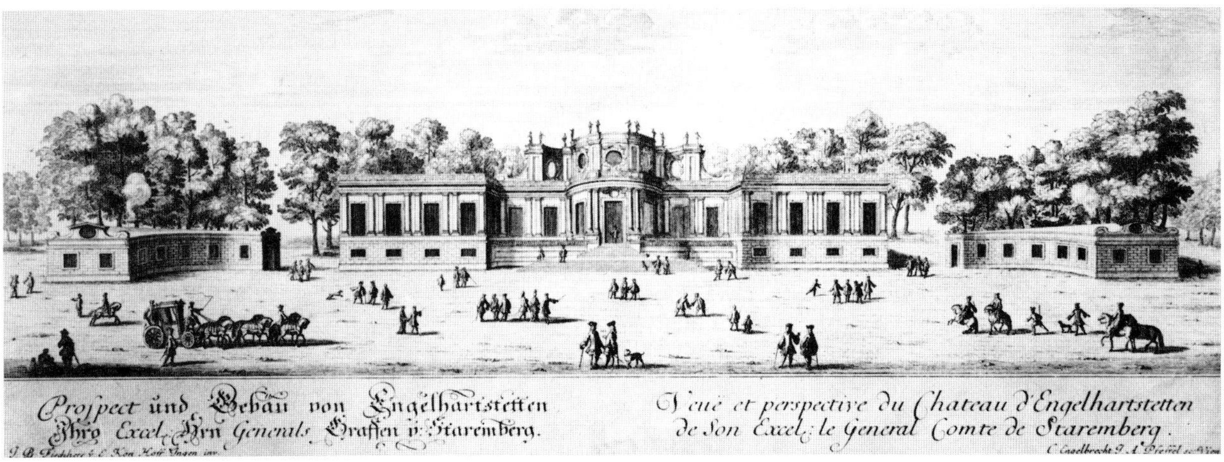

Kat.-Nr. 21.1

16. Von der Grundherrschaft zur Wirtschaftsherrschaft

Auch in den ersten Jahrhunderten der Neuzeit war die aus dem Mittelalter überkommene Grundherrschaft die soziale Ordnung schlechthin, vor allem für die bäuerliche Bevölkerung, aber auch für die meisten Bürger und Einwohner kleinerer Städte und Märkte. Während des Mittelalters hatte diese Ordnung die Landesbewohner in ein Sicherheitssystem eingebunden. Die Herrschaftsinhaber sollten dem Landesfürsten gegen äußere Feinde helfen und für Ordnung im regionalen Bereich sorgen, ihren Untertanen also Schutz und Rechtssicherheit gewähren. Mit dem Ersatz des ritterlichen Lehensheeres durch Söldner wurde seit dem 15. Jahrhundert die Funktion der Herrenschicht anders, sie wurden zur Grundobrigkeit und schöpften aus dieser Funktion immer mehr Vorrechte. Die Abgaben wurden von den Untertanen als Frondienst und einseitige Verpflichtung empfunden, um den Herren ein angenehmes Leben zu ermöglichen. Schon die Bauernkriege des ausgehenden 15. und des 16. Jahrhunderts hatten in dieser als ungerecht empfundenen Situation eine ihrer Ursachen. In der Neuzeit steigerte sich die Unzufriedenheit durch die ständig höher werdenden Steuerforderungen des Landesfürsten an die Stände, die von diesen wieder weitergegeben wurden, sowie durch permanent steigende persönliche Beanspruchung der Untertanen für Robot- und Dienstleistungen aller möglichen Art. Diese unentgeltliche Arbeit stand nach Meinung der Betroffenen in keinem Verhältnis zur Gegenleistung, was sich in Zeiten der Gefahr besonders zeigte. Hatte die Flucht vieler adeliger und geistlicher Grundherren in der Not des Türkenjahres 1683 weite Verbitterung ausgelöst, so wurde das bewußte Absetzen des Lebensstiles der Oberschicht, die immer größeren Luxus suchte, Ursache für steigende Entfremdung. Die Inhaber der großen Herrschaften wohnten selten auf dem Lande, sondern führten ein Wohlleben in der Stadt, waren sie wieder in ihren Schlössern, erregten sie durch Jagden und Feste meist viel Ärgernis für die armen Leute. Die reichsten Grundherren verwendeten den Arbeitsertrag ihrer Herrschaft nicht selten zum Bau komfortabler Stadtpaläste in der Kaiserstadt Wien oder in anderen Zentren, brauchten viel Geld für ein standesgemäßes Auftreten als Botschafter oder Minister und für ihr Leben im Umfeld des Kaiserhofes. An Ort und Stelle wurden sie dann durch Pfleger oder Rentmeister vertreten, die den Bauern gegenüber große Härte zeigen mußten, um nach oben hin als tüchtig zu gelten. So mancher verstand es auch, die eigene Tasche zu füllen.

Um entsprechende Einkommen zu erzielen, war es schon im 17. Jahrhundert zu Umstellungen im Herrschaftssystem gekommen. Begünstigt durch die politischen Umwälzungen am Beginn des Dreißigjährigen Krieges wurden in Böhmen und Mähren von vermögenden Herren eine Reihe großer und kleinerer Herrschaften aufgekauft und daraus weiträumige und starke Wirschaftskörper gebildet, die sich nicht nur auf die Landwirtschaft beschränkten, sondern auch allerlei Gewerbebetriebe, manchmal auch Bergwerke, hie und da auch moderne Fabriken mit regionalem und über größere Entfernungen reichendem Handel betrieben. Solchen Herrschaften waren dann alle wirtschaftlichen Bedürfnisse ihres Bereiches ausgeliefert. In der zweiten Hälfte des 17. Jahrhunderts wurde dieses System auch in den österreichischen Ländern immer stärker verbreitet, wenn hier auch die Leibeigenschaft fehlte und daher die

Stellung der Untertanen wesentlich besser war. So arrondierten etwa die Montecuccoli im niederösterreichischen Alpenvorland ihren Bereich, die Sprintzenstein erwarben im nordöstlichen Waldviertel eine Gruppe von Herrschaften und Prinz Eugen tat gleiches im Marchfeld. Manchmal waren mit der intensiveren Nutzung aller Ressourcen auch neue Rodungen verbunden, wie im Gföhler Wald oder die Anlage von Neustiften am Rande der Dörfer, um Arbeiter der wieder modern gewordenen Meierhöfe ansiedeln zu können.

Denn die Praxis der adeligen Gutswirtschaft erfand viele neue Formen. Wie vielfältig diese sein konnten, hat der niederösterreichische Landadelige Wolf Helmhard von Hohberg am Ende des 17. Jahrhunderts in seinem Werk „Adeliges Land- und Feldleben" beschrieben. „Allgemeiner kluger und rechts-verständlicher Hausvater" nannte Franciscus Philipp Florinus sein in Frankfurt und Leipzig 1722 erschienenes Gegenstück, das zeigt, wie weit verbreitet die Bestrebungen waren, die Grundherrschaft im überkommenen Sinn durch neue Aktivitäten zur vielseitigen Wirtschaftsherrschaft auszuweiten. Daß eine Grundherrschaft einen erheblichen Teil des Ackerlandes, der Weingärten, des Waldes, des Wildbannes, der Energie des fließenden Wassers in Form von allerlei Mühlen und Hämmern nutzte, war schon bisher üblich gewesen. Nun kamen aber neue Formen konzentrierter Produktion hinzu, wenn man Sensen, Messer, Textilien, Gebrauchsleinwand durch mehr Menschen am gleichen Ort gleichsam industriemäßig erzeugen ließ. Dabei spielte natürlich auch der Unternehmungsgeist und die Weltoffenheit des betreffenden Grundherren eine bedeutende Rolle. Allerdings war das Risiko auch verhältnismäßig groß, weil sowohl für die Produktion wie für den Vertrieb jede Erfahrung fehlte und die oft von weither geholten Facharbeiter nicht immer das hielten, was man sich von ihrer Sachkenntnis versprach. Auch die als Merkantilisten bekannten Männer Johann Joachim Becher (1635—1682), Wilhelm von Schröder (1640—1699) und Philipp Wilhelm von Hörnigk (1640—1714) stellten zwar theoretische Lehrgebäude auf, die praktische Durchführung überließen sie aber anderen. Als erster hatte sich Reichsgraf Ferdinand Kurz um 1650 in Horn an ein solches Unternehmen gewagt, als er Tuchmacher aus Mähren und Schlesien sowie Färber aus Holland und Deutschland ansiedelte. Georg Ludwig Graf Sinzendorf gründete 1666 zu Walpersdorf eine Fabrik für Seidenwaren, die aber das Türkenjahr 1683 nicht überlebte. Im 18. Jahrhundert versuchte Graf Johann Christoph Mallenthein ähnliches in Großsieghart. Er kaufte mehrere Herrschaften der Umgebung zusammen und begann um 1720 durch Verbindung mit der Ostindischen Handelskompagnie zu Ostende seine Güter zu industrialisieren. Zwar konnte nur ein Teil der großzügigen Pläne verwirklicht werden, da 1731 die Kompagnie von Ostende ihre Tätigkeit einstellen mußte und Mallentheins Unternehmen zusammenbrach. Zwei Dutzend Arbeiterhäuser, eine Kirche und andere zentrale Einrichtungen waren aber schon gebaut. Ähnliche Versuche, zum Teil mit längerem Leben, gab es auch in Böhmen und Mähren, wie die Fabrik Oberleutensdorf zeigt. Textilverarbeitung und Erzeugung war aber nur ein, damals allerdings sehr geförderter Zweig der Wirtschaft. Joachim Enzmillner Freiherr von Windhag hatte nach 1650 mit der Glaserzeugung begonnen, die Eisenverarbeitung hatte in den Alpentälern Niederösterreichs und in der Steiermark Tradition. Im Land ober der Enns blühte besonders im Gebiet von Kirchdorf-Micheldorf in der ersten Hälfte des 18. Jahrhunderts die Sensenerzeugung mit etwa vierzig Hammerwerken. Selbst im Mühlviertel und im Waldviertel gab es einige Sensenhämmer. Deren Produkte wurden, meist in Fässer verpackt, nicht nur in alle Teile der habsburgischen

Monarchie verschickt, sondern auch nach Sachsen, Preußen und Polen exportiert.

Mit Ausnahme der Eisenverarbeitung galt für alle neuen Wirtschaftszweige, daß die sich anbietenden Arbeitskräfte ohne jede Vorbildung waren und Fachleute aus dem Ausland kommen mußten. Daß darunter die Qualität der Produkte lange Zeit litt, ist ebenso verständlich, wie auch die Kostenseite dadurch stark belastet wurde. Denn diesen Arbeitskräften, die man in Deutschland, Holland oder Schlesien anwarb, mußten entsprechende Anreize geboten werden. Wenn man auch annehmen kann, daß ein erheblicher Teil des Arbeitsaufwandes für Wohnhäuser, wie man sie etwa in Horn oder Großsiegharts errichtete, durch Robotarbeit der Bauern entstanden und das notwendige Bauholz in den herrschaftlichen Wäldern geschlägert werden konnte, entstand doch ein nicht zu unterschätzender Aufwand für Betriebsstätten, einfache Maschinen und Werkzeuge aller Art. Die andere Seite waren jene Menschen, denen durch solche Aktivitäten hätte geholfen werden können. Die wirtschaftliche Basis eines Teiles der bäuerlichen Bevölkerung war dort, wo man die Wirtschaften immer geteilt hatte oder wo die natürlichen Voraussetzungen bescheiden waren, immer enger geworden. Viertellehen waren in der Regel nicht mehr geeignet, eine Familie zu ernähren. Weitere Kinder einer bäuerlichen Familie hatten aber wenig Möglichkeit, einen eigenen wirtschaftlich einigermaßen gesicherten Hausstand zu gründen, wenn keine neuen Arbeitsmöglichkeiten geschaffen wurden. Im Bereich der ärmeren bäuerlichen Schichten der Gebirgsgegenden, des Wald- und Mühlviertels, der Steiermark, half man sich mit Hausgewerbe aller Art. Die beste Möglichkeit bot dabei wieder die Textilerzeugung, weil dafür die Rohstoffe, Schafwolle und Flachs, leicht zu erzeugen waren. Denn die Schafzucht wurde nicht nur in den bäuerlichen Haushalten, sondern auch in den Eigenwirtschaften der Grundherren immer stärker betrieben. Dafür sind die Schafflerhöfe des Weinviertels und des Gebietes östlich von Wien Beispiele. Der Anbau und die Verarbeitung von Flachs war ein Nebengewerbe, das auch für den eigenen Haushaltsbedarf des Bauern notwendig war.

Es war also in den ersten Jahrzehnten des 18. Jahrhunderts eine Abwanderung jüngerer Bauernkinder in andere Berufe erforderlich. Um dies unter Kontrolle zu halten, mußte jeder, der sich verändern wollte, von seiner bisherigen Herrschaft aus ihrem Verband entlassen werden.

Am häufigsten war dabei der Versuch, in Städten und Märkten im handwerklichen Bereich unterzukommen. Das war nicht leicht, denn die Zünfte hatten sich im 17. und 18. Jahrhundert ebenfalls straff institutionalisiert und waren auf eine Stabilisierung ihres Mitgliederstandes bedacht. Sie richteten die Zahl der Gewerbetreibenden jedes Ortes auf den regionalen Bedarf aus, wodurch sie wohl auch die wirtschaftliche Basis ihrer Mitglieder und eine funktionierende Nahversorgung garantierten, jedem aufstrebenden Gesellen aber den Zugang zum Meisterrecht erschwerten. In der Regel war dieser nur über die Heirat einer Witwe nach einem verstorbenen Meister möglich. Die Zünfte hielten aber auch die Gesellen in strenger Zucht und bekamen dafür die gesetzliche Grundlage zugestanden. Als im zweiten und dritten Jahrzehnt des 18. Jahrhunderts an einigen Orten Revolten und Streiks der Schuhknechte und anderer Gesellen ausbrachen, verfügte Karl VI. in seiner Handwerksordnung die Einführung der „Kundschaft". Jeder Handwerksgeselle mußte beim Verlassen eines Arbeitsplatzes bei der zuständigen Zeche eine Bestätigung erbitten, daß er sich anständig verhalten habe. Besaß er keine derartige Kundschaft, durfte ihm keine Arbeit geboten werden.

Anders als im übrigen Land verlief die Entwicklung in der kaiserlichen Haupt- und Residenzstadt Wien. Für den Bau und die Ausgestaltung der Paläste, Klöster und Kirchen waren besonders geschickte Handwerker notwendig, die sich aus den Reihen der zünftischen Meister und Gesellen selten finden ließen. Solche konnten als „Hofbefreite" durch einen gewissen Zeitraum oder bei Bewährung ständig arbeiten, ohne einer Zunft angehören zu müssen. Hof und Hochadel nahmen solche Handwerker auch als Bedienstete auf, die sich ebenso wie die Bedienten gegenüber den ansässigen bürgerlichen Meistern und Gesellen nicht selten Vorrechte anmaßten und meist auch bewilligt erhielten. So führte dieses System zumindest in Wien zu einem beträchtlichen Aufweichen der Zunftorganisation im Bereich mancher Handwerke.

Auf ein lang erprobtes System konnten die Bergwerke, besonders die um den Erzberg konzentrierte Erzgewinnung, verweisen. Die Innerberger Hauptgewerkschaft bestand schon seit 1625 und besaß nach hundert Jahren die notwendige Erfahrung. Auch das Austauschsystem mit den Lebensmittelproduzenten des Alpenvorlandes über die Eisen- und Provianthändler funktionierte einigermaßen. So war der Bergbau auf Metalle und auf Salz eine der Hauptstützen im Erwerbsleben der Gebirgsländer.

In den ersten Jahrzehnten des 18. Jahrhunderts erkannte man auch die Bedeutung eines gut ausgebauten Verkehrsnetzes. So wurden mit hohen Kosten, vielfach aber auch mit Hilfe von Robotleistungen, jene Straßen ausgebaut, die man für die wichtigsten Postrouten benötigte. Denn im Jahre 1722 wurde das Postsystem, das die Grafen Paar aufgebaut hatten, verstaatlicht und damit die Erhaltung auch ohne Rücksicht auf Rentabilität garantiert. Die Poststraßen hatten aber auch die Aufgabe, den raschen Einsatz von größeren Truppeneinheiten in entfernten Punkten der Monarchie zu ermöglichen. Hofreisen des Kaisers waren für solche Straßenbauten ebenfalls eine Motivation. So wurde die Semmeringstraße ausgebaut, als Karl VI. im Jahre 1728 in die Länder Innerösterreichs und an die Adria reiste. Zu den vielbewunderten technischen Leistungen dieser Jahre gehörte aber auch der Ausbau der Straße über den Loiblpaß, wodurch auch Innerröstereich einen weiteren besseren Zugang zu den Seehäfen Triest und Fiume/Rijeka erhielt. Damit wollte man den Handel ins Ausland ebenso fördern wie durch jene Bestimmungen des Friedensvertrages von Passarowitz, die Wirtschaftsfragen gewidmet waren. Diese sollten österreichischen Waren den Balkan und Teile Asiens erschließen, wobei die dafür 1719 gegründete Orientalische Kompagnie dienen sollte. Das Osmanenreich verstand es aber, durch bürokratische Schikanen diese Tätigkeit weitgehend zu unterbinden.

Unabhängig von Grundherrschaften entwikkelte sich damals ebenfalls ein System von Fabriken, wobei nicht selten der Staat mithalf. Die Orientalische Kompagnie gründete 1723 in Schwechat eine Textilmanufaktur, die bald auch Baumwolle im Verlagsystem verarbeitete. Das erste Beispiel dieser Art war die 1672 vom Linzer Ratsbürger Christian Sind gegründete Linzer Wollzeugfabrik gewesen. Die Verarbeitung der Schafwolle war ebenso ein Motiv für die Gründung wie die Beschäftigung der vielen im Land ob der Enns vorhandenen Bettler. Die Fabrik überlebte die Jahrhundertwende, kam 1717 in den Besitz des Wiener Armenhauses und wurde 1754 vom Staat übernommen.

Ähnliches vollzog sich auch auf anderen Gebieten, wie etwa die Tabakfabriken von Feldbach (1722) und Hainburg (1729), eine Seidenfabrik in den Räumlichkeiten des Wiener Armenhauses vor dem Schottentor, die Porzellanfabrik des Hofkriegsagenten Du Paquier in der Rossau oder die Spiegelfabrik in Neuhaus bei Wiener Neustadt bewiesen. All diese und noch viele andere kleinere Gründungen sind in das Bemühen des Staates einzuordnen, einerseits das Bruttonationalprodukt zu vergrößern, andererseits durch Schaffung von Arbeitsplätzen soziale Maßnahmen zur Linderung der Not weiter Bevölkerungskreise zu setzen.

Karl Gutkas

Lit.: H. Feigl, Die Grundherrschaft in Niederösterreich vom ausgehenden Mittelalter bis zu den theresianisch-josephinischen Reformen, 1964. — H. Knittler, Gewerblicher Eigenbetrieb und frühneuzeitliche Grundherrschaft am Beispiel des Waldviertels, in: MIÖG 92 (1984). — H. Knittler, Die Grundherrschaft. Organisationsprinzip und wirtschaftliche Unternehmung, in: K. Gutkas (Hrsg.), Prinz Eugen und das barocke Österreich, 1985. — R. Sandgruber, Luxusindustrie und Massenarmut, ebendort. — M. Mitterauer (Hrsg.), Österreichisches Montanwesen, Produktion, Verteilung, Sozialformen, 1974. — E. Bruckmüller, Sozialgeschichte Österreichs, 1985.

Objekte

16.1 Volkstypen des bäuerlichen Lebens, um 1700

a) Melkerin mit Kuh

H 90 cm, Sandstein, unterlebensgroß, kleine Ergänzungen, Gegenstück zu b).

b) Schnitter mit Garben

H 100 cm, Sandstein, unterlebensgroß, kleine Ergänzungen.

c) Flötenspielender Hirte mit Hund

Sandstein, unterlebensgroß.
H 125 cm, Kopf und beide Arme ergänzt, Gegenstück zu d).

Der Darstellungsinhalt und die bizarre, an Holzbildwerke erinnernde Gewandbehandlung lassen an Krippenfiguren als mögliche Vorbilder denken.

d) Hirte mit Hund, ein Schaf scherend

Sandstein, unterlebensgroß.
H 125 cm, Kopf sowie kleinere Teile ergänzt, Gegenstück zu c).

Diese vier Figuren unterrichten über das Aussehen, den Gesundheitszustand und die Lebensumstände der bäuerlichen Bevölkerung. Sie stammen vom Schwaighof in St. Pölten, der im Jahre 1683 von den Tataren niedergebrannt worden war. Da der bisherige Besitzer vollkommen verarmt war, verkaufte er den Besitz an das Augustiner-Chorherrenstift St. Pölten, das ihn 1696—1700 durch Jakob Prandtauer als Wirtschaftshof wieder aufbauen ließ. Über der Einfahrt wurden im Osten die beiden Schäferfiguren und im Westen die beiden bäuerlichen Typen aufgestellt, als Zeichen dafür, daß auf diesem Hof sowohl Schäferei als auch Landwirtschaft betrieben wurde. Heute sind Abgüsse der Originale im Schwaighof aufgestellt. Für den Stand der Lebenshaltung ist die vielfach zerrissene Kleidung aller Personen typisch. Bauer und Bäuerin hatten die damals weit verbreiteten, auf Jodmangel zurückgehenden Kröpfe (Struma), kleine Figur und kaum noch Zähne im Mund.
Genrefiguren aus dem ländlichen Leben waren im 16. und 17. Jh. in der deutschen Kleinplastik stark verbreitet und sind wohl unter dem Einfluß der Arbeiten von Giovanni da Bologna entstanden. Die im plastischen Programm des Schwaighofes enthaltenen, stark naturalistischen Tierdarstellungen (z. B. brütende Fasanenhenne) geben einen weiteren Hinweis auf die hier in Beziehung gebrachten manieristischen Kunstwerke. Auffallend an der Figur des Schnitters und der Melkerin (Gegenstück) ist die groteske Verzerrung ins Zwergenhafte, worin ein Hinweis auf die einsetzende Mode der auf Jacques Callot zurückgehenden barocken Zwergengärten zu erkennen ist.

Lit.: Kat. Prandtauer, Nr. 570, 571, 572, 573. — Kat. Groteskes Barock, Altenburg 1975, Nr. 399, 401, 402. — Kat.

Türken, Pottenbrunn, Nr. 1.1—4. — Kat. Staat und Kirche, Nr. 15.2.

St. Pölten, Stadtmuseum, Inv.-Nr. 1457, 1458, 1462, 1463. Peter König

16.2 Ansicht der Stadt Horn in Niederösterreich

Öl/Lw., 300 × 300 cm.
Johann Gottfried Neuberg, 1686.

Die Herrschaft und damit die Stadt Horn waren bis in das 3. Jahrzehnt des 17. Jahrhunderts ein Zentrum des Protestantismus. Nachdem im Jahre 1620 der Stadtherr Reichhart von Puchheim enteignet worden war, verkaufte im Jahre 1622 Vinzenz Muschinger die Herrschaft. Sein Schwiegersohn und Nachfolger Ferdinand Graf Kurz wurde ein besonderer Förderer der Stadt. Im Jahre 1657 gründete er ein Gymnasium und übergab es dem Piaristenorden. Seit 1650 holte er Tuchmacher und Färber aus Mähren, Schlesien, Deutschland und Holland und ließ für sie außerhalb der Stadtmauer eine Wohnsiedlung mit 30 gleichartigen Häusern errichten. Neben diesen Fachkräften arbeitete ein erheblicher Teil der Bevölkerung, 1655 insgesamt 430 Personen, in diesem Betriebssystem. Im Jahre 1659 folgten Ferdinand Graf von Sprintzenstein und 1679 die verschwägerten Hoyos im Besitz der Herrschaft und der Stadt.

Zu deren Zeit wurden im Jahre 1686 durch den Maler Johann Gottfried Neuberg Bilder der Hoyos'schen Herrschaftssitze Persenbeug, Raan, Rosenburg und Horn hergestellt. Die Ansicht von Horn zeigt die in einem Becken liegende Stadt, wobei im linken Teil das Schloß mit seinen Anlagen, im rechten die Tuchmachersiedlung einen bedeutenden Platz einnehmen. Im Vordergrund sind Jäger, Reiter und arbeitende Bauern zu sehen.

Lit.: ÖKT, Bd. V, S. 392. — K. Lechner, Handbuch der hist. Stätten, 1984², S. 332.

Privatbesitz. K. G.

Kat.-Nr. 16.1 b

16.3 Die Herrschaft Arbesbach

Öl/Lw. 152 × 232 cm.

Einer jener Adeligen, die in der zweiten Hälfte des 17. Jahrhunderts durch Kauf mehrerer Herrschaften großen Grundbesitz und entsprechend viele Untertanen erwarben, war Gundacker Graf Dietrichstein (1623—1690), der im Jahre 1663 die Herrschaft Sonnberg mit dem Markt Hollabrunn, 1672 die Herrschaft Merkenstein, 1681 Sitzendorf, Spitz und Schwallenbach und schließlich im Jahre 1684 die im westlichen Niederösterreich gelegene Herrschaft Arbesbach kaufte. Herrschaftssitz wurde das Schloß Sonnberg. Von 1675 bis zum Jahre 1690 war er Oberstkämmerer und am 15. März 1684 wurde er in den Reichsfürstenstand erhoben. Im Jahre 1690 setzte er in einer Majoratsdisposition seinen Großneffen Gundacker Ferdinand zum fideikommissarischen

Erben seiner Güter ein. Möglicherweise wurde unter diesem ein Zyklus von Herrschaftsansichten gemalt, der zum größten Teil im Jahre 1945 zerstört wurde. Erhalten blieb nur das Bild der Herrschaft Arbesbach.
Auf dem gezeigten Gemälde sind alle Funktionen einer Grundherrschaft des 18. Jh.s zu sehen, aber auch alle Probleme: alte Burg und neues Schloß, der zentrale Marktort mit der Pfarrkirche, das Hochgericht. Man sieht auch mehrere Dörfer, Mühlen bzw. Hämmer, auch Menschen bei der Arbeit sind abgebildet, Bauern wie Handwerker. Links unten sitzt der Maler, dem ein Herrschaftsbeamter Erklärungen gibt.

Lit.: Kat. Joseph II., Nr. 110.

Zwettl, Sammlung Ing. Anton. K. S.

16.4 Ziegelerzeugung

Öl/Lw., 125 × 163 cm.

Das Ölgemälde, das sich ursprünglich auf Schloß Ottenstein befand, wurde offenbar nach einem gleichartigen Stich bei Wolf Helmhard von Hohberg hergestellt und zeigt eine Ziegelei.

Lit.: Kat. Türken, Pottenbrunn, Nr. 5.18.

Privatbesitz. K. G.

16.5 Bergbau im 18. Jahrhundert

Vor allem in den österreichischen Alpenländern war der Bergbau sowie die Verarbeitung des gewonnenen Erzes zu Eisen und Fertigprodukten aller Art, wie Messer, Sensen und Werkzeuge, ein wichtiger Wirtschaftszweig. Die Erzgewinnung und Eisenverarbeitung war vor allem in der Steiermark, in Kärnten und in den Gebirgsgegenden Ober- und Niederösterreichs beheimatet. Daneben gab es aber auch eine ausgedehnte Salzgewinnung im Bereich des Erzbistums Salzburg und im Salzkammergut, die Gewinnung von Gold im Gasteinertal, Bleierzeugung in Kärnten und Quecksilbergewinnung in Istrien.
Die Eisenverarbeitung wurde von Ferdinand I. im Jahre 1564 im Amt Innerberg zusammengefaßt und 1625 die Innerberger Hauptgewerkschaft mit dem Sitz in Eisenerz gegründet. Während des 17. und 18. Jh.s war die Eisengewinnung und -verarbeitung sowie die Versorgung der Eisengebiete mit Lebensmitteln und Futter, einer staatlichen Handelsorganisation der Widmung anvertraut.

a) Förderanlagen und Wasserkraftnutzung

Für die Gewinnung des Erzes wurden frühzeitig Maschinen entwickelt, wobei die Nutzung der Wasserkraft eine bedeutende Rolle spielte. Deshalb sind die wichtigsten alten Eisenhämmer an den Bächen des Alpen- und Voralpengebietes angesiedelt.

b) Abbau und Pferdegöpel

Das Bild zeigt eine Grubenanlage sowie einen von Pferden gezogenen Göpel als Energieträger.

c) Siebarbeit und Scheitkaue FB 75

Auf dem Bild wird gezeigt, wie in einer Siebanlage die grobe Sortierung erfolgt, während die feine Sortierung durch eine Scheitkaue gegeben ist.

d) Hüttenwerksbetrieb FB 74

Das Bild zeigt ein Hüttenwerk, wie es noch im 17. und 18. Jh. üblich war.

Die Dokumentation von Arbeitsvorgängen im Bergbau wurde im 18. Jahrhundert mehrmals bildlich durchgeführt. Im Pflegamtsgebäude (jetzt Museum) zu Hallein wurde 1757, unter Erzbischof Sigismund von Schrattenbach, vom Maler Benedikt Werkstätter ein Zyklus von 70 Gemälden über die Salzgewinnung und -verarbeitung hergestellt.
Das Stift Seitenstetten ließ um 1770 seine Messingfabrik in Reichraming auf zwei Bil-

dern festhalten und zur gleichen Zeit hat vermutlich ebenfalls Benedikt Werkstätter den achtteiligen Bilderzyklus über den Bergbau hergestellt, wobei Graphiken des 16. und 17. Jh.s als Vorlage dienten. Zweifellos waren aber auch Fachleute als Berater vorhanden.

Lit.: Kat. Reformation, Emigration, Protestanten in Salzburg. Goldegg 1981, Nr. 4.4.

Salzburg, Museum Carolino Augusteum, Inv.-Nr. 590/49 c. K. G.

16.6 Bergknappenfahne von 1717

Blau-gelb gestreift, 80 × 150 cm.
Stark zerschlissen.

1717 hatten sich die türkischen Soldaten auf dem Berg Kalimegdan bei Belgrad verschanzt. Prinz Eugen ließ durch aus Bleiberg stammende Bergleute Gänge in den Berg sprengen. So konnten die Kaiserlichen die Osmanen überraschen und den Berg erobern. Prinz Eugen zeichnete die Truppe, die er „meine braven schwarzen Maulwürfe“ nannte, mit einer Fahne aus, die heute noch bei den Bleiberger Knappenspielen verwendet wird. In diesem Volksstück wird der Einsatz der Bergknappen bei Belgrad von Laiendarstellern nachgespielt, wobei die Übergabe der Fahne den Höhepunkt darstellt.

Lit.: O. Stradal, Der andere Prinz Eugen, Wien 1982, S. 59 f.

Bleiberg, Bergwerksunion. S. D.

16.7 Säkularfeier des Innerberger Bergwerkvereins

Medaille, Silber, 67 mm, 118,16 g, Randschrift, 1725.
Medailleur: Georg Wilhelm Vestner/Peter Paul Werner.

Vs.: Belorbeertes Brustbild Karls VI. im Harnisch r.

Rs.: DVM PLVRA SEQVENTVR etc. (Chronogramm) Erzberg, in dem fleißig abgebaut wird, darüber ähnlich einer strahlenden Sonne das Medaillon des Kaisers, l. eine Schlacht, r. Schiffe auf See. Vor dem Erzberg Mann mit dreifachem Wappen, l. Kriegswaffen; i. A.: SECULUM·I·/SOCIET:FERRARIÆ.
Zur Jahrhundertfeier der 1625 gegründeten Innerberger Hauptgewerkschaft wurde diese Medaille geprägt, in deren Kartusche der Wunsch zu lesen ist, daß der Gewerkschaft auch in den folgenden Jahrhunderten Erfolg beschieden sein möge.

Lit.: Ernst, Bergwerksmünzen, Nr. 103. — Montenuovo 1598. — Unger 1624; Kat. Erz und Eisen, 1984, Nr. 13b/12

Wien, KHM, MK, Inv.-Nr. 1299 bß. H. J.

16.8 Innsbrucker Thesenblatt in Physik auf Kaiser Leopold I.

Kupferstich, 47 × 72 cm (beschnitten).
G. A. Wolfgang nach Egid Schor, 1673.

Das den 24 zu verteidigenden Thesen des Franziskus Dominicus Faber (er steht auf dem Blatt rechts im Vordergrund) beigefügte, mit „Firmamenta Patriae“ betitelte Thesenblatt zeigt Leopold I. als Beschützer Tirols.
Seine Büste erscheint in einer von zwei Kaiseradlern gehaltenen Sonne über dem zentralen Tabernakel, dessen als Bindenschildwappen gestaltete Tür die Landkarte Tirols mit Inntal und Etsch zeigt. Die Szene bekrönt eine zweite Sonne in Gestalt der Eucharistie mit Kreuzigungsgruppe. Der Tabernakel wird flankiert von verschiedenen Allegorien, links Ecclesia und Glauben, Irrlehren und Ketzerei vernichtend, sowie eine Allegorie des Friedens und der Fruchtbarkeit. Rechts die Sapientia, zugleich Allegorie der Wahrheit, die Göttin des Salzabbaues und die Personifikation des Bergbaues, bezugnehmend auf die wichtigsten Wirtschaftszweige Tirols. Den einzelnen Personifikationen sind in den Durchblicken der

den Tabernakel hinterfangenden konkaven, von Herrscherstatuen bekrönten Arkadenarchitektur korrespondierende Szenen zugeordnet: der ein Medaillon Leopolds in den Händen haltenden Personifikation des Bergbaues etwa ein Ausblick auf den Silber- und Edelsteinabbau mit Aderlaßmännchen als Emblem; der bekrönten Göttin des Salzabbaues, die einen Felsbrocken hält, aus dem ein Salzsolestrahl in eine Schale quillt, ein Salzbergwerk, darüber das Emblem einer Salz streuenden Hand.

Lit.: Kat. Thesenblatt, Nr. 34.

Stift Göttweig, Graphisches Kabinett. T. K.

16.9 Glashütte einer Grundherrschaft

Öl/Lw., 118 × 158 cm.
Stich bei Wolf Helmhard von Hohberg „Georgica Curiosa“, Kap. XLIX, S. 84.
Ende 17. Jh.

Manche Grundherrschaften gründeten auch gewerbliche und erste industrielle Betriebe. Im österreichischen Voralpengebiet und im Waldviertel war die Glaserzeugung wegen des großen Holzangebotes sehr verbreitet. Die größte Bedeutung hatte die böhmische Glasverarbeitung.
Das Gemälde zeigt die Verarbeitung des Rohmaterials Glas, über den Transport der fertigen Ware bis zu deren späteren Verwendung. Die hochwertigen Glaswaren wurden in ganz Europa exportiert.
Von Zeit zu Zeit kamen Glashändler zu den von den Grundherschaften gegründeten Glashütten, um die Waren auf den Markt zu bringen. Manche Erzeuger transportierten selbst die zerbrechliche Ware an ihren Bestimmungsort. Um die Glashütten, die oft weit von der nächsten Siedlung entfernt waren, errichteten die Arbeiter ihre Häuser und mußten sich von den Wiesen und Feldern, die von der Grundherrschaft zugestanden wurden, selbst versorgen.

Lit.: Kat. Türken, Pottenbrunn, Nr. 5.25, 5.26 a. — A. Klima, Die böhmischen Länder von 1683—1740, in: Gutkas, Prinz Eugen, S. 161.

Privatbesitz. S. D.

16.10 Modell eines Glasofens

L 101 cm, B 60 cm, H 19 cm.

Der Betrieb eines Schmelzofens bedurfte im 18. Jh. Unmengen an Holz, das zusätzlich auch für die Gewinnung der Pottasche, einem bei der Glasherstellung bis zur Einführung des Sodas wichtiger Zusatz, notwendig war. Aus diesem Grund waren Glashütten in den Wäldern Nord- und Mittelböhmens sowie im Waldviertel entstanden. Das Holz wurde an zwei Schürlöchern des meist aus acht „Hafen“ bestehenden Ofens, in denen die glasbildenden Minerale geschmolzen wurden, eingelegt. War der Schmelzpunkt erreicht, konnte die Feuerung etwas nachgelassen werden, um die richtige Konsistenz zu erhalten. Danach wurde das Glas abgekühlt und konnte von den Arbeitern weiter durch Blasen, Gravieren und Ätzen bearbeitet werden. Die Glasmacher hatten einer unregelmäßigen und gesundheitsgefährdenden Arbeit nachzugehen. Insbesondere die Lunge wurde durch das Einatmen des Glasstaubes stark angegriffen.

Lit.: Kat. Museen der Stadt Gmünd, Stadt-, Glas- und Steinmuseum, S. 19.

Gmünd, Glas- und Steinmuseum. S. D.

16.11 Gläser

a) Scherzkrug

Böhmen, 1. Hälfte 18. Jh.

Der Röhrenhenkel des farblosen, frei geblasenen Glases ist aufgeschmolzen, mit teilweise gezwickten Glasapplikationen. Der hohle Henkel setzt sich bis zum Boden des

Kruges fort und hat dort eine kleine Öffnung. Um aus dem Krug trinken zu können, muß man am Henkelende saugen.

b) Römer

Niederlande, 2. Hälfte 17. Jh.

Der Fuß und die Kuppa des farblosen, frei geformten Glases sind extra geblasen und anschließend zusammengeschmolzen. Beerennoppen und gekerbter Glasfaden sind aufgeschmolzen.

c) Flasche (Kuttrolf)

Norddeutschland, 1. Hälfte 18. Jh.

Das farblose, leicht amethystfärbige Glas ist geblasen und mit gekniffenen Glasfäden verziert.

d) Römer

Spanien, um 1700.

Grünes Glas mit Luft- und Kalkeinschlüssen, dessen Fuß und Kuppa extra geblasen und anschließend zusammengeschmolzen wurden.

e) Flasche

Niederlande, 2. Hälfte 17 Jh.

Grünes Glas mit vielen Kalk- und Lufteinschlüssen und hochangestochenem Boden.

f) Krug

Böhmen, 2. Hälfte 17. Jh.

Das farblose Glas zeigt eingeschmolzene weiße Glasfäden und einen angeschmolzenen Standring und Henkel. Die Zinnmontierung ist gesprungen.

g) Nabelflasche

Tirol, 1. Hälfte 18. Jh.

Das blaue Glas ist in eine gerillte Holzform geblasen und beidseitig eingedrückt. Die Zinnmontierung zeigt einen Schraubverschluß.

Wien, Glasgalerie Michael Kovacek M. K.

16.12 Die Tuchfabrik in Oberleutensdorf (Horni Litvinov)

DesignatIo JcongraphICa oberLeVtensDorfenses pannarIa offICInas VVulgo fabrICas peNICILLI arbItrIo representans, ...
in pagina hac exhibet Joannes Josephus de Waldstein.
Prag 1728; 26 × 38 cm (aufgeschlagen).
Die aufgeschlagene Seite zeigt die orthographische Delineation, einen Stich von Johann Joseph Ditzler.

Auf dem Stich sind die durch die Fabriksgründung neu entstandenen Gebäude aus der Vogelperspektive zu sehen: Kirche mit Pfarrhaus und Schule, Häuser der holländischen und deutschen Fachleute.
Im Jahre 1715 begann Johann Joseph Graf Waldstein in Oberleutensdorf bei Dux in Westböhmen, mit einem Aufwand von 100.000 Gulden, eine Tuchmanufaktur zu errichten. Aus den Niederlanden und aus westdeutschen Gegenden wurden Fachleute geholt, der Großteil der Arbeiter waren aber leibeigene Untertanen des Herrschaftsinhabers. Bis zum Jahre 1731 wurde der Betrieb so erweitert, daß 400 Personen beschäftigt werden konnten. Die Erzeugnisse wurden vorwiegend mit Hilfe der Orientalischen Kompagnie über Wien in die Levante gebracht. Die Fabrik bestand bis 1819.
Eine ähnliche Manufaktur des Grafen Mallenthein im Waldviertel ging zugrunde, als sie mit der Kompagnie von Ostende kooperierte, diese aber über englischem Druck aufgelöst werden mußte.
Über die Fabrik von Oberleutensdorf wurde im Jahre 1728 das ausgestellte Werk mit 20 ganzseitigen Kupferstichen verschiedener böhmischer Stecher veröffentlicht. Neben dem Titelblatt (Designatio) zeigen drei Stiche Übersichten (Iconographische Delineation, Orthographische Delineation) des Ortes oder des Betriebes (Perspectivische Delineation der Tuch-

Kat.-Nr. 16.13d

fabrik), 16 sind verschiedenen Arbeitsvorgängen gewidmet (Kat.-Nr. 16.13).

Lit.: H. Freudenberger, The Waldstein woolen mill. Noble Entrepreneurship in Eighteenth-Century Bohemia, Boston 1963. — A. Klima, Die Textilmanufaktur in Böhmen des 18. Jh.s, Historica XV, Prag 1967.

Wien, ÖMAK. K. G.

16.13 Die Tucherzeugung in Oberleutensdorf

Fotos aus „Designatio iconographica oberleutensdorfenses pannaria officinas vulgo fabricas penicilli arbitrio representans, . . . Prag 1728.

a) Titelblatt: Designatio Iconographica

Stich von A. Birckhart nach Wenzel Lorenz Reiner.
Es enthält ein Porträt Kaiser Karls V. und die Widmung, in der die Förderung der Wirtschaft und der Industrie durch den Kaiser hervorgehoben wird.

b) Perspektivische Delineation

Stich von A. Birckhart, Prag, nach Johann Joseph Ditzler.
Auf diesem Blatt ist das eigentliche Fabriksgebäude mit der Faktorei im Zentrum dargestellt.

c) Das Wollmagazin

Stich von F. Fischer, Prag, nach E. Turner.
Die Wolle wird gewogen und zum Sortieren gegeben. Dort wird sie ausgeklaubt, gesäubert und nach Feinheit sortiert.

d) Die Spinnstube

Stich von A. Birckhart nach E. Turner.
Die Wolle wird vom Spinnmeister gewogen, den Spinnerinnen zugeteilt und das fertige Garn zurückgenommen. Auf großen Spinnrädern wird es versponnen.

e) Die Wirkstube

Signatur abgeschnitten.
„Der Zettel zum Tuch wird auffgebaumet, durch das Geschirr gezogen und angeknüppet, endlichen das Tuch gewürkt, die kleine Spulen zum Einwirken gemacht".

f) Das Farb-Haus

Stich von F. Fischer, Prag, nach E. Turner.
„Zwei große kupferne Kessel zum Woll und Tuchfärben, ein großer zinnerner Kessel zum hochroten Tuch- und Wollfärben".

g) Die Tuchbereiterei

Signatur abgeschnitten.
„Die Tücher werden vom Tuchbereiter aus dem Wasser gerauhet, mit großen Scheren geschoren und vor der Presse, damit sie einen Strich bekommen, abgesetzt".
Wien, ÖMAK. K. G.

16.14 Wienerisches Diarium

Jahrgang 1730.

Das am 8. August 1703 erstmals erschienene Wienerische Diarium, vom Buchdrucker Johann Baptist Schönwetter herausgegeben, konnte in den Jahren 1724 und 1728 die Konkurrenz zweier weiterer Zeitungen in Wien überwinden und war um 1730 das am weitesten verbreitete Nachrichtenblatt Wiens.
Wien, NÖLB, Sign. 3.627 C. K. G.

Kat.-Nr. 16.15

16.15 Karl VI. als Schirmherr des Handels

Schabkunstblatt, 236 × 122 cm (Pl.).
Johann Georg Bergmüller inv. et del., Georg Kilian sculps. et excud. Aug. Vind.
1727.

Im merkantilistischen Wirtschaftssystem spielte der Handel eine große Rolle. In den Friedensschlüssen von Karlowitz und Passarowitz waren auch Handelsabkommen abgeschlossen worden, um den Levantehandel auf der Donau zu organisieren. Die Konkurrenz der anderen europäischen Staaten war jedoch groß und so hatte die 1667 gegründete erste Orientalische Handelskompanie — Eisen und Tuch wurde exportiert, Wolle, Häute und Vieh importiert — wenig Erfolg. Die zweite Orientalische Handelskompanie, 1719, konzentrierte sich mehr auf den Mittelmeerhandel, Triest und Fiume wurden zu Freihäfen erklärt, aber auch dieses Unternehmen brachte nicht den gewünschten Erfolg. Die im gleichen Jahr entstandene Ostendische Kompanie — sie wurde 1731 unter massivem englischem Druck liquidiert — gründete an der Ostküste Vorderindiens, an der Koromandelküste (Sadatpatnam) und an der Gangesmündung (Banki Basar) Faktoreien, die sich bis zur Mitte des 18. Jh.s in habsburgischem Besitz halten konnten.

Die Inschrift des Thesenblattes bezieht sich auf ein bei Prof. P. Ignatius Kampmiller SJ. in Graz 1727 behandeltes Thema, das Karl VI. als Schirmherrn des Handels darstellt. Die Schiffe im Hintergrund und die Handelsballen vor den auf einem Pferd sitzenden, von Minerva, Constantia und Merkur, dem Gott des Handels, umgebenen Kaiser, symbolisieren den Handel. Darüber schwebt Fama, begleitet von einem Putto mit einem Palmzweig und Lorbeerkranz und den Doppeladler symbolisierende Adler mit Zepter und Schwert.

Lit.: Zöllner, S. 287 ff. — Kat. Thesenblatt, Nr. 52.

Stift Göttweig, Graphische Sammlung. S. D.

16.16 Philipp Wilhelm von Hörnigk, Österreich über alles, wann es nur will

Beigebunden: Historische Anzeige von denen Privilegiis des hochlöblichen Ertzhauses Österreich.
Regensburg: Seidel, 1708.

123 Seiten, keine Abbildungen, 18 × 20 cm (geöffnet).

Philipp Wilhelm von Hörnigk war neben Johann Joachim Becher und Wilhelm von Schröder ein bedeutender merkantilistischer Theoretiker. Im Mittelpunkt seiner Überlegungen stand die Ausrichtung der Wirtschaft auf den Binnenhandel; er verlangte ein radikales Einfuhrverbot für bestimmte Waren, staatliche Investitionen und staatliche Betriebsansiedlungen, die durch Kapitalzuschüsse, Schutz vor Konkurrenz und Steuerbefreiung motivierend wirken sollten.
Hörnigk verfaßte sein leicht verständliches Handbuch mit den praktischen wirtschaftlichen Ratschlägen für die Österreicher, die seiner Meinung nach „gern nett und köstlich aufziehen und ihrer äußerlichen Kommodität leben".

Lit.: R. Sandgruber, Luxusindustrie und Massenarmut. Merkantilistische Wirtschaftspolitik und Güterproduktion in Österreich, in: Gutkas, Prinz Eugen, S. 203 f.

Wien, NÖLB, Sign. 514-B. H. L.

16.17 Gründliche Vorstellung der Beschaffenheit des teutschen Commercii-Wesens ...

Nürnberg: Endter, 1705.
58 Seiten, keine Abbildungen.
16 × 36 cm (geöffnet).

Das Buch besteht aus 6 Artikeln, die Bestimmungen über Ein- und Ausfuhr von deutschen Waren von und nach Frankreich, Italien und Spanien enthalten. Interessant sind die Exportbestimmungen für deutsche Waren nach Frankreich, mit dem man sich im Kriegszustand befand: während Luxusartikel ungehindert aus Deutschland exportiert werden konnten, war die Ausfuhr von „Kriegsmaterial", wie z. B. Eisen, Waffen, Pulver, Pferde, verboten.
Dem Buch beigebunden ist die „Commercien-Ordnung" Leopolds I. aus dem Jahre 1705 mit den Bestimmungen über den Handel „bey jetzt fürwährendem Reichs-Krieg ... so wohl in die Alliiert- und Neutrale/ als auch die feindliche/ und unter feindlichem Gewalt stehende Lande".

Wien, NÖLB, Sign. 124 C. H. L.

16.18 Berger, Friedrich Ludwig, Gründliche Erweisung daß Ihro Römisch-Kayserl. Majestät in Dero oesterreichischen Niederlanden ... Comercia zu stabiliren ...

Regensburg-Leipzig: Peetz, 1723.
59 Seiten, keine Abbildungen.
21 × 32 cm (geöffnet).

Das Buch besteht aus 26 Artikeln, die Bemerkungen über den Handel der Seemächte England, Holland, Spanien und Portugal mit den „orientalischen und occidentalischen Ländereyen", die Handelsgepflogenheiten der habsburgischen Länder und die Erfolge der im Jahre 1710 zu Ostende gegründeten Ostendischen Kompanie enthalten.
Artikel 26 schließt mit dem Wunsch nach einem „stattlichen Progress „der Handlungen und Commercien" der Ostendischen Kompanie.

Wien, NÖLB, Sign. 180 B. H. L.

16.19 Formular einer Obligation der Wiener Stadtbank

31 × 20,5 cm, 4. August 1738.

Um den Zusammenbruch der Kriegsfinanzierung nach dem Tod Samuel Oppenheimers 1703 abzufangen, wurde eine „Banco de Giro" gegründet. Die Basis dieser Bank war ein Fonds aus den Kontributionen der Länder, aus dem nun die Gläubiger Oppenheimers befriedigt wurden. Mit der Gründung der Wiener Stadtbank sollten noch weitere Geldquellen erschlossen werden. Die Grundlage zur Abdekkung der Schulden waren die Steuerabgaben

Kat.-Nr. 16.21

Wiens, bald zeigten Private Vertrauen in die von der Stadtbank herausgegebenen Wertpapiere und in kurzer Zeit konnte die Bank selbst Darlehen zur Kriegsfinanzierung geben. Thomas Gundacker Graf Starhemberg war Hauptbeteiligter an der Gründung der Wiener Stadtbank am 24. Dezember 1705.

Lit.: F. Schönfellner, Probleme der Staatsfinanzierung und die Gründung der Wiener Stadtbank, in: Gutkas, Prinz Eugen, S. 216 ff.

Wien, KHM, MK. S. D.

16.20 Das Röm. Kays. ... kgl. Mayestät Wechsel-Patent für das Land Österreich unter der Enns

30. fol., 31 × 20,5 cm.
Gedruckt bei Johann Van Ghelen, Wien 1717.

Das am 10. September 1717 herausgegebene Patent sollte den Gebrauch des Wechsels regeln und vereinheitlichen.
Um einen oft gefährlichen Geldtransport zu vermeiden, wurden bereits im 12. Jh. Wechsel ausgestellt, die den gleichen Wert wie Bargeld hatten. In Europa wurde eine genaue Regelung der Handhabung erst im 17. Jh. nach französischem Vorbild durchgeführt.

St. Pölten, Stadtarchiv. S. D.

16.21 Die Straßen aus Kharendten über und durch den Perg Loibl

Faksimile, fol. 120, 121 der Beschreibung des Ertz-Herzogthums Kärndten.

Der systematische Ausbau eines Straßennetzes wurde in der ersten Hälfte des 18. Jh.s begonnen. Ab 1723/24 erneuerte man die fünf durch Wien laufenden Hauptverkehrsverbindungen (nach Ungarn, Böhmen, Mähren, Innerösterreich und Oberösterreich) und bemühte sich auch um einen Ausbau der Nord-Süd-Verbindung. Aus diesem Grund wurde die Straße über den Loiblpaß, ein bereits unter den Römern angelegter Weg, von den Kärntner Ständen ausgebaut. Durch diesen nun erneuerten Übergang sollte der Handel mit der Freistadt Triest gefördert werden.

Lit.: W. Fresacher, Heimatkundl. Beiträge zur Geschichte Kärntens, Klagenfurt 1980, S. 148.

S. D.

16.22 Das Denkmal auf dem Semmering

Foto.

1728 wurde durch den Ausbau der Straße über den Semmering, der möglicherweise unter der Leitung Joseph Emanuel Fischer von Erlachs stand, die Verkehrsverbindung zwischen Wien und Triest abgeschlossen. Die innerösterreichischen Stände beschlossen aus diesem Anlaß, auf der Paßhöhe ein Denkmal zu errichten, dessen Planung man Fischer übertrug. Die Inschriften wurden vom kaiserlichen Rat Konrad Adolph von Albrecht verfaßt. Das auf einen felsartigen Untergrund aufgesetzte Denkmal weist einen überdimensionalen Sockel auf, auf dessen Ecken kleine Adler sitzen, die ein schmales Podest flankieren, das eine auf einen Lorbeerkranz gebettete Weltkugel mit dem Monogramm Karls VI. trägt.

Lit.: T. Zacharias, Joseph Emanuel Fischer von Erlach, Wien - München 1960, S. 157.

T. K.

16.23 Geld- und Münzwesen

Die vielen Kriege der Jahrzehnte nach 1683 erforderten große finanzielle Mittel. Auch in der Wirtschaft kamen neue Ideen zum Durchbruch, für deren Verwirklichung Geld erforderlich war, das später vermehrt wieder zurückfließen sollte. Durch das Münzeinrichtungswerk von 1659 wollte man das Münzwesen fiskalisch nutzen.

Es wurden 15- und 6-Kreuzerstücke neu eingeführt. Beide Nominale brachten dem Münzherrn den größten Nutzen von allen Münzsorten. Dieser wäre aber nur dann gewährleistet gewesen, wenn sich der Umlauf der neuen Münzen auf die Ursprungsländer beschränkt hätte. Da dies aber nicht der Fall war, schritten andere deutsche Länder zu Gegenmaßnahmen. Damit war der fiskalische Erfolg der Einführung der XVer und VIer dahin. In weiterer Folge kam es zu weitläufigen Münzverschlechterungen.

Mit dem Rückgang des türkischen Einflusses erlangten die ungarischen Münzstätten wieder größere Bedeutung, wobei die ungarischen „Malkontenten" die Münzstätten vorübergehend in Besitz nahmen. Schon vorher konnte der Kaiser auch in Siebenbürgen Münzen prägen lassen.

Der Spanische Erbfolgekrieg brachte gleichfalls Neuerungen. So wurde ab 1705 für Joseph I. und dann für Karl VI. in München geprägt. Mit der Aufteilung des spanischen Reiches in den Friedensschlüssen von Utrecht/Rastatt fielen u. a. die Münzstätten Mailand, Antwerpen und Brüssel an Karl VI.

In künstlerischer und prägetechnischer Hinsicht war das Niveau unter Leopold I. je nach Münzstätte sehr unterschiedlich. Während der kurzen Regierungszeit Josephs I. kam es zum Teil zu beachtlichen Qualitätsverbesserungen. Aus monetären Sicherheitsgründen wurde die Rändelung bei einigen Nominalen eingeführt. Karl VI. war an der weiteren Verbesserung und Förderung der Stempelschneider- und Medailleurkunst sowie der Münztechnik besonders interessiert. Er gründete am Hauptmünzamt in Wien eine Graveurakademie. In der Prägetechnik trat die Spindelpresse immer mehr in den Vordergrund.

a) Münzen unter Leopold I.

	CNA	Inv.-Nr.
Dukat o. J. Hall	3-f-4	206.583
Taler 1693 Graz	78-b-4	161.806
Taler 1696 Hall	88-d-8	135.063
Taler 1697 Kremnitz	94-a-7	135.970
½ Taler 1693 Prag	79-f-5	162.145
XV-Kreuzer 1694 Breslau	82-c-11	162.272
VI-Kreuzer 1685 Wien	60-a-11	1917 aα
Groschen 1697 Graz	92-b-12	161.842
Kreuzer o. J. Hall	3-k-13	161.945
2 Pfennig 1676 Wien	42-a-15	172.097
Denar 1695 Kremnitz	86-a-14	143.843

b) Ungarische Malkontenten

	CNA	Inv.-Nr.
½ Taler 1706 Kremnitz	127-f-4	1578 bα
XX Poltura 1705 Münzstätte?TP126-d-8	1593 bα	

c) Münzen unter Joseph I.

	CNA	Inv.-Nr.
Dukat 1706 Wien	133-f-3	2373 aα
Taler 1710 Wien	145-f-5	141.039
½ Taler 1710 Kremnitz	146-e-11	137.171
Groschen 1710 Graz	145-g-12	163.055

d) Münzen unter Karl VI. (III.)

	CNA	Inv.-Nr.
Dukat 1734 Hall	212-d-3	154.367
Taler 1717 Wien	173-f-5	137.173
Taler 1728 Hall	200-c-7	206.738
Filippo 1707 Mailand	153-g-8	7624 bα
½ Taler 1716 Kremnitz	171-h-8	140.725
¼ Taler 1740 Hall	224-c-7	2496 aα
XV Kreuzer 1738 Prag	220-d-11	162.871
VI Kreuzer 1726 Hall	196-c-11	183.270
Groschen 1712 München	158-e-13	162.721
½ Kreuzer 1719 Kuttenberg	180-a-15	162.913
⅛ Filippo 1707 Mailand	153-g-11	19.574 aα
Soldo 1731 Mantua	207-l-16	162.971
Liard 1713 Antwerpen	163-f-16	171.398

Wien, KHM, MK. H. J.

16.24 Geldtäschchen (Brauttäschchen)

Seide mit Gold- und Silberstickerei, Metallbügel.
11,5 × 9,7 cm.
Um 1720/30.

Das mit Goldborten eingefaßte Geldtäschchen zeigt in den Zwickeln Rautenmuster in Rot und Silber, auf den Flächen auf Goldgrund in Anlegetechnik ein Silberfeld mit einer Vase mit bunten Blumen in einer Umrahmung von Arkanthusblättern.

Lit.: D. Heinz, Sammlungsinventar, Nr. 1123.

Wien, Erste Österr. Spar-Casse. T. K.

16.25 Geldtäschchen (Brauttäschchen)

Roter Samt mit Goldstickerei, Metallbügel.
12 × 10 cm.
Anfang 18. Jh.

Das mit Goldborten eingefaßte Geldtäschchen zeigt auf den Flächen ein dicht verschlungenes Pflanzenmuster mit kleinen Spaltblättern in Goldstickerei mit Paillettenbesatz auf rotem Samt.

Lit.: D. Heinz, Sammlungsinventar, Nr. 1926.

Wien, Erste Österr. Spar-Casse. T. K.

16.26 Sparkasse in Form eines Deckelpokales

FB 76

Irdenware, Fayence, H 28 cm, Dm 14,5 cm.
Niederlande, um 1720.

Der Deckelpokal ist an der Kelchwand mit umlaufenden Chinesenszenen bemalt. Der Nodus ist wulstförmig, der Fuß achtseitig abgeflacht, ebenso der mehrfach abgesetzte Deckel, dessen Spitze vasenförmig endet. Letzterer zeigt horizontale Bänder mit stilisierten Ranken, im oberen Bereich zwischen Blumen jeweils Glückszeichen, im unteren, wo der Geldschlitz angebracht ist, verschiedene Rosetten bzw. einen gegitterten Hintergrund.

Lit.: U. Mayerhofer, Sammlungsinventar, Nr. 618.

Wien, Erste Österr. Spar-Casse. T. K.

16.27 Geldkassette FB 77

Eisen, H 14 cm, B 14 cm, T 11 cm.
Um 1700.

Die rot und ockerfarben bemalte, auf vier Füßen stehende Kassette ist vor allem durch ihren hochkomplizierten Mehrfachverschluß von besonderem Interesse.

Lit.: U. Mayerhofer, Sammlungsinventar, Nr. 387.

Wien, Erste Österr. Spar-Casse. T. K.

16.28 Sparbüchse FB 78

Holz mit Eisenbeschlägen, leicht ausgestellter Fußteil.
H 23,5 cm, B 23 cm, T 12,5 cm.
Ende 17. Jh.

Die Sparbüchse weist an Deckel und Front eine Bänderung mit Scharnieren auf. An der Deckelinnenseite befindet sich ein Schnappschnallenverschluß. Bemalt ist die Büchse mit Blumen und Ranken, die Vorderseite zeigt überdies eine Landschaft mit Teich, Brücke und Turm.

Lit.: U. Mayerhofer, Sammlungsinventar, Nr. 302.

Wien, Erste Österr. Spar-Casse. T. K.

16.29 Zunftkasse

Blech, zylindrisch, H 18 cm, Dm 12 cm.
1685.

Die durch eine Inschrift datierte Zunftkasse ist mit Darstellungen des hl. Leopold und des hl. Martin bemalt.

Lit.: U. Mayerhofer, Sammlungsinventar, Nr. 2238.

Wien, Erste Österr. Spar-Casse. T. K.

16.30 Blatt einer Bruderschaftsfahne der Schneider zu Feldbach.

Nachträglich gerahmt, 134 × 105 cm.
1. Hälfte 18 Jh.

Zu Beginn des 16. Jh.s schlossen sich steirische Schneider zu sogenannten Bruderschaften zusammen, die sich zunächst nur teilweise auch nach religiösen Gesichtspunkten orientierten. Das Leben der Handwerker in diesen Verbindungen war reglementiert und verhinderte Eigeninitiative. Mehr und mehr wurden die Bruderschaften mit religiösen Verpflichtungen verbunden. Vorliegende Bruderschaftsfahne zeigt eine auf Wolken schwebende Madonna mit dem segnenden Jesukind in einer Schneiderwerkstätte. Bei dem dargestellten Heiligen, der gemeinsam mit Putti einen Stoff bearbeitet, könnte es sich um Homobomus handeln. Dieser im 12. Jh. lebende Kaufmann aus Verona unterstützte die Armen und wurde auf einem Basler Glasfenster von 1518, Almosen verteilend mit einer Schere dargestellt, was ihn zu einem der Patrone der Schneiderzunft werden ließ.

Lit.: Kat. Steir. Handwerk, Teil 1, S. 419 f.

Feldbach, Heimatmuseum. S. D.

16.31 Herbergszeichen der Schneider zu Graz

Schmiedeeisen.
1721.

Die nach oben geöffnete Schere — hier mit Doppeladler und Krone sowie Rosetten und Muscheln — ist das typische Zunftzeichen der Schneider, ein Motiv, das auch als Herbergszeichen verwendet wurde. So fanden wandernde Handwerksgesellen entsprechende Unterkünfte zur Übernachtung.

Lit.: Kat. Steir. Handwerk, Teil II, Nr. 640.

Graz, Kunstgewerbemuseum, Inv.-Nr. 20.309.
S. D.

16.32 Zunftlade der Wiener Neustädter Schneidermeister

Poliertes Nußholz, Holzintarsien, Messingbeschläge, reich verziertes Schloß.
H 27 cm, B 84 cm, L 50,5 cm.
1734.

Auf der Vorderseite ist in Einlegearbeit eine große Schere — das Zunftzeichen der Schneider, deren wichtigste Schriftstücke usw. die Truhe enthielt — dargestellt. Wie bei den anderen barocken Zunfttruhen wurden auch hier die Schlüssel zur Truhe in dem auf dem Deckel angebrachten Aufsatz aufbewahrt.

Wiener Neustadt, Stadtmuseum, Inv.-Nr. A 133. G. B.

16.33 Innungspokal der Schiffmeister von Rossatz

Silber, teilweise vergoldet, H 69 cm.
Nürnberger Beschauzeichen, Meisterzeichen SB im Herzschild = S. B. Fern in Nürnberg.
Ende 17. Jh.

Auf jenem mit vier Blumen verziertem Pokal steht der Schaft in Form einer Frauengestalt, die einen Lorbeerkranz und Palmzweig in Händen hält. Der Deckel, bekrönt mit einem Doppeladler, schließt einen Kelch in Blütenform. Eine Inschrift berichtet von der Wiederherstellung des Bindwerkes — der Zunft am ehesten zu vergleichen — im Jahr 1799. Die Rossatzer Schiffmeister gehörten einem Bindwerk mit Sitz in Stein an. Die Bedeutung der Jahreszahl 1691 ist nicht geklärt. Nicht nur durch den Doppeladler ist eine Verbindung mit dem Kaiserhaus hergestellt, sondern auch durch die eingravierten Buchstaben KSZ AS, die für Kaiserliche Schiffmeisterzunft stehen könnten.

Lit.: Kat. 1000 Jahre Rossatz, Rossatz 1985, Nr. 98.

Privatbesitz. S. D.

Kat.-Nr. 16.30

16.34 Zunftfahne der Müller von Tulln FB 79

Hellgrüner Seidenbrokat mit Goldstickereien, 235 × 170 cm.
1739, ovales Ölgemälde auf Leder, 19. Jh. (?).

Die mit goldenem Blattwerk, Blumen- und Ährenmotiven bestickte Fahne zeigt in ihrem zentralen, von Muschel- und Rollwerkmotiven gerahmten Bildfeld eine Kopie nach Guido Renis Taufe Christi im Kunsthistorischen Museum, deren stilistischer Befund allerdings auf eine Entstehung im 19. Jh. bzw. auf Übermalungen aus dieser Zeit hinweist, während die Fahne selbst durch eine Inschrift in einer rot unterlegten Kartusche unterhalb des Bildfeldes mit 1739 datiert ist. Das Bildfeld bekrönt der Kaiseradler mit dem Monogramm Karls VI. im zentralen österreichischen Bindenschild. Den Adler flankieren eine rotunterlegte Ovalkartusche mit dem Monogramm RT, vermutlich auf den Stifter der Fahne verweisend, und ein blau unterlegtes mit einem Mühlrad, dem Symbol der Innung.

Tulln, Heimatmuseum. T. K.

16.35 Innungszeichen der Müller

Zinn, Dm 29 cm.
1735.

Die Müller an der unteren Traisen waren ebenso wie die des Tullnerfeldes und im Perschlingtal in einer eigenen Zeche zusammengefaßt.
Das Handwerkszeichen ist kreisrund und hat die Form eines Wasserrades mit acht Schaufeln. Die Gravierung lautet „Das Ehrsame Gewerck Der Müller und Gesellen 1735". Oben schmückt es eine 7 cm hohe Rolandfigur, es hat sowohl eine Hängevorrichtung als auch vier Standbeine in Form von Tatzen.

Lit.: H. L. Werneck, Beiträge zur Gesch. d. Wasserkraftanlagen an der Traisen, 1965.

Traismauer, Heimatmuseum. K. G.

16.36 Zunftlade der Wiener Neustädter Seifensieder und Wachszieher

Poliertes Nußholz mit Intarsien aus hellem und dunklem Holz; reich verzierte Messingbeschläge und Griffe, kunstvolles Schloß.
H 32 cm, B 61,5 cm, L 50,5 cm.
1734.

Die barocke Truhe zeigt an der Vorderseite in Einlegearbeit einen Adler, der ein Bündel Kerzen im Schnabel und ein Stück Seife in der Klaue hält — ein Hinweis auf die Zunft der Seifensieder und Wachszieher, deren wichtigsten Dokumente, Siegeltypare usw. in dieser Truhe aufbewahrt wurden. Das Innere der Truhe ist in Fächer unterteilt. Der Holzaufsatz auf dem Deckel (er zeigt noch Reste der Originaltapezierung mit grünem Stoff) birgt Raum für die drei Schlüssel, die notwendig waren, um die Truhe aufzusperren.

Wiener Neustadt, Stadtmuseum, Inv.-Nr. A 132. G. B.

16.37 Zunftkrug der Wiener Neustädter Seiler

Zinn; H (mit Deckel) 48 cm, R 22 cm.
Johann Philipp Pfeifer, 1688.

Der Zunftkrug der Seiler steht auf drei Füßen, welche die Form von sitzenden Löwen haben, die jeweils einen Wappenschild mit dem Seilerzeichen (ein Herz, das durchbohrt wird von einem Seil, einem Rechen und einem Pfeil) in den Pranken halten. Ein aufrecht stehender Löwe mit dem Seilerwappen in den Pranken bekrönt auch den Krugdeckel. Folgende Inschriften finden sich an der Außenwand des Kruges: „EIN EHRSAMES HANDWERCKH DER SEILER. ZÖCHKANDL ZUR WIENERISCHEN NEISTAT" und: „MICHAEL RAPOLD ZÖCHMEISTER, MELICHOR FRIEWALD, JOSEPH FAHRMACHER 1688" sowie „UNTER HERR(N) FELIX CICHOCKI, OBERVORSTEHER, WURDE DIESE KANDL IM JAHRE 1850 RENOVIERT." Das Wiener Neustädter Stadtwappen sowie das Meisterzeichen IPP sind auch auf dem reich verzierten Henkel angebracht. Auch aus diesem Krug wurde nicht direkt getrunken, sondern es ist die darin befindliche Flüssigkeit mittels einer Messingpiepe (mit Holzgriff) daraus entnommen worden.

Wiener Neustadt, Stadtmuseum, Inv.-Nr. A 339. G. B.

16.38 Zunftkrug der Faßbinder und Landkutscher in Wiener Neustadt

Zinn; H (mit Deckel) 39,5 cm, R 19 cm.
Johann Philipp Pfeifer, 1706.

Den Henkelkrug, der auf drei Füßen — Engelsköpfen mit Flügeln — steht, verschließt ein flacher Deckel, dessen Innenseite das Wappen der Stadt Wiener Neustadt und das Meisterzeichen IPP ziert. Auf der Unterseite des Kruges befindet sich eine Inschrift: „HANSZ SCHULDER DER ZEIT VASZZIEHER MEISTER ALHIER, VEEHRT DIESZE KANDEL ZUR GEDÄCHTNIS DENEN HERRN LANDGUTSCHEN UND VASZZIEHERN DEN 13. JUNI 1706. — Aus dem Krug wurde nicht direkt getrunken, sondern die darin enthaltene Flüssigkeit (Bier, Wein) durch eine Messingpiepe entnommen.

Wiener Neustadt, Stadtmuseum, Inv.-Nr. A 338. G. B.

16.39 Zunftkrug der Binder

Zinn, Kanne H 44 cm, Deckel 4 cm, Rolandfigur 11 cm.
Gravierung IGVPP 1725.

Das alte Weinbaugebiet an der unteren Traisen benötigte viele Faßbinder. Der Innungskrug aus dem Jahre 1725 hat 4 Maß = 5,66 Liter Inhalt, am Deckel innen befinden sich zwei Punzen.
Eine Rolandfigur mit Schild dient als Schmuck, ein Auslaßhahn ist ebenfalls vorhanden.

Traismauer, Heimatmuseum. K. G.

16.40 Krug, Kelch und Teller der Perchtoldsdorfer Weberinnung

a) Zinnkrug 1732 (Bunze 1731)

D 25 cm, H 50 cm.
Gravur: „VOR DIE GANZE BRVDERSCHAFT 1732“ sowie die Monogramme MK, MF, IZ.

b) Zinnkelche 1710 (Fuß 1851 erneuert)

D 12 cm, H 28 cm.

Kat.-Nr. 16.41 c

Gravur: „Es Lebe die Ehrsame Weber-Innung in Pertholdsdorf“.

c) Zinnteller 1721

mit eingraviertem Monogramm B. H.

Obwohl es unter den Perchtoldsdorfer Handwerkern im Jahre 1662 nur einen und 1746 nur zwei Weber gab, war der Markt doch Sitz einer Hauptlade für das Gebiet südlich von Wien. Die Zünfte von Perchtoldsdorf hielten alljährlich am dritten Sonntag nach Pfingsten ihre Jahresversammlung ab.

Lit.: S. Petrin - G. Ostravsky, Geschichte des Marktes Perchtoldsdorf, Bd. 1 (1983), S. 97 ff., Bd. 2, S. 101 ff.

Perchtoldsdorf, Heimatmuseum, Inv.-Nr. 48, 49, 370. Christine Mitterwenger

16.41 Arbeiten im Rahmen der Grundherrschaft

Fotos von Stichen aus Wolf Helmhard von Hohbergs „Georgica Curiosa“ (Kat.-Nr. 17.5)

a) „Von den Grundbüchern“

Die Führung der Grundbücher war eine der Verwaltungsaufgaben einer Grundherrschaft. Der Stich zeigt, wie einige Bauern vor dem

Rentmeister und dem Schreiber der Herrschaft erscheinen und eine Urkunde über ihren Besitzstand übergeben erhalten. Herrschaftskanzleien des 18. Jh.s sind noch in Greillenstein und Kirchberg am Walde erhalten.

b) „Was im Oktober im Hause zu verrichten ist"

Eine Serie von Stichen des genannten Werkes zeigt die allmonatlich anfallenden bäuerlichen Arbeiten aus der Sicht einer adeligen Gutsherrschaft. Im Oktober werden das Ernten von Äpfeln, das Abernten der Kraut- und Rübengärten, sowie das Einbringen dieser Früchte als vordringliche Arbeit angesehen.

c) „Von Bergwerken und von der Wünschelrut"

Seit dem 16. Jh. gehörte auch das Auffinden von Metallen und das Führen kleiner Bergwerke zu den Aufgaben der Grundherrschaften, später wurden neben Gewerbebetrieben gelegentlich auch Industrien errichtet. So wurde die Grundherrschaft zur Wirtschaftsherrschaft.

d) „Von den Fässern"

Eines der im Herrschaftsbereich üblichen Gewerbe war das Herstellen von Fässern, deren Reifen aus Holz (Wurzelspänen) bestanden. Fässer dieser Art wurden übrigens auch für den Export von Sensen aus dem Gebiet der Eisenwurzen verwendet.

e) „Wie man mit den Trauben und Most weiter umgehet"

Dem Weinbau, von der Arbeit im Weingarten bis zum Pressen, sind einige Stiche in Hohbergs Werk gewidmet. Daraus ist zu ersehen, wie einfache Spindelpressen des 17. Jh.s beschaffen waren.

Lit.: Kat. Türken, Pottenbrunn, 1983, Nr. 5.

Privatbesitz. K. G.

16.42 Rentmeister und Bauer FB 80

Öl/Holz, 130,5 × 129,5 cm.
18. Jh.

Das Bild ist ursprünglich auf einen Fensterladen des Schlosses Kirchberg am Walde in Niederösterreich gemalt. Die Einrichtung der Herrschaftskanzlei dieser ehemaligen Allodialherrschaft ist mit Darstellungen des herrschaftlichen und ländlichen Lebens geschmückt.

Das Bild zeigt einen Rentmeister — als Vertreter des Grundherrn den Bauern gegenüber der eigentliche Repräsentant des Feudalsystems — der an einem barocken Tisch sitzt. Vor ihm liegt das Urbar und das Verzeichnis der schuldigen Abgaben sowie eine Schüssel mit Münzen. Der vor ihm stehende Bauer zählt Kupfer- und Silbermünzen auf den Tisch.

Die Allodialherrschaft Kirchberg am Walde vermachte Maria Franziska Gräfin von Ranzau vor ihrem Tode im Jahre 1703 dem Kardinal Leopold Graf Kollonitsch und dessen Bruder Georg Wilhelm Graf Kollonitsch. Nach dem Tode des Kardinals (1707) ging sie auf dessen Bruder und von diesem noch im gleichen Jahr an dessen Tochter Maria Franziska Gräfin Kuefstein über. Diese und ihr Gatte Johann Leopold Reichsgraf von Kuefstein, Freiherr auf Greillenstein und Spitz, besaßen die Herrschaft bis 1746. Da sie selbst nicht in Kirchberg residierten, war die Macht des Rentmeisters groß. Als im Jahre 1744 einige Bauernhäuser von Stift Zwettl an die Kuefstein verkauft wurden, baten die Untertanen den Abt, er möge beim neuen Grundherrn intervenieren, daß er sie von den vielen neuen Abgaben und Leistungen verschonen möge. Das Schloß Kirchberg wurde in den Jahren 1760 bis 1769 vom späteren Besitzer Graf Julius von Veterani-Mallenthein im spätbarocken Stil neu gebaut.

Lit.: P. Fischer-Ankern, Die Besitzer der Herrschaft Kirchberg am Wald und ihre sozio-ökonomischen Rahmenbedingungen, Manus 1985. — Ders., Die Entwicklung der Rodungsherrschaft Kirchberg am Wald, Diss. d. Univ. f. Bodenkultur, Wien 24, 1985.

Privatbesitz. K. G.

16.43 Angebliches Jugendbildnis des Prinzen Eugen

Öl/Leder, Teil einer Tapisserie, 130 × 105 cm.
Um 1700.

Im Schloß Kirchberg am Walde in Niederösterreich befindet sich als Teil einer Tapete ein Porträt eines jungen Mannes, bei dem es sich möglicherweise um ein Jugendbildnis des Prinzen Eugen handelt. Die Beziehung wäre gegeben, weil Eugen im Jahre 1683 das Regiment Hans Heinrichs von Kuefstein übernahm, Kirchberg damals aber durch Heirat in den Besitz von Kuefsteins Cousins, der Grafen von Kollonitsch, kam und bald darauf wieder durch Heirat an einen anderen Zweig der Reichsgrafen von Kuefstein gelangte. Das Bild müßte Eugen vor dem Jahre 1688 zeigen, da er noch keine Collane des Goldenen Vlieses trägt. Es besteht übrigens große Ähnlichkeit mit einem Porträt des Grafen Wenzel Waldstein von David Richter d. Ä., das sich aus ehemals Pálffy-Besitz in Červený Kameň befindet.

Lit.: K. Graf Kuefstein, Studien zur Familiengeschichte Bd. III, 1915, S. 343ff. — D. Učníková, Historicky portrét na Slovensku, 1980, Gkp 1090.

Privatbesitz. K. G.

Kat.-Nr. 16.43

16.44 Holzschlag

Öl/Holz, 15,5 × 17 cm.
18. Jh.

In der noch im ursprünglichen Zustand erhaltenen Herrschaftkanzlei des Schlosses Kirchberg am Walde (Kat.-Nr. 16.42) sind die Türfüllungen der Eingangstüren wie der Wandschränke mit polychronen Darstellungen des Lebens auf einem Meierhof des 18. Jh.s geschmückt. Einige farbige Tafeln wurden ausgebaut und als Bilder gerahmt. Darunter befindet sich auch eine Skizze über Waldarbeit.

Privatbesitz. K. G.

16.45 Waldviertler Gutshöfe

Öl/Lw., 286 × 120 cm.
4 Gemälde zu einem Bild montiert.
Maurizio Andorra, um 1687.

a) Heinrichs
b) Oberwaltenreith
c) Hirschenschlag
d) Göpfritz

Im Rahmen mancher Grundherrschaften wurden Gutshöfe in Eigenregie bewirtschaftet. Sie waren deshalb ertragreich, weil die Arbeitsleistung von den bäuerlichen Untertanen meist durch Robot zu erfolgen hatte. Die Robotleistungen waren sehr hoch und wurden im 17. und 18. Jahrhundert fast bis zur Unerträglichkeit gesteigert.

Lit.: ÖKT, Bd. VII, S. 117. — Kat. Türken, Pottenbrunn, Nr. 5.22.

Privatbesitz. K. G.

16.46 Hirte mit Lamm FB 81

Foto einer Supraporte, Antol, Slowakei.
Carl Emmrich, 1728.

Das Bild zeigt ein eben geborenes scheckiges Lamm, das auf einem Podest liegt. Dahinter Brustbild eines Hirten in slowakischer Bauerntracht, der in der Linken einen Stab hält; vor ihm steht ein Krug. Auf dem Sockel ist zu lesen „Dieses Lampel ist gefallen im Anthaler Mayrhof den 6. April anno 1728".

Lit.: A. Petrová-Pleskotová, Maliarstvo 18. storočia na Slovensku, 1983, Nr. LXIV, S. 125.

A. Petrová.

16.47 Votivbild eine Viehseuche betreffend

Öl/Lw., 125 × 101 cm.
Um 1750.

Der Stadtrat von Eggenburg gelobte die Stiftung eines Votivbildes, sollte die 1746 im nördlichen Niederösterreich grassierende Hornviehseuche die Stadt Eggenburg verschonen. Das Ex-Voto Bild zeigt im irdischen Bereich die befestigte Stadt Eggenburg sowie eine Herde Tiere. Die über dieser Darstellung auf Wolken schwebenden Heiligen, Koloman und Leonhard, bitten die Heilige Dreifaltigkeit um Hilfe für die Stadt.

Lit.: Kat. Joseph II., Nr. 112.

Eggenburg, Krahuletzmuseum. S. D.

16.48 Österreichische Vieh-Ordnung

Wien: Ghelen, 1730.
80 Seiten, keine Abbildungen.
22 × 27 cm (geöffnet).

Die Viehordnung war nach dem „Anno 1729/ und 1730 grassirten Viehes-Umfall ... zum Nutzen deren Herrschaften/ und Unterthanen In künftig sich ereignenden Seuchen/ oder ... Vieh-Stauppen" herausgegeben worden und beinhaltet in erster Linie eine genaue Aufzählung sämtlicher Arzneimittel und ihrer Anwendung, die es der Bevölkerung erleichtern sollten, eine Infektion des Viehs zu verhindern oder eine Heilung desselben zu ermöglichen. Aufgeschlagen ist die Seite mit der Beschreibung der Vorsichtsmaßnahmen, die bei der Schlachtung des Viehs zu beachten waren.

Wien, NÖLB, Sign. 757 B. H. L.

16.49 Votivtiere

Eisen, H 3,5—16 cm.
Rind, Kalb, Pferd.

Tiere aus Eisen wurden in der Regel dem hl. Leonhard — der als Vieh- und Gefangenenpatron durch sein Attribut der Eisenketten gilt — geopfert. Die Tiere sind stark simplifiziert dargestellt — zunächst klobige Formen weichen einer Herstellung aus dünneren Eisenstücken —, eine Datierung ist nur schwer möglich. Geopfert wurden sie aus Dank für ein vorübergegangenes Unglück, etwa eine Viehseuche, oder mit der Bitte für einen gesunden Viehbestand. In Bayern sowie in den westlichen Bundesländern Österreichs ist die Opferung von Eisenvotiven gebräuchlich, in Niederösterreich hingegen selten (Perchtoldsdorf-Leonhardiberg, St. Leonhard/Forst, Sonntagberg).

Lit.: K. Beitl, Volksglaube, Salzburg 1975, Nr. 27 a—i. — C. Böhne, Zur Herstellungsgeschichte der Eisenvotive, in: Bayr. Jahrbuch f. Volkskunde 1959, S. 43.

Wien, ÖMV, Inv.-Nr. 30.265, 45.944, 7880, 29.061, 46.870. S. D.

16.50 Barocker Aufsatzschrank FB 82

Öl/Lw., 126,5 × 125 cm.
Elias Mögel?, um 1750.

Der auf einem Tisch stehende Aufsatzschrank, auf dem Obst liegt, ist mit einem geöffneten und einem geschlossenen Türflügel dargestellt. Durch den geöffneten Teil sieht man im Schrank in vier Lagen verschiedene Geräte eines adeligen oder geistlichen Haushaltes. Auf der Innenseite der Tür hängen Schlüssel, Schere und Rosenkranz, das Porträt einer jungen Person (Stich) ist in die Tür gesteckt. Auf dem geschlossenen Türflügel hängt ein Schlüssel, eine Taschenuhr, ein Bild und ein Medaillon sowie das Brustkreuz eines Geistlichen. Auf dem Tisch steht ein Meßkelch, daneben liegt ein Zettel, aus dem hervorgeht, daß der Kasten Graf Paul Forgách, von 1748—1757 Bischof von Warasdin/Varaždin, gehörte, der 1759 als Bischof von Waitzen/Vác starb. Er stammte aus der Gýmeš-Linie der Forgách-Familie, deren Angehörige hohe Ämter bei Hof und im öffentlichen Leben Ungarns innehatten.

Lit.: A. Petrová-Pleckotová, Maliarstvo 18. storočia na Slovensku, 1983, Nr. LXIII, S. 125.

Červený Kameň, Museum, Inv.-Nr. KO-882.
Anna Petrová

16.51 Eferdinger Spreißel- oder Leistentruhe

Holz, H 150 × 72 × 87 cm.
Um 1700.

Insbesondere im Hausruckviertel (um Eferding) lebte in den Bauernmöbeln spätmittelalterliche Tradition bis ins 18. Jh. weiter. Als kennzeichnendes Beispiel kann diese Truhe gelten: Der Gesamteindruck von Farbe und Tektonik ist archaisch. Leisten (daher der Name) teilen die Front in verschieden große Felder, in die typische Rundornamente gemalt sind, das Längsholz in der Deckelmitte ist eine ehemalige Banklehne. Ein Kennzeichen dieser Truhen ist das V-förmige Feld oben in der Mitte, in dem sich das Schlüsselschild findet. Außer im Bezirk Eferding, wo diese kassettierten Truhen häufig auftraten, fand sich dieser Möbeltypus auch zwischen Schärding und Steyr und bis auf die Höhe von Freistadt hinauf. Die Malerei entspricht jener Volksgotik, die zwischen 1635 und 1760 dem oberösterreichischen Donauland das Gepräge gab. Die ausgestellte Truhe ist in Zehnbach Nr. 5, Gem. Purgstall a. d. Erlauf, Bez. Scheibbs in einem ehemaligen (kleinen) Hammerwerkshaus gefunden worden und dürfte wohl ein typischer „Einwanderer" (Hochzeit?) sein.

Lit.: M. Kislinger, Alte bäuerliche Kunst, Oö. Landesverlag 1976, S. 162/63 und Farbbilder aus Alte Bauernherrlichkeit (lose Tafeln in Mappe, für den Unterrichtsgebrauch, o. J.). — J. M. und G. L. Ritz, Alte bemalte Bauernmöbel, 1971[7], S. 8, 21.

Privatbesitz. Hans H. Hottenroth

16.52 Puppenhaus

Holz, 60 × 60 × 18 cm, Aufsatz 25 × 65 cm. 18. Jh.

Das zweigeschossige Häuschen mit dem barock geschwungenen Aufsatz zeigt die Einrichtung einer Küche und eines Kellers. Eine Puppe, die Hausfrau darstellend, hantiert am Herd, zahlreiche Küchengeräte stehen auf den Möbeln und geben ebenso wie die Kellereinrichtung einen Eindruck von einem Hausinventar der Zeit. Eine enge Treppe führt in das untere Geschoß, wo der Hausherr ein Weinfaß überprüft. Mehrere Figuren, wahrscheinlich Darstellungen aus den verschiedensten Märchen, und ein Andachtsbildchen sind am Aufsatz befestigt.

Lit.: Kat. Reformation — Emigration. Protestanten in Salzburg, Goldegg 1981, S. 169.

Goldegg, Pongauer Heimathaus. S. D.

16.53 Jahrmarkt vor einem Stadttor

Öl/Lw., 38,5 × 44 cm.
Karl Josef Aigen.

Kat.-Nr. 16.52

Neben den lokalen und regionalen Wochenmärkten wurden in den Städten Jahrmärkte veranstaltet, wo Kaufleute aus der weiteren und näheren Umgebung Waren anboten. Der Jahrmarkt gestaltete sich meist zu einer volksfestähnlichen Veranstaltung, wo vagierende Künstler und Schausteller ihre Kunst zum besten gaben. Sehr beliebt beim Publikum waren Seiltänzer, Feuerschlucker, Jongleure, seiltanzende Affen und rechnende Esel. Fahrende Sänger und Guckkastenmänner, die Nachbildungen von fremden Städten oder Kuriositäten zeigten, berichteten den staunenden Menschen von den Ereignissen in anderen Ländern.
Das seit 1781 in der Kaiserlichen Gemäldegalerie nachweisbare Gemälde von Aigen zeigt zahlreiche Waren anbietende Händler.

Lit.: G. Hardach - G. Schilling, Das Buch vom Markt, Luzern, Frankfurt a. M. 1980, S. 165, 168. — Kat. Barockmuseum, Nr. 1.

Wien, Österr. Galerie, Inv.-Nr. 4085. S. D.

16.54 Kirchweihfest

Öl/Lw., 38,5 × 44 cm.
Karl Josef Aigen.

Das Gegenstück zu dem Gemälde „Jahrmarkt vor dem Stadttor" (Kat.-Nr. 16.53) zeigt ein Kirchweihfest auf dem Dorf.
„Kirtag", das Fest des Kirchenpatrons bzw. anläßlich der Weihe der Kirche, war eine in den Dörfern beliebte Veranstaltung. Der festlich geschmückte, von der Herrschaft gestiftete Tanzbaum wurde auf dem Dorfplatz aufgestellt und für den Preis einer Flasche oder eines bunten Tuches bestiegen die Burschen den Baum.
Das Gemälde zeigt einen „Baumkraxler" und die aufgeregten Dorfbewohner, die den Burschen beobachten.

Lit.: W. Galler, Kirtag in Niederösterreich (= Wissenschaftl. Schriftenreihe Niederösterreich, St. Pölten 1984), S. 6, 13. — Kat. Barockmuseum, Nr. 2.

Wien, Österr. Galerie, Inv.-Nr. 4086. S. D.

16.55 Die Salzburger Emigranten bei der Speisung im Haus des Bachwirtes

Foto eines Aquarells aus einem Album, bestehend aus elf Aquarellbildern.
Augsburg, Evang.-luth. Dekanat St. Anna.

Erzbischof Leopold Firmian von Salzburg (1727—1744) unternahm große Anstrengungen zur Rekatholisierung des Erzbistums, etwa ein Fünftel der Gesamtbevölkerung waren Protestanten. Von Angehörigen des Jesuitenordens geführte Kommissionen wurden ausgesandt, um die Protestanten festzustellen. Insbesondere aus Angst vor einer drohenden Landesverweisung versammelten sich die Protestanten verstärkt zu gemeinsamen Gottesdiensten und schließlich trafen sich die Führer der Evangelischen am 13. Juli 1731 in Schwarzach und gründeten den „Salzbund“: man beschloß, sich zum evangelischen Glauben zu bekennen, ansonsten aber dem Landesfürsten zu gehorchen. Zur Bekräftigung dieses Bundes tauchte jeder Beteiligte seinen Finger in ein Salzfaß. Für Bischof Firmian Anlaß genug, gegen die Protestanten vorzugehen und obwohl Karl VI. zu einer gütlichen Lösung riet, erließ Firmian am 11. November 1731 das Emigrationspatent. Diese Maßnahme stieß am Kaiserhof wie im übrigen Europa auf Ablehnung, doch der Erzbischof wurde an der Durchführung nicht gehindert. In mehreren Etappen verließen etwa 20.000 Protestanten ihre Heimat. König Friedrich Wilhelm I. hatte sich bereit erklärt, alle Emigranten in Preußen aufzunehmen und für deren Fortkommen zu sorgen. Fast ein Viertel der Emigranten sollen die Strapazen des Marsches nicht überlebt haben. Ein Album unbekannter Herkunft, mit elf Aquarellbildern berichtet von der Ankunft und dem Aufenthalt der Emigranten in Augsburg. Sie wurden vor der Stadt empfangen und man führte sie in ihre Quartiere beim evangelischen Friedhof außerhalb der Stadt.

Das Foto zeigt die Salzburger Emigranten beim Essen im Haus des Bachwirtes, der ungefähr 140 Protestanten aufnehmen konnte. Die Familien sitzen an langen gedeckten Tischen und die Familienoberhäupter verteilen Essen und Getränke.

Lit.: Kat. Reformation. Emigration. Protestanten in Salzburg, Goldegg 1981, S. 101—106, Nr. 5.8.6.

S. D.

16.56 Kampf an der Brücke zu Landeck

Öl/Lw., 58,5 × 75,5 cm.

Ein Korps, bestehend aus 100 bayerischen Dragonern und 210 französischen Infanteristen hatte den Auftrag erhalten, über das oberste Inntal in den Vintschgau vorzustoßen. Das Korps rückte am 28. Juni 1703 in Landeck ein und brach am 1. Juli am frühen Morgen in Richtung Reschenpaß auf. Inzwischen aber hatte sich unter Leitung des Pflegers von Laudegg, Martin Sterzinger, der Widerstand organisiert. Im schluchtartig verengten Inntal zwischen Landeck und Prutz sollte der Feind mit allen Mitteln vernichtet werden. In der Nähe der Pontlatzer Brücke erfolgte der Angriff auf Bayern und Franzosen, die den Stein- und Baumlawinen von den steilen Hängen herab und dem gezielten Feuer der Scharfschützen hilflos ausgeliefert waren. Da sich die Truppe in diesem Gelände nicht entwickeln konnte, kam es zu keiner wirksamen Gegenwehr, sondern lediglich zu einem panikartigen Rückzug in Richtung Landeck, wo der Untergang des Korps besiegelt wurde, wie am Bild gezeigt wird. Doch wurde der Zuzug zur Brücke blokkiert. Ein gewisser Dominik Tasch schlug mit einem Prügel alle Anstürmenden tot. Die wenigen Überlebenden wurden gefangen genommen. Niemand konnte entkommen, um Kurfürst Max Emanuel die Botschaft der katastrophalen Niederlage zu bringen.

Lit.: F. Kirchmair, Die Gefechte an der Pontlatzer Brücke 1703 und 1809 (= Militärhistorische Schriftenreihe, Heft 48). Wien 1983, — Kat. Max Emanuel, Nr. 347.

Innsbruck, Tiroler Landesmuseum Ferdinandeum, Inv.-Nr. 1993. Meinrad Pizzinini.

16.57 Flugschrift auf die Niederlage der Bayern

Einblattdruck, Kupferstich mit Buchdruck, ca. 30 × 16,3 cm (Blatt beschnitten).
Um 1703.

Mit der Einnahme der Schanze von Windhausen unweit des Dorfes Erl hatte der bayerische Einfall des Jahres 1703 begonnen. Nach zwei Tagen fiel die strategisch wichtige Festung Kufstein. Die Truppen des Kurfürsten

Kat.-Nr. 16.57

Max Emanuel drangen über das Inntal bis Innsbruck vor. Am 26. Juni hielt der Kurfürst in Tirols Hauptstadt Innsbruck Einzug. Mit der Huldigung der Regierung glaubte er sich im Besitz des Landes. In Folge der ausgezeichneten Landesverteidigung war der Kurfürst am 26. Juli gezwungen, den Rückzug anzutreten. Während nun von Süden die Franzosen Tirol zu erobern versuchten, blieb den Bayern im Norden nur mehr die Festung Kufstein.
Der Niederlage der Bayern folgte eine Flut von Schmähschriften, die den Charakter politischer Propaganda tragen. Eines der interessantesten Blätter in dieser Hinsicht ist der Einblattdruck mit dem umständlichen vollen Titel; „Grab-Schrifft / Welche der Helden-müthig-Tyrolerische / seinem Aller-Genädigesten Keyser / und Herrn / Herrn / etc. etc. träu-bleibende / Bauer MARTIN LANINGER / Als ein Anführer seiner Mit-Gesellen / denen / mit Frantzosen behafften / Bayren (ihren andern Nach-folgern zu einem N[ota] B[ene]) so / gleichsam nach Art deß alten Testaments / meistens von sothanen zwischen denen Tyrolerischen Bergen aller-jüngest versteiniget worden / verabfasset haben solle". — Das 34 Zeilen lange „Gedicht" will in humorvoller Weise aus der Sicht der zugrunde gegangenen bayerischen Soldaten vor jeder künftigen Absicht, Tirol zu überfallen, warnen, während die bildliche Darstellung den Untergang der fremden Truppen in den Steinlawinen bei Pontlatz schildert.

Lit.: Die Auswirkungen des bayerisch-französischen Einfalls von 1703 auf Bevölkerung und Wirtschaft Nordtirols (= Innsbrucker Beiträge zur Kulturwissenschaft, Sonderheft 37). Innsbruck 1975.

Innsbruck, Tiroler Landesmuseum Ferdinandeum, FB 6504/2. Meinrad Pizzinini

16.58 „Crischtel Troyling / Uber 40. Jahr alt / und Anführer seiner Mit-Bauern in Tyrol," 1703

Kupferstich und Buchdruck, 17,5 × 14 cm (Blatt beschnitten).

Politische Propaganda in Wort und Bild spielte im Jahr 1703 in Tirol erstmals eine Rolle. Die der Darstellung des „Crischtel" (= Christian) Troyling beigefügten Verse weisen darauf hin, daß dieser von Geburt zwar nur ein einfacher Bauer, doch im Feld Kommandant mit dem Herzen eines Helden sei.
Für den freien Tiroler aller Stände wurde die Landesverteidigung seit dem sogenannten Landlibell von 1511 zu einer Pflicht, die sich aus den Freiheiten ergaben, die das Land genoß. Durch die Ordnung von 1636 trat der Unterschied zwischen dem allgemeinen Aufgebot, „Miliz" genannt, und den traditionellen Schützen besonders deutlich hervor. Diese Schützen waren aus Gilden bzw. Gesellschaften hervorgegangen, die den Sommer

über an Sonn- und Feiertagen gleichsam als Sport und aus Freude an der Geselligkeit am Schießstand ihre Treffsicherheit im Wettstreit erprobten. Seit dem Jahr 1633 waren diese „Scharfschützen" außerhalb der Miliz organisiert, konnten ihre Anführer selbst wählen und verfügten im Gegensatz zu den Musketen bzw. langläufigen Flinten der Miliz über Radschloßstutzen, mit denen sie die gefürchteten „Präzisionsschüsse" abgaben. — Diese Art von Schützen machten das besondere Charakteristikum der Tiroler Landesverteidigung aus. Auf sie war auch der Erfolg in der Abwehr des Feindes im Jahr 1703 in erster Linie zurückzuführen.

Lit.: O. Stolz, Wehrverfassung und Schützenwesen in Tirol von den Anfängen bis 1918, Innsbruck - Wien - München 1960. — E. Egg. - W. Pfaundler, Das große Tiroler Schützenbuch, Wien - München - Zürich 1976. — Kat. Max Emanuel, Nr. 350.

Innsbruck, Tiroler Landesmuseum Ferdinandeum, FB 6504/9. Meinrad Pizzinini

16.59 a) „Die bey dem Abschid ihrer Männer zum theil betrüebte, und glück-wünschende Tyrollerische Scharff-Schützen Weiber"

Kupferstich, 31,3 × 19,5 cm, Elias Baeck fecit. Nach 1703.

Die Gefürstete Grafschaft Tirol hatte eine lange Friedenszeit hinter sich, als es im Rahmen des Spanischen Erbfolgekrieges zu Kampfhandlungen kam. Während der Süden von den Franzosen bedroht wurde, startete der bayerische Kurfürst Max Emanuel im Juni 1703 von Norden her einen Angriff auf das Land, in die Geschichte als „Bayerischer Rummel" eingegangen.

Nicht nur im Inland, auch im Ausland wurden diesem Ereignis Flugschriften und bildliche Darstellungen gewidmet. Tirol hatte nämlich europaweit von sich reden gemacht, da es im Kampf mit dem mächtigen Kurfürsten Sieger

Kat.-Nr. 16.59 a

geblieben war. Somit hat dieses Ereignis nicht wenig zur Popularität bzw. überhaupt zum Klischeebild der Tiroler besonders im deutschen Sprachraum beigetragen.

Einer der Kupferstiche, die vor allem außerhalb des Landes Tirol kursierten, stammt von Elias Baeck, der in Rom, Venedig, Laibach arbeitete und sich dann in Augsburg niederließ. Als bekanntestes Werk wird ihm das „Neueingerichtete Zwergenkabinett" (1716/20) zugeordnet, in dem ebenfalls ein Blatt an die Tiroler anno 1703 erinnert: „Christl Pestnbalkh, Bürg Schütz [= Gebirgsschütze] bey der Tyrolischen Steinfalle im Französisch Bayrischen Einbruch". — Baecks Kupferstich stellt die Frauen der Tiroler Landesverteidiger in den Mittelpunkt. Auch die drei Verse unterhalb der Darstellung sind den „Weibern" in den Mund gelegt: Sie wünschen ihren Ehegatten — dargestellt auf einem weiteren Kupferstich — Glück und Erfolg bei der Abwehr des Feindes.

Lit.: Neueingerichtetes Zwergenkabinett (= Die bibliophilen Taschenbücher, Nr. 262), Dortmund 1981. — M. Forcher, Tirols Geschichte in Wort und Bild. Innsbruck 1984, S. 90 ff.

Innsbruck, Tiroler Landesmuseum Ferdinandeum, FB 2110 b. Meinrad Pizzinini

16.59 b) „Trauer und Trost der Tyrolerischen Bauern-Weiber"

Einblattdruck, 31,3 × 19,3 cm.
Nach 1703.

Der Verfasser des Textes ist unbekannt. Er geht von einem angeblichen Sprichwort aus, nach dem die Tränen der Frauen oft unecht seien. Im Gegensatz dazu hebt er die Frauen Tirols hervor, die beim plötzlichen Einfall des Feindes und dessen Greueltaten im Jahr 1703 „genugsambe Ursach" gehabt hätten, echt zu weinen. — Den Frauen Tirols sei aus der tapferen Gegenwehr ihrer Männer Trost erwachsen: „Dise tapffere Helden-Muth der Bauern hat dero Weibern die Zäher abgedrücknet [= abgetrocknet] / und ihren gefasten Trauer in einen sondern Trost verwandelt."
Der Inhalt des Blattes ist propagandistischer Art und versucht die Rolle der Frau in den Monaten der kriegerischen Auseinandersetzung des Jahres 1703 positiv hervorzuheben.

Innsbruck, Tiroler Landesmuseum Ferdinandeum, FB 2110 a. Meinrad Pizzinini

16.60 Schreiben des Prinzen Eugen, betreffend die Schenkung der Herrschaft Obersiebenbrunn

Orig., Papier, 2 Fol., eh. Unterschrift Eugens mit aufgedrucktem Lacksiegel.
5. März 1725.

Prinz Eugen von Savoyen teilt den Verordneten der Stände Niederösterreichs mit, daß ihm „wie es ohnedem notorisch ist, von allerhöchst gedacht Ihro Kays. May(estä)tt" die Herrschaft Ober-Siebenbrunn „geschenkhet und überlassen worden" ist.
Er ersucht um die Eintragung im ständischen Gültbuch (Steuerkataster) und verspricht „die ausschreibende Landtsanlaagen (= Steuern) iederzeit richtig abführen zu lassen".

Wien, NÖ. Landesarchiv, Ständisches Archiv. Alte Gülteinlagen VUMB 69, fol. 88/89.

Silvia Petrin

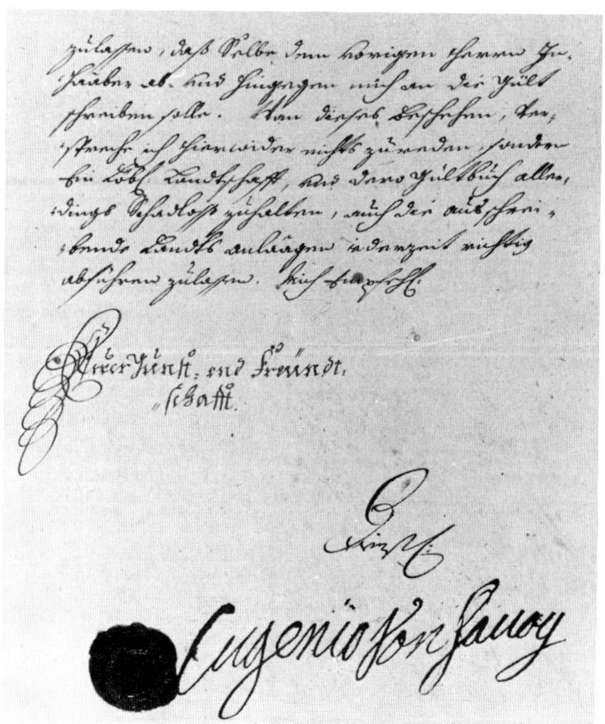

Kat.-Nr. 16.60

17. Arme Leute und gesellschaftliche Außenseiter

Das Wirtschaftssystem der Barockzeit brachte es mit sich, daß ein erheblicher Teil der Bevölkerung zu den Armen zählte. Arm war, wer von Tag zu Tag um seine Nahrung, um seine Unterkunft, um die physische Existenz seiner Kinder und der Angehörigen bangen mußte. Ein Unglücksfall konnte auch relativ gesicherte Bauern oder Handwerker über Nacht arm machen, doch war das Los all jener, die ohne feste Bleibe, ohne familiäre Bindung oder ohne Arbeitsmöglichkeit wegen Krankheit oder Behinderung waren, besonders traurig. Das Einkommen der meist als Taglöhner beschäftigten Bauarbeiter, der landwirtschaftlichen Gutsarbeiter, der Knechte und Mägde, aber auch vieler Handwerksgesellen war äußerst niedrig und reichte kaum für den bescheidensten Bedarf. Die vielen Kriege der ersten beiden Jahrzehnte des 18. Jahrhunderts banden zwar einen Teil der männlichen Jugend an den Kriegsdienst, das Jahrzehnt des Friedens nach 1718 dürfte hingegen durch eine nicht unbedeutende Arbeitslosigkeit gekennzeichnet gewesen sein. Man kann sich des Eindruckes nicht erwehren, daß manche Klosterbauten Arbeitsbeschaffungsprogramme waren, wie man auch dem Prinzen Eugen nachsagte, der Ausbau von Schloßhof hätte der Beschäftigung von Veteranen seiner Armee gedient. Ohne Zweifel waren solche Großbaustellen mit einer beachtlichen Konzentration von Arbeitskräften verbunden, die aber während der kalten Jahreszeit entlassen wurden.

Besser ging es da jenen armen Leuten, die in eine Hausgemeinschaft eingebunden waren, den Dienstboten aller Art, ob im ländlichen oder städtischen Bereich. Sie hatten in der Regel im Rahmen ihres Dienstes eine primäre Versorgung wie Unterkunft und Nahrung, in bescheidenem Maß auch Kleidung. Dafür waren sie aber anderen Normen unterworfen. Sie durften nicht heiraten, ein Kind war für eine Dienstmagd des städtischen Bereiches meist ein Entlassungsgrund, im bäuerlichen Milieu war man da meist toleranter. Kindesmord war bei Dienstboten relativ häufig.

Seit dem 18. Jahrhundert war aber die Zahl der Menschen, die in keinen Familienverband eingegliedert und trotzdem bettelarm waren, immer größer geworden. Witwen und Waisen, invalide Soldaten, ehemalige Soldatenfrauen und deren Kinder, irgendwo alt gewordene Geisteskranke, Krüppel oder sonstwie arbeitsunfähige Personen waren recht zahlreich und zählten zu den unverschuldet verarmten Menschen. Diese sollten durch ihre zuständigen Grundobrigkeiten durch Almosen oder mit Naturalverpflegung versorgt werden. Diesen „wahrhaft Bedürftigen“ galten die bescheidenen sozialen Maßnahmen, etwa die Erhaltung von Spitälern durch die eine oder andere Grundherrschaft.

Dieser Gruppe stellte man die als arbeitsscheu geltenden Bettler gegenüber, die oft im Lande herumzogen, aus der Fremde kamen, keine ordnungsgemäßen „Freilassungen“ ihrer Obrigkeit oder keine Kundschaft einer Zunft hatten, also zu den unerwünschten Personen zählten. Zu diesen Entwurzelten kamen auch die Familien jener bäuerlichen Untertanen, die wegen Aufsässigkeit oder mangelndem Fleiße von Haus und Grund abgestiftet worden waren und in ihrer früheren Heimat mit keiner Unterstützung rechnen durften. Vagierend war auch die relativ große Gruppe des fahrenden Volkes, die Musiker, Spielleute oder Komödianten, die in Niederösterreich dem Spielgrafen unterstellt waren,

waren auch die meist in den mährischen Grenzdörfern ansässigen von Ort zu Ort ziehenden und mit Wolle oder Hadern handelnden armen Juden und die Zigeunerfamilien, die relativ zahlreich auftraten. Auch abgedankte oder irgendwo desertierte Soldaten, oft mit Begleiterinnen aus dem Troß des Heeres und deren Kindern, Verwundete und invalid gebliebene Angehörige des Heeres zählten zu dieser recht zahlreichen und bunten Gruppe. Aus diesen rekrutierte sich ein erheblicher Teil der Kriminellen, die Verbrechen aller Art, von Raub und Einbruch über Mord, begingen. Aber auch die ansässigen armen Leute wußten sich oft nur durch Stehlen fortzubringen, indem sie Holz aus den Wäldern, Früchte aus Äckern und Gärten, Vieh von den Weiden entwendeten oder als Wilderer Lebensmittel besorgten. Diebstähle von Nahrungsmitteln oder Kleidern waren bei allen diesen Leuten an der Tagesordnung, damit sie ein bescheidenes Leben fristen konnten.

Die Sozialordnung der Zeit kannte aber eine weitere Gruppe diskriminierter Berufe, die durchaus ortsansässig waren. Das waren lange Zeit die Schäfer und Totengräber in den Dörfern, die Abdecker, deren Häuser außerhalb und abseits der geschlossenen Siedlungen standen, die, allerdings nicht zahlreichen, Henker und ihre Helfer, aber auch aus dem Ausland zugewanderte Handwerker, wie die meist aus Italien gekommenen Schornsteinfeger. Nur die Schäfer wurden zur Zeit Karls VI. durch ein landesfürstliches Patent in den österreichischen Landen ausdrücklich für unbescholten erklärt, die anderen entwikkelten aus ihren entehrenden Berufen bald eine Monopolstellung und gaben Wissen und Fertigkeit von Generation zu Generation weiter. Daraus entstanden aber auch nicht selten weitreichende Verbindungen, die zur Weitergabe von Nachrichten, zum Verstecken gesuchter Verbrecher, zum Hehlertum, vielleicht aber auch für Spionage genützt wurden. Jedenfalls sah man in manchen durch das Land ziehenden Fremden einen von den Türken oder den Franzosen entsandten „Brenner".

Da sich entwurzelte Arme und Bettler meist in den reichen Orten, also in den größeren Städten, konzentrierten, ergriff man gegen sie Maßnahmen. In Wien wurde erstmals im Jahre 1671 in der Leopoldstadt, dann nach dem Türkenjahr 1683 vor dem Schottentor auf dem Gelände des späteren Allgemeinen Krankenhauses ein Großarmenhaus errichtet, 1701 folgte Olmütz, 1725 Innsbruck, 1735 Graz, 1737 Prag. Auch das Militär errichtete in einigen Zentren Invalidenhäuser. In allen diesen Instituten wurde von den Insassen Arbeit als Gegenleistung für Unterbringung und karge Verpflegung verlangt. In den städtischen Bürgerspitälern, die allerdings nur Personen aus den Familien mit Bürgerrecht offenstanden, und in den Spitälern der Grundherrschaften kamen Stiftungen für eine unentgeltliche Versorgung auf.

Ein erheblicher Teil der Armenbekämpfung bestand aber in Polizeimaßnahmen. So wurden ab dem Jahre 1723 im Lande unter der Enns alle Bettler, die nicht im Lande geboren, hier verarmt waren oder nicht mindestens zehn Jahre im Lande gelebt hatten, an einigen Sammelplätzen zusammen- und über die Landesgrenzen getrieben. Im Jahre 1719 hatte man sich zu energischen Maßnahmen gegen das „Räubergesindel, Zigeuner und landstreichende Troßgesindel" entschlossen und eine Generallandesvisitation angeordnet. Tausend Reiter und vierhundert Fußsoldaten wurden 1721 aufgeboten, um das Land zu durchstreifen, wobei es an einigen Orten, meist in großen Wäldern, zu Kämpfen mit dort lebenden Banden kam. Neben diesen Sondermaßnahmen waren die meist in der Hand der Grundherrschaften befindlichen Landgerichte für die Verbrechensbekämpfung zuständig. Sie waren aber meist in zweifacher Hinsicht an keiner besonderen Wirksamkeit interessiert. Eine längere Haft und ein Prozeß eines Verbrechers verursachte beträchtliche Kosten, so daß man Übeltäter gerne in den benachbarten Landgerichtsbezirk entwischen ließ. Konnte man aber eine Gefangennahme nicht vermeiden, wollte man den Verurteilten möglichst bald wieder loshaben. Wurde er nicht zum Tode verurteilt und hingerichtet — ein derartiges Urteil mußte von der Regierung in Justizsachen bestätigt werden —, schickte man ihn zur Arbeit in Ketten in türkische Grenzhäuser, in slowakische Bergwerke oder in den Stadtgraben von Wien.

Wegen ihrer vielfach unsteten Lebensweise, der primitiven Ernährung etwa mit unreifem Obst und der geringen Hygiene, waren nicht selten arme Leute Verursacher oder Verbreiter epidemischer Krankheiten. Deshalb verlangten manche Obrigkeiten von durchziehenden Gesellen Bestätigungen, daß in ihrem Herkunftsort gute Luft vorhanden sei und „keine leidige Contagion" herrsche. Die Wächter an den Toren der Städte wurden angewiesen, auf die „Bettler und abgedankhte Soldaten, auch andere leuth fleißige Obacht haben, wo selbe herkhomen examinieren und niemand verdächtigen passieren lassen". War aber, wie im Jahre 1713, die Pest oder eine andere gefährliche epidemische Krankheit ausgebrochen, wurden wieder Freiwillige aus den Reihen der armen Leute eines Ortes rekrutiert, um die Kranken abgesondert zu versorgen oder die Leichen zu bestatten. Man fand solche „Siechknechte" immer, denn bei solchem Dienst konnte man „stättes Wein und Brantwein voll trincken, taback rauchen und dergleichen unordentliches Leben" führen. In Perchtoldsdorf erhielten im Pestjahr 1713 die Siechknechte monatlich 12 Gulden Besoldung, einen Eimer Wein und ein Pfund Tabak.

Für die Entstehung der Pest machte man auch kosmische Einflüsse, sogar in Verbindung mit bösen Menschen, verantwortlich.

Kat.-Nr. 17.1 h

Abraham a Sancta Clara schrieb, mit Hilfe einer Mondvergiftung, indem man einen Zauberkranz um einen Spiegel binde, diesen gegen den Mond halte und auf den Spiegel in Wachs den Namen eines Menschen schreibe, könne man Krankheiten herbeirufen. In allen Kreisen war zu dieser Zeit eben der Aberglaube verbreitet, man sah Hexen ihr dunkles Werk verrichten und im Bunde mit dem Teufel allerlei Unheil erzeugen.

Die katholische Kirche suchte dem Aberglauben und Hexenzauber auch dadurch Herr zu werden, daß sie viele Stellen, die im Volksglauben mit dunklen Mächten in Verbindung standen, in die von ihr aufgebaute Sakrallandschaft mit einbezog, Marterl oder kleine Wallfahrtsstätten errichten ließ und damit jenen Bereich des Volksglaubens irgendwie in den Kultbereich einbezog. Schließlich waren auch einige neue Wallfahrtsorte nach der Mitte des 17. Jahrhunderts entstanden, indem Menschen durch Anbringen eines Marienbildes an einem Baum gesund geworden waren. In der ersten Hälfte des 18. Jahrhunderts wurden die Wallfahrten besonders zahlreich. Es hatten sich Bruderschaften zur Organisierung von Wallfahrten gebildet, die aber immer häufiger das gesammelte Geld nicht für fromme Zwecke, sondern für Feste und Trinkgelage verwendeten. Die einige Tage oder sogar Wochen dauernden Großwallfahrten, etwa aus Wien, Ungarn oder Mähren nach Mariazell, führten auch zu allerlei Problemen sittlicher Art, so daß in der zweiten Jahrhunderthälfte immer mehr Bedenken dagegen laut wurden. Doch waren solche Wallfahrten nicht nur für das Volk gedacht, auch der Hochadel und der Kaiserhof veranstalteten sie, wie die kleinen Ex-Voto-Bilder armer Leute, die großen Dankbilder von Orten oder die Spenden Reicher an die Schatzkammern mancher Gnadenorte beweisen.

Karl Gutkas

Lit.: H. Stekl, Österreichs Unterschichten im 18. Jahrhundert, in: Kat. Adel, Bürger, Bauern im 18. Jahrhundert, Schallaburg 1980/81. — Ders., Gesellschaftliche Außenseiter im barocken Österreich, in: K. Gutkas (Hrsg.), Prinz Eugen und das barocke Österreich, 1985. — K. F. Helleiner, Ländliches Mindervolk in niederösterr. Weistümern, in: Zeitschrift f. Agrargeschichte und Agrarsoziologie 25, 1977. — M. Mitterauer, Lebensformen und Lebensverhältnisse ländlicher Unterschichten, in: H. Matis (Hrsg.), Von der Glückseligkeit des Staates, 1981. — J. Ehmer, Zur Stellung alter Menschen in Haushalt und Familie, in: H. Konrad (Hrsg.), Der alte Mensch in der Geschichte, 1982. — F. Mathis, Zur Bevölkerungsstruktur österreichischer Städte im 17. Jahrhundert, 1977.

Objekte

17.1 Bauern und Bettler

Neun unterlebensgroße Sandsteinfiguren, unbekannter Bildhauer; 1706.

a) Bettlerin

H 125 cm, kleine Ergänzungen.
Die Frau trägt ein Kind auf dem Rücken und ein zweites auf dem rechten Arm. In der linken Hand hält sie einen geflochtenen Korb.

b) Frau mit Früchtekorb

H 136 cm, kleine Ergänzungen
Die Frau in Feiertagskleidung trägt auf ihrem mit einem breitkrempigen Hut bedeckten Kopf einen mit Früchten gefüllten Korb.

c) Alte Bäuerin bei der Ernte

H 120 cm, kleine Ergänzungen.
Die Frau trägt einfache Kleidung, auf dem Kopf einen breitkrempigen Hut. Die Schürze ist aufgestülpt. In der Rechten hält sie einen geflochtenen Korb, in den sie mit der Linken Obst gibt.

d) Junge Bäuerin

H 121 cm, kleine Ergänzungen.
Die junge, einfach gekleidete Frau mit breitkrempigem Hut trägt auf dem rechten Arm einen großen geflochtenen Korb, über den sie ein Tuch gestülpt hat.

e) Alter Mann mit Buckelkorb

H 128 cm, kleine Ergänzungen.
Der Alte mit einfacher Kleidung und federgeschmücktem Schlapphut trägt auf dem Rücken einen großen Buckelkorb (Grense).

f) Alter Mann mit Flasche

H 125 cm, kleine Ergänzungen.
Der alte bärtige Mann trägt einfache Kleidung und eine Korbflasche auf der rechten Seite.

g) Bauer mit Hut und Stock

H 115 cm, kleine Ergänzungen (Teile des Stockes fehlen).

h) Sitzender Bettler

H 70 cm, kleine Ergänzungen.
Der kauernde alte Mann mit Bart hält in der Rechten seinen Hut, die Linke stützt er auf eine Gehhilfe. Auf dem Rücken trägt er einen einfachen Sack.

i) Drehleiermann

H 124 cm, kleine Ergänzungen.
Der alte Mann mit der Leier soll den fahrenden Spielmann darstellen.

Die neun Balustradenfiguren entstammen einer ehemals umfangreicheren Serie, die Dekoration einer 1706 vollendeten Gartenfreitreppe war. Die Sandsteinstatuen lassen sich auf die „Baroni" und Figurenstudien von Volkstypen des Jacques Callot (1592—1635) zurückführen. Die unterlebensgroßen Genrefiguren, die in ihrer Thematik in der Gartenplastik äußerst selten vorkommen, heben sich deutlich von den viel häufigeren, auf die „Gobbi" des J. Callot zurückgehenden Groteskfiguren ab, wie sie von den zahlreichen Zwergengärten des Barock bekannt sind.

Privatbesitz. Peter König.

Kat.-Nr. 17.1 a

17.2 Juraments- oder Eidstafel FB 83

Öl/Lw., 184 × 129 cm.
Johann Hoffmann; 1715.

Auf sehr dramatische Art und Weise werden auf dieser Tafel die Folgen falscher Zeugenaussage dargestellt. Wer sich nicht an die Wahrheit hält, kommt in die Gewalt des Teufels, wo er „ewige Höllen Bein" erleiden wird, aber auch Gott bestraft diesen Frevel.

Christus und der Hl. Geist stehen schützend über dem gekrönten Engel, der die Waagschalen und das Schwert der Gerechtigkeit der Zuchtrute entgegenhält. Die Inschriften warnen vor dem schrecklichen Ende, das einem Meineid folgt, führen mehrere abschreckende Beispiele an und lehren den Ablauf eines Schwures. Durch die enge Verbindung des Gerichtswesens mit der Religion nahm der Eid, der bis Ende des 18. Jh.s das wichtigste Mittel der Wahrheitsfindung war, eine bedeutende Stellung ein. Der Eid einer Partei war für den Ausgang eines Prozesses ausschlaggebend, um die Steuerpflicht der Stadtbürger festzustellen, mußte ein Eid auf das Vermögen geschworen werden. War der Besitz nicht vollständig angegeben worden, wurde dieser Meineid mit dem Verlust der Schwurfinger oder der Zunge bestraft.

Lit.: Kat. 200 Jahre Rechtsleben in Wien, Hist. Museum Wien, 1985/86, Nr. 1/1.

Perchtoldsdorf, Heimatmuseum. S. D.

17.3 Der Teufelsbündler Johann Christoph Haitzmann FB 84, 85, 86

Faksimile von Ölskizzen Haitzmanns im Trophaeum Mariano-Cellense der ÖNB, Ms Cod. 14086, vor 1700.

Johann Christoph Haitzmann wurde 1651 in Traunstein geboren. Er war ein Malergeselle, der 1677 nach einem Anfall in der Kirche von Pottenbrunn dem Schloßverwalter bei einem gerichtlichen Verhör bekannte, er habe seine Seele dem Teufel verschrieben, das erste Mal 1668 mittels eines vorläufigen, mit Tinte geschriebenen Paktes, das zweite Mal 1669 mittels eines endgültigen, mit dem eigenen Blute geschriebenen Vertrages. Nach erfolgreichen Exorzismen in der Gnadenkapelle von Mariazell erhielt Haitzmann 1677 die zweite Verschreibung vom Teufel zurück. Diese Erlösung war aber kurz, weil Haitzmann, zu Hause angekommen, aufs neue vom Teufel schrecklich gequält wurde. Deshalb kam er im Mai 1678 zum zweiten Mal nach Mariazell, wurde wieder exorziert und bekam bei dieser Gelegenheit auch den ersten mit Tinte geschriebenen Pakt vom Teufel zurück. Die Erlösung hatte diesmal nachhaltigeren Erfolg. Im Jahre 1681 legte Haitzmann Profeß als Barmherziger Bruder in Wien ab. Er starb 1700 im Konvent Neustadt an der Mettau/Nové Město nad Metuji in Böhmen.

Infolge der autobiographischen Inhalte ist der Fall Johann Christoph Haitzmann sowohl historisch als auch psychologisch besonders interessant. Er wurde hauptsächlich durch Sigmund Freuds Analyse bekannt.

Das Trophaeum Mariano-Cellense ist eine handschriftliche Broschüre, die 1725—1729, also etwa 50 Jahre nach den Exorzismen, von den Patres in Mariazell und St. Lambrecht angefertigt wurde. Sie enthält die Texte der Verträge Haitzmanns mit dem Teufel, ein Empfehlungsschreiben eines Pfarrers für den Teufelsbündler bei den Patres in Mariazell, eine feierliche Bestätigung der ersten Erlösung, das Tagebuch und einen Brief über Haitzmanns Leben im Kloster und über seinen Tod. In dieser chronologisch gegliederten Geschichte waren auch Plätze für Entwurfskizzen Haitzmanns vorgesehen, die sich heute am Beginn des Faszikels befinden. Als Dank für seine erste Erlösung opferte Haitzmann nämlich bei seiner zweiten Wallfahrt ein Votivbild, ein Triptychon, das auf dem linken Seitenteil die erste Begegnung mit dem Teufel, auf dem rechten Seitenteil die zweite Begegnung und auf dem Mittelteil die Rückerstattung des mit Blut geschriebenen Kontraktes zeigt. Er hatte dieses Triptychon in der Periode zwischen den zwei Wallfahrten gemalt. Zugleich hatte er, ebenfalls für Mariazell, acht Bilder mit der Darstellung der Teufelsfiguren angefertigt, wie diese ihm bisher erschienen waren.

Bei der ersten Begegnung erschien der Teufel Haitzmann als reicher Bürger, auf dem vierten Bild bot der Teufel Haitzmann einen gefüllten Geldbeutel an, auf dem sechsten Bild wird die Sage vom Teufelstein dargestellt.

Lit.: S. Freud, Eine Teufelsneurose im 17. Jh. (1923), in: Gesammelte Werke XIII S. 315—353; G. — G. Vandendriessche, Johann Christoph Haitzmann, ein Teufelsbündler im 17. Jh., Mitteilungen des Kulturamtes St. Pölten 34/5, 1985/6, dort die weitere umfangreiche Literatur.

St. Pölten, Stadtmuseum. G. Vandendriessche

17.4 Prozeß gegen eine getaufte Türkin wegen Kindesmordes

Prozeßakt des kaiserlichen Stadt- und Landgerichtes St. Pölten, 20 fol.

Am 26. Jänner 1698 zeigte eine Hebamme beim Stadtrichter St. Pölten an, ein Dienstmädchen habe ein Kind geboren und „weggeschafft". Bei einer sofort durchgeführten Untersuchung wurde der Leichnam in der Senkgrube des Hauses der Freifrau von Spindler gefunden, wo die junge Frau bis Allerheiligen Dienstmädchen war. Diese wurde verhaftet und am 30. Jänner einem gütlichen Verhör unterzogen. Sie hieß Christina Maria und war eine getaufte Türkin. Ihr Vater war der Bruder des vom Kaiser in Wiener Neustadt zur Taufe geführten Aga. Geboren ca. 1680, wurde sie bei der Einnahme von Belgrad gefangen, war dann vier Jahre im Dienst des Grafen Türkheim und wurde von diesem dem passauischen Hauptmann zu Mautern, Friedrich Karl von Caretto geschenkt. Als sie von dessen Sohn im Jahre 1694 ein Kind bekam, wurde sie aus dem Hause vertrieben, war dann in St. Pölten 2½ Jahre bei der Frau Spindlerin im Dienst, zu Allerheiligen aber entlassen worden. Christina Maria gestand beim Verhör: Vater des Kindes sei ein Reitknecht. Sie habe es um vier Uhr früh im Vorhaus, wo sie mit zwei weiteren Dienstmädchen schlief, geboren, sofort erdrosselt und am folgenden Sonntagmorgen die Leiche im Nachbarhaus Spindler in den Abort geworfen.

Nach diesem Geständnis legte das Stadtgericht das Protokoll zwei Advokaten vor.

a) Unvorgreiffliches rechtliches Gutachten der Rechtsgelehrten Lorenz Sassreiter und Franz Ignaz Baumeister.

Es kam zum Ergebnis, wegen der Geständnisse sei die Angeklagte auf die gewöhnliche Richtstätte zu führen und mit dem Schwert hinzurichten, nicht wie in der Landgerichtsordnung für Kindermörder vorgesehen, zu ertränken oder bei lebendigem Leib zu begraben.

b) Urteil

Gestützt auf diese Gutachten, fällte das Stadtgericht am 26. Februar das Urteil, „die Christina Maria, getaufte Türkin, solle auf die gewöhnliche Richtstätte geführt und aldorten mit dem Schwert vom Leben zum Tode hingerichtet werden". Dieses Urteil wurde der nö. Regierung zur Bestätigung vorgelegt. Als diese erfolgt war, wurde vom Stadtgericht der Freimann Franz Ludwig Baumgartner in Krems verständigt, daß er es am Freitag, dem 4. März, zu vollstrecken habe.

c) Criminal Process-End

Der abschließende Bericht endet: „NB: Und ist damals dem neyen freyman von Crembs Frantz Ludtwig Paumgartner im Straich daß Schwert entzway gesprungen also mit dem Stumpf noch einmal nachhauen müssen".

Lit.: Mitt. Bl. KA St. Pölten 35, 1986, S. 7f.

St. Pölten, Stadtarchiv, Criminalia. K. G.

17.5 Georgica curiosa aucta

„Das ist ein umständlicher Bericht und klarer Unterricht von dem adeligen Land- und Feldleben."

Von Wolf Helmhard von Hohberg, Freyherr, Mitglied der hochlöblichen fruchtbringenden Gesellschaft. Verlegt von Michael und Johann Friedrich Endters, sel. Erben, Nürnberg 1687.

Der evangelische Kleinadelige Wolf Helmhard von Hohberg (1612—1688), seit 1659 Freiherr, war Inhaber mehrerer Güter im nördlichen Niederösterreich und kaufte 1659 die Herrschaften Rohrbach und Klingenbrunn bei Haag. Er wanderte um 1670 aus religiösen Gründen nach Regensburg aus. In der Fremde wurde er ein glühender Verehrer Österreichs. Von seinen Publikationen ist die Georgica curiosa am bedeutendsten, der Versroman mit 40.000 Alexandrinern „Hapsburgischer Ottobert" sein umfangreichstes Werk.

Die Georgica curiosa ist „auf alle in Teutschland übliche Land- und Hauswirtschaften gerichtet, hin und wieder mit vielen untermengten raren Erfindungen und Experi-

Kat.-Nr. 17.6 c

menten versehen, einer mercklichen Anzahl schöner Kupffer gezieret und in zweyen absonderlichen Theilen, deren jeder in sechs Büchern bestehet, vorgestellt". Im ersten Teil wird „der Landgüter Zugehörungen und Beobachtungen", im zweiten „der ganze Feldbau" erläutert. Die Erfahrungen dafür sammelte er in seinen Herrschaften im westlichen Niederösterreich. Aufgeschlagen ist S. 52, Kap. LIV „Von den Landgerichten". Denn seit dem 16. Jahrhundert waren die ehemals weitgehend landesfürstlichen Landgerichte, denen die Ausübung der Hoch- oder Blutgerichtsbarkeit übertragen war, fast zur Gänze an private Herrschaftsinhaber verkauft worden.

Lit.: O. Brunner, Adeliges Landleben und europäischer Geist, 1949. — E. Werner, Stadt Haag, 1956, 235 ff.

Privatbesitz. K. G.

17.6 Mittel der Gerichtsbarkeit

a) Schandfidel

Die sogenannten Ehrenstrafen hatten den Zweck, das Ansehen des Beschuldigten in der Gesellschaft zu beeinträchtigen. Mit dem Verlust der Ehre hatte der Mensch nicht nur seine äußere Wertschätzung, sondern auch jeglichen Anspruch auf Rechte verloren. Weibliche Täterinnen mußten etwa mit einem hölzernen oder eisernen, einer Geige ähnlichem Instrument, mit Hals und Händen eingespannt, auf dem Marktplatz stehen.

b) Schandstein mit Halsring

Frauen wurden auch mit einem schweren Stein um den Hals, oft eine Nachbildung eines Kopfes mit herausgestreckter Zunge, dem sogenannten „Laster-, Kröten- oder Schandstein", zur Bestrafung herumgeführt.

c) Hand-Fuß-Fessel, Handschelle, Fußfessel mit Stein

Wurde dem Bestraften auf Zeit oder lebenslänglich die Freiheit entzogen — Todesstrafen waren auf jeden Fall gebräuchlicher als Freiheitsentzug — fesselte man die Täter im Gefängnis an Händen und Füßen. Die Verurteilten zog man auch zu unbeliebten Arbeiten heran, wobei sie einen Fußring mit einer Eisenkugel oder einem Stein tragen mußten.

Lit.: W. Schild, Alte Gerichtsbarkeit, München 1980, S. 210 f.

Zwettl, Sammlung Ing. Anton. S. D.

17.7 Richtschwert

Österreichisch, auf der geätzten Klinge datiert; 1711.

Erhaltene Richtschwerter, die für Hinrichtungen verwendet wurden, sind relativ selten, weil wenige Scharfrichter (Freimänner) für große Sprengel vorgesehen waren. Für das westliche Niederösterreich war ein Freimann (Scharfrichter) ausreichend. Er hatte seinen Sitz in Krems und führte bei Bedarf sein Schwert mit sich. Am Ende des 17. Jh.s hieß der Freimann Franz Ludwig Baumgartner, der auch die bei Kat.-Nr. 17.4 geschilderte Hinrichtung durchführte. Sein Nachfolger war Augustin Ignaz Obenrauch, der urkundlich erstmals 1713 genannt wird. Das Schwert war ver-

Kat.-Nr. 17.9

mutlich sein Eigentum. Die Freimänner von Krems gehörten der Sebastiani-Bruderschaft von Furth an.

Lit.: Kat. Türken, Pottenbrunn, Nr. 14. — G. Maroli, Die Sebastiani-Bruderschaft, in: Heimatbuch Furth 1985, S. 317.

Herzogenburg, Stift, Rüstkammer. K. G.

17.8 Zigeunerlager

Öl/Lw., 135 × 316 cm.
Nach Vorlage von Jacques Callot, 17. Jh.

Das Gemälde entstand wie sein Gegenstück, ein Zigeunerzug (Kat.-Nr. 17.9), nach einer Radierung der 1621 entstandenen Zigeunerserie von Jacques Callot. Callot, der in diesem Jahr nach dem Tod des Florentiner Großherzogs Cosimo II. Florenz verlassen hatte und dem Ruf des Thronfolgers (später Karl IV.) nach Lothringen Folge leistete, hat sich in dieser Serie erstmals mit dem zentralen Thema Menschen und ihrer natürlichen Umgebung auseinandergesetzt, während bis dahin ausschließlich Szenen der höfischen Welt der Kunst sein Werk bestimmten. Zigeuner waren in Europa erstmals im 15. Jh. aufgetaucht und waren von Anfang an Verfolgung, Mißachtung und selbst im Falle geringster Vergehen der Folter und der Hinrichtung ausgesetzt. Callots Auseinandersetzung mit dem Thema ist allerdings nicht sozialkritisch sondern „romantisch". Es zeigt sich hier zum einen Callots Sehnsucht nach dem ungebundenen Leben in Italien, zum anderen existiert auch eine Legende, daß er als halbwüchsiger Knabe mit einer Zigeunertruppe nach Italien ausgerissen sein soll. Genreszenen wie diese wurde für Adelige hergestellt, die sich an deren Fremdartigkeit zu delektieren pflegten.
Maltechnische Indizien lassen annehmen, daß die beiden Bilder noch im 17. Jh. entstanden.

Lit.: J. Lieure, Jacques Callot. La Vie artistique Catalogue de son oeuvre gravé, Paris 1924 ff, Nr. 377. — B. Rogner, Gesamtwerk Callot, Bd. 2, S. 1070/71 u. Abb. S. 1078.

Privatbesitz. T. K.

17.9 Zigeunerzug

Öl/Lw., 133 × 316 cm.
Nach Vorlage von Jacques Callot, 17. Jh.

Kat.-Nr. 17.10

Die dem Gemälde zugrunde liegende Radierung Callots (Kat.-Nr. 17.8) ist wie auch die anderen der insgesamt 4 Radierungen der Zigeunerserie links oben beschriftet. „Au bout du comte ils trennent pour destin, qu'ils sont venus d'Aegipte a ce festin" (Sie glauben noch, ein heilig Schicksal läßt sie aus Ägypten auf dieses Fest ziehn) lautet die Inschrift, des die Serie beschließenden Zigeunerzugs, der letztendlich trotz aller Romantisierung die Ausweglosigkeit dieses fahrenden Volkes vor Augen führt.

Lit.: J. Lieure, Jacques Callot, Nr. 374. — B. Rogner, Gesamtwerk Callot, Bd. 2, Abb. S. 1072.

Privatbesitz. T. K.

17.10 Italienischer Rauchfangkehrer

Öl/Lw., 165 × 120 cm.

Um 1700.

Auf dem Bild ist ein Laute spielender italienischer Rauchfangkehrer dargestellt. Auf dem Tisch liegen Gebrauchsgegenstände der Zeit, an der Wand des Zimmers hängt ein Bild mit einer italienischen Landschaft. Dies soll die Sehnsucht des Mannes nach seiner Heimat ausdrücken.

Im 17. Jh. wurden vielfach italienische Bauarbeiter nach Österreich geholt, daneben waren auch im Rauchfangkehrerberuf meist Italiener beschäftigt.

Lit.: Kat. Türken, Pottenbrunn, Nr. 5.65.

Zwettl, Sammlung Ing. Anton. K. G.

17.11 Das Waisenhaus zu Linz

Kupferstich, 19,2 × 29,8 cm (Pl.).

Martin Engelbrecht nach Bernhard Friedrich Werner

Die Kellersche Waisenhausstiftung für acht Alumnen und einen Instruktor war das älteste Waisenhaus in Österreich. Durch weitere Stiftungen konnte es bald vergrößert werden.

In diesem Waisenhaus wurden die Kinder offenbar gut gehalten, wie ein Bericht aus der Zeit um 1750 aussagt. Darin heißt es, die Erfahrungen aus diesem Waisenhaus und dem Prunnerstift lehre, daß „die gute Unterhaltung" [Verköstigung] ohne Arbeit für die Kinder mehr eine Last als ein Nutzen sei, in beiden Häusern hätten sie gutes Essen, bei beiden Mahlzeiten Bier und nach Lehr- und Lerneinheiten Rekreationsstunden; sie würden dabei „komblich zu leben gewöhnen und wenn sie dann in die Lehre kommen, würde nicht einer von zehn diese auch richtig beenden wegen ihres vorherigen guten Lebens".

Eine weitere Möglichkeit zur Unterbringung von Waisen bot in Linz das 1730 geschaffene Prunnerstift.

Das vorliegende Blatt entstammt einer barocken Ansicht der Stadt Linz von Bernhard Friedrich Werner und Martin Engelbrecht und zeigt unter Nr. 2 auch das Waisenhaus in der Landstraße sowie das danebenliegende Brüderhaus. Das dort als Montfortisches Haus bezeichnete ist das Palais Mannstorff (Landstraße 32).

Lit.: M. Kammesberger, Die sozial-caritativen Einrichtungen der Stadt Linz von ihren Anfängen bis zum Tode Maria Theresias, Diss. Wien 1962. — J. Gaisberger, Zur Geschichte milder Stiftungen im Lande ob der Enns, Jb. OÖ Musealverein 20, 1860, S. 50f.

Linz, Stadtmuseum, Inv.-Nr. 2066. K. G.

17.12 Frontispiz zum Zuchthausprivileg Kaiser Leopolds I.

Foto aus dem Privileg Nr. 77.
Wien, Stadt- und Landesarchiv, 24. Juli 1671.

Armut und soziale Diskriminierung nahmen einen breiten Raum im barocken Österreich ein. Die staatlichen Stellen suchten diesem Problem Herr zu werden, denn die Zahl der Armen schien sich durch Hungersnöte und durch Kriege ständig zu vergrößern. Eine Möglichkeit sah man durch die Heranziehung der gesellschaftlichen Außenseiter als Arbeitskräfte. Zu diesem Zwecke wurden Zucht- und Arbeitshäuser errichtet, wo der Tagesablauf streng reglementiert war und in dessen Zentrum die Arbeit stand. Am 12. Jänner 1671 wurde an Stelle dreier Judenhäuser in Wien ein Zuchthaus errichtet, das am 24. Juli seine Hausordnung erhielt. Aufgenommen wurden gesunde, arbeitsfähige Bettler, unbotmäßige Dienstboten, arbeitsscheue Handwerksburschen, Prostituierte, Kupplerinnen und Kinder von vagierenden Eltern, die nun zur Arbeit angehalten wurden. Die Zuchthäuser wurden in der Regel schlecht geführt, Prügel standen an der Tagesordnung und die hygienischen Verhältnisse waren unzureichend.
Das Frontispiz zeigt Kaiser Leopold und seine Gattin Margarita Theresia auf einem goldenen Triumphwagen, der über einen Kuppler und eine Prostituierte rollt. Der Wagen fährt in Richtung einer gerade im Bau befindlichen Triumphpforte, an der mehrere Arbeiter zu sehen sind. Über dem Bau schwebt die Heilige Dreifaltigkeit, gleich einem Schutz dieses Unternehmens (die religiöse Bildung sollte ein wichtiger Aspekt der Zuchthäuser sein).

Lit.: H. Stekl, Gesellschaftliche Außenseiter im barocken Österreich, in: Gutkas, Prinz Eugen, S 221—228. — Kat. Türken vor Wien, Nr. 22/51.

S. D.

17.13 Bettler des 18. Jh.s

In der ersten Hälfte des 18. Jh.s war die Zahl der im Lande herumziehenden Bettler sehr groß. Ihre Darstellung in der bildenden Kunst der Zeit ist häufig. Man findet gleichartige kleine Plastiken sowohl in Museen als auch in Privatsammlungen des In- und Auslandes.

a) Bettlerfamilie

Bein, 29,5 cm; Art des Simon Troger
Das Paar besteht aus einem Mann mit Krücke und einer Frau mit einem Kind auf dem Rücken. Beide tragen nur mehr braune Fetzen am Leib.

Lit.: Kat. Adel, Bürger, Bauern, Nr.989, 990.

Melk, Stiftsmuseum.

b) Bettler

Bein, 29,5 cm, Art des Simon Troger.
Der Bettler trägt einen Hut, seine Kleidung ist ähnlich der beiden Melker Figuren. In Händen hält er einen Krug für Almosen.
Wien, ÖMAK, Inv.-Nr. Pl. 147.

c) Ungarische Bettler

Bein, Höhe 29 und 22 cm.
Die Gruppe besteht aus drei in ungarische Tracht gekleidete Figuren. Ein Mann trägt einen weiten Mantel.
Wien, Privatbesitz.

Kat.-Nr. 17.13 g

d) Bettlerin

Elfenbein-Holz, H 26 cm.
Die Statuette ist ebenfalls nach der Art des Simon Troger gehalten.
Linz, Stadtmuseum Nordico, Inv.-Nr. P939.

e) Bettlerin mit Leierkasten

Holz- und Beinarbeit, H 22 cm.
Stefan Feger.
Der aus Imst geborene Stefan Feger (1726—1770) stellt ebenfalls in der Art des Simon Troger Bettlerfiguren her.
Linz, Stadtmuseum Nordico, Sammlung Wilhelm Nr. 25.

f) Schiffsknecht mit Ruder

Holz- und Beinarbeit, H 24 cm.
Stefan Feger.
Linz, Stadtmuseum Nordico, Sammlung Wilhelm Nr. 24.

g) Bettler und Bettlerin

Elfenbein, H 22 cm.
Figuren dieser Art befinden sich auch im Kunstgewerbemuseum Brünn.
Wien, Hist. Museum. K. G.

17.14 Votivbild des Marktes Vorau

Öl/Lw., 131 × 167 cm.
J. C. Hackhofer (?); um 1713.

Anläßlich der Pest von 1713 stiftete Johann Philipp, der Prälat des Augustiner Chorherrenstiftes Vorau, das vorliegende Votivbild auf den Sonntagberg.
Vor dem Markt und Stift Vorau knien die Bewohner des Ortes, links die männliche Bevölkerung, angeführt vom Vorauer Abt, rechts die Frauen. Sie richten ihre Gebete an die Heilige Dreifaltigkeit, die in Gestalt des Sonntagberger Gnadenstuhles in der himmlischen Sphäre erscheint. Maria, verschiedene Pestpatrone und andere Heilige zu Seiten der Dreifaltigkeit empfehlen dieser die notleidende Bevölkerung. Über der rechten Gruppe erscheinen die Heiligen Ägidius, Augustinus, Agathe und Rosalie, links die Gottesmutter, der hl. Joseph, Sebastian und Rochus.
Aus stilistischen Erwägungen ist eine Zuschreibung an den Vorauer Stiftsmaler Johann Cyrius Hackhofer wahrscheinlich.

Kat.-Nr. 17.14

Lit.: Kat. Staat und Kirche, Nr. 11.12.7.

Benediktinerstift Seitenstetten, Wallfahrtskirche auf dem Sonntagberg. T. K.

17.15 Das Pestlazarett am Alsergrund

Öl/Lw., 94 × 116 cm.
1680.

Während der Pestepedemie 1679 wurde in Wien an der Stelle, wo sich heute der Arne-Carlsson-Park im neunten Wiener Gemeindebezirk befindet, ein Pestlazarett eingerichtet. Ärzte, Geistliche und freiwillige Helfer betreuten die Pestkranken. P. D. Casimir Dembsky, der freiwillig die Betreuung von Pestkranken übernommen hatte, wurde selbst von der Krankheit befallen, überstand sie und stiftete zum Dank für seine Heilung dieses Votivbild, wie die lateinische Inschrift besagt. Das Votivbild ist Maria Candia gewidmet, das in Kandia auf Kreta verehrt und 1669 von

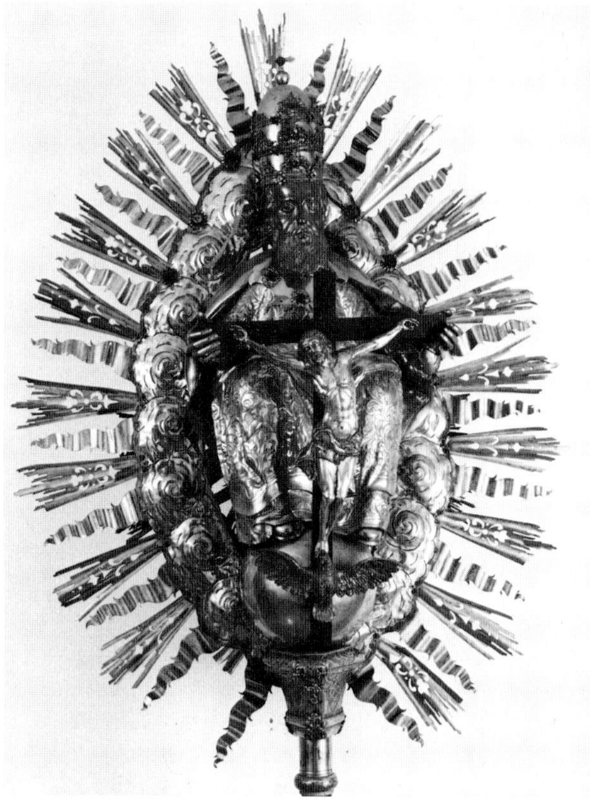

Kat.-Nr. 17.17

Hauptmann Heinrich Ulrich, Freiherr von Kielmannsegg nach Wien gebracht wurde. 1672 übergab der Hauptmann das Bild Dembsky, der es in Wien, St. Michael, aufstellte. Die Darstellung der Maria Candia, eine Kopie nach byzantinischem Vorbild, wird von Engeln und den Pestpatronen Rochus und Sebastian über dem Pestlazarett gehalten. Ärzte und Helfer versorgen den auf einem Bett liegenden Dembsky, während der Hof mit Leichen übersät ist. Auch vor dem Eingangstor liegen mehrere Tote, mit einem Pferdefuhrwerk werden die Leichen abtransportiert und in Pestgräben bestattet.

Lit.: Kat. Türken vor Wien, S. 302, Nr. 22/16. — H. Aurenhammer, Die Mariengnadenbilder Wiens und Niederösterreichs in der Barockzeit, Wien 1956, S. 83.

Wien, St. Michael. S. D.

17.16 Thesenblatt mit Sonntagberg

Kupferstich, 48 × 54 cm (Pl.).
Bartholomäus (II.) Kilian nach Wolf Nicolaus Turman.
Augsburg, 1690.

Der vorliegende Kupferstich diente als Thesenblatt für die von den Seitenstettner Patres Marcus Starnisi und Maximilian Steger 1690 an der Universität in Salzburg verteidigten 69 Lehrsätze aus der gesamten Theologie.
Das Zentrum des Blattes nimmt der Sonntagberg mit der alten Kirche und dem Pfarrhof sowie der Ursprungskapelle rechts ein. Über dem Sonntagberg erscheint die von den neun Chören der Engel umgebene Dreifaltigkeit in Gestalt des Gnadenbildes der Kirche, des Sonntagberger Gnadenstuhls. Die Engel werden angeführt vom zweiten Patron der Kirche, dem hl. Michael. Die enge Verbindung der Wallfahrt mit dem Stift Seitenstetten wird betont durch den rechts knienden Ordensgründer Benedikt und die gegenüber kniende hl. Jungfrau Benedikta, deren Reliquien 1690 nach Seitenstetten gebracht worden waren. In der terrestrischen Zone wenden sich Menschen in den verschiedensten Nöten an die Hl. Dreifaltigkeit. Links eine von einem Karton Raffaels inspirierte Gruppe von Schiffbrüchigen, in der Mitte Krüppel und Pestkranke, rechts vor den brandschatzenden Türken fliehende Menschen.

Lit.: Kat. Türken, Perchtoldsdorf, Nr. 2.9.

Benediktinerstift Seitenstetten, Archiv. T. K.

17.17 Vortragestange mit Sonntagberger Gnadenbild

Kupferblech vergoldet, H ohne Stange 90 cm.
Um 1720/30.

Die Vortragestange, die bei besonderen Anlässen noch heute in Verwendung ist, zeigt aus Kupferblech getrieben das Motiv des Gnadenbildes der Wallfahrtsbasilika, den sogenannten „Gnadenstuhl", ein seit dem Mittelalter üblicher Typus der Dreifaltigkeitsdarstellung. Bereits im Jahr 1477 wird in einer Urkunde eine Kapelle zu Ehren der Hl. Dreifaltigkeit auf dem Sonntagberg erwähnt. Der Hochaltar der wenig später erbauten spätgotischen Kirche zeigte die drei göttlichen Personen, den Sohn zur Rechten des Vaters, zwischen beiden den Heiligen Geist in Gestalt einer Taube. Das heutige Gnadenbild wurde erst 1614 gestiftet. Da man nämlich zur Neuaktivierung der Wallfahrt in der Gegenreformation eines neuen Kultgegenstandes bedurft hatte, und um gleichzeitig den Vorwurf von Protestanten im Ybbstal zu entkräften, katholische Pilger würden den Zeichenstein, ein möglicherweise noch vorchristliches Kultobjekt, anbeten, ließ der damalige Abt Kaspar über diesem das heutige Gnadenbild, eine auf eine Kupfertafel gemalte Darstellung der Dreifaltigkeit anbringen, das sich heute am Hochaltar der Wallfahrtskirche befindet.

Lit.: F. Überlacker, Sonntagberg — Vom Zeichenstein zur Basilika, 1968, S. 26ff. — Kat. Staat und Kirche, 11.12.5.

Benediktinerstift Seitenstetten, Wallfahrtskirche auf dem Sonntagberg. T. K.

17.18 Die hölzerne Pestsäule am Graben

Kupferstich, 41,9 × 25 cm.
Johann Martin Lerch, 1679.

Der Kupferstich zeigt die 1679 entstandene, hölzerne Dreifaltigkeitssäule am Graben. Über einem hohen achteckigen Sockel, dessen radial heraustretende Mauerzungen von Engeln bekrönt sind, erhebt sich ein weiterer, kleinerer, auf dem die sich nach obenhin verjüngende Säule steht; diese ist bekrönt von einem Kompositkapitell, auf das ein Gnadenstuhl nach Art des Sonntagberger aufgesetzt ist. Durch die Anlehnung an das berühmte Gnadenbild des Zentrums der Dreifaltigkeits-

Kat.-Nr. 17.18

verehrung in Österreich, schließt Leopold I. hier an einen besonders verbreiteten und beliebten trinitarischen Kult an.

Gedenksäulen dieses älteren Typus finden sich auch in der Folge noch in Österreich, vor allem in ländlichen Gebieten; immer mehr nahm jedoch die Orientierung an der steinernen Dreifaltigkeitssäule am Graben überhand.

Lit.: Kat. Staat und Kirche, Nr. 14.8.1.

Wien, Hist. Museum, Inv.-Nr. 14.197. T. K.

17.19 Die Pestsäule am Graben

Kupferstich, 70,3 × 44,3 cm (beschnitten).
J. Ulrich Kraus nach L. O. Burnacini.

Die Wahl der Dreifaltigkeit als Pestpatrozinium für die Wiener Pestsäule am Graben ist eine seit dem Mittelalter, insbesondere seit der Pest von 1348, durchaus verbreitete, zumal das Bild der Dreifaltigkeit immer dann besonders in den Vordergrund tritt, wenn das Ausgeliefertsein an den Allmächtigen am deutlichsten klar wird. Indem Kaiser Leopold I. der Dreifaltigkeit ein stadtbeherrschendes Denkmal errichtete, zeigte sich hier überdies ein letzter Höhepunkt gegenreformatorischer Glaubenszuversicht, gleichwie Leopold durch das Monument seine Fürsorge für das allgemeine Wohlergehen herausstreicht. Die erste, aus Holz errichtete Säule (Kat.-Nr. 17.18) war bereits im Oktober 1679, noch im selben Jahr des Gelübdes Leopolds, eingeweiht worden. Drei Jahre später, am 15. Oktober 1682, gelobte Leopold, an ihrer Stelle eine marmorne Säule errichten zu lassen, die nach einem Projekt Matthias Rauchmillers im wesentlichen der hölzernen entsprechen sollte. Dessen Tod im Jahr 1686 führte zu einer völligen Neukonzeption des Projektes durch Johann Bernhard Fischer und den kaiserlichen Hofarchitekten Lodovico Antonio Burnacini. Fischers Abänderungsvorschläge, etwa die Abkehr vom Typus des Sonntagberger Gnadenstuhles, betreffend die bekrönende Gruppe der Dreifaltigkeit, die Plazierung der Engel an der Säule, um die Grundform des Triangels als Symbol der Dreifaltigkeit stärker herauszustreichen und die Wahl von Reliefs für den Sockel, wurde bereits 1687 durch den Kaiser angenommen. Auf Fischer, der auch ein Statuenmodell für den fürbittenden Kaiser entwarf, dem jedoch das Paul Strudels vorgezogen wurde, geht letztlich nur die Sockelzone mit der Gestaltung der sechs biblischen Historien zurück, während der obere Teil vorwiegend nach Entwürfen Burnacinis unter der Oberleitung Paul Strudels ausgeführt wurde.

Lit.: R. Roy, Die Wiener Pestsäule, in: Groteskes Barock, Altenburg 1975, S. 180—182, mit wichtigster Literatur. — Matsche, S. 106 ff.

Wien, Hist. Museum. T. K.

17.20 Die Dreifaltigkeitssäule am Graben

Kupferstich, 23 × 34,5 cm (Pl.).
J. A. Corvinus nach Salomon Kleiner.
Tafel 5 aus „Wahrhaffte Abb., III. Teil".

1721 war Salomon Kleiner im Auftrag des Augsburger Kunstverlegers Johann Andreas Pfeffel nach Wien gekommen, um die Stadt zeichnerisch aufzunehmen. Der dritte Teil seines Sammelwerkes „Wahrhaffte und genaue Abbildung Aller Kirchen und Clöster", dem der Prospekt der Dreifaltigkeitssäule entnommen ist, erschien im Jahr 1733.

Lit.: R. Waissenberger, Kat. Schausammlung Hist. Museum, Wien 1984, Nr. 2/111.

Wien, Hist. Museum, Inv.-Nr. 14.197. T. K.

17.21 Kaiser Leopold als Fürbitter bei der Trinität vor der Wiener Dreifaltigkeitssäule am Graben

Titelkupfer, 36,3 × 22,7 cm (Pl.), Elias Nessenthalers zu J. L. Schönlebens „Annus Sanctus Habspurgo-Austriacus", 1696.

Das vorliegende Titelkupfer zeigt rechts im Vordergrund den auf einer Betbank knienden Kaiser, seinen Blick emporgerichtet zur Dreifaltigkeitssäule, deren oberer Teil mit der sich im Himmel befindlichen Communio Sanctorum gleichsam verschmilzt. Bei der Figur des Kaisers auf dem Betpult handelt es sich um die Statuengruppe Paul Strudels, die aus ihrem Aufstellungsort auf dem Gesims des Untergeschoßes der Säule über der Gruppe der Fides herausgelöst ist, wodurch seine Stellung als Fürbitter bei der obersten göttlichen Instanz deutlicher zum Ausdruck kommt.

Hinter der Säule erhebt sich eine an frühe Entwürfe J. B. Fischers erinnernde Architekturkulisse. Links und rechts der Säule sind die drei göttlichen Tugenden und die vier Kardinaltugenden in den Vordergrund gestaffelt.

Lit.: Kat. Staat und Kirche, Nr. 14.

Wien, ÖNB, Druckschriftensammlung, Inv.-Nr. 39.Q.7. T. K.

17.22 Grundsteinlegung zur Pestsäule in Baden bei Wien

Silber, 44 mm, 26,05 g.
Medailleur: Benedikt Richter.

Vs.: Belorbeertes Brustbild Karl VI. im Harnisch r.
Rs.: COLUMNA/QVAM S.S.TRINITA/TI CIVIT:AQVAE CON-/TAGIONI LIBERA-TA/EX VOTO POSVIT/PRIMVM LAPIDEM etc. 11 Zeilen Schrift.
Im Zusammenhang mit der Pestepidemie von 1713 wurden lediglich außerhalb Wiens Dreifaltigkeitssäulen — meist nach dem Vorbild der Wiener — errichtet, an denen der Kaiser meist als Initiator oder bei der Grundsteinlegung beteiligt war. In der Verwandtschaft mit der Wiener Pestsäule läßt sich die Ausstrahlung der Pietas des Hauses Habsburg und deren Wirkung für das Wohl der Untertanen erkennen, was durch die Grundsteinlegung sozusagen juridisch dokumentiert wurde. Heräus hat die Inschriften der Grundsteinlegungsmedaillen der im Umkreis Wiens errichteten Dreifaltigkeitssäulen veröffentlicht, in denen die zentrale Rolle des Kaisers zum Ausdruck kommt, auch wenn dieser, wie bei der Grundsteinlegung der Badener Säule am 3. Juni 1714, nicht immer persönlich anwesend war.

Lit.: Gedächtnuß=Müntzen, S. 1094. — Unger 885. — Heraeus, Inscriptiones S. 69ff. — Matsche, S. 104.

Wien, KHM, MK, Inv.-Nr. 1369 bß. H. J.

17.23 Entwurf für die Badner Dreifaltigkeitssäule

Lavierte Federzeichnung, 31 × 20,5 cm.
Bez. „Altomonte fecit 1713" (wohl in späterer Zeit), Giovanni Stanetti?

Die nach Ortstradition Martino Altomonte zugeschriebene Entwurfszeichnung, wogegen vor allem die fehlende Expressivität im Vortrag spricht, wurde bereits in der Österr. Kunsttopographie, später dann auch in der Altomonte-Monographie Hans Aurenhammers revidiert.
Entscheidend, vor allem gegenüber der Wiener Pestsäule am Graben, von der der Entwurf eindeutig ausgeht, ist die Integrierung der auf der Erdkugel stehenden, die Schlange zertretenden Immaculata Conceptio, die hier anstelle des Kaisers die Rolle einer Fürbitterin bei der Trinität erhält. Der Typus ist in der Folgezeit weit verbreitet. Der Entwurf kam in den Jahren 1714—1718 in leicht abgeänderter Form durch Giovanni Stanetti zur Ausführung, der, wahrscheinlich zurecht, in der ÖKT auch als Autor des Entwurfes vermutet wird.

Lit.: H. Aurenhammer, M. Altomonte, Wien - München 1965, S. 118, S. 185. — Kat. Staat und Kirche, Nr. 14.8.2.

Baden, Rollettmuseum. T. K.

17.24 Pestbeschreibung und Infectionsordnung: welche vormahls in besondern Tractaten herausgegeben, nunmehro aber in ein Werck zusammen gezogen

Wien: Heyinger, 1727.
289 Seiten, 1 Kupferstich, 31 × 40 cm (geöffnet)

Die Pest wurde seit dem 14. Jh. von Asien nach Europa eingeschleppt. Die Maßnahmen der Behörden fanden ihren Niederschlag in den kaiserlichen „Infectionsordnungen", wobei die Bestimmungen gegen die Unsauberkeit in

Häusern und Straßen den größten Teil einnahmen, wie bei der vorliegenden „Pestbeschreibung und Infectionsordnung“.
Die beiden aufgeschlagenen Seiten enthalten die „Kurtze Unterrichtung/Für die armen Gemeinden auf dem Land/was man für Mittel/sowohl das Pest-Gift zu verhüten/als auch die daran erkranckte Personen zu curiren/gebrauchen solle“. Es wird die Zubereitung jener Tinkturen, Salben und Getränke beschrieben, die den Menschen vor einer Ansteckung mit der Pest bewahren sollen, so z. B. ein „Schwitz-Tränckel“, „Gift-Essig“ oder ein „Köchel zum Auflegen“.
In den einzelnen Traktaten werden Richtlinien zur Verhütung der Pest festgelegt. Interessant ist die Auffassung von den Ursachen der Pest in der beigebundenen Pestordnung des Mannagetta: man war der Meinung, daß die Pest durch „gottlose Leuth“, die sich mit dem Teufel verbündet hatten, mit dessen Hilfe oder durch ein spezielles Gift verbreitet würde. Da man die Pest als gerechte Strafe Gottes für das sündige Leben der Menschen ansah, schlägt Mannagetta zur Verhütung der Seuche unter anderem eine Besserung des Lebenswandels, das heißt, die „Abstehung von sündigem Leben“ und regelmäßiges Beten vor.
Im zweiten Kapitel wird beschrieben, wie man sich im Fall einer bereits bestehenden Infektion zu verhalten habe, im dritten Kapitel erfolgt eine Aufzählung jener Mittel, wodurch „so wohl der Arme als Reiche“ eine Infizierung verhindern könne. Die „Beschreibung der 1713 ... Eingeschlichenen Seuche“ enthält das Gelübde Karls VI., das er am 19. November 1713 geleistet hatte: nach dem Erlöschen der Pest solle dem hl. Karl Borromäus eine Kirche geweiht werden.
Das Buch enthält schließlich eine Statistik der in den Vorstädten und umliegenden Orten Wiens im Jahre 1713 aufgetretenen Pestfälle.

Wien, NÖLB, Sign. 535 C. H. L.

17.25 Ansteckender Seuche/Welche dises 1713. Jahr In das Ertz-Hertzogthumb Nieder-Oesterreich eingeschlichen ...

Wien: Ghelen, 1713.
28 Seiten, keine Abbildungen.
25,5 × 31 cm (geöffnet)

Das Buch enthält einen detaillierten Bericht von der Pestepidemie, die im Jahre 1713 in Niederösterreich wütete, samt einer Aufzählung und Beschreibung aller angewendeten „Hülffs-, Rettungs- und Verwahrungs-Mitteln“, die man zur Bekämpfung der Seuche ergriffen hatte, wie z. B. die Errichtung einer Pestfront und einer Kontumazstation an der türkischen Grenze.

Wien, NÖLB, Sign. 6.036 C. H. L.

17.26 Dr. Paul de Sorbait

Kupferstich, 28,2 × 20,2 cm (Pl.).

Dr. Paul Sorbait, Leibarzt der Kaiserinwitwe Eleonora, ergänzte die Pestordnung Johann Wilhelm Mannagettas von 1679. Wohl wurde die Pest immer noch als Strafe Gottes für das sündenvolle Leben der Menschen angesehen, aber Sorbait erkannte die Wichtigkeit der Reinlichkeit und die Ansteckungsgefahr dieser Infektionskrankheit. Sorbaits Warnungen beim Auftreten der ersten Pestopfer 1679 wurden anfangs ignoriert, erst nachdem sich die Epidemie immer mehr ausgebreitet hatte, akzeptierte die Wiener Stadtverwaltung diese Vorschriften. Die beiden Medaillons neben dem Brustbild Sorbaits sollen seine Wahlsprüche versinnbildlichen, „Tue Gutes“ und „Fürchte niemanden“. Die Darstellungen unterhalb der Universitätspatrone Cosmas und Damianus stehen im Zusammenhang mit der ärztlichen Tätigkeit.

Lit.: Kat. Abraham a Sancta Clara, Nr. C 2.3. — Kat. Schausammlung, Hist. Museum, S. 99.

Wien, ÖNB, Bildarchiv. S. D.

17.27 Nachlassen der Pest in Wien

Medaille, Silber, 44 mm, 29,96 g, 1714.
Medailleur: Georg Hautsch.

Vs.: SIE IST IEZT VNTER DEM SCHVTZ/ GOTTES SICHER (Chronogramm) Ansicht von Wien; i. A.: WIEN OHNE/W.
Rs.: GOTT LIESS DEN/KAISER NICHT/WIE ER NICHT LIESS DIE/SEINEN etc. in Lorbeerkranz, darüber strahlender Name Jesu.
Die Epidemie der Jahre 1713/14 war die letzte große Pestwelle in Österreich. Sie erfaßte einen höheren Prozentsatz der Menschen als die der Jahre 1679/80, die Todesquote war ungewöhnlich hoch.

Lit.: Montenuovo 1436.

Wien, KHM, MK, Inv.-Nr. 12.106. H. J.

17.28 Votivbild, eine Überschwemmung betreffend

Öl/Lw., 42 × 52 cm.
1745.

Neben Pest und anderen Seuchen stellten Überschwemmungen schon seit jeher eine Bedrohung für die Menschheit dar. Als Patron gegen Hochwasser verehrte man seit der ersten Hälfte des 18. Jh.s den 1729 heiliggesprochenen Johann von Nepomuk (Kat.-Nr. 10.11), dem allerorts an Brücken Standbilder errichtet wurden.
Das vorliegende Votivbild wurde, wie die Inschrift mitteilt, im Jahr 1745 von Regina Liebin aus Baden gestiftet, die durch die Anrufung Nepomuks gerettet wurde. Es zeigt die Szene der Errettung, über welcher der hl. Nepomuk in der himmlischen Sphäre schwebt.

Baden, Rollettmuseum. T. K.

17.29 Überschwemmung am Murboden in Weißenkirchen 1726

Öl/Lw., 90 × 90 cm.
Sign. „Fais M[aler] I(n) W(eiß)c(irchen)

Der Granitzenbach hatte den Murboden immer wieder überschwemmt und große Schäden angerichtet. Auch im Jahr 1726 trat der Bach über die Ufer und verheerte den Ort. Dieses Hochwasser war Anlaß zur Stiftung eines Votivbildes, das im irdischen Bereich den überschwemmten Ort und zwei Votanten zeigt, während Maria, umgeben von den Heiligen Joseph, Florian, Nikolaus und Antonius, in den Wolken über dem Geschehen schwebt.

Lit.: Kat. Der Steirische Bauer, Nr. 1813.

Judenburg, Stadtmuseum. S. D.

17.30 Krenstettner Bruderschaftsbild FB 90

Öl/Lw., 200 × 140 cm.
Sign. W. N. T.(urman); 1694.

Die erstmals 1112 erwähnte, dem Benediktinerstift Seitenstetten unterstehende Pfarrkirche Maria Himmelfahrt in Krenstetten wurde wegen des großen Andrangs von Wallfahrern 1441 neu erbaut. Wallfahrtsmotiv war die Abwehr schädlichen Wetters. Besonders groß soll der Andrang der Wallfahrer am Montag vor Pfingsten (Schauerfeiertag) gewesen sein. 1694 gab die im Jahr 1652 gegründete „Ertz-Bruderschaft des Heiligen Rosenkrantz“ zu Krenstetten, das hier gezeigte Bruderschaftsbild bei dem für Stift Seitenstetten immer wieder tätigen Wolf Niclas Turman in Auftrag.
Das Gemälde zeigt in der himmlischen Sphäre Maria mit dem Kind, an die Heiligen Benedikt und Dominikus Rosenkränze verteilend. Im terrestrischen Bereich richten die Mitglieder der Bruderschaft ihre Gebete für die am unteren Bildrand ausnehmbaren Seelen im Fegefeuer an die Madonna.

Lit.: G. Gugitz, Österreichs Gnadenstätten in Kult und Brauch, Bd. 2, S. 75f. — Kat. Staat und Kirche, Nr. 11.24.

Krenstetten, Pfarrkirche. T. K.

17.31 Adam von Lebenwald

Kupferstich, 31,4 × 22,5 cm (Pl.).

Adam Lebaldt (das Prädikat von und zu Lebenwald[t] erhielt er 1659) lebte von 1624 bis 1696. Im oberösterreichischen Mühlviertel geboren, studierte er in Graz und Padua, wo er 1652 zum „Doctor medicinae" promovierte. Neben seiner ärztlichen Praxis in Graz war er Leibarzt des Admonter Abtes und Landschafts-Medicus für das Enns- und Paltental. Für seine besonderen Verdienste, vor allem während der Pestepidemien, wurde er von Leopold I. zum „Comes Palatinus" ernannt. Neben diesen Fähigkeiten galten seine Interessen der Musik und der Dichtkunst. 1679 erhielt er den Titel „Poeta Laureatus".
In einer Reihe von Abhandlungen beschäftigte sich der stets kränkelnde Arzt mit damals angewandten Heilmitteln und Heilmethoden. Sein bedeutendstes Werk, das „Land-Stadt-Und Hauß-Artzney Buch", erschien 1695.

Lit.: E. Grabner, „Von des Teufels List und Betrug", in: Jahrbuch d. Hist. Vereines f. Steiermark 76, 1985, S. 173 ff.

Graz, Steiermärkisches Landesarchiv. S. D.

17.32 „Von des Teuffels List und Betrug"

Achtes „Tractätl" von Adami a Lebenswaldt, Salzburg: Johann Mayer, 1682.

Der Untertitel „Von des Teuffels List und Betrug in Verführung der Menschen zur Zauberen: Allwo auch von dem Antichrist als letzten Zauberer gehandlet wird/mit dem Beschluß/wie man sich vor des Teuffels List/Anfechtung und Verführung bewahren solle", zeigt bereits den Charakter dieser Abhandlung, die sich mit den Heilpraktiken und der Volksmedizin auseinandersetzt. Deutlich wird hier die genaue Kenntnis Lebenwalds über die Gelehrten seiner Zeit, die er ausführlich zitiert.

Lit.: E. Grabner, „Von des Teufels List und Betrug", in: Jb. d. Hist. Vereins f. Steiermark 76, 1985, S. 173 ff.

Wien, UB. S. D.

17.33 Gebärmutterkröte

Rotes Wachs, H 11 cm.

Die in der Regel aus Wachs angefertigten „Kröten" oder „Bärmuttern" wurden meistens von Frauen gegen Krankheiten im Unterleib geopfert. Bereits in der Antike glaubte man an ein lebendiges Tier im Unterleib der Frauen, das Krankheiten oder Unfruchtbarkeit hervorrufen kann. Gelegentlich werden diese Kröten auch mit Bauchschmerzen oder Koliken in Zusammenhang gebracht, und wurden dann auch von Männern geopfert.

Lit.: R. Kriss, Das Gebärmuttervotiv, Augsburg 1939, S. 38.

Wien, ÖMV. S. D.

17.34 Abraham a Sancta Clara

Kupferstich 35 × 24,3 cm (Pl.).
C. Weigel, um 1700.

Der Schwabe Abraham a Sancta Clara (1644—1709), mit bürgerlichem Namen Ulrich Megerle, trat 1662 als Novize in das Augustiner Barfüßer-Kloster Mariabrunn ein. 1673 hielt er seine erste Predigt vor dem Hofstaat unter dem Titel „Astriacus Austriacus", eine Festrede zu Ehren des hl. Leopold. Abraham predigte mit Vorliebe an öffentlichen Plätzen und sprach die vielfältigsten Gesellschaftsschichten an. Er griff die Ereignisse seiner Zeit auf und schreckte auch vor Kritik nicht zurück. Wichtige Werke Abrahams waren die 1680 entstandene Pestschrift „Mercks Wienn", die Kampfschrift wider die Türken „Auff, auff Ihr Christen" (1683), vier Bände von „Judas der Ertz-Schelm" (1686—1695), sowie die Joseph I. gewidmete „Neueröffnete Welt-Galleria" (1703).

Lit.: Kat. Schausammlung Hist. Museum, Nr. 2/56: Kat. Abraham a Sancta Clara, S. 73 f.

Wien, Hist. Museum. S. D.

Kat.-Nr. 17.34

17.35 Huy! und Pfuy! Der Welt

Abraham a Sancta Clara; Nürnberg, Christoph Weigel — Würzburg, Martin Franz Hertz, 1707. Mit 100 Kupfern von Jan und Caspar Luyken.

Abraham a Sancta Clara nahm das von Jan Luyken 1700 in Nürnberg herausgegebene Buch „Ethica Naturalis" als Vorbild für sein Werk. Er übersetzte die lateinischen Verse frei ins Deutsche und kommentierte sie. Dem Motto und den Versen ist ein Bild beigefügt, das den jeweiligen Gegenstand zusätzlich erläutern soll.
Die aufgeschlagene Seite beschäftigt sich mit der Pest, der „Zuchtrute Gottes". Der Kupferstich zeigt sterbende Pestkranke, die von einem anscheinend noch Gesunden eine Schale mit einem Getränk erhalten. Die übersetzten Verse Abrahams beschäftigen sich mit den Auswirkungen der gefürchteten Krankheit, die auch von Abraham als Maßnahme Gottes für die sündhaften Menschen angesehen wurde.

Lit.: Kat. Abraham a Sancta Clara, S. 136f.

Wien, Stadt- und Landesbibliothek. S. D.

Der Devotionalienstand

Devotionalien, geweihte Gegenstände, die an eigens dafür bestimmten Ständen „Betlhäuseln" vor den Wallfahrtskirchen zum Verkauf angeboten wurden, sollten den Pilger nicht nur an seine Wallfahrt erinnern, sondern auch in allen möglichen Nöten, insbesondere bei Krankheiten, helfen. Hatten zunächst vagierende Händler ihre eher bescheidenen Waren verkauft, so wurde nach und nach die Anzahl der Artikel immer größer, die nun von bald fix postierten Devotionalienverkäufern vor den Kirchen vertrieben wurden.
Rosenkränze und kleine Andachtsbildchen waren Hauptartikel. Zunächst ist die Herstellung der Andachtsbildchen an flämische Künstler in Auftrag gegeben worden, später wurde Augsburg zum Zentrum der Kupferstecher und erst in der 2. Hälfte des 18. Jh.s begann man auch in den Erbländern mit der Produktion dieser Bildchen, die nun wesentlich billiger waren und auch von kleineren Gnadenorten in Auftrag gegeben werden konnten.
Die Anwendung der Bildchen war äußerst vielfältig. In der Regel legte man Andachtsbildchen die „geweiht und angerührt", das heißt mit dem Kultgegenstand in Berührung gekommen waren, auf kranke Körperteile, befestigte sie an Türstöcken oder Möbeln als Schutz vor dem Bösen, sie wurden ins Wasser gelegt und das Extrakt getrunken oder dem

Vieh unter das Futter gemischt. Die meisten anderen Devotionalien standen in Beziehung zu dem Gnadenort: hing die Legende der Entstehung der Wallfahrt mit einem Baum in Zusammenhang, verkaufte man Holzsplitter oder Rindenstücke, die zu Salben gemixt oder ins Wasser gelegt wurden. Ähnlich verfuhr man mit besonderen Steinen, deren Brösel ähnlich verwendet wurden. Die Heilquellen nahmen eine besondere Stellung ein, in kleinen Fläschchen abgefüllt konnte das Wasser gekauft werden. Jeder Kauf einer Devotionalie war verbunden mit dem Wunsch um Schutz vor Krankheit und Unheil. Zu diesem Zweck erwarben die Pilger gerne Amulette, wie Schrecksteine, Zetteln mit magischen Sprüchen, Fraisenketten oder Breverln, die um den Hals getragen vor dem Bösen schützen sollten. Daneben waren Flugblattlieder, Gebetszettel, Auszüge aus den Mirakelbüchern, „hl. Längen" — Fußabdrücke oder die getreue Wiedergabe der Länge von Heiligen aus Seide oder Papier — in jeder Ausführung oder Betpfennige sehr beliebt.
Eine Datierung der Devotionalien ist in der Regel schwierig, weil sich diese Werke der Volkskunst in ihrer Gestaltung über einen längeren Zeitraum hinweg nicht veränderten.

Alle Exponate bis auf Kat.-Nr. 17.48 stammen aus dem Österr. Volkskundemuseum in Wien.

S. D.

17.36 Rosenkranz

Dunkelbraune Holzperlen, Einteilungen durch weiße Perlen und Christusmale aus Bein, Wendekopf, Messingkreuz.

Der sich aus der mittelalterlichen Gebetszählschnur entwickelnde Rosenkranz war der wichtigste Gegenstand, der an einem Devotionalienstand angeboten wurde. Fast täglich, je nach liturgischer Gegebenheit, wurde der Rosenkranz zu Hause gebetet, von keinem kirchlichen Fest war er wegzudenken. Waren die Rosenkränze mit beinernen Christusmalen — vorliegender zeigt wohlgeformte Hände und Füße sowie ein Herz mit den Wunden Christi — und einem Wendekopf versehen, so verpflichtete sich der Besitzer zu bestimmten Gebeten pro Tag, wie sie ihm die Einteilung am Rosenkranz vorschrieb. Meist befand sich diese Art im Besitz von Bruderschaftsmitgliedern.

Lit.: L. Kriss-Rettenbeck, Bilder und Zeichen religiösen Volksglaubens, München 1963, S. 27 f., S. 52.

S. D.

17.37 Rosenkranz

Dunkelbraune, eingekerbte Holzperlen, Unterteilung durch beinerne Fußabdrücke und weiße Holzperlen, hölzernes Kreuz.

Der durch einfache beinerne Nachformungen von Füßen und durch weiße Holzperlen unterteilte Rosenkranz ist mit einem schlichten Holzkreuz mit einer Darstellung des Gekreuzigten versehen.

S. D.

17.38 Teile eines Rosenkranzes

17. Jh.

Vier Teile eines Rosenkranzes aus oxydierten Bronzekettchen, die von Korallenschnitzereien (Ave Maria, Pater noster) unterbrochen werden.

Wiener Neustadt, Stadtmuseum, Inv.-Nr. A 318.

G. B.

17.39 Sonntagberger Fraisenstein

Ton, koloriert, 12 × 9 cm.

Zunächst hatte man kleine, vom Sonntagberger Zeichenstein (Kat.-Nr. 17.17) abgebrochene und geweihte Stückchen verkauft, die Nachfrage wurde immer größer und man vermischte diese Steinchen mit Lehm, drückte die Darstellung des Sonntagberger Gnadenmotives darauf und brannte die Masse. Diese

Fraisensteine erfreuten sich großer Beliebtheit und wurden nicht nur gegen die Fraisen, sondern auch als Talisman gegen alle möglichen Krankheiten verwendet. In der Hauptsache wurde er ins Wasser gelegt und von dem Extrakt bei Bedarf getrunken, man machte Pulver aus den Steinen oder legte sie auf Wunden. Von der wunderbaren Wirkung dieses Steines berichten zahlreiche Gebetserhörungen in den Mirakelbüchern des Sonntagberges.

Lit.: K. Beitl, Volksglaube, Salzburg 1978, Nr. 18.

S. D.

17.40 Sonntagberger Fraisenstein

Ton, 6 × 5 cm.

Infolge der großen Nachfrage stellte man die Fraisensteine in verschiedenen Größen, koloriert, verziert oder in ganz einfacher Form her (Kat.-Nr. 17.39). Man hatte sich wohl an der Kaufkraft der Wallfahrer zu orientieren und fertigte auch billigere Exemplare an. S. D.

17.41 Fraisenkette

Band mit verschiedensten Amuletten und Münzen, Dm. 40 cm.
18. Jh.

Die Fraisenketten — „Fraisenbeten" — waren neben den Fraisensteinen oder dem „Freissamkraut" (Stiefmütterchen) eines der gebräuchlichsten Mittel gegen die Fraisen, eine Krankheitsbezeichnung, die alles umfaßte, was sich in Krämpfen ähnlich der Epilepsie äußerte. Die Fraisenketten, als Talisman gegen diese Krankheit verwendet, bestanden aus Amuletten in meist ungerader Zahl, sowohl aus dem kirchlichen Bereich — Münzen mit der Abbildung der Muttergottes oder anderen Heiligen —, als auch aus Amuletten, von denen man annahm, daß von ihnen eine magische Kraft ausging. Tierklauen, Bocksbärte, Korallen oder besondere Steine wie Serpentin oder Achat — „Schrecksteine" gegen das Böse im allgemeinen — wurden hier in der Regel verwendet. Auch die vorliegende Kette zeigt neben christlichen Attributen — viereckige Silbermünzen mit dem Bildnis des hl. Rupert und hl. Georg, der Madonna und ein silbernes Herz — auch Amulette wie ein Bocksbart oder verschiedenartige Steine in Silberfassung.

Lit.: K. Beitl, Volksglaube, Salzburg 1978, Nr. 19 a, b.

S. D.

17.42 Fraisenhäubchen

Häubchen aus gelber Seide, ein Kupferstich, H 17,5 cm.
1767.

Die Fraisenhäubchen sind in der Regel vier in Form eines Häubchens zusammengenähte Leinenstücke, die mit Kupferstichen versehen wurden. Durch Berührung mit einem Gnadenbild erhielt die Devotionalie heilspendende Wirkung und wurde hauptsächlich bei Kopfkrankheiten verwendet, aber auch Kindern unter den Kopfpolster geschoben und Gebärenden gegen die Mutterfrais auf den Kopf gesetzt.
Der Kupferstich auf dem gezeigten Häubchen stellt eine stehende Madonna mit Kind neben den Heiligen Antonius und Johannes dar.

Lit.: K. Beitl, Volksglaube, Salzburg 1978, Nr. 20 a—c.

S. D.

17.43 Fraisenhäubchen mit hl. Anastasia

Häubchen aus rosa Seide mit Kupferstich, H 10 cm.

Neben Darstellungen der Muttergottes druckte man in der Regel Heilige auf die Häubchen, die aus irgendeinem Grund mit einem Kopfleiden in Verbindung gebracht wurden. Die Legende erzählt von der im 4. Jh. verbrannten Anastasia, die von einem Mann belästigt wurde, der daraufhin dem Wahn verfiel.

Lit.: Reclams Lexikon der Heiligen in den biblischen Gestalten, Stuttgart 1968. S. D.

17.44 Zwei Fraisenhäubchen mit hl. Fidelis

Häubchen, rosa gefaßt mit Kupferstich, H 10 cm.
Vierseitig bedrucktes Häubchen.
Bez. „hl. Fidel bitt' für mich, dann mein Vertraun' setz ich auf Dich".

Fidelis von Sigmaringen (1577—1622), Doktor der Philosophie und der Rechte, war Kapuziner und erwarb sich bei der Unterstützung von Armen große Verdienste. Beim Versuch der Rekatholisierung Graubündens wurde er von calvinischen Bauern mit einer Keule erschlagen. Verehrt wird der 1746 heiliggesprochene Fidelis insbesondere in Vorarlberg (2. Landespatron) und in Süddeutschland.
Beide Häubchen zeigen den Heiligen in Mönchskutte, einmal mit einer von Engeln präsentierten Stachelkeule.

Lit.: O. Wimmer, Handbuch der Namen und Heiligen, Innsbruck - Wien - München 1959², S. 208. S. D.

17.45 Zwei Wetterkreuze

Messing, H 10 cm und 11 cm.
Zweibalkig, eines mit Flechtwerkornamentik.

Das Symbol des Kreuzes spielt im Brauchtum eine große Rolle, insbesondere das doppelbalkige Kreuz, ein Typus der für Kreuzreliquien im Osten verwendet worden war und nach der Eroberung von Konstantinopel auch im Westen Verbreitung fand. Bei allen nicht abwendbaren Einflüssen, wie etwa bei Unwettern, wandte man sich an diese Kreuze um Hilfe.

Lit.: L. Kriss-Rettenbeck, Bilder und Zeichen religiösen Volksglaubens, München 1963, S. 47. S. D.

17.46 Zwei Ulrichskreuze

Messing, H 4 cm.

Kreuze zu Ehren des hl. Ulrich — jenes heiliggesprochenen Bischofs von Augsburg, der an der Schlacht am Lechfeld 955 teilgenommen hatte und den Ausgang positiv beeinflußt haben soll —, ursprünglich am Grab des hl. Ulrich in Augsburg gemeinsam mit Ulrichswasser und -erde verkauft, fanden bald auch in anderen Gnadenorten Verbreitung. Verwendet wurden diese Kreuze als Talisman gegen alles Böse.

Lit.: L. Hannsmann - L. Kriss-Rettenbeck, Amulette, Talisman, München 1966, S. 154. S. D.

17.47 Breverl

Kupferstich auf Seide, genäht auf schwarzem Stoff, mit zwei roten Bändern, 8 × 6 cm.
18. Jh.

Das Breverl, meist ein mehrfach gefaltetes Briefchen oder ein zu einem Polster genähter Stoff mit unbekanntem Inhalt, wurde wie ein Amulett verwendet. Die magischen Sprüche, die häufig auf diesem Talisman abgedruckt waren, wurden im 18. Jh. durch Heiligendarstellungen ersetzt und so deren Gebrauch von der katholischen Kirche geduldet. Bei dem Kupferstich auf dem hier gezeigten Breverl könnte es sich um eine Kopie des Gnadenbildes S. Maria del Popolo aus Rom handeln, aber auch um eine seitenverkehrte Abbildung des „Maria-hilf"-Types. Das Jesuskind und Maria halten diese Schutzbriefchen in Händen, nach denen die armen Seelen im Fegefeuer greifen. Die Handhabung dieses Breverls läßt die Vermutung zu, daß es sich auch um ein Skapulier, also ein sichtbares Zeichen der Zugehörigkeit zu einer Bruderschaft, handeln könnte.

Lit.: K. Beitl, Volksglaube, Salzburg 1978, Nr. 23 a, b.

S. D.

17.48 Breverl

Kupferstich, 18 × 14,5 cm. 18. Jh.

Der mehrfach gefaltete Schutzbrief (Kat.-Nr. 17.47) mit Heiligenmotiven steht in Zusammenhang mit dem Sonntagberg. Die Darstellung des Gnadenstuhles im Zentrum beinhaltet Stückchen des Sonntagberger Zeichensteines.

Tulln, Stadtmuseum. S. D.

17.49 Zum Andenken an Mariazell

Kol. Kupferstich
Bez. „hl. Maria bitt' für uns".

Mariazell war in der Barockzeit der bedeutendste Wallfahrtsort der Monarchie, die Pilger kamen zu diesem Gnadenort auch aus Böhmen, Mähren und Ungarn sowie aus allen Teilen der Erblande. Die Mirakelberichte zeigen die vielen großen und kleinen Nöte, die Hoffnungen und Enttäuschungen, mit denen die Menschen nach Mariazell kamen. Die Gründungslegende Mariazells wird im allgemeinen im 12. Jh. angesetzt, eine Erweiterung der hölzernen Kapelle für die Gnadenstatue erfolgte durch das mährische Markgrafenpaar im 13. Jh., das von einer schweren Krankheit geheilt wurde. Einen Höhepunkt erlebte Mariazell im Barock durch die Verbundenheit des Kaiserhauses mit dem Gnadenort.

Lit.: O. Wonisch, Geschichte von Mariazell, in: Mariazeller Wallfahrtsbuch I., 1947, S. 12. S. D.

17.50 „Maria Schatzkammerbild"

Kol. Spitzenbild

Die kunstvollen Spitzenbilder wurden oft in Klöstern hergestellt und dienten reicheren Wallfahrern als Andenken.
Bei vorliegendem Bild ist die Darstellung des Schatzkammerbildes von Mariazell von einem reichen Spitzenschnitt umgeben.
Das sogenannte Schatzkammerbild — ein in der Schatzkammer aufgestelltes Marienbild, das von Ludwig I. von Ungarn nach einem le-

Kat.-Nr. 17.48

gendären Türkensieg nach Mariazell gebracht wurde — wird als zweiter Kultgegenstand verehrt. S. D.

17.51 Mariazeller Madonna und der hl. Antonius

Kol. Andachtsbildchen

Neben der von einem Thronbaldachin umgebenen Mariazeller Madonna zeigt das Bildchen die Darstellung des sehr beliebten hl. Antonius, der in allen Nöten angerufen wurde.

S. D.

17.52 Mehrortewallfahrtsbildchen

Kol. Andachtsbildchen.
18. Jh.

Unter den beiden Gnadenstatuen von Mariazell sind Medaillons mit deren Entstehungslegenden — das Markgrafenehepaar von Mähren läßt die erste Kapelle von Mariazell bauen, und König Ludwig von Ungarn stiftet nach einer siegreichen Schlacht das Schatzkammerbild — dargestellt. Häufig wurde ein Besuch von Mariazell mit einer Wallfahrt auf dem Sonntagberg verbunden. Man stellte Bildchen mit allen gängigen Namenspatronen, hier der heilige Franz Xaver, her, die als Geschenk oder zum eigenen Andenken gekauft wurden. S. D.

17.53 Zum Andenken an einen Freund

Aquarell auf Pergament

Andachtsbildchen waren auch beliebte Geschenke, die Angehörigen oder Freunden von einer Wallfahrt mitgebracht wurden. Auf diesem Bildchen sind neben den beiden Gnadenbildern von Mariazell sowie Szenen der Entstehung des Gnadenortes, auch die beiden Wallfahrtsorte Sonntagberg und Maria Taferl dargestellt. Der Besuch von mehreren Wallfahrtsorten, in der Regel drei, erfreute sich im Barock zunehmender Beliebtheit. S. D.

17.54 „Gebett zu der Wunderthätigen"

Kupferstich mit Gebet.
Augsburg, Johann Heichele.

Der Kupferstich zeigt die von Engeln präsentierte Madonna über der Kirche von Mariazell. S. D.

17.55 Mariazeller Schluckbildchen

Kupferstich, 7 × 10 cm.

Als eine Sonderform der Andachtsbildchen wurden an den Devotionalienständen sogenannte Mariazeller Schluckbildchen verkauft. Diese Bildchen — ein Block von meist achtzehn Abbildungen der Mariazeller Madonna und dem Mariazeller Schatzkammerbild — erfreuten sich großer Beliebtheit gegen jede Krankheitsform. Sie wurden von den Wallfahrern zu Hause aufgehoben, bei Bedarf ein Stück abgerissen und gegessen, häufig mischte man die Bildchen auch dem Vieh unter das Futter.

Lit.: G. Gugitz, Das kl. Andachtsbild in den österreichischen Gnadenstätten, in Darstellung, Verbreitung und Brauchtum, nebst einer Ikonographie, Wien 1950, S. 79; 83/84. S. D.

17.56 Mariazeller Madonna

Andachtsbildchen, kol. Kupferstich.
18. Jh.
Bez. „In Gefahren Leib und Seell sei mein Hilf Mariazell".

Um möglichst verschiedenartige Exemplare der Andachtsbildchen anbieten zu können, kombinierte man die Kupferstiche mit allen möglichen Materialien. So wurden Folien und Stoffstückchen eingelegt, um den die Mariazeller Madonna umgebenden Thronbaldachin, die Engelsflügel und deren Kleider hervorzuheben. S. D.

17.57 Maria Taferl

Roter Seidendruck.
Sign. I. Assner, Wien.
Bez. „Schmerzhafftes Gnadenbild Maria Taferl".

Der ursprüngliche Kult steht in Maria Taferl mit einem übergroßen Stein, der als „Taferlstein" verehrt wurde, in Verbindung. Die Legende setzt 1633 mit Thomas Pachmann ein, der bei dem Versuch, eine Eiche neben dem Taferlstein zu fällen, sein Bein verletzte, weil er das an dem Baum befestigte Kreuz übersehen hatte. Nachdem er Gott um Verzeihung für seinen Frevel gebeten hatte, begann sein Fuß zu heilen. Im Traum war dem kranken Alexander Schinnagel die Muttergottes erschienen und hatte ihm befohlen, an Stelle des Kreuzes ein Marienbild anzubringen. Schinnagel führte den Befehl aus und wurde gesund. Der ursprüngliche Kultgegenstand, eine um 1692 von Franz Meuß entstandene Pietá, verbrannte 1755. Ein getreues Abbild wurde angefertigt und um dem Vesperbild dieselbe Heilkraft wie dem alten zu verleihen, wurde es mit Resten des verbrannten Kultgegenstandes belegt.

Lit.: J. Weichselbaum, Maria Taferl. Das Landesheiligtum von NÖ, der schmerzhaften Mutter Gottes, 1954, S. 5—18, Kat. Wallfahrten in NÖ, Altenburg 1985, Nr. 208.

S. D.

Kat.-Nr. 17.55

17.58 Faltbrief von Maria Taferl

Kol. Kupferstich mit Gebet der sieben Schmerzen Marias.
Bez. „Das Schwerdt wierd deine Seel durchdringen“, Luc. 2.33.

In der Mitte des 17. Jh.s beobachteten Menschen aus der Umgebung von Maria Taferl Engelsprozessionen und geheimnisvolle Lichterscheinungen um das auf der Eiche befestigte Marienbild. Nach deren Untersuchung auf Wahrheitsgehalt gestaltete man die Lesung einer ersten offiziellen Messe im Jahr 1660.
Der Faltbrief zeigt Engelsprozessionen um die in Wolken thronende Madonna über der Kirche von Maria Taferl. Mehrere mit einem Boot in der Donau gekenterte Menschen bitten Maria um Hilfe in ihrem Unglück. In Maria Taferl verehrte man insbesondere die schmerzensreiche Madonna, immer wieder zogen Bußprozessionen auf den Taferlberg, die Arme wie ein Gekreuzigter ausgebreitet, Kreuze schleppend oder auf den Knien rutschend. S. D.

17.59 Maria Taferl

Kupferstich.
Bez. „Wunderthätiges Gnadenbild Maria Taferl in Unterösterreich“.

Mehrere Kranke wenden sich um Hilfe bittend an die von Engel umgebene Gnadenstatue von Maria Taferl. Der Gnadenort wurde von zahlreichen Wallfahrern in allen Belangen aufgesucht, von den Gebetserhörungen berichten die Mirakelbücher und die Votivgaben, die in der Schatzkammer aufbewahrt werden.

S. D.

17.60 Annaberger Gebetszettel

Kupferstich.
18. Jh.

Zettel, die einerseits den Kultgegenstand zeigen, auf der anderen Seite ein Gebet zu diesem, wurden gerne an den Devotionalienständen angeboten. Annaberg — verehrt wird eine Statue der Anna Selbdritt — war ein äußerst beliebter Wallfahrtsort, insbesondere von Frauen bei den vielfältigsten Krankheiten geschätzt, geographisch begünstigt durch seine Lage an der „Via Sacra“, der beliebten Pilgerstraße von Wien nach Mariazell. S. D.

17.61 Gnadenbild Maria Dreieichen

Andachtsbildchen, kol. Kupferstich, M. Engelbrecht exc.

Kat.-Nr. 17.63

18. Jh.
Bez. „Geweiht und Angerühret“, „Das Heil Gnaden Bild Maria von 3 Eichen inweith Horn“.

Die in der Mitte des 17. Jh.s entstandene Legende berichtet von dem Kürschnermeister Matthias Weinberger aus Horn, der mehrmals im Traum die Weisung erhielt, sein Marienbild auf den Moldnerberg zu tragen. Das Bild wurde in eine Eiche gestellt und erhielt großen Zulauf durch Wallfahrer. Aus diesem Grund errichtete man in der zweiten Hälfte des 18. Jh.s die Kirche von Maria Dreieichen. Der Kultgegenstand, eine um 1675 entstandene hölzerne Pietá, wurde auf den Hochaltar übertragen, der eine versilberte und vergoldete Eiche darstellt.

Lit.: Kirchenführer Maria Dreieichen 1973. S. D.

17.62 Gnadenbild Maria Bründl, Krems-Und

Kupferstich auf gelber Seide.
18. Jh.

Nahe des Kapuzinerklosters in Und entsprang ein heilsames Bründl, um das eine Kapelle gebaut und eine aus Prag stammende Marienstatue aufgestellt wurde. Nach einem Brand ließ die Gräfin Katharina von Werdenberg eine neue Kapelle errichten. Nach der Aufhebung des Klosters 1793 wurde das Gnadenbild in der Kremser Pfarrkirche aufgestellt. Das Mirakelbuch von 1775 berichtet von zahlreichen Gebetserhörungen, insbesondere in Pestzeiten, aber auch bei Fußkrankheiten, oder man bat um gutes Wetter und Gesundheit für das Vieh.

Lit.: G. Gugitz, Österreichs Gnadenstätten in Kult und Brauch, Bd. 2, S. 73. S. D.

17.63 Ursprungslegende von Maria Langegg

Andachtsbildchen, Kupferstich.
Nach einem Stich in Augustin M. Romer, Servitus Mariana.

Zu Beginn des 17. Jahrhundert löste Matthias Häring, Besitzer des Gutes Langegg, sein Versprechen ein, nach Gesundung seiner Tochter Maria Klara eine Kapelle für das Marienbild errichten zu lassen, an das er sich um Hilfe gewandt hatte. 1647 übernahmen die Serviten die Betreuung der Kapelle, ein Kloster konnte mit Hilfe privater Spenden und durch das Opfergeld der Pilger gebaut werden, schließlich legte man 1765 den Grundstein für die jetzige Kirche. Das Gnadenbild, eine Kopie des Gnadenbildes von S. Maria del Popolo in Rom, wurde bei allen möglichen Krankheiten angerufen und erhielt den Beinamen „Maria, heil der Kranken“.
Das Andachtsbildchen zeigt den Stifter des Gnadenortes, Matthias Häring, kniend vor dem Marienbild, zu dem er um Hilfe für sein krankes Kind bittet. S. D.

18. Hochbarocke Kirchen und Klöster in Niederösterreich und Wien

Da es im vorgegebenen Rahmen nicht möglich ist, die gesamte hochbarocke Kirchen- und Klosterbaukunst Österreichs auch nur ansatzweise zu präsentieren, wurde der vorliegende Themenkreis bewußt abgesteckt.

Zum einen ist es die Umsetzung der Pietas des Hauses Habsburg (vgl. S. 255 ff.) in den künstlerischen Bereich, der hier besonderes Augenmerk geschenkt wird, ebenso sollen aber auch die politischen Dimensionen aufgezeigt werden, die sich in den wichtigsten dieser Bauten bzw. in den Freskenprogrammen ihrer Ausstattungen manifestieren. Zum anderen ist es die Bedeutung der barocken Prälaten als Bauherren, parallel zu den Leistungen der Künstler, und ihr oft nicht unbedeutender Anteil am geistigen Konzept von Architektur und Gesamtausstattung, der zumindest angerissen werden soll. Im Hinblick auf die Klosterbaukunst liegen die Schwerpunkte auf Stift Melk und Göttweig, hinsichtlich der Wiener Kirchenbauten steht St. Peter im Mittelpunkt der Betrachtung. Der bedeutendste vom Kaiserhaus in Auftrag gegebene Sakralbau, die Karlskirche, gelangte bereits im Zusammenhang mit den kaiserlichen Bauunternehmungen (vgl. Kat.-Nr. 6.14) zur Darstellung.

Der wichtigste Klosterbau dieser Zeit in Wien ist der Neubau des von Kaiserin Amalie Wilhelmine als Witwensitz gegründeten Salesianerinnenklosters am Rennweg, von Donato Felice d'Allio seit 1717 als regelmäßige Anlage errichtet. Das Kloster sollte zudem der Erziehung adeliger Mädchen dienen, ähnlich etwa der 1706 in St. Pölten neu gegründeten Kongregation der Englischen Fräulein. Etwa gleichzeitig stiftete die verwitwete Maria Antonia Montecuccoli in St. Pölten ein Karmeliterinnenkloster, in das sie sich in ihren letzten Lebensjahren zurückziehen sollte.

Weit bedeutender als die Klostergründungen der Zeit in Niederösterreich, unter denen noch einige erbauliche Orden zu nennen wären, ist die Barockisierung bereits bestehender Klosteranlagen. Wie der Hochadel, der im Hinblick auf Repräsentation und äußere Prachtentfaltung durchaus mit dem Kaiserhaus in Konkurrenz treten konnte und dieses in seinen architektonischen Unternehmungen anfangs sogar übertraf, strebten auch die Prälaten der Klöster danach, es den weltlichen Großen gleich zu tun und durch die prunkvoll ausgeschmückten Kirchenbauten den vollkommenen Sieg des katholischen Glaubens zu dokumentieren. Die barocken Umbauten, die Unsummen von Geld verschlangen — die dafür notwendig gewordenen finanziellen Aufwendungen stammten aus den Erträgnissen der Grundbesitze der Klöster, zum Teil in Eigenregie bearbeitet, zum Teil an untertänige Bauern vergeben, ferner aus Zehent, Jagd- und Fischereiwesen und aus den Verwaltungs- und Gerichtsfunktionen der Herrschaft —, erschöpften die wirtschaftlichen Ressourcen mancher Klöster fast völlig. So war etwa die vollständige Barockisierung des St. Pöltner Chorherrenstiftes zum Scheitern verurteilt, ja Propst Führer war wegen der großen Schulden, die er verursacht hatte, 1739 sogar abgesetzt worden. Auch der Melker Prälat Dietmayr wurde von einigen Konventmitgliedern beim Kaiser der Verschwendung angeklagt, die seine Absetzung zu erreichen trachteten, allerdings ohne damit auf Erfolg zu stoßen.

Abt Dietmayr, bestens vertraut mit den Problemen der Architektur, dürfte selbst einen entscheidenden Einfluß auf alle Fragen der

Baugestaltung ausgeübt haben. Möglicherweise ist dies auch der Grund, warum sich Prandtauers Anfangsgehalt von 300 fl jährlich relativ bescheiden ausnimmt. In dessen Hand lag seit 1702 die barocke Umgestaltung des Stiftes, die, wie sich erst in den letzten Jahren herausstellte, durch bereits im 17. Jahrhundert errichtete Trakte vorbestimmt worden war, und erst jetzt Prandtauers Fähigkeit, mit vorgegebenen Bedingungen zurecht zu kommen, in vollem Umfang erkennen läßt. Abt Dietmayr dürfte möglicherweise auch das in Barocklatein abgefaßte Programm für die von Antonio Beduzzi entworfenen und von Johann Michael Rottmayr ausgeführten Langhausfresken entworfen haben. Sein Hauptaugenmerk richtete der Abt aber auf die Ausgestaltung der für den Besuch von Mitgliedern des Kaiserhauses bestimmten Gast- und Kaiserzimmer, wie sie auch in anderen Stiften zu finden sind. Überhaupt ist in Melk ein Großteil des Bildprogrammes auf die Person des Kaisers ausgerichtet, was sich vor allem in den Fresken Trogers im Marmorsaal und in der Bibliothek zeigt. Ist es in Melk der Prälat, der durch die auf den Kaiser hinzielende Ikonologie die staatspolitische Bedeutung Melks dem Besucher vor Auge führen will, so ist der Bezug zum Herrscher in Klosterneuburg konkret zu fassen. Bereits 1706 hatte Prandtauer auf Anregung des Melker Abtes Dietmayr (dieser war sogar zum Leiter des Neubaues in Klosterneuburg bestimmt worden) für den Klosterneuburer Propst Perger den Entwurf für den Umbau der Stiftsanlage geliefert. 1729 war es dann Donato Felice d'Allio, der den für die Grundsteinlegung am 30. Mai 1730 maßgeblichen Plan verfaßte, nachdem er Prandtauers Pläne für sehr „unregelmäßig und unvollkommen“ empfunden und das Ansuchen gestellt hatte, „neue und nach eigener Erfindung“ verfertigte einbringen zu dürfen. Am Leopolditag desselben Jahres verkündete der Generalbaudirektor Althann anläßlich einer Besichtigung des Neubaues, daß der bisherige Bau in der geplanten Form hinfällig sei, zumal der Kaiser gedenke, hier seine Residenz aufzuschlagen, und das Gebäude demzufolge mit größerer Pracht und mehr Aufwand gebaut werden solle.

Bereits unter den Babenbergern hatte Klosterneuburg ja eine Doppelfunktion als Kloster und Pfalz innegehabt. Indem Karl VI. nun dieses dynastische Vorbild aufgriff, betonte er bewußt die Kontinuität seines Herrschertums. Als ideellen Ausgangspunkt hatte man ferner sicherlich auch den spanischen Escorial vor Augen, wenngleich in formaler Hinsicht andere Quellen bestimmend gewesen sein dürften. Angespielt dürfte hier vermutlich auf Karls nie völlig aufgegebenen Anspruch auf das spanische Königtum sein, wenngleich die geistige Haltung zwischen beiden Bauten völlig verschieden ist. Im völligen Gegensatz zu dem spanischen Vorbild dient nämlich hier die sakrale Sphäre der kaiserlichen Prachtentfaltung. Unmittelbar offensichtlich wird der Zusammenhang zwischen kirchlicher und weltlicher Macht dadurch, daß an die in der Hauptachse liegende Kirche nach Osten hin das axial auf den Kaisertrakt hinführende Treppenhaus liegt. Mit dem Tod Karls VI. kam der Bau vorzeitig ins Stocken.

Durch einen Brand im Jahr 1718 war auch in Göttweig ein Neubau der Stiftsanlage nötig geworden. Der aus Franken stammende Göttweiger Abt Bessel, ein Günstling der Schönborn, wandte sich aus diesem Grund an Reichsvizekanzler Friedrich Karl Schönborn und dessen Architekten Hildebrandt, um über den Neubau zu verhandeln. In Auseinandersetzung mit dem bereits fortgeschrittenen Neubau von Stift Melk, sollte hier eine alles bisherige in den Schatten stellende Klosteranlage geschaffen werden. Schon die noch bestehenden Trakte legten eine dem Escorial nahekommende, raumgreifende Rasterplanung nahe. Hildebrandts Idealprojekt hätte aller-

Kat.-Nr. 18.3

dings zum einen ungeheurer Mittel bedurft, die nicht vorhanden waren, zum anderen dürfte es von seiten des Konvents Bedenken gegen das, alle vernünftigen Dimensionen sprengende Projekt gegeben haben. Die notwendig gewordene Reduzierung und andere Aufgaben veranlaßten Hildebrandt, die Baudirektion an den bisherigen Bauführer Franz Jänggl abzutreten. Ab 1732 wurde das Projekt in reduzierter Form von Franz Anton Pilgram zu Ende geführt. In Auseinandersetzung mit Melk ist das berühmte Deckenfresko Trogers über der „Kaiserstiege", der 1739 vollendeten, weiträumigsten Treppenanlage des österreichischen Barock, völlig auf Karl VI. zugeschnitten. Das Programm des Freskos, das Karl VI. als Helios-Apollo und Musenführer in Begleitung von Künsten und Wissenschaft darstellt, dürfte wahrscheinlich auf den mit der Gedankenwelt des Hofes vertrauten Abt Bessel persönlich zurückgehen.

Auf die Barockisierung der weiteren Stiftskirchen Niederösterreichs durch Baumeister wie Prandtauer, seinem Schwiegersohn Munggenast oder den genialen Architekten Matthias Steinl wird noch im einzelnen hingewiesen werden. Wichtiger für das allgemeine Verständnis ist die bisher nicht erwähnte Entwicklung der Sakralarchitektur in Wien, zumal hier nicht nur vorbildliche architektonische Typen (Tiefenovalraum) gefunden wurden, sondern hier auch erstmals allesumfassende, alle Medien betreffende farbige Gesamtausstattungen zu finden sind, die dann in der Ausstattung der Melker Stiftskirche gipfeln, die in ihrer auf Gold und rotem Marmor abgestimmten Oberflächengestaltung für den Spätbarock bestimmend wurde. Die erste dieser farblichen Gesamtausstattungen schuf der kurz nach 1700 aus Rom nach Wien gerufene Architekt und Freskant Andrea Pozzo bei der Barockisierung der Wiener Jesuitenkirche, die er durch das Zusammenwirken von Gewölbemalerei und die Instrumentierung von Pilastern, Säulen und Altären in schweren dunklen Formen zentrierte. Wenig später dürfte unter der Leitung Matthias Steinls auch die heute leider nicht mehr erhaltene Dorotheerkirche eine allumfassende farbliche Ausstattung erhalten haben. Steinl war es auch, in dessen Händen die Innenausstattung von St. Peter in Wien lag. Dieses zählt zu den bedeutendsten unter der Patronanz des Kaiserhauses auf Wiener Boden errichteten Bauten. Bereits zur Zeit Kardinal Khlesls hatte man die Erneuerungsarbeiten an dieser der Legende nach von Kaiser Karl dem Großen gegründeten Kirche beschlossen, die auf Grund der politischen Situation damals allerdings nicht durchgeführt wurden. Erst fast 100 Jahre später, im Jahr 1700, beschloß die Wiener Dreifaltigkeitsbruderschaft einen völligen Neubau der Kirche, zu dem Kaiser Leopold I., selbst Mitglied der Bruderschaft, 1701 seine Zustimmung erteilte. Von dem italienischen Wanderarchitekten Gabriele Montani entworfen, der 1703 mit König Karl III. nach Spanien berufen wurde, erfuhr der Kirchenbau durch den kaiserlichen Hofarchitekten Lucas von Hildebrandt im Aufriß entscheidende Veränderungen. Auch hinsichtlich der Innenausstattung gab es entscheidende personelle Veränderungen. Ursprünglich war für die Freskierung des Baues der Jesuitenpater Andrea Pozzo vorgesehen gewesen, der in den Jahren zwischen 1707 und 1709 bereits fünf Kapellen gemalt hatte. Die Frage nach der Freskierung der Kuppel wurde durch finanzielle Engpässe und durch den Tod Pozzos vorerst gegenstandslos. Erst fünf Jahre später konnten die finanziellen Schwierigkeiten behoben werden, vor allem, da ein Spendenaufruf zur Vollendung der Kirche nach der Pest von 1713 erfolgreicher verlief als die vorhergegangenen. Als Freskant wurde der zu dieser Zeit wohl bedeutendste österreichische Maler J. Michael Rottmayr gewonnen, der auch für die Ausstattung zahlreicher Bauten Johann Bernhard Fischers verantwortlich zeichnete. Durch die Heranziehung von erstrangigen Künstlern der Zeit wurde hier unter der Leitung des Universalkünstlers Matthias Steinl, der hier als „inventor" und Koordinator zwischen den einzelnen Künstlern aufgetreten sein dürfte, eines der vollkommensten Gesamtkunstwerke der Zeit geschaffen, das auch nach der nach Steinls Tod unter der Gesamtleitung von Antonio Galli Bibiena durchgeführten Chorerweiterung nichts von seiner Einheitlichkeit einbüßte.

Thomas Karl

Lit.: Kat. Jakob Prandtauer und sein Kunstkreis, Melk 1960. — G. Brucher, Barockarchitektur in Österreich, Köln 1983. — H. Lorenz, Barockarchitektur in Wien und im Umkreis der kaiserlichen Residenzstadt, in: K. Gutkas (Hrsg.), Prinz Eugen und das barocke Österreich, Salzburg 1985, S. 235ff. — W. Hilger, Der barocke Neubau, in: G. Flossmann, W. Hilger, H. Fasching, Stift Melk und seine Kunstschätze, St. Pölten - Wien 1976, S. 38ff. — F. B. Polleroß, Geistliches Zelt- und Kriegslager — Die Wiener Peterskirche als barockes Gesamtkunstwerk, in: Jb. d. Vereins f. Gesch. der Stadt Wien 39, 1983, S. 142ff.

Objekte

18.1 Porträt Abt Gottfried Bessel als Bauherr

Öl/Lw., 152 × 100 cm.
Um 1725.

Das Dreiviertelporträt zeigt den Göttweiger Abt mit einem kostbaren Pektorale an blauem Band vor einem durch eine dunkelgrüne Draperie verdeckten Foliantenregal und einem von einer Säule angeschnittenen Fensterbogen stehend, dessen Brüstung mit dem Abtwappen geschmückt ist. Der Brief in seiner Rechten gibt die Vielzahl seiner Titel wieder. Durch das Fenster blickt man auf den vereinfachten Aufriß des von Hildebrandt projektierten Klosterbaues ohne die unterteilenden Gangtrakte nördlich und südlich der Kirche. Der auf dem Tisch zur Rechten Bessels liegende Plan gehört bereits der zweiten Planungsphase Hildebrandts an und entspricht annähernd einem von Rizzi als Vermessungsplan erkannten Riß.

Lit.: Rizzi, Hildebrandt, S. 38ff. — Kat. Göttweig 1983, Nr. 772.

Stift Göttweig. T. K.

18.2 Gedenkmedaille für Abt Gottfried Bessel

Silber, Dm 5 cm, durchschnitten.
1729, signiert auf Aversseite: P. C. Becker.

Die vorliegende Medaille des kaiserlichen Kammermedailleurs und Münzinspektors Philipp Christoph Becker wurde im Jahr 1729 vom Prior des Stiftes, Gregor Schenggl, und dem Konvent als Dank an den Bauherrn Bessel in Auftrag gegeben. Die Aversseite zeigt das Brustbild Bessels im Profil, die Reversseite den nach dem Riesengemälde Johann Samuel Hötzendorfers gestalteten Idealprospekt des Stiftes, der seinerseits auf dem Klosterriß Salomon Kleiners von 1727 basiert.

Lit.: Kat. Göttweig 1983, Nr. 1188.

Stift Göttweig. T. K.

18.3 Gesamtansicht Stift Göttweigs aus der Vogelschau nach dem Idealplan Hildebrandts

Kupferstich, 51,2 × 70,5 cm; signiert und datiert: Salomon Kleiner delineavit et sculpsit 1744.

Der mit „DELINEATIO SCENOGRAPHICA TOTIUS MONASTERII GOTTWICENSIS“ bezeichnete Stich geht auf Kleiners eigenen, bereits 1727 gezeichneten „Riß“ zurück, der auch dem riesigen Ölgemälde Samuel Hötzendorfers im Altmanni-Saal zugrundelag. Er gibt die Idealanlage Hildebrandts von Südosten gesehen wieder. Wesentlich deutlicher als das ausgeführte Projekt gibt der Stich Auskunft über die von Hildebrandt geplante imperiale Klosterarchitektur nach dem Vorbild des spanischen Escorial. Die mächtigen, das Stift umfassenden Bastionen, die von Hildebrandts Erfahrung als Festungsbaumeister zeugen, lassen noch deutlich die Angst vor der inzwischen beendeten Türkengefahr durchblicken.

Lit.: Kat. Göttweig 1983, Nr. 780.

Stift Göttweig. T. K.

18.4 Bauaufzug nach Stift Göttweig

Kupferstich, 44,9 × 34 cm (Pl.).
Signiert: Sal. Kleiner del. et sc.

Die exponierte Berglage Göttweigs machte es nötig, eine günstige Transportmöglichkeit für die für den Neubau des Stiftes benötigten Materialien zu schaffen. Abt Bessel beauftragte aus diesem Grund den Salzburger Zimmermeister Abraham Hueber mit der Ausführung eines Bauaufzugs. Gleichzeitig sollte er auch eine Wasserleitung für das Stift erbauen (Kat.-Nr. 18.5). Bereits am 7. August hatte Hueber zwei Modelle erstellt, im März 1719 begann man mit der Ausführung der Projekte, die bereits am 20. Mai abgeschlossen wurden. Der Stich Kleiners zeigt im oberen Feld die von vier Pferden gezogene Winde, mit Hilfe derer

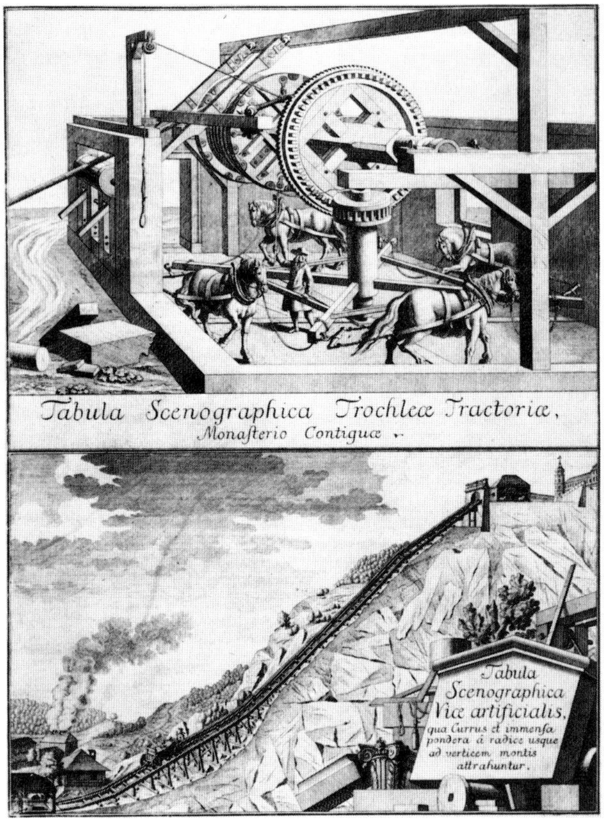

Kat.-Nr. 18.4

das Baumaterial auf einem Schienenweg, wiedergegeben im unteren Feld, zum Stift hinaufbefördert wurde. 1723 wurde die Konstruktion von Joseph Emanuel Fischer verbessert.

Lit.: Kat. Göttweig 1983, Nr. 788 a.

Stift Göttweig. T. K.

18.5 Die Göttweiger Wasserleitung

Kupferstich, 44,1 × 33,8 cm (Pl.).
Signiert: Sal. Kleiner del. sc.

Der Kupferstich Kleiners zeigt die von Abraham Hueber projektierte technische Meisterleistung der Göttweiger Wasserleitung. Mit Hilfe des im unteren Feld wiedergegebenen, 1724 von Joseph Emanuel Fischer wieder instandgesetzten hölzernen Pumpwerks wurde das Wasser (siehe oberes Feld) in einem Rohr zum Stift hinaufgeleitet.

Lit.: Kat. Göttweig 1983, Nr. 788 b.

T. K.

18.6 Modell für einen Lastenaufzug

Holz, H 38 cm, B 67,5 cm, T 63 cm.
Teilweise grün gefaßt, wohl Abraham Hueber, 1718.

Bei dem vorliegenden Objekt dürfte es sich möglicherweise um das Originalmodell Huebers für den Göttweiger Lastenaufzug handeln. Das auf einem Podest stehende querrechteckige Gerüst beinhaltet eine vertikale Antriebswelle mit Getrieberad und vier kreuzförmig angeordneten Armen (zwei fehlen) für die Zugpferde sowie eine Horizontalwelle mit Kammrad und Seilwinde. Für Demonstrationszwecke ist eine Kurbel angebracht.

Lit.: Kat. Göttweig 1983, Nr. 789.

Stift Göttweig. T. K.

18.7 Chronicon Gottwicense

Gottfried Bessel, verlegt Tegernsee 1732; 2 Teilbände; aufgeschlagen Widmungsseite an Karl VI.

Das vom Göttweiger Abt Bessel herausgegebene Chronicon ist eines der bedeutendsten Werke für die mittelalterliche Geschichte und Geographie Österreichs. Auf dem Gebiet der Urkundenforschung ist es ein Gegenstück zu Mabillons 1681 erschienenem grundlegendem Werk „De re diplomatica". Das in drei Bänden geplante Chronicon, von dem nur zwei Halbbände erschienen sind, sah eine Geschichte des Heiligen Römischen Reichs mit einer abschließenden Stiftsgeschichte vor. Die beiden Bände waren Karl VI. gewidmet. Die Widmungsseite zeigt zwei von Johann Wolfgang gestochene Kupfer: Im oberen überreicht die kniende Personifikation der Austria dem von

Pallas Athene und Mars flankierten thronenden Kaiser das Widmungsexemplar. Im unteren meißelt Chronos, auf des Kaisers zeitlosen Ruhm anspielend, die Widmung an den Kaiser in eine große Marmorplatte.

Lit.: Kat. Göttweig 1983, Nr. 1181 a.

St. Pölten, Stadtarchiv. T. K.

18.8 Berthold Dietmayr, Abt von Melk

Öl/Lw., 224,5 × 157 cm.
Johann Kupetzky zugeschrieben.

Abt Berthold Dietmayr zählt zu den bedeutendsten barocken Klosterbauherrn Österreichs. Unter ihm wurde das Stift Melk in den Jahren zwischen 1702 und 1736 unter gewaltigen finanziellen Aufwendungen umgebaut.
Geboren am 15. März 1670 als Sohn des Hofrichters des Kartäuserklosters Gaming im Markt Scheibbs, Johann Anton Dietmayr, und seiner Gattin Sara Theresia, erhielt Dietmayr den Namen Karl Joseph. Am 21. November 1687 trat er als Novize in das Stift Melk ein und erhielt den Klosternamen Berthold. Nachdem er am 26. Dezember 1688 die Profeß abgelegt hatte, studierte er in Wien Theologie, wurde 1701 Doktor und 1706 Rektor. Im Jahre 1696 wurde er zum Priester geweiht, am 18. November 1700 wählten ihn zwei Drittel der Melker Konventsmitglieder zum Abt. Dies blieb er bis zu seinem Tode am 25. Jänner 1739.
Dietmayr war Vorsitzender des Prälatenstandes, von 1710 bis 1716 Verordneter und dann Mitglied des ständigen Ausschusses der nö. Stände. Kaiser Karl VI. wollte ihn im Jahre 1719 zum Botschafter in Polen ernennen, er lehnte dies aber ab. Obwohl sich im Jahre 1721/22 ein Teil des Konvents beim Kaiser über Dietmayr wegen dessen Bautätigkeit, die selbst die gewaltigen wirtschaftlichen Ressourcen des Stiftes enorm belastete, beschwerte, behielt er trotzdem die Gnade des

Kat.-Nr. 18.8

Kaisers und wurde 1728 zum wirklichen geheimen Hofrat ernannt.
Das ganzfigurige, Johann Kupetzky zugeschriebene Gemälde zeigt Dietmayr im Ornat vor einer monumentalen, von einem Vorhang zum Teil hinterfangenen Säulenarchitektur. Der kunstvoll geschnitzte Abtstuhl zu seiner Linken zeigt das Wappen Dietmayrs. Zur Rechten des Abtes sind die bischöflichen Insignien, Mitra und Abtkrümme plaziert. Ein aufgefalteter Plan der Stiftskirche verweist auf seine Tätigkeit als Bauherr.

Lit.: Kat. Prandtauer, Nr. 17.54. — G. Flossmann - W. Hilger - H. Fasching, Stift Melk und seine Kunstschätze, St. Pölten 1976, S. 25 ff.

Stift Melk. K. G.

18.9 Ansicht des Stiftes Melk aus der Vogelschau von Osten

Tusche, laviert, Papier, 263 × 168 cm.
Franz Rosenstingl, 1736.

Im Jahr 1736 erhielt der für Stift Melk mehrmals tätige Maler Franz Rosenstingl den Auftrag, das Stift von allen vier Seiten im Bild festzuhalten. Seine großformatigen Veduten zeigen die endgültige Anlage. Auch die Ausstattung der Kirche war zu der Zeit fast abgeschlossen. Die Geländeverhältnisse des Melker Stiftes bedingten automatisch eine Orientierung der Gesamtanlage nach zwei Seiten, zumal man an der ursprünglichen Lage der Kirche festhalten wollte. Die vorliegende Ansicht von Osten zeigt den einzigen Zugang zum Stift. Durch das zwischen den Bastionen gelegene Tor gelangt man in den Vorhof mit dem eigentlichen Klostergebäude. Vor dem Besucher baut sich hier ein palastartiger, am Spätstil J. B. Fischers orientierter Risalit auf, der im Detail aber die eigenständige Formensprache Prandtauers zeigt. Der Haupteingang führt in den Prälaturhof mit dem Prälaturtrakt im Westen, hinter dem sich platzbeherrschend die mächtige Kirchenkuppel erhebt. Durch den linken Torbogen des Hofs gelangt man zu der in den Gästetrakt führenden Treppenanlage. Der westliche Teil dieses Flügels ist den Kaiserzimmern vorbehalten, auf deren Ausstattung Abt Dietmayr den größten Wert legte und die im Marmor- oder Kaisersaal münden. Die Altane vor der Kirchenfassade schließt diesen mit der Bibliothek im Norden zusammen.
Mit der Barockisierung des Stiftes Melk hatte Jakob Prandtauer einen die barocke Landschaft Österreichs prägenden Akzent gesetzt. Urkundlich genannt ist er lediglich als Baumeister der Stiftskirche (Kat.-Nr. 18.10), deren Rohbau bereits 1706 stand. Ein Klosterplan ist erstmals in den Baurechnungen von 1711 erwähnt, ein Grundriß des Klosters jedoch nicht erhalten. Prandtauer war bis zu seinem Tod im Jahr 1726 in Melk tätig. Seit 1730 hat sein Neffe, der St. Pöltner Baumeister Joseph Munggenast, den Bau zu Ende geführt. Unter ihm wurde als Galerie gegen die Donau die Marmorsaal und Bibliothek verbindende Altane erbaut. Nach einem großen Brand im Jahr 1738, der die gesamte Donauseite vernichtet hatte, erneuerte er auch den oberen Teil der Türme nach eigenständiger Auffassung.

Lit.: Kat. Prandtauer, Nr. 13. — W. Hilger, Der barocke Neubau, in: Stift Melk und seine Kunstschätze, St. Pölten 1976, S. 38 ff. — Schriftenreihe „Stift Melk — Geschichte und Gegenwart", 1980 ff. — Brucher, S. 217 ff.

Stift Melk. T. K.

18.10 Chronicon Mellicense, seu Annales, Monasterii Mellicensis

Anselm Schramb, 1702; verlegt bei Johannes Georgius Schlegel, Wien.

Das Chronicon Mellicense ist eine Geschichte des Stiftes Melk von seiner Gründung bis zum Jahr 1700. Der Autor Anselm Schramb gehörte ebenso wie Martin Kropff, der Schöpfer der „Bibliotheca Mellicensis" (Kat.-Nr. 18.11), der nach dem Vorbild der Mauriner entstandenen Melker historischen Schule an. Aufgeschlagen ist der Jakob Prandtauer als „Delineator" und „Architectus" nennende, von Pfeffel und Engelbrecht gestochene Grundriß der neu zu erbauenden Stiftskirche, der gemeinsam mit dem Plan der vor der Demolierung stehenden alten Kirche, deren Mauersubstanz aber in beträchtlichem Rahmen in den Neubau miteinbezogen wurde, Kunde von der Pracht der neu zu errichtenden Kirche geben sollte. Prandtauers Name und der Zusatz in der Signatur widerlegt die Annahme, er sei tatsächlich nicht der verantwortliche Architekt für den Kirchenbau gewesen.

Lit.: Kat. Prandtauer, Nr. 381. — W. Hilger, Barocker Neubau, S. 38 ff. — Brucher, S. 220 ff.

St. Pölten, Stadtarchiv. T. K.

18.11 Bibliotheca Mellicensis seu vitae, et scripta inde a sexcentis et eo amplius annis Benedictorum Mellicensium

Martin Kropff, 1747; verlegt bei Johannes Paulus Kraus, Wien.
Aufgeschlagen Titelkupfer mit Porträt des Abtes Thomas Pauer.

Das Werk ist eine Bibliographie der Benediktiner des Stiftes Melk seit seiner Gründung.

Lit.: Kat. Prandtauer, Nr. 382.

Stift Melk. T. K.

18.12 Entwurfsvariante zum Hochaltar der Stiftskirche Melk

Feder und Sepia, grau laviert, 90 × 43,8 cm, Grundrißprojektion 32,2 × 43,5 cm.
Giuseppe Galli-Bibiena, vor 1725.

Im Zeitalter des Barock konnte die Theaterarchitektur immer mehr Bereiche erfassen, und in weitgehender Analogie zum Geschehen auf der Bühne wurde auch das Theatrum sacrum gestaltet. Ausgehend von Bernini und Pozzo wollte der barocke Kirchenraum schlechthin als Theater verstanden werden, dem der Altar mit seinen Säulen als Abschlußdekoration und das Altarbild als Bühnenprospekt zu dienen hatte. Die vollends den Intentionen des Theaters entsprechenden Altararchitekturen wurden auch vielfach von Theatralingenieuren gestaltet. Nur selten haben sich, wie im Falle des Hochaltares der Melker Stiftskirche, die originalen Entwürfe erhalten, wovon jene mit der Ausführung unmittelbar zusammenhängenden Blätter im Melker Stiftsarchiv entgegen der allgemein verbreiteten Meinung nicht von Antonio Beduzzi, sondern von dem kaiserlichen Theatralingenieur Giuseppe Galli-Bibiena stammen. Nachdem bereits 1711 mit Beduzzi ein Kontrakt über den erst jüngst aufgetauchten, noch unveröffentlichten Hochaltarriß geschlossen worden ist, wird 1725 „H. Bibiena wegen 4 Altär und 6 Theatralriß" bezahlt, von denen nur der erst 1732/33 vollendete Hauptaltar der Stiftskirche zur Ausführung gelangt. Die ausgestellte reichere Entwurfsvariante präsentiert die freiplastische Mittelgruppe des Abschiedes der Apostelfürsten vor dem Martyrium, szenisch effektvoll von einer Bildwand hinterfangen, in den architektonischen Rahmen des Altaraufbaues mit seinem von Engeln getragenen Baldachin eingestellt. In der ausgeführten Version ist, bei gleicher Grundidee, die Altararchitektur formal abweichend gestaltet, die zentrale Gruppe der Titelheiligen jedoch — ohne Hintergrundbild — beibehalten.

Lit.: W. G. Rizzi, Galli-Bibiena und die Folgen, in: Kat. Die Sammlung des Theatermalers Michael Mayr 1796—1870, Wien 1984, S. 10ff.

Stift Melk. W. R.

18.13 Die Heiligen Matthäus und Augustinus

Feder, laviert, 46 × 33,5 cm.
Antonio Beduzzi, vor 1716.

Das vorliegende Blatt ist eine der insgesamt vier Vorzeichnungen Antonio Beduzzis für die von Johann Michael Rottmayr ausgeführten Kuppelzwickel der Melker Stiftskirche. Interessanterweise wurde es Rottmayr im Kontrakt für die Freskierung von „Kuppel und Kürchen zu Mölckh vom 6. April 1716 freigestellt, die Fresken entweder nach dem Ihme Herrn Rothmayr vorlegenten oder von demselben selbst zu erfinden habenden Desegno . . ." auszuführen.
Möglicherweise mag Abt Dietmayr noch Einfluß auf Rottmayr ausgeübt haben, auf die Entwürfe Beduzzis, der bereits 1701 die gesamte Dekoration der Melker Sommersakristei entworfen hatte, zurückzugreifen, von denen einige bereits vor 1716 vorgelegen haben müssen, während für die weiteren dann ab 1716 Zahlungen überliefert sind. Naheliegender ist jedoch, daß Rottmayr aus Gründen

Kat.-Nr. 18.15

der Ökonomie auf das Angebot einging, noch dazu, wenn man weiß, daß er der Ausführung eines Freskos oder Gemäldes offenbar mehr Interesse entgegenbrachte als dem Entwurf. Dies geht hervor aus einem Brief des jungen Rottmayr aus dem Jahr 1691 an den Abt von Michaelbeuern, in welchem er diesem klar macht, daß der Maler Schaumberger von ihm einen Entwurf für das Hochaltargemälde der Stiftskirche erbeten habe, die Ausführung dafür aber selbst beanspruche. Die „Visier" (Invention) sei aber nur ein „Cleiner gedankh", während das „große Werkh die vollstendige perfection haben mueß". Außer den Entwurfzeichnungen Beduzzis für die Kuppelzwickel haben sich noch Entwürfe für die Kuppel (Wien, Akademie der Bildenden Künste) und für Presbyterium und Chor (Brünn, Sammlung Grimm, entdeckt von W. G. Rizzi) erhalten.

Lit.: E. Hubala, Johann Michael Rottmayr, Wien - München 1981, S. 27f., S. 66ff., Quellenanhang Nr. 45, S. 103. — Knall-Brskovsky, Italienische Quadraturisten, S. 203ff.

Stift Melk. T. K.

18.14 Triumphzug des hl. Benedikt FB 99

Öl/Lw., 45 × 74 cm.
Paul Troger, 1739.

Der vorliegende Bozzetto diente wohl als Vertragsgrundlage für Trogers 1739 gemaltes Dekkenfresko des Prälatursaales. Dieser 1717/18 erbaute, auch als „Salettl“ bezeichnete Saal war beim Brand des Stiftes bis auf den Stuckmarmor an den Wänden fast völlig zerstört worden. Nachdem er wieder gewölbt und die Marmorierung ausgebessert worden war, malte der für das Stift bereits in den Jahren 1731 und 1732 tätige Troger (Deckenfresken des Marmorsaales und der kleinen Bibliothek) gemeinsam mit dem Quadraturisten Fanti das als Verherrlichung des Benediktinerordens konzipierte Deckenfresko. Es zeigt den Triumphzug des hl. Benedikt in die ganze Welt im Angesicht der Hl. Dreifaltigkeit. Der Triumphwagen wird begleitet von den Personifikationen der vier Erdteile. Hinter dem Wagen fliegt Chronos, als Symbol für den irdischen Ruhm, ihm voran Fama, den Ruhm des Ordens verkündend. Dessen Wachstum symbolisiert der mit Mitren und Tiaras behangene Baum links. Rechts im Vordergrund sitzt Papst Gregor der Große, dessen legendäre Biographie des hl. Benedikt erhalten blieb. Vorbildlich für Troger war eine weit verbreitete Komposition des Garstener Stiftsmalers Johann Carl von Reslfeldt († 1735), die erstmals 1701 in einem von Leonhard Heckenauer gestochenen großformatigen Thesenblatt wiedergegeben ist.

Im Nö. Landesmuseum befindet sich eine zweite Ölskizze zu dem Fresko, die jedoch nicht jene Freiheit des Pinselduktus aufweist wie die Melker, und sich auch durch den gedrungenen Figurenkanon von dieser unterscheidet. Man hat in ihr wohl eine Zweitfassung des Melker Bozzettos, möglicherweise aber auch eine Replik von Schülerhand zu sehen.

Lit.: W. Aschenbrenner - G. Schweighofer, Paul Troger. Leben und Werk, Salzburg 1965, S. 80. — Kat. Joseph II., S. 84 und Nr. 755. — Kat. Kirche in Oberösterreich, Garsten 1985, Nr. 9.35.

Stift Melk. T. K.

18.15 Die Wunderbare Brotvermehrung

Öl/Lw., 64 × 95 cm.
Paul Troger, um 1731.

Die vorliegende Ölskizze diente als Vertragsgrundlage für Trogers 1731 gemaltes Deckengemälde im Sommerrefektorium des Stiftes Hradisch bei Olmütz, ist aber auch im Zusammenhang mit der Ausstattung niederösterreichischer Klöster von besonderem Interesse, zumal dieselbe Komposition dem 1738 entstandenen Deckenfresko im ehemaligen Sommerrefektorium des Stiftes Geras in Niederösterreich zugrundelag.
Ursache für eine derartige Wiederholung mag möglicherweise die Zugehörigkeit zum selben Orden gewesen sein, so transferierte Troger — ebenfalls nur leicht abgeändert — auch ein Fresko von Seitenstetten nach Altenburg. Sicherlich mögen hier aber auch ökonomische Überlegungen mitgespielt haben. So war die Wiederverwendung bereits sanktionierter Figurentypen namhafter Meister, aber auch ganzer Kompositionsteile, im Barock ebenso üblich wie die Wiederverwendung eigener Typen und Kompositionen, was bei der Vielzahl der Aufträge, denen die Freskanten nachkommen mußten, auch ganz verständlich erscheint.

Lit.: Kat. Barockmuseum, Nr. 499. — T. Karl, Zur Malerei des Hochbarocks in Österreich, in: Gutkas, Prinz Eugen, S. 325 ff.

Wien, Öst. Galerie, Inv.-Nr. 2306. T. K.

18.16 Entwurf für Karmeliterinnenkirche und -kloster in St. Pölten FB 95

a) Vogelschau des projektierten Klosters
Bleigriffel, koloriert/Papier, 40 × 58 cm.

b) Fassade der Kirche
Bleigriffel, koloriert/Papier, 57 × 41 cm.
Martin Wittwer, 1707.

Die Ordensniederlassung der Karmeliterinnen in St. Pölten geht auf eine Stiftung der verwit-

Kat.-Nr. 18.18

weten Fürstin Maria Antonia Montecuccoli (Kat.-Nr. 18.17) zurück. Aufgrund einer Nachricht von 1712 galt der Kirchenbau noch bis vor wenigen Jahren als Werk des St. Pöltener Klosterbaumeisters Jakob Prandtauer. Aus stilistischen Erwägungen wurde sodann die außergewöhnlich qualitätsvolle Kirchenfassade mit der tiefen Konkavkrümmung sowie ein Anteil an der Gestaltung des Innenraumes dem Bildhauer-Architekten Matthias Steinl zugewiesen. Daß das frühbarocke Grundschema des Baues vom Orden vorgegeben worden war, wurde mittlerweile durch die Auffindung der 1707 datierten Entwürfe für Kirche und Kloster bestätigt. Die Pläne stammen von Martin Wittwer (Frater Athanasius, geb. 1667 in Imst), der als Architekt der Ordensprovinz mit dem Bau mehrerer Karmeliterniederlassungen betraut gewesen ist. Unmittelbar in der Tradition der Baukunst des Karmeliterordens steht auch sein Kirchenprojekt für St. Pölten. Der zweijochige Saalraum mit Vorhalle und Rechteckchor knüpft im Grund- und Aufrißschema direkt an die von Wittwer vollendete Linzer Karmeliterkirche an und bereitet mit den konkaven Raumschrägen die von ihm wenig später in Wiener Neustadt gezeigte Lösung vor. Auch die Schauseite ist unmittelbar an dem in Linz ursprünglich zugrundegelegten Fassadenplan seines Vorgängers Johann Martin Rass und gleichzeitig an dessen bei der Prager St. Josephs-Kirche der Karmeliterinnen ausgeführter Fassade orientiert. In der Ausführung ist dieses vom Orden erstellte Projekt sodann von Matthias Steinl in hochbarocke Formensprache transponiert worden.

Lit.: H. Hantsch, Jakob Prandtauer, Wien 1926. — L. Pühringer-Zwanowetz, Matthias Steinl, Wien - München 1966. — W. G. Rizzi, Zur Sakralarchitektur Johann Michael Prunners, in: Wiener Jb. für Kunstgeschichte, Bd. XXXII, 1979.

Wien, Allgem. Verwaltungsarchiv. W. R.

18.17 Maria Antonia, Fürstin Montecuccoli FB 96

Öl/Lw., 235 × 138 cm.

Die 1672 geborene Tochter des Grafen Ludwig Colloredo und Letzte ihres Stammes wurde als Edelfräulein mit dem Karmeliterinnenorden vertraut und faßte nach dem frühen Tod ihres Gemahls Fürst Leopold Philipp Montecuccoli den Plan, in St. Pölten ein Kloster dieses Ordens zu stiften. Gegen den Widerstand des Magistrates bewilligte Joseph I. auf Drängen seiner Gattin Amalie Wilhelmine die Gründung. Die Stifterin starb in diesem Kloster am 3. Jänner 1738.

Das ganzfigurige Gemälde zeigt sie mit dem Plan von Kirche und Kloster und einer Vogelschau der Gesamtanlage im Hintergrund. Während das Kloster in der detailreichen Darstellung fast völlig mit dem Ordensentwurf (Kat.-Nr. 18.16) und mit der Ausführung übereinstimmt, repräsentiert die Kirchenfassade ein dazwischenliegendes Planungsstadium. Bei diesem erscheinen die plastischen Elemente des Wittwerschen Entwurfs auf das rein struktive, monumentale Fassadengerüst reduziert, sodaß das Grundschema der römischen Mutterkirche des Ordens, Sta. Maria della Scala, stärker hervortritt. Es könnte sich dabei um ein — wieder verworfenes — Projekt Jakob Prandtauers handeln, dem auch die 1712 abgeschlossene praktische Baudurchführung übertragen worden ist.

Lit.: Kat. Staat und Kirche, S. 126 u. Nr. 15.8.

Privatbesitz. W. R.

18.18 Idealansicht des barocken Umbauprojekts von Stift Klosterneuburg

Foto der aquarellierten Federzeichnung Joseph Knapps von 1774 im Klosterneuburger Stiftsarchiv.

Das 1774 dem Klosterneuburger Propst Ambros Lorenz, der die Arbeiten am unvollendeten barocken Stiftsbau (siehe Einleitung) fortzusetzen gedachte, gewidmete Blatt scheint wohl als Aufforderung für die Weiterführung des Projekts gemalt worden zu sein. Knapp hat sich hier sichtlich an der 1750 entstandenen, lavierten Pinselzeichnung Benedikt Prills inspiriert, die den hl. Leopold über dem Idealprojekt Allios zeigt, das Prill anhand der Originalpläne Allios rekonstruiert hatte.
Das Blatt gibt eine ungefähre Vorstellung von der Größe des Projekts. Die Kirche bestimmte die Hauptachse der rechteckigen Anlage, die durch zwei sich kreuzende Trakte in vier regelmäßige Höfe aufgeteilt wurde. Gemäß den Anordnungen des Kaisers waren „kuppeln an den ecken und zwischen selben in der mitte sowohl als auch in der mitte der facciate eine große kuppel" vorgesehen, auf denen die Kronen des Hauses Habsburg lagerten. Neben dem ideellen Vorbild des spanischen Escorial wurden für Allio als formale Quellen Werke der Spitalsarchitektur namhaft gemacht, wobei als Ausgangspunkt das Mailänder Ospedale Maggiore Filaretes zu nennen sei.
Bis zum Tod Karls VI. waren lediglich zwei Flügel errichtet worden, die erst Josef Kornhäusel nach vereinfachter Planung 1836—1842 zu dem heute vorhandenen einzigen Hof zusammenschloß.

Lit.: Brucher, S. 270f. — E. Mahl, Donato Felice d'Allio und die Planungsgeschichte des Stiftes Klosterneuburg, in: Jb. des Stiftes Klosterneuburg N. F. 5, 1965, S. 162ff. — Kat. Leopold, Nr. 548.

T. K.

18.19 Geburt Mariä

Öl/Lw., 40 × 20 cm.
Johann Georg Schmidt, 1727.

Bereits drei Jahre bevor sich Karl VI. entschloß, in Klosterneuburg seine Residenz zu errichten und dadurch in das bereits bestehende Neubauprojekt Propst Ernest Pergers eingriff, hatte dieser am 31. März 1727 bei Johann Georg Schmidt für den von Matthias Steinl bereits projektierten Hochaltar der Klosterneuburger Stiftskirche ein Gemälde mit der Darstellung der Geburt Mariens in Auftrag gegeben. Wenige Wochen danach starb Steinl, der mit Schmidt erstmals in der Wiener Peterskirche zusammengearbeitet und ihm in der Folge immer wieder Aufträge vermittelt hatte. Der Propst dürfte die Entwurfskizze Schmidts in der vorliegenden Fassung nicht akzeptiert haben und verlangte für die Ausführung einige Veränderungen. Der Grund dafür mag gewesen sein, daß Perger wohl die Tiefenräumlichkeit des Altarblatts, die der Steinlsche Altarentwurf verlangte, gesteigert wissen wollte. Schmidt hat daher in der Ausführung die Rückenfigur vom Wochenbett der hl. Anna in den Vordergrund gezogen, die jetzt unmittelbar in den Bildraum führt. Darüberhinaus verbreiterte er die Stufen und fügte zwischen der Gruppe im Vordergrund und dem Wochenbett eine trennende Balustrade ein.
Anläßlich der Barockisierung der niederösterreichischen Stiftskirchen erhielten nicht nur Klosterneuburg, sondern etwa auch Lilienfeld oder Altenburg neue Altäre, die mit Gemälden

Kat.-Nr. 18.19

des vorgegebenen Marianischen Inhalts geschmückt wurden (Kat.-Nr. 18.24 u. 18.25).
Steinl hatte auch für Zwettl einen Hochaltar projektiert, dessen Modell mit dem Himmelfahrtsgemälde Johann Georg Schmidts noch erhalten ist. Nach dem Tod Steinls mußte es einem anderen Projekt weichen, das die Gründungslegende des Stiftes in das Programm des Altars stärker miteinbezog.

Lit.: T. Karl, Johann Georg Schmidt, genannt der Wiener Schmidt (um 1685—1748), phil. Diss., Wien 1983, S. 104 ff. u. Kat. 77 a u. b.

Stift Klosterneuburg. T. K.

18.20 St. Lamprechter Thesenblatt mit Widmung an Paul de Vitsch, Abt von Seitenstetten

Schabkunstblatt, 163 × 94 cm (Pl.).
Bez. „Gust. Adal. Müller, Sac. Caes. et Reg. Cath. Majest. Chalcog. sculpsit Viennae Austriae", 1746.

Im Jahr 1746 legten Philippus Panlechner und Thadaeus Freindl, beide aus dem Benediktinerkloster Seitenstetten stammend, im Kloster St. Lamprecht in der Steiermark ihre 50 Thesen aus Theologie vor. Das anläßlich dieses Ereignisses in Auftrag gegebene Thesenblatt ist dem Seitenstettner Abt Paul de Vitsch (1729—1747) gewidmet, dessen Ovalporträt in der himmlischen Sphäre wiedergegeben ist, gehalten von den drei göttlichen Tugenden Glaube, Hoffnung und Liebe. Darüber erscheint die Hl. Dreifaltigkeit in Form des Sonntagberger Gnadenstuhles, flankiert von einem Engel mit dem Kreuzpartikel und der Namenspatronin der Seitenstettner Stiftskirche, Benedicta. In der terrestrischen Sphäre flankieren Architectura mit dem Stifts- und Abtwappen sowie Chronos, auf den zeitlosen Ruhm des Abtes verweisend, die in Vogelschau von Westen wiedergegebene Idealansicht des Stiftes.
Möglicherweise unter der Beteiligung Jakob Prandtauers wurde bereits in den Jahren 1707 bis 1711 der um 1300 erbaute Turm der Stiftskirche durch ein Geschoß, die heutige Glokkenstube, erhöht, war der Barockhelm aufgesetzt und eine neue Fassade errichtet worden. 1719 begann der Neubau des Stiftes nach Plänen von Josef Munggenast. Eher als Nutz- denn als Prachtbau geplant, nahm der Neubau

— finanziert v. a. durch den Ertrag der von Abt Paul de Vitsch erworbenen Kupfergruben in der Radmer in der Steiermark — keine Rücksicht auf den vorhandenen Komplex älterer Bauwerke, nur die Kirche, die anschließenden Sakristeitrakte und die nördlich des Kirchenchors liegende Ritterkapelle (ehemals Mauerkapelle) blieben erhalten. Der Bau wurde nach dem Tod Munggenasts durch Johann Gotthard Hayberger fortgeführt. Erst 1747 im Rohbau vollendet, war der Bau bereits seit 1735 mit Fresken Trogers und Bartolomeo Altomontes geschmückt worden.

Lit.: Kat. Thesenblatt, Nr. 55 mit Abb. — P. Weninger, NÖ in alten Ansichten, Salzburg 1975, Nr. 87.

Stift Göttweig, Graphische Sammlung. T. K.

Kat.-Nr. 18.20

18.21 Zwei Ansichten des Stiftes Dürnstein

Federzeichnung laviert und aquarelliert, 33,7 × 39,3 cm.
Johann Andreas Pfeffel d. Ä. (?), um 1740/50.

Die wirtschaftliche Lage des 1410 gegründeten Augustinerchorherrenstifts, das im 16. und 17. Jh. schwere Zeiten erlebt hatte, hatte sich erst wieder unter Propst Godefried von Haslingen (1692—1710) gebessert. Sein Nachfolger Hieronymus Übelbacher leitete die barocke Erneuerung des Stiftes ein. Übelbacher hielt ständigen Kontakt zum Melker Abt Dietmayr und konnte dessen Stiftsbaumeister Prandtauer für seine Pläne gewinnen. Ab 1716 begann dieser mit der Erneuerung des Stiftsgebäudes, hinsichtlich der erst 1721 begonnenen Barockisierung der gotischen Kirche ist lediglich das Engagement Munggenasts überliefert. Aus stilkritischen Gründen ist aber mit Sicherheit eine entscheidende Mitwirkung Matthias Steinls anzunehmen. Sicherlich auf Steinls Konto gehen die überwiegenden Teile des Kirchenportals, das in den Stiftshof vorverlegt werden mußte, zumal die terrainbedingte Verengung zwischen Stiftshof und Kirche einen unmittelbar an den Kirchenbau anschließenden Torbau schon im Vorhinein ausschloß. Auch das Innere der von 1721—1725 vermutlich nach Plänen Prandtauers von Munggenast eingebauten Kirche läßt deutlich die Mitwirkung Steinls erkennen. Auf ihn dürfte die wie nachträglich eingesetzt wirkende Emporenzone mit ihren konvex-konkav-konvex schwingenden Brüstungen zurückgehen. Mit dem unteren Abschnitt des aus der Achse der Kirche gerückten Kirchenturms gelang Steinl eines der vollkommensten Beispiele bewegter Architekturplastik in Österreich, das in nicht zu übersehendem Gegensatz zu der betonten Flächigkeit des von Munggenast in Abänderung der Pläne Steinls zu Ende geführten Oberbaus steht.

Lit.: P. Weninger, NÖ in alten Ansichten, Salzburg 1975, Nr. 116. — L. Pühringer-Zwanowetz, Die Baugeschichte des Augustiner-Chorherrenstifts Dürnstein und das „Neue Kloster" des Propstes H. Übelbacher, in: Wiener Jb. f. Kunstgeschichte 26, 1973, S. 96 ff. — Brucher, S. 242 ff.

Wien, NÖLB, Top. Slg., Nr. 191. T. K.

18.22 Prospekt des Klosters Zwettl

Kupferstich, 20,2 × 30,7 cm (Pl.).
J. G. Merz nach F. B. Werner, um 1730/40.

Der Stich zeigt das in der Vogelschau wiedergegebene Zisterzienserkloster mit den barocken Neubauten Steinls und Munggenasts. Neben der Barockisierung des Abteihofs nach Plänen von Munggenast ist vor allem auf die für Steinl urkundlich gesicherte, seit 1722 der gotischen Kirche vorgesetzte Turmfassade zu verweisen, deren Bauleitung wie in Dürnstein in der Hand Munggenasts lag. Steinl rückt in diesem Alterswerk von jeglichem klassischem Ordnungsmaß ab. Sich seiner Herkunft als Plastiker besinnend, schuf er hier ein Beispiel ungeheuer bewegter Architekturplastik. Neben Steinl und Munggenast wirkten unter Abt Melchior von Zaunagg (1706—1747) noch unter anderem Paul Troger, Martino Altomonte, Jakob Schletterer oder der Schöpfer des Hochaltars Joseph Matthias Götz, die nicht nur die Kirche, sondern auch das Kloster im barocken Geist adaptierten.

Lit.: P. Weninger, NÖ in alten Ansichten, Salzburg 1975, Taf. 97. — Brucher, S. 249.

Wien, NÖLB, Top. Slg. 9252. T. K.

18.23 Ostansicht des Stiftes Altenburg nach dem barocken Umbau durch Joseph Munggenast

Moderne Kopie der verlorenen Temperaminiatur des Altenburger Rotelbuches B, 30,5 × 21,5 cm.

Die Ansicht gibt das Kloster nach der frühestens 1732/34 anzusetzenden monumentalen Gestaltung der Ostfront wieder. Munggenast konnte zwar seine ursprünglichen Vorstellungen, eine vierflügelige, schloßartige Anlage dem eigentlichen Kloster vorzulegen, nicht verwirklichen, hat aber mit dem Umbau der gotischen Stiftskirche, der Neugestaltung des Prälatenhofes und vor allem durch den berühmten Bibliotheksbau dennoch seine hervorstechendsten Leistungen vollbracht. Im Anschluß an die Lösungen Fischers oder Hildebrandts (Karlskirche, Peterskirche) nahm Munggenast beim Neubau der Stiftskirche unter weitgehender Beibehaltung der gotischen Mauersubstanz den Gedanken des Kuppeltiefovals auf, entschied sich aber für eine Flachkuppel. Wichtiger als die architektonische Form wurde nun die Instrumentierung der Wand parallel zu der immer bestimmender werdenden Farbigkeit des Kirchenraumes, die noch weit über Melk hinausreicht. Am deutlichsten wird die Tendenz der Umsetzung der Architektur in Farbe in der Altenburger Bibliothek, in der die Farbe (Blauwerte in den Säulen, Gold in den Kapitellen) eine bis dahin nicht dagewesene Bedeutung erlangt.

Lit.: Brucher, S. 250 f. — G. Seebach, Die barocke Klosteranlage, in: H. Egger, G. Egger, G. Schweighofer, G. Seebach, Stift Altenburg und seine Kunstschätze, S. 54 f.

Stift Altenburg, Schatzkammer. T. K.

18.24 Himmelfahrt Mariae FB 91

Öl/Lw., 86,5 × 48,5 cm.
Paul Troger, 1734.

Das vorliegende Gemälde ist eine Entwurfskizze für Paul Trogers durch ein Chronogramm 1734 datiertes Hochaltarbild der Altenburger Stiftskirche. Gegenüber der Ausführung sind geringe Abweichungen in Gestik und Motivik festzustellen, auch fehlen im Strahlennimbus Marias in der Skizze die zwölf Sterne, die den Zusammenhang zur Darstellung Marias als apokalyptisches Weib im Kuppelfresko Trogers noch unterstreichen. Auf Wunsch des Auftraggebers Abt Placidus Muchs, auf den das gesamte ikonologische Programm der künstlerischen Ausstattung Stift Altenburgs zurückgehen dürfte, wurden die Figuren des Kirchenpatrons Bischof Lambertus rechts und die Stifterin des Klosters, Hildburg von Rebgau, von Troger anachronistisch im Bild festgehalten.

Lit.: W. Aschenbrenner - G. Schweighofer, Paul Troger — Leben und Werk, Salzburg 1965, S. 96 und S. 190. — G. u. H. Egger, Schatzkammer in der Prälatur des Stiftes Altenburg, Wien 1979, Nr. 80 und Abb. 8. — Zu Trogers Tätigkeit in Stift Altenburg siehe insbesondere: H. Egger, Die Bilderwelt des Stiftes Altenburg, in: Stift Altenburg und seine Kunstschätze, St. Pölten - Wien 1981.

Stift Altenburg, Schatzkammer. T. K.

18.25 Himmelfahrt Mariä FB 97

Öl/Lw., 98 × 54 cm.
Daniel Gran, 1745.

Das vorliegende Gemälde ist die Entwurfsskizze zu Daniel Grans Hochaltargemälde der Lilienfelder Stiftskirche, das zu seinen bedeutendsten Altargemälden zählt. Der Bozzetto war auch Grundlage für das von Ferdinand Maurer 1784 ausgeführte Hochaltarbild in Kapelln bei St. Pölten. Vorbildlich für Grans Gestaltung des Himmelfahrtsthemas, zu der auch noch drei Vorzeichnungen in der Albertina existieren, war vor allem Sebastiano Riccis „Assunta“ der Wiener Karlskirche, ebenso aber auch Martino Altomontes Fassungen des Himmelfahrtsthemas in Kefermarkt (1728) und Wilhering (1738) und schließlich Bartolomeo Altomontes Apsisfresko in Spital am Pyhrn. All diese Vorbilder wurden von Gran aber hinsichtlich Ausgewogenheit und feierlicher Ordnung der Komposition bei weitem übertroffen.

Lit.: E. Knab, Daniel Gran, Wien - München 1977, S. 106ff. und Kat. Ö 58 und Ö 59.

Stift Lilienfeld, Prälatur. T. K.

18.26 Peterskirche in Wien, Grundrißplan

Bleistift/Papier, 55,9 × 32,7 cm.
Vor 1707.

Der von Gabriele Montani projektierte längsovale Zentralraum mit Kapellenkranz, querrechteckiger Vorhalle und Presbyterium war kaum über die Grundmauern gediehen, als Montani 1703 nach Spanien abberufen und der Bau einem anderen Architekten übertragen wurde, der in den Quellen nicht namentlich aufscheint. Die praktische Ausführung des 1707 vollendeten Rohbaues lag in den Händen der drei damals größten Bauunternehmer Wiens, F. Martinelli, Ch. A. Oedtl und F. Jänggl. Letzterer ist jüngst auch als Inventor der künstlerisch selbständigen Umplanung von 1703 in Vorschlag gebracht worden, doch weisen stilkritische wie äußere Umstände auf den kaiserlichen Hofingenieur Hildebrandt.

Die geschlossene Form des Tiefovals wurde durch die Einführung von Kreuzarmen dynamisch neuorganisiert, so daß an den dominierenden Hauptraum nur mehr vier große Achsenräume anschließen, während die Diagonalachsen merklich zurücktreten. Die ihrer Position nach durch Montani vorgegebenen Türme flankieren eine risalitartig vortretende Mittelachse, über deren zweigeschossigem Fassadenspiegel sich die mächtige Tambourkuppel im Zusammenschluß mit den seitlichen Türmen erhebt. In ihrer architektonischen und künstlerischen Grunderscheinung gleicht die Fassade der Peterskirche weitestgehend der von Hildebrandt um 1699 entworfenen Dominikanerkirche St. Laurenz in Gabel. Der bisher der Forschung unbekannte Grundriß

Kat.-Nr. 18.27

stellt das älteste vorhandene Plandokument zur Kirche dar und stammt in Anbetracht der von der Ausführung abweichend eingezeichneten Altäre wohl aus der eigentlichen Bauzeit, was auch durch das aus dem Entwurf Montanis übernommene, jedoch nicht realisierte kolossale Säulenpaar vor der Fassade bestätigt wird.

Lit.: B. Grimschitz, Johann Lucas von Hildebrandts Kirchenbauten, in: Wiener Jb. f. Kunstgeschichte, Bd. 6, 1929, S. 216 ff. — Polleroß, Peterskirche, S. 142—208. — M. A. Jelonek, Die Autorenfrage bei der Piaristenkirche Maria Treu in Wien, phil. Diss., Bochum 1980.

Brno, Moravska Galerie. W. R.

18.27 Entwurf für eine illusionistische Ausstattung der Peterskirche in Wien

Tusche-Feder, rosa u. grün laviert, 70,5 × 43,2 cm.
Antonio Beduzzi, um 1705.

Das von der Forschung erst kürzlich erschlossene, aufgrund der Zeichentechnik und Provenienz für Antonio Beduzzi gesicherte Blatt läßt sich einem im übrigen völlig unbekannten Projekt für die Innenausstattung der Wiener Peterskirche zuordnen, das, vor Anbeginn aller Arbeiten im Kircheninneren, um die Mitte des ersten Jahrzehntes des 18. Jh.s entstanden sein muß. Der Entwurf sieht für die Gestaltung der Querarmkapelle eine raumerweiternde Architekturmalerei vor, die den Blick durch einen illusionistischen Kapellendurchgang in einen benachbarten Kapellenraum lenken sollte. Dieser im Wiener Raum unikale Vorschlag, der unschwer das eigentliche Metier des in Bologna in Quadraturmalerei ausgebildeten und hierin ebenso wie als Figurist im Wiener Raum vielbeschäftigten Künstlers erkennen läßt, wurde vermutlich verworfen, weil Kaiser Leopold für „seine" Kirche bereits den römischen Meister Andrea Pozzo vorgesehen hatte (Polleroß). Dieser hat dann auch zwischen 1707 und 1709 vier Diago-

Kat.-Nr. 18.29

nalkapellen und den Chorraum der Peterskirche freskiert, während die Malereien in der Kuppel und im Querarm schließlich von Rottmayr geschaffen worden sind.

Lit.: W. G. Rizzi, Antonio Beduzzi und Johann Lucas von Hildebrandt, in: Alte und moderne Kunst, Heft 166/167, 1979, S. 44f. — Polleroß, Peterskirche, S. 150f.

Brno, Moravska Galerie. W. R.

18.28 Haubt-Veste Von der Stadt Wienn / oder Peters-Burg ...

Ehrenrede von R. P. Christophoro Zennegg anläßlich des ersten Festgottesdienstes in der Peterskirche 1708.

Erschienen bei Andreas Heysinger, Wien.

Ein Jahr nach der Vollendung des Rohbaus, zu einer Zeit, als Andrea Pozzo gerade begann, die Diagonalkapellen zu freskieren (später durch Rottmayr übermalt), diente die neu errichtete, noch fast schmucklose Peterskirche für einen von Kardinal-Herzog von Sachsen-Zeitz und den Bischöfen Kollonitsch und Labsansky zelebrierten Festgottesdienst in Anwesenheit der kaiserlichen Majestäten, wodurch die Bedeutung des Baus im Rahmen der Pietas Austriaca offensichtlich demonstriert wurde. Zu entnehmen ist dies auch der vom Hofprediger Christophorus Zennegg gehaltenen, vorliegenden Festrede, in welcher er bemerkt, daß die „Haubt-Veste von der Stadt Wienn / oder Peters-Burg, die nach dem römischen Vatican neu-erbaute Peters-Kirch, auß allen Wiennerischen Boll-Wercken das allervestiste“ sei.

Lit.: Polleroß, Peterskirche, S. 149 ff. u. Abb. 1.

Wien, Stadt- und Landesbibl., Inv.-Nr. A 122.190. T. K.

18.29 Die Peterskirche in Wien mit unvollendeter Fassade

Kupferstich, 22,9 × 34,4 cm (Pl.).
Unbekannter Stecher nach Salomon Kleiner, 1724.
Taf. 2 aus „Wahrhaffte Abb.“, 1. Teil.

Der Prospekt Kleiners zeigt den Bauzustand der Peterskirche im Jahr 1724. Die im Rohbau befindliche Fassade wurde erst zehn Jahre später vollendet, ab 1729 wurde der Bau durch den Chor erweitert. Die Innenausstattung der Kirche — mit Ausnahme des Chores — war zu diesem Zeitpunkt fast abgeschlossen, sieht man von dem erst 1729 aufgestellten Nepomukaltar oder der erst 1726 erfolgten Aufstellung der Bänke im Kuppelraum ab. Für die Einheitlichkeit dieses barocken Gesamtkunstwerkes dürfte mit ziemlicher Wahrscheinlichkeit nicht mehr Hildebrandt, sondern der geniale Universalkünstler, Bildhauer, Architekt und kaiserliche Kammerbeinstecher Matthias Steinl verantwortlich sein, der als „primus inter pares“ neben Johann Michael Rottmayr, Martino Altomonte, Johann Georg Schmidt, Anton Schoonjans, Franz Carl Remp, dem Stukkateur Camesina oder dem Marmorierer Johann Georg Haggenmüller auftrat. Auf ihn gehen zudem die urkundlich belegten Ornamente, die gesamte Wandgliederung und der Großteil der Kirchenmöbel zurück.

Lit.: Polleroß, Peterskirche, v. a. S. 161—178.

Wien, Hist.-Mus., Inv.-Nr. 31.110. T. K.

18.30 Die Peterskirche in Wien mit der neuen Fassade

Kupferstich, 24 × 35 cm (Pl.).
B. Hattinger nach Salomon Kleiner, 1735.
Taf. 1 aus „Wahrhaffte Abb.“, 4. Teil.

Der Stich Kleiners gibt die erst im Jahr 1734 in ihrer heutigen Form errichtete Fassade von St. Peter wieder, allerdings ohne die erst 1749 verwirklichte Vorhalle. Bis zum Jahr 1732 war unter der Leitung Antonio Galli-Bibienas der seit 1729 erweiterte Chor ausgestattet worden.

Lit.: Polleroß, Peterskirche, S. 146 ff.

Wien, Hist. Museum, Inv.-Nr. 105.765/107. T. K.

18.31 Heilung eines Lahmen durch Petrus und Paulus FB 94

Öl/Lw., 92 × 55 cm.
Bez. M. alto (Martino Altomonte), um 1731.

Die vorliegende Skizze diente als Vertragsgrundlage für das 1731 von Altomonte ausgeführte Hochaltarbild der Peterskirche. Bei der Gestaltung des Bildthemas (Act. 3, 1.10) griff Altomonte auf einen Stich Nicolas Poussins zurück, den er im Sinn der hochbarocken Vorbilder seines Lehrers Carlo Maratti umbildete und mit einer vermutlich vom Auftraggeber, der Dreifaltigkeitsbruderschaft von St. Peter, geforderten Trinitätsdarstellung verband, womit er in dem Bild beide Patrozinien der Kirche vereinigen konnte. Altomonte, der schon an der Ausstattung der Seitenaltäre mitgearbeitet hatte, versucht in diesem Gemälde eine stärkere Tiefenräumlichkeit zu suggerieren als in seinen beiden Seitenaltarbildern, zumal sowohl der vom Leiter der Chorausstattung Antonio Galli-Bibiena entworfene Hochaltar als auch die durch die Verlängerung des Chores angestrebte Raumerweiterung nach dieser verlangten. Auf der anderen Seite korrespondiert die gelb-rot-braune Farbigkeit wohl mit den Seitenaltarbildern Rottmayrs und Schoonjans, bewußt auf die dekorative Einheit des Kircheninneren Bezug nehmend.

Lit.: Kat. Barockmuseum, Nr. 7. — Polleroß, Peterskirche, S. 183f.

Wien, Öst. Galerie, Inv.-Nr. 5531. T. K.

18.32 Immaculata Conceptio

Öl/Lw., 207 × 140 cm, oval.
Johann Georg Schmidt, um 1721/22 (?).

Das heute im Stiegenabgang zur unteren Sakristei von St. Peter in Wien hängende Gemälde war zuvor im Kircheninneren, unmittelbar unter einem der Kaiseroratorien (liturgisch links) angebracht (siehe Polleroß, Abb. 9). Das aufgrund stilistischer Tendenzen als auch für Johann Georg Schmidt typischer motivischen Wiederholung, für diesen in Anspruch zu nehmende Gemälde, dürfte kurz nach Beginn der zwanziger Jahre des 18. Jh.s zu datieren sein, was ausschließen würde, daß das Gemälde von Anfang an für die Chorausstattung konzipiert war. Dafür spricht auch, daß Schmidts Name in den Baurechnungen der Zeit nicht aufscheint. Da von dem Gemälde eine qualitätsgleiche zweite Fassung im Lehárschlößchen im 19. Wiener Gemeindebezirk existiert, könnte man allerdings annehmen, das Bild sei zu Beginn der dreißiger Jahre von Schmidt selbst wiederholt worden, was die Diskrepanzen in der Datierung erklären könnte. Der Grund, warum sein Name nicht in den Baurechnungen aufscheint, könnte in dem Fall darin zu sehen sein, daß die künstlerische Leitung der Chorausstattung urkundlich belegt in der Hand des Generalunternehmers Antonio Galli-Bibiena lag.
Wahrscheinlicher ist freilich, daß Schmidts Gemälde ursprünglich Teil der barocken Ausstattung einer benachbarten Kirche, vielleicht von St. Stephan, war und erst später hierher gelangte.

Lit.: T. Karl, Johann Georg Schmidt, gen. der „Wiener Schmidt" (um 1685—1748), phil. Diss., Wien 1983, S. 76 u. S. 249, A 60.

Wien, St. Peter. T. K.

Kat.-Nr. 18.33

18.33 Piaristenkirche Maria Treu in Wien, Baumodell

Holz, H 135 cm, L 143 cm, B 87 cm.
Wohl Matthias Gerl, 1751.

Die Baugeschichte der Wiener Piaristenkirche Maria Treu ist mangels archivalischer Unterlagen bis heute noch nicht gelöst, doch sprechen starke Gründe für eine Urheberschaft des Hofingenieurs Hildebrandt an dem durch Kaiser Leopold I. geförderten Sakralbau. In der Disposition des Grundrisses bestehen enge stilistische Zusammenhänge mit der für den Architekten gesicherten Dominikanerkirche St. Laurenz in Gabel (Nordböhmen). In beiden Fällen handelt es sich um Zentralkuppelbauten, die von in der Längsachse dominierenden Kreuzarmen durchdrungen werden. Die Kuppelpfeiler schwingen konvex in den Raum vor und sind durch Kapellennischen im unteren Bereich weitgehend aufgelöst. Während in Gabel eine hohe Tambourkuppel den Zentralbau überwölbt, ist in Wien eine flache, „fortschrittlichere" Hängekuppel vorgesehen. In der Durchdringung von Raum- und Körperform zeigt sich der im Wiener Raum im Gegensatz zum böhmischen Barock ansonsten nicht feststellbare direkte Anschluß an Gestaltungsprinzipien Guarino Guarinis. Trotz der späten Grundsteinlegung 1716 dürfte der Entwurf bereits um die Jahrhundertwende entstanden sein. In der bis 1722 währenden ersten Bauphase konnte die Kirche im Rohbau hochgeführt und überdacht werden. Der weitere Ausbau und die Ausstattung des Inneren nahmen die Jahre bis 1754 in Anspruch. Im Juni 1751 wird der Baumeister Matthias Gerl mit 133 Gulden für ein geliefertes Modell entlohnt. Es ist höchstwahrscheinlich mit dem erhaltenen Modell zu identifizieren, das mit Ausnahme des Giebelaufsatzes und der oberen Turmgeschosse, die erst im vorigen Jahrhundert entstanden sind, lediglich in der Form der Hauptkuppel geringfügig von der Ausführung abweicht.

Lit.: W. G. Rizzi, Die Kuppelkirchenbauten Johann Lucas von Hildebrandts, in: Wiener Jb. f. Kunstgesch., XXIX, 1976, S. 126ff. — Manfred A. Jelonek, Die Autorenfrage bei der Piaristenkirche Maria Treu in Wien, phil. Diss., Bochum 1980.

Wien, Pfarre Maria Treu. W. R.

18.34 Ansicht der Piaristenkirche in Wien

Kupferstich, 23,1 × 34,9 cm (Pl.).
J. A. Corvinus nach Salomon Kleiner.
Taf. 24 aus „Wahrhaffte Abb.", 1. Teil, 1724.

Die nahezu orthogonale Ansicht der Fassade muß Salomon Kleiner 1721/22 nach Planvorlagen angefertigt haben, da die Kirche damals noch mitten im Bau stand. Die Fassadenlinie stimmt auch mit den erhaltenen zeitgenössischen Kirchengrundrissen überein, nicht aber mit der wesentlich späteren Ausführung, die anstelle der frei stehenden Kolossalsäulen nur Halbsäulenvorlagen, einen geschlossenen segmentbogigen Giebelabschluß und eine im Detail abweichende Formensprache aufweist. Die auffallende Höhendehnung der Schauseite und der beigestellten Türme dient der Akzentuierung der Kirchenanlage, deren Flachkuppel im Gegensatz zu den mächtigen Kuppeln der zentralen Tambouranlagen — etwa der Wiener Peterskirche — im Stadtbild nicht in Erscheinung tritt.

Lit.: W. G. Rizzi, Die Kuppelkirchenbauten Johann Lucas von Hildebrandts, in: Wiener Jb. f. Kunstgesch., XXIX, 1976, S. 128ff.

Wien, Hist. Museum, Inv.-Nr. 15.719. W. R.

18.35 Die Salesianerinnenkirche

Kupferstich, 23 × 34,8 cm.
J. A. Corvinus nach Salomon Kleiner, 1724.
Taf. 30 aus „Wahrhaffte Abb.", 1. Teil.

Der Neubau des Klosters der „Nonnen vom Orden de Visitatione Mariae, die insgeheim die Englischen Closter-Frauen oder die Salesianerinnen genannt werden" (Küchelbecher, Kat.-Nr. 5.22, S. 78), am Rennweg durch die Kaiserinwitwe Josephs I., Amalie Wilhelmine, ist der einzige nennenswerte Klosterneubau dieser Zeit in Wien. Der mit dem Projekt betraute Donato Felice d'Allio sah sich bereits vor Klosterneuburg mit der Aufgabe konfrontiert, im Rahmen einer Klosteranlage auch einen Palast einzuplanen, den Amalie als ihre Witwenresidenz errichten ließ. Es erklärt sich dadurch auch die Wahl des Bauplatzes inmitten adeliger Gartenpaläste, wie etwa des benachbarten Belvederes. Im Gegensatz zu Klosterneuburg, das im Grundriß in wesentlichen Zügen vorweggenommen ist, öffnet sich hier vor dem Westtrakt ein Ehrenhof, der dem Klosterbau — in Anlehnung an die Gartenpa-

Kat.-Nr. 18.35

lastarchitektur — eine nahezu weltliche Note verleiht. Allgemein orientiert sich die Klosteranlage Allios, die später durch Joseph Emanuel Fischer entscheidend verändert wurde, an dem bereits 1698 begonnenen Piaristenkonvent, weist aber auch Verbindungen zu den großen Klosterbauten des frühen 18. Jh.s in der Umgebung von Wien auf.

Lit.: Brucher, S. 273. — H. Lorenz, Barockarchitektur in Wien und im Umkreis der kaiserlichen Residenzstadt, in: Gutkas, Prinz Eugen, S. 245.

Wien, Hist. Museum, Inv.-Nr. 105.765/32. T. K.

18.36 Die Dorotheerkirche in Wien

Kupferstich, 23,1 × 34,5 cm (Pl.).

G. D. Heümann nach Salomon Kleiner, 1724. Taf. 8 aus „Wahrhaffte Abb.“, 1. Teil.

Der Umbau der unter Rudolph IV. vollendeten, um 1900 abgebrochenen Stiftskirche von St. Dorothea ist das erste urkundlich gesicherte Projekt Steinls. Begonnen im Jahr 1702, war dieses Ende 1704 bereits abgeschlossen. Mit der zwischen zwei Türmen konkav zurücktretenden Schauwand hat Steinl, ausgehend von Fischers Fassade der Dreifaltigkeitskirche in Salzburg, einen für Wien neuen Fassadentypus geschaffen, der das schwer und breit lastende Vorbild Fischers zugunsten eines schmal- und hochkonzipierten Erscheinungsbildes umformte. Dar-

Kat.-Nr. 18.36

über hinaus dürfte Steinl, der in der Turmurkunde von 1704 als „vir in omni artes expertus" genannt wird, wie später dann in St. Peter, für das Gesamtkonzept des erneuerten Baus und seine Gesamtausstattung verantwortlich gewesen sein. Immer entscheidender wird ab diesem Zeitpunkt Steinls Rolle als „inventor", der in verschiedensten Formgelegenheiten und Techniken, von der Turmfassade bis zum liturgischen Gerät alles entwirft, in seiner ursprünglichen Eigenschaft als Bildhauer aber so gut wie nicht mehr tätig ist. An der Innenausstattung der Kirche arbeitete neben dem als Freskanten verpflichteten Rottmayr, der auch Seitenaltargemälde schuf, u. a. Martino Altomonte. Ähnlich wie die Peterskirche dürfte sich auch die Dorotheerkirche, die seit ihrer Barockisierung immer wieder als eine der schönsten Wiens bezeichnet wurde, als farbiges Gesamtwerk präsentiert haben.

Lit.: L. Pühringer-Zwanowetz, Matthias Steinl, Wien - München 1966, S. 28 f., S. 109 ff. und Kat.-Nr. 16.

Wien, Hist. Museum, Inv.-Nr. 105.765/10. T. K.

18.37 Die Schwarzspanierkirche

Kupferstich, 23,1 × 34,9 cm.
J. A. Corvinus nach Salomon Kleiner, 1724.
Taf. 26 aus „Wahrhaffte Abb.", 1. Teil.

Im Zusammenhang mit der Verehrung Marias in den Türkenkriegen (vgl. S. 256) entstanden unmittelbar nach dem Türkenjahr 1683 eine

Reihe von Marienkirchen außerhalb der Befestigungsanlagen; andere wurden aufwendig erneuert oder neu errichtet. So auch das von Ferdinand II. 1633 gegründete Marienheiligtum der Schwarzspanier, das 1683 abgebrochen und nach 1710 neu aufgebaut wurde. Dem als Filiale des Benediktinerklosters am Montserrat gegründeten Kloster brachte auch Karl VI. große Verehrung entgegen, zumal er in Spanien das Schicksal all seiner Unternehmungen Maria, insbesondere aber dem Gnadenbild der „Moreneta de la Serra" auf dem Montserrat, anheimgestellt hatte. Zurückgekehrt nach Österreich ließ er die Kirche reich ausstatten. Unter der Patronage des Kaisers fanden vor dem Kloster große Kirchweihfeste statt, das glänzendste anläßlich der Verhandlungen des Jahres 1725, das er gemeinsam mit seinem früheren Gegner, Philipp V., beging. Der Außenbau war zur Zeit, als Kleiner den Klosterbau um 1724 aufnahm, zwar weit fortgeschritten, allerdings bei weitem nicht so weit gediehen wie er andeutet. Der Bau der Fassade war selbst bei den Einweihungsfeierlichkeiten des Jahres 1735 nicht abgeschlossen (Kat.-Nr. 18.38). Der Baumeister der heute zerstörten Kirche ist unbekannt, die Namen der an der Innenausstattung beteiligten Künstler, deren Werke zum Teil noch erhalten sind, sind jedoch überliefert. Der Auftrag für die Freskierung der Kuppel war 1728 an den Venezianer Gian Antonio Pellegrini vergeben worden, der Quadraturist war Domenico Francia. Die Leitung der Innenausstattung lag in den Händen Giuseppe Galli-Bibienas. Erst 1734 malten Martino und Bartolomeo Altomonte sowie Daniel Gran die Seitenaltargemälde. Die Kanzel der Kirche befindet sich heute in der Pfarrkirche von Laxenburg, das Chorgestühl in der Wiener Augustinerkirche.

Lit.: P. Pötschner, Das Schwarzspanierhaus. Wiener Geschichtsbücher, Bd. 2, 1970, S. 14 ff. — Matsche, S. 169 ff.

Wien, Hist. Museum, Inv.-Nr. 105.765/28. T. K.

18.38 Fassadendekoration der Wiener Schwarzspanierkirche zur Kirchweihe 1739 FB 98

Aquarell, 64,5 × 49 cm.
Anton Schmid, 1739.

Die nach 1710 — der Stadtplan des A. Steinhausen zeigt noch das frühere Gotteshaus — neu errichtete Klosterkirche der Benediktiner von Montserrat („Schwarzspanier") wurde nach langen Jahren des Bauens im Herbst 1739 zu Ehren der hl. Maria von Montserrat feierlich konsekriert. Für diesen Anlaß hat man die in ihrer Ausstattung noch unfertige Fassade mit einer Darstellung der Himmelfahrt Mariä sowie mit allegorischen Figuren und zahlreichen Lobsprüchen bunt bemalt, wozu sich der Entwurf des an der Wiener Akademie ausgebildeten Malers Anton Schmid erhalten hat. Die dargestellte wandfeste Ausgestaltung der Fassade stimmt bereits im wesentlichen mit dem heutigen Zustand überein, der sich mit der Stichdarstellung Salomon Kleiners von 1724 nur hinsichtlich des architektonischen Fassadengerüsts deckt. Um 1730 erscheint der Theatralarchitekt Giuseppe Galli-Bibiena urkundlich am Bau beteiligt, so daß von ihm vielleicht auch der ursprüngliche Entwurf stammt, doch wurde — wie aus Unterlagen im Ungarischen Staatsarchiv hervorgeht — der Ausbau der Fassade nach einer modifizierten Planung des niederösterreichischen Landschaftsbaumeisters Franz Anton Pilgram weitergeführt.

Lit.: W. G. Rizzi, Das Schloß in Ebenthal in Niederösterreich und sein Festsaal von Giuseppe Galli-Bibiena, in: Arx, 1, 1984, S. 3 ff.

Wien, Schottenarchiv, Scrin. 43/11 h. W. R.

18.39 Der Kalvarienberg in Hernals

Kupferstich, 23 × 33,6 cm (Pl.).
G. D. Heümann nach S. Kleiner.
Taf. 29 aus „Wahrhaffte Abb.", 1. Teil.

Der 1724 erschienene Stich zeigt den 1639 bei

Kat.-Nr. 18.39

der rekatholisierten Kirche der Jörgerschen Herrschaft im Wiener Vorort Hernals errichteten, nach den Türkenkriegen 1709 erneuerten Kalvarienberg. Er war Endpunkt eines Kreuzweges, der an einem „Corpus-Christi-Altar" in St. Stephan seinen Anfang nahm. Laut Küchelbecher (Kat.-Nr. 5.22) sollte es „biß hierher accurat so weit seyn, als der Heyland zu seinem Tod gehen müssen". Noch zur Zeit Karls VI., der den Kalvarienberg auch künstlerisch verschönerte und bereicherte, gehörte die Prozession des Wiener Hofes in der Karwoche zum Hernalser Kalvarienberg zum festen Bestandteil der Hoffeste und der öffentlichen religiösen Übungen der habsburgischen Familie.

Lit.: Matsche, S. 131f.

Wien, Hist. Museum, Inv.-Nr. 14.262. T. K.

18.40 Christus und die beiden Henkersknechte

Holz, sitzender Christus: H 125 cm, Henkersknechte: H 153 cm und 165 cm. Um 1710.

Die Skulpturengruppe ist eine von drei noch erhaltenen Stationen des Kreuzweges nach Hernals (Kat.-Nr. 18.39). In situ ist nur die Gruppe der ehemaligen Weißspanierkirche in der Alserstraße (heute Minoritenkirche) aufgestellt, die vorliegende Gruppe (ursprünglich Hernalser Hauptstraße 24—26) sowie eine weitere mit Christus, Herodes und einem

Schergen, befinden sich im Historischen Museum der Stadt Wien.

Lit.: Kat. Schausammlung Hist. Museum 2/116 (zur Gruppe Christus, Pilatus und Scherge).

Wien, Hist. Museum, Inv.-Nr. 38.799/1—3. T. K.

18.41 Votivbild des Julius Friedrich Graf Bucellini

Öl/Lw., 316 × 173 cm.
Johann Franz Aigen, um 1700.

Das von seiner Konzeption her einzigartige Gemälde wurde vermutlich zur Zeit des zweiten Pfarrers von Karnabrunn, Johann Baptist Petschnigg, von dem 1694—1705 als Hofkanzler amtierenden Julius Friedrich Bucellini, Stifter der Karnabrunner Wallfahrtskirche, gewidmet.
Der dunkel gekleidete Stifter kniet fast im Zentrum des Gemäldes leicht erhöht auf einem niedrigen Podest. Hinter ihm gibt ein zurückgeschlagener Vorhang den Blick auf ein tafelbildartig gerahmtes Bücherregal, angebracht über einem altarmensaartigen Aufbau, frei. Eine Doppelsäule und ein Stück einer Balustrade trennen die Figur Bucellinis vom Hintergrund, in dem sich auf einem Hügel die Wallfahrtskirche erhebt. In der himmlischen Sphäre sitzen die beiden Namenspatrone des Stifters, rechts der hl. Bischof Friedrich, links Papst Julius. Über ihnen erkennt man das Zeichen der Hl. Dreifaltigkeit, der die Kirche geweiht ist. Dem Stifter gegenüber kniet die Personifikation des Erzherzogtums Österreich, bekleidet mit dem Erzherzogmantel, den Erzherzoghut zu ihren Füßen, die die von Bucellini gestiftete Kirche fürsprechend der Hl. Dreifaltigkeit entgegenhält. Links im Vordergrund knien die Schicksalsfäden spinnenden Parzen, die sich des Schicksals des Geschlechts der Bucellini annehmen sollen. Rechts im Vordergrund hält ein Putto das gräfliche Wappen.

Kat.-Nr. 18.41

Das Kuriose an dem Gemälde ist der unterhalb der eigentlichen Bildfläche angebrachte lateinische Text. Teile des in 13 Nummern unterteilten Textes werden nämlich, bezeichnet mit den entsprechenden Nummern, den einzelnen Personen als Sprechblasen zugeordnet. Darüber hinaus sind einzelne Passagen in Spiegelschrift wiedergegeben oder man tauscht die Buchstaben des Stifternamens innerhalb desselben nach Belieben aus (etwa „ENCLIVBE = BVCELENI"), die mittels unter

Kat.-Nr. 18.42

das Wort gesetzter arabischer Zahl wieder zu entwirren sind.

Lit.: M. Roch, Die Geschichte der Dreifaltigkeitskirche Karnabrunn, phil. Diss., Wien 1975.

Karnabrunn, Pfarrkirche. T. K.

18.42 Immaculata

Öl/Kupferblech u. Holz, 159 × 98 cm (zeitgenössischer Zierrahmen).
Signiert: „Jo:Mi:Rottmayr Fe:", 1699.

Die umfangreichen Inschriften nennen als Stifter den Wiener Bürger Gregorius Fahrnwanger und die sonst unbekannte Erzbruderschaft der Unbefleckten Empfängnis bei der Wiener Franziskanerkirche, die das Gemälde für eine Wegkapelle zwischen Joachimsberg und Josefsberg in Auftrag gegeben hatten. Die Via Sacra, der alte Pilgerweg von Wien nach dem steirischen Mariazell, ist nach dem Türkensieg 1683 mit neuen Stationen bestiftet worden (z. B. Joachimsberg 1685), welche die barocke Wallfahrtsfrömmigkeit bildhaft unterstützten.
Rottmayr hat das Immaculatathema mehrfach gemalt, am frühesten für den Stich von 1697, der diesem Bild stilistisch sehr nahe steht. Zu bewundern ist die Fähigkeit des Malers, eine auch dem schlichten Pilger verständliche Verbalillustration der sündenfrei geborenen Überwinderin des Bösen mit einer künstlerisch anspruchsvollen Komposition eines Triumphbogens mit marianischen Emblemen nahtlos zu verbinden. Diese für das tradierte Immaculata-Motiv ungewöhnliche Komposition könnte auf Eindrücke von Rottmayrs Lernzeit in Venedig zurückgehen. Das teure, wohl wegen seiner größeren Haltbarkeit verwendete Material Kupferblech wurde, von Italien ausgehend, im 17. und 18. Jh. für kleine Kabinettbilder, aber auch große Altarbilder geschätzt. Die Einzelbleche wurden über einem Holzträger miteinander vernietet.

Lit.: M. Koller, Rottmayr malt auf Metall. Bemerkungen zu einem neuen Werk und seiner Maltechnik, in: Imagination und Imago. Festschrift Kurt Rossacher, Salzburg 1983, S. 111—118 (mit weiterer Literatur).

Privatbesitz. M. K.

18.43 Selbstporträt Johann Michael Rottmayrs FB 93

Öl/Lw., 55 × 45 cm (beschnitten).
Um 1710.

Das in die Wand des Herzogenburger Bildersaales eingelassene, aus Gründen der dekorativen Einheit im Nachhinein teilweise beschnittene, noch unpublizierte Porträt, das von W. G. Rizzi identifiziert wurde, ist eine fast

identische Fassung des im Wiener Historischen Museum befindlichen Selbstporträts Johann Michael Rottmayrs. Die Identifizierung des Wiener Porträts durch Hubala erfolgte aufgrund der Selbstdarstellung Rottmayrs im Langhausfresko der Jesuitenkirche in Breslau (1704) und wird von ihm ohne Angabe näherer Gründe um 1709 datiert. Ausgehend von diesem Selbstbildnis dürfte eine Stiftzeichnung im Besitz der Fideikomiß- und Familienbibliothek entstanden sein, die 1925 publiziert worden war.
Die Herzogenburger Fassung geht sowohl in ihrem Ausdrucksgehalt als auch in ihrer malerischen Brillanz über das Wiener Exemplar eindeutig hinaus, was nahelegt, in ihr die eigenhändige Erstfassung Rottmayrs zu sehen, von der sowohl das Wiener Porträt als auch die erwähnte Stiftzeichnung ausgehen.

Lit.: E. Hubala, J. M. Rottmayr, Wien - München 1981, S. 192 (zum Wiener Porträt).

Stift Herzogenburg. T. K.

18.44 Ortsansicht von Ravelsbach

Aquarell und Feder/Papier, 63 × 97 cm.
Franz Mayer, um 1750/60.

Die bedeutendsten Architekten Österreichs spielten auch für den barocken Landkirchenbau eine bedeutende Rolle. Für den Umbzw. Neubau dem Stift unterstehender Pfarrkirchen hat der Melker Abt Dietmayr seinen Stiftsbaumeister, Jakob Prandtauer, beauftragt.
Der im Melkerhof in Wien wohnende Franz Mayer hat in den Jahren 1750 bis 1767 die wichtigsten Besitzungen und Pfarren des Stiftes Melk in aquarellierten Federzeichnungen wiedergegeben. Diese stark aufsichtig gehaltenen Veduten sind nicht nur von ortsgeschichtlichem Gesichtspunkt her von großem Interesse, sondern sind auch aus kunsthistorischer Sicht verwertbar. So zeigt die von Prandtauer nach dem vereinfachten Schema von Melk errichtete Pfarrkirche von Ravelsbach den 1786 ausgebrannten Turm, ein Überrest der alten Kirche, der von Prandtauer beherrschend in die Fassade eingebaut wurde, vor der Erneuerung.

Lit.: Kat. Prandtauer, Nr. 56 u. Nr. 217—221.

Stift Melk. T. K.

18.45 Ortsansicht von Weikendorf

Aquarell mit Feder, 49,3 × 71,4 cm.
Franz Mayer, um 1750/60.

Ein Jahr nachdem Prandtauer seinen Plan für den Umbau der Melker Stiftskirche vorgelegt hatte, ist seine Tätigkeit in der Melker Pfarre Weikendorf belegt, wo er das Gotteshaus durch Ziehen neuer Schließen ausbesserte. Für die von Donin Prandtauer zugeschriebene Kirche ist zwar eine Baudatierung „1689“ gegeben, diese muß sich allerdings auf einen älteren Bau beziehen. Das für die Anwesenheit Prandtauers überlieferte Datum 1702 dürfte als eigentlicher Beginn der Umbauarbeiten anzunehmen sein, die sich auch auf den Bereich des Pfarrhofes ausgedehnt haben dürften. So ist Rechnungsbelegen zu entnehmen, daß 1713 das halbe Dach eingedeckt war. Weitere Belege aus den Jahren 1716—1721 sind im Handbuch Abt Dietmayrs vermerkt.

Lit.: K. Donin, Dehio NÖ, 2. Aufl. 1941, S. 481. — Kat. Prandtauer, S. 27 f. und S. 158.

Stift Melk. T. K.

18.46 Himmelfahrt Mariä

Öl/Lw., 255 × 190 cm.
Kopie nach Daniele da Volterra, 1. Hälfte 17. Jh. (?).

Das vorliegende Gemälde soll laut Lokaltradition aus der Gemäldesammlung des Prinzen Eugen in die Stopfenreuther Pfarrkirche gestiftet worden sein. Es zeigt die in einem aus Säulen mit geradem Gebälk aufgebauten, offenem Gehäuse staffindende Himmelfahrt der Gottesmutter. Im Vordergrund liegen Petrus und Paulus, lebhaft über das Mysterium disputierend, während die anderen Apostel auf das wundersame Ereignis verweisen. Dem Gemälde liegt Daniele da Volterras heute auf Holz übertragenes Fresko in la Trinità dei Monti zugrunde, hier allerdings zu einem Hochformat umdisponiert. Das um 1550 entstandene Fresko, das auch einige Male gestochen wurde, zählt zu den berühmtesten Werken des italienischen Manieristen. Bei der jüngsten Restaurierung der wohl in Oberitalien entstandenen Kopie am Bundesdenkmalamt wurde eine originale Netzleinwand festgestellt, wie sie v. a. für die Malerei Ober- und Mittelitaliens der 1. Hälfte des 17. Jh.s typisch ist, eine Datierung nach 1650 ist demzufolge ziemlich sicher auszuschließen.

Lit.: S. H. Levie, Der Maler Daniele da Volterra (1509—1566), phil. Diss., Köln 1962, S. 100f. u. S. 185. — Abgebildet bei G. Briganti, Il Manierismo e Pellegrino Tibaldi, Rom 1945, Fig. 73.

Stopfenreuth, Pfarrkirche. T. K.

18.47 Prinz Eugen, empfiehlt dem Bischof von Passau den Jakob S. Michaeler für die Pfarre Obersiebenbrunn

Original, Papier, Tinte, eh. Unterschrift des Prinzen Eugen 33,2 × 22,2 cm.
1. August 1731.

Nachdem im Jahre 1731 durch den Tod des Pfarrers von Obersiebenbrunn dessen Stelle vakant geworden war, richtete Prinz Eugen als Besitzer der Herrschaft Obersiebenbrunn ein Gesuch an den Bischof von Passau, mit der Bitte, den „Jacob Sebastian Michaeller ... in Ansehung seines bezeigten Seelen-Eyfers, und exemplarischen Leben-Wandels" nach Obersiebenbrunn zu berufen und mit dem vakant gewordenen Amt zu betrauen.

Wien, Erzbischöfliches Dom- und Diözesanarchiv. H. L.

Kat.-Nr. 18.48

18.48 Porträt des Prinzen Eugen

Öl auf Blech, 42 × 24 cm.
Um 1720.

Das qualitätvolle Bild gehört zu einer Serie von Kleinporträts (Kat.-Nr. 1.4) in der Prälatur des Stiftes Zwettl. Eugen ist nach rechts gewendet, mit einem Harnisch bekleidet, dargestellt. Er trägt eine Allongeperücke. Das Bild ist eine eigenständige Schöpfung und mit keinem anderen Porträttypus vergleichbar.

Lit.: ÖKT, Bd. 29, S. 139, Nr. 8.

Stift Zwettl, Prälatur. K. G.

19. Die Jagd als höfisches und adeliges Vergnügen, aber als Untertanenlast

Man hat mit Recht die Periode Karls VI. als Höhepunkt der höfischen und adeligen Jagdkultur bezeichnet. Dieser Kaiser war nicht wie jeder seiner Vorgänger nur Jäger, er war im wahrsten Sinne des Wortes jagdbesessen und nützte jede sich bietende Gelegenheit, dieser Leidenschaft zu frönen. Mehr als einmal hatten sich die Bedürfnisse des Regierens nach dem Jagdkalender Karls zu richten. Er führte nämlich neben seinem Tagebuch wirklich einen solchen, daneben wurde von seinem Hofstaat auch noch über jede seiner Jagden ein Protokoll angelegt, auch das Wienerische Diarium berichtet laufend über die Jagderfolge des Herrschers.

Selbst das Kalenderjahr war für ihn in Jagdsaisonen geteilt. Nach der Fastenzeit, in der es keine Jagd gab, fuhr man von der Hofburg zum Fuchs- und Dachsprellen oder zur Schnepfenjagd in den Prater. Ende April übersiedelte der Hof nach Laxenburg, denn dort war alles für die Beizjagd mit Falken auf Federwild eingerichtet. Im Juni wechselte man in die vor den Toren Wiens gelegene Favorita, weil man von dort bequem in die Reviere des Wienerwaldes zur Rotwildjagd fahren konnte. Dem Kaiser standen nämlich die meisten Reviere rund um die Residenzstadt zur Verfügung. So gab es nun immer wieder große Jagden, wobei Ende August eine große Wasserjagd an der Donau den Abschluß bildete. Dann begab man sich meist für zwei Wochen nach Halbturn in Ungarn zur Niederwildjagd und kehrte von dort entweder wieder in die Favorita zurück oder übersiedelte nach Kaiserebersdorf, wo ebenfalls ein wildreiches Revier zur Verfügung stand. Wenn man Ende Oktober wieder in die Hofburg übersiedelte und sich für die kalte Jahreszeit einrichtete, standen wieder Jagden auf Schwarzwild in der Umgebung Wiens auf dem Programm. So brachten es der Kaiser und sein Hof auf jährlich hundert Jagdtage. Auch bei Hofreisen wurden immer wieder Jagden eingeschoben, etwa 1723 auf dem Weg nach Böhmen, 1728 in die Steiermark und nach Kärnten, 1732 wieder nach Böhmen und ins Land ob der Enns.

Ähnlich, wenn auch in der Regel nicht so intensiv, huldigten auch die Hochadeligen, aber auch viele Mitglieder des kleineren Adels und selbst Prälaten dem Jagdvergnügen. Auch Prinz Eugen machte keine Ausnahme. Er fand besonders nach 1718 an der Jagd viel Vergnügen. In den zwanziger Jahren unternahm er oft recht weite Reisen, um auf den mährischen Gütern der Grafen Trauttmansdorff, bei den Liechtenstein in Feldsberg, bei den Martinitz oder bei Philipp Kinsky in Böhmen Jagdgast sein zu können. Gerne ließ er sich vom Reichsvizekanzler Graf Schönborn einladen und war 1727 erstmals Gast des Kaisers in Halbturn. Dort war er in den Jahren 1729, 1730, 1731 und 1733 neuerlich zu Gast.

Als er seit 1725 seine Herrschaften im Marchfeld erwarb und ausbaute, konnte er selbst auch Jagdgäste einladen. So war im Jahre 1727 Frankreichs Botschafter, der Herzog von Richelieu, sein Gast in Schloßhof, am 18. Oktober 1728 wurde bei einer Jagd im Rahmen von Eugens Geburtstag Graf Gundacker Althann von einem großen Hirschen zu Boden geworfen. Im Oktober des Jahres 1733 fand zu Eugens 70. Geburtstag die letzte große Jagd in Schloßhof statt, an der er teilnehmen konnte.

Den Höhepunkt der Festlichkeiten in

diesem Schloß bildete aber jenes sagenhafte Fest mit großangelegtem Hauptjagen, das Prinz Joseph Friedrich von Sachsen-Hildburghausen, der damalige Besitzer, am 26. September 1754 veranstalten ließ.

Man hatte mit unvorstellbarem finanziellem Aufwand auf der ungarischen Seite 800 Hirsche und andere Tiere zusammengeholt, für deren Herantreiben mit 2000 Doppelpfosten eine Brücke bis zur March errichtet und dort eine gewaltige Zuschauertribüne aufgebaut. Es gab darauf Podien für einen Chor und für ein Blasorchester, Schießschirme für die kaiserliche Familie und für andere Schützen. Selbstverständlich waren die Musiker, die Schiffsleute, welche die vielen Gäste über die March zu transportieren hatten, aber auch die als Treiber verpflichteten Bauern bunt eingekleidet. Als nach dem Mittagessen das Fest ablaufen sollte, kam es aber anders als erwartet. Das gewaltige Hirschrudel richtete einigen Schaden an und verletzte, als es zurückwollte, manchen Treiber, so daß man, als es zu später Stunde endlich losgehen sollte, das Fest abbrach und die Tiere wieder freiließ.

Berichte über andere, wenn auch nicht so teure Gesellschaftsjagden gibt es auch aus anderen Gegenden, gegenseitige Einladungen zu Jagden gehörten eben zur Pflege guter Nachbarschaften bei der Oberschicht.

Es ist daher verständlich, daß man das Jagdrecht der Grundherren auch gesetzlich kräftig verankerte. Die niederösterreichische Jagdordnung aus dem Jahre 1728 gab den Jagdherren viele Privilegien und verbot den Bauern, das Wild bis Ende April von den Feldern oder überhaupt von den Wiesen zu vertreiben, zu hohe Zäune zu errichten, Wildwechsel zu unterbrechen, von Pfingsten bis September durch Beeren- oder Pilzesuchen in den Wäldern Unruhe zu erzeugen.

Derartige Bestimmungen ließen sich natürlich in der Praxis nicht durchsetzen, doch zeigen sie deutlich den Interessenskonflikt zwischen der adeligen Oberschicht und den ärmeren Bevölkerungskreisen. Für die Bauern wurde das Überhegen des Wildes nicht nur zur Plage, sondern oftmals eine Existenzfrage. Da die Oberschicht das Wild solange geschützt und gehegt wissen wollte, bis sie es selbst töten konnte, wurde das Wild zum Feind und die Jagd ein typischer Ausdruck des Herrenlebens. Manchmal wehrte man sich aktiv dagegen, wie beim Jagdaufstand im Lande ob der Enns. Die aufgestaute Unzufriedenheit brach aber aus, als Karl VI. im Oktober 1740 starb. Schon in den nächsten Tagen begannen die Bewohner des Wienerwaldes das Wild zu erschlagen und gingen auch tätlich gegen die Jäger vor. Man setzte dagegen sogar Militär ein, entschloß sich aber schon nach wenigen Tagen, den Wildbestand um Wien radikal zu reduzieren und vor allem das Schwarzwild abzuschießen. Damit war aber auch die glanzvollste Periode der höfischen Jagd zu Ende, unter Maria Theresia wurden die Jagden weiter reduziert und durch Joseph II. das Jagdprivileg der Herren stark beschnitten.

Für die ärmeren Leute war der große Wildbestand auch eine ständige Versuchung, durch Wildern die Ernährungssituation zu verbessern. Dagegen wurden zwar laufend Patente erlassen, deren Überwachung war aber schwer und die Versuchung groß, denn im Volke war man immer der Meinung, das Wild sei für alle da.

Karl Gutkas

Lit.: O. Mitis, Jagd und Schützen am Hofe Karls VI., 1912. — W. Schlag, Die Hofjagd im 18. Jahrhundert, in: W. Koschatzky (Hrsg.), Maria Theresia und ihre Zeit, 1979.

Kat.-Nr. 19.2

Objekte

19.1 Darstellung eines Hauptjagens

Öl/Lw., 168 × 300 cm.
Um 1720.

Fürst Hartmann von Liechtenstein (1666—1727) wurde im Jahre 1712 von Kaiser Karl VI. zum Obersthof- und Landjägermeister ernannt und übte dieses Amt bis 1724 aus. In dieser Zeit organisierte er, wohl auf seiner Herrschaft Niederabsdorf an der Zaya, ein Hauptjagen, das von einem österreichischen Hofmaler festgehalten wurde.

Für eine Hauptjagd wurde das Wild von den zur Jagdrobot verpflichteten Bauern Tage vorher in einem Revier zusammengetrieben und schließlich auf engem Raum mit dem „hohen Zeug" aus Stangen, Seilen, Netzen und Tüchern eingeschlossen. An einer Verengung wurden Jagdschirme oder Pavillons aufgestellt, an denen das Wild vorbeigetrieben wurde. Dort standen der kaiserliche Jagdherr und seine Familie sowie die vornehmsten Jagdgäste. Bei dieser Veranstaltung wurden 419 Hirsche und 150 Tiere nebst Rehen und Schweinen vorbeigetrieben und von der kaiserlichen Familie 50 Stück erlegt. Solche Hauptjagden wurden nur selten veranstaltet und unter Maria Theresia abgeschafft.

Lit.: Kat. Jagd in der bildenden Kunst, Feldkirch 1971, Nr. 23. — Kat. Adel, Bürger, Bauern, Nr. 115.

Vaduz, Sammlungen des regierenden Fürsten von Liechtenstein, Inv.-Nr. 1268. K. G.

19.2 Das Jagdfrühstück

Öl/Lw., 150,5 × 306 cm.
Um 1710.

Otto Ehrenreich I. Graf von Abensperg und Traun veranstaltete mit seiner Familie, dem Grafen Harrach und dem Freiherrn von Walterskirchen eine Parforce-Jagd auf Hasen.

Das Gemälde zeigt die Jagdgesellschaft bei einer Rast auf einer Anhöhe südlich des

Schlosses Petronell. Graf Abensperg sitzt an einen Baum gelehnt, während ihm ein Diener eine Erfrischung reicht. Der Rangordnung entsprechend sitzt zu seiner Rechten seine dritte Gemahlin Maria Elisabeth, zu ihrer Rechten der Ehrengast Graf Harrach, daneben die beiden Söhne des Gastgebers. Sein Haushofmeister beobachtet das Personal, das alles für die Fortsetzung der Jagd vorbereitet.

Lit.: Kat. Jagd einst und jetzt, Nr. 488.

Privatbesitz. S. D.

19.3 Karl VI. in Jagdkleidung

Öl/Lw., 91 × 70,5 cm.
Um 1730.

Die Jagd war wohl die größte Leidenschaft Kaiser Karls VI. Rund hundert Tage im Jahr, ausgenommen war die Fastenzeit, ging Karl auf die Pirsch. Zum Abschluß der Fastenzeit wurde im Prater das „Fuchs- und Dachsprellen" — die Tiere wurden mit Netzen so lange in die Luft geschnellt, bis sie umkamen — veranstaltet, ein vor allem von Damen sehr geschätzter „Sport". 1737 eröffnete man am Kärntnertor eine Tierhetze, die besonderen Anklang fand. Die Tagebücher und die hohen Abschußzahlen (Kat.-Nr. 19.4 u. 5) zeugen von der Jagdleidenschaft des stark kurzsichtigen Kaisers. Wegen seines Sehfehlers mußten seine Jagdgewehre mit Monokeln bestückt werden (Kat.-Nr. 19. 10). 1732, während der Reise von Prag nach Karlsbad wurde eine Hirschjagd in Brandeis bei Prag veranstaltet. Karl VI. schoß so unglücklich an einem Hirschen vorbei, daß er den Oberstallmeister Adam Franz Fürst Schwarzenberg tödlich verletzte.
Auf dem Bild trägt der Kaiser einen schwarzen Dreispitz mit Reiherfedernbesatz nebst einer prächtigen Agraffe, einen grünen Rock und das Goldene Vlies. In der Rechten hält er ein Gewehr, an der linken Seite einen Hirschfänger.

Lit.: Kat. Jagd einst und jetzt, Nr. 493. — W. Rausch, Die Hofreisen Kaiser Karls VI., Diss. Wien 1949, S. 147f.

Marchegg, Jagdmuseum, Inv.-Nr. 7766. K. G.

19.4 Jagdkalender Karls VI.

Original, Papier, Tinte, 44 fol.
1719—1721.

Der begeisterte Jäger Karl VI. führte in den Jahren 1712—1740 Tagebücher, in denen er über das jeweilige Jagdrevier, Wetter, Gewichte der erlegten Tiere und die Namen der Jäger berichtete.

Lit.: Kat. Jagd einst und jetzt, S. 122.

Wien, HHStA, Familienarchiv: Sammelband 2.
S. D.

19.5 Abschußtabellen Karls VI.

Papier, Tinte, 1 fol.
Nach 1720.

Oberstjägermeister Graf von Hardegg hatte Protokolle der kaiserlichen Jagd erstellen lassen, die auch in die Jagdgewohnheiten Karls VI. Einblick geben. Der eifrige Jäger nützte jede Gelegenheit, um zu jagen, insbesondere im südöstlichen Niederösterreich, aber auch in Böhmen oder in der Steiermark. Die Abschußtabellen Karls weisen dementsprechend viele erlegte Tiere auf. Bei einer Jagd im Revier von Wolkersdorf am 30. August 1725, auf der Prunwiese, von Karl „Tausendt-Wüldbräth-Wüse" genannt, wurden 109 Hirsche, 11 Tiere, 16 Kälber, 3 Rehe und ein Frischling erlegt.

Lit.: Kat. Jagd einst und jetzt, S. 122f.

Wien, HHStA, Familienarchiv: Sammelband 2.
S. D.

19.6 Kaiser Karl VI. besichtigt die Gemsstrecke in Eisenerz

Öl/Lw., 169 × 122 cm.
Johann Veit Hauck, um 1730.

Als Karl VI. im Jahre 1728 im Rahmen seiner Huldigungsreise durch Innerösterreich in der Steiermark weilte, wurden zu seinen Ehren einige Jagden veranstaltet. Anfang August lud ihn Landeshauptmann Graf Breuner zu einer Gemsenjagd auf den Hochreiting bei Eisenerz ein. Der Landeshauptmann ließ dieses Ereignis auf Gemälden durch den steirischen Maler Johann Veit Hauck († 1746) festhalten. Nachdem durch zwei Tage die Tiere von 3000 Bauern zusammengetrieben worden waren, fand am 4. August die eigentliche Jagd statt. Dabei wurden über 300 Gemsen erlegt, vom Kaiser angeblich allein 103 Gemsen, zwei Kälber und 1 Tier. Das Bild zeigt den Abschluß der Jagd. Im Talboden ist ein Zelt für den Kaiser und ein Flugdach für die Gäste aufgestellt. Vor dem Zelt ist die Strecke im Halbkreis aufgelegt. Der Kaiser besichtigt mit dem Hofstaat und dem Leibjäger das geschossene Wild. Im Hintergrund wird das „gesperrte Jagen“ auf Gemsen gezeigt, wobei die zu diesem Zwecke rot eingekleideten Treiber auffallen. Einige von ihnen haben Blasinstrumente bei sich, wie Alphörner oder Dudelsäcke.

Lit.: Kat. Maria Theresia, Schönbrunn 1980, Nr. 146,03. — R. Bachofen - W. Hoffer, Geschichte des Jagdrechtes und der Jagdausübung (in der Steiermark), 1931, S. 220 ff.

Wien, KHM, Gemäldegalerie, Inv.-Nr. 2920.

K. G.

Kat.-Nr. 19.6

19.7 Butzenscheibe mit Ritzung Karls VI.

Spiegel, Sechseck, H 30 cm, B 25 cm, gesamt 50 × 45 cm.
1714.

Anläßlich eines Besuches Kaiser Karls VI. bei Graf Otto Ehrenreich I. von Traun († 8. 9. 1715) in Petronell soll dieser mit seinem Brillantring in eine Butzenscheibe eine Inschrift graviert haben. Diese wurde später mit einem Silberrahmen wie ein Spiegel gefaßt. Dieser Rahmen zeigt den aufgeleisteten kaiserlichen Doppeladler und darüber den österreichischen Erzherzogshut. Die Auflösung des Chronogrammes mit 1705 dürfte nicht richtig sein, da sich Karl damals in Portugal und Spanien aufhielt. Hingegen übernachtete das Kaiserpaar vom 12. zum 13. sowie vom 25. zum 26. Oktober 1714 in Petronell, als in Preßburg die Krönung Elisabeth Christines zur Königin von Ungarn stattfand. Am Morgen des 26. Oktober besuchte der Kaiser das Traunsche Gestüt.

Lit.: Wiener Diarium 1714.

Privatbesitz.

K. G.

Kat.-Nr. 19.7

19.8 Der Röm: Kaiserl... Majestät/ Caroli VI. ... Neu verbesserte Jäger- und Reiß-Gejaids-Ordnung ...

Wien: Ghelen, 1728.
30 Seiten, keine Abbildungen.
31 × 42 cm (geöffnet).

Die verbesserte „Jäger- und Reiß-Gejaids-Ordnung" aus dem Jahre 1728 war herausgegeben worden, da sich seit der am 10. März 1712 erlassenen Jägereiordnung „verschiedene Mißbrauch" eingeschlichen hatten.
Sie enthält 47 Punkte, welche die Jagd- und Schonzeiten der verschiedenen jagdbaren Tiere regeln und Bestimmungen über das Hetzen und Jagen auf fremdem Grund und Boden, das Aufrichten von Zaunfallen und Schlageisen, die Jagd von Auerhähnen und Rebhühnern, die Anzahl der bei einer Hetzjagd benötigten Hunde, das Erlegen von Wildbret „durch gelehrnte Jäger" und den Transport des getöteten Wildes, sowie Verbot der Jagd für Bürger, Bauern und Hauer, das Holzklauben, Schwammerl-, Beeren- und Kräutersuchen in den nahe Wien gelegenen Wäldern regelt. Schließlich enthält die Jägereiordnung auch Bestimmungen über das Tragen der grünen Tracht und von Büchsen, das Förstern, Jägern und ihren Gehilfen vorbehalten war.

Wien, NÖLB, Sign. 4.928-C. H. L.

19.9 Der Jagdaufstand von 1704

Öl/Lw., 120 × 300 cm.
Um 1720.

Am Ende des 17. Jahrhunderts wurde durch die Jagdleidenschaft der Oberschichten das Wild so stark überhegt, daß die Existenz der Bauern bedroht war. Wegen des großen Wildschadens empörten sich am 29. Februar 1704 die Bauern des Raumes St. Valentin und begannen im kaiserlichen Forst Herzograd das Wild auszurotten. Die Einfriedungen wurden niedergerissen, das Wild ausgesprengt und abgeschossen, der Futterstadel demoliert.
Das um 1720 gemalte Bild — die Inschrift verweist auf einen weiteren Jagdaufruhr im Jahre 1717 — ist auch topographisch interessant. Im Vordergrund sieht man das Dorf St. Valentin, im Hintergrund die Veste Spielberg auf der Donauinsel, die Stadt Enns und die Dörfer Kronsdorf, Hargelsberg und Rubring. Den Mittelgrund bildet der damals noch dichte Herzograder Forst. Weiters sieht man diskutierende Bauern, einen davon als Ansager reitend, während rechts ein Galgen zu erkennen ist. Dies bedeutet, daß sich die Bauern zu dieser Aktion verschworen, dazu auch Nachbarn einluden, schließlich aber mit harter Bestrafung zu rechnen hatten. Denn diese Aufstände wurden durch Militär unterdrückt, die Anführer zum Tode verurteilt, dann aber auf die Galeeren in Neapel und zur Zwangsarbeit in Grenzhäuser auf dem Balkan begnadigt. Zwangsarbeit und Gefängnis trafen 1693 weitere Bauern. Die auf dem Bild gezeigten Hinrichtungen haben allerdings nicht stattgefunden.

Lit.: Kat. Der oö. Bauernkrieg, Linz 1976, Nr. 251. — Kat. Tausend Jahre Oberösterreich, Wels 1983, Nr. 14. 12. — G. Grüll, Bauernkriege und Revolten in OÖ, Zs. Oberösterreich, Jg. 18, Nr. 2. — E. Werner, Österreichs Wiege, der Amstettner Raum I, 1966, S. 187.

Enns, Museum Lauriacum, Inv.-Nr. BI/9. K. G.

19.10 Steinschloßbüchse aus dem Besitz Kaiser Karls VI.

Metall, Gold, Silber.
Gesamtlänge 111,5 cm, Lauflänge 73,7 cm, Kaliber 16 mm.
Johann Georg Keiser, Wien 1731.

Über der Kammer des achtkantigen gebläuten Laufes sind ein Hirsch und zwei Hunde in Goldtauschierung sowie die Signatur „GEORG KEISER Alt 84 Jahr. 1731“ zu erkennen. Der Zündstollen ist vergoldet, das blanke Steinschloß ist z. T. geschnitten und graviert. Die ornamental verzierte Schloßplatte trägt eine goldtauschierte Signatur „GEORG KEISER/IN WIENN.“ Über dem dunkelbraunen, ornamental geschnittenen Nußholzschaft mit französischem Kolben befindet sich ein umlegbares Zielmonokel. Auf dem Schaft sind gegossene, geschnittene, z. T. durchbrochene Silberbeschläge mit Jagdmotiven in üppigem Bandmuster angebracht. Die silberne Daumenplatte hat die Form eines gekrönten Doppeladlers und trägt das Besitzerwappen. Der Abzugsbügel ist aus Silber. Ladestock.
Die Steinschloßbüchse gehört zu einer Garnitur, die aus einer weiteren Büchse (Inv.-Nr. A 1761) und einem Pistolenpaar (Inv.-Nr. A 1762/A 1763) besteht.

Lit.: B. Thomas, O. Gamber, H. Schedelmann, Die schönsten Waffen und Rüstungen, Braunschweig 1963, Nr. 90. — O. Gamber, Chr. Beaufort, Curiositäten und Inventionen aus Kunst- und Rüstkammer, Sonderausstellung der Waffensammlung in der Neuen Burg, Wien 1978, S. 84.

Wien, KHM, Waffensammlung, Inv.-Nr. A 1760. Chr. B.

19.11 Radschloßbüchse aus dem Besitz Kaiser Karls VI.

Metall, Gold, Silber, Holz.
Gesamtlänge 111 cm, Lauflänge 72,6 cm, Kaliber 15 mm.
Johann Sebastian Hauschka, Wolfenbüttel 1733.

Über der Kammer des achtkantigen damaszierten Laufs befindet sich auf vergoldetem Grund eine Diana mit Hunden in Eisenschnitt. Das Korn ist aus Silber, das blanke Schloß mit Rad ist z. T. geschnitten, auf dem Batteriedeckel ist die gravierte Signatur „S/ HAUSCHKA/1733“ zu erkennen. Die Schloßplatte zeigt eine feinst geschnittene Hirschjagd zu Pferde auf vergoldetem Grund. Der Nußholzschaft mit deutschem Kolben ist reich geschnitzt mit einer jagenden Diana, Maskarons, Bandwerk usw. Die vergoldeten, geschnittenen, teils gravierten oder durchbrochenen Messingbeschläge zeigen Jagdszenen sowie ein Reiterporträt des Kaisers am Kolbenanschlag. Auf der mit Sprungdeckelmechanismus ausgestatteten Daumenplatte in Form einer gekrönten Kartusche befindet sich das ligierte Monogramm „CE“ (Karl VI. und Elisabeth Christine), darunter eine ovale Pastell-Miniatur der Kaiserin. Auf der Wangenseite ist ein in Perlmutter eingelegter, gekrönter Doppeladler über Trophäen zu erkennen. Ladestock. Die Büchse war wohl ein Geschenk Herzog Ludwig Rudolfs von Braunschweig-Wolfenbüttel an seinen Schwiegersohn Karl VI. oder an seine Tochter, Kaiserin Elisabeth Christine.

Lit.: H. Schedelmann, Die großen Büchsenmacher, S. 218f. — O. Gamber, Chr. Beaufort, Curiositäten aus Kunst- und Rüstkammer, Sonderausstellung der Waffensammlung in der Neuen Burg, Wien 1978, S. 84f. — W. Glage, Das Kunsthandwerk der Büchsenmacher im Lande Braunschweig, Veröffentlichungen des Braunschweigischen Landesmuseums, Braunschweig 1983, S. 93ff., Abb. 79, 80.

Wien, KHM, Waffensammlung, Inv.-Nr. D 171. Chr. B.

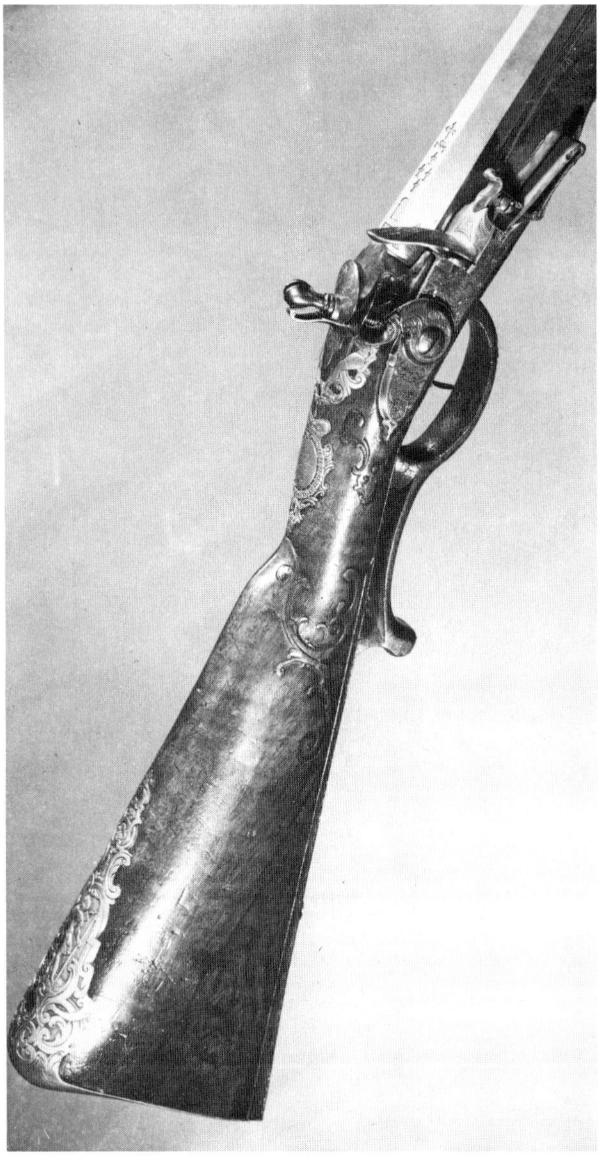

Kat.-Nr. 19.12

19.12 Steinschloß-Flintenpaar aus dem Besitz des Prinzen Eugen

Metall, Gold, Silber, Holz.
Gesamtlänge 140 cm, Lauflänge 103,5 cm, Kaliber 17 mm.
Lauf: Manuel Sutil, Madrid und Astorga, 2. Drittel 18. Jh.
Schloß und Schaft: Johann Georg Keiser, Wien, 1734.

Das Flintenpaar mit achtkantigen, teils polygonalen gebläuten Läufen mit goldtauschierten Laufschmiedemarken des Büchsenmachers Manuel Sutil und vergoldeten Zündstollen und Silberkorn besitzt blanke, ornamental gravierte Steinschlösser mit goldeingelegter Signatur: „GEORG.KEISER/IN WIENN." und „Alt 87. Jahr." An den französischen, mit Ranken geschnitzten Nußholzschäften sind ornamental gravierte, z. T. geschnittene und durchbrochene gegossene Silberbeschläge mit eingestreuten figürlichen Jagddarstellungen angebracht. Auf den silbernen Daumenplatten ist ein bekröntes Besitzerwappen, umgeben von der Vliesordenskette, zu erkennen. Auf dem hölzernen Abzugsbügel ist ein gravierter Silberbeschlag angebracht, der Ladestock ist aus Holz.
Die Datierung des Flintenpaares ergibt sich aus der Altersangabe Johann Georg Keisers „Alt 87. Jahr." auf der Schloßplatte.

Lit.: Kat. Der Türkenlouis, Badisches Landesmuseum, Karlsruhe 1955, S. 77, Nr. 148. — H. Schedelmann, Die großen Büchsenmacher, Braunschweig 1972, S. 189f., S. 233.

Wien, KHM, Waffensammlung, Inv.-Nr. G 148.
Chr. B.

19.13 Vision des hl. Eustachius

Öl/Lw., 360 × 205 cm.
Maximilian Hannl, 1731.

Das durch Quellen für den kaiserlichen Hofmaler Maximilian Hannl gesicherte Gemälde zeigt den vor der Erscheinung des Gekreuzigten im Geweih des Hirsches in die Knie sinkenden Jägerheiligen. Es ist Teil des in den Jahren 1724 bis 1731 unter großen finanziellen Schwierigkeiten erbauten gleichnamigen Altars der Wallfahrtskirche zu Mariabrunn. Einer Inschrift im Marmorsockel zu seiten des Altars sowie der wichtigsten Geschichtsquelle des ehemaligen Klosters (Protocollum conventus B. V. Mariae ad Fontes Fvm. Evm. Discal S. P. Augustini, 1763; Pfarrarchiv Mariabrunn) ist zu entnehmen, daß die bedeutenden Kosten zum Großteil „der erlauchtigste Kaiser Karl VI." getragen habe.

Interessanterweise taucht der Name des Kaisers aber weder in dem Widmungsbuch für den Altar (Kat.-Nr. 19.14), noch in einem weiteren Aktenstück, das sämtliche Ein- und Ausgaben des Altarbaues verzeichnet, auf, obwohl hier Spenden von unterschiedlichster Seite verzeichnet sind.

Zu dem Gemälde selbst bemerkt das „Protocollum", daß ursprünglich ein älteres Gemälde gleichen Themas für den Altar vorgesehen war, das Karl VI., als er nach einer Jagd bei der Kirche haltmachte, aber nicht gefiel und deshalb das neue bei Hannl in Auftrag gegeben wurde.

Lit.: H. Killian, Der Eustachiusaltar in der Wallfahrtskirche zu Mariabrunn, in: Unsere Heimat 41, 1971, H 1, S. 8ff.

Mariabrunn, Pfarrkirche. T. K.

19.14 Widmungsbuch für den Eustachiusaltar der Mariabrunner Wallfahrtskirche

Papier/Tinte, grüner Einband, 23,5 × 36,5 cm (geöffnet).

In dem Widmungsbuch sind die Namen von 88 Spendern und die für die Errichtung des Eustachiusaltars in Mariabrunn (Kat.-Nr. 19.13) gespendeten Summen eigenhändig eingetragen. Unter den Spendern für diese erste Sammelaktion scheinen bedeutende Persönlichkeiten wie Gundacker Graf Althann, Philip Joseph Graf von Hoyos, Friedrich Graf Khevenhüller, Fürst Adam von Schwarzenberg und schließlich auch Prinz Eugen auf, der sich schlicht und einfach mit „Eugenio von Savoy" unterschrieb. Seine Spende in der Höhe von 25 Dukaten wird nur von einer einzigen übertroffen.

Lit.: H. Killian, Der Eustachiusaltar in der Wallfahrtskirche zu Mariabrunn, S. 11.

Wien, HHStA, OJäArchiv, SR B 538, Nr. 68.

T. K.

19.15 Abschlußfeierlichkeiten eines Jagdfestes am 26. September 1754

Deckfarben/Pergament, 57,4 × 88 cm.

Am 23. September 1754 trafen Franz Stephan von Lothringen und Maria Theresia mit ihrer Familie und ihrem Gefolge in Schloßhof ein. Der Gatte Victorias von Savoyen, Josef Ferdinand von Sachsen-Hildburghausen, hatte für die kaiserliche Familie ein aufwendiges Fest vorbereitet, das vier Tage dauern sollte. Neben erlesensten Diners, Theateraufführungen, einem Ballett mit kostümierten Tieren, wurde eine Jagd veranstaltet. Jenseits der March wurde auf einem Berg ein „Hohes Jagdzeug" errichtet und 800 Stück Wild eingeschlossen. An der March wurden Pavillons für die Zuseher und Schießschirme für die Schützen aufgebaut. Nach dem Mittagessen in Schloßhof wurden die Gäste mit farbenprächtig geschmückten Schiffen über die March gebracht. Als sie ihre Plätze eingenommen hatten, trieben Bauern das Wild den Berg herunter auf die March zu, wo es ins Wasser springen sollte. Die verschreckte Herde wendete aber und durchbrach den Kordon. Als sie dann wieder zusammengetrieben worden war und die Jagd beginnen sollte, bat die Kaiserin, die Tiere freizulassen, was auch geschah. Einen Höhepunkt des mehrtägigen Festes stellte ein Bacchantenzug am 26. September dar, den das Kaiserpaar von einem Fenster beobachtete und der auch auf vorliegendem Bild dargestellt ist. Mehrere prachtvoll geschmückte Wagen, die von Ochsen gezogen und von Satyren, Nymphen und Bacchanten begleitet wurden, zogen in den Hof des Schlosses ein. Mitgebracht wurde auch ein sogenannter „Vic-

Kat.-Nr. 19.15

tualienwagen", auf dem sich neben Gebratenem auch große Mengen an Wein befanden, der unter den Akteuren, alles Bauern der Umgebung, und den Zuschauern aufgeteilt wurde.

Lit.: Kat. Jagd einst und jetzt, Nr. 496, S. 124. — M. Haller, Geschichte von Schloßhof, Wien 1903, S. 128 ff.

Wien, Nö. Landesmuseum. K. G. / S. D.

19.16 Teekanne FB 36

Porzellan, H 13 cm, Dm. 11 cm.
Um 1720, Du-Paquier-Periode.

Angeregt durch das Vorbild der Meißner Manufaktur gründete der k. k. Kriegsagent Claudius Innocentius du Paquier in Wien eine zweite Porzellanmanufaktur, die sich auf das von Kaiser Karl VI. am 27. Mai 1718 unterzeichnete Spezialprivileg stützte. Man erzeugte ziemlich durchscheinendes Steinporzellan, wobei sich Du Paquier bei den frühen Modellen noch stärker am Meißner Porzellan orientierte, bald aber eigenständige Gefäßformen entwickelt hatte. Als Dekor wurden Laub- und Bandelwerk, Vogelmotive und „deutsche" oder „indianische" Blumen verwendet.

Die vorliegende achteckige, nach oben breiter werdende Teekanne mit kurzem, vergoldetem Ausguß, vergoldetem Deckel, in Schwarzlot bemaltem Deckelring und ohrenförmigem Henkel zeigt an den Wandungen purpurne ganzfigürliche Darstellungen einfacher Leute vom Land mit Landschaftsdarstellungen im Hintergrund in Schwarzlotumrahmung. Die acht Felder der Kannenschulter, die mit einer

Goldlinie auf Rolosgrund abgegrenzt sind, zeigen Bildnisse adeliger Damen und Herren.

Lit.: E. Schmuttermeier, Kunsthandwerk der Barockzeit, in: Gutkas, Prinz Eugen, S. 231.

H. L.

19.17 Deckelhumpen

Silber, teilweise vergoldet, gegossen, getrieben, punziert.
H 17 cm, Dm. 17,5 cm.
Gottfried Schmidt, Leipzig 1693—1695.

Auf der Wandung fassen Blumenmotive vier Kartuschen mit Kindern als Jahreszeiten ein. Der gewellte, gewölbte Standring ist mit Blattwerk versehen. Der ebenfalls gewellte Deckel ist mit Blumen- und Blattmotiven dekoriert. Der eine Halbfigur andeutende Henkel ist über dem Deckelscharnier mit einer aus Rollwerk gebildeten Daumenrast bekrönt.

Lit.: Kat. Humpen, Krüge, Gläser. Das schöne Biergefäß im Laufe der Jahrhunderte, Geras 1985, Nr. 19.

Wien, ÖMAK, Inv.-Nr. Go 1935. E. S.

19.18 Deckelhumpen

Silber, teilweise vergoldet, gegossen, getrieben, punziert.
H 16,5 cm, Dm. 13,5 cm.
Franz Obermayr, Wien 1692.

Die Wandung des Humpens wird von teilweise punziertem Akanthuslaub umzogen. Der gewölbte Standring und der Deckel sind mit Blattwerk dekoriert. Den gegossenen Henkel bekrönt eine aus Rollwerk gebildete Daumenrast. Die hochgewölbte Deckelmitte trägt einen kugeligen Knauf.

Wien, ÖMAK, Inv.-Nr. Go 1435. E. S.

19.19 Jagdbesteck in Lederfutteral

Holz, Messing, Leder, Metall.
L 26 cm.
Oberösterreich, 18. Jh.

Kat.-Nr. 19.17

Die Griffe von Messer, zweizinkiger Gabel und Streicher sind mit volkstümlichen Motiven dekoriert. Der Streicher diente zum Schärfen der Messerklinge.

Wien, ÖMAK, Inv.-Nr. Go 591. E. S.

19.20 Besteck

Elfenbein, Metall.
Gabel L 19,2 cm, Messer L 21,5 cm.
Deutsch, Ende 17. Jh.

Geschnitzte Elfenbeingriffe mit der Darstellung von kämpfenden Tieren und Vögeln.

Wien, ÖMAK, Inv.-Nr. Go 1273. E. S.

19.21 Scherztrinkgefäß

Silber, teilweise vergoldet, gegossen, getrieben, punziert.
H 18 cm, L 19 cm.
1. Hälfte 18. Jh.

Kat.-Nr. 19.21

Das Trinkgefäß stellt einen Kavalier mit gezücktem Säbel auf einem springenden Pferd dar. Der Kopf des Pferdes ist abnehmbar. Die Standplatte symbolisiert nach der naturalistischen Darstellung von Krebs, Schlange, Gras und Baumstrünken Ufer und Gewässer.

Wien, ÖMAK, Inv.-Nr. Go 1965. E. S.

19.22 2 Deckelterrinen aus einem Jagdservice

Glasiertes Porzellan mit goldgehöhtem Schwarzlotdekor, Manufaktur Du-Paquier, um 1730/40.
L (mit Henkel) 29 cm, B 22 cm, H (mit Deckel) 22,8 cm.
L (mit Henkel) 27,7 cm, B 21,3 cm, H (mit Deckel) 20 cm.

Die beiden ovalen, doppelt gebauchten Terrinen mit zwei Volutenhenkeln und gewölbtem Deckel sind auf den Wandungen mit Vögeln, auf dem Deckel mit Vögeln und Jagdhunden, auf dem unteren Terrinenrand mit Laub und Bandelwerk, auf dem Deckelrand mit einer aus geometrischen Elementen gebildeten Bordüre aus goldgehöhtem Schwarzlot bemalt.

Lit.: Kat. Wiener Porzellan, S. 94, Nr. 128, Nr. 129. — Hayward, S. 208, Tafel 41.

Wien, ÖMAK, Inv.-Nr. Ke 6641, Ke 6642. H. L.

19.23 Deckelterrine aus einem Jagdservice

Glasiertes Porzellan mit goldgehöhtem Schwarzlotdekor, Manufaktur Du-Paquier, um 1735/40.
L (mit Henkel) 40,7 cm, B 32,6 cm, H (mit Deckel) 24,9 cm.

Die Wandungen der doppelt gebauchten Terrine mit Volutenhenkeln sind mit Hunden und Vögeln, der Deckel mit Hunden, Hasen, Hirschen und Eichhörnchen in Schwarzlot bemalt. Der untere Rand der Terrine ist mit einer Laub- und Bandelwerkbordüre in goldgehöhtem Schwarzlot verziert. Auf dem Boden im Inneren ist ein Hirsch in Schwarzlot dargestellt.

Lit.: Kat. Wiener Porzellan, S. 93, Nr. 121. — Hayward, S. 208, Tafel 39 a.

Wien, ÖMAK, Inv.-Nr. Ke 6635. H. L.

19.24 Deckelterrine aus einem Jagdservice

Glasiertes Porzellan mit goldgehöhtem Schwarzlotdekor, Manufaktur Du-Paquier, um 1735/40.
H 17,3 cm, Dm. 26,2 cm.

Die doppelt gebauchte Terrine mit zwei flachen Henkeln und doppelt gewölbtem Deckel ist auf den Wandungen und auf dem Deckel mit Hirschen und Hunden, Gitter-, Laub- und Bandelwerk in goldgehöhtem Schwarzlot bemalt.

Lit.: Kat. Wiener Porzellan, S. 95, Nr. 132, Tafel 20. — Mrazek, S. 18, Tafel 43.

Wien, ÖMAK, Inv.-Nr. Ke 7903. H. L.

19.25 2 große Schüsseln aus einem Jagdservice

Glasiertes Porzellan mit goldgehöhtem Schwarzlotdekor, Manufaktur Du-Paquier, um 1730/40.
à H 8,9 cm, Dm. 49 cm.

Eine der beiden tief gemuldeten, achteckigen Schüsseln mit abwechselnd geradem und gewelltem, mit Laub- und Bandelwerk in Schwarzlot und Goldhöhungen verziertem Rand zeigt auf dem Schüsselgrund einen Löwen, der einen unter ihm liegenden Hirschen reißt, einen vor ihm fliehenden Hirschen und einen Raubvogel sowie Busch- und Baumgruppen. Auf dem Grund der zweiten Schüssel sind ein Löwe, der einen Hund tötet mit drei zähnefletschenden, sich auf ihn stürzenden Hunden, sowie Raubvögel dargestellt. Die Unterseite der Ränder ist bei beiden Schüsseln mit Blütenzweigen, Laub- und Bandelwerkdekor in Schwarzlot verziert.

Lit.: Kat. Wiener Porzellan, S. 93, Nr. 118. — Mrazek, S. 18, Tafel 40. — Kat. Wiener Porzellan 1718—1864. Sonderausstellung des Österr. Museums f. angewandte Kunst im Schloß Köpenick in Berlin, 1982, S. 55, Nr. 44.

Wien, ÖMAK, Inv.-Nr. Ke 6650, Ke 6651. H. L.

19.26 Schüssel aus einem Jagdservice

Glasiertes Porzellan mit goldgehöhtem Schwarzlotdekor, Manufaktur Du-Paquier, um 1730/40.
L (mit Henkel) 41 cm, B 26,7 cm, H 4,5 cm.

Die längliche Schüssel mit abwechselnd geradem und gewelltem Rand ist auf dem ovalen Grund mit Hirschen und Vögeln, auf dem Rand mit Laub- und Bandelwerk in Schwarzlot mit Goldhöhungen bemalt.

Lit.: Kat. Wiener Porzellan, S. 93, Nr. 125. — J. F. Hayward, Das Jagd-Service Du-Paquiers, in: Mitteilungsblatt der Keramikfreunde der Schweiz, Nr. 45, Jänner 1959, S. 23.

Wien, ÖMAK, Inv.-Nr. Ke 6682. H. L.

19.27 2 kleine Schüsseln aus einem Jagdservice

Glasiertes Porzellan mit goldgehöhtem Schwarzlotdekor, Manufaktur Du-Paquier, um 1730/40.
H 5 cm, Dm. 32,5 cm; H 5,4 cm, Dm. 33,6 cm.

Auf dem Grund der einen, tief gemuldeten Schüssel mit abwechselnd geradem und gewelltem Rand sind ein äsender Hirsch und Raubvögel, auf dem Grund der anderen Schüssel ein Wolf, der einen Hund reißt, dargestellt. Beide Schüsseln sind auf dem Rand mit Laub- und Bandelwerk in goldgehöhtem Schwarzlot bemalt.

Lit.: Kat. Wiener Porzellan, S. 93, Nr. 123. — Folnesiscs-Braun, S. 12, S. 26, S. 37.

Wien, ÖMAK, Inv.-Nr. Ke 6660, Ke 6667. H. L.

19.28 Glaspokal

H (mit Deckel) 27,8 cm, Fußscheiben-Dm. 11 cm.

Auf der runden Fußscheibe des Pokals sind am Rand eine schmale Bordüre, auf der sechsseitigen, gebauchten Kuppa Tiere und Ornamente, auf dem Deckel Blumen- und Rankenwerk eingeschliffen.

Wien, ÖMAK, Inv.-Nr. Gl 943. H. L.

19.29 Glaspokal

Um 1720, H 18,3 cm, Fußscheiben-Dm. 10 cm.

Der aus einer Fußscheibe mit eingeschliffenem Laub- und Bandelwerk, einem rubin- und goldfarbenem Schaft und einer Kuppa bestehende Pokal zeigt auf der Wandung derselben eine geschnittene Jagddarstellung: einen sich zu seinem Hund niederbeugenden Jäger und einen von Jagdhunden gehetzten Hirschen, der von einem reitenden Jäger, der eine Lanze in seiner Rechten hält, verfolgt wird.

Wien, ÖMAK, Inv.-Nr. Gl 2482. H. L.

20. Festsaal, Stiegenaufgang und Eingangshalle

Der zentrale Festsaal des Schlosses entstand erst anläßlich der Aufstockung des Gebäudes durch den Hofarchitekten Nikolaus Pacassi, der das Palais der Chinamode des Rokoko entsprechend zu einem „Pavillon Chinois“ umgestalten hatte lassen. Er vermag als einziger Raum eine Vorstellung von der ehemaligen Dekoration des Schlosses zu geben, dessen vier Salons mit chinesischen Reispapiertapeten mit Darstellungen von Chinesen beim Ackerbau, bei der Fischerei und beim Teesammeln, ausgeschmückt und mit einer kostbaren Möblierung nach chinesischer Art ausgestattet waren. Die zugehörigen Kabinette schmückten 190 in die eichenholzgetäfelten Wandfelder eingefügte französische Kupferstiche.

Der kaiserliche Hofmaler Baptist Pillement war für die von ihm entworfene originelle illusionistische Dekoration des Festsaales 1765 aus der kaiserlichen Privatschatulle entlohnt worden. In diesen weitet sich der Innenraum zu einer fremdländischen Landschaft. Man glaubt sich auf einer Waldlichtung: aus den zu erhabenen Felsen gearbeiteten Lamperien wachsen exotische Bäume, in deren Geäst orientalische Musikanten sitzen, die zur Belustigung der Gäste aufzuspielen scheinen.

Walther Brauneis

Objekte

20.1 Sänfte

Holz
18. Jh.

Die Verwendung von Sänften fand in Europa im 17. Jh. große Verbreitung und erfreute sich insbesondere im 18. Jh. bei den Adeligen als sogenanntes Tragehäuschen (Portechaise) großer Beliebtheit. Neben den von Menschen getragenen Sänften benützte man auch sogenannte Basternen, Sänften, die von dazu abgerichteten Pferden oder Maultieren befördert wurden.

Die gezeigte, für eine Person gedachte Sänfte aus Holz ist mit reicher ornamentaler Bemalung verziert und zeigt an den Türen das Hoyos'sche, von Putten und Girlanden umgebene Wappen.

Lit.: ÖKT Bd. 5, S. 518, Fig. 635. — J. C. Ginzrot, Die Wagen und Fuhrwerke, Wien 1981, S. 98/99.

Privatbesitz. S. D.

20.2 Plan des Niederweidner Lustwäldchens

Tusche-Feder, laviert/Papier, 76 × 100 cm.
Um 1730/40.

Auf dem ausgedehnten Areal der hochmittelalterlichen Fluchtburg Grafweiden hat Ernst Rüdiger von Starhemberg um 1693 das von J. B. Fischer entworfene „Lustgebäude“ errichten lassen. Dem Plan der Herrschaft Hof von 1726 (Kat.-Nr. 21.6) ist zu entnehmen, daß hinter dem Schloß ein größerer Komplex von Wirtschaftsgebäuden existierte, als Prinz Eugen den Besitz an sich brachte. J. J. Küchels Reisebericht aus dem Jahr nach Eugens Tod erwähnt sodann einen „schönen Lustgarten mit schönen alléen und posquetern und darinnen große wilde Eig, und Lindenbäum, so schon da gestanden ..." Der ausgestellte Gartenplan hat nach Aussage einer Herrschaftskarte von 1745 in dieser Form tatsächlich existiert und läßt sich daher mit der von Eugen geschaffenen Anlage in Verbindung bringen. Die baumbestandene Hauptallee in der Schloßachse teilt das unregelmäßige Gartenareal in einen landwirtschaftlich genutzten Bereich, der geringe gestaltende Eingriffe erkennen läßt, und in den „Irrgarten", das eigentliche Lustwäldchen, mit seinen in das Grün eingeschnittenen Nischen, Kammern und verschlungenen Wegen. Trotz seines Gegensatzes zum streng geometrischen, architektonischen Garten des Barocks erfreute sich dieser aus dem Manierismus übernommene Gartentypus im zweiten Jahrhundertviertel zunehmender Beliebtheit.

Lit.: W. Brauneis, Die Marchfeldschlösser, St. Pölten 1981, S. 59.

Österr. Bundesforste, Schloß Eckartsau. W. R.

20.3 Archiducatus Austriae inferioris geographice et noviter emendata accuratissima descriptio

Verlegt bei Jakob Hoffmann und Jakob Herund, 1697
Kol. Kupferstich (12 Blätter) 147 × 176 cm.

Am 12. April 1669 schlossen die Stände Österreichs unter der Enns mit dem Topographen Georg Matthäus Vischer einen Vertrag, in dem sich dieser verpflichtete, für ein Honorar von 3.600 Gulden „eine gerechte und verläßliche Mappa oder Landtafel" innerhalb von zwei Jahren herzustellen. Von den 1000 aufgelegten Exemplaren sollten 200 den Ständen gehören, die restlichen konnte Vischer verkaufen. Die Stände verliehen ihm den Titel „Landschafts Geographicus" und erließen ein Patent, in dem alle Herrschaftsinhaber und Obrigkeiten aufgefordert wurden, das Unternehmen zu unterstützen. Die Karte wurde termingerecht in den Jahren 1669 und 1670 aufgenommen und von Melchior Künsel auf 16 Kupferplatten gestochen. Etwa zur gleichen Zeit nahm Vischer 506 Ortsansichten auf, die im Jahr 1672 unter dem Titel „Topographie Austriae inferioris" herausgegeben wurden. Ein Jahr nach Vischers Tod (1696) wurde seine Karte von Jakob Hoffmann und Jakob Hermund neu verlegt. Sie ließen ihre eigenen Namen an Stelle der von Vischer und Künsel auf die Kupferplatte gravieren, ergänzten die Karte durch die Porträts der dritten Gemahlin Leopolds I., Josephs I. und Karls VI. und nahmen eine Änderung der Widmung und Ergänzung des Titel durch „noviter emendata" vor.

Lit.: H. Riepl, Georg Mathäus Vischer — Der erste bedeutende Topograph Niederösterreichs, Kulturberichte aus NÖ 1965, Folge 9 u. 10. — A. L. Schuller, Nachwort in Neuausgabe der Topographia Austriae inferioris Modernae, Graz 1976.

Wien, NÖLB. K. G.

20.4 Porträt des Prinzen Eugen FB 21

Öl/Lw., 262 × 169 cm.
Johann Gottfried Auerbach (?) um 1728.

Das großformatige Gemälde zeigt Prinz Eugen vor einem Feldherrenzelt stehend. Er trägt eine Rüstung, darunter seinen braunen Lederrock. Hinter ihm liegen Helm und Hermelinmantel. In der Rechten hält er einen Feldherrnstab, mit der Linken weist er auf eine Reiterschlacht, die vor einer Stadt im Gange ist. Das Bild zeigt Eugen mit verhältnismäßig altem Gesichtsausdruck und kantigem Gesicht, ähnlich den Bildern in Bern (S. 25), Würzburg und Eferding (Kat.-Nr. 13.13 u. 13.12). Das Bild stammt aus Khevenhüllerschem Besitz, aus deren Familie Ludwig Andreas (1683—1744) im Jahre 1707 zum Obersten im Dragonerregiment des Prinzen Eugen ernannt wurde. An der Spitze des Regimentes zeich-

Kat.-Nr. 20.5

nete er sich bei Peterwardein und Belgrad so aus, daß er die Nachricht vom Sieg von Belgrad nach Wien bringen durfte.

Privatbesitz. K. G.

20.5 Prinzengalawagen

Wien, um 1750, mit späteren Veränderungen.

Berline mit sieben Gläsern, typischer Galawagen des römisch-kaiserlichen Hofes, wie er seit den dreißiger Jahren des 18. Jahrhunderts bei zahlreichen feierlichen Anlässen von Mitgliedern des Kaiserhauses und höchsten Hofchargen verwendet wurde. Im 18. Jahrhundert meist einfach als Hofwagen bezeichnet, im frühen 19. Jahrhundert als „Leibwagen für die Erzherzoge", in den Verzeichnissen der Hofstallungen seit 1822 als Prinzengalawagen bezeichnet. Letzte Verwendung im Jahre 1916 in Budapest bei der Krönung Kaiser Karls zum König von Ungarn.

Die fünf erhaltenen Prinzengalawagen des Wiener Hofes sind mehrmals überholt und den zeitgemäßen Anforderungen angepaßt worden. Die einschneidendste Veränderung geschah durch einen Umbau im ersten Viertel des 19. Jahrhunderts. Dabei wurden die Fahrzeuge mit hohen Kutschböcken, weicher Bockdecke und hochgezogenem Fußbrett ausgestattet. Dadurch wurde die Form der Rokoko-Berline wesentlich verändert. Ihre ursprüngliche Gestalt mit niederer Sitzbank anstelle des Kutschbockes ist auf den großen Zeremonienbildern in Schönbrunn zu erkennen.

Wien, KHM, Wagenburg, Inv.-Nr. W 10.

Georg Kugler

21. Prinz Eugen und seine Bauwerke

Ein rundes Dezennium war verstrichen, ehe sich Eugen von Savoyen Würde, Ansehen und die materiellen Güter zur Realisierung seiner elitären Bau- und Kunstbestrebungen erworben hatte. Wichtigstes Desiderat ist zunächst ein repräsentatives Stadtpalais, das in Etappen erweiterbar sein soll. Die geeignete Realität findet sich 1694 in der Himmelpfortgasse, wo die anschließenden bürgerlichen Häuser den baldigen Zuerwerb aussichtsreich erscheinen lassen. Johann Bernhard Fischer, dessen Ruhm damals bereits gegründet war, entwirft den Palast mit einer nahezu beliebig erweiterbaren Fassade, wobei er die ältere örtliche Architekturtradition in die Formensprache des Hochbarock transformiert. Der 1697 fertiggestellte siebenachsige Kernbau enthält bereits alle Repräsentationsräumlichkeiten und wird durch die beiden Erweiterungen 1708/09 und 1723/24 im wesentlichen nur mehr um Galerie und Bibliothek bereichert. An allen Teilen des Palastes, seinem Äußeren ebenso wie der Innenausstattung, verkündet das ikonologische Programm mit Herkules und Apollo die kriegerischen Fähigkeiten und das musische Interesse seines Bauherrn.

Nach dem Stadtpalast kann sich Prinz Eugen der Schaffung eines Gartens vor den Toren der Stadt zuwenden, dem seit Maria Theresia so genannten Belvedere. Die Vorgeschichte dieser in der Ausführung für Johann Lucas von Hildebrandt gesicherten Anlage ist bis jetzt nur unzureichend bekannt. Da die Grundankäufe am Rennweg wahrscheinlich bis 1693, sicher aber bis in das Jahr 1697 zurückreichen und um 1700 die Terrassierungsarbeiten für den Garten angeblich schon abgeschlossen waren, sind Planungen zu dieser Zeit bereits mit großer Wahrscheinlichkeit anzunehmen, zumal der Kavaliersarchitekt Graf Marsigli zu Ende der neunziger Jahre des 17. Jahrhunderts in Rom als „Inventor“ des Gartenpalastes des Prinzen Eugen bezeichnet worden ist.

Das erste greifbare Planungsstadium liefert der 1704 aufgenommene Stadtplan von Anguissola und Marinoni, der im Gegensatz zur späteren Realisierung ein großes Schloß am Fuß der Anlage verzeichnet. Der aus der Grundrißkontur ersichtliche, plastisch strukturierte Baukörper Fischerscher Prägung macht eine unmittelbare Auseinandersetzung des seit 1700 im Dienst Eugens stehenden Hildebrandt mit einem älteren Projekt seines Rivalen Johann Bernhard Fischer wahrscheinlich, das als „harter Kern“ der Architektur, in Hildebrandts Form umgegossen, für diese Stufe der Planung verbindlich geblieben ist (Kat.-Nr. 21.32).

Weshalb Hildebrandt damals Fischer in der Gunst des Savoyers abgelöst hat, wissen wir nicht. Daß der im Rohbau vollendete Stadtpalast den Anlaß gegeben hat, ist wenig wahrscheinlich. Im Gegenteil: Die gleichförmigen späteren Erweiterungen der Palastfassade setzen die volle Anerkennung der Fischerschen Entwurfsarbeit voraus, zumal Hildebrandt sicherlich mit Modifikationsvorschlägen aufgewartet hatte.

Im Stadium der Projektierung befand sich damals auch das Schloß in Ráckeve, auf der 1698 vom Prinzen erworbenen Donauinsel Csepel, wo 1702 mit der Ausführung begonnen wurde. Des zeitlichen Rahmens und der äußeren Umstände wegen wird man daher auch in diesem Fall mit Planungen Fischers (Kat.-Nr. 21.13) rechnen müssen; daß es hiebei zu dem folgenschweren Bruch des Architekten mit Eugen gekommen sein könnte, würde manche offene Frage erklären. Als konkreter Hinweis auf Fischer sei auch in Ráckeve wieder die Baukörperstruktur angeführt, die im Werk Hildebrandts eigentlich nur Parallelen in dem fraglichen frühen Entwurf für das Belvedere findet. Wie dort ist die plastisch kubische Gestalt der zentralen Raumgruppe nur schwer mit den straffen, wesentlich blockhafter strukturierten Baukörpern von Hildebrandts frühen Gartenpalästen zu vergleichen.

Hatte der ursprüngliche Plan des Gartenpalastes am Rennweg allein das Schloß am Fuße des Abhangs vorgesehen, so entschloß man sich schließlich, auf der Höhe anstelle des Gartenbelvederes eine weit repräsentativere Anlage zu errichten. Der in der gesamten Kunstpatronanz zum Ausdruck drängende unbändige Stolz und Geltungswille des Prinzen läßt daran denken, daß hier gerade dasjenige verwirklicht werden sollte, dem selbst der Kaiser in Schönbrunn entsagen mußte: die im „Premier projét" Johann Bernhard Fischers von Erlach (Kat.-Nr. 6.3) auf der Höhe des heutigen Gloriettehügels vorgesehene, in demonstrativer Rivalität zum Sonnenkönigtum Ludwigs XIV. formulierte ideale Residenz Leopolds I. Dem als Feldherrn und Staatsmann zu ungeahnter Machtfülle und politischer Bedeutung aufgestiegenen Eugen mag diese „Königsidee" zur Selbstdarstellung so recht geeignet erschienen sein.

Die Grundsatzentscheidung für das neue, klar auf das obere Schloß ausgerichtete Konzept wird sich daher schon relativ früh, wohl unter der insgesamt für Eugen glücklichen Regierungszeit Josephs I. angebahnt haben. Mit dem Rohbau des unteren Schlosses 1714/16 wird die erste Stufe des großen Projekts verwirklicht, worauf in direktem zeitlichen Anschluß die Innenausstattung und 1717, unter Mitwirkung von Dominique Girard, die Anlage des Gartens folgen, bis schließlich 1721/22 der Bau des oberen Gartenpalastes entsteht.

Eugen hatte nun sein Stadtpalais, seinen Garten und den einem Gartenschloß ähnlichen Gutssitz im weit abgelegenen Ráckeve; was ihm, dem zugewanderten Prinzen noch fehlte, war ein standesgemäßer Landsitz, denn als Retraite, für längerzeitigen Landaufenthalt, der die Übersiedelung des prinzlichen Hofstaates erforderte, war Ráckeve mit seinem geringen Raumangebot offenbar von Haus aus nicht gedacht gewesen. Diesem Umstand wollte Eugen mit der Errichtung eines Schlosses bei Promontor, am Festland gegenüber von Csepel, Rechnung tragen. Um 1717 wurde der Bau, wohl nach den Entwürfen des Hausarchitekten Hildebrandt, errichtet. Unsere Kenntnis dieses heute fast gänzlich verschwundenen Objekts beruht einzig auf der zeitgenössischen Beschreibung des Matthias Bèl. Ohne genaue Aussagen über die Details des Baukörpers zu treffen, entwirft dieser Chronist in auffallender Übereinstimmung das Bild der Anlage von Schloßhof, die Hildebrandt sofort nach dem vernichtenden Brand von Promontor im Jahr 1725 für den Prinzen zu gestalten hatte. Es wäre denkbar, daß es der Wunsch des Bauherrn gewesen ist, als Ersatz für Promontor etwas grundsätzlich ähnliches in Schloßhof wiederaufleben zu lassen.

Als Entschädigung für seinen Verzicht auf die Generalstatthalterschaft der Niederlande war dem Savoyer bereits Anfang des Jahres 1725 die im Marchfeld gelegene Herrschaft Obersiebenbrunn vom Kaiser zum Geschenk gemacht worden, die allerdings über keinen eigenen Wildbann verfügte. Auch die unter seinem Besitzvorgänger soeben vorgenommene Barockisierung des Schlosses kann kaum Eugens gewohnt strengen künstlerischen Maßstäben gerecht geworden sein. Immerhin wurde die Anlage durch einen von Dominique Girard entworfenen Fasangarten komplettiert, dessen Urheberschaft auch die formale Nähe zu Schleißheim erklärt. Wie dort mündet die Hauptachse in ein großes, als Hemizykel vorgeschobenes Rondeau, von dem allseitig Alleen ausstrahlen. Als Pendant zum Schloß und als Zentrum des sehr eigenständig gestalteten Gartens wurde ein ovaler Pavillon errichtet, dessen borrominesk vorgezogene Ecken für Hildebrandts Schaffen dieser Zeit ungewöhnlich sind.

Von wesentlich größerer Bedeutung war aber das von Wall und Graben umgebene, auf einer leichten Anhöhe über der March gelegene Kastell zu Hof, das als landschaftsbeherrschender Kernbau und offenbar auch in bewußter Anlehnung an die traditionelle Form der Stammsitze des heimischen Hochadels in zeitgemäßer Neuinterpretierung weiter erhalten bleiben sollte. Überraschend wirkt hier die Nüchternheit der Außengliederung, im wesentlichen nur durch völlig uniforme Fenster. Einzig die über dem Garten thronende Ostfassade setzt mit den kolossalen Pilastern und dem Giebeldreieck des Risalits einen stärkeren Akzent. Es ist bereits der merklich abgekühlte Spätstil Hildebrandts, der hier immerhin vom Bauherrn ebenso goutiert worden ist, wie nur wenig früher die zu höchstem optischen Reichtum gesteigerten Fassaden des Oberen Belvederes. Das Schwergewicht lag in Schloßhof zweifellos in der Neuformung und künstlerischen Gestaltung des Gartens und der umgebenden Anlagen sowie in der Innenausstattung, an welcher wieder der von den Wiener Palästen bewährte Le Fort du Plessy mitgewirkt hat.

Das dem Festungsingenieur Hildebrandt selbstverständliche, hier zuletzt großartig unter Beweis gestellte Denken in Freiräumen war wohl einer der Gründe, weswegen sich der eigenwillige Künstler zeitlebens der besonderen Wertschätzung des Feldherrn erfreuen durfte. Diesem, als Bauherrn wie als Menschen gleichermaß Großen, verdankte Hildebrandt die großartigste Entfaltung seiner künstlerischen Potenz. Gleich nach der Jahrhundertwende als Hausarchitekt an die Stelle Fischers getreten, erscheint Hildebrandt Jahr um Jahr bei sämtlichen Bauvorhaben des Savoyers beschäftigt. Mit der Errichtung des prunkvollen Trauergerüstes zum Ableben des Savoyers (Kat.-Nr. 12.31), vom Kaiser bei dem Architekten des Prinzen in Auftrag gegeben, fand das ideale Nahverhältnis zwischen Bauherrn und Künstler seinen Abschluß.

Wir sind nicht darüber unterrichtet, wie die Verbindung Eugens zu Hildebrandt zustande gekommen ist. Daß dieser knapp vor seiner Ankunft in Wien unter dem Feldherrn drei Feldzüge in Piemont mitgemacht hat, erklärt noch nicht alles. Da der Künstler 1699 in seinem Gesuch um die Hofbaumeisterstelle darauf verweist, daß er bereits „unterschiedliche Dero hohe Ministro in der Architectur hoffentlich zur Satisfaction bedinnet habe“, wird man wohl auch an eine Empfehlung von dieser Seite zu denken haben. Die persönliche Umgebung des Prinzen Eugen bildete den verständigen Kreis kunstgesinnter Bauherrn und Mäzene um Hildebrandt, mit dem man trotz aller Standesunterschiede nahezu familiären Umgang pflegte. So ist es denn nicht verwunderlich, daß das Zusammenwirken zwischen Bauherrn und Künstler den fruchtbaren Boden gründete, auf dem das gemeinsame Vorhaben im gegenseitigen Vertrauen und uneingeschränkter Anerkennung der künstlerischen Leistung zur vollen Blüte gelangen konnte.

Lit.: H. Aurenhammer, Johann Bernhard Fischer von Erlach, Katalog der Ausstellung Graz - Wien - Salzburg 1956/57. — Ders., Der Garten des Prinzen Eugen (Zu seiner Theorie und Erscheinung), in: Prinz Eugen und sein Belvedere. — H. u. G. Aurenhammer, Salomon Kleiner. Das Belvedere in Wien, Graz 1969. — B. Grimschitz, Wiener Barockpaläste, Wien 1944. — Ders., Johann Lucas von Hildebrandt, Wien - München 1959. — W. G. Rizzi, Prinz Eugen und seine Bauwerke, in: K. Gutkas, Prinz Eugen und das barocke Österreich, Salzburg - Wien 1985. — H. Sedlmayr, Johann Bernhard Fischer von Erlach, 2. Aufl., Wien 1976.

Wilhelm Georg Rizzi

Die Innenausstattung der Wiener Paläste Prinz Eugens

Anhand der Stichvorzeichnungen und Stichausgaben Salomon Kleiners sind die nur zum Teil erhaltenen Innenausstattungen der Eugenschen Paläste in der Kaiserstadt (Stadtpalast in der Himmelpfortgasse, heute Finanzministerium und die Gartenpaläste des Belvedere) in hervorragender Weise dokumentiert. In seinem 1731 bis 1740 in Augsburg erschienenen „Wunderwürdigen Kriegs- und Siegs-Lager des unvergleichlichen Heldens unserer Zeiten" bildete er alle vom Prinzen benutzten Räume der beiden Belvedereschlösser ab, während von seinen zwanzig, dem Stadtpalais gewidmeten und nie veröffentlichten Ansichten bis jetzt nur wenige Blätter aufgefunden wurden, so daß auch den zeitgenössischen Beschreibungen größte Bedeutung zukommt.

Verloren und derzeit noch fast völlig unbekannt ist die Farbigkeit, die durch die wenigen, in ihrer ursprünglichen Erscheinung erhaltenen Säle nur schwer vorstellbar ist. Alle Räume folgten einem geschlossenen Dekorationssystem, in dem von den kostbaren Böden über die Holzlamperien, den wertvollen Tapeten aus importierten Stoffen (teilweise handelte es sich um persische und chinesische Seide) bis zum Stuck und Deckenbild bzw. Fresko des Plafonds kostbarste Materialien mit Präzision und Virtuosität der Ausführung zugunsten größter Pracht zusammenwirkten. Türen mit Supraporten, Spiegel und teilweise Pilaster aus gestickten Goldbordüren gliederten die Wände, die von den großflächigen Mustern der Tapeten Leben erhielten. An den Decken fand sich entweder das von Bologna importierte System der Scheinarchitektur, die meist ein Öffnen des Raumes zu dem von Göttern und Personifikationen bewohnten Himmel illusionierte, oder sie waren geschmückt mit dem, komplizierten Verschlingungen folgenden, bis heute erhaltenen Stuck, der in der Mitte des Deckenspiegels ein Relief oder ein appliziertes Ölbild umschloß.

Während in den vom bewegten Ornament bestimmten Räumen nur die Türen und Spiegel als Vertikale Halt versprachen (zu diesen Sälen zählten auch die ganz mit Grotesken verzierten Räume des Jonas Drentwett), folgten die ganz vom Fresko beherrschten Zimmer im Erdgeschoß des Oberen Belvedere stärker tektonischen Gesetzen. Doch der Trug des Scheins ist in dem erhaltenen Raum sofort erkennbar. Die Freude an der Virtuosität dieses, die Täuschung des Betrachters provozierenden Dekors verleiht dem Zimmer den heiteren, unernsten Charakter, der den für sommerliche Veranstaltungen gebrauchten Gesellschaftsräumen angemessen war.

Größte Würde und Pracht strahlen dagegen noch heute die Marmorsäle aus. Architektonisch gestaltete Partien aus dunkelrotem Marmor wechseln mit Zonen in Scheinarchitektur, die den formalen wie inhaltlichen Übergang zum Deckenfresko bilden.

Eine ganze Reihe von Künstlern schuf dieses Gesamtkunstwerk, als das die Ausstattung der Räume zu bezeichnen ist. Der Koordinator könnte der im „Wunderwürdigen Kriegs- und Siegs-Lager" genannte Claude le Fort du Plessy gewesen sein, dem Entwurf und Anleitung zu den „inwendigen Ausziehrungen" aller Räume zugesprochen wird (Titelblätter 1731 und 1733). Auf wen die mit wenigen Ausnahmen stilistisch einer Hand zuzuweisenden Entwürfe zurückgehen, ist bis heute unbekannt. Der von Jean Berains Ornamentvorlagen abhängige, manierierte Stil, der alle Ornamente und Grotesken bestimmt, besitzt zwar Ähnlichkeit mit den demselben Vorbild folgenden Entwürfen des Architekten Hildebrandt, die manierierte Eleganz der Formen scheint jedoch noch weitaus betonter. Die Rolle des als Künstler noch immer nicht greifbaren Claude le Fort du Plessy ist völlig ungeklärt. Hans Aurenhammer nimmt an, daß er nur für die Auswahl der Stoffe, Bilder, Möbel usw. zuständig war.

Schon die beiden erhaltenen Zeichnungen Kleiners für das Audienz- und das Paradezimmer des Stadtpalastes (Paris, Louvre; Wien, Historisches Museum) zeigen dieses verschlungene Lineament und die Berainschen Grotesken an den gestickten Pilastern und Baldachinen. Die dazu passenden, reich mit Grotesken bemalten Lamperien, Türen und Fenstergewände finden sich noch heute zusätzlich zu den genannten Räumen im Goldkabinett für die in einer Beschreibung von 1739 Jonas Drentwett genannt wird und in den Zimmern der ehemaligen Galerie. Sie scheinen demnach der zweiten Ausstattungsphase nach dem ersten Anbau 1708—1709, als die Fresken im Paradezimmer und in der Galerie entstanden, anzugehören. Die ebenfalls durch eine Zeichnung Salomon Kleiners überlieferte Gestaltung des zweiten Bibliothekraumes im jüngsten Trakt (1723—1724) (im Kunsthandel verschollen) war stilistisch weiter fortgeschritten und dürfte im Anschluß an das Obere Belvedere entstanden sein.

Dieses Ornament, das den Böden, Lamperien, Gliederungselementen und vor allem dem Stuck seine Form verlieh, schuf den vereinheitlichenden Rahmen, dem die unabhängigen Partien der Fresken, Deckenbilder und orientalischen Stoffe eingefügt waren.

Die in dieses Gefüge eingeschlossenen figürlichen Darstellungen (Reliefs, Ölbilder, Fresken) mythologischer Götter und Personifikationen, Mythologien und historischer Szenen folgten einem umfassenden Programm, das die Verherrlichung des Hausherrn zum Ziele hatte. Die durch Symbole einen bestimmten, für den Eingeweihten leicht ablesbaren Deutungsinhalt vortragenden Figuren gehören, wie die Szenen aus Mythologie und Geschichte, zu einer seit der Renaissance weit verbreiteten Bildsprache. Die Erkenntnis, daß es „leichter ist, den Blick des Geistes auf Gesehenes ... hinzulenken" und daß der „Gesichtssinn besonders lebhaft reagiert" (Cicero), ließ bereits antike Poeten, Rhetoren und bildende Künstler zu Personifikationen und Metaphern greifen. Dem Künstler der Neuzeit ermöglichte diese Konzeption mithilfe großartiger Kompositionen weitschweifige, wie Texte ablesbare Inhalte darzustellen. Figuren und Szenen beziehen sich jedoch immer auf eine zweite, darüberliegende Sinnschicht, die aufgrund ihres transzendenten Inhaltes oder — wie im Falle des höfischen Programms — aus ihrer gesellschaftlichen Relevanz nicht darstellbar waren.

So wählte die herrschende Schichte im Feudalsystem bevorzugt den antiken Helden und Halbgott Herkules, der aufgrund der Wahl des rechten Tugendweges als Lohn für seine Heldentaten größten Ruhm erreichte und Aufnahme im olympischen Götterhimmel fand, zum „exemplum virtutis", dem dargestellten Tugendvorbild aus. Seine Figur steht auch im Zentrum des Programms im Stadtpalast Eugens, der in seiner Karriere oft selbst als neuer Herkules benannt wurde. Dagegen erfährt in einer Reihe von Deckenbildern der Gartenschlösser ein anonymer, mit den Heroen der Antike verglichener Kriegsheld göttliche Apotheose. Während dieser jugendliche Held mit Eugen von Savoyen gleichzusetzen ist, kann die Gestalt des im Belvedere immer wiederkehrenden Sonnengottes Apoll, wenn überhaupt, so nur im Saal des Unteren Schlosses und im Treppenhaus des Stadtpalastes auf ihn bezogen werden. Apolls Erscheinen dürfte vielmehr das Aufziehen eines neuen Tages, einer den Wissenschaften und Künsten geweihten Zeit bedeuten. Das Aufblühen eines „Goldenen Zeitalters", einer neuerlichen „Aurea Aetas Augusti" findet sich seit dem zweiten Jahrzehnt des Jahrhunderts in der Ikonographie Kaiser Karls VI. und könnte auch hier die Wurzel der Darstellung bilden.

Die in den Palästen dargestellten Programme scheinen somit eng mit dem Leben des Prinzen verknüpft zu sein. Stellt zur Zeit der großen Kriegszüge Herkules sein Tugendvorbild dar, so folgt nach den Siegen die Apotheose eines allen Zeiten entbundenen Helden.

Gemäß der kunsttheoretischen Forderung nach Einheit von Gegenstand und Gestaltung verlangte ein derart stolzes Programm einen würdevollen, hohen Stil der Kunst. Figuren, die den Anspruch stellten, der göttlichen Idee vom Menschen nahezukommen, hatten der Vorstellung einer idealischen Schönheit zu entsprechen. (Nach Bellori, dem bedeutendsten Kunsttheoretiker des 17. Jh.s erzeugte „... der ewige Schöpfergott ... in tiefer Selbstschau Ur- und Musterbilder aller Kreaturen, die Ideen"). Der Künstler besitzt die außergewöhnliche Fähigkeit, diese aus der Natur zu filtrieren, er konnte jedoch bereits auf Vorbilder aus der Antike und der Hochrenaissance sowie auf klassizierende Meister des Barock zurückgreifen. Wird die Aufnahme eines irdischen Heros in den olympischen Götterhimmel dargestellt, so müßte dies der Kunsttheorie gemäß bedeuten, daß er durch die Kraft seiner Tugend die normalerweise die reine Idee korrumpierende Materie besiegte. Der Lohn dafür ist die Unvergänglichkeit der mythischen Götter. Sie wurden mit den Gestirnen gleichgesetzt, die nach der auf neoplatonischer Philosophie basierenden humanistischen Kunsttheorie bereits der Welt der ewigen und unveränderlichen Ideen angehörten. „Allein, während die himmlischen Gestirne, die keinem Wechsel unterworfen sind, diese Ideen in ewiger Reinheit und Schönheit zum Ausdruck bringen, erscheinen die irdischen Dinge infolge der Ungleichmäßigkeit der Materie nur als trübe und verzerrte Abbilder ..." (Bellori) — nur der auf Tugend bauende Heros scheint diese Gesetzlichkeit durchbrechen zu können.

Eingeschlossen in ein Gesamtsystem dekorativer Art gewinnen diese Darstellungen Leben, wobei vor allem die Quadratur, die als gemalte Architektur die gebaute fortsetzt, mithilfe der ihr eigenen Täuschungskraft bildlichen Figurendarstellungen illusionistische Realität verleiht, sie gleichzeitig aber auch als bloßen Schmuck der Räume entlarvt. Prinz Eugen verpflichtete nur Figurenmaler, die beiden Forderungen nach idealer Gestaltung und malerisch-dekorativer Ausführung gerecht wurden.

Von den realen Lebensumständen ideell wie materiell abgesondert, bildeten die Säle Kulissen für das gesellschaftliche Spiel, in denen sich die Teilnehmer entsprechend den strengen Regeln des Zeremoniells bewegten. Das ästhetische Freude bereitende Oszillieren zwischen Ernst und Unerst — dem Ablesen der illusionierten Inhalte und ihrem Erkennen als Dekoration —, mit dem die Kunst, vor allem das illusionistische Fresko spielte, bezieht sich jedoch nur auf die Ausstattung der Paläste, die Kulisse selbst. Das Zeremoniell war zur Zeit des Prinzen Eugen noch bestimmender Faktor der adeligen Gesellschaft, der der Prinz durch den Prunk seiner Schlösser den ihm zukommenden Rang anschaulich vorführte.

Lit.: Des Grossen Feld-Herrns Eugenii Herzogs von Savoyen Kayserl. und des Reichs General Lieutnants Helden-Thaten, Bd. VI, Nürnberg 1739, S. 1121 ff. — Memoires de Charles-Louis Baron de Pöllnitz II, ed. tome 1, Amsterdam - London 1735, S. 263 f. — M. T. Cicero, De oratore, Stuttgart (Reclam) 1981, III, S. 160, 163, 211—212. — Aurenhammer, Kleiner, S. 11 f. — Matsche, S. 297 ff., 343 ff. — Prinz Eugenius der edle Ritter in den Kriegs- und Siegesliedern seiner Zeit, hg. von F. Haydinger, Wien 1865, S. 25 f. und 29 f. — J. Dyck, Ticht-Kunst, Deutsche Barockpoetik und rhetorische Tradition, Berlin - Zürich 1969, S. 91 ff. und unter anderem S. 95 f. — R. W. Lee, Ut Pictura Poesis: The Humanistic Theory of Painting, in: The Art Bulletin XXII (1940) S. 197 ff., unter anderem S. 231 ff. — E. Panofsky, Idea, Berlin 1982, S. 59 f. — H. Ehalt, Ausdrucksformen absolutistischer Herrschaft, Wien 1980, S. 116 ff.

Ulrike Knall-Brskovsky

Objekte

21.1 Schloß Engelhartstetten-Niederweiden

Kupferstich, 19,6 × 30,2 cm (Pl.).
C. Engelbrecht und J. A. Pfeffel nach J. B. Fischer.

Die Stichansicht zeigt das ursprüngliche Aussehen des wahrscheinlich ab 1693 für den Hofkriegsratspräsidenten Rüdiger Graf Starhemberg erbauten Jagdschlosses, als dessen Urheber Johann Bernhard Fischer von Erlach angegeben ist. Der die Verbindung eines tiefovalen Saales mit über eine Rücklage abgesetzten Flankenblöcken vorstellende Entwurf zählt zu der Gruppe der „Lustgebäude“ und „Lustgartengebäude“ (Kat.-Nr. 21.3 und 4), die im Werk Fischers eine besondere Stellung einnehmen.
Als Jagdschloß mit einem niedrigen Sockelgeschoß konzipiert, paßt sich das breitgelagerte Gebäude vor dem Hintergrund freiwachsender Baumgruppen der Ebene des Marchfeldes an. Die Kuppel des Mittelsaales überragt als Ringkrone mit angeschlossenen konkaven Flügeln das Dach. Das Schloß ist von vier Nebengebäuden flankiert, deren konkave Einziehung sich auf die konvexe Vorwölbung des Mittelzylinders bezieht.
Während unter Prinz Eugen zwar im Park von Hildebrandt 1730 ein großes Glashaus errichtet, am Schloß selbst offenbar aber keine einschneidenden Veränderungen vorgenommen wurden, ließ Maria Theresia 1765 das Fischersche Lustgebäude nach Plänen ihres Hofarchitekten Nikolaus Pacassi tiefgreifend umgestalten. Unter Bewahrung der Grundrißform wurde durch Aufstockung eine neue Geschoßeinteilung geschaffen, die für den Zubau eines Stiegenhauses die Schließung der mittigen Einziehung an den Seiten erforderlich machte.

Lit.: Sedlmayr, J. B. Fischer, S. 85.

Wien, NÖLB, Top. Slg. 1363. W. R.

21.2 Schloß Engelhartstetten-Niederweiden, Grundriß

Feder/Papier, 25,2 × 42,0 cm.
Wohl D. E. Rossi, 1693—1697.

Der Grundriß, in dem nach Sedlmayr eine Kopie des Fischerschen Originals aus der Hand des vor seiner Anstellung durch die Markgrafen von Baden in Wien tätigen Domenico Egidio Rossi vorliegt, zeigt die Grundfigur: Das von zwei Rechtecksälen in die Mitte genommene Tiefoval und die vier angeschlossenen Flügel, die je ein Appartement aufnehmen. Beide Hauptfassaden sind bis auf die Freitreppe an der Eingangsseite gleich gestaltet, die Seiten konkav eingezogen. Die später zugebauten Einziehungen in der Mitte der Halbovale enthalten die Zugänge zu den Appartements und zur zentralen Raumgruppe.

Lit.: G. Passavant, Studien über Domenico Egidio Rossi, Karlsruhe 1967, S. 147. — Sedlmayr, J. B. Fischer, S. 85.

Karlsruhe, Kunsthalle, Planslg. Inv.-Nr. 148.
W. R.

21.3 „Lustgebäude“ der „Historischen Architektur“ J. B. Fischers v. Erlach

Aufgestochene Radierung, 30,2 × 43,2 (Pl.).
J. B. Fischer.
Tafel 10 des 5. Buchs der „Hist. Architektur“.

Der Entwurf zeigt die Ehrenhofseite eines kleineren Gartenschlosses, dessen Grundriß direkt an Levaus Lösung in Vaux-le-Vicomte orientiert ist. Den Hauptakzent erhält der Bau durch das Längsoval des überhöhten Mittelsaales, der gartenseitig aus der Fassade heraustritt, während seine konvexe Form an der Hofseite zur konkav eingezogenen Fassadenmitte in Kontrast gesetzt wird. Fischer variiert Berninis zweites Louvreprojekt, welches im Sinne des Pavillonsystems der französischen Frühklassik umgestaltet erscheint. Der Entwurf wird um 1695 datiert, ist also etwas jünger als die Planung für Schloß Engelhartstetten-Niederweiden (Kat.-Nr. 21.1), mit dem Gemeinsamkeiten, auch im Motiv des die Kuppel des Hauptsaales verhüllenden Aufsatzes, bestehen. Eine Ausführung ist nicht bekannt, doch scheint es sich um kein ideales Projekt zu handeln. H. Sedlmayr denkt an einen hypothetischen ersten Entwurf des von Hildebrandt erbauten Gartenpalais Mansfeld-Schwarzenberg (Kat.-Nr. 21.41), doch fallen dort die Grunderwerbungen zusammen mit dem Baubeginn erst in das Jahr 1697. Nach Datierung und Umfang könnte man an einen frühen Entwurf für das Gartenschloß des Prinzen Eugen am Rennweg denken, für welches der gerade am Stadtpalais beschäftigte Fischer mit größter Wahrscheinlichkeit ein Projekt erstellt hat.

Lit.: Kat. Fischer, Nr. 29. — Sedlmayr, J. B. Fischer, S. 88f. u. 261.

Wien, Hist. Museum, Inv.-Nr. 1737/38. W. R.

21.4 „Gartengebäude" der „Historischen Architektur" J. B. Fischers v. Erlach

Aufgestochene Radierung, 30,1 × 43,4 cm (Pl.).
J. B. Fischer.
Tafel 19 des 4. Buchs der „Hist. Architektur".

Das in engster Verbindung mit den Entwürfen für Schloß Klesheim entstandene, um 1699 zu datierende Projekt eines Gartengebäudes ist nie ausgeführt worden. Fischer geht von der Idee einer stark überhöhten, offenen Mittelhalle eines im Pavillonsystem gestalteten Gartenschlosses aus, welches auf eine von Pfeilerarkaden getragene Terrasse gehoben ist. Das Gebäude soll Bezugspunkt in der Weite des architektonisch gestalteten Gartens sein. In seiner weitgehenden Funktionsfreiheit ist es zweifellos ein Idealentwurf, mit dem Fischer an eigene Lösungen seiner frühen Zeit anknüpft und diese verbessert.

Lit.: Kat. Fischer, Nr. 37. — Sedlmayr, J. B. Fischer, S. 95.

Wien, Hist. Museum, Inv.-Nr. 44.965. W. R.

21.5 Veste Hof an der March

Kupferstich, 12,2 × 16,1 cm.
G. M. Vischer, Topographia Austriae inferioris, 1672.

Der Stich zeigt die durch Prinz Eugen zu Jahresende 1725 vom Grafen Albrecht von St. Julien erworbene Veste Hof an der March als vierflügeliges, von Wall und Graben umgebenes Kastell. Der Erwerb war „mit merklicher Überzahlung" erfolgt und wird mit dem Wunsch des Savoyers nach geeigneten Jagdgründen in Verbindung gebracht; nach einer von H. Lorenz ausgeprochenen Vermutung scheint jedoch für die Wahl des veralteten Kastells auch der Wunsch des aus Frankreich zugewanderten Prinzen ausschlaggebend gewesen zu sein, sich durch Anschluß an die traditionellen Baugewohnheiten des bodenständigen Hochadels zu „legitimieren".

Lit.: H. Lorenz, Barockarchitektur in Wien und im Umkreis der kaiserlichen Residenzstadt, in: Gutkas, Prinz Eugen, S. 241f.

Wien, NÖLB, Top. Slg., Inv.-Nr. 6640. W. R.

21.6 „Mappa Der Hochfürstlich Printz Eugenischen Herrschafften Hof an der March und Vesten Stopfenreuth (Mit) Prospect Des Hochfürstlichen Schlos Hoff an der March"

Feder, laviert/Lw. (kaschiert), 154 × 235 cm.
Bez. „Abraham Maas delineavit A. 1726".

Die unmittelbar nach dem Erwerb der Herrschaft durch Eugen entstandene Karte zeigt rechts unten die Ansicht eines frühen Planungsstadiums der Schloßhofer Anlage, welches eine Ausrichtung nach zwei Achsen erkennen läßt. Zusätzlich zu der durch die Flügel des Ehrenhofes angeschlagenen, später realisierten West-Ost-Orientierung sollte sich diese Achse im Bereich des alten Schloßgevierts mit einer Nord-Süd-Achse kreuzen, welche an den selbständigen Bezirk der Wirtschaftsgebäude optisch anknüpft. Die Gartenanlage beschränkt sich allein auf das Schloßplateau und ist im Sinne der Nord-Süd-Ausrichtung quergelagert und mit einem repräsentativen Entree von der Zufahrtsstraße aus versehen; der mit einem Gitter abgegrenzte Ehrenhof soll offenbar allein der Zufahrt mit dem Wagen dienen, gibt aber nicht die „Repräsentationsachse“ vor. Die im realisierten Konzept auffallende Situierung des Saals im Südtrakt dürfte als „Relikt“ dieser frühen Planung zu erkennen sein, welche wahrscheinlich erst durch den Entschluß zu einer großen Terrassengartenanlage umgestoßen worden ist.

Wien, ÖNB, Kartensammlung, Rolle 101.

W. R.

Kat.-Nr. 21.5

21.7 Axionometrische Ansicht von Schloßhof

Tusche u. Feder, laviert/Papier, 124 × 172 cm.
J. G. Windpässinger, um 1727.

Die wohl nach einem Original J. L. v. Hildebrandts von dem ausführenden Baumeister Windpässinger verfertigte axionometrische Ansicht zeigt die Neuinterpretierung der alten Kastellanlage im Sinne des Spätbarock: Durch zwei in Pavillons auslaufende Flügelbauten vor der Westfront wird ein Ehrenhof formiert, womit gleichzeitig dem gesteigerten Raumbedarf Rechnung getragen werden kann. Der alte Innenhof mit Arkaden bleibt weitgehend unverändert, nur im Obergeschoß werden diese durch Fenster ersetzt. Die eigentliche künstlerische Leistung ist jedoch die „weitgehende Neuformung der mit dem zentralen Schloß zu künstlerischer Einheit zusammengefaßten Umgebung“ (Grimschitz). Der herausgehobene Bereich der Schloßterrasse ist in der Mitte weit vorgezogen und mit Bastionen festungsartig gestaltet. Dem Ehrenhof vorgelagert und etwas erhöht ist der von einer eigenen Mauer begrenzte Bezirk der Stallungen und Remisen angeordnet. Als optischer Mittelpunkt und als zum Schloß vermittelndes Gelenk fungiert die von Rampen umgriffene Neptunfontäne, über die der Blick gegen Westen frei ausläuft. Im Norden findet sich der selbständig zu einer schloßähnlichen Anlage gruppierte Komplex der Wirtschaftsgebäude und Glashäuser.

Lit.: Grimschitz, Hildebrandt, S. 121 ff. — Rizzi, Prinz Eugen und seine Bauwerke, S. 290.

Wien, ÖNB, Kartensammlung, KI 104.049.

W.R.

21.8 Schloßhof, Grundrißplan des Hauptgeschosses

Tusche-Feder, laviert/Papier, 65 × 92 cm.
Um 1730.

Der Grundriß zeigt die innere Organisierung des Schlosses nach dem Umbau durch Prinz Eugen. Anschließend an die — heute allein noch original erhaltene — durch beide Geschosse gehende Kapelle in der Südostecke des Schlosses waren im Südtrakt die „Parade-Zimmer“ untergebracht, beginnend mit dem

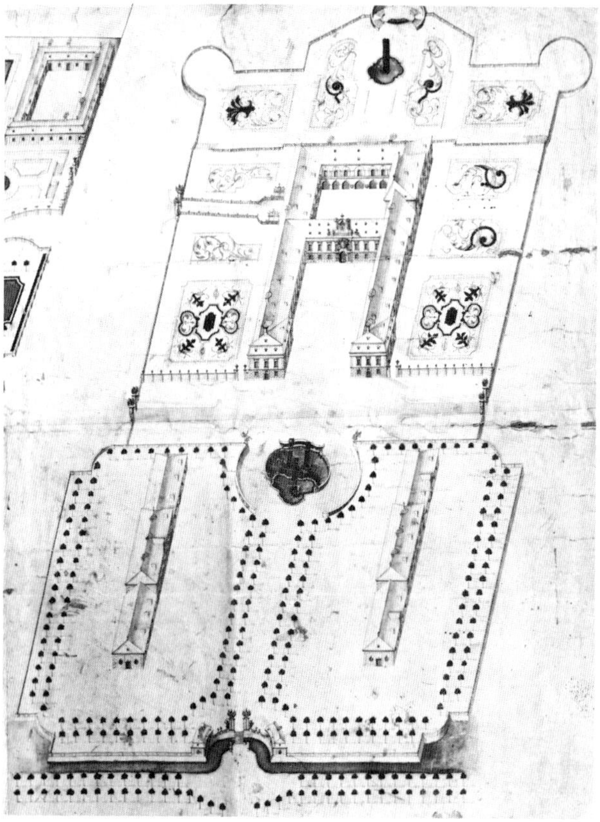

Kat.-Nr. 21.7

über fünf Achsen reichenden und die Dachkontur mit einem Aufsatzgeschoß überragenden Festsaal. Seine völlig unübliche Situierung abseits der Schloßachse war offenbar der Preis für eine funktional zufriedenstellende innere Organisierung, bei der die Erfordernisse des Zeremoniells und der veraltete Schloßtypus nur mit Mühe in Einklang gebracht werden konnten. Durch diese Maßnahme wurde die Erschließung der „Ordinari-Zimmer" des Prinzen im Norden, der über der Sala terrena zum Garten blickenden Fremden-Zimmer sowie der Repräsentationsräume im Süden über einen Korridor vom großen Stiegenhaus neben der Einfahrt möglich.

Lit.: Rizzi, Prinz Eugen und seine Bauwerke, S. 290.

Wien, Albertina, Arch. Zeichn. 9152. W. R.

21.9 Das Kaiserliche Lustschloß Schloßhof, Gartenseite FB 38

Öl/Lw., 134 × 238 cm.

Bernardo Bellotto, genannt Canaletto, 1759/60.

Das Bild zeigt vom untersten Teil des Parks aus Richtung Westen gesehen streng symmetrisch die Gartenfassade von Schloßhof mit einem der Gittertore von Johann Georg Oegg und die terrassenförmig angelegten Gartenanlagen.

Lit.: Kat. Bernardo Bellotto, genannt Canaletto, Wien 1965, Nr. 58. — St. Kozakiewicz, Bernardo Bellotto, genannt Canaletto, Recklinghausen 1972, Bd. 2, Nr. 284. K. S.

Wien, KHM, Gemäldegalerie, Inv.-Nr. 1667.

21.10 Gesamtplan von Schloßhof

Der Gesamtplan zeigt die durch den Terrassengarten bestimmte Ausrichtung der Anlage nach einer Achse. Der Garten (Kat.-Nr. 15) schließt im Osten an das als Parterre gestaltete, befestigungsartig ausgebaute Schloßplateau an, von wo er in drei Stufen unter Einsatz von Treppen, Rampen und Wasseranlagen in dynamischer Raumverschleifung zum ebenen unteren Teil hinabsteigt und damit nach dieser Seite den Hauptprospekt entwirft.

Wien, Albertina, Arch. Zeichn. 9221. W. R.

21.11 Skizzenbuch des Johann Wolfgang van der Auwera

Aufgeschlagen fol. 42, Allegorie des Sommers, 22 × 35,7 cm.

Der Würzburger Barockbildhauer Johann Wolfgang van der Auwera war von Fürstbischof Schönborn zur Ausbildung nach Wien geschickt worden, wo er 1730—1733 die Kunstakademie besuchte und daneben als Volontär bei der Aufstellung von Skulpturen in den Schloßgärten der Umgebung mitwirkte. Eine Nachricht von 1736 hält fest, daß Auwera „in Condition bei dem Bildhauer des Prinzen

Eugen" gestanden ist. Aus dieser Zeit haben sich einige Einzelblätter und ein Skizzenbuch des Künstlers erhalten, das sich zum Großteil auf Gartenplastiken in Schloßhof bezieht und für die Rekonstruktion des zum Teil verschollenen Programms wertvoll ist. Qualität und Stil dieser Schloßhofer Figuren finden in einem Teil des Skulpturenschmuckes des Wiener Belvederegartens eine weitgehende Entsprechung, doch war eine eindeutige Zuweisung an einen der Bildhauer aus dem Kreise des Prinzen Eugen bis heute nicht möglich.

Folio 42 des Skizzenbuches zeigt eine der Jahreszeiten-Allegorien von den seitlichen, zur obersten Gartenterrasse führenden Treppen. Der Sommer ist in der Liegefigur des lorbeerbekränzten Apoll versinnbildlicht, wobei Zirkel und Planrolle auf die Tugenden des Savoyers als Bauherr anspielen.

Lit.: H. Ragaller, J. W. van der Auwera — Ein Skizzenbuch. Dokumente zur Gartenplastik für den Prinzen Eugen, Würzburg 1979.

Würzburg, Martin von Wagner-Museum, SW 137. W. R.

Kat.-Nr. 21.11

21.12 Puttenpaare mit Affe und Krokodil Puttenpaare mit Fisch und Schlüssel Puttenpaare mit Vogel und Fackel

Feder/Papier, je 217 × 324 mm.
J. W. van der Auwera, um 1733.

Die Zeichnungen beziehen sich auf die Puttengruppen an den beiden seitlichen Treppen der großen Gartenterrasse zu Schloßhof und symbolisieren die damals bekannten 4 Erdteile und die 4 Elemente. Da die Attribute vielfach mit denen der Figuren heute nicht übereinstimmen, erhebt sich die Frage, ob diese im späten 18. und 19. Jahrhundert falsch restauriert oder Auweras Darstellungen nicht vor dem Original, sondern nach Skizzen entstanden sind.

Lit.: H. Ragaller, J. W. van der Auwera — Ein Skizzenbuch, S. 9.

Würzburg, Martin von Wagner-Museum, HZ 259, 260, 261. W. R.

21.13 Schloß Ráckeve

Bauaufnahme.

Prinz Eugen begann im Jahr 1702 auf der unterhalb von Budapest gelegenen, 1698 käuflich erworbenen Donauinsel Csepel ein Landschloß zu errichten. Der Bau ist nach Art einer ebenerdigen Dreiflügelanlage konzipiert, die ein doppelgeschossiger Saal mit einem achtekkigen, mansardenförmigen Pyramidendach überragt und deren Seitenflügel in Pavillons enden. Der quergelagerte Ehrenhof ist dem Donauufer zugewandt und an dieser Seite mit einem Gitter abgeschlossen. Die zentrale Raumgruppe mit je drei Zimmern zu beiden Seiten von Saal und Vestibül formiert den eigentlichen, in der Außenerscheinung durch Dachbalustrade und Statuen von den schmucklosen Flügeltrakten sich abhebenden Schloßkörper. Die Autorschaft Hildebrandts an der Schloßanlage ist urkundlich gesichert, doch besteht angesichts der plastischen, im Grundriß locker zum Ganzen gefügten Grundstruktur des Baukörpers — ebenso wie beim ersten Entwurf für das Gartenschloß am

Kat.-Nr. 21.14

Rennweg (Kat.-Nr. 21.32) — ein Verdacht auf Vorgaben aus einem hypothetischen Vorgängerprojekt J. B. Fischers.

Lit.: Grimschitz, Hildebrandt, S. 51ff. — Rizzi, Prinz Eugen als Bauherr, S. 284f. W. R.

21.14 Karte der Insel Csepel mit Ansicht des Schlosses in Ráckeve

Feder, farbig laviert/Papier, 72,5 × 104 cm. L. F. de Rosenberg, 1728.

Die Karte der Insel Csepel von 1728, von der Hand eines Ingenieurhauptmanns, überliefert die älteste Ansicht des Schlosses in Ráckeve. Trotz der reichlich schematischen Darstellung enthält sie den Hinweis auf das ursprüngliche, wohl nicht zufällig der Form eines Türkenzeltes ähnliche mansardenförmige Pyramidendach des Saalrisalits. Dieses wurde später durch eine Dachhaube in Form einer gedrückten Kalotte ersetzt.

Lit.: Grimschitz, Hildebrandt, S. 53.

ÖStA, Kriegsarchiv, Kartenslg., B IXa 674-7.

W. R.

21.15 Gartenpalais Czernin auf der Wieden

Foto der Handzeichnung v. Josef Haas (nach 1715) in der Graphischen Slg. Albertina (Arch. Zeichn. 8370).

Der von der Forschung erst jüngst wiederentdeckte, in seiner Planungsgeschichte noch nicht geklärte Gartenpalast des Grafen Thomas Zacharias Czernin lag im Bereich des Areals Favoritenstraße, Rainergasse, Schaumburgergasse und Mayerhofgasse. Die Anlage muß knapp vor der Wende zum 18. Jh. entstanden sein und zeigt in der Disposition des Grundrisses mit der Hauptraumgruppe und dem Saalpavillon enge Zusammenhänge mit dem Schloß des Prinzen Eugen in Ráckeve von 1701. Das Schloßgebäude ist über dem sanft ansteigenden Garten auf der Anhöhe situiert und beschließt gleichsam als mächtige Kulisse den Prospekt; der Zugang erfolgt über einen halbkreisförmig geschlossenen Vorhof an der dem Garten abgekehrten Seite. Für das auf der Höhe thronende Schloß könnten die Anregungen von dem ersten idealen Projekt Johann Bernhard Fischers für Schönbrunn ausgegangen sein.

Lit.: M. Leithe-Jasper, Das Gartenpalais Czernin auf der Wieden — ein Frühwerk Johann Lucas von Hildebrandts?, in: Burgen und Schlösser in Österreich, 2, 1966, S. 12—19. — H. Lorenz, Domenico Martinelli, Projekt für das Gartenpalais Czernin auf der Wieden, in: Wiener Jb. f. Kunstgeschichte, XXXIII, 1980, S. 180—184.

W. R.

21.16 Schloß Belje

Tusche-Feder, farbig angelegt/Papier, 78 × 58 cm.
2. H. 18. Jh.
Bez. Johann Schmidl Maurermeister, 2. H. 18. Jh.

1698 wurden dem Prinzen Eugen dreizehn Dörfer in der Landspitze zwischen Donau und Drau, darunter Belje, angewiesen, wo er gegen Ende des ersten Jahrzehnts des 18. Jahrhunderts ein befestigtes kastellähnliches Herrschaftsgebäude errichten ließ. Nach Tschischka fällt die Bauführung in die Jahre 1707—1712, womit sich im wesentlichen die Angabe einer Denkschrift des vergangenen Jahrhunderts deckt. Da für 1717 ein Aufenthalt des Prinzen in Belje belegt ist, wird das Schloß jedenfalls zu diesem Zeitpunkt vollendet gewesen sein. Nach dem Tod Eugens kam der Besitz über dessen Nichte an das Kaiserhaus. Das ursprüngliche Aussehen der Anlage mit den Verteidigungswerken überliefern Planaufnahmen von Professionisten aus späterer Zeit, als das Schloß im Besitz des Kaiserhauses stand. Sie zeigen die um einen größeren Innenhof angeordnete quadratische Anlage, situiert auf einem von Schutzwerken umgebenen Plateau. Trotz der stark zweckbetonten Ausrichtung des Gebäudes und seines fortifikatorischen Charakters liegt es nahe, daß der Entwurf auf den von der Kriegsbaukunst herkommenden Hausarchitekten des Prinzen, Johann Lucas von Hildebrandt, zurückgeht.

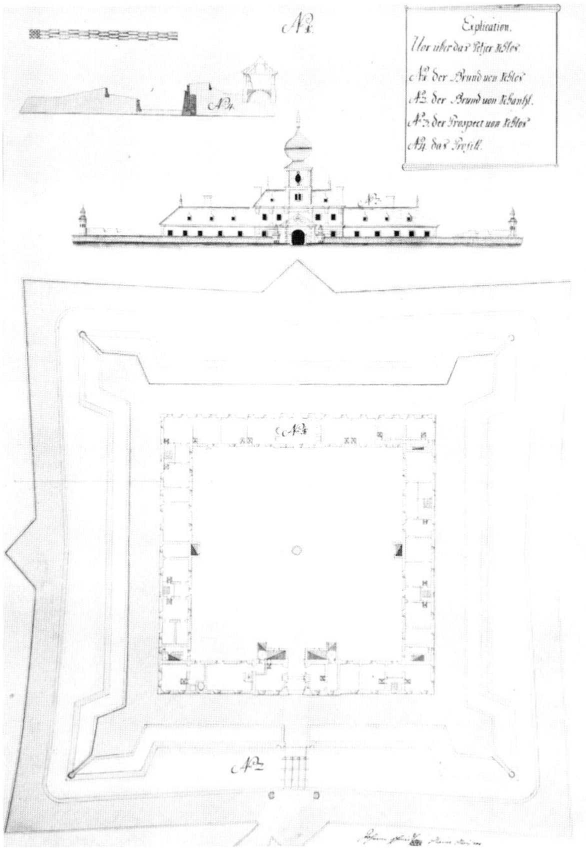

Kat.-Nr. 21.16

Lit.: Rizzi, Hildebrandt, S. 134.

Wien, Albertina, Arch. Zeichn. 9547. W. R.

21.17 Porträt des Prinzen Eugen

Öl/Lw., 107 × 91 cm, stark beschnitten.

In einer Gemäldegalerie, die sich früher auf Schloß Ottenstein befand und auf die hochadelige Familie Lamberg zurückgeht, hat sich ein Porträt, das den jungen Prinzen mit Allongeperücke und Rüstung, aber ohne Collane des Ordens vom Goldenen Vlies zeigt, erhalten. Mit der rechten Hand weist er auf ein Bergschloß.
Obwohl Vergleiche schwierig anzustellen sind, bestehen Ähnlichkeiten mit Porträts Eugens

Kat.-Nr. 21.17

auf den Medaillen zur Erinnerung an die Schlacht bei Zenta 1697 (Kat.-Nr. 9.18), den Alpenübergang von 1701 (Kat.-Nr. 8.2 b) und den Überfall auf Cremona 1702 (Kat.-Nr. 8.4), aber auch mit einigen frühen Stichen.

Privatbesitz. K. G.

21.18 Schloß Halbturn FB 101

Öl/Lw., 134 × 173 cm.

Schloß Halbturn (ungar. Feltorony) war ein Teil der Herrschaft Ungarisch-Altenburg/Mosonmagyaovar und kam nach dem Dreißigjährigen Krieg in den Besitz des Palatins Graf Draskowich, mußte aber nach einem Prozeß dem Zisterzienserstift Heiligenkreuz übergeben werden. Im Jahre 1683 wurden Schloß und Dorf völlig zerstört. 1701 erwarb Graf Aloys Thomas Raimund Harrach die Herrschaft und ließ durch Johann Lucas von Hildebrandt um 1710 das Jagdschloß Halbturn errichten. Dieses bestand vermutlich nur aus dem breitgelagerten, zwischen zwei Eckpavillons eingespannten Mittelbau mit seinem an Garten- und Hofseite gleichartigen Risalit sowie den etwas abgerückten Hofflügeln. Im Jahre 1720 erwarb Kaiser Karl VI. die Herrschaft mit dem Schloß und ließ es in den Jahren 1724—1727 durch hofförmig formierte Nebenbauten erweitern und später einen großen Park anlegen. Halbturn wurde von der kaiserlichen Familie meist für eine Woche wegen der Niederwildjagd aufgesucht. Hier erkrankte der Kaiser im Oktober 1740 so schwer, daß er nach der Rückkehr nach Wien am 20. Oktober starb. Das Bild zeigt Halbturn aus der Vogelschau von der Gartenseite gesehen.

Lit.: Grimschitz, Hildebrandt, S. 72 f. — K. Lechner, Handbuch der historischen Stätten, Wien 1970, Bd. I., S. 731 f. — Kat. Maria Theresia als Königin von Ungarn, Halbturn, 1980, Nr. 243.

Wien, KHM, Gemäldegalerie, Inv.-Nr. 2908.

W. R.

21.19 Mühlburg bei Göllersdorf

Kupferstich, 11,1 × 16 cm (beschnitten).
Aus: G. M. Vischer, Topographia Austriae inferioris, 1672.

G. M. Vischers Ansicht ist die einzige bildliche Quelle der in der späteren Überbauung durch Friedrich Karl Schönborn aufgegangenen Mühlburg, deren in Teilen weiterzuverwendende Bausubstanz für die Proportionierung des inneren Schloßhofes der Barockanlage bestimmend war.

Wien, NÖLB, Top. Slg. 4777. W. R.

21.20 a Schloß Schönborn bei Göllersdorf, Plan der Gesamtanlage

Kupferstich 28 × 61 cm (Pl.).
Aus: Sammelband Schönborn'sche Häuser, Gärten und Kirchen.

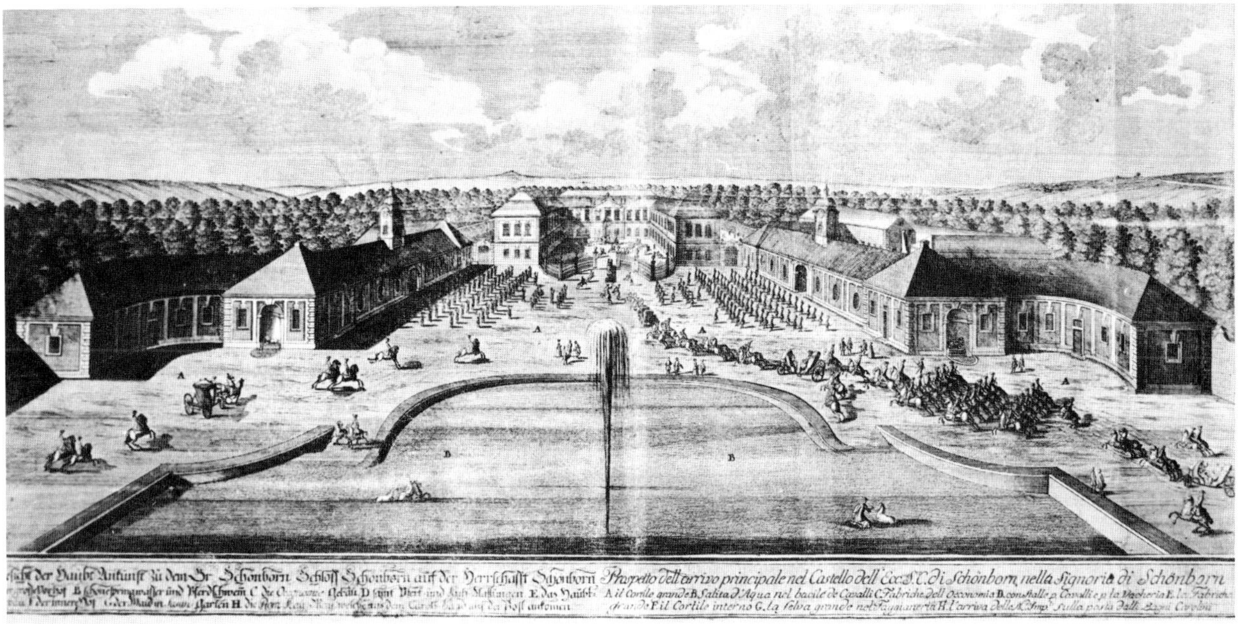

Kat.-Nr. 21.20 b

Im Jahre 1710 wurde die Herrschaft Göllersdorf von Reichsvizekanzler Friedrich Karl Graf Schönborn zwecks Schaffung eines standesgemäßen Landsitzes erworben. Der seit 1706 von der Familie Schönborn beschäftigte Architekt Johann Lucas von Hildebrandt gestaltete den alten Baukern der in freier Landschaft liegenden Mühlburg (Kat.-Nr. 21.19) zu einer weit ausgreifenden Anlage um. Der Grundriß der Gesamtanlage zeigt die Einbeziehung der Landschaft als gestalteten Freiraum, wobei der Schloßbezirk durch Kanalisierung des Baches in zwei getrennte Läufe in der Grundrißform eines Schiffes umgriffen wird. An das Hauptgebäude schließt der — heute verlorene — große architektonische Garten mit reichem plastischen Schmuck und Wasserwerken an, über dessen Aussehen die Stiche des Sammelbandes unterrichten. Als optisches Gegengewicht zum Schloß und gleichzeitig als Tiefenbegrenzung ist der Komplex der Orangeriebauten mit den im Halbrund geschlossenen Flügeln konzipiert, hinter denen aus einem riesigen Bassin am Abschluß des Gartens eine Wassersäule hochsteigt. Die Schloßanlage wurde nach dem Willen des später zum Fürstbischof von Bamberg und Würzburg gekürten Bauherrn Dezennien später in der Sommerresidenz zu Werneck in Franken wiederholt.

Lit.: W. G. Rizzi, Zu Johann Lucas von Hildebrandts Tätigkeit auf den niederösterreichischen Schlössern des Reichsvizekanzlers Schönborn, in: Alte und moderne Kunst, Heft 148/149, S. 10 ff. — H. E. Paulus, Die Schönbornschlösser in Göllersdorf und Werneck, Nürnberg 1982.

Wien, Stadt- und Landesbibliothek, Inv.-Nr. C 5737. W. R.

21.20 b Schloß Schönborn bei Göllersdorf, Blick in den Ehrenhof

Foto aus dem Sammelband Schönborn'sche Häuser, Gärten und Kirchen der Wiener Stadt- und Landesbibliothek.

Wesentliche Merkmale des Hildebrandtschen Umbaus der Mühlburg (Kat.-Nr. 21.20 a) sind der zunächst quadratische, in der Ausführung sodann längsproportionierte Ehrenhof, die — ebenfalls erst in der zweiten Planungsstufe hinzugekommenen — L-förmigen Hofpavillons mit den Treppentürmen und die seitlich angeschlossenen Bedienstetengebäude bzw. Stallungen, die mit Tortürmen über ihren Mittelachsen viertelkreisrund ausschwingen und so das große Bassin der Pferdeschwemme umrahmen.

W. R.

21.21 Porträt des Grafen Sigmund Friedrich Khevenhüller

Öl/Lw., 82 × 67 cm.
Nach 1721.

Sigmund Friedrich Khevenhüller aus der Hochosterwitzer Linie des Geschlechts, Landeshauptmann in Kärnten, seit 1711 Statthalter von Niederösterreich und danach Staatskonferenzminister, seit 1721 Ritter des Goldenen Vlieses, trat mit mehreren Bauführungen auf der 1730 von ihm erworbenen Grafschaft Hardegg hervor. Er bediente sich hiebei des niederösterreichischen Landschaftsbaumeisters Franz Anton Pilgram, zu welchem der Kontakt wohl über die nö. Stände hergestellt worden ist. Wie später auch sein gefürsteter Sohn, der kaiserliche Obersthofmeister Johann Khevenhüller-Metsch, betraute Sigmund Friedrich den bewährten Baumeister nicht nur mit allen privaten, sondern auch mit den unter seiner Patronanz stehenden öffentlichen Bauaufgaben, zu welchen etwa der Erweiterungsbau des Armenhauses und Soldatenspitals (Allgemeines Krankenhaus) und die Umgestaltung des Versatzamtes („Palais Erzherzog Karl“, Seilerstätte 30) zählten.

Franz Anton Pilgram (1699—1761), der zünftisch geschulte Meister aus dem engeren Kreis um Johann Lucas von Hildebrandt, erweist sich aufgrund jüngster Forschungen als führende Künstlerpersönlichkeit in der zweiten Generation der Barockarchitekten des Donauraumes. Der Schwerpunkt seines Schaffens verlagerte sich um die Jahrhundertmitte, als in Österreich der Bedarf an repräsentativen Bauaufgaben weitgehend gedeckt war, immer mehr nach Ungarn.

Das Porträt des Grafen Khevenhüller dürfte als Vorlage für dessen Darstellung auf Kat.-Nr. 21.23 gedient haben.

Lit.: W. G. Rizzi, Der niederösterreichische Landschaftsbaumeister Franz Anton Pilgram im Dienste der Familie Khevenhüller, in: Hardegg und seine Geschichte, Hrsg. Wilfried Enzenhofer, Wien 1976, S. 101—109. — P. Voit, Franz Anton Pilgram, Budapest 1982.

Privatbesitz. W. R.

21.22 Schloß Riegersburg

Kupferstich, 11,4 × 16 cm.
Aus: G. M. Vischer, Topographia Austriae inferioris, 1672.

Der Stich zeigt die 1575 vom Grafen Sigmund von Hardegg erworbene Veste Ruegers nach dem knapp vor 1600 abgeschlossenen Umbau in ein kastellartiges Wasserschloß. Von 1655—1730 war die Herrschaft Riegersburg im Besitz der Grafen St. Julien. Nach dem neuerlichen Erwerb der Grafschaft Hardegg durch Sigmund Friedrich Graf Khevenhüller, wählte dieser das auf Piloten errichtete Wasserschloß als geeignetes Objekt für einen repräsentativen Umbau.

Lit.: F. Müllner, Schloß Riegersburg und Burg Hardegg, zwei ehemalige Wehrbauten, S. 9 ff.

Wien, NÖLB, Top. Slg., Inv.-Nr. 6386. W. R.

21.23 Graf Sigmund Friedrich Khevenhüller mit seinen beiden Gemahlinnen Maria Renata Gräfin Tannhausen und Ernestine Gräfin Rosenberg vor dem Projekt für Schloß Riegersburg

FB 102

Foto eines Aquarells in Privatbesitz.

Rechts im Bild findet sich F. A. Pilgrams Projekt für den repräsentativen Umbau des um 1580 errichteten Wasserschlosses Riegersburg dargestellt. Der Baumeister hatte in seine Schloßplanung den vorhandenen Kastelltypus, (Kat.-Nr. 21.22), einzubeziehen. Die erste Bauperiode von 1731—1736 sah vorerst nur den weitgehenden Umbau zweier Trakte, der Südseite mit der Hauptfassade und den vortretenden älteren Ecktürmen sowie des anschließenden Osttrakts, vor. Einer späteren Phase gehören die Ausbauten der übrigen Teile an, die jedoch — mit Ausnahme des neugebauten zweigeschossigen Kapellenraumes — unter Beibehaltung gewisser Unregelmäßigkeiten des Baubestandes, im wesentlichen nur einer Fassadenregulierung unterzogen wurden. 1755 konnte die neue Schloßkapelle geweiht werden. Von den halbkreisförmigen Abschlußbauten des Vorhofes kam schließlich nur der rechtsseitige zustande, ebenso wurde auf die Gestaltung des Schloßplateaus mit Bastionen verzichtet.

Lit.: H. Dornik-Egger, Franz Anton Pilgram, der Baumeister von Schloß Riegersburg, in: ÖZKD XXI, 1967, S. 141 ff.

W. R.

21.24 Porträt des Fürsten Anton Florian von Liechtenstein

Öl/Lw., 81 × 65 cm.
Um 1710.

Fürst Anton Florian von Liechtenstein, aus der jüngeren Gundackerischen Linie des Geschlechts, war durch sieben Jahre als Botschafter beim Heiligen Stuhl. 1694 ernannte ihn Kaiser Leopold I. zum Obersthofmeister und Erzieher seines jüngsten Sohnes Karl. Als dessen Begleiter in Spanien behielt er dieses Amt auch als Karl 1711 Kaiser wurde. Als Bauherr und Kunstmäzen ist Anton Florian ein würdiger Vertreter seines der Kunst stets verbundenen Geschlechts. Für die zahlreichen Bauaufgaben standen als ständig beschäftigte Ingenieure die namhaften Baukünstler Hildebrandt, Ospel und Beduzzi zur Verfügung. Mit Hildebrandt war der Fürst bereits seit dem Bau der Loretokapelle auf der nordböhmischen Herrschaft Rumburg 1704 bis zum ersten Umbau des Thunhofes in Hetzendof 1712 in Verbindung. Auf Vermittlung des Obersthofmeisters wurde Hildebrandt damals auch die Leitung des Hofbauamtes übertragen. Seit 1713 erscheint sodann Anton Ospel als fix bestallter Liechtensteinscher Hausingenieur. Unter seiner Leitung erfolgten die großangelegten Umbauten der Schlösser in Wilfersdorf, Ebergassing, Feldsberg und Hetzendorf sowie des Palastes in der Herrengasse, doch gingen die dekorativen Arbeiten in Hetzendorf und Feldsberg an Antonio Beduzzi, der 1721 Ospels Nachfolger wurde.

Lit.: Rizzi, Hildebrandt, S. 106 ff.

Vaduz, Sammlungen des regierenden Fürsten von Liechtenstein, Inv.-Nr. 1170. W. R.

21.25 Schloß Feldsberg

Kupferstich, 12 × 15,9 cm (Pl.).
G. M. Vischer, Topographia Austriae inferioris, 1672.

Das seit Ende des 14. Jh.s im Besitz der Familie Liechtenstein befindliche „Stammschloß“ ist Anfang des 17. Jh.s unter Carl von Liechtenstein und dessen, durch sein „Werk von der Artchitektur“ wohlbekannten Sohn Carl Eusebius einem weitgehenden Umbau unterworfen worden. Bis zur Jahrhundertmitte sind die Baumeister Johann Baptist Carlone sowie Andreas und Hans Erna an Schloß und Reitstall beschäftigt, während für die Innenarbeiten der Maler Johann Baptist Gidoni und der Stukkateur Giovanni Tencalla überlie-

Kat.-Nr. 21.26

fert sind. Der Stich zeigt den von den Stallbauten eingeschlossenen Ehrenhof mit dem Torbau und das dahinter anschließende, aus drei ungleichen Höfen bestehende, zuhinterst vom alten Bergfried überragte Schloß.

Lit.: E. Hubala, Burgen und Schlösser in Mähren, Frankfurt am Main 1965, S. 87f.

Wien, NÖLB, Top. Slg. Inv.-Nr. 1511. W. R.

21.26 Schloßanlage in Feldsberg nach dem Projekt von Anton Ospel

Tusche-Feder, laviert/Papier, 45 × 66,7 cm.
Joh. Adam Delsenbach, um 1720.

Unter dem Majoratsherrn Anton Florian Fürst Liechtenstein wurde seit 1713/14 die alte Veste Feldsberg (Kat.-Nr. 21.25), an welcher der Barock bisher nur geringe Spuren regulierender Eingriffe aus der Hand J. B. Fischers („Sala terrena") und D. Martinellis (Haupttreppe) hinterlassen hatte, einer durchgreifenden Umgestaltung in eine zeitgemäße Fürstenresidenz unterzogen, zu welcher der damals als Hausarchitekt in fürstlichen Diensten stehende Anton Ospel die Entwürfe verfertigte. Seine Planung ist in zwei Vogelschau-Ansichten des Johann Adam Delsenbach detailgetreu überliefert, die zwischen 1718 und 1721 entstanden sind. Der Schloßkomplex stand damals noch mitten im Umbau, so daß man die Konstruktion der Schaubilder auf der Plangrundlage des Architekten voraussetzen muß, zumal die Ausführung wesentlich davon abweicht. Während nach Ospels traditionellem Konzept die Aufgabe der Repräsentation nicht der eigentlichen Schloßfassade, sondern dem entsprechend ausgebauten Tortrakt des Vorhofes zukommen sollte, gehen alle Baumaßnahmen des nachfolgenden Majoratsherrn von einer geänderten Auffassung aus (Kat.-Nr. 21.27).

Lit.: G. Wilhelm, Der Wiener Baumeister Anton Johann Ospel im Dienste der Fürsten von Liechtenstein, in: Belvedere, 13. Jg., 1938—1943, S. 141—147. — W. G. Rizzi, Antonio Beduzzi und die Schloßbauten der Fürsten Liechtenstein in Mähren, in: Intuition und Darstellung — Erich Hubala zum 24. März 1985, München 1985, S. 211ff.

Vaduz, Sammlungen des regierenden Fürsten von Liechtenstein, Inv.-Nr. 2607. W. R.

21.27 Plan für die Barockisierung der Feldsberger Schloßfassade

Tusche-Feder, blaßfarbig laviert/Papier, 98 × 134 cm.
Antonio Beduzzi, um 1721.

Während Fürst Anton Florian sich darauf konzentrierte, durch großangelegte Vorgebäude, Bastionen und Rampen einen ansehnlichen Prospekt aus der Sicht vom Ort zu formieren, das Äußere des aus drei unregelmäßigen Höfen gebildeten Hauptschlosses (Kat.-Nr. 21.25) jedoch unangetastet ließ, widmete seit 1721 sein Nachfolger Josef Johann Adam letzterem sein Hauptaugenmerk: Die beiden hinteren mittelalterlichen Höfe werden abgetragen und allein das vorderste Geviert ausgebaut. Der geschlossene Vorhof wird geöffnet und macht die repräsentative Ausgestaltung der Eingangsfassade des Schlosses erforderlich. Architekt und Dekorateur des neuen Fürsten ist Antonio Beduzzi, der die Risse für die

Fassaden, die Innenausstattung und die Kapelle entwirft. Wie die eigenhändige Entwurfszeichnung für die Modernisierung der Schauseite zeigt, sind die vorhandenen Fenster aus der Zeit des Frühbarock, in der Form der Verdachung und im Dekor gründlich bereichert, weiterverwendet worden und dienen als optische Versatzstücke zur alleinigen Gliederung der Wand.

Lit.: W. G. Rizzi, Antonio Beduzzi und die Schloßbauten der Fürsten Liechtenstein in Mähren, S. 211 ff.

Brno, Moravska Galerie. W. R.

21.28 Vogelschau auf das Schloß Harrach in Bruck an der Leitha mit seiner Umgebung

Tusche - Feder, laviert/Papier, 103,3 × 59,9 cm.
Salomon Kleiner, 1738.

Hildebrandt hatte für Aloys Thomas Raimund Graf Harrach (Kat.-Nr. 3.2) als Hausarchitekt der Familie die Stadtburg von Bruck an der Leitha einer Modernisierung und Regulierung zu unterziehen und die Schloßumgebung völlig neu zu gestalten. Die Hauptarbeiten wurden 1707—11 durchgeführt, doch haben wir bis in die dreißiger Jahre Kunde von laufenden Bau- und Dekorationsmaßnahmen. Der Prospekt zeigt das barockisierte Schloß und die „architektonisierte" Landschaft, welche beide einer romantisierenden Umgestaltung im vorigen Jahrhundert zum Opfer gefallen sind. Für das Schloß erreicht Hildebrandt durch verschiedene Anbauten eine weitgehende Symmetrisierung, wobei jedoch der mittelalterliche Nordturm unverändert einbezogen wird. Die neue Hauptachse leitet über die Stadtmauer zum Garten, an den sich seitlich große, regularisierte Nutz- und Fasangärten anschließen. Eine optische Achsengliederung vermittelt zwischen gestalteter und natürlicher Landschaft und stellt zugleich die Verbindung zwischen dem Schloß und den ferneren Teilen des Parks mit dem Fasanenhaus dar.

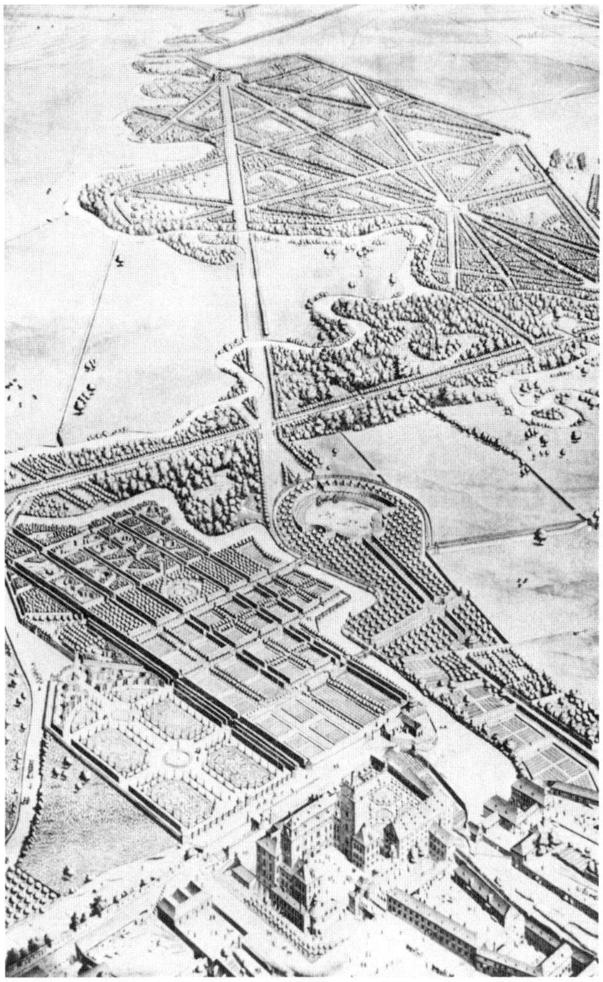

Kat.-Nr. 21.28

Lit.: Grimschitz, Hildebrandt, S. 63 ff.

Privatbesitz. W. R.

21.29 Schloß Seefeld

Kupferstich, 11,7 × 16,1 cm (beschnitten).
G. M. Vischer, Topographia Austriae inferioris, 1672.

Nach Verkauf ihrer Burg in Hardegg 1656 verlegten die Grafen zu Hardegg auf Glatz und im Machlande ihren Sitz auf das neuerworbene Schloß Seefeld. Die einstige Veste der Kuenringer, die G. M. Vischer als befestigte Wasserburg darstellt, ist, wie die Grunddisposition der bestehenden Anlage an den zu Risaliten umgewandelten Ecktürmen erkennen läßt, in der barocken Überbauung des frühen 18. Jahrhunderts erhalten geblieben.

Wien, NÖLB, Top. Slg., Inv.-Nr. 6940. W. R.

21.30 Schloß Seefeld

Tusche-Feder, laviert/Papier, 47,5 × 68,5 cm. Wohl J. J. Castelli, um 1710.

Der unpublizierte frühe Entwurf für den repräsentativen Anbau des Stammsitzes der seit 1703 vom Stetteldorfer Zweig abgespalteten Seefelder Linie der Grafen Hardegg erhellt, daß ein grundsätzliches Abgehen vom überkommenen Bautypus der Wasserburg von vornherein nicht geplant gewesen ist. Der auf einem angehobenen Plateau gelegene mächtige Viertrakter überblickt mit seinen allseitig gestalteten Fronten die Ebene des Pulkautales. Eckrisalite und je ein Mittelrisalit an den längeren Seiten gliedern den mit dem Instrumentarium des Hochbarock überfangenen Baukörper in zeitgemäßer Gestalt. Der ausgestellte Entwurf, der wahrscheinlich von dem als Stukkateur und Ingenieur im Dienste der Familie Hardegg stehenden Johann Jacob Castelli stammt, ist wohl noch im ersten Dezennium des 18. Jh.s entstanden. Die Realisierung zog sich durch viele Jahre und konnte offenbar erst nach dem Tod des Grafen Johann Konrad Friedrich 1721 (Inschrift und Datum 1723 am Pfeiler der Auffahrt) vollendet werden, wobei Castelli die dekorativen Kleinformen des ersten Entwurfes durch modernere Formen ersetzte. Die ausgebaute Bastion ist heute verschwunden.

Lit.: W. G. Rizzi, Schloß Schmida und Jakob Prandtauer — mit einem Exkurs zur Tätigkeit Johann Jakob Castellis als Architekt, in : Burgen und Schlösser in Österreich, 21/1976, S. 23—32.

Privatbesitz. W. R.

21.31 „Mölcker Pfarr Kroissenbrunn“

Aquarellierte Federzeichnung, 49,3 × 71,4 cm. Franz Mayer, zwischen 1750 und 1767.

Die Vogelschau auf die kleine, ehemals zur Herrschaft Hof an der March gehörige Ortschaft Groißenbrunn zeigt, umgeben von den offenbar im Zuge der Besiedelung des Marchfeldes in Art der Kolonistendörfer nach einheitlichem Schema konzipierten bäuerlichen Anwesen, die ab 1751 durch das Stift Melk errichtete und wenig später von Baumeister Joseph Gerl erneuerte Pfarrkirche. Deren Seitenaltäre sind den Namenspatronen Maria Theresias und Franz Stephans geweiht und weisen auf eine Bestiftung des Innenausbaues durch das Kaiserpaar. Am Bilde rechts ist die der josephinischen Kirchenreform zum Opfer gefallene Maria-Brünnl-Kapelle dargestellt, deren Bau durch eine Spende des Prinzen Eugen ermöglicht worden ist. Bei den Groißenbrunner Teichen hat der Savoyer zur Speisung der Fontänen und Kaskaden von Schloßhof damals nach Plänen seines Architekten Hildebrandt ein Wasserwerk errichten lassen, welches auf der Ortsansicht im Hintergrund, links neben der Kirche, festgehalten ist.

Lit.: Rizzi, Hildebrandt, S. 139.

Stift Melk. W. R.

DAS BELVEDERE

21.32 Darstellung des Prinz Eugenschen Gartens am Rennweg

Foto des Grundrisses der Anlage aus dem Stadtplan von Anguissola und Marinoni (1706) im Hist. Museum, Wien (Inv.-Nr. 16.358).

Der 1706 nach zweijähriger Aufnahme unter Mitarbeit Hildebrandts in Druck erschienene Stadtplan liefert das erste greifbare Planungsstadium des Gartenpalastes am Rennweg. Die spätere Polarität zwischen je einem Palast auf der Höhe und am Fuße der Anlage ist hier zugunsten der traditionellen Vorstellung eines dominierenden Hauptgebäudes entschieden, dem lediglich kleinere Gartenbelvedere-artige Architekturen im oberen Bereich gegenüberstehen. Der in der Grundrißkontur dargestellte „fürstliche Gartenpalast" zeigt anstelle der aus drei gestaffelten, dabei jedoch zusammenhängenden Teilen bestehenden ausgeführten Risalitgruppe fünf kräftig akzentuierte und durch Rücklagen getrennte Risalite. Auch die mehrfach gebrochene Linienführung der Ehrenhoftrakte mit den konkav eingezogenen Eckelementen unterscheidet sich von den ausgeführten Eckrisaliten, die am Ansatz der Flanken kaum hervortreten. Statt wandhaft geschlossener Fassaden findet sich hier ein im Grundriß plastisch strukturierter Baukörper, der mit seinen konkaven und konvexen Formen eine dynamische Sprache zum Ausdruck bringt, die ihrem Gestalttypus nach im Nahbereich der Architektur Johann Bernhard Fischers von Erlach angesiedelt ist. Dies könnte auf eine Planung Fischers — noch vor der Jahrhundertwende — hindeuten, deren Charakteristika in der nachfolgenden Bearbeitung durch Hildebrandt noch Niederschlag gefunden haben.

Lit.: H. Aurenhammer, Der Garten des Prinzen Eugen, in: Prinz Eugen und sein Belvedere, S. 31—56. — Rizzi, Prinz Eugen und seine Bauwerke, S. 282f.

W. R.

21.33 Plan von Wien und Umgebung

Kupferstich, aquarelliert, 49,5 × 57,8 cm (Pl.).
Um 1716.

Der Plan, der das gesamte Stadtgebiet bis zu dem die Vorstädte umschließenden Linienwall und darüber hinaus auch das vielfach verästelte Flußsystem der Donau mit ihren Auen wiedergibt, dürfte um das Jahr 1716 entstanden sein.
Im Gegensatz zum Stadtplan von Anguissola und Marinoni von 1706 (Kat.-Nr. 21.32) zeigt das Untere Belvedere zwar bereits die der Ausführung entsprechende aus drei gestaffelten Teilen bestehende Risalitgruppe, der Grundriß des Ehrenhofs entspricht jedoch nicht den architektonischen Gegebenheiten. Dem Plan schließt nach unten hin eine von Norden gesehene Stadtvedute Wiens an, die von zwei Kriegern, dem Flußgott Danuvius und der Personifikation der Stadt Wien, flankiert wird.

Wien, Hist. Museum, Inv.-Nr. 19.387/1. T. K.

21.34 Unteres Belvedere

Der untere Gartenpalast, dessen Erbauung in die Jahre 1714 bis 1716 fällt, ist als langgestreckter Erdgeschoßbau aus einem siebenachsigen Mittelrisalit, zwei Flügelbauten und zwei Eckpavillons gestaltet. Beiderseits vielachsig uniformer Trakte erscheint der überhöhte Mittelpavillon in ein subtil ausgewogenes, in der Dachkontur jedoch deutlich akzentuiertes, mithin auf Fernsicht berechnetes Gestaltungssystem eingebunden, das an der einen Seite zum Garten den Prospekt eines breit hingelagerten Palastes mit Eckpavillons und an der anderen den von Flügelbauten umgriffenen Ehrenhof formiert. Das eigentliche Raumprogramm nimmt der Mittelbau auf, während die flankierenden Orangerietrakte und der seitlich zum Orangerieparterre hin gerichtete Flügel mit der Galerie keine Wohnwidmung im engeren Sinn aufweisen. Der dreiachsige Mittelpavillon beherbergt den Marmorsaal, der ausschließlich der Repräsentation dient, gleichzeitig aber auch als Entree zu fungieren hat. Gartenseitig schließen beiderseits Tafel- und Schlafzimmer an, in der hofseitigen Raumschicht sind je zwei Kabinette: Bilder- und „Servis Zimer" sowie „Anleg Zimer" und „Gemahltes Cabinet" untergebracht. Angesichts des minimalen Raumangebots, das den praktischen Bedürfnissen nur

Kat.-Nr. 21.34 b

ungenügend Rechnung trägt, wird man annehmen müssen, daß ein über das Grundsätzliche wohl schon hinausgehende Konzept für das obere Schloß bereits vorgelegen ist, als im Jänner 1714 die Arbeiten am Unteren Belvedere anliefen. Auf die Idee eines größeren Hauptgebäudes scheint auch der an das untere Schloß anschließende Bezirk ausgedehnter Wirtschaftsbauten abgestimmt. Als alleinige architektonische Dominante auf der ungeheuer tief sich erstreckenden Anlage wäre das Untere Belvedere mit dem geringen optischen Gewicht seiner sockellos dastehenden Baumasse denn auch keineswegs geeignet. Die direkt am Boden aufstehende Pilasterordnung, die großen Fenster und der unvermittelt mögliche Zutritt vom Garten verschleifen die Grenzen zwischen Architektur und Freiraum und bringen zum Ausdruck, daß es sich um ein „Gartenhaus" im eigentlichen Sinn handelt.

Lit.: Grimschitz, Hildebrandt, S. 91 ff. — Rizzi, Prinz Eugen und seine Bauwerke, S. 288.

W. R.

a) Grund = Riß des unteren Garten = Gebäudes

Kupferstich, 28,5 × 38 cm (Pl.).
J. A. Corvinus nach Salomon Kleiner.
Blatt 6 des 9. Teils des „Kriegs- und Siegeslagers".

Wien, Hist. Museum, Inv.-Nr. 179.339/86.

b) Prospect des unteren Gebäudes

Tusche laviert/Papier, 28,2 × 38,3 cm.
Salomon Kleiner.
Vorzeichnung für Blatt 2 des 9. Teils des „Kriegs- und Siegeslagers".

Wien, Hist. Museum, Inv.-Nr. 106.488.

c) Fassade des Unteren Belvederes gegen den Garten

Großdia.

d) Durchschnitt des unteren Garten = Gebäudes

Kupferstich, 26,5 × 38,5 cm (Pl.).
J. A. Corvinus nach Salomon Kleiner.
Blatt 8 des 9. Teils des „Kriegs- und Siegeslagers".

Wien, Hist. Museum, Inv.-Nr. 179.339/88.

e) Projekt für ein Residenzschloß der Fürsten Liechtenstein in Troppau

Foto nach dem aquarellierten Prospekt des schlesischen Zeichners Friedrich Bernhard Werner in der Breslauer Stadtbibliothek.

Für das aus stilistischen Gründen dem damals im Dienste der Fürsten Liechtenstein stehenden Johann Lucas Hildebrandt zugewiesene Schloßprojekt hat der Architekt eine dreiflügelige doppelgeschossige Anlage vorgesehen, die sich vom Unteren Belvedere im wesentlichen nur in der gesteigerten Achsenzahl des Mittelpavillons unterscheidet. Da das Projekt für Troppau aus inneren Gründen in die zweite Jahreshälfte 1712 datiert werden kann, liegt hierin die unmittelbare Vorstufe des Unteren Belvedereschlosses vor. Die Planung ist für den Prinzen Eugen „frei" geworden, nachdem Fürst Anton Florian von Liechtenstein sehr bald wieder von dem Projekt Abstand genommen hat.

Lit.: Grimschitz, Hildebrandt, S. 74f. — Rizzi, Hildebrandt, S. 107.

W. R.

21.35 Die Austattung des Unteren Belvederes

a) Marmorsaal im Unteren Belvedere

Kupferstich, 30,3 × 37,5 cm.
B. S. Sedlezki nach Salomon Kleiner.
Blatt 1 des 10. Teils des „Kriegs- und Siegeslagers".

Der Stich Salomon Kleiners gibt den auch heute noch in seiner gesamten Pracht erhaltenen Saal des unteren Eugenschen Gartenschlosses mit wenigen Änderungen wieder. Allerdings wird die illusionistische Intention der Quadratur, den Raum ausweitende Architektur zu sein, ernst genommen. Das beim Besuch des Saales wirksam werdende ästhetische Spiel mit der Täuschung, die sich selbst offenbart, ist im Stich zugunsten der illusionistischen Wirkung monumentaler, sich in Nebenräume ausweitender bzw. zum Himmel sich öffnender Architektur verdrängt.
Die reichen Marmordekorationen dürften im Entwurf wohl auf den Architekten Johann Lucas von Hildebrandt zurückgehen. Die Quadratur stammt von Marc Anton Chiarini, während die figürlichen Fresken der aus Neapel kommende Martino Altomonte schuf (Kat.-Nr. 21.35b). Der Stukkateur, dessen Reliefs größtenteils die Geschichte Apolls erzählen, sich über den Kaminen jedoch auf den trojanischen Helden Aeneas beziehen (Venus bestellt mit Anchises bei Vulkan die Waffen für ihren Sohn, im Relief gegenüber übergibt sie ihm diese), ist noch immer unbekannt.

Lit.: Aurenhammer, Kleiner, S. 36ff.

Wien, Hist. Museum, Inv.-Nr. 179.339/91. U. K.

b) Deckengemälde im Marmorsaal des Unteren Belvederes FB 103

Großdia.
Martino Altomonte (figürliche Teile), Marc Anton Chiarini (Quadratur), 1716.

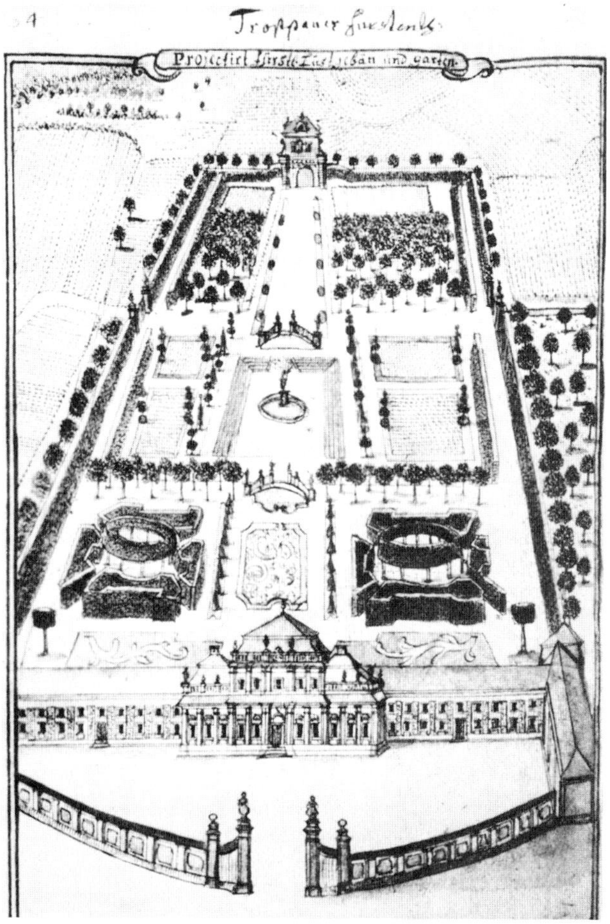

Kat.-Nr. 21.34e

Das stolze Programm des Deckengemäldes Martino Altomontes bezieht sich auf zwei Themenkreise, wobei einerseits der Sonnengott Apoll, Beschützer der Künste und Wissenschaften, andererseits ein siegreicher Kriegsheld und die ihm verliehenen Waffen im Mittelpunkt stehen. Dem antiken Heroen Aeneas tritt im Deckenfresko ein junger Held (Eugen) gegenüber. Minerva und Fama, der Ruhm, begleiten ihn. Der göttliche Bote Merkur bringt ihm die auf einem Spruchband zu lesende Botschaft: Magne GenI Cape Dona LVdens, LatioVe fa Veto (Großer Genius nimm die Ge-

Kat.-Nr. 21.35 a

schenke gnädig an und sei Latium gewogen). Die Großbuchstaben ergeben das Datum der Entstehung des Freskos, aber auch der Vergabe der päpstlichen Ehrengaben (Kat.-Nr. 9.34) an Prinz Eugen, die dieser Vers aus Tibull ansprechen soll. Herrschertugenden des zu den Göttern emporgehobenen Helden ruhen als Personifikationen auf Voluten in der Rahmenzone. Seinen Werken vergleichbare Heldentaten weiterer mythischer Heroen (Theseus, Herkules, Perseus und Jason) sind auf Medaillons abgebildet. Neben dem jungen Helden lagern die Musen. Hoch in den Lüften steigt, angekündigt von Aurora und Lucifer, die von Phoebus-Apollo verköperte Sonne empor. Ein neuer goldener Tag beginnt, an dem die Künste und Wissenschaften erblühen. Die zwischen Architektur und Himmelsillusion vermittelnde Quadratur schuf der 1715 das dritte Mal vom Prinzen nach Wien berufene Bolognese Marc Anton Chiarini (Kat.-Nr. 21.35 c), der in Begleitung seines Schwiegersohnes Gaetano Fanti anreiste. Die aus einer reich geschwungenen Balustrade und einer Säulenstellung bestehende Quadratur des Marmorsaales spielt in dekorativer Weise mit der Form des Gesimsabschlusses und erhöht gleichzeitig den Saal zu monumentaler Größe. Der Würde des Ortes entspricht der strenge, stärker tektonischen Gesetzen folgende Stil der gesamten Struktur. Martino Altomonte war Leinwandmaler, nicht Freskant. Er beherrschte nicht deren rasche, flächige Malweise. Seine klassizierenden Vertretern des Barock verpflichteten Figuren sind der Technik neapolitanischer Tafelmalerei gemäß mit Hilfe weicher Schatten und reicher Lasuren modelliert. Die malerischen Oberflächen und die differenzierte farbige Gestaltung verleihen dem Fresko ästhetischen Reiz, der sonst nur im Tafelbild zu finden ist.

Lit.: H. Aurenhammer, Martino Altomonte, Wien - München 1965, S. 33ff. — Aurenhammer, Kleiner, S. 36ff.

U. K.

c) Quadraturentwurf für den Marmorsaal des Unteren Belvederes

Foto der Federzeichnung Marc Anton Chiarinis in der Graphischen Sammlung Albertina (Architektur Zeichnungen, Italiener unbekannt, Mappe IX/Inv.-Nr. 1403).

Der Entwurf zeigt mehrere Varianten möglicher Gestaltung der Quadratur für den Marmorsaal (Kat.-Nr. 21.35 a). Er diente demnach dazu, dem Prinzen vorgelegt zu werden, damit sich dieser für die ihm genehme Form entscheide, eine Praxis, die allgemein üblich war. Die architektonische Rahmenzone sollte in der Mitte eine kuppelige Decke erhalten. Eine Lösung, die in Bologna Vorbilder besitzt und die Chiarini im benachbarten Schlafzimmer auch ausführen sollte.

Lit.: U. Grimm, Ein neuentdeckter Dekorationsentwurf von M. A. Chiarini für das Untere Belvedere, in: MÖG 70/71 (1982/83), S. 225ff.

U. K.

21.36 Die Gartenanlage des Belvederes

Während die frühe Zeit der Plangestaltung zwar mit einer dimensionsmäßig gesteigerten, doch in keiner Weise ungewöhnlichen Lösung zu der Bauaufgabe „fürstlicher Garten" beiträgt (Kat.-Nr. 21.32), wartet die Ausführung mit etwas für Wien Neuem auf: Mit der „Idee der zweifachen Ansicht" (Aurenhammer), die den Prospekt der Stadt von der Höhe des Hügels und jenen des oberen Schlosses von seinem Fuß vermittelt. Wann dieser Gedanke zur Errichtung des großen Schlosses auf der Höhe gekommen ist, läßt sich wegen des Fehlens jeglicher Unterlagen nur vage eingrenzen (siehe Kat.-Nr. 21.34).

In direktem Anschluß an die Vollendung des Rohbaues des unteren Schlosses erhielt der Garten 1717 seine Gliederung in der heutigen Form mit zwei Terrassen, die wohl unmittelbar mit dem zu diesem Zeitpunkt erstmals auf Wunsch des Prinzen in Wien weilenden Dominique Girard, dem Gartenbauinspektor Max Emanuels von Bayern, in Verbindung steht. Damit ist die ursprüngliche Dreiteilung im Garten, die der visuellen Verbindung der einzelnen Gartenabschnitte und des Wassers als die Terrassen optisch verschleifendes Element entbehrt hat, endgültig gefallen. Das neue Konzept ist klar auf das zukünftige obere Schloß ausgerichtet.

Der zwischen den im Niveau unterschiedlichen Bauten eingespannte Garten besteht aus einem sanft abfallenden, schattenlosen oberen Teil mit zwei großen Parterres und einem waldigen, ebenen unteren Teil mit vier Bosketten und zwei Rabatten mit Fontänen unmittelbar vor dem unteren Schloß. Die verschiedenen Höhenstufen des Terrassengartens werden durch die Stiegen und Rampen sowie durch den Einsatz der Wasserkünste zu dynamischer Raumverschleifung geführt.

Lit.: H. Aurenhammer, Der Garten des Prinzen Eugen (Zu seiner Theorie und Erscheinung), in: Prinz Eugen und sein Belvedere, S. 31. — Aurenhammer, Kleiner. — Rizzi, Prinz Eugen und seine Bauwerke, S. 284ff.

W. R.

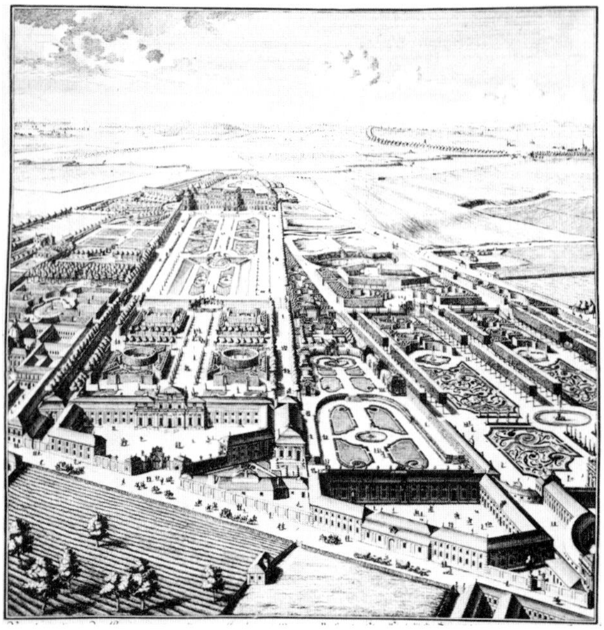

Kat.-Nr. 21.36 b

a) Grundriß der Belvedereanlage

Kupferstich, 28,5 × 67,5 cm (Pl.).
J. Wagner nach Salomon Kleiner.
Blatt 2 des 1. Teils des „Kriegs- und Siegeslagers".

Wien, Hist. Museum, Inv.-Nr. 179.339/4.

b) Prospekt der Belvedereanlage aus der Vogelschau

Kupferstich, 40 × 43,2 cm (Pl.).
J. A. Corvinus nach Salomon Kleiner.
Blatt 3 des 1. Teils des „Kriegs- und Siegeslagers".

Wien, Hist. Museum, Inv.-Nr. 179.339/4.

c) Haupttoranlage an der Ehrenhofseite des Oberen Belvederes

Bleigriffel und Feder/Papier, 29 × 61 cm.
J. L. v. Hildebrandt, um 1720.

Die von Johann Lucas von Hildebrandt, dem Architekten der gesamten Anlage, stammende Zeichnung ist eines der wenigen Entwurfsblätter (vgl. Kat.-Nr. 21.37 h), die sich zu der Bauaufgabe des Prinzen Eugen am Rennweg erhalten haben. Die den Ehrenhof des oberen Schlosses im Süden gegen den einstigen Linienwall abschließende Haupttoranlage zeigt in der Ausführung das Verhältnis des Haupttores zu den Nebenbauten insofern verändert, als durch die größere Breite des mittleren Tores eine stärkere Zentralisierung auf die Hauptachse des Schlosses zustande gekommen ist.

Lit.: Grimschitz, Hildebrandt, S. 91 ff.

Wien, Albertina, Arch. Zeichn. 9787. W. R.

d) Prospekt der Haupt=Cascaden

Tusche laviert/Papier, 27,5 × 37,6 cm.
Salomon Kleiner.
Vorzeichnung für Blatt 2 des 7. Teils des „Kriegs- und Siegeslagers".
Wien, Hist. Museum, Inv.-Nr. 106.487.

21.37 Oberes Belvedere

Als eigentliche Bauzeit für das obere Schloß ergeben sich aufgrund verschiedener Nachrichten die Jahre 1721/22. Wie der untere Gartenpalast, schließt es mit seiner Breite den Garten ab, woraus für den Bau die zusätzliche Forderung nach einer gewissen Transparenz resultiert, um eine Verbindung der Gesamtanlage, also des eigentlichen Gartens mit dem gewaltigen Hofareal im Osten, andeutungsweise herzustellen. Diese, die Grenze zwischen architektonisch gestalteter Natur und realer Architektur verschmelzende diaphane Raumschicht mit dem fließenden Übergang von Sala terrena und Stiegenhaus ist an der heute geschlossenen Erdgeschoßzone nicht mehr im ursprünglichen Sinn nachvollziehbar. Wie am unteren Schloß setzt Hildebrandt auch hier den stärksten Akzent in der Staffelung der Dachregion, welche die merkwürdig starke Verblockung im Grundriß durch unterschiedliche Firsthöhen sowie durch Gruppierung und Rhythmisierung in ein System getrennter, durch die horizontalen Leitlinien der Gliederung letztlich aber doch wieder zum Ganzen vereinigter Pavillons auflöst. Von Ferne kann dieser malerisch strukturierte Prospekt, majestätisch den Hügel bekrönend, seine volle Wirkung als monumentalisiertes Gartenbelvedere entfalten. Der gartenseitig kräftig vortretende Mittelrisalit überragt die beiderseitigen Flügelbauten lediglich in der doppelt geknickten Dachkontur und ist mit diesen durch ein einheitliches Pilastergliederungssystem zu einer überhöhten dreiteiligen Mittelgruppe zusammengeschlossen; diese stehen den anschließenden, herabgezonten und einfacher gegliederten Trakten, die in oktogonalen überkuppelten Eckpavillons auslaufen, gegenüber. Jeder dieser Teile ist durch sein eigenes Dach als Pavillon charakterisiert, die Verschmelzung der großen, in der Fläche sichtbaren Einheit ist das Meisterstück Hildebrandts, der das Prinzip zu derartiger Gestaltung an seinen früheren Gartenpalästen bereits vorgeformt hat. Auch die „eingesunkene", vom Saalpavillon überragte Mitte, welche durch die arkadierte Treppenhausvorhalle mit dem Borromini-Giebel entsteht, ist seit dem Palais Mansfeld-Schwarzenberg (Kat.-Nr. 21.41) bekannt. Hildebrandts rein optisch determiniertes, die Wand in überreicher Dekoration flächenhaft ausdeutendes Gliederungssystem hat an der Ausgewogenheit der Komposition wesentlichen Anteil. Für die Ausstattung im Inneren zeichnete insgesamt, neben Hildebrandt, Claude Le Fort du Plessy verantwortlich.

Lit.: Grimschitz, Hildebrandt, S. 91ff.

W. R.

a) Modell des Oberen Belvederes

Holz, Grundplatte 45 × 104 cm, H 30 cm.

Wien, Hist. Museum, Inv.-Nr. 57.792.

b) Prospect des Haupt Entree des Oberen Belvederes

Kupferstich, 28,8 × 39,2 cm.
J. A. Corvinus nach Salomon Kleiner.
Blatt 5 das 1. Teils des „Kriegs- und Siegeslagers".

Wien, Hist. Museum, Inv.-Nr. 179.339/10.

c) Fassade des Oberen Bevederes

Großdia.

d) Fassade des Oberen Belvederes gegen den Garten

Kupferstich, 29 × 40 cm (Pl.).
J. A. Corvinus nach Salomon Kleiner.
Blatt 7 des 1. Teils des „Kriegs- und Siegeslagers".

Wien, Hist. Museum, Inv.-Nr. 179.339/7.

e) Zwei Grundrisse des Hauptgebäudes

Kupferstich, 29 × 39,5 cm.
J. A. Corvinus nach Salomon Kleiner.
Blatt 4 des 1. Teils des „Kriegs- und Siegeslagers".

Wien, Hist. Museum, Inv.-Nr. 179.339/9.

f) Durchschnitt des Oberen Belvederes gegen den Garten

Kupferstich, 30,5 × 76 cm.
J. A. Corvinus nach Salomon Kleiner.
Blatt 5 des 5. Teils des „Kriegs- und Siegeslagers".

Wien, Hist. Museum, Inv.-Nr. 179.339/45.

g) Durchschnitt des Oberen Belvederes gegen den Haupteingang

Kupferstich, 30,5 × 76 cm (Pl.).
J. B. Hattinger nach Salomon Kleiner.
Blatt 3 des 5. Teils des „Kriegs- und Siegeslagers".

Auf dem Stich ist die ursprüngliche Aufstellung der Apotheose des Prinzen von Permoser

(Kat.-Nr. 12.27) im Offiziersspeisesaal links unten deutlich ersichtlich.

Wien, Hist. Museum, Inv.-Nr. 179.339/43.

h) Fassadenaufriß der Gartenseite des Oberen Belvederes

Foto der Handzeichnung Johann Lucas von Hildebrandts in der Albertina (Arch. Zeichn. 9786/M 18/U 2/29).

Der Aufriß mit der Grundrißprojektion der westlichen Gartenseite gehört dem Stadium der Entwurfsarbeiten an. In der Ausführung hat Hildebrandt vor allem die Höhe der Dächer zurückgenommen, so daß der horizontale Charakter des Baukörpers stärker betont erscheint.

Lit.: B. Grimschitz, Zwei Entwürfe von Johann Lucas von Hildebrandt für das Wiener Belvedere, in: Belvedere, VII, 1925, S. 133 ff.

W. R.

i) Entwurf für die Ehrenhofhauptwand der Würzburger Residenz

Foto der Handzeichnung J. L. v. Hildebrandts in der Staatlichen Kunstbibliothek Berlin (Hdz. 4696), um 1733.

In dem um 1733 entstandenen Aufrißentwurf der Ehrenhofhauptwand der Würzburger Residenz greift Hildebrandt für die Gestaltung des Hauptpavillons unmittelbar auf den Saalbau des Oberen Belvederes zurück. Der Architekt war ab 1719 in die Würzburger Residenzplanung eingeschaltet, wo er in den dreißiger Jahren entscheidende Einflußnahme auf die Fassadengestaltung entgegen dem französischen Premierarchitekten Robert de Cotte durchzusetzen vermochte. Da der Auftraggeber F. K. Schönborn neben Prinz Eugen zu den „Stützen" des Reiches zählte, läßt sich in der gleichartigen Anwendung des Hauptmotivs am Wiener Belvedere und der Würzburger Residenz als den beiden wichtigsten Repräsentationsbauten eine demonstrative politische Aussage vermuten.

Lit.: H. Reuther, Die Zeichnungen aus dem Nachlaß Balthasar Neumanns, Der Bestand in der Kunstbibliothek Berlin, Berlin 1979, S. 34. — Rizzi, Prinz Eugen und seine Bauwerke, S. 288.

W. R.

j) Projekt für den Ausbau der Wiener Hofburg, Ansicht von der Vorstadt

Foto der Handzeichnung J. L. von Hildebrandts in der Graph. Sammlung Albertina (Arch. Zeichn. 6042), 1725.

Johann Lucas von Hildebrandts Projekt für den Neu- bzw. tiefgreifenden Umbau der Hofburg von 1724/25 entwickelt die riesige Front gegen die Vorstadt in drei großen Pavillons mit kuppelgekrönten Flügeltürmen. Die Staffelung der Baukörper ist dem wenig älteren oberen Gartenpalast des Prinzen Eugen am Rennweg grundsätzlich ähnlich. Der Rekurs auf das Schloß des nach dem Kaiser ersten Mannes im Staat scheint als in der Barockzeit hochaktuelle politische Funktion der Architektur unmißverständlich. Im Gegensatz zum Oberen Belvedere fehlt hier jedoch die fein ponderierte Abstimmung der einzelnen Fassadenteile; die Monumentalisierung des Gestaltungssystems hat Hildebrandt mit seinem „feinen" Instrumentarium offensichtlich nicht in den Griff bekommen.

Lit.: Grimschitz, Hildebrandt, S. 112 f. W. R.

21.38 Die Dekoration des Oberen Belvederes

a) Großes Gesellschafts-Sommerzimmer im Oberen Belvedere

Kupferstich, 29 × 39,8 cm (Pl.).
J. G. Thelot nach Salomon Kleiner.
Blatt 6 des 4. Teils des „Kriegs- und Siegeslagers".

Von den gemalten Dekorationen der Erdgeschoßräume blieben einzig die des westlichen großen Gesellschafts-Sommerzimmers erhalten. Der an allen Wänden mit Fresken verzierte Raum erhält seine architektonische

Kat.-Nr. 21.38 a

Struktur nur durch die Quadratur. Während Säulen, Pilaster und Nischen die Fensterseite und die beiden Schmalwände gliedern, scheint der geschlossenen Längsseite ein durch die Mittelarkade zu betretender Gang vorgelagert zu sein. Auf dem Gesimse sitzt eine reich geschwungen Attikazone, die sich wie eine Gartenterrasse zum Himmel öffnet und die auf Wolkenballen ruhenden Allegorien, Götter und Dämonen aufnimmt (Kat.-Nr. 21.38 b). In der Mitte des sichtbaren Himmelsausschnittes ruht die blumenstreuende Aurora, die Ankünderin des neuen Tages. Lucifer, der Morgenstern, begleitet sie. Rechts von dieser Gruppe erwachen die Schönheit, Freundschaft und Vergnügen verkörpernden Grazien, während Diana, die Göttin der Jagd, aber auch der Nacht, mit den letzten dunklen Wolken an den Rand des Bildfeldes gedrängt wird. Links erscheint bereits Apollo, der Sonnengott. Von seinem Licht getroffen, stürzen die Mächte der Finsternis in die Tiefe.

Der den Raum betretende Besucher ist gefangen von der Welt der Illusion, die sich — durch die Virtuosität der Künstler ermöglicht — dem Auge bietet.

Lit.: Aurenhammer, Kleiner, S. 60 f. — Knall-Brskovsky, Italienische Quadraturisten, S. 162 ff.

Wien, Hist. Museum, Inv.-Nr. 179.339/36. U. K.

b) Fresko im großen Gesellschafts-Sommerzimmer des Oberen Belvederes

Großdia.
Carlo Innocenzo Carlone (figürliche Szenen), Gaetano Fanti und Antonio Beduzzi (Quadratur), vor 1724.

Carlo Innocenzo Carlone schuf in diesem Fresko eine Welt aus Göttern und Personifikationen (Kat.-Nr. 21.38a). Von seinen Fresken im Belvedere dürfte es als letztes entstanden sein. Wie aus einem Brief des Baumeisters Hildebrandt hervorgeht, waren Carlone und Fanti bis Anfang 1724 im Belvedere beschäftigt, sodaß dieses Datum einen terminus ante quem für die Fresken des Saales darstellt.
Die Figuren des Deckenbildes bewahren zwar ihre exakte Kontur, die Modellierung ist jedoch weicher und malerischer als in den beiden vorangehenden Werken.
Die den gesamten Raum umfassende, eine reiche illusionistische Struktur bildende Quadratur, kommt im Werk des für alle Scheinarchitekturen des Oberen Belvedere gesicherten Gaetano Fanti sonst nicht vor. Maßgeblicher Einfluß seines gleichzeitig in Wien tätigen Landsmannes Antonio Beduzzi, der im Saal des Schlosses Hetzendorf 1716—1719 eine ähnlich reiche, offene Architektur vortäuschte, kann daher vermutet werden.

Lit.: A. Barigozzi-Brini - K. Garas, C. I. Carlone, Milano 1967, S. 43ff. — Knall-Brskovsky, Italienische Quadraturisten, S. 162ff.

U. K.

c) Marmorsaal im Oberen Belvedere

Kupferstich, 42,3 × 39,8 cm (Pl.).
J. G. Thelot nach Salomon Kleiner.
Blatt 9 des 1. Teils des „Kriegs- und Siegeslagers".

Den im vorspringenden Mittelrisalit des Oberen Bevedere gelegenen, bereits zweigeschossigen Saal erhöhte Salomon Kleiner in seiner Abbildung zu noch monumentalerer Größe, indem er die illusionistische Scheinarchitektur als wirklich gebaut darstellte. So erheben sich im Stich drei Geschosse übereinander und geben einen Himmelsausschnitt frei, in dem ein junger, auf den fürstlichen Hausherrn zu beziehender Kriegsheld göttliche Apotheose erfährt (Kat.-Nr. 21.38d). Die Reliefs zwischen den Mezzaninfenstern weisen auf die geleisteten Heldentaten — im einzelnen nicht identifizierbare Schlachten — hin, die vergleichbar sind den Taten antiker Heroen (Mucius Scaevola und Marcus Curtius in den Medaillons, in Stuckreliefs im Treppenhaus Szenen aus dem Leben Alexanders des Großen). Allegorien der Fürstentugenden ruhen innerhalb der Scheinarchitektur.

Lit.: Aurenhammer, Kleiner, S. 36ff.

Wien, Hist. Museum, Inv.-Nr. 179.342/55. U. K.

d) Deckenfresko im Marmorsaal des Oberen Belvederes

Großdia.
Carlo Innocenzo Carlone (Figuren), Gaetano Fanti (Quadratur), um 1721.

Das Fresko zeigt einen unter dem von Chronos enthüllten Savoyischen Wappen thronenden, auf Prinz Eugen zu beziehenden, jugendlichen Kriegshelden. Er ist umgeben von antiken Göttern und Personifikationen der Tugenden. Ein Putto vertreibt unter der Leitung des Apoll Unwissenheit, Neid und Irrtum. Aurora verkündet den neuen Tag, die drei Grazien erwachen. Gefangene und Kriegstrophäen beweisen den Sieg, Friede zieht ein.
Eine erste Zeichnung Carlo Innocenzo Carlones im British Museum in London, die aufgrund des zur Quadratur gehörenden Rahmens als Entwurf für dieses Fresko identifiziert werden konnte, zeigt als Thema noch die Aufnahme des Herkules in den olympischen Götterhimmel. Der Ölbozzetto (Cagno, Privatsammlung) stimmt mit der Ausführung bereits in allen wesentlichen Elementen überein.
Der in Venedig geschulte Carlone, der auch in Rom studierte, verband exakte formale Gestal-

Kat.-Nr. 21.38 d

tung mit malerischer Freiheit in der Durchführung. Als Maler riesiger Dekorationen wandte er erfolgreiche Kompositionen und Figurentypen immer wieder an. Als Entstehungsdatum für das Wiener Deckenfresko wird das Jahr 1721 angenommen, sodaß die künstlerische Ausstattung des Schlosses mit dem Marmorsaal begonnen wurde. Das ebenfalls von Carlone gemalte Deckenbild in der Kapelle (Kat.-Nr. 5.9), das das Datum 1723 trägt, scheint stilistisch etwas fortgeschrittener zu sein. Die plastischen Formen als auch die betonte Linearität wirken im Saalfresko unausgewogen. Die starke Plastizität einzelner Körper erinnert noch an das Frühwerk, während das Betonen der Linien zu einer Vereinheitlichung der Komposition führt, die sich in dekorativer Weise dem Rahmen der Scheinarchitektur als Bild einfügt. Als Schöpfer der Quadratur nennt Salomon Kleiner den Bolognesen Gaetano Fanti. Der Entwurf ist jedoch noch stark von seinem Schwiegervater Marc Anton Chiarini, der bis 1726 in Wien blieb, wegen seines hohen Alters aber größere Arbeiten nicht mehr selbst ausführte, beeinflußt.

Lit.: A. Barigozzi-Brini - K. Garas, C. I. Carlone, Milano 1967, S. 38 ff. — H. Voss, Die Frühwerke von C. Carlone in Österreich, in: Arte Lombarda VI (1961), S. 244 ff.

— Knall-Brskovsky, Italienische Quadraturisten, S. 161ff. — Aurenhammer, Kleiner, S. 36f.

U. K.

e) Vorgemach des Paradeschlafzimmers im Oberen Belvedere

Tuschzeichnung, laviert, 25,2 × 37,9 cm.
Salomon Kleiner.

Das Vorgemach zum Schlafzimmer des Prinzen war mit Seidenstoffen bespannt, wie sie in ähnlicher Weise in den angeblich aus Schloßhof stammenden Stoffen im Museum für angewandte Kunst noch erhalten sind. Das ikonologische Programm der Stuckdecke des Raumes preist die Fürstentugenden mit dem Schwerpunkt auf dem zentralen Triumphzug der beiden Tugenden des gerechten Gerichts, der Clementia, die gegen Schuldige nicht Gewalt, sondern Milde walten läßt, und der Temperantia, die durch Zähmung der Leidenschaft die himmlische Palme erringt. Vor ihnen fliehen der blinde Zorn und der Schrecken.

Lit.: Aurenhammer, Kleiner, S. 55.

Wien, Hist. Museum, Inv.-Nr. 106.965. T. K.

21.39 Porträt des Prinzen Eugen

Öl/Lw., 95 × 83 cm.
Carel de Moor (?).

Das Bildnis zeigt Eugen dreiviertel nach links gewendet. Er trägt eine graue Allongeperücke, das Goldene Vlies und in der Rechten den Marschallstab. Das Porträt ist jenen Bildern ähnlich, die sich im Besitz des Fürsten Batthyány in Wien (Kat.-Nr. 4.24) und in Starhembergschem Besitz (Kat.-Nr. 13.12) befinden.

Onoz, Comte Claude de Beaufort. K. G.

21.40 Blick auf Wien von der Vorstadt Rossau

Öl/Lw., 200 × 245 cm.
Sign. „Brand fecit", 1735.

Christian Hilfgott Brand hat mit der vorliegenden Vedute die erste repräsentative und zugleich eine der bekanntesten Stadtansichten des barocken Wien geschaffen. Ausgehend von der holländischen Malerei, der er stets verpflichtet war, ohne je ihren Realitätsgrad anzustreben, hat er hier eine ideale Landschaft wiedergegeben, der er topographisch getreue Akzente aufsetzte. Fast synchron nimmt der in den Bildraum führende Weg das Motiv der Windungen des die Stadt umfassenden Donauarms auf. Hinter dem 1704 errichteten Linienwall erkennt man die Rossau mit den dominierenden Gebäuden des Gartenpalais Liechtenstein und der Servitenkirche. Dahinter erhebt sich nach der 600 Schritt breiten „weiten Ebene rund um die Stadt", die die eigentliche Stadt umgebende Mauer. Die Lage von Prinz Eugens Belvedere, das zur Zeit der Abfassung des Gemäldes bereits vollendet war, hat man sich etwa in Verlängerung der Achse zum Stephansdom zwischen Stadtmauer und Linienwall vorzustellen.

Lit.: P. Pötschner, Wien und die Wiener Landschaft, Salzburg 1978, S. 287, Taf. 27. — Kat. Maria Theresia und ihre Zeit, Wien 1980, Nr. 01, 17.

Hannover, Niedersächsische Landesgalerie, Inv.-Nr. PAM 766. T. K.

21.41 Der Gartenpalast Mansfeld-Schwarzenberg

Kupferstich, 23,4 × 33,8 cm (Pl.).
G. D. Heümann nach Salomon Kleiner.

Der ab 1697 entstandene Gartenpalast des Obersthofmarschalls Heinrich Franz Graf Mansfeld, Fürst Fondi, ist das Erstlingswerk des Architekten Johann Lucas Hildebrandt auf Wiener Boden und zeigt in der Synthese italienischer und französischer Architekturgedanken bereits alle für den Baukünstler auch späterhin verbindlichen Gestaltungsprinzipien. Der sanft ansteigende, in seiner Tiefenerstreckung betonte Garten erscheint durch die Breite des Palastes mit seinen Nebenge-

Kat.-Nr. 21.40

bäuden bestimmt und durch diesen vom Ehrenhof abgeriegelt. Mit der halbrund vorgeschwungenen Terrasse, den kurvig emporführenden Rampen und den weitausschwingenden Flügelgebäuden formiert sich die Anlage zu einem großartigen Prospekt vor den Toren der Stadt. Der blockartige Hauptbau wird von der Ringkrone des zentralen Saalkörpers dominiert, dem an der Seite zum Hof eine Säulenhalle vorgestellt ist. Zum Garten hin springt der Saal halbrund vor. Hier hat Johann Bernhard Fischer ab 1716 für den nachfolgenden Besitzer, Fürst Adam Franz von Schwarzenberg, im Zuge des Innenausbaues des Kuppelsaales Veränderungen vorgenommen. Nach dem Tode Fischers führte dessen Sohn Joseph Emanuel die Arbeiten im Inneren und an der Gartenanlage weiter, wobei ihm für die Fresken Daniel Gran (Kat.-Nr. 21.42) und für die Gartenplastik Lorenzo Mattielli zur Seite standen.

Lit.: D. Frey, Das Schwarzenbergpalais in Wien, in: Wiener Jb. f. Kunstgesch., Bd. IV, 1926, S. 133 ff. — Grimschitz, Hildebrandt, S. 28 ff.

Wien, Hist. Museum, Inv.-Nr. 15.277. W. R.

21.42 Allegorie auf den Tagesanbruch FB 98

Öl/Lw., 97 × 80,8 cm (eigentliche Bildfläche kreisrund).
Daniel Gran, 1723.

Die vorliegende Ölskizze ist das erste „modello" für das 1945 zerstörte Kuppelfresko des Gartenpalais Schwarzenberg. Eine eigenhändige Wiederholung der Skizze befindet sich im Stift St. Florian, eine Kopie der Skizze von Franz Anton Maulbertsch verwahrt das Museum der Schönen Künste in Budapest.
Teil des Entgelts für die Arbeiten, die Gran ab 1723 für Adam Franz Fürst Schwarzenberg schuf, war die ihm vom Fürsten bezahlte Ausbildung in Italien, insbesondere bei den Hauptmeistern Francesco Solimena in Neapel und bei Sebastiano Ricci in Venedig gewesen. Die kräftige, mit Gegenlichteffekten operierende Modellierung der räumlich-atmosphärischen Komposition des Freskos läßt auch nur unschwer den Einfluß Solimenas erkennen, Gran verarbeitet stilistisch aber auch Einflüsse Riccis, Marattas wie auch der in Wien tätigen Maler Carlo Innocenzo Carlones und Martino Altomontes. Entsprechend dem Thema, Sieg des Lichtes über die Finsternis, bezogen nicht allein auf das Naturgeschehen, sondern zu verstehen als allusive Anspielung auf den Auftraggeber, zerfällt die Komposition in eine lichte Hälfte auf der Südseite und eine dunkle auf der Nordseite. Betont wird das einstrahlende Licht durch die hereinsprengenden Pferde des Sonnenwagens, denen Aurora voranschwebt. Ihr entgegen blicken die auf Wolken sitzenden vier Elemente. Neben diesen sitzt Fama, der Ruhm, neben der ein Jüngling lagert. Im Zenit des Freskos thront Chiarezza, die Klarheit. In der Hälfte der Finsternis vertreibt Lucifer, der Morgenstern, die mit der Mondsichel bekrönte Göttin der Nacht und ihr Gefolge, Schlaf und Träume.

Lit.: E. Knab, Daniel Gran, Wien - München 1977, S. 42 ff. und Kat.-Nr. F 3 und Ö 5—6 A. — Kat. Barockmuseum, Nr. 108.

Wien, Österr. Galerie, Inv.-Nr. 5866. T. K.

21.43 Paar'sche Reitschule in der Josephstadt

Kupferstich, 22,9 × 33,2 cm (Pl.).
J. A. Delsenbach nach J. E. Fischer.

Der nur aus zwei Stichansichten bekannte Paar'sche Garten mit der Reitschule wurde um 1712 errichtet und lag am äußeren Rande der Josefstadt (Laudongasse 36 und Skodagasse 20). Der Bauherr, Obrist Reichspostmeister Joseph Ignaz Graf von Paar, war zu seiner Zeit der renommierteste Reiter und Pferdezüchter im Reich; sein Garten sollte daher Schauplatz und würdiger Rahmen für Dressurvorführungen sein. Der Stich zeigt die Reitbahn mit der rahmenden Kulissenarchitektur, die gleich elementaren Versatzstücken nach Gesichtspunkten des Theaters und unter Berücksichtigung der Perspektive gestaltet sind. Der eigentliche Garten besteht aus einem einzigen, durch skulpturalen Schmuck reich gezierten Broderieparterre, das prospekthaft in die Tiefe gezogen ist. Der künstlerische Inventor dieser unikalen, reizvollen Anlage ist im Kreis der Theatralarchitekten zu vermuten. Daß der Bauherr zur fraglichen Zeit Obersthofmeister der Kaiserin Amalie Wilhelmine gewesen ist, könnte für deren Hofingenieur Antonio Beduzzi sprechen.

Wien, Hist. Museum, Inv.-Nr. 105.840/23. W. R.

21.44 Garten des Grafen Starhemberg (Palais Starhemberg-Schönburg, Wien 4, Rainergasse 11)

Tusche, laviert/Papier, 25,1 × 39,6 cm.
Salomon Kleiner, um 1738.

Der „Prospect" stellt das nach einer Planung Hildebrandts um 1706 entstandene Gartenpa-

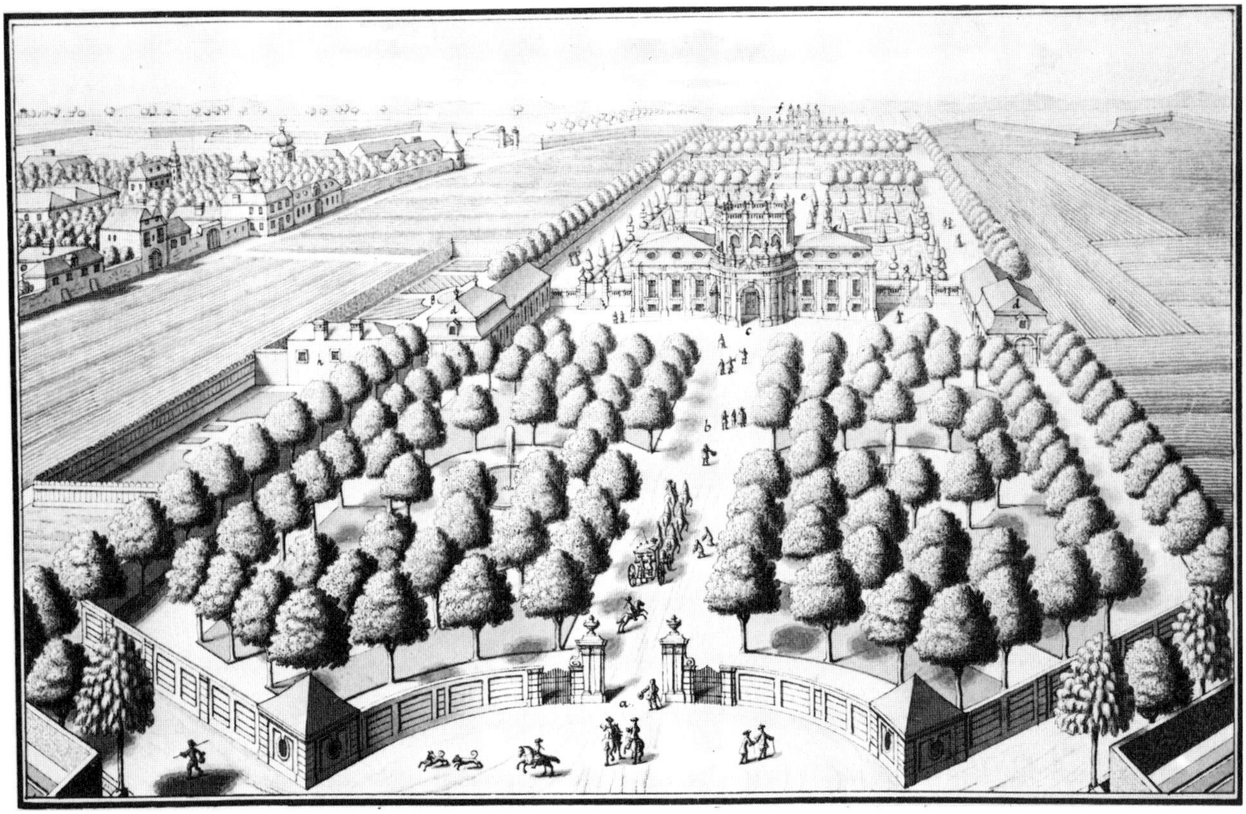

Kat.-Nr. 21.44

lais des Hofkammerpräsidenten Gundacker Thomas Graf Starhemberg dar, welcher dem Kreis der kunstgesinnten Bauherren um Prinz Eugen angehörte. Der von der Anlage heute allein noch erhaltene Palast begrenzt als breitgelagerter, in der Mitte durch das Oval des Treppenhauses und den überhöhten Saalbau akzentuierte Baukörper den Garten, der auf der Höhe, am Übergang in die freie Landschaft, von einem Belvedere abgeschlossen wird. Abgesehen von der Tiefe des baumbestandenen Vorhofes, der den Ehrenhof erst unmittelbar vor dem Palast freigibt, stellt die Anlage den im grundsätzlichen mit der frühen — etwa gleichzeitigen — Planung des Belvederes vergleichbaren „Regelfall" der Bauaufgabe des barocken Gartens dar.

Lit.: Grimschitz, Hildebrandt, S. 57f.

Wien, Hist. Museum, Inv.-Nr. 13.387 a. W. R.

DER STADTPALAST DES PRINZEN EUGEN

21.45 a) Der Stadtpalast des Prinzen Eugen nach der ersten Erweiterung

Bleigriffel und Feder/Papier, 25 × 39 cm. Salomon Kleiner, vor 1723.

Zur Schaffung eines repräsentativen Stadtpalastes erwirbt Prinz Eugen im März 1694 um 33.000 Gulden das Haus des Reichsgrafen Karl Max von Thun in der heutigen Himmelpfortgasse, welches in den Jahren bis 1697 einen radikalen Umbau nach Plänen Johann Bernhard

Kat.-Nr. 21.45 a

Fischers erfährt. Das Ergebnis ist ein Palast mit siebenachsiger Fassade, der Mittelabschnitt des zuletzt auf 17 Achsen ausgedehnten Hauses. Ansichten, die diese erste Baustufe darstellen, sind bis heute nicht bekannt. Nach Ankauf des benachbarten „Ballhauses" des kaiserlichen Hofhutmachers Faulconet im März 1703 wird der Palast um fünf Achsen gegen die Seilerstätte zu erweitert. Der in der Nachfolge Fischers seit 1702 an der Innenausstattung des Palastes tätige Johann Lucas Hildebrandt führt diesen Neubau in den Jahren 1708/09 und kann schließlich, nach Erwerb des rechts anschließenden Hauses des verstorbenen Johann Gottenhoff 1719, den Palast in den Jahren 1723/24 auch an dieser Seite symmetrisch auf die heutige Länge ergänzen. Die hier gezeigte Stecherzeichnung Salomon Kleiners für den zweiten Teil seines 1725 erschienenen Wiener Vedutenwerks zeigt den Palast noch in der zweiten Baustufe. Im ausgeführten Stich (Kat.-Nr. 21.45 b) ist die neuerliche Erweiterung bereits berücksichtigt.

Lit.: B. Grimschitz, Wiener Barockpaläste, Wien 1944, S. 15—17.

Wien, ÖNB, Handschriftensammlung, Cod. min. 9 I/190. W. R.

b) Das Stadtpalais nach der zweiten Erweiterung

Kupferstich, 23 × 34,5 cm (Pl.).
J. A. Corvinus nach Salomon Kleiner, 1725.
Tafel 17 des 2. Teils der „Wahrhafften Abb".

Der Stich zeigt bei gleicher Wahl des Blickpunkts das gegenüber der ersten zeichnerischen Aufnahme Kleiners (Kat.-21.45 a) um den neu hinzugekommenen Trakt erweiterte Stadtpalais.

Wien, Hist. Museum, Inv.-Nr. 14.280. W. R.

21.46 Stadtpalast des Prinzen Eugen (Wien 1, Himmelpfortgasse 8)

Kupferstich, 23,2 × 34 cm (Pl.).
J. A. Delsenbach nach J. E. Fischer.
Tafel 4 der „Prospecte".

Alle Anzeichen deuten darauf hin, daß der Bau des Stadtpalastes wegen des schwierigen Erwerbs der Nachbarparzellen in zwei Stufen von Anbeginn vorgesehen gewesen ist, und in diesem Sinn ist auch die Wahl auf ein einfach addierbares Fassadensystem gefallen, welches auf Risalitbildung fast gänzlich verzichtet, zumal diese im engen Straßenraum ohnedies nicht wirksam wird. Für Vorbilder kann Johann Bernhard Fischer auf die Wiener Fassadentradition zurückgreifen, die einen Fassadentypus mit kontinuierlicher akzentloser Achsenreihung und kolossalen Pilastern entwickelt hat, dessen letzte Stufe am Palais Dietrichstein (Kat.-Nr. 21.50) verwirklicht erscheint. Neu in der Himmelpfortgasse ist zunächst das Hinaufheben des eigentlichen Fassadenspiegels auf einen hohen Sockel — was hinsichtlich der Belichtung der Belétage zweifellos auch seine funktionalen Hintergründe hat —, und neu ist auch die Transponierung der archaischen Vertikalstruktur in eine fein abgestimmte Rhythmik, welche die Invention erst zu einem Meisterwerk erhebt.

Der ausgestellte Stich aus den „Prospecten", nach der Vorzeichnung des jüngeren Fischer, und die weitestgehend identische Darstellung in der „Historischen Architektur" von Johann Bernhard Fischer von Erlach selbst (Kat.-Nr. 9.26), beide mit der einmal erweiterten, zwölfachsigen Fassade, sind als authentischer und demonstrativer Urheberschaftsnachweis an der Invention des Palastes in eben dieser Ausbaustufe zu verstehen.

Lit.: Kat. Fischer, Nr. 30. — Sedlmayr, J. B. Fischer, S. 100f., 113 u. 261f.

W. R.

21.47 Hauptgeschoß mit den Baustufen des Stadtpalastes (Wien 1, Himmelpfortgasse 8)

In dem Grundriß der Belétage sind die verschiedenen Ausbaustufen ersichtlich gemacht. Als ursprünglicher Kern müssen die straßenseitigen Repräsentationsräume, also Audienzzimmer und Paradezimmer des Prinzen (heute Roter- bzw. Blauer Salon) sowie das kleine Spiegelzimmer angenommen werden und in ihrer Disposition noch auf Fischer zurückgehen, da Chiarini und Lanzani bereits 1697 an den Fresken des Audienzsaales arbeiten. Dieser Raum dürfte als einziger noch von Fischer ausgestattet worden sein. Das anschließende Paradezimmer, dessen Fresken erst 1709 von Chiarini und Gambarini bzw. von Dorigny geschaffen worden sind, zeigt wie die übrigen Räume — nach Aussage der Zeichnungen und des erhaltenen Bestands — eine einheitliche Ausstattung aus der Hand Hildebrandts bzw. des von Eugen auch beim Belvedere und in Schloßhof herangezogenen Ausstattungskünstlers Claude Le Fort du Plessy. Das anschließende Spiegelkabinett ist unter Maria Theresia in das Untere Belvedere transferiert worden, allein der Plafond ist noch in situ erhalten. Die Kapelle, für die es eine Weiheurkunde von 1712 gibt, war ursprünglich im hinteren Bereich situiert. Der riesige Hauptsaal im hofseitigen Trakt ist heute durch Einbauten zerstört. Mit den anschließenden Wohnzimmern des Prinzen war diese kleinste Einheit des Palastes voll funktionsfähig. Durch die erste Erweiterung sind sodann Galerie, Konferenzzimmer (Kat.-Nr. 21.60) und zusätzliche Privaträumlichkeiten hinzugekommen. Der zweite Zubau hat das

Raumprogramm schließlich um die Bibliothek erweitert.

Lit.: Rizzi, Prinz Eugen und seine Bauwerke, S. 281f.

W. R.

21.48 Vogelschau der Stadt Wien

Kupferstich und Radierung kombiniert, 167 × 176 cm.
4 Segmente aus dem Stadtplan Daniel Hubers von 1769—1776, graphisch besonders gekennzeichnet das Winterpalais des Prinzen Eugen.

Der 1769—1774 von Daniel Huber aufgenommene Plan, der in den Jahren bis 1776 von verschiedenen Künstlern radiert worden war, ist eine baukundliche Geschichtsquelle von höchstem Rang — Anlage und Ausführung unterliegen größter graphischer Präzision. Von dem insgesamt 343 × 415 cm großen Plan gelangen hier lediglich die 4 Segmente der eigentlichen Stadt Wien zur Ausstellung, um die Lage des Winterpalais des Prinzen im städtebaulichen Kontext zu dokumentieren.

Lit.: R. Waissenberger, Kat. Schausammlung Historisches Museum Nr. 2/196.

Wien, Hist. Museum, Inv.-Nr. 19.524. T. K.

21.49 Fassade des Stadtpalastes nach den beiden Erweiterungen

Feder, laviert/Papier, 31,5 × 73,5 cm.
Um 1730.

Die Zeichnung zeigt den Palast in der vollen Ausbaustufe mit 17 Achsen und drei gleichgestalteten Portalen, für die — nach H. Aurenhammer — möglicherweise ein persönlicher Wunsch des Prinzen maßgebend gewesen ist, da sie ebenso wie die Siegestrophäen an der Fassade aus der Festungs- und Triumphalarchitektur der französischen Klassik übernommen erscheinen. Die Darstellung der Schauseite stimmt im wesentlichen mit der Ausführung überein, doch zeigt der Sockel keine Nutung, sondern seit ehedem ein Quaderfugennetz. Die feine Nutung der Pilaster, die sonst nur bei Salomon Kleiner (Kat.-Nr. 21.45 a und b) aufscheint, ist eine Zutat Hildebrandts im Sinne des Vorbildes am Palais Dietrichstein (Kat.-Nr. 21.50). Die Zeichnung ist wohl für Studienzwecke, vielleicht von dem ab 1730 die Wiener Kunstakademie besuchenden Brünner Architekten Franz Anton Grimm, angefertigt worden, in dessen Sammlung sich das Blatt erhalten hat.

Bit.: V. Richter, Fischeriana I, in: Umĕni, X, 1962, S. 502—523.

Brno, Moravska Galerie. W. R.

21.50 Stadtpalast des Fürsten Ferdinand Joseph Dietrichstein (Wien 1, Herrengasse 11)

Foto der Handzeichnung aus W. W. Praemers „Architecturischer Schauplatz . . .“, 1678.

Wien, ÖNB, Handschriftensammlung, Cod. ser. nov. 365.

Das Blatt zeigt den „Pallaz in Wien deß durchleichtig hochgebohrnen fürsten und herrn herrn Ferdinandt deß heil. Römischen reichs fürsten von Diettrichstain zu Nicolspurg“. In dem von einem unbekannten Baumeister vor 1678 erbauten Palast mit seiner kontinuierlichen Achsenreihung und der durch eine große Ordnung straff zusammengefaßten Fassade erkannte H. Sedlmayr den „modernsten Palast des Herrenviertels“ und gleichzeitig das konkrete Vorbild für Johann Bernhard Fischers Stadtpalast des Prinzen Eugen. Für die Wahl dürfte die im traditionellen Schema liegende Entwicklungsfähigkeit den Ausschlag gegeben haben, wie auch der Umstand, daß der Bauherr des prominenten Vorbildes Obersthofmeister Leopolds I. und damit zugleich Fischers erster Protektor bei Hof gewesen ist.

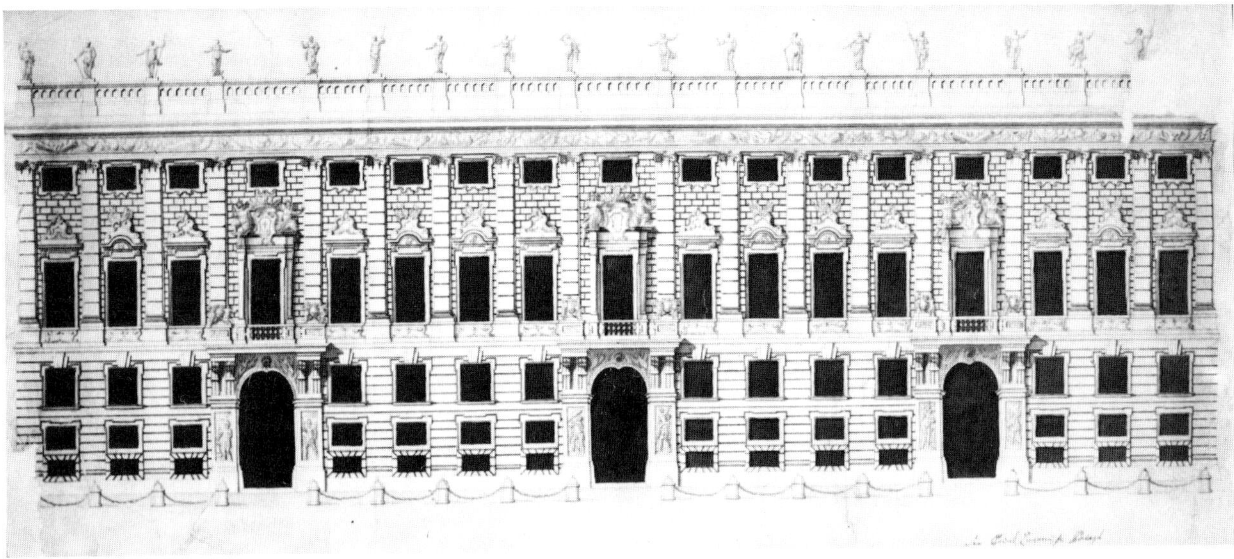

Kat.-Nr. 21.49

Der Baukörper des von Praemer dargestellten Palastes ist heute noch in der klassizistischen Überbauung von 1811 für die Herzogin von Modena erhalten.

Lit.: Sedlmayr, J. B. Fischer, S. 33.

W. R.

21.51 Stadtpalast Kaunitz-Liechtenstein (Wien 1, Bankgasse 9)

Kupferstich, 23 × 34,8 cm (Pl.).
J. A. Corvinus nach Salomon Kleiner.
Taf. 22 aus „Wahrhaffte Abb.", 3. Teil.

Der für die Entwicklung der Wiener Barockarchitektur richtungsweisende Bau geht in allen wesentlichen Zügen auf ein Projekt des kurbayrischen Hofbaumeisters Enrico Zuccalli zurück, dessen Entstehung bald nach Erwerb der Liegenschaft durch den Grafen Dominik Andreas Kaunitz um 1689 anzusetzen ist. Nach den von H. Lorenz wiedergefundenen Plänen wird der Bau ab 1690 hochgeführt, wobei seit 1692 die künstlerische Leitung von dem in Rom ausgebildeten Domenico Martinelli übernommen wird. Seine Eingriffe beschränken sich auf Korrekturen und eine Steigerung der architektonischen Mittel im Detail und werden ab 1694, als Adam Andreas Fürst Liechtenstein den Rohbau käuflich an sich bringt, in langwieriger Kleinarbeit bis 1705 realisiert. Die Hauptfront des Palastes zeigt in bereicherter Form die Motive der Seitenflügel und gipfelt in dem fünfachsigen, durch Riesenordnung strukturierten und mit Balustrade überhöhten Mittelrisalit, zu dem Berninis Palazzo Chigi-Odescalchi Pate gestanden ist. Die Verpflanzung dieses tragfähigen Fassadenschemas des römischen Hochbarocks nach dem Norden hat den Bau in der Bankgasse zum Ausgangspunkt für die gesamte weitere Entwicklung der Wiener Stadtpalastfassade gemacht.

Lit.: H. Lorenz, Enrico Zuccalis Projekt für den Wiener Stadtpalast Kaunitz-Liechtenstein, in: ÖZKD XXXIV, 1980, S. 16 ff.

Wien, Hist. Museum, Inv.-Nr. 105.431. W. R.

Kat.-Nr. 21.54

21.52 Stadtpalast Batthány-Schönborn (Wien 1, Renngasse 4)

Kupferstich, 22,8 × 33,3 cm (Pl.).
J. A. Delsenbach nach J. E. Fischer.
Tafel 11 der „Prospecte".

Der 1699 von Johann Bernhard Fischer für den Banus von Kroatien, Adam Graf Batthyány — bzw. für dessen Witwe Eleonore — erbaute Stadtpalast übernimmt das Gliederungsschema von Berninis Palazzo Chigi-Odescalchi und transformiert dabei die römische Strenge in eine verbindlichere, „zarte" Formensprache. Der Vergleich zu dem vom gleichen römischen Vorbild ausgehenden, etwas älteren Stadtpalast Kaunitz-Liechtenstein verdeutlicht zum einen die Relevanz und Entwicklungsfähigkeit dieses Schemas und zum anderen das persönliche Kunstwollen Fischers, der hier mit der Fassadentradition des 17. Jh.s endgültig gebrochen hat. Die Ikonographie des 1740 an Friedrich Karl von Schönborn verkauften und noch heute im Besitz dieser Familie befindlichen Palastes spiegelt, ähnlich wie am Stadtpalais des Prinzen Eugen, die Tugenden des Bauherrn wieder, der selbst aktiven Anteil am Kampf des Prinzen gegen die Türken genommen hat.

Lit.: Kat. Fischer, Nr. 35. — Sedlmayr, J. B. Fischer, S. 101 f.

Wien, Hist. Museum, Inv.-Nr. 14.259. W. R.

21.53 Palais Hatzenberg-Fürstenberg (Wien 1, Grünangergasse 4)

Tusche-Feder, farbig angelegt/Papier, 63,5 × 48 cm. 18. Jh.

Neben den bekannten, von den dominierenden Einzelpersönlichkeiten — Fischer, Hildebrandt und Martinelli — repräsentierten Strömungen in der Wiener Barockarchitektur wurde von der Forschung jüngst auf eine weitere, für das Stilbild um 1700 wichtige Richtung verwiesen, deren Träger von der bolognesischen Dekorationskunst herkommen. Neben Domenico Egidio Rossi und den Mitgliedern der Familie Galli-Bibiena ist es vor allem der Bolognese Antonio Beduzzi (1675—1735), der als stilbildender Faktor die Wiener Szene mitbestimmt.

Das aufgrund eines signierten Entwurfplans in der Mährischen Galerie Brünn als Werk Beduzzis um 1702 gesicherte kleine Palais ist als viergeschossiger Baublock konzipiert, dessen risalitlose Fassaden ohne tektonische Gliederung aus einer kräftig akzentuierten Sockelzone emporsteigen. Die plastische Dekoration der freisitzenden Fenster bestimmt in alternierendem Rhythmus allein den Fassadenspiegel. Die Windhunde über dem rustizierten Portal weisen als Wappentiere auf den Kaiserlichen Rat Johann Ernst Freiherrn von Hatzenberg als Bauherrn. Der Verzicht auf eine straff durchkomponierte Fassade und auf ein tektonisches Gliederungssystem ist kennzeichnend für das Architekturschaffen dieser Richtung. Der ausgestellte Plan ist eine zeitgenössische, wohl von der Hand eines Schülers oder Baumeisters stammende Kopie des Originalentwurfs.

Lit.: W. G. Rizzi, Antonio Beduzzi und Johann Lucas von Hildebrandt, in: Alte und moderne Kunst, Heft 166/167, 1979, S. 36 ff. — W. G. Rizzi, Antonio Beduzzi und die bolognesische Dekorationskunst in der Wiener Architektur um 1700, in: Akten des 25. internationalen Kunsthistorikerkongresses, Sektion 7, Wien 1986.

Privatbesitz. W. R.

Kat.-Nr. 21.55

21.54 Stadtpalast Daun-Kinsky (Wien 1, Freyung 4)

Kupferstich, 23,2 × 33,5 cm (Pl.).
J. A. Delsenbach nach J. E. Fischer.
Tafel 10 a der „Prospecte“.

Für den Feldzeugmeister und Vizekönig von Neapel, Wirich Philipp Graf Daun, schuf Hildebrandt mit dem in den Jahren 1713—1716 entstanden Stadtpalast auf der Freyung sein Meisterwerk, von dem schon Zeitgenossen zu berichten wußten, „daß keine facade in Wien besser aussieht als eben dieße“ (Reisebericht des J. J. Küchel von 1737). Die Fassade ist in konkreter Auseinandersetzung mit dem schräg gegenüberliegenden, damals schon fünfzehn Jahre alten Palais Batthyány seines Rivalen Fischer entstanden, indem das Motiv der kolossalen Hermenpilaster des Mittelrisalits von dort übernommen, gleichzeitig aber durch eine große Ordnung einfacher Pilaster an den kurzen zweiachsigen Flügeln ergänzt wird. Die über die ganze Front gebreitete Gliederung bewirkt den harmonischen Ausgleich zwischen Risalit und Rücklage und zeigt in der optischen Ausdeutung der Wand als geglie-

Kat.-Nr. 21.56

derte Fläche die sich deutlich von den Gestaltungsprinzipien Fischers abhebende eigenständige Architekturauffassung Hildebrandts.

Lit.: Grimschitz, Hildebrandt, S. 75ff. — Sedlmayr, J. B. Fischer, S. 142f.

Wien, Hist. Museum, Inv.-Nr. 14.145. W. R.

21.55 Allegorie der Malkunst

Öl/Lw., Dm ca. 230 cm.
Peter Strudel 1713/14.

Das vorliegende Deckenbild war gemeinsam mit drei weiteren Rundbildern Strudels in einen heute leider verlorenen Plafond des Palais Daun-Kinsky eingelassen. Sie wurden deponiert gefunden und im Bundesdenkmalamt wiederhergestellt. Zumal erst 1715 die Arbeiten an der Innenausstattung des Palais anliefen, Strudel aber bereits 1714 starb, ist eine Vorausbestellung der Bilder anzunehmen, da gegen einen älteren Vorratbestand die stilistische Fortgeschrittenheit der Gemälde spricht. Die hellfarbigen und effektvoll bewegten Kompositionen stellen Allegorien der Malerei, der Astronomie, der Poesie und der Staatskunst dar. Auch im Stiegenhausfresko des Palais von Carlo Carlone wird die Herrschaft der Künste verherrlicht. In dieser letzten Stufe erreichte Strudel eine malerische Freiheit und dekorative Bewegtheit, die zur gleichzeitigen Entwicklung in Venedig parallel verläuft. Über immer mehr auch namentlich bekannt werdende Schüler seiner Akademie stellt Strudels

Spätwerk eine wichtige Grundlage für die Ausbildung der spätbarocken Malerei im Einflußbereich Wiens von Mähren bis in die Steiermark dar.

Lit.: M. Koller, Der unbekannte Künstlerkreis von Johann Lucas von Hildebrandts Frühwerk, in: Alte und Moderne Kunst, Heft 130/31, 1973, S. 27—29.

Privatbesitz. M. K.

21.56 Phaeton bittet Apoll den Sonnenwagen lenken zu dürfen

Öl/Lw., 97 × 154 cm.
Replik nach Francesco Solimena.

Die ursprünglich Paul Troger, schließlich von Polleroß Daniel Gran zugeschriebene Ölskizze ist eine wohl nicht eigenhändige Replik nach Francesco Solimenas ursprünglich als verschollen geltendem Deckengemälde des Palais Daun, das sich derzeit in Schloß Opočno in Nordböhmen befindet und nach der Restaurierung im Palais Sternberk in Prag wieder als Deckenbild adaptiert werden soll. Ein Bozzetto für das Deckengemälde befindet sich in der Crocker Art Gallery in Sacramento, der von Spinosa aufgrund der Beschreibung des neapolitanischen Kunsttheoretikers de Dominici als Skizze für das Fresko im Palais Daun bestimmt werden konnte. Hinsichtlich der ikonographischen Bestimmung des Bildes durch Polleroß, der die vorliegende Skizze als Apotheose der Sonne als Symbol und Garant allen Lebens sah, wobei die Darstellung durch die Hinweise auf Geist (Musen), Materie (Elemente), Raum (Himmelsrichtungen) und Zeit (Personifikation der Jahreszeiten) zu einer Allegorie des Kosmos wird, ist hinzuzufügen, daß die Apoll gegenüberkniende Figur, die auf den Sonnenwagen weist, kaum als Muse, sondern, wie auch Dominici beschreibt, als Phaeton zu deuten ist, der sich anmaßt, in den Lauf der Welt einzudringen. Nicht auszuschließen ist in dem Zusammenhang, daß Daun das Deckengemälde erst 1719 in Auftrag gab, als er von seinem Finanzdirektor Luperzio Mauleon der Korruption verdächtigt, als Vizekönig von Neapel gestürzt wurde, diese Anmaßung also durch eine allusive Anspielung zu bewältigen versuchte. Da Daniel Gran in diesen Jahren ebenso wie Bartolomeo Altomonte gerade bei Solimena in Neapel verweilte, und dieser seine Schüler immer wieder nach eigenen Skizzen kopieren ließ, die ihre Kopien auch zum Teil nach Österreich mitnahmen, könnte Gran — ursprünglich als „inventor" des Gemäldes angesehen — möglicherweise tatsächlich der Kopist des Deckengemäldes gewesen sein, was aus stilistischen Erwägungen sicherlich nicht von der Hand zu weisen ist.

Lit.: F. B. Polleroß, Eine unbekannte Ölskizze Daniel Grans, in: MÖG 26/27, 1982/83, S. 90ff. — N. Spinosa, More unpublished Works by Francesco Solimena, in: The Burlington Magazine CXXI (1979), S. 219, Abb. 18. — T. Karl, Zur Malerei des Hochbarock in Österreich, in: Gutkas, Prinz Eugen, S. 319ff. — J. Neumann, Unbekannte neapolitanische Gemälde im Schloß in Opočno, in: Akten des XXV. Internationalen Kongresses für Kunstgeschichte, Wien, 4.—10. Sept. 1983, Sektion 7, Wien - Köln - Graz 1986, S. 140.

Benediktinerstift Seitenstetten. T. K.

Die Innenausstattung des Stadtpalais des Prinzen Eugen

21.57 Stiegenhaus FB 89

Großdia.

Fischers machtvolle, darin dem starken Selbstbewußtsein des Prinzen Eugen sicherlich entgegenkommende Formensprache findet, ausgehend vom Portal, in der halboffiziellen Raumfolge des Inneren eine großartige Ausformung, die im Stiegenhaus gipfelt. Aus dem Gegensatz des dunklen, hochplastisch dekorierten Bereiches des Treppenantritts zu dem lichterfüllten oberen Treppensaal holt der Architekt die stärkste Wirkung. Wie selten rei-

Kat.-Nr. 21.58

chen Achitektur und Bildhauerei hier einander die Hand und erinnern daran, daß Fischers Weg zur Baukunst über die Plastik geführt hat.

W. R.

21.58 Apoll im Sonnenwagen

Großdia des Deckenbildes Louis Dorignys im Treppenhaus des Stadtpalastes, 1710/11—1712.

Das auf Leinwand gemalte und in einem Stuckrahmen an der Decke des Treppenhauses eingefügte, heute stark übermalte Gemälde, stellt den Beginn des Tages, das Aufsteigen der Sonne dar. Die Figur im Sonnenwagen dürfte, obwohl wie ein Knabe wirkend, Phoebus-Apollo sein. Putti tragen Attribute des Gottes (Leier, Hirtenstab), weitere Symbolzeichen (Spiegel und Waage) weisen jedoch auf eine allgemeine Deutungsabsicht hin. Chronos, der Gott der Zeit, hält das Ewigkeitssymbol, die sich in den Schwanz beißende Schlange, empor.
Die beiden zu dem Mittelstück gehörenden Ölbilder an den niederen Deckenabschnitten des Treppenhauses zeigen einerseits Aurora, die Morgenröte und Verkünderin des Tages, mit dem Morgenstern Lucifer, andererseits den durch Übermut verschuldeten Sturz des Ikarus. Die inhaltliche Deutung des mittleren Bildes ergibt sich aus den beiden begleitenden Szenen: Wenn Klugheit und Gerechtigkeit (Spiegel und Waage) die Hand des Lenkers leiten, so kann er den Sonnenwagen in der schwierigen mittleren Bahn halten. Nach Joachim von Sandrart wird in der „Regier- und Fůhrung fürs rahtsamste geachtet, die Mittel-Bahn zu halten und weder zu hoch noch zu niedrig zu fahren“ (Auslegung des Ovidii Poetischer Wandlungsschriften, Nürnberg 1680, 22f.). Ewiger Ruhm ist dem Lenker dann gewiß. Die Szene stellt also einerseits eine Apotheose des Prinzen als neuer Apoll dar, scheint jedoch auch gleichzeitig eine Anleitung für den Weg, der zu ewigem Ruhme führt, zu bilden.
Mit dem Deckengemälde Dorignys wurde ein ehemals in der Akademie der bildenden Künste in Wien aufbewahrter Bozzetto Dorignys desselben Themas in Verbindung gebracht, der aufgrund der unterschiedlichen Rahmenform aber nicht unbedingt für das Winterpalais gedacht gewesen sein dürfte.

Lit.: H. Schwarz, Louis Dorigny in Wien, in: MÖG 54, 1966, S. 72ff., Abb. 43—46.

U. K.

21.59 Spiegelkabinett im Stadtpalast des Prinzen Eugen

Großdia.

Eine Zeichnung Salomon Kleiners und die Beschreibung des Jean Dumont von 1739 unterrichten über das ursprüngliche Aussehen des „Spiegel-Cabinet, so durch und durch von Bildhauer-Arbeit gemacht und verguldet ist, worauf verschiedene Grotesquen, Z. E. die 4 Jahrs-Zeiten, die 4 Elemente und andere mehr von Drentwett in Oel gemahlt sind. Die Decke ist auch völlig übergoldt, in deren mitten ein Gemähld von Oel-Farbe zu sehen ist“. Diese Decke ist heute noch an Ort und Stelle er-

Kat.-Nr. 21.60

halten, die übrige Ausstattung wurde unter Maria Theresia in den Orangerieflügel des Unteren Belvederes transferiert.

Lit.: Ch. Witt-Dörring, Maria Theresia und ihre Beziehung zur Möbelkunst am Wiener Hof, in: Maria Theresia und ihre Zeit, Hrsg. W. Koschatzky, Salzburg - Wien 1981, S. 117f. — Rizzi, Prinz Eugen und seine Bauwerke, S. 282.

W. R.

21.60 Konferenz-Zimmer im Stadtpalast des Prinzen Eugen

Bleigriffel und Feder/Papier, 29 × 38,2 cm. Salomon Kleiner.

Die Originalzeichnung Salomon Kleiners stellt offenbar eine Vorlage zu dem verschollenen, angeblich 20 Blätter zählenden Stichwerk „Printzen Eugenii Palast in der Stadt" dar. Die wenigen bisher bekannten Vorzeichnungen dieser Serie unterrichten authentisch über die vielfach späteren Veränderungen ausgesetzte oder verloren gegangene Innenausstattung des Stadtpalais. Das dargestellte „Conferenz-Zimmer" befand sich in dem 1708—1711 durch Hildebrandt gegen Osten erweiterten zweiten Bauabschnitt und ist mit dem vom Innenhof belichteten Raum hinter dem heutigen „Gelben Salon" zu identifizieren (Kat.-Nr. 21.47). Wie die Legende ausführt, ist der Raum „mit gewürckhten Tapeten a la Grotesca behangen, darinnen die Sesseln, Portieren und Vorhänge von blauen Damast mit doppelten goldenen borthen verprämbt. Der

Kamin ist unten schwarzer Marmor; darüber ein weißer Aufsatz mit bildhauer Arbeit und einen großen Spiegel, dessen Verziehrungen vergoldet seyn. Der Ofen ist weiß glasirt mit eben dergleichen Ausziehrungen". Das sichtbare Medaillon der Stuckdecke, welche im Zentrum ein Gemälde Peter Strudels aufnimmt, zeigt Herkules im Kampf mit dem Hesperiden-Drachen.

Wien, ÖNB, Handschriftensammlung, Cod. min. 9 I/202. W. R.

21.61 Herkules besiegt den Hesperiden-Drachen

Ton gebrannt, H 45 cm.
Giovanni Giuliani, um 1735/40.

Der Tonbozzetto ist eine Nachbildung der — heute in Schönbrunn befindlichen — um 1700 als Heißluftofen für das Audienzzimmer („Roter Salon") des Prinz Eugenschen Stadtpalastes entstandenen Bronzegruppe, die von E. Zeithammer vermutungsweise mit dem Schaffen des einige Zeit unter Kaiser Leopold tätigen Franzosen Marc Chabry in Verbindung gebracht wird. Eine in Privatbesitz befindliche Zeichnung des Audienzzimmers von Salomon Kleiner belegt die originale Aufstellung der mythologischen Gruppe, deren ungewöhnliche Verwendung wiederum durch eine Reisebeschreibung von 1730 überliefert ist. Die Heißluft konnte hinten bei den Öffnungen der Plastik eintreten, durchströmte die Hohlräume und trat sodann bei dem geöffneten Maul des Tieres aus. Die Thematik ist auf das von Prinz Eugen bevorzugte herkulische Programm des Stadtpalastes abgestimmt, welches an der Decke des Audienzsaales die Verherrlichung des Helden und vier seiner Taten darstellt. Als Pendant war im anschließenden Paradezimmer die gleichfalls als Heißluftofen dienende Bronzegruppe „Herkules im Kampf mit dem Löwen" aufgestellt. Beide Gruppen wurden nach Prinz Eugens Tod nach Schönbrunn gebracht und dort zunächst im Speisezimmer aufgestellt, bis sie im Zuge des Stiegenhauseinbaues an ihren heutigen Aufstellungsort in der Durchfahrtshalle des Schlosses gelangten.

Lit.: E. Baum, Giovanni Giuliani, Wien 1964. — E. Zeithammer, Zwei Bronzegruppen des Prinzen Eugen, in: MÖG 8, 1964, Nr. 52, S. 34 ff.

Stift Heiligenkreuz. W. R.

21.62 Fresko im ehemaligen Audienzzimmer des Winterpalais

Großdia.
Andrea Lanzani (Figürliches), Marc Anton Chiarini (Quadratur), 1697.

Für die Ausschmückung seines Palastes in der Stadt griff Prinz Eugen eine für Wien ungewöhnliche oberitalienische Dekorationsform auf, deren Zentrum in Bologna lag. Eugen berief einen der versiertesten Freskomaler, Marc Anton Chiarini, nach Wien. Der Meister war jedoch nur für die Architektur vortäuschende Randzone zuständig, die Figuren malte sein Compagnon, der in Rom geschulte Mailänder Andrea Lanzani.
Illusionistische Scheinarchitektur, die sich meist zu einem Himmel, in dem die olympischen Götter erscheinen, öffnet, fand im 17. Jahrhundert in Bologna ihre Blüte. Die aus verschiedensten architektonischen Elementen in dekorativer Weise gefügte Quadraturzone ist gleichzeitig prunkvolle, den Raum erhöhende Architektur, aber auch Rahmen für die Szene in der Mitte: Der Göttervater Zeus empfängt unter Beisein der Olympier (Diana, Juno, Minerva, Apollo, Mars und Fama) den Helden Herkules im göttlichen Kreis. Die Kartuschen (Kampf mit dem Nemeischen Löwen, Verbrennung des Helden) weisen auf seine Heldentaten hin. Der antike Heros ist hier als „Exemplum virtutis" für den Hausherrn zu

verstehen, der auch selbst öfter als neuer Herkules gefeiert wurde. Das Thema dieses mythischen Helden beherrschte den gesamten mittleren Teil des Palastes. Von den Reliefs des Einganges (Herkules mit Antäus) über die Treppe (Statue des Helden und Reliefs seiner Taten über den Türen), dem Schlachtenbildersaal (Deckenfresko mit Taten des Helden in direktem Vergleich zu den Taten des Prinzen) bis zu Audienz- und Paradezimmer (jeweils Decken und Öfen) bestimmte das Vorbild dieser Gestalt das inhaltliche Programm. Im Fresko des Audienzsaales sind die irdischen Taten als Bilder innerhalb der Architekturzone von der Apotheose im Himmel getrennt. Untersicht nur andeutend, wird die Szene leicht geklappt, um die Ablesbarkeit und die Totalität der ästhetischen Erscheinung der Figuren zu bewahren.

Lit.: G. Heinz, Zur Dekoration des Schlafzimmers des Prinzen Eugen im Wiener Stadtpalais, in: MÖG 55, 1967, S. 74f. — Knall-Brskovsky, Italienische Quadraturisten, S. 140ff.

U. K.

21.63 Paradeschlafzimmer im Stadtpalast des Prinzen Eugen

Lavierte Federzeichnung, 24,6 × 38,6 cm.
Salomon Kleiner, um 1730.

Das Einfügen eines Schlafzimmers in die Repräsentationsabfolge von Sälen eines Palastes weist auf den Einfluß des französischen Zeremoniells hin, in dem dieser Raum als Ort bestimmter Empfänge auch öffentliche Funktion zu erfüllen hatte. (Das vom Prinzen wirklich benutzte Schlafzimmer lag im rückwärtigen Teil des Palastes.)
Die einzelnen Elemente des Bettes und die Pilaster waren mit reichen, Stichvorlagen des französischen Ornamentmeisters Jean Berain folgenden Grotesken geschmückt, die mit den gemalten, demselben Vorbild folgenden Dekorationen der Lamperien, Türflügel und Fensterlaibungen korrespondierten. Über den Türen waren als Supraporten die Bilder Giuseppe Maria Crespis (Aeneas in der Unterwelt, Chiron unterrichtet den jungen Achilles, Kat.-Nr. 5.4) in die Dekoration eingefügt.
Im Gegensatz zu den von reichen Mustern belebten Wänden der Belvedereschlösser, waren sie im Paradeschlafzimmer mit einfärbig grünem Samt bespannt. Die Ausstattung dürfte auf die Zeit nach der ersten, von J. L. v. Hildebrandt 1708—1709 durchgeführten Erweiterung des Palastes zurückgehen, da sie auch die neuerbaute Galerie umfaßte. Die Deckenfresken des Raumes stammen von dem bolognesischen Quadraturisten Marc Anton Chiarini und den Figurenmalern Giuseppe Gambarini und Louis Dorigny.

Lit.: G. Heinz, Zur Dekoration des Schlafzimmers des Prinzen Eugen in seinem Wiener Stadtpalais, in: MÖG 55, 1967, S. 69ff.

Wien, Hist. Museum, Inv.-Nr. 116.807. U. K.

21.64 Deckenfresko im Paradeschlafzimmer des Winterpalais FB 87

Großdia.
Marc Anton Chiarini (Quadratur), Giuseppe Gambarini und Louis Dorigny (Figuren), 1709—1712.

1709 hatte Prinz Eugen Marc Anton Chiarini für die Ausschmückung des Paradezimmers nach Wien berufen. Sein Begleiter war diesmal der junge bolognesische Figurenmaler Giuseppe Gambarini, dessen obwohl klassizierenden Vorbildern folgende, doch menschliche „Humilitas“ vortragende Figuren in Wien jedoch keinen Anklang fanden. Sehr zum Mißfallen des Quadraturisten, dessen Scheinarchitektur sich der die Form genau definierende, in der Oberfläche aber weiche malerische Stil seines Partners besser eingefügt hätte, wurde Louis Dorigny von Prinz Eugen als Figurenmaler verpflichtet.

Die Quadratur besteht aus mehreren übereinandergestaffelten Zonen und folgt einem Schema, das Chiarini bereits 1708 in Bologna anwandte. Ihrer zweifachen Aufgabe, den Himmelsausblick mit der Göttererscheinung architektonisch glaubwürdig zu gestalten und gleichzeitig als prunkvoller Rahmen für eben diesen Deckenspiegel zu dienen, wird sie durch ihren doppeldeutigen Charakter an sich gerecht. Im Beisein fast aller olympischen Götter wird Herkules mit Hebe, der Göttin der Jugend, vermählt, Ketten verbinden sie auf immer. Die Medaillons innerhalb der Quadratur verweisen wieder auf die die Tugend des Helden beweisenden Taten.

Dorignys elegante, klassischen Vorbildern foldende Figuren entsprechen durch die Reduktion aller individuellen Merkmale zugunsten einer, typisierenden Modellen folgenden Großform dem Thema: der durch seine Tugend der Idee vom Menschen nahekommende Held wird in die ewig dauernde Welt der Götter aufgenommen und der immerwährenden Jugend verbunden.

Lit.: G. Zanotti, Storia dell'Accademia Clementina di Bologna, Bologna 1739, Bd. I., 277f. — Des Grossen Feld-Herrns Eugenii Herzogs von Savoyen ... Helden-Thaten, Bd. VI, Nürnberg 1739, 1121f., 1127f. — G. Heinz, Zur Dekoration des Schlafzimmers des Prinzen Eugen in seinem Wiener Stadtpalast, in: MÖG 55, 1967, S. 69ff. — Knall-Brskovsky, Italienische Quadraturisten, 142ff.

U. K.

21.65 Raub der Oreithyia — FB 88

Lavierte Federzeichnung, 48,2 × 20,5 cm.
Auf der Rückseite bezeichnet: „Ludovico Dorigny, Francese fece e esequi a fresco nel Palazzo del Principe Eugenio in Vienna", 1711.

Bei dem in Verona aufbewahrten Blatt handelt es sich um den Entwurf der mittleren, sich im Himmel abspielenden Figurenszene an der Decke des schmalen, langen Galerieraumes, der in dem von Hildebrandt errichteten neuen Trakt an der Straßenseite lag. Nach dem Tod des Prinzen wurde der von Kaiserin Maria Theresia gekaufte Palast für Amtszwecke umgebaut. Neu eingezogene falsche Gewölbe verdecken seither die in situ erhaltene Decke mit Fresken Marc Anton Chiarinis (Scheinarchitektur) und Dorignys (Figuren). Louis Dorigny hielt sich in der Ausführung im wesentlichen an den Entwurf. Die Zeichnung zeigt den raschen geübten Stil des Dekorationsmalers, der seine oftmals verwendeten Figuren je nach Bedarf einsetzte. Dem Stil im Fresko vergleichbar verwendete Dorigny auch in der Zeichnung die geschlossene Kontur zur Definition der Form. Malerisch gesetzte Weißhöhungen und kurze Strichführungen schaffen die Illusion plastischer Werte.

Das Thema der Darstellung, der Raub der Oreithyia, Tochter des Erechtheus, durch den König der Winde, den stürmischen Nordwind Boreas (Ovid, Metamorphosen 6, 682—720) war für Palastausstattungen üblich, ist jedoch schwer zu deuten. Auch Sandrart meint dazu nur, daß selbst der eisige Nordwind der Liebe erliege (Auslegung des Ovidii Poetischer Wandlungsschriften, Nürnberg 1680, 81f.). Die galante, Fröhlichkeit ausstrahlende Szene gebührt dem Ort der Galerie, die nicht dem Ernst der Audienzräume unterliegt.

Lit.: H. Schwarz, Louis Dorigny in Wien, in: MÖG 54, 1966, S. 72ff., Abb. 48.

Verona, Museo di Castelvecchio, Inv.-Nr. 13.073/541. U. K.

21.66 Johann Lucas von Hildebrandt (?)

Öl/Lw., 113,3 × 91,5 cm.
Jacob van Schuppen, vor 1720.

Das neuerdings als Werk des Wiener Akademiedirektors van Schuppen erkannte Gemälde stammt aus der Sammlung des 1809 in Wien verstorbenen Grafen Ignaz Miączyński. Autorschaft und Provenienz machen somit eine hinsichtlich der Malerei Schuppens um 1720 anzusetzende Entstehung in der kaiserlichen Metropole wahrscheinlich, wodurch sich der Kreis der für das Repräsentationsbildnis in Frage kommenden, nicht durch Porträtdarstellungen bekannten Architekten weitestgehend eingrenzen läßt. Die traditionelle Identifizierung mit Johann Lucas von Hildebrandt erscheint daher nicht unglaublich, wobei auch das Alter des Dargestellten — etwa 50 Jahre — der vorgeschlagenen Datierung entsprechen würde. Stolzes Selbstbewußtsein und soziales Ansehen eines erfolgreichen Baukünstlers scheinen aus dem Porträt zu sprechen. Die im Bild dargestellten Grundrißpläne lassen sich allerdings mit keinem bekannten Bau Hildebrandts, jedoch auch mit keinem eines anderen Architekten verbinden.

Lit.: P. Schreiden, Jacques van Schuppen 1670—1751, in: Wiener Jb. f. Kunstgesch.,Bd. XXXV, 1982, S. 76.

Krakau, Wawel. W. R.

Kat.-Nr. 21.66

21.67 Johann Bernhard Fischer von Erlach (1656—1723) FB 92

Foto/Lw. des Porträts in der Camera praefecti der ÖNB.

Nach anfänglich bildhauerischer Ausbildung und langjährigen Studien im Kreise der Bernini-Werkstatt in Rom kam Fischer 1686 in die Heimat zurück, gerade rechtzeitig, um die Genese des österreichischen Barocks bahnbrechend und richtungsweisend zu beeinflussen. 1688 entstand sein aufsehenerregender erster Entwurf für Schloß Schönbrunn (Kat.-Nr. 6.3), dem die Ernennung zum Architekturlehrer des Königs von Ungarn folgte. 1706 wurde dem geadelten Künstler die Oberinspektion der Hofgebäude übertragen. In den folgenden Jahren entstand der „Entwurf einer Historischen Architektur“, mit dem Fischer sein umfassendes Weltbild der Baukunst unter Einschluß der eigenen Werke präsentiert. In diesem Sinn streben auch seine Entwürfe in Kenntnis aller historischen und modernen Möglichkeiten die absolute Lösung an, wobei sich Stiltendenzen des römischen Hochbarocks, der französischen Frühklassik und Klassik, aber auch des palladianischen Klassizismus vereint finden. Seine Kompositionen sind in ihrer machtvollen Formensprache repräsentativer Ausdruck der von den Habsburgern und einer „national“ gesinnten Gruppe des Hochadels getragenen Reichsidee, wodurch auch der Kreis seiner Auftraggeber definiert ist. Für die österreichische Barockbaukunst war Johann Bernhard Fischer bis zur Jahrhundertwende, ehe ihm in Hildebrandt ein ernstlicher Rivale erwuchs, mit Abstand die wichtigste Künstlerpersönlichkeit.

Lit.: Kat. Fischer. — Sedlmayr, J. B. Fischer. W. R.

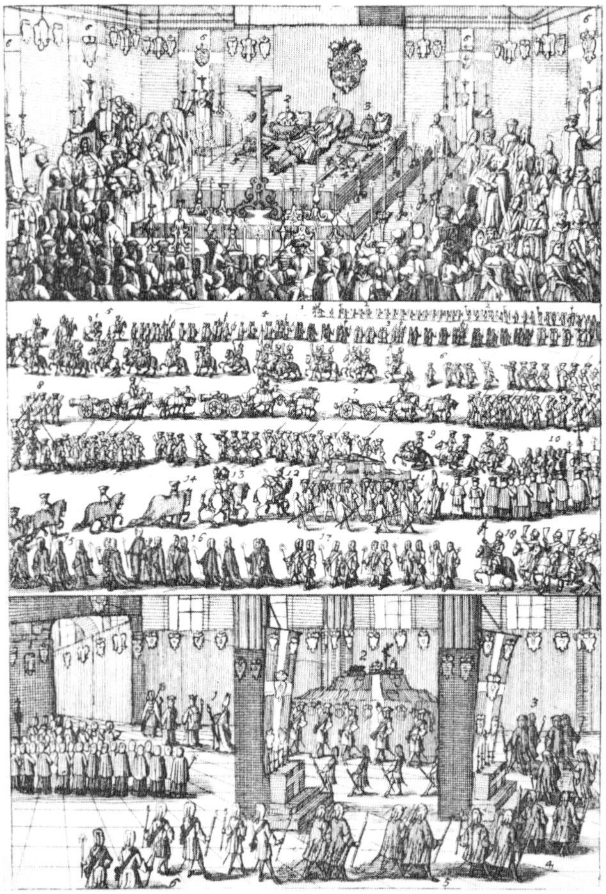

Kat.-Nr. 21.68

21.68 Aufbahrung und Leichenbegängnis des Prinzen Eugen

Flugblatt, 22,6 × 34,2 cm.
Erschienen bei Johann Peter von Ghelen, 1736.

Das anläßlich der Trauerfeierlichkeiten des Prinzen erschienene Flugblatt zeigt links einen in drei Abschnitte unterteilten Kupferstich, der die Aufbahrung des Prinzen, den eigentlichen Begräbniszug und die Beisetzungsfeierlichkeiten in der Stephanskirche wiedergibt, rechts eine detaillierte Erklärung der mit kleinen Nummern versehenen Einzelheiten des Stiches. Von besonderem Interesse ist die Wiedergabe des Aufbahrungsraumes, der Anticamera, in seiner Gesamtheit, der aufgrund seiner Größe mit Sicherheit als das „Schlachtenzimmer" des Winterpalais (Kat.-Nr. 8.59) angesprochen werden kann.

Wien, Hist. Museum, Inv.-Nr. 91.712. T. K.

21.69 Die Aufbahrung des Prinzen Eugen in seinem Stadtpalast

Kupferstich, 21,3 × 18,2 cm.
1736.

Der volkstümliche Stich zeigt den Prinzen aufgebahrt in seinem unter einem schwarzen Baldachin stehenden, von neun Leuchten umgebenen Paradebett. Auf zwei Kissen zu seiner Linken liegen die päpstlichen Ehrengaben, rechts Herzogshut und Vlies-Collane bzw. Degen und Kommandostab, am Kopfende Brust- und Rückenküraß, am Fußende steht ein Kreuz.

Lit.: Kat. Prinz Eugen 1963, S. 219.

Wien, Albertina, Hist. Blätter, Bd. 4. T. K.

21.70 Prinz Eugen

Öl/Lw., 147 × 112 cm.
Johann Kupetzky, um 1715.

Das Porträt ist nach einer Vermutung der Zeitschrift „Starye Gody" vom Mai 1910 vom Zaren Peter dem Großen erworben und nach Rußland gebracht worden. Um 1910 befand es sich im Besitz des Grafen Alexander Dimitrijevič Šermet'jev im Schloß Ostankino bei Moskau. Im Jahre 1905 war es in einer Ausstellung historischer Porträts in St. Petersburg (Leningrad) zu sehen.
Da aus dem Jahre 1715 ein Porträt Peters von Kupetzky existiert, könnte das Bild Eugens ebenfalls um diese Zeit entstanden sein.

Lit.: E. Šafařík, Johann Kupetzky, Prag, 1928, Nr. 288.

Leningrad, Staatliche Eremitage. K. G.

Zeittafel 1663—1740

Von Karl Gutkas

1663:

Oktober 18:
Prinz Eugen wird in Paris geboren, der Vater ist Eugen Moritz Graf von Soissons, die Mutter Olympia Mancini.

Oktober 19:
Kaiser Leopold erklärt in einem Patent den hl. Leopold zum Landespatron.

1664:

August 1:
Feldmarschall Leutnant Raimund Graf Montecuccoli besiegt die Türken bei Mogersdorf.

Venedig verliert Kandia (Kreta) an die Türken.

1665:

Juni 25:
Nach dem Tod des Erzherzogs Sigmund Franz werden Tirol und die Vorlande mit den anderen habsburgischen Ländern vereinigt.

1666:

Magnatenverschwörung in Ungarn zur Beseitigung der habsburgischen Herrschaft.

1668:

Februar 23:
Brand in der Hofburg, nun erfolgt bis 1681 der Neubau des Leopoldinischen Traktes nach Plänen von Giovanni Pietro Tencala, Bauführer ist Domenico Carlone.

1670:

Februar 14:
Ausweisung aller Juden aus Wien, die ehemalige Judenstadt und das Untere Werd werden zur Leopoldstadt.

Leopold I. legt den Grundstein zur Leopoldskirche in Wien (anstelle der Synagoge).

1671:

April 30:
Hinrichtung der ungarischen Magnaten Nádásdy, Frangepani und Zrinyi in Wien und Wiener Neustadt.

1673:

Juni 7:
Eugens Vater stirbt im Heerlager des Marschalls Turenne.

1674:

Johann Sobieski wird König von Polen.

1678:

Eugen soll Geistlicher werden. Von Nuntius Giuseppe Mestio erhält er die Tonsur, wird Abbè de Savoye genannt.

1679:

Jänner:
Beginn der Pestepidemie in Österreich, die bis 1680 andauert. Sie fordert ca. 35.000 Tote. Der „liebe Augustin“ tritt in Wien auf. Die Pestbußpredigt von Abraham a Sancta Clara, „Mercks Wien“ erscheint.

Februar 7:
Friede zu Nijmegen, Ludwig XIV. wird mächtigster Herrscher Europas.

1680:

Jänner 24:
Eugens Mutter Olympia muß Paris verlassen, sie geht vorerst nach Brüssel. Die Kinder bleiben bei der Großmutter Maria von Bourbon-Soissons in Paris zurück.

1681:

Die Franzosen besetzen Straßburg.

1682:

April 25:
Eugens Bruder Ludwig Julius wird in Wien Kaiser Leopold I. vorgestellt, am 7. Jänner 1683 erhält er das Oberstenpatent für ein neu aufzustellendes Dragonerregiment.

1683:

Februar:
Eugen weigert sich Priester zu werden und wird von der Großmutter des Hauses verwiesen.

Anfang März:
Eugen wird von Ludwig XIV. als Offizier seiner Armee abgelehnt.

Juli 7:
Gefecht mit den Tataren bei Petronell. Eugens Bruder Ludwig Julius wird verwundet und stirbt am 13. Juli.

Juli 12:
Das Osmanenheer beginnt die Belagerung Wiens.

Juli 23:
Prinz Eugen verläßt heimlich Paris.

August 20:
Eugen stellt sich Kaiser Leopold in Passau vor.

August 29:
Eugen befindet sich im Gefolge Karls von Lothringen bei dessen Treffen mit König Johann Sobieski in Hollabrunn.

September 12:
Eugen nimmt als Volontär an der Entsatzschlacht bei Wien im Stabe Karls von Lothringen teil.

Dezember 14:
Patent für Eugen von Savoyen als Oberst über ein Regiment Dragoner (bisher Johann Heinrich Graf Kuefstein).

1684:

Februar 10:
Eugen besucht Max Emanuel in München und verbringt dort die Faschingszeit.

Juni:
Pest wird erobert, die Erstürmung von Buda scheitert.

Dezember:
Eugen reist nach Turin, bleibt bis Februar dort.

1685:

Juni 15:
Hochzeit des bayerischen Kurfüsten Max Emanuel mit Maria Antonia, der Tochter Leopolds I. in Wien.

Oktober 16:
Eugen wird zum Generalfeldwachtmeister ernannt. Er reist November/Dezember zu seiner Mutter nach Brüssel.

1686:

März 16:
Eugen kommt mit seiner Mutter in Bilbao

(Spanien) an, erhält die Würde eines spanischen Granden erster Klasse.

Juni—September:
Die Kaiserlichen belagern unter dem Kommando des Kurfürsten Max Emanuel von Bayern Buda. Dabei wird Eugen am 29. Juni und am 3. August leicht verwundet. Am 2. September wird die Festung erobert.

1687:

Februar/März:
Eugen reist gemeinsam mit Max Emanuel zum Karneval nach Venedig, dann nach München.

August 12:
Karl von Lothringen und Max Emanuel von Bayern siegen über die Türken am Berge Hársány bei Mohács. Der Feldwachtmeister Prinz Eugen dringt als erster in die Verschanzung ein. Er bringt die Nachricht vom Sieg nach Wien.

Oktober 6:
König Karl II. von Spanien verleiht Prinz Eugen das Goldene Vlies.

1688:

Jänner 31:
Eugen erhält in Wien die Ordensinsignien verliehen und wird zum Feldmarschall-Leutnant befördert.

September 2:
Eugen erhält vom Herzog von Savoyen zur finanziellen Sicherstellung zwei Abteien in Piemont als Laienabt verliehen.

Prinz Eugen besetzt die Vorstadt der Festung Belgrad, bevor die Belagerung beginnt. Er wird schwer verwundet, bevor die Festung am 6. September erstürmt wird.

Der ungarische Reichstag zu Preßburg beschließt die Erblichkeit der ungarischen Krone im habsburgischen Mannesstamm. Joseph I. wird zum König von Ungarn gekrönt. Auch die Stände Siebenbürgens beschließen, das Land Leopold I. zu unterstellen.

1689:

Jänner 27:
Eugen erhält den Befehl, mit drei Regimentern an den Rhein zu marschieren. Er wird bei der Anlage der Stollhofener Schanzen und bei Mainz eingesetzt.

September 24:
Markgraf Ludwig Wilhelm von Baden siegt bei Niš in Südserbien über die Türken.

Dezember 22:
Schweres Erdbeben in Innsbruck.

1690:

Jänner 24:
Joseph I. wird auf dem Kurfürstentag zu Augsburg zum römischen König gewählt.

April 15:
Eugen trifft in Raudnitz an der Elbe ein.
Die geplante Verlobung mit Prinzessin Franziska von Sachsen-Lauenburg kommt nicht zustande.

Mai 31:
Eugen wird zum General der Kavallerie befördert und muß sich auf den italienischen Kriegsschauplatz begeben.

August 18:
Prinz Eugen deckt den Rückzug bei Staffarda, er führt den Oberbefehl über das Viktor Amadeus II. von Savoyen gesandte Hilfskorps.

Oktober 8:
Die Türken erobern Belgrad zurück und setzen den Kuruzenführer Imre Thököly zum Fürsten von Siebenbürgen ein.

1691:

Juni 28:
Prinz Eugen zwingt in Italien die Franzosen zur Aufhebung der Belagerung von Cuneo.

August 19:
Ludwig Wilhelm von Baden siegt bei Slankamen an der Theißmündung über die Türken.

Dezember 12:
König Karl II. von Spanien ernennt Max Emanuel zum Generalstatthalter der Niederlande.

1693:

Mai 25:
Eugen wird zum Feldmarschall ernannt.

1694:

März 21:
Eugen kauft ein Haus in der Himmelpfortgasse (Trabothgasse) vom Reichsgrafen Karl Max von Thun.

1695:

März 15:
Franz Ludwig Pfalzgraf bei Rhein, Herzog von Neuburg und Hoch- und Deutschmeister des Deutschen Ordens errichtet die „Deutschmeistertruppe".
Seit 1695 ist Kurfürst Friedrich August I. von Sachsen Befehlshaber in Ungarn.
Eugen beauftragt Johann Bernhard Fischer von Erlach mit dem Umbau seines Stadtpalastes.

1696:

Oktober 8:
Der Vertrag von Vigevano neutralisiert Italien. Eugens Funktion ist dort zu Ende.

1697:

April 25:
Prinz Eugen wird zum Adlatus des Oberbefehlshabers der kaiserlichen Truppen gegen die Türken ernannt.

Juli 5:
Prinz Eugen wird zum Oberbefehlshaber in Ungarn ernannt.

September 11:
Eugen erringt seinen ersten großen Sieg über die Türken bei Zenta.

Oktober 23:
Vorstoß des Prinzen Eugen nach Bosnien. Sarajewo wird kurzfristig besetzt.

Eugen erwirbt Grundstücke am Rennweg (für das Belvedere).

1698:

Eugen kauft die Insel Csepel bei Buda und läßt das Schloß Ráckeve erbauen.

Im Mündungsbereich der Drau in die Donau erhält er vom Kaiser das Gebiet um Belje.

1699:

Jänner 26:
Der Friede von Karlowitz beendet den seit 1683 dauernden Türkenkrieg.

Eugens Bruder Ludwig Thomas wird aus Frankreich verbannt und tritt in das kaiserliche Heer ein.

Johann Lucas von Hildebrandt wird Hofbaumeister in Wien.

1700:

Oktober 3:
Karl II. von Spanien setzt Philipp von Anjou zum Erben seines ungeteilten Reiches ein.

November 1:
Mit dem Tod Karls II. erlischt die spanische Linie der Habsburger.

November 16:
Kaiser Leopold I. schließt mit Kurfürst Friedrich III. von Brandenburg einen Vertrag über die Annahme des preußischen Königstitels. Der Spanische Erbfolgekrieg beginnt.

November 21:
Eugen wird mit dem Oberbefehl in Italien betraut.

1701:

Jänner 18:
Friedrich I. krönt sich in Königsberg zum König in Preußen.

Mai 26—Juni 6:
Eugen zieht mit seiner Armee über die Tridentinischen Alpen nach Oberitalien.

Juli 9:
Sieg über die Franzosen bei Carpi. Eugen wird leicht verwundet.

September 1:
Sieg bei Chiari gegen die angreifenden Franzosen unter dem Herzog von Villeroy.

September 7:
Die Große Allianz Österreich-England-Holland beginnt den Krieg gegen Frankreich. Diese wird bis 1703 durch Preußen, Brandenburg, Hessen - Kassel, Mecklenburg und mehrere Reichskreise erweitert.

1702:

Februar 1:
Handstreich von Cremona, der Herzog von Villeroy wird gefangengenommen, die Einnahme mißlingt.

Königin Anna von England übernimmt die Regierung, Feldherr ist John Churchill Earl of Marlborough.

August 15:
Schlacht bei Luzzara, der französische Marschall Vendôme will Mantua entsetzen, keine Entscheidung.

August 27:
Eugens letzter Bruder Ludwig Thomas fällt als kaiserlicher General bei Landau.

September 28:
Der Reichskrieg gegen Frankreich wird beschlossen, Bayern und Köln stellen sich auf die Seite Frankreichs.

Dezember:
Prinz Eugen übergibt den Oberbefehl in Italien an Guido Starhemberg und versucht Einfluß auf die Militärverwaltung zu erhalten.

1703:

Juni:
Der Aufstand unter Führung von Franz II. Rákóczy breitet sich in Ungarn aus.

Juni 27:
Eugen wird zum Präsidenten des Hofkriegsrates ernannt.

Bayern und Franzosen besetzen Südwestdeutschland.

August 8:
Das „Wienerische Diarium“ erscheint erstmals.

Juli 1:
Der Nordtiroler Landsturm schlägt eine bayerische Einheit bei der Pontlatzer Brücke. Dies führt zu einer Volkserhebung in Tirol.

September 12:
Das „Pactum mutuae successionis“ wird erlassen.

Karl III. wird zum König von Spanien proklamiert und reist über England nach Lissabon.

Amsterdam
Ryswijk 20./30.9.1697
Haag 18.1.1720
Utrecht 1713
LD.
VEREIN. NIEDER
Österr.
Oudenaarde 11.7.1708
Lille 9.12.1708
Brüssel
Ramillies 23.5.1706
Douai 26.6.1710
Mons 20.10.1709
Lüttich
Denain 24.7.1712
Le Quesnoy 5.7.1712
Malplaquet 11.9.1709
Maas
Niederlande (1714)
Mosel
Trier
Rhein
Mainz 11.9.1689
Main
Würzburg
Bamberg
Heidelberg
Landau 1702/03/04.1713
Philippsburg 1734
Rastatt 6.3.1714
Straßburg
Stuttgart
Elbe
Weser
Oder
Schwiebus
Kursachsen
Dresden
Reichenberg
Eger
Prag
Kgr. Böhmen
Moldau
Budweis
Kfsm. Bayern
Regensburg
Schellenberg 2.7.1704
Blindheim-Höchstädt 13.8.1704
Augsburg
Aidenbach 8.1.1706
Passau
Inn
Ehzm. Österreich
Linz
Donau
Breisach 5.9.1703
Freiburg 17.11.1713
Breisgau
Friedlingen 14.10.1702
Vorderösterreich
München
Sendling 25.12.1705
Salzburg
ob der Enns
unter d.
Baden 7.9.1714
Kufstein 25.6.1703
Ebm.
Vorarlbg.
Innsbruck
Gef. Gft.
Salzburg
Pontlatzer Brücke 30.6.1703
Leoben
Hzm. Steiermark
Graz
Lienz
Hzm. Kärnten
Klagenfurt
TIROL
Bozen
Trient
SCHWEIZ
KGR. FRANKREICH
1703/13/35/48 an Sav.
Cassano 16.8.1705
Chiari 1.9.1701
SAVOYEN
Mailand 12.3.1707
Etsch
Venedig
REP. VENEDIG
Görz
Hzm. Krain
Save
Triest
Fiume
Kgr. Kroa.
Turin 7.9.1706
Casale 1695
Cremona 1.2.1702
Carpi 9.7.1701
Staffarda 18.8.1690
Marsaglia 4.10.1693
Piacenza
Mantua
Po
Luzzara 15.8.1702
Parma 19.6.1734
Modena
Bologna
Cuneo 28.6.1691
tosk.
1707
Toulon
Florenz
Ghzm. Toskana
KIRCHENSTAAT
Stato dei Presidii (span., 1714 habsb., 1735 span.-bourb.)
Kgr. Sardinien
Kgr. Neapel
Kgr. Sizilien

Die habsburgischen Länder zur Zeit des Prinzen Eugen Kat.-Nr. 8.65 und 9.1

- Habsburgische Erblande 1683
- Geistliche Territorien innerhalb der österreichischen Länder
- Erwerbungen bis 1700
- Erwerbungen bis 1740
  - Hzm. Mantua 1708
  - Hzm. Mailand 1714
  - Österreichische Niederlande 1714
  - Banat 1718
  - Hzm. Parma 1735
- Vorübergehende Erwerbungen
  - Kgr. Sardinien 1714—20
  - Kgr. Neapel 1714—35
  - Stato dei Presidii 1714—35
  - Nord-Bosnien 1718—39
  - Nord-Serbien 1718—39
  - Kleine Walachei 1718—39
  - Kgr. Sizilien 1720—35
- Militärgrenze
- Ghzm. Toskana (1737 an Franz Stephan von Lothringen ⚭ Maria Theresia, Tochter Kaiser Karls VI.)
- ● Militärisches Ereignis (Schlacht, Gefecht, Belagerung)
- ⚔ Militärisches Ereignis, an dem Prinz Eugen teilnahm
- [⚔] Militärisches Ereignis, bei dem Prinz Eugen (auch gemeinsam mit anderen) den Oberbefehl führte
- ◘ Diplomatisches Ereignis (Friedensschluß, Konferenz)
- ① Belgrad: ● 6. 9. 1688; [⚔] 16./22. 8. 1717; ◘ 1./18. 9. 1739
- ② Neuhäusel: ● 9./19. 8. 1685; ● Sept./Okt. 1708; ● 23. 9. 1710
- ③ Gran: ● 25./27. 10. 1683; ⚔ 16. 8. 1685; ● Sept./Okt. 1706
- Kuruzeneinfälle 1703—09
- Kuruzen-Schanze

Die verwendeten Ortsnamen geben Benennungen wieder, die im 17. und 18. Jahrhundert gebräuchlich waren, wobei die Orthographie mit der in der deutschsprachigen Fachliteratur verwendeten, fallweise modernisierten Schreibung übereinstimmt.

1704:

Jänner 16:
Der Bau des Linienwalles wird begonnen, um die Vorstädte Wiens vor den Kuruzen zu schützen.

Frühsommer:
Die Engländer unter Marlborough und das Reichsheer unter Ludwig Wilhelm von Baden vereinigen sich vor Ulm.

Juni 10:
Prinz Eugen trifft zu Mundelsheim mit dem englischen Feldherrn Marlborough zusammen.

August 13:
Die Verbündeten siegen bei Höchstädt/Blindheim über Franzosen und Bayern.

November 7:
Vertrag bei Ilbesheim, in Bayern wird eine österreichische Verwaltung aufgebaut, die Stände des Landes huldigen Eugen.

Dezember 26:
Die Österreicher unter General Siegbert Heister siegen bei Tyrnau.

1705:

Mai 5:
Kaiser Leopold I. stirbt, sein Sohn Joseph I. folgt ihm als Kaiser.

August 17:
Schlacht bei Cassano d'Adda bleibt ohne Entscheidung, die Stellung der Franzosen hinter dem Adda-Fluß konnte nicht bezwungen werden.

Dezember 19:
Österreichische Truppen besetzen München, der Aufstand des bayerischen Volkes wird niedergeschlagen.

Dezember 24:
Patent über die Errichtung der Wiener Stadtbank.

1706:

September 7:
Prinz Eugen siegt in Turin, die Stadt wird entsetzt. Prinz Eugen beginnt die Belagerung von Mailand, das die Franzosen am 13. März 1707 räumen.

März 23:
Der Herzog von Marlborough siegt über Franzosen und Bayern bei Ramillies in Belgien, die spanischen Niederlande werden für die Habsburger gesichert.

1707:

April:
Eugen wird Generalgouverneur des Herzogtums Mailand (Stato di Milano).

Februar 21:
Der Reichstag von Regensburg wählt Eugen zum katholischen Reichs-Feldmarschall.

Juli:
Erfolglose Belagerung von Toulon wird im August 1707 abgebrochen.

1708:

Mai 2:
Kaiser Joseph I. ernennt Eugen zum General-Leutnant aller seiner Kriegsvölker.

Juni 14:
Auf dem Konföderationstag zu Onod wird Joseph I. von den Aufständischen als Ungarnkönig abgesetzt.

Juli 11:
Schlacht bei Oudenaarde. Die Verbündeten unter Marlborough und Eugen besiegen die Franzosen.

August 6:
Einleitung der Belagerung von Lille.

Oktober 10:
Eugens Mutter stirbt in Brüssel, der Prinz hatte sie am 8. Juli besucht.

Dezember 9:
Lille kapituliert vor Prinz Eugen.

1708/09:

Johann Lucas von Hildebrandt erweitert das Stadtpalais in der Himmelpfortgasse nach Osten.

1709:

September 11:
Schlacht bei Malplaquet (nordöstlich von Cambrai), die letzte bedeutende Schlacht des Spanischen Erbfolgekrieges.
Eugen kommandiert in der Schlacht, der letzten, die er gemeinsam mit Marlborough schlug, den rechten Flügel.

1710:

Starhemberg erringt in Spanien einige Siege, Karl III. kann im September für einige Wochen in Madrid residieren.

August:
Umschwung in England, die Abberufung Marlboroughs steht zur Diskussion.

1711:

April 17:
Kaiser Joseph I. stirbt.

Eugen empfängt eine türkische Sonderbotschaft in Wien in seinem Stadtpalast.

April 29:
Der Friede von Szatmár beendet den Krieg um die Slowakei und um Ungarn.

Juni 19—Juli 19:
Eugen hält sich in Den Haag auf.

Oktober:
Die Tories übernehmen die Regierung in England, ein englisch-französischer Präliminarvertrag wird geschlossen.

Oktober 12:
Karl VI. wird einstimmig in Frankfurt zum Kaiser gewählt und am 22. Dezember gekrönt.

1712:

Jänner 16—März 30:
Eugen versucht in London, die Allianz zu erhalten, hat aber keinen Erfolg. Zu Utrecht hatten die Friedensverhandlungen schon begonnen.

März 7:
Eugens Neffe Eugène de Savoye stirbt in London und wird in der Westminster Abbey beigesetzt.

Mai 22:
Karl VI. wird zum König von Ungarn gekrönt.

Juli 4:
Die Eroberung von Le Quesnoy ist der letzte größere Erfolg Eugens im Spanischen Erbfolgekrieg.

Juli 24:
Nach dem Waffenstillstand zwischen England und Frankreich erleiden die kaiserlichen Truppen bei Denain eine schwere Niederlage.

1713:

April 11:
Der Friede von Utrecht zwischen England, Holland und Frankreich wird unterzeichnet.

April 19:
Kaiser Karl VI. erläßt die Pragmatische Sanktion.

August 20:
Eugen kann die Eroberung von Landau durch die Franzosen nicht verhindern.

Die Pest bricht neuerlich in Wien aus und dauert bis Februar 1714. In der Stadt gibt es 8644 Tote.

November 1:
Eugen kann die Eroberung von Freiburg durch Villars nicht verhindern.

November 26:
Eugen und der Herzog von Villars verhandeln zu Rastatt über den Frieden.

1714:

März 6:
Der Friede zwischen Karl VI. und Frankreich wird zu Rastatt unterzeichnet.

Beginn der Bauarbeiten am Unteren Belvedere.

September 7:
Friede zwischen Frankreich und dem Reich zu Baden im Aargau. England ist der eigentliche Sieger des Spanischen Erbfolgekrieges, die Vorherrschaft Frankreichs ist gebrochen.

1715:

Februar 5:
Grundsteinlegung zur Karlskirche, Baubeginn 1716 durch Johann Bernhard Fischer von Erlach, fertiggestellt 1739.

September 1:
Ludwig XIV. stirbt, Nachfolger wird sein Urenkel Ludwig XV., Regent ist Philipp von Orleans. Der Großwesir Damad Ali Pascha erobert Morea (Peloponnes), Venedig ersucht den Kaiser um Hilfe.

Johann Josef von Waldstein gründet in Oberleutensdorf bei Dux (Horní Litvinov) eine Tuchmanufaktur.

1716:

April 13:
Erzherzog Leopold, Karls VI. einziger Sohn, wird geboren, er stirbt am 4. November desselben Jahres.

Juni 25:
Eugen wird zum „Leutnant, Gouverneur und Generalkapitän" der Niederlande ernannt.

Juli:
Neuerlicher Ausbruch des Türkenkrieges. Der Kaiser schließt ein Bündnis mit Venedig zur Einhaltung des Friedens von Karlowitz.

August 5:
Prinz Eugen siegt bei Peterwardein, der Großwesir fällt.

September 7:
Eugen erhält von Papst Clemens XI. Ehrengaben.

August—Oktober 6:
Belagerung und Einnahme von Temesvár.

1717:

Mai 13:
Erzherzogin Maria Theresia wird geboren.

Juli 19:
Beginn der Belagerung von Belgrad.

August 16:
Schlacht bei Belgrad, der letzte Sieg des Prinzen Eugen.

1718:

Mai 27:
Privileg für den Prozellanerzeuger Claude Innocent du Paquier.

Juli 21:
Der Friede von Passarowitz bringt die größte territoriale Ausdehnung der österreichischen Monarchie, am 27. Juli folgt ein Handelsvertrag.

August:
Eugen kehrt krank aus Ungarn nach Wien zu-

rück, übernimmt das Oberkommando in Süditalien nicht.

August 2:
Quadrupelallianz zwischen England, Frankreich und Karl VI. zur Einhaltung des Friedens von Utrecht.

1718/19:

Die Fälschungen des Ungarn Johann Michael Klement verschlechtern die Kontakte zum preußischen Hof.

1719:

Krise um die Position des Prinzen Eugen. Im Juni denkt er an den Rücktritt, da er das Vertrauen des Kaisers verloren glaubt.

August:
Eine osmanische Großbotschaft weilt in Wien. Am 7. September 1719 und am 23. April 1720 war sie bei Eugen.

Triest und Fiume werden zu Freihäfen erklärt.

Mai 22:
Gründung der Privilegierten Orientalischen Kompanie.

In Ostende wird eine Handelskompanie gegründet, über die der Kaiser 1722 die Schutzherrschaft übernimmt.

1720:

Der Bau des Oberen Belvederes wird beschlossen.

1720/21:

Friede im Haag zwischen Spanien und der Quadrupelallianz, Karl VI. anerkennt Philipp V. als König.
Sardinien kommt an Savoyen, Sizilien hingegen erhält Karl VI.

1721:

Seligsprechung des Johannes von Nepomuk.
Hofdekret gegen Schuhknechte und streikende Handwerker.
Die Vorlande heißen nunmehr Breisgau, Schwäbisch Österreich und Vorarlberg: erstmalige Nennung dieses Namens.

Balthasar Permoser vollendet die Apotheose des Prinzen Eugen und transportiert sie von Dresden nach Wien.
Baubeginn des Oberen Belvederes.

1722:

Juni 12:
Das Postpatent Karls VI. führt zur Verstaatlichung der Post in den österreichischen und böhmischen Ländern.

Juli 1:
Das Bistum Wien wird zur Erzdiözese erhoben.

1723:

September 4:
Karl VI. wird im Prager Veitsdom zum König von Böhmen gekrönt. Eugen war anwesend.

Dezember 6:
Die Pragmatische Sanktion wird Staatsgrundgesetz.

1723/24:

Johann Lucas von Hildebrandt erweitert das Stadtpalais in der Himmelpfortgasse nach Westen.

1724:

November 16:
Eugen tritt als Generalstatthalter der Niederlande zurück.

1725:

Eugen kauft die Herrschaft Hof vom Grafen Albrecht von St. Julien und beginnt den Umbau, der 1729 fertig wird.

April 30:
Vertrag von Wien zwischen Karl VI. und Philipp V. von Spanien. Dieser anerkennt die Pragmatische Sanktion. Spanien erhält die Anwartschaft auf Florenz, Parma und Piacenza. Bayern, Köln, die Pfalz und Frankreich schließen sich dem Vertrag an.

1726:

August 6:
Katharina II. anerkennt die Pragmatische Sanktion, Karl VI. verspricht Hilfe bei einem türkischen Angriff.

Daniel Gran malt die Fresken in der Nationalbibliothek (vollendet 1730).

September 16:
Jakob Prandtauer stirbt in St. Pölten, sein Nachfolger Josef Munggenast vollendet seine Bauten.

1727:

Prinz Eugen kauft das Schloß Niederweiden von Maria Josepha Starhemberg.

1728:

Paul Troger malt die Kuppelfresken in der Kajetanerkirche in Salzburg.
Obersiebenbrunn wird von Eugen umgebaut.

1729:

Der Vermählungsbrunnen auf dem Hohen Markt in Wien wird durch Joseph Emanuel Fischer von Erlach errichtet (vollendet 1732).

Dezember 18:
Eugens Neffe Emanuel stirbt an den Blattern.

Heiligsprechung des Johannes von Nepomuk.

1731:

März 16:
Karl VI. liquidiert die Kompanie von Ostende.

1732:

Eine Auflehnung der Evangelischen in Salzburg wird mit Hilfe österreichischer Truppen unterdrückt. Die Protestanten werden aus dem Fürstbistum ausgewiesen, davon sind fast 30.000 Personen betroffen.

1733:

Februar 1:
König August II. von Polen stirbt. Ausbruch des Polnischen Erbfolgekriegs.
Friedrich August II. von Sachsen anerkennt die Pragmatische Sanktion.

April 23:
Parade der Savoyen-Dragoner vor der kaiserlichen Familie in der Favorita.

1734:

Prinz Eugen übernimmt im Polnischen Erbfolgekrieg den Oberbefehl am Rhein. In seinem Hauptquartier hält sich auch der preußische König Friedrich Wilhelm und dessen Sohn Friedrich auf.

Juli 19:
Die Festung Philippsburg muß vor den Franzosen kapitulieren.

Die österreichischen Truppen unterliegen in Italien, Neapel geht verloren.

November 24:
Plötzlicher Tod von Eugens Neffen und Erben Johann Eugen Franz in Mannheim.

1735:

Prinz Eugen bezieht Stellung bei Bruchsal, hat aber keine Erfolge. Eugens körperliche Kräfte lassen immer mehr nach.

Oktober 3:
Vorfriede zu Wien zwischen Kaiser und Frankreich.

1736:

Februar 12:
Trauung Maria Theresias mit Franz Stephan von Lothringen.

April 21:
Prinz Eugen stirbt im Winterpalais in Wien.

1737:

Jänner 24:
Karl VI. belehnt nach dem Aussterben der Medici Franz von Lothringen mit dem Großherzogtum Toskana.

Abtransport des Bilderschatzes Prinz Eugens von Wien nach Turin.

Ausbruch des Krieges mit dem Osmanischen Reich.

Juli 18:
Die Österreicher verlieren bei Banja Luka die erste Schlacht dieses Krieges.

1738:

November 18:
Friede von Wien zwischen Österreich und Frankreich gemäß Vorfrieden vom 3. 10. 1735.

1739:

September 18:
Friede von Belgrad zwischen Österreich und dem Osmanischen Reich. Österreich verzichtet auf Belgrad und alle Erwerbungen des Friedens von Passarowitz.

1740:

Mai 31:
Friedrich II. wird König von Preußen.

Oktober 20:
Kaiser Karl VI. stirbt in Wien. Maria Theresia wird Nachfolgerin als Landesfürst.

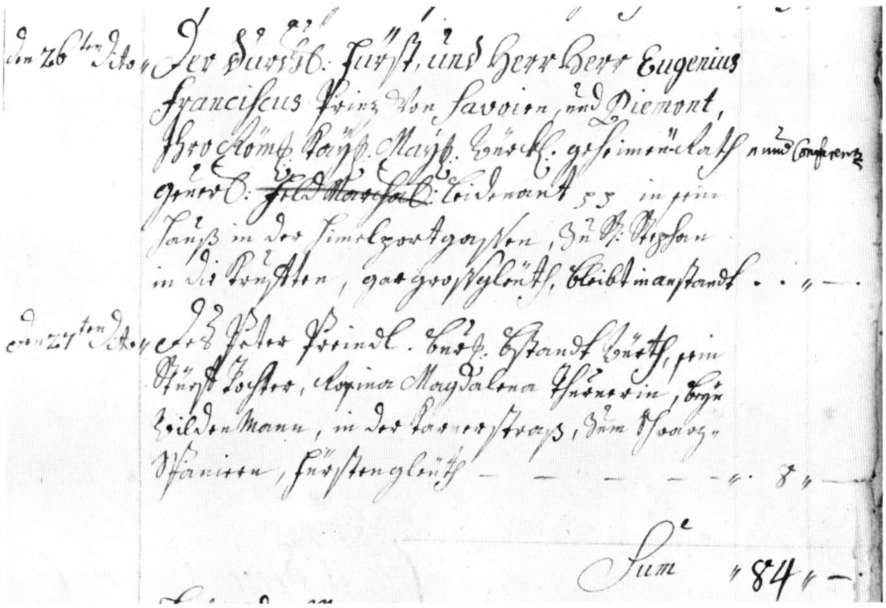
Der Durchl: Fürst und Herr Herr Eugenius
Franciscus Prinz von Savoien, und Piemont,

Sum 84

Eintragung des Todes und Begräbnisses des Prinzen Eugen im Totenbuch der Dompfarre St. Stephan in Wien (Kat.-Nr. 12.29 a).